Die Aufrechnung im Steuerrecht – Qualifikation und Wirkungen

Europäische Hochschulschriften
Publications Universitaires Européennes
European University Studies

Reihe II
Rechtswissenschaft

Série II Series II
Droit
Law

Bd./Vol. 1365

PETER LANG
Frankfurt am Main · Berlin · Bern · New York · Paris · Wien

Ulrike Hermann

Die Aufrechnung im Steuerrecht – Qualifikation und Wirkungen

PETER LANG
Frankfurt am Main · Berlin · Bern · New York · Paris · Wien

Die Deutsche Bibliothek- CIP-Einheitsaufnahme

Hermann, Ulrike:

Die Aufrechnung im Steuerrecht : Qualifikation und Wirkungen / Ulrike Hermann. - Frankfurt am Main ; Berlin ; Bern ; New York ; Paris ; Wien : Lang, 1993
(Europäische Hochschulschriften : Reihe 2, Rechtswissenschaft ; Bd. 1365)
Zugl.: Passau, Univ., Diss., 1992
ISBN 3-631-45418-X

NE: Europäische Hochschulschriften / 02

D 739
ISSN 0531-7312
ISBN 3-631-45418-X

Mein Dank gilt allen, die mich bei der Anfertigung und Vollendung der Arbeit mit Rat und Tat unterstützt haben.
Insbesondere danke ich Herrn Prof. Dr. Hartmut Söhn für die hilfreiche Anregung und Förderung meiner Arbeit.

"Quid quid agis,
prudenter agas et respice finem."

Inhaltsverzeichnis

Literaturverzeichnis

Norbert Achterberg	Allgemeines Verwaltungsrecht, 6. Auflage 1986
Rudolf Appel	Probleme der behördlichen Aufrechnung und vorläufiger Rechtsschutz, BayVBl. 1983, 201 ff.
Hans-Christian Arbeiter	Die Durchsetzung gesetzlicher Pflichten, Schriften zum öffentlichen Recht, Bd. 346, Berlin 1978
Rainer Arnold	Aufrechnung im Anfechtungsverfahren gegen den Leistungsbescheid, BayVBl.1972, 151 ff.
Otto Bachof	Verfassungsrecht Bd. I, 3. Auflage, Bd.II, Tübingen
K. Ball	Steuerrecht und Privatrecht, 1924
Baltzer	Aufrechnung und sonstiger Ausgleich von Forderungen im Steuerrecht, StuW 1955, 425 ff.
ders.	Tragweite und Bedeutung der Bescheide im Hypothekengewinnabgabeverfahren, StuW 1954, 403 ff.
Ulrich Battis	Allgemeines Verwaltungsrecht, 1985, Heidelberg
ders.	Aufrechnung im Anfechtungsprozeß, DVBl. 1971, 572 ff.
Gerhard Baumdicker	Der Erlaß eines Abrechnungsbescheides nach § 218 II AO, DStZ 1982, 188 ff.
Enno Becker	Zur Aufrechnung gegen Steueransprüche des Reichs, StuW 1924, 57 ff.
ders.	Die Entwicklung des Steuerrechts durch die Rechtsprechung, StuW 1924, 1005 ff.
ders.	Verfahrensfragen. Verschiedenheit der Ziele des ordentlichen Rechtsmittelverfahrens, das gegen Steuerbescheide, von dem ordentlichen Rechtsmittelverfahren, das gegen die Ablehnung von Erstattungsansprüchen zugelassen ist, StuW 1925, 1159 [1169 f.]
ders.	Von der Selbständigkeit des Steuerrechts. Klare Entwicklung seiner Grundgedanken als Lebensbedingung des Steuerrechts. Zur wirtschaftlichen Betrachtungsweise, StuW 1932, 478 ff.

ders. Steuerrecht und Privatrecht, StuW 1934, 299 ff.

ders. Die Selbständigkeit der Begriffsbildung im Steuerrecht und ihr Einfluß auf die Auslegung der internationalen Doppelbesteuerungsverträge vom Standpunkt der deutschen Entwicklung aus betrachtet, StuW 1939, 745 ff.

Behr Über die Zulässigkeit gegenseitiger Aufrechnung öffentlichrechtlicher und privatrechtlicher Forderungen, DJZ 1916, 771 f.

Peter Benkendorff Die Aufrechnung im Steuerrecht, ZfZ 1979, 9 ff.

Dieter Birk Steuerrecht I, München 1988

Eduard Bötticher Die "Selbstexekution" im Wege der Aufrechnung und die Sicherungsfunktion des Aufrechnungsrechts, in Festschrift für Hans Schima, 1969, S. 95 ff.

Boethke Steuerrecht und Privatrecht in der Rechtsprechung des Reichsfinanzhofs, StuW 1928, 1203 ff.

Hartmut Borchert Schein-Verwaltungsakt und Anfechtungsklage, NJW 1972, 854 ff.

Hermann Borgs-Maciejewski Die Durchsetzung vermögensrechtlicher Ansprüche des Dienstherrn gegen Beamte, Diss. Bonn 1967

Kurt Brackmann Handbuch der Sozialversicherng, 11. Auflage 1988 (Loseblatt)

Winfried Brohm Strukturen der Wirtschaftsverwaltung, Stuttgart 1969

Rudolf Bruns Funktionaler und instrumentaler Gehalt der Gestaltungsrechte und Gestaltungsklagerechte, ZZP 78 (1965), 264 ff.

Lothar Bublitz Zum Erfordernis der Kassenidentität gem. § 395 BGB bei der Aufrechnung gegen Steuerschulden, DStR 1988, 313 ff.

Marion Burmester Die Verrechnung von Steuerforderungen, Diss. 1977, Berlin

Georg Crezelius Steuerrechtliche Rechtsanwendung und allgemeine Rechtsordnung, 1983

Dieter Decker Die Aufrechnung im Steuerrecht, StWA 1979, 9 ff.

Peter Dietrich Die Aufrechnungslage, AcP 170 (1970), S. 534 ff.

Drexler/Friemel/Schiml	Lehrbuch der Abgabenordnung, 10. Auflage 1988
Dronke	Die Anwendung des BGB auf öffentlich-rechtliche Verhältnisse, Zeitschrift für Zollwesen u. Reichssteuern, Bd. 11, S. 165 ff.
Ingwer Ebsen	Öffentlich-rechtliche Aufrechnung und Forderungsdurchsetzung durch Verwaltungsakt, DÖV 1982, 389 ff.
Dirk Ehlers	Die Rechtsnatur der Aufrechnung im öffentlichen Recht, NVwZ 1983, 446 ff.
ders.	Die Aufrechnung im öffentlichen Recht, JuS 1990, 777 ff.
ders.	Die Klagearten und besonderen Sachentscheidungsvoraussetzungen im Kommunalverfasssungsstreitverfahren, NVwZ 1990, 105 ff.
ders.	Rechtsverhältnisse in der Leistungsverwaltung, DVBl. 1986, 912
ders.	Verwaltung in Privatrechtsform, 1984, Berlin
Enneccerus-Lehmann	Lehrbuch des Bürgerlichen Rechts - Recht der Schuldverhältnisse, 15. Auflage 1958, Tübingen
Hans-Uwe Erichsen	Vorläufiger Rechtsschutz nach § 80 Abs.1 - 4 VwGO, Jura 1984, 414 ff.
Hans-Uwe Erichsen/ Michael Hoffmann-Becking	Öffentliches Recht: Das Handelskammerrundschreiben, JuS 1971, 144 ff.
Erichsen/Martens	Allgemeines Verwaltungsrecht, 8. Auflage 1988
Esser-Schmidt	Schuldrecht Bd. I, Allgemeiner Teil, 6. Auflage 1984, Heidelberg
Börries von Feldmann	Die Aufrechnung im BGB und im Steuerrecht, DStR 1991, 222 ff.
ders.	Die Aufrechnung - ein Überblick, JuS 1983, 357 ff.
Finkelnburg/Jank	Vorläufiger Rechtsschutz im Verwaltungsstreitverfahren, 3. Auflage 1986

Fritz Fleiner	Institutionen des Deutschen Verwaltungsrechts, 8. Auflage 1928/1963, Tübingen
Werner Flume	Allgemeiner Teil des bürgerlichen Rechts, Bd. 2, Das Rechtsgeschäft, 1965, 2. Auflage 1975
ders.	Steuerwesen und Rechtsordnung, in Festgabe für Smend, 1952, S. 59 ff
Ernst Forsthoff	Lehrbuch des Verwaltungsrechts, 1.Band Allgemeiner Teil, 10. Auflage 1973
Helmut Friedl	Aufrechnung des Finanzamts mit Steueranspruch: Keine Vollziehung des Steuerbescheides?, DStR 1991, 1005 f.
Karl Friedrichs	Wie weit sind die Vorschriften des Bürgerlichen Gesetzbuches auf Schuldverhältnisse des öffentlichen Rechts anwendbar? Archiv des Bürgerlichen Rechts, Bd. 42 (1916), 28 ff.
Heinz George	Die Aufrechnung im Steuerrecht, NSt 1985, 13 ff.
Joachim Gernhuber	Die Erfüllung und ihre Surrogate, 1983, Tübingen
Thomas Glose	Probleme der Aufrechnung im öffentlichen Recht, DÖV 1990, 146 ff.
Karl Göz	Das Staatsrecht des Königreichs Württemberg, in: Die Verwaltungsrechtspflege in Württemberg, Tübingen 1908
Volkmar Götz	Allgemeines Verwaltungsrecht, 3.Auflage 1985, München
Wolfgang Grunsky	Die Rückwirkung der Aufrechnung, JuS 1963, 102 ff.
Hagen	Die Aufrechnung im Steuerrecht, DStZ 1940, 325 ff.
Bernd Halfar	Aufrechnung und Verrechnung im Steuerrecht, NWB Fach 2, S. 5593 ff.
Hartmann	Über die Zulässigkeit gegenseitiger Aufrechnung öffentlichrechtlicher und privater Forderungen, VerwA 25 (1917) 389 ff.
ders.	Kann ein Anstellungsakt widerrufen werden?, JW 1915, 120 ff.

Fritz Haueisen	Das Verhältnis von Norm und Verwaltungsakt und seine Bedeutung für Klage und Urteil, DVBl. 1959, 793
ders.	Der Verwaltungsakt im Lichte neuerer Überlegungen, DÖV 1961, 121 ff.
Philipp Heck	Grundriß des Schuldrechts, 1929, Tübingen
Reinhard Hein/ Rainer Klug	Lohnsteuererstattung wegen Beteiligung an steuerbegünstigten Kapitalanlagen nach Aussetzung der Vollziehung, BB 1982, 239 ff.
Heine	Aufrechnung öffentlich-rechtlicher und privatrechtlicher Forderungen gegeneinander, Gruchot`s Beiträge zur Erläuterung des Deutschen Rechts, Bd. 62 (1918), 212 ff.
Wilhelm Henke	Das subjektive Recht im System des öffentlichen Rechts, DÖV 1980, 621 ff.
Hartmut Herbsleb	Die Aufrechnung im Verwaltungsrecht, Diss. 1968, Münster
Matthias Herdegen	Die Aufrechnung gegen durch Leistungsbescheid geltend gemachte Forderungen im Verwaltungsprozeß, VBlBW 1984, 193 ff.
Christian Herden/ Gertlieb Gmach	Die Entwicklung des Steuerrechts, NJW 1987, 1590
Karl Herrmann	Oeffentliches Recht und bürgerliches Recht, DJZ 1927, 879 ff.
Wolfgang Hetzer	Vorläufiger Rechtsschutz gegen Aufrechnung durch Finanzbehörden, BB 1985, 2315 ff.
Wolfgang Hipp	Die Aufrechnung im öffentlichen Recht, Diss. 1935, Hamburg
Henri Höllig	Säumniszuschläge bei der Aufrechnung mit Steuererstattungs- und Steuervergütungsansprüchen, DStZ A 1979, 304 ff.
Wilhelm Hofacker	Die Staatsverwaltung und Strafrechtsreform, Stuttgart-Berlin-Leipzig 1919, S. 99 ff.
Michael Hoffmann-Becking	Der feststellende Verwaltungsakt, DÖV 1972, 196 ff.
Ernst C. Hüdepohl	Aufrechnung des Finanzamtes nach Aufteilung der Steuerschuld von Ehegatten, BB 1986, 370 ff.

Hans U.Hundt-Eßwein	Die Aufrechnungserklärung als Verwaltungsakt, DStR 1987, 575 ff.
Horst Heinrich Jakob/ Werner Schubert	Die Beratung des Bürgerlichen Gesetzbuches, Recht der Schuldverhältnisse I, 1978
Georg Jellinek	System der subjektiven öffentlichen Rechte, 2. Auflage 1905, Tübingen
ders.	Allgemeine Staatslehre, 3. Auflage Neudruck, 1959
Walter Jellinek	Der fehlerhafte Staatsakt und seine Wirkungen, 1908, Tübingen
ders.	Verwaltungsrecht, 3. Auflage, Offenburg 1948-1950
Eugen Josef	Gesetzeswidrige Einziehung von Abgaben in ihrer Einwirkung auf die Zulässigkeit des Rechtswegs sowie die Aufrechnung öffentlich-rechtlicher und privatrechtlicher Forderungen gegeneinander, VerwA 24 (1916), 324 ff.
Paul Kirchhof	Der bestandskräftige Steuerbescheid im Steuerverfahren und im Steuerstrafverfahren, NJW 1985, 2977 ff.
ders.	Steuerumgehung und Auslegungsmethoden, StuW 1983, 173 ff.
ders.	Die Planung der Rechtsnachfolge bei Personengesellschaften am Maßstab des Ertragsrechts, JdFSt 1979/80, 254 ff.
Otto Rudolf Kissel	Neues zur Gerichtsverfassung, NJW 1991, 945 ff.
Wolfgang Klemp	Vorläufiger Rechtsschutz in Steuersachen, DStR 1974, 443 ff.
Franz Knöpfle	"Tatbestands-" und "Feststellungswirkung" als Grundlage der Verbindlichkeit von gerichtlichen Entscheidungen und Verwaltungsakten, BayVBl. 1982, 225 ff.
Klaus-Michael Kohls	Die Aufrechnung gegenüber Kommunalabgaben, KStZ 1985, 181 ff.
Kopp/Obermayer	Allgemeines Verwaltungsrecht, 5. Auflage 1985
Karl Kormann	Grundzüge des allgemeinen Teils des öffentlichen Rechts, Annalen des Deutschen Reiches, 44. Band 1911, S.850 ff., 45. Band 1912, S. 36 ff.

Jörg-Dietrich Kramer	Zulässigkeit der Klage gegen die Ankündigung einer Namensänderung, JuS 1973, 484 ff.
Joachim Kraemer	Der Abrechnungsbescheid; verkannte Hilfe im Steuerstreit, StB 1989, 147 ff.
Peter Krause	Rechtsformen des Verwaltungshandelns, 1974, Berlin
ders.	Rechtsverhältnisse in der Leistungsverwaltung, VVDStRL 45 (1987), 212 ff.
ders.	Die Willenserklärungen des Bürgers im Bereich des öffentlichen Rechts, VerwA 61 (1987), 297 ff.
ders.	Das öffentlich-rechtliche Schuldverhältnis in der Rechtsprechung des Bundessozialgerichts. BlStSozArbR 1979, 145 ff.
Gerhard Kröger	Aufrechnung gegen Strafen, Geldbußen und Erzwingungsgelder im Steuerrecht, FR 1970, 498 ff.
Konrad Kröger/ Michael Jakobs	Probleme der Aufrechnung im Verwaltungsprozeß, JA 1981, 266
Peter-Lothar Kulla	Erweiterte Aufrechnungsmöglichkeiten gegen Steuerforderungen nach Inkrafttreten des Finanzreformgesetzes, DB 1970, 610
Franz Philipp von Kübel	Die Vorentwürfe der Redaktoren zum Bürgerlichen Gesetzbuch, Recht der Schuldverhältnisse AT, Teil 1, 1980
Günther Küchenhoff	Die öffentlich-rechtliche Willenserklärung nichthoheitlicher Art, BayVBl. 1958, 325 ff.
Karl Larenz	Allgemeiner Teil des Deutschen Rechts, 1967, 6. Auflage 1983, 7. Auflage 1989
ders.	Lehrbuch des Schuldrechts, Erster Band Allgemeiner Teil, 14. Auflage 1987, München
ders.	Methodenlehre der Rechtswissenschaft, 2. Auflage 1969, 6. Auflage 1991
Gerhard Lassar	Der Erstattungsanspruch im Verwaltungs- und Finanzrecht, Berlin 1921
Liman/Schwarz	Das Steuerbeitreibungsrecht,Bd.I, 3. Auflage 1961, Bd.III, 3. Auflage 1966

Heinrich List	Privatrecht und Steuerrecht, in Festschrift für Döllerer, S. 369 ff.
Bernward Löwenberg	Die Geltendmachung von Geldforderungen im Verwaltungsrecht, 1967, Berlin
Wolfgang Löwer	Die Zeugnisnot - ein Verwaltungsakt?, DVBl. 1980, 952 ff.
ders.	Funktion und Begriff des Verwaltungsaktes, JuS 1980, 805
Gerhard Lüke	Aufrechnung im Verwaltungsprozeß mit einer zivilrechtlichen Gegenforderung, in Festschrift für Geck, 1989, S. 493 ff.
Gerhard Lüke/Ulf Huppert	Die Aufrechnung, JuS 1971, 165 ff.
Joachim Martens	Aufrechnung und Verrechnungsvertrag im Steuerrecht, StuW 1989, 69 ff.
ders.	Die Aufrechnung im Steuerrecht, StuW 1974, 155 ff.
ders.	Die Praxis des Verwaltungsverfahrens, München, 1985
ders.	Die verweigerte Zusicherung - BVerwG, NVwZ 1986, 1011 · JuS 1988, 776 ff.
ders.	Zur Begriffsbestimmung des Verwaltungsaktes, DVBl. 1968, 322 ff.
ders.	Die Rechtsprechung zum Verwaltungsverfahren, NVwZ 1987, 106 ff.
Wolfgang Martens	Tendenzen der Rechtsprechung zum Sofortvollzug der Zulassung von großtechnischen Anlagen, DVBl. 1985, 541
Gustav Martin	Die Aufrechnung mit und gegen Steuerforderungen - Übersicht über die neuere Rechtsprechung, BB 1955, 1015
Hartmut Maurer	Allgemeines Verwaltungsrecht, 5. Auflage 1986, 7. Auflage 1990
Otto Mayer	Deutsches Verwaltungsrecht I, 1. Auflage 1895, 3. Auflage 1924, Berlin
H. Meier-Branecke	Die Anwendbarkeit privatrechtlicher Normen im Verwaltungsrecht, AöR 50 (1926), 230 ff.

Christian-Friedrich Menger	Höchstrichterliche Rechtsprechung zum Verwaltungsrecht, VerwA 52 (1961), 92 ff.
ders.	Höchstrichterliche Rechtsprechung zum Verwaltungsrecht, VerwA 55 (1964), 376 ff.
Friedrich Metschies	Anmerkung zu OVG Münster v. 06.04.1976 - II A 242/74, NJW 1976, 2036, in DÖV 1977, 141
Dieter Middel	Öffentlich-rechtliche Willenserklärungen von Privatpersonen, 1971, Berlin
J.E. Milatz	Aufrechnung durch die Finanzverwaltung, Inf. 1984, 101 f.
Benno Mugdan	Die gesamten Materialien zum Bürgerlichen Gesetzbuch für das Deutsche Reich, Bd. II, Berlin 1899 - 1900 (1979)
Albert v.Mutius	Rechtsnorm und Verwaltungsakt, in Festschrift für H.J. Wolff, 1973, S. 167 ff.
Helmuth Neupert	Die Aufrechnung gegen einen Leistungsbescheid und ihre Stellung im Verwaltungsprozeß, JuS 1978, 825 ff.
ders.	Anm. zu M.Burmester, Die Verrechnung von Steuerforderungen, NJW 1978, 1574
Engelhard Niemann	Der Steuerverwaltungsakt, VJSchrStFR 1930, 173 ff.
Uwe Niklas	Die Klägeraufrechnung, MDR 1987, 96 ff.
Klaus Obermayer	Urteilsanmerkung zu BVerwG v. 07.03.1958 - VII C 8/57, NJW 1958, 1107 ff.
ders.	Die Bedeutung der "Regelung" im Rahmen der Begriffsbestimmung des Verwaltungsaktes nach § 35 VwVfG, RiA 1980, 121 ff.
ders.	Verwaltungsakt und innerdienstlicher Rechtsakt, 1986
Paul Oertmann	Die rechtliche Natur der Aufrechnung, AcP 113, 376 ff.
Karsten-Michael Ortloff	Inhalt und Bindungswirkungen der Baugenehmigung, NJW 1987, 1665 ff.
Fritz Ossenbühl	Die Rücknahme von Wohngeldbescheiden und die Rückforderung gezahlter Wohngelder, DÖV 1967, 246 ff.

ders.	Die Handlungsformen der Verwaltung, JuS 1979, 681 ff.
Hans-Jürgen Papier	Die gerichtliche Durchsetzung der aufschiebenden Wirkung von Nachbarrechtsbehelfen, BauR 1981, 151 ff.
Rainer Pietzner	Grundfragen der Aufrechnung im öffentlichen Recht, VerwA 73 (1982) 453 ff.
ders.	Grundfragen der Aufrechnung im öffentlichen Recht, VerwA 74 (1983), 59 ff.
ders.	Aufrechnung im Steuerprozeß, VerwA 76 (1985), 87 ff.
ders.	Der Vorbehalt des Gesetzes, JA 1973, 117 ff.
Pietzner/Ronellenfitsch	Das Assessorexamen im öffentlichen Recht, 7. Auflage 1991
Günther Püttner	Allgemeines Verwaltungsrecht, 1971, 6. Auflage 1983
Hermann Pump	Der Abrechnungsbescheid gem. § 218 II AO, DStZ 1988, 279 ff.
ders.	Abrechnungsbescheide in der Praxis der steuerberatenden Berufe, DStR 1988, 101 ff.
ders.	Der Verrechnungsvertrag gemäß § 226 AO, DStR 1987, 616 ff.
ders.	Zusammenveranlagung bei der Einkommenssteuer - Aufteilungsbescheid und Aufrechnung, Inf. 1987, 481 ff.
ders.	Eindeutige Steuertilgung als Gestaltungsmaßnahme, Inf. 1987, 459 ff.
ders.	Vorteilhafte Gestaltung durch Verrechnungsstundung (§ 222 AO), Inf. 1992, 457 ff.
Konrad Redeker	Untersuchungsgrundsatz und Mitwirkung der Beteiligten im Verwaltungsprozeß, DVBl. 1981, 83 ff.
Hans Reichel	Rückwirkung der Aufrechnung gegen Fremdgeldforderungen, AcP 126 (1926), 313 ff.
G. und D. Reinicke	Zur Aufrechnung mit und gegen Schadensersatzforderungen, NJW 1959, 361 ff.
Ludwig Renck	Verwaltungsakt und Gesetzesvorbehalt, JuS 1965, 129 ff.

ders.	Rechtsschutz gegen die Vollstreckung aus Verwaltungsakten, BayVBl. 1975, 637 ff.
Dieter Rönitz	Der vorläufige Rechtsschutz in der Finanzgerichtsbarkeit - Aussetzung der Vollziehung und einstweilige Anordnung, StB-Kongreß 1978, 61 ff.
Gerhard Rössler	Die Aufrechnung im Steuerrecht, NJW 1969, 494 ff.
Rosenberg/Schwab	Zivilprozeßrecht, 13. Auflage 1981, 14. Auflage 1986
Uta Rüping	Verwaltungswille und Verwaltungsakt, Diss. Bonn, 1986
Fred Sahlmüller	Aufrechnungsmöglichkeiten gegen Erschließungsbeiträge, KStZ 1971, 73 f.
Wolf-Rüdiger Schenke	Vollstreckungsrechtsschutz im Steuerrecht bei materiellrechtlichen Einwendungen gegen den zu vollstreckenden Anspruch, StuW 1969, 693 ff.
Walter Schick	Vergleiche und sonstige Vereinbarungen zwischen Staat und Bürger im Steuerrecht, 1967
Siegmund Schloßmann	Willenserklärung und Rechtsgeschäft, Festgabe Hänel, 1907, S. 1 ff.
Schmalz/Hofmann	Allgemeines Verwaltungsrecht, Teil 1, 1. Auflage 1979, 4. Auflage 1988, 5. Auflage 1991
Walter Schmidt	Die Aufrechnung mit einer in einem angefochtenen Leistungsbescheid konkretisierten Gegenforderung, JuS 1984, 28 ff.
Schmidt-Aßmann	Das allgemeine Verwaltungsrecht als Ordnungsidee und System, Heidelberg 1982
ders.	Der Rechtsstaat,in : Handbuch des Staatsrechts, Bd. I, 1987
Schmitt	Anfechtungsklage und formaler Verwaltungsakt, DVBl. 1960, 382
Friedrich K. Schoch	Vorläufiger Rechtsschutz und Risikoverteilung im Verwaltungsrecht, 1988, S. 1160 ff.
Werner Schubert	Protocolle der Commission zur Ausarbeitung eines allgemeinen deutschen Obligationenrechtes, Bd. 2, Frankfurt/Main 1984

Helmut Schuhmann	Aufrechnung im Steuerrecht, RWP SG 2.2, S. 93 ff.
ders.	Der Abrechnungsbescheid, BB 1988, 739
Schütz	Rückforderung, Aufrechnung, Zurückbehaltung und Pfändung beamtenrechtlicher Bezüge, DÖD 1959, 81 ff.
Schütz-Ulland	Beamtenrecht des Bundes und der Länder, 5. Auflage 1973 ff.
Max-Jürgen Seibert	Öffentliches Recht: Verbotswidriges Parken, JuS 1985, 625 ff.
Hartmut Söhn	Steuerrechtliche Folgenbeseitigung durch Erstattung, 1973, München
ders.	Anm. zu BVerwG v. 27.10.1982 - 3 C 6/82, BVerwGE 66, 218, StRK-Anm. AO 1977, § 226 R.4
ders.	StRK-Anm., AO 1977, § 191 R. 3
ders.	Die Aussetzung der Vollziehung durch Verwaltung und Gericht in der FGO (§ 69 II und III FGO), StuW 1968, 67 ff.
ders.	Anrechnung von Steuervorauszahlungen (Steuerabzugsbeträgen) und vorläufige Erstattung (§ 69 III 4 FGO), FR 1970, 263 ff.
Jürgen Sontheimer	Der verwaltungsrechtliche Vertrag im Steuerrecht, 1987
Werner Spohr	Die Aufrechnung im Steuerrecht, StuW 1939, Sp. 661 ff.
Klaus Stern	Verwaltungsprozessuale Probleme in der öffentlich-rechtlichen Arbeit, 6. Auflage, München 1987
Alfred Sudau	Abgabenordnung und Finanzgerichtsordnung, 9. Auflage 1986, Bonn
Hermann Tausend	Aufrechnung von Steuerforderngen im Konkurs, BB 1975, 555 ff.
Friedrich Tezner	Die Privatrechtstitel im öffentlichen Recht, AöR 9 (1894), 325 ff., 489 ff.
Klaus Tiedtke	zu BFH v. 10.02.1976 - VII R 37/72, BFHE 118, 526, StRK-RAO, § 124 R. 29

Tipke/Lang	Steuerrecht, 12. Auflage 1989, 13. Auflage 1991
Klaus Tipke	Steuerrecht und bürgerliches Recht, JuS 1970, 149
Thiel/Steinwachs/ Schiefer	Die Veranlagung 1985/86 - Praktiker-Handbuch des Allgemeinen Steuer- und Verfahrensrechts, Düsseldorf 1986
Tschira/Schmitt Glaeser	Verwaltungsprozeßrecht, 9. Auflage 1988, 10. Auflage 1990
C. Hermann Ule	Verwaltungsprozeßrecht, 9. Auflage 1987, München
Ule/Laubinger	Verwaltungsverfahrensrecht, 3. Auflage 1986
Willi Vallendar	Ist die Aufrechnung des Dienstherrn ein Verwaltungsakt?, DöD 1973, 52 f.
Hermann Veitenthal	Die Aufrechnung im Verwaltungsrecht, BayVBl. 1990, 615 ff.
Arthur Vetterlein	Säumniszuschläge, NWB Fach 2, S. 5323 ff.
Klaus Vogel	Vergleich und Gesetzmäßigkeit der Verwaltung im Steuerrecht, in Festschrift für Döllerer, 1988, S. 677 ff.
Andreas von Tuhr	Der allgemeine Teil des deutschen bürgerlichen Rechts, Bd. 2, 1914/1957, Berlin
Maximilian Wallerath	Allgemeines Verwaltungsrecht, 3. Auflage 1985
v.Wallis	StRK AO 1977, § 226 R.21
Rainer Walz	Steuergerechtigkeit und Rechtsanwendung, Heidelberg 1980
Hermann Weber	Beitragsrückgewähr nach irrtümlich angenommener Mitgliedschaft in Zwangsverbänden, JuS 1970, 169 ff.
Heinrich Weber-Grellet	Aussetzung der Vollziehung auch hinsichtlich angerechneter Lohnsteuerabzugsbeträge, DStR 1982, 105 ff.
Clemens Weidemann	Die Rechtsnatur der Aufrechnung im Verwaltungsrecht unter besonderer Berücksichtigung des Beamtenrechts, DVBl. 1981, 113 ff.
Peter Weides	Verwaltungsverfahren und Widerspruchsverfahren, 1977, München

Ernst Weigelin: Das Recht zur Aufrechnung als Pfandrecht an der eigenen Schuld, Hannover 1904

Wolff/Bachof: Verwaltungsrecht, Bd.I 9. Auflage 1974, Bd. II 5. Auflage 1987, Bd. III 4. Auflage 1978

Otto Zeller: Zusammenstellung der gutachtlichen Äußerungen zu dem Entwurf eines Bürgerlichen Gesetzbuches, Bd. II, Osnabrück 1967

Gerhard Zimmer: Das mißverstandene Verkehrszeichen, DÖV 1980, 116 ff.

Walter Zimmermann: Praktikum der Freiwilligen Gerichtsbarkeit, 4. Auflage 1991

ders.: Handlungsformen und Handlungsbefugnisse der öffentlichen Verwaltung, Jura 1980, 242 ff.

Kommentare

Ax/Fuchs/Große: Kommentar zur Abgabenordnung und Finanzgerichtsordnung, 12. Auflage 1988, 13. Auflage 1990

Ulrich Battis: Bundesbeamtengesetz, München 1980,

Baumbach/Lauterbach/Albers/Hartmann: Kommentar zur Zivilprozeßordnung, 48. Auflage 1990, 49. Auflage 1991

Enno Becker: Kommentar zur Reichsabgabenordnung, 1.-7. Auflage 1919 - 1930

Becker/Riewald/Koch: Kommentar zur Reichsabgabenordnung, 9. Auflage 1963 ff.

Bley-Gitter-Schwerdtfeger: Sozialgesetzbuch - Sozialversicherung, Gesamtkommentar (Loseblatt)

Burdenski/v.Maydell/Schellhorn: Gemeinschaftskommentar zum Sozialgesetzbuch AT, 2. Auflage 1981

Walter Ermann: Handkommentar zum Bürgerlichen Gesetzbuch, Bd. I, 7. Auflage 1981, 8. Auflage 1989

Eyermann/Fröhler: Kommentar zur Verwaltungsgerichtsordnung, 9. Auflage 1988, München

Finkelnburg/Lässig: Kommentar zum Verwaltungsverfahrensgesetz, 1979

Fürst/Finger/Mühl/ Niedermaier	GKÖD-Gesamtkommentar zum öffentlichen Dienstrecht, Beamtenrecht des Bundes und der Länder (Loseblatt), 1984 ff.
Fritz Gräber	Kommentar zur Finanzgerichtsordnung, 2. Auflage 1987
Gröger/Schöll	Kommentar zur Abgabenordnung (Loseblatt)
Grüner/Dalichau	Sozialgesetzbuch (SGB), Kommentar und Materialien, Percha 1980 ff. (Loseblatt)
Hübschmann/Hepp/Spitaler	Kommentar zur Abgabenordnung und Finanzgerichtsordnung, 9. Auflage Köln, Dez. 1991
Otto Rudolf Kissel	Gerichtsverfassungsgesetz, Kommentar, 1981, Nachtrag 1988, München
Klein/Orlopp	Kommentar zur Abgabenordnung, 3. Auflage 1986, 4. Auflage 1989
Hans J. Knack	Kommentar zum Verwaltungsverfahrensgesetz, 3. Auflage 1989
Knopp/Fichtner	BundessozialhilfeG, 5. Auflage 1983, 6. Auflage 1988
Karl Koch	Kommentar zur Abgabenordnung, 3. Auflage 1986
Ferdinand Kopp	Kommentar zur Verwaltungsgerichtsordnung, 8. Auflage 1989
Ferdinand Kopp	Kommentar zum Verwaltungsverfahrensgesetz, 4. Auflage 1986, 5. Auflage 1991
Rolf Kühn	Reichsabgabenordnung, 2. Auflage 1950 ff., 5. Auflage 1958
Kühn/Kutter/Hofmann	Kommentar zur Abgabenordnung und Finanzgerichtsordnung, 15. Auflage 1987, 16. Auflage 1990
Mattern/Messmer	Kommentar zur Reichsabgabenordnung, 1964
Meyer/Borgs/Maciejewski	Kommentar zum Verwaltungsverfahrensgesetz, 2. Auflage 1982, Frankfurt
Mittelbach/Lohmeyer/Kühr	Handbuch des Abgabenrechts, Kommentar (Loseblatt), Bd. 1 - 3
Münchner Kommentar zum BGB	2. Auflage, 1984 ff.

Weiß/Niedermayer/ Summer/Zängl	BayBG-Kommentar (Loseblatt)
Klaus Obermayer	Kommentar zum Verwaltungsverfahrensgesetz, 2. Auflage 1990
Palandt	Bürgerliches Gesetzbuch, 49. Auflage 1990, 50. Auflage 1991, 51. Auflage 1992
Helmuth G. Plath	Der Wirtschaftskommentar (StWK), Steuer-, Arbeits-, Sozial- und Wirtschaftsgesetz kommentiert für die Praxis, Bd. 1 - 3
Plog/Wiedow/Beck/ Lemhöfer	Kommentar zum Bundesbeamtengesetz mit BeamtVG (Loseblatt)
Redeker/v.Oertzen	Kommentar zur Verwaltungsgerichtsordnung, 9. Auflage 1988, 10. Auflage 1991, Stuttgart
RGRK	Das Bürgerliche Gesetzbuch mit besonderer Berücksichtigung der Rechtsprechung des Reichsgerichts und des BGH, Groß-kommentar, 12. Auflage, Berlin 1974 ff.
Bernhard Schwarz	Kommentar zur Abgabenordnung (Loseblatt), Freiburg i.Br. 1976 ff.
Schwegmann/Summer	Kommentar zum BundesbesoldungsG (Loseblatt)
Soergel/Siebert	Bürgerliches Gesetzbuch, Bd.2, 12. Auflage 1987 ff.
Staudinger/Kaduk	Kommentar zum Bürgerlichen Gesetzbuch, Zweites Buch, 12. Auflage, 1980 ff./1987, Berlin
Stein/Jonas	Kommentar zur Zivilprozeßordnung, 20. Auflage 1977 ff. (Loseblatt)
Stelkens/Bonk/Sachs/ Leonhardt	Kommentar zum Verwaltungsverfahrensgesetz, 3. Auflage, 1990, München
Tipke/Kruse	Kommentar zur Reichsabgabenordnung, 7. Auflage 1975
Tipke/Kruse	Kommentar zur Abgabenordnung und Finanzgerichtsordnung, 14. Auflage (Loseblatt) Nov. 1991, Köln
Thomas/Putzo	Kommentar zur Zivilprozeßordnung, 16. Auflage 1990, 17. Auflage 1991

Verbandskommentar (VDR)	Kommentar zum Recht der gesetzlichen Rentenversicherung, SGB I, IV, X (Loseblatt), Verband Deutscher Rentenversicherungsträger (Hrsg.)
G. Wannagat-Thieme	Kommentar zum gesamten Recht des Sozialgesetzbuches (Loseblatt), SGB AT
Ziemer/Birkholz	Kommentar zur Finanzgerichtsordnung, 3. Auflage 1978, München
Ziemer/Haarmann/ Lohse/Beermann	Rechtsschutz in Steuersachen (Loseblatt), Bonn
R. Zöller	Kommentar zur Zivilprozeßordnung mit Gerichtsverfassungsgesetz, 16. Auflage 1990, 17. Auflage 1991, Köln

Abkürzungsverzeichnis

a.A.	anderer Ansicht
a.a.O.	am angegebenen Ort
Abs.	Absatz
Abschn.	Abschnitt
AcP	Archiv für die zivilistische Praxis
A.d.V.	Aussetzung der Vollziehung
a.E.	am Ende
AEAO	Anwendungserlaß zur AO v. 24.09.1987, BStBl. I 1987, 664 ff. und BStBl. I, 1990, 66
a.F.	alte Fassung
AKO	Amtskassenordnung der Reichsfinanzverwaltung v. 12.03.1938 (RFBl., S.57)
allg.	allgemein
Alt.	Alternative
a.M.	anderer Meinung
amtl.	amtlich
Anm.	Anmerkung
AO	Abgabenordnung 1977
AöR	Archiv des öffentlichen Rechts
arg.	Argument
Art.	Artikel
AT	Allgemeiner Teil
Auflg.	Auflage
AV	Ausführungsverordnung
BauR	Baurecht
BayVBl.	Bayerische Verwaltungsblätter
BB	Der Betriebs-Berater
BBG	Bundesbeamtengesetz
BBesG	Bundesbesoldungsgesetz
Bd.	Band
BdF	Bundesminister der Finanzen
BFH	Bundesfinanzhof
BFHE	Sammlung der Entscheidungen des Bundesfinanzhofes
BFH/NV	Sammlung amtlich nicht veröffentlicher Entscheidungen des Bundesfinanzhofs
BGB	Bürgerliches Gesetzbuch
BGBl. I, II	Bundesgesetzblatt Teil I, II
BGH	Bundesgerichtshof
BGHZ	Sammlung der Entscheidungen des Bundesgerichtshofes in Zivilsachen
BeitrO	Beitreibungsordnung v. 23.06.1923, (RMBl. 1923, S.595)

BlStSozArbR	Blätter für Steuerrecht. Sozialversicherung und Arbeitsrecht
BMF	Bundesminister(ium) der Finanzen
BR-Drucks.	Drucksache des Bundesrats
BSG	Bundessozialgericht
BSGE	Sammlung der Entscheidungen des Bundessozialgerichts
bsplw.	beispielsweise
BStBl.	Bundessteuerblatt
bestr.	bestritten
BT-Drucks.	Drucksache des Deutschen Bundestages
BVerfG	Bundesverfassungsgericht
BVerfGG	Bundesverfassungsgerichtsgesetz
BVerfGE	Sammlung der Entscheidungen des Bundesverfassungsgerichts
BVerwG	Bundesverwaltungsgericht
BVerwGE	Sammlung der Entscheidungen des Bundesverwaltungsgerichts
bzgl.	bezüglich
bzw.	beziehungsweise
DB	Der Betrieb
ders.	derselbe
d.h.	das heißt
Dig.	Digesten
Diss.	Dissertation
DJZ	Deutsche Juristenzeitung
DÖD	Der öffentliche Dienst
DÖV	Die öffentliche Verwaltung
DStR	Deutsches Steuerrecht
DStZ/A	Deutsche Steuerzeitung/Ausgabe A
DVBl.	Deutsches Verwaltungsblatt
EAO	Regierungsentwurf einer Abgabenordnung von 1974
EEAO	Einführungserlaß zur AO v. 01.10.1976, BStBl. I 1976, 576 ff.
EFG	Entscheidungen der Finanzgerichte
EGAO	Einführungsgesetz zur AO v. 14.12.1976, BStBl. I,
1976,	694 ff.
Einl.	Einleitung
(VGFG) EntlG	Gesetz zur Entlastung der Gerichte in der Verwaltungs- und Finanzgerichtsbarkeit
entspr.	entsprechend
Erl.	Erläuterung
EStG	Einkommenssteuergesetz
ESVGH	Entscheidungen des Hessischen und des Baden-Württembergischen VGH

etc.	et cetera
ev.	eventuell
f.	für; folgende (Seite)
ff.	folgende (Seiten)
FA	Finanzamt
FG	Finanzgericht
FGO	Finanzgerichtsordnung
Fn.	Fußnote
FR	Finanzrundschau
FS	Festschrift
FVG	Gesetz über die Finanzverwaltung
gem.	gemäß
GG	Grundgesetz
ggf.	gegebenenfalls
GrEStG	Grunderwerbssteuergesetz
GruchB.	Beiträge zur Erläuterung des Deutschen Rechts, begründet von Gruchot
GS	Großer Senat
GVG	Gerichtsverfassungsgesetz
HFR	Höchstrichterliche Finanzrechtsprechung
h.L.	herrschende Lehre
h.M.	herrschende Meinung
Hrsg./hrsg.	Herausgeber/herausgegeben
HS	Halbsatz
i.d.F.	in der Fassung
i.d.S.	in diesem Sinne
i.d.R.	in der Regel
i.e.S.	im engeren Sinne
Inf.	Die Information über Steuer und Wirtschaft
insb.	insbesondere
i.S.	im Sinne
i.V.m.	in Verbindung mit
i.w.S.	im weiteren Sinne
JA	Juristische Arbeitsblätter
JbFSt	Jahrbuch der Fachanwälte für Steuerrecht
JR	Juristische Rundschau
Jura	Jura/Juristische Ausbildung
JuS	Juristische Schulung
JW	Juristische Wochenschrift
JZ	Juristen-Zeitung
KAG	Kommunalabgabengesetz
Kap.	Kapitel
KG	Kammergericht
KO	Konkursordnung

Komm.	Kommentar
KStG	Körperschaftssteuergesetz
KStZ	Kommunale Steuerzeitschrift
Lit.	Literatur
LZ	Leipziger Zeitschrift für Deutsches Recht
m.a.W.	mit anderen Worten
MDR	Monatsschrift für Deutsches Recht
m.w.N.	mit weiteren Nachweisen
n.F.	neue Fassung
NJW	Neue Juristische Wochenzeitschrift
Nr.	Nummer
NSt	Neues Steuerrecht von A-Z
NWB	Neue Wirtschaftsbriefe für Steuer- und Wirtschaftsrecht
n.v.	nicht veröffentlicht
NVwZ	Neue Zeitschrift für Verwaltungsrecht
öffentl. (öff.)	öffentlich
OFD	Oberfinanzdirektion
OLG	Oberlandesgericht
OVG	Oberverwaltungsgericht
OVGE	Sammlung der Entscheidungen der OVG für das Land Nordrhein-Westfalen in Münster und für die Länder Niedersachsen und Schleswig-Holstein in Lüneburg
RAO	Reichsabgabenordnung
Rdn.	Randnummer
rechtl.	rechtlich
RFBl.	Amtsblatt der Reichsfinanzverwaltung
RFH	Reichsfinanzhof
RFHE	Sammlung der Entscheidungen des Reichsfinanzhofs
RG	Reichsgericht
RGBl.I, II	Reichsgesetzblatt Teil I, II
RGZ	Sammlung der Entscheidungen des Reichtsgerichts in Zivilsachen
RiA	Das Recht im Amt
RKO	Reichskassenordnung
RMBl.	Reichsministerielblatt
Rspr.	Rechtsprechung
RStBl.	Reichssteuerblatt
RT-Drucks.	Drucksache des Deutschen Reichstags
RVO	Reichsversicherungsordnung
RWP	Rechts- und Wirtschaftspraxis
Rz.	Randziffer
S.	Seite
s.	siehe
SGB	Sozialgesetzbuch

SGG	Sozialgerichtsgesetz
s.o.	siehe oben
sog.	sogenannt
Sp.	Spalte
StÄndG	Steueränderungsgesetz
StAnpG	Steueranpassungsgesetz
StB	Der Steuerberater
Stbg.	Die Steuerberatung
StbJB	Steuerberaterjahrbuch
Stb.-Kongr.-Rep.	Steuerberater-Kongreß-Report
StRK	Steuerrechtskartei
st.Rspr.	ständige Rechtsprechung
str.	streitig
StuW	Steuer und Wirtschaft
StWA	Steuer-Warte
s.u.	siehe unten
u.a.	unter anderem
u.ä.	und ähnliche(s)
usw.	und so weiter
v.	vom
VA	Verwaltungsakt
VBlBW	Verwaltungsblätter Baden-Württemberg
VerwA	Verwaltungsarchiv
Vfg.	Verfügung
VG	Verwaltungsgericht
VGH	Verwaltungsgerichtshof
vgl.	vergleiche
VJSchrStFR	Vierteljahresschrift für Steuer- und Finanzrecht
Vorbem.	Vorbemerkung
VRspr. (VerwRspr.)	Verwaltungsrechtsprechung
VVDStRL	Veröffentlichungen der Vereinigung der Deutschen Staatsrechtslehrer
VwGO	Verwaltungsgerichtsordnung
VwVfG	Verwaltungsverfahrensgesetz
VwVG	Verwaltungsvollstreckungsgesetz
WK	Wirtschaftskommentar
z.B.	zum Beispiel
ZBR	Zeitschrift für Beamtenrecht
ZfZ	Zeitschrift für Zölle und Verbrauchssteuern
ZG	Zollgesetz
Ziff.	Ziffer
ZPO	Zivilprozeßordnung
z.Tl.	zum Teil
zust.	zustimmend
ZZP	Zeitschrift für Zivilprozeß

Einleitung

Die Zulässigkeit der Aufrechnung als Rechtsinstitut auch im öffentlichen Recht ist seit langem nicht mehr bestritten. Im Steuerrecht hat sie ihre Kodifizierung in den § 103 RAO 1919, § 124 RAO 1931 und nunmehr § 226 AO 1977 gefunden.
Sowohl in materieller wie in verfahrensrechtlicher Hinsicht wirft sie einige Problemkreise auf, die sich insbesondere auch aufgrund ihrer Übertragung - als ursprünglich privatrechtliches Erfüllungssurrogat - ins öffentliche Rechts ergeben.

Der Staat tritt vielfach nicht mehr nur als eingreifende Gewalt in den Rechtskreis des Bürgers, sondern knüpft Rechtsbeziehungen auch als Leistungspflichtiger an. Damit liegt die Praxisrelevanz der Aufrechnung für die Arbeit der Finanzbehörde, die im Zuge einer wachsenden Betätigung des Staates im Bereich der Leistungsverwaltung zu einem zwischen Staat und Bürger wechselseitig bedingten Gläubiger-Schuldner-Verhältnis führen kann, insbesondere darin, daß die behördliche Forderungsdurchsetzung gegenüber dem Bürger auf diese Art und Weise die praktikablere, einfachere, kostensparendere und schonendere Form der Forderungsrealisierung gegenüber der hoheitlichen "Forderungseintreibung" im Wege des Leistungs-/Steuerbescheides verbunden mit dem Instrumentarium der Vollstreckungsmöglichkeit darstellt.
Aufgrund ihrer Doppelfunktionalität nimmt die Aufrechnung somit eine Sonderstellung im System der Erfüllungshandlungen ein. Insofern erscheint auch die Übertragbarkeit ins öffentliche, insbesondere ins Steuerrecht interessant, weil die ihre wesensimmanente, doppelseitig bedingte Schuldner-Gläubiger-Identität u.U. zu einer Modifizierung des steuerrechtlichen Subordinationsverhältnisses führen kann und damit zu einer vergleichenden Gegenüberstellung der möglichen Handlungsalternativen für das aufrechnende Finanzamt veranlaßt, vor allem in Bezug auf die hoheitliche Forderungsdurchsetzung mit dem Mittel des Verwaltungsaktes. An der Beantwortung der Frage nach der Rechtsnatur der steuerbehördlichen Aufrechnungserklärung hängen zudem für den betroffenen Bürger erhebliche Konsequenzen bzgl. seiner gegenüber dem "aufrechnenden Staat" bestehenden Verteidigungs- und Rechtsschutzmöglichkeiten.

Gemeinsam ist allen Problemkreisen eine Präzisierung und vertiefte Behandlung im Hinblick auf die Rekrutierung des Verwaltungsaktes als Mittel der hoheitlichen Forderungsdurchsetzung im Subordinationsverhältnis in Abgrenzung zu einem eher privatrechtlich einzuordnenden Verständnis staatlicher Handlungsperspektiven in der Doppelrolle des erfüllenden Schuldners und des Befriedigung erstrebenden Gläubigers.

1. Teil Das Rechtsinstitut der Aufrechnung im Steuerrecht

A. Die Entwicklung der "Aufrechnung" als allgemeines Rechtsinstitut des Steuerrecht

Mit der gesetzlichen Regelung des Aufrechnungsinstitutes mit und gegen Ansprüche aus einem Steuerschuldverhältnis schließt § 226 AO 1977[1] eine Rechtsentwicklung seit Inkrafttreten des Bürgerlichen Gesetzbuches ab.

Bereits dem römischen Recht war die Möglichkeit der Aufrechnung bekannt. Sie wurde auch mit in das Gemeine Recht[2] übernommen, beruhend auf dem Grundsatz der lex. 8 Dig. de doli mali exc. 44,3: "dolo facit qui petit, quod redditurus est"[3], d.h. der Aufrechnungszweck wird hier in der Verhinderung einer arglistigen Weigerung des Aufrechnungsgegners gesehen, auf die angebotene Verrechnung einzugehen[4]. Auch in den Gesetzesbüchern des 18. und 19. Jahrhunderts finden sich unter dem Einfluß des römischen Rechts Aufrechnungskodifizierungen wie z.B. die Regelungen im ALR I.16. §§ 300 ff., im Sächsischen BG, §§ 988 ff., im Schweizer Bundesgesetz über das Obligationsrecht, Art. 131 ff., im Österreichischen Gesetzbuch, §§ 1438 ff. und im Code Civil, Art. 1289 ff.[5]. In diesen Bestimmungen ist das Kompensationsverbot seitens des Bürgers gegenüber Steuerforderungen des Fiskus auffallend vertreten. Dieser noch beim Inkrafttreten des BGB angewandte, aus dem gemeinen Recht entwickelte Grundsatz des "privilegium fisci"[6] schloß eine Aufrechnung des Steuerpflichtigen gegenüber Steueransprüchen aus, da es als unangemessen betrachtet wurde, dem Steuerpflichtigen zu ermöglichen, daß dieser einer im öffentlichen Interesse auferlegten Zahlungspflicht irgendeinen Privatanspruch im Wege der Verrechnung entgegensetzte. Zudem gewährleiste ein Aufrechnungsverbot eine dem öffentlichen Interesse dienende prompte und gesicherte Steuereinziehung[7]. Versuche, diese Auffassung als verallgemeinerungsfähigen Rechtsgedanken i.S. eines generellen Aufrechnungsverbotes für den Bürger gegenüber öffentlich-rechtlichen Forderungen zu übernehmen[8], konnten sich nicht durchsetzen. Das "privilegium fisci" wurde im Laufe der Entwicklung

---

1 Abgabenordnung vom 16.03.1976, in Kraft seit 01.01.1977, BGBl.I 1976, 613 = BStBl.I 1976, 157.

2 Zunächst wurde die Geltung einer "ipso iure compensatur" vertreten. Die neuere Praxis des gemeinen Rechts wie auch des preußischen Rechts ließen dagegen eine Aufrechnung nur im Zusammenhang mit einer wirksamen Aufrechnungserklärung zu, vgl. *Enneccerus-Lehmann*, Schuldrecht, § 69 II; BGH v. 20.06.1951 - GSZ 1/51, BGHZ 2, 302 f. m.w.N.

3 Heute: wurzelnd im Verbot unzulässiger Rechtsausübung gem.§ 242 BGB, *Palandt*, aaO, § 242 Anm. 4 C c Rdn. 62; *v. Feldmann*, in Münch.Komm., aaO, § 387 Anm. 1; RG v.19.10.1898 - I. 381/98,RGZ 42, 138[141]; FG Berlin v. 08.06.1982 - VII 436/81, EFG 1983, 158 [159].

4 *Burmester*, Verrechnung von Steuerforderungen, S.13.

5 Vgl. Nachweise bei *Hipp*, Die Aufrechnung im öffentlichen Recht, S. 11 f.

6 Dig. de jure fisci 49.14 (Herm.) 46.5: "Ut debitoribus fisci, quod fiscus debet compensetur, saepe constitutum est: excepta causa tributoria et stipendiorum, item pretio rei a fisco emptae et quod es causa annonaria debetur". Vgl. auch *Fleiner*, Institutionen des Deutschen Verwaltungsrechts, S. 436.

7 *Pietzner*,VerwA 73 (1982),453 unter Hinweis auf das OLG Hamburg v. 28.02.1908, Recht 1908 Nr. 1516. Ähnlich das PrOVG i.S.d. überwundenen "Fiskuslehre", die die öffentliche Hand als Trägerin der Abgabenhoheit und als Schuldnerin privatrechtlicher oder als solcher verstandenen Ansprüche in unterschiedliche Rechtssubjekte aufspaltete, so daß eine Aufrechnung mangels Gegenseitigkeit ausschied, vgl. PrOVG v. 05.04.1900 - IV.C. 168/99, PrOVGE 37, 43 [45]; v. 03.03.1919 - IV.C. 102/09, PrOVGE 56, 130 [131]; v. 18.11.1919 - VII.C.51/19, PrOVGE 75, 182 [185]; v. 18.01.1921 - II.C. 29/20, PrOVGE 76, 139.

8 Vgl. *Hartmann*, VerwA 25 (1917), 389 [401 ff.]: "inkommensurable Grössen"; *Tezner*, VerwA 9 (1894), 520 [565]: "ungleichartige Forderungen"; *Fleiner*, aaO, S. 436. Dieses Kompensationsverbot für den Bürger galt insbesondere im Fall der Illiquidität der privatrechtlichen Gegenforderung.

des Rechts zugunsten des Bürgers dahingehend eingeschränkt, daß die "compensatio in causa fiscali"[9] zugelassen wurde, denn im Zeitalter der Aufklärung und der Entwicklung des Liberalismus ließen sich einseitig den Staat bevorzugende Normen nur noch schwer rechtfertigen[10].

So ist die materiell-rechtliche Zulässigkeit der Aufrechnung im öffentlichen Recht im Grundsatz heute allgemein anerkannt[11]. Dies gilt insbesondere auch im Steuerrecht aufgrund der jetzigen Kodifizierung in § 226 AO 1977 ohne Rücksicht auf die Person des Aufrechnenden[12]. Spätestens mit der steuergesetzgeberischen Meilensteinsetzung[13] des § 103 RAO 1919[14], der die Aufrechnung gegen Steueransprüche durch den Steuerpflichtigen kodifizierte, wurde die Bastion des "priviligium fisci" endgültig genommen und damit die Aufrechnung - auch des Steuerpflichtigen - als allgemein zulässiges Rechtsinstitut im Steuerrecht gesetzlich anerkannt[15]. Gleichwohl konnte sich nur auf Verlangen der Nationalversammlung die Aufrechnungsmöglichkeit für den Steuerpflichtigen in der neuen RAO manifestieren. Der Entwurf der RAO 1919 schloß eine Aufrechnung seitens des Steuerpflichtigen noch mit der Begründung aus, daß es bei Gestattung eines derartigen Rechtsinstituts zu einer Behinderung der Tätigkeit der öffentlichen Kassen kommen könnte. Bei der gesetzlichen Normierung wurde mit der Stellung des Steuerpflichtigen argumentiert. Diesem sollte nicht zugemutet werden, zur Erfüllung des damaligen Reichsnotopfers Vermögenswerte zu liquidieren, während ihm nach dem Versailler Friedensvertrag wegen der Beschlagnahme deutschen Auslandseigentums Entschädigungsfor-

---

9 "Si eadem statio quid debeat quae petit propter confusionem diversorum officiorum", lex. 1.C. 4,31, vgl. §§ 368, 369 Preuß.ALR I, 16; BayLandR Tl. IV. cap. 15. § 1 III; § 994 Sächs.BG; auch RG v. 03.03.1913 - V. 517/12, RGZ 82, 234. Hier wurde aus Gründen administrativer Zweckmäßigkeit, insbesondere zur Verhütung einer Verwirrung im öffentlichen Kassen- und Rechnungswesen gefordert, daß die Aufrechnungsforderung von derselben "Kasse" geltend gemacht werde, an welche die Leistung auf die finanzbehördliche (Haupt-)Forderung zu erfolgen habe. In gleicher Weise regelt im Zivilrecht § 395 BGB die Frage der Aufrechnung gegen eine Staatsschuld (als administrative Kautele).

10 *Hipp*, aaO, S. 10. Zur Entwicklung des Schutzzweckes des abgabenrechtlichen Kompensationsverbotes, vgl. *Pietzner*, VerwA 74 (1983), 59 [62 f.] m.w.N.

11 Vgl. grundlegend BGH v.11.01.1955 - I ZR 106/53, BGHZ 16, 124 [127], der zutreffend hervorhebt, daß eine "Gleichwertigkeit" der Forderungen dem Wesen der Aufrechnung fremd sei und die "Gleichartigkeit" des Leistungsgegenstandes allein entscheidend sei, unabhängig von Rechtsnatur und -grund der Forderungen; vgl. auch *Burmester*, aaO, S. 26 ff., 67 f.; Nachweise zur allgemein anerkannten Möglichkeit der Aufrechnung im öffentlichen Recht in BFH v. 03.04.1973 . VII R 89/70, BStBl. II 1973, 602 [603] = BFHE 109, 218; BVerwG v. 09.10.1959 - VII C 53/58, DVBl. 1960, 36.

12 Wenn sie auch in ihren Voraussetzungen und Konsequenzen im Detail noch umstritten ist.

13 Das *RG* hatte bereits in ständiger Rechtsprechung - v. 28.12.1900 - VII. 206/00, RGZ 47, 330 ff.; v. 21.11.1911 - VII. 169/11, RGZ 77, 411 [413]; v. 09.11.1912 - V. 203/12, RGZ 80, 371 [372]; v. 28.05.1918 - VII. 52/18, RGZ 93, 158 [159 f.]; v. 17.08.1937 - III 75/37, RGZ 155, 243 [245] - die materiell-rechtliche Zulässigkeit der Aufrechnung im öffentlichen Recht bejaht, gefolgt vom *BGH* v. 05.04.1952 - I ZR 123/51, BGHZ 5, 352 [354]; v.11.01.1955 - I ZR 106/53, BGHZ 16, 124 [127 f.]).

14 RAO 1919 v. 22.12.1919, in Kraft seit 23.12.1919, RGBl. I 1919, 1993; vgl. auch weitere spezialgesetzliche ö.r. Regelungen der Aufrechnung nach Inkrafttreten des Bürgerlichen Gesetzbuches wie z.B. §§ 223, 622, 1324 RVO, weitere Zitate bei *Behr*, DJZ 1916, 774 Anm.5. Nach *Pietzner*, VerwA 74 (1983), 59 [63] Fn. 78 stellen sich § 103 RAO 1919 und seine Nachfolgebestimmungen als teleogische Reduktion des alten Fiskalprivilegs durch den modernen Gesetzgeber aufgrund eines von der demokratisch-rechtsstaatlichen Verfassung nicht mehr gerechtfertigten Eingriffsüberschußes einer vergangenen Verfassungsepoche dar.

15 Der BFH v. 12.03.1963 - VII 98/61 U, BStBl. III 1963, 247 = BFHE 76, 678 [681] setzt aufgrund der inhaltsgleichen Vorschrift des § 124 RAO 1931 v. 22.05.1931, in Kraft seit 01.04.1932, RGBl. I 1931,161, der den Steuerpflichtigen berechtigte, gegen Steueransprüche mit unbestrittenen oder rechtskräftig festgestellten Gegenansprüchen aufzurechnen, das Aufrechnungsinstitut als anerkannt voraus; ebenso sieht der BayVGH v. 28.11.1957, Nr. 206 IV 53, A.U. S.14, in § 124 RAO 1931 die gesetzliche Anerkennung der Aufrechnung als Institut des Allgemeinen Verwaltungsrechts; vgl. auch *Pietzner*, VerwA 73 (1982), 453 [454 f.] Fn. 9 ff. m.w.N.

derungen gegen das Reich zustanden[16]. Aufgrund dessen galten § 103 RAO a.F. bzw. die wortgleiche Bestimmung des § 124 RAO 1931 lange Zeit als nicht verallgemeinerungsfähige Prinzipien. Für die überwiegende Ansicht ergibt sich damit kein Problem mehr in Bezug auf die materiell-rechtliche Zulässigkeit einer Aufrechnungsmöglichkeit privatrechtlicher mit und gegen öffentlich-rechtliche Forderungen[17].

Erläuternd neben § 103 RAO 1919 bzw. § 124 RAO 1931 traten die §§ 32 - 34 BeitrO[18], die zwar mit Ausnahme der §§ 1-3 keine Rechtsverordnung, sondern nur eine Verwaltungsanordnung darstellten[19] und infolgedessen keine Bindungswirkung entfalten konnten, aber denen doch ein entsprechender Gesetzeswillen zu entnehmen war. Sie ordneten die Aufrechnung erschöpfend für die Person des Steuerpflichtigen (§ 33 [20]) und die des Steuergläubigers (§ 32) als auch hinsichtlich ihrer Wirkungen (§ 34). Durch das EinführungsG zur AO 1977[21] ist zwar die BeitrO v. 23.06.1923 mit Wirkung zum 01.01.1977 außer Kraft gesetzt worden, in Anpassung der bisher angewandten Anweisungen, der BeitrO und der Vollziehungsanordnung an die AO 1977 konnten jedoch gemäß der Vorbemerkung zum Einführungserlaß der AO[22] die Vorschriften der BeitrO und Vollziehungsanweisung auch nach dem 01.01.1977 bis auf weiteres sinngemäß angewendet werden, soweit die AO 1977 oder auf ihrer Grundlage erlassene Weisungen nicht entgegenstanden.

Legt man die Gesetzeslage der §§ 124 RAO 1931, 33 BeitrO zugrunde, so ergaben sich für den Steuerpflichtigen vier Aufrechnungsmöglichkeiten:

Fall 1: Aufrechnung mit steuerrechtlichen Ansprüchen (z.B. Erstattungsansprüchen) gegen Steueransprüche des Fiskus:

zulässig unter den gesetzlich vorgesehenen Voraussetzungen, § 124 RAO.

Fall 2: Aufrechnung mit einem bürgerlich-rechtlichen Anspruch (z.B. Schadensersatzanspruch, Dienst-/Werklohn) gegen steuerrechtliche Ansprüche der Finanzbehörden:

zulässig gem. § 124 RAO.

Fall 3: Aufrechnung mit steuerrechtlichen Forderungen gegen zivilrechtliche Forderungen des Finanzamtes :

unzulässig, da weder § 124 RAO (§ 33 BeitrO) noch BGB zur Anwendung gelangten.

---

16 *Becker*, RAO-Komm., § 103 Anm. 1; *ders.* StuW 1924, Sp. 57 [59].

17 BGH v. 11.01.1955 - I ZR 106/53, BGHZ 16, 124 [127]; BFH v. 04.10.1983 - VII R 143/82, BStBl. II 1984, 178 [180] = BFHE 139, 487; v. 06.08.1985 - VII B 3/85, BStBl. II 1985, 672 = BFHE 144, 207 m.w.N.; *Wolff/Bachof*, Verwaltungsrecht I, § 44 III e 2; *Erichsen/Martens*, Allgemeines Verwaltungsrecht, § 30.

18 Steuerbeitreibungsordnung v. 23.06.1923, RMinBl. 1923, S. 595, in Kraft seit dem 01.01.1924 gem. Art. I der VO zur Einführung der BeitrO v. 05.07.1923.

19 BFH v. 30.09.1953 - II 167/52 S, BStBl. III 1953, 312 = BFHE 58, 54; *Kröger*, FR 1970, 498 [499].

20 § 33 BeitrO steht nicht im Widerspruch zu § 124 RAO, da nur von Steueransprüchen die Rede war, deren Entstehung wiederum § 3 StAnpG regelte und er den Anwendungsbereich des § 124 daher weder erweitern noch einengen konnte.

21 EinführungsG zur AO 1977 v. 14.12.1976, in Kraft seit 01.01.1977, BGBl. I 1976, 3341 = BStBl. I 1976, 694 [733], 8. Teil Art. 96 Ziff.10 und BT-Drucks. VI/3528.

22 Vom 01.10.1976 - IV A 7 - S 0015 - 30/76, BStBl. I 1976, 576 ff.

Fall 4: Aufrechnung mit bürgerlich-rechtlichen Ansprüchen gegen bürgerlich-rechtliche Ansprüche des Fiskus:

zulässig, aber unter Heranziehung der BGB-Vorschriften.

Nach der damaligen Gesetzesvorgabe[23] konnten somit die Steuerpflichtigen nur gegen "Steueransprüche" (vgl. Fall 3) aufrechnen, während § 226 AO 1977 die Aufrechnung nunmehr "mit und gegen Ansprüche aus dem Steuerschuldverhältnis" zuläßt, d.h. dem Steuerpflichtige auch[24] ein Aufrechnen gegen bürgerlich-rechtliche Ansprüche der Finanzbehörden ermöglicht wurde. Insofern wurde seine Aufrechnungsbefugnis erweitert[25], was in Anbetracht der Wahrscheinlichkeit eines steuerrechtlichen Erstattungsanspruches auf Seiten des Steuerpflichtigen einerseits und der durchaus bestehenden Möglichkeit zivilrechtlicher Forderungen des Fiskus (auch aus Abtretung bzw.Überleitung, vgl. heute z.B.§ 90 BSHG) andererseits notwendig erschien. Für ein Unterbinden der Aufrechnungsberechtigung des Steuerpflichtigen, das zu einer - umständlicheren - doppelt notwendigen Barzahlungsverpflichtung geführt hätte, war zudem kein einleuchtender Grund ersichtlich.

Von der Beschränkung der Steuerpflichtigenaufrechnung gegen bestimmte[26] Forderungen ist die Voraussetzung der "einwandfreien", der "hinreichend feststehenden Gegenforderung" des Steuerpflichtigen zu unterscheiden. Bei dieser letzteren Voraussetzung wurde der - u.U. sogar sachlich berechtigten - Angst der staatlichen Finanzverwaltung an der gesicherten öffentlichen Einkommenseinziehung Rechnung getragen, indem der (potentiellen) Behinderung der öffentlichen Einnahmeerzielung aufgrund Aufrechnung des Steuerpflichtigen mit ungewissen Gegenforderungen durch sachliche Beschränkung ein Riegel vorgeschoben wurde[27].

Bis zum Außerkraftsetzen von § 124 RAO 1931[28] wurde die Aufrechnungsbefugnis des Fiskus vom Gesetzgeber nicht erwähnt, auch nicht in einer "neutralen" Gesetzesfassung wie nunmehr in § 226 I AO 1977, der von der Aufrechnung mit und gegen Forderungen aus einem Steuerschuldverhältnis spricht, ohne nach der Person des Aufrechnenden hinsichtlich der allgemeinen Aufrechnungsbefugnis zu differenzieren. Aus § 103 bzw. § 124 RAO konnte man aber ebenfalls nicht - quasi im Umkehrschluß - auf eine Beschränkung der Aufrechnung nur für den Steuerpflichtigen schließen. Die Vorschriften waren vielmehr als Modifizierung der allgemein vorhandenen Aufrechnungsbefugnis für einen besonderen Sachverhalt zu verstehen[29]. Die finanzbehördliche Aufrechnungsmöglichkeit in entsprechender Anwendbarkeit der §§ 387 ff. BGB[30] wurde von der herrschenden Meinung[31] von

23 Nach *Tipke/Kruse*, § 124 RAO Tz. 2 regelte § 124 RAO nur den speziellen Fall der Aufrechnung gegen Steueransprüche, die Zulassung einer weitergehenden Aufrechnung sei i.S. einer "Gesetzeslücke" zu schließen; zweifelnd *Rössler*, NJW 1969, 494 [495].

24 Soweit seine Aufrechnungs-/Gegenforderung dem Steuerschuldverhältnis entspringt.

25 Wenn auch die begriffliche Fassung der "Ansprüche aus dem Steuerschuldverhältnis" weiterhin umstritten bleibt.

26 Gegen Steueransprüche und ihnen gleichgestellte Ansprüche.

27 Insoweit unklar BFH v. 03.04.1973 - VII R 89/70, BStBl. II 1973, 602 = BFHE 109, 218, der hinsichtlich seines Begründungsversuches für die inhaltliche Fassung des § 124 RAO nicht klar differenziert zwischen der Beschränkung auf Steuerforderungen u.ä. und dem Unbestrittensein bzw. rechtskräftigem Feststehen der Gegenforderung andererseits.

28 Durch das EinführungsG zur AO 1977, aaO, Art. 96 Ziff. 1, BStBl. I 1976, 694 [733].

29 Vgl. *Tipke/Kruse*, § 124 RAO Tz. 1; *Becker-Riewald-Koch*, RAO, Bd.I, § 124 Anm. 5 (1).

30 BFH v. 06.02.1973 - VII R 62/70, BStBl. II 1973, 513 = BFHE 108, 564.

31 BFH v. 12.03.1963 - VII 98/61 U, BStBl. III 1963, 247 = BFHE 76, 678; v. 26.10.1965 - VII 310/645, BStBl. III

[Fortsetzung nächste Seite]

jeher nicht bestritten; die entsprechende Gesetzesintention spiegelte sich in der Vorschrift des § 32 BeitrO wieder.
Die von *Becker-Riewald-Koch*[32] gegen diese finanzbehördliche "compensatio" geäußerten Bedenken verkennen die ratio des Aufrechnungsinstitutes, welches auch auf staatlicher Seite auf Vermeidung eines umständlichen Leistungsaustausches gerichtet ist. Letzterer wäre gerade im Falle der zwangsweisen Verwaltungsvollstreckung nicht zu vermeiden gewesen. Zieht man die zivilrechtlichen Vorschriften der §§ 387 ff. BGB zu Rate, aus denen sich Wesen, Voraussetzungen und Wirkungen der Aufrechnung ergeben, so setzt die Aufrechnung primär das wechselseitige Schuldner-Gläubiger-Verhältnis voraus, wonach zwei Personen sich gleichartige Leistungen schulden. Ist dies Verlangen nach einem wechselseitig verknüpften Forderungsverhältnis erfüllt, so sind keine Gründe für die Ablehnung einer Aufrechnungsbefugnis der öffentlichen Hand ersichtlich. Betrachtet man daneben die steuerrechtliche Gesetzesintention insgesamt, so erkennt man den Wunsch des Gesetzgebers nach einer möglichst schnellen und sicheren Steuereinziehung für die öffentliche Hand. So hemmt z.B. die Einlegung eines Rechtsbehelfes (als steuerrechtliche Besonderheit) grundsätzlich nicht die Abgabenerhebung (§§ 361 I AO, 69 I FGO, 80 II Nr.1 VwGO). Das öffentliche Interesse an der Hereinholung der Forderung wird damit also gesetzlich ausdrücklich anerkannt. Hiermit wäre es unvereinbar, die Aufrechnung durch die öffentliche Hand als Möglichkeit baldiger Erfüllung zu negieren[33].

B. Begriff und Funktion der Aufrechnung im Zivil- und im Steuerrecht

I. Begriff der Aufrechnung

Der Begriff der Aufrechnung ist ursprünglich ein bürgerlichrechtlicher Terminus; die §§ 387 ff. BGB gelten daher in ihrer unmittelbaren Anwendung nur für bürgerlichrechtliche Forderungen[34]. Man versteht hierunter im Zivilrecht die empfangsbedürftige, einseitige[35] Willenserklärung eines Schuldners gegenüber seinem Gläubiger, daß er eine Forderung des Gläubigers gegen den Schuldner (Haupt-/Passivforderung) durch Ausgleich mit einer ihm gegen den Gläubiger zustehenden Gegenforderung (Aufrechnungs-/Aktivforderung) zum Erlöschen bringen will. Hieraus resultiert im Bereich der Deckungsgleichheit eine wechselseitige Tilgung der gleichartigen Forderungen. Damit ist die typische Aufrechnungssituation - sowohl im zivilrechtlichen als auch im steuerrechtlichen Bereich - durch das Zusammentreffen zweier materieller Anspruchsverhältnissse gekennzeichnet, die nicht notwendigerweise etwas miteinander zu tun haben müssen, die aber zumindestens und gerade durch das Ziel der Forderungsverrechnung miteinander verknüpft sind.

1965, 719 [720] = BFHE 83, 607; v. 20.02.1968 - VII 327/64, BStBl. II 1968, 384 = HFR 1968, 344; v. 19.11.1968 - VII R 6/66, BStBl.II 1969, 178[179] = BFHE 94, 477; *Liman-Schwarz*, Das Steuerbeitreibungsrecht, Bd.I, vor § 32 Anm.3; *Mattern-Meßmer*, RAO, Rdn.815; *Spohr*, StuW 1939, Sp.661 [666]. *Hipp*, aaO, S.15, stützte die unbeschränkte Aufrechnungsbefugnis des Staates noch auf dessen Über-Unterordnungsverhältnis gegenüber dem Steuerpflichtigen.

32 *Becker-Riewald-Koch*, RAO, § 124 Anm.5, stellt die verfahrensrechtlichen Probleme bei bestrittener, rechtswegfremder Aufrechnung durch das FA und die - seines Erachtens - bessere Möglichkeit der Vollstreckungseintreibung dar.

33 Vgl. BFH v. 03.04.1973 - VII R 89/70, BStBl. II 1973, 602 [603] = BFHE 109, 218; kritisch hierzu *Martens*, StuW 1974, 155/156.

34 *Pietzner*,VerwA 73 (1982), 453 und VerwA 74 (1983),59; *Ehlers*, NVwZ 1983, 446.

35 Der parteiendispositive Verrechnungsvertrag wird nicht unter die gesetzliche Regelung der §§ 387 ff. BGB subsumiert. Ebensowenig darf die Aufrechnung zweier selbständig einander gegenüberstehender Forderungen mit der Anrechnung i.S. einer Verrechnung unselbständiger Rechnungsposten verwechselt werden, vgl. *Palandt*, aaO, § 387 Anm. 1b Rdn.2, Anm. 8 Rdn.19 f.

Vom Begriff der "Aufrechnung" an sich ist der Sinn der Aufrechnungserklärung zu unterscheiden. Sie soll noch keine verbindliche Entscheidung über den Eintritt der Aufrechnungsforderung treffen[36], sondern durch sie wird nach Prüfung der Aufrechnungsvoraussetzungen die notwendige Ausübung des Gestaltungsrechts mittels einseitiger, empfangsbedürftiger Willenserklärung vorgenommen. Die Aufrechnungswirkungen sind streng zu trennen von der Aufrechnungserklärung[37]; sie treten erst ein, wenn die sonstigen - materiell-rechtlichen - Voraussetzungen der Aufrechnung vorliegen.

II. Aufrechnungswirkungen

Die Aufrechnung verhindert damit wirtschaftlich den umständlichen tatsächlichen Austausch der beiderseits geschuldeten Leistungen[38] und stellt sich rechtlich als ein Schuldtilgungsakt eigener Art, als Erfüllungssurrogat[39] und zugleich als Befriedigungsakt dar, indem sie dem Schuldner die Möglichkeit eröffnet, seine Gegenforderung im Wege der Selbsthilfe/Selbstexekution durchzusetzen[40]. Das Recht zur Aufrechnung hat damit auch eine "Sicherungs- und Vollstreckungsfunktion"[41], denn stehen der Durchsetzbarkeit der Schuldnerforderung Hindernisse wie z.B. die Insolvenz des Gegners,

---

36 **A.A.** FG Hamburg v. 22.02.1983 - V 165/81, EFG 1983, 486: die Aufrechnungserklärung entfalte unmittelbare Rechtswirkungen auf den Forderungsbestand.

37 Ebenso der Begriff der "Aufrechnungslage", die zu dem Zeitpunkt eintritt, zu dem alle gesetzlich geforderten Aufrechnungsvoraussetzungen erfüllt sind und zum ersten Mal aufgerechnet werden kann; die Aufrechnungserklärung kann und wird i.d.R. nach Eintritt der Aufrechnungslage erfolgen. Entscheidend ist letztgenannter Zeitpunkt insbesondere für die Verjährungsfrage, da eine Aufrechnung nicht mehr möglich ist, wenn Verjährung bereits im Zeitpunkt der Aufrechnungslage eingetreten war. Im Urteil des BFH v. 18.03.1976 - V R 127/71, BStBl. II 1976, 438 [439] = BFHE 118, 163, geht er zumindestens mittelbar von einer Differenzierung zwischen der Aufrechnungserklärung und den hierauf folgenden Aufrechnungswirkungen (als Folge einer Aufrechnungslage i.S.v. § 389 BGB) aus.

38 Vgl. RdF-Erlaß v. 30.07.1936 - O 2150 - 66 III Ziff.3: "Der Steuereinzug bei Steuerschuldnern, die selbst Geldforderungen gegen das Reich haben, geschieht dort, wo Bedenken gegen die Zahlungsbereitschaft des Steuerschuldners bestehen, am besten durch Aufrechnung. Denn wenn der betreffende Steuerschuldner eine Forderung ausbezahlt erhält,ohne daß sich das Reich wegen seiner Steuerforderung daran schadlos hält, so besteht die Möglichkeit, daß das Geld für andere Zwecke verwendet wird und Beitreibungsmaßnahmen erforderlich werden, die bei der Aufrechnung hätten vermieden werden können und die u.U. erfolglos sind". Ähnlich die Vfg. der OFD Frankfurt a.M. v. 01.08.1977 - S 0456 - , in der die Finanzämter zum grundsätzlichen Gebrauch der Aufrechnungsmöglichkeit angehalten werden, WK-Komm., § 226 AO Anm. 4; der BayVGH v.27.04.1959 - Nr.69 III 58, VGHE 12, 75/77; das FG München v.21.07.1983 - X 2/80, EFG 1984, 103 [104], sieht das "Wesen der Aufrechnung in der Tilgungserleichterung für den Schuldner durch Aufdrängen eines Erfüllungssurrogates und in der Durchsetzbarkeitserleichterung für den Gläubiger, der durch außergerichtlichen Selbsthilfezugriff Befriedigung erlangt; BFH v. 19.10.1982 - VII R 64/80, BStBl. II 1983, 541 [542] = BFHE 138, 308; *Meier-Branecke*, AöR 50 (1926), 230 [273]; *Ehlers*, NVwZ 1983, 446; *Buhmann*, MDR 1984, 983.

39 Nicht Erfüllung, denn der Gläubiger erhält durch sie nicht den geschuldeten Leistungsgegenstand sondern nur Tilgung seiner Schuld; vgl. u.a. *Pietzner*, VerwA 72 (1982), 453 [456]; *Martens*, StuW 1989, 69 [78] Fn. 86; *Burmester*, aaO, S. 14/18/21, *Hundt-Eßwein*, DStR 1987, 575; *Palandt*, aaO,§ 387 Anm. 1a Rdn.1; RG v. 05.03.1928 - IV 682/27, RGZ 120, 280; FG München v. 21.07.1983 - X 2/80, EFG 1984, 103 [104].

40 *Burmester*, aaO, S. 15 m.w.N., hebt als ratio der §§ 387 ff. BGB insbesondere die Herbeiführung eines gerechten Interessenausgleiches zwischen denjenigen, die sich in der Doppelrolle als Schuldner und Gläubiger gegenüberstehen, hervor. Ähnlich *Bötticher*, Die "Selbstexekution" im Wege der Aufrechnung und die Sicherungsfunktion des Aufrechnungsrechts, S.95. Die Motive zum Entwurf eines Bürgerlichen Gesetzbuches für das Deutsche Reich, Bd. II, Recht der Schuldverhältnisse, S. 108, 113 sprechen von der "Selbstexekution" des Aufrechnenden und einer "aufgezwungenen Befriedigung" für den Aufrechnungsgegner; vgl. auch BGH v. 26.05.1971 - VIII ZR 137/70, NJW 1971, 1563; v. 28.04.1987 - VI ZR 1, 43/86, NJW 1987, 2998.

41 Vgl. *Bötticher*, aaO, S. 100/109, der insbesondere auch auf die Verwandtschaft des Aufrechnungsrecht mit dem Pfandrecht ["Pfandrecht am eigener Schuld"] hinweist: "Retionsrecht gibt nur Sicherung, Pfandrecht gibt Befriedigung durch die Schuld eines anderen, Kompensationsrecht gibt Befriedigung durch eigene Schuld."

die Gefahr des Verjährungseinwandes[42], die Abtretung bzw. Beschlagnahme entgegen, so kann sich der "Schuldner-Gläubiger" mit Hilfe der Aufrechnung befriedigen[43]. Die Vorteile der Aufrechnung sind damit einerseits Schuldtilgung der eigenen Schuld ohne tatsächliche (Bar-)Leistung, andererseits immer Befriedigung der eigenen Forderung selbst bei zweifelhafter Durchsetzbarkeit z.B. aufgrund wirtschaftlicher Verhältnisse. Diese - mögliche - Konfliktsituation zwischen Bürger und Hoheitsträger kommt insbesondere bei "längerdauernden Leistungsbeziehungen" in Betracht, deren Folgeansprüche dem Bürger zumeist nach dem Gesetz, dem Hoheitsträger dagegen infolge Überzahlung erwachsen.

Die strukturelle Eigenart, die "Symmetrie des Aufrechnungsinstituts"[44] in seiner Doppelfunktionalität hinsichtlich der sich gegenüberstehenden Forderungen und der an der Aufrechnung Beteiligten in ihrer beiderseitigen Gläubiger-Schuldner-Rolle bilden die Basis für die Beurteilung der Aufrechnungszulässigkeit und ihrer Einordnung als Rechtsinstitut im - besonderen - Verwaltungsrecht.

Entsprechend der Stellung der als Gläubiger und Schuldner beteiligten Personen gestalten sich damit Tilgungs-, Befriedigungs- und Sicherungsfunktion. Streitig ist hierbei die im Vordergrund stehende Funktion[45]; die *h.M.* betrachtet ihre Rolle als Erfüllungsersatz - abgeleitet auch aus der systematischen Stellung im BGB[46] - als maßgeblich, während der Gedanke der Befriedigungs- und Sicherungsfunktion vorherrschend in den konkursrechtlichen Bestimmungen der §§ 53 - 56 KO,§ 54 VerglO zum Ausdruck kommt und von den Prozessualisten zum Zwecke einer "privaten Zwangsvollstreckung"[47] hervorgehoben wird. Der Disput um ein "Vorrangverhältnis" der bei der Aufrechnung untrennbar verknüpften Zweckbestimmungen mag an dieser Stelle auf ein Benennen derselben beschränkt bleiben[48]. Angesichts der Gegenläufigkeit der aufrechenbaren Forderungen und der damit zusammenhängenden Rollenverbindung auf beiden Seiten sowie der Doppelbedeutung der Aufrechnungserklärung kann jedoch niemals eine diesen Aspekt außer Acht lassende Regelung getroffen werden. Die Aufrechnung ist eben nicht (wie etwa die Verwaltungsvollstreckung) einseitig hoheitlich orientiert, sondern im Hinblick auf ihre gestalterischen Rechtsfolgen einem synallagmatischen Verhältnis vergleichbar, welches ausgerichtet ist auf eine beiderseitige "Wechselwirkung".
Jedenfalls spielt das Institut der Aufrechnung im öffentlichen Recht und speziell im Steuerrecht keine geringere Rolle als im Privatrecht. Es kann und hat nicht im Interesse des Gesetzgebers gelegen, daß jemand, der vom Staat 1000,- DM zu fordern hat und zugleich 1000,- DM an den staatlichen Fiskus zahlen muß, sich zunächst 1000,- DM zu besorgen hat, um sie dem Kassenbeamten auszuhändigen, welcher dann wiederum dieselben Scheine zurückgibt. Das rechtspolitisch legitime Bedürfnis, For-

---

42 Aber § 226 II AO.

43 Vgl. insbesondere §§ 53 f. KO, §§ 392, 394 BGB, die die Sicherungs- und Befriedigungsrechte des Gläubigers belegen. *Burmester*, aaO, S. 16, will den im Konkursrecht zum Ausdruck kommenden Sicherungszweck für den Gläubiger auch allgemein besonders hervorgehoben wissen.

44 *Bötticher*, aaO, S. 95.

45 *Staudinger-Kaduk*, aaO, vor §§ 387 ff. Rz. 11 ff. m.w.N.; *Burmester*, aaO, S. 14 ff.

46 Ebenso auch im Steuerrecht, wo die Aufrechnung im Rahmen des 5.Teils (Erhebunsverfahren) im Unterabschnitt "Zahlung, Aufrechnung, Erlaß" geregelt ist, d.h. sie gilt prinzipiell auch in der AO 1977 als Surrogat der Barzahlung, vgl. §§ 224 f. AO.

47 *Lüke/Huppert*, JuS 1971, 165 [170].

48 Vgl. ausführlich hierzu *Burmester*, aaO, S. 13 - 18. Ursprünglich vertreten wurde die sog. "Befreiungstheorie", d.h. die Tilgungsfunktion war das wesentliche Element, vgl. *Oertmann*, AcP 113, 376 ff. Eine **a.A.** hebt die Gläubigerstellung hervor: sog. "Befriedigungstheorie", vgl.*Weigelin*, Das Recht zur Aufrechnung als Pfandrecht an der eigenen Schuld, 1904, S. 44 ff.; *Bötticher*, aaO, S. 95 ff.; *Staudinger-Kaduk*, aaO, vor §§ 387 ff. Rz. 19 ff. m.w.N. Die neuere Auffassung betont zutreffend beide Funktionen (Doppelfunktionalität), vgl. *Burmester*, aaO.

derungen nicht allein über den Weg der Barzahlung begleichen zu müssen, sondern sich des Aufrechnungsinstitutes als Erfüllungsersatz und Mittel zur Selbstexekution bedienen zu dürfen, ist sowohl auf Seiten des Bürgers als auch auf Seiten des Staates anzuerkennen, wenn die Möglichkeit besteht, durch Verrechnung Ansprüche gegen den gleichen Partner durchzusetzen bzw. eigene Schulden zu tilgen[49]. Denn trotz der Besonderheiten, der inneren Natur des öffentlichen Rechts, insbesondere auch des Steuerrechts, kann die bei der Aufrechnung im Vordergrund stehende sachlich-innere Gleichartigkeit des Vorgangs der Zahlung bzw. des Zahlungssurrogates auf beiden Rechtsgebieten lediglich zu der Frage nach den Grenzen/Modifikationen einer Transformation führen[50].

III. Vorrangverhältnis oder wechselseitig bedingte rechtliche Gleichberechtigung der Aufrechnungsparteien?

Wichtig für die Frage nach der Rechtsnatur der finanzbehördlichen Aufrechnungserklärung ist offensichtlich das wechselseitige Gläubiger-Schuldner-Verhältnis, das für jeden[51] Beteiligten - wesensimmanent - die oben genannten Aufgaben verwirklicht. Ein "Vorrangverhältnis" hinsichtlich der Aufrechnungsbefugnis wurde weder zugunsten des Fiskus noch zugunsten des Bürgers geschaffen, d.h. im Rahmen eines gegenseitigen Forderungsverhältnisses zwischen steuerpflichtigem Bürger und finanzbehördlichem Steuergläubiger stehen sich i.S. eines Aufrechnungsverhältnisses beide Beteiligten grundsätzlich gleichberechtigt gegenüber, unabhängig davon, ob die Aufrechnung seitens des Bürgers oder seitens der Behörde erfolgt, ob mit einer privatrechtlichen gegen eine öffentlich-rechtliche (§ 395 BGB), mit einer öffentlich-rechtlichen gegen eine privatrechtliche oder mit einer öffentlich-rechtlichen gegen eine öffentlich-rechtliche Forderung aufgerechnet wird. Es wäre auch nicht einzusehen, warum unterschiedliche Aufrechnungsfolgen eintreten sollten, je nachdem ob zuerst die Behörde oder der Steuerpflichtige die Aufrechnung erklärt hat.
Auf der prozessualen Seite wird dies noch verdeutlicht durch den als Ausnahme im System der Rechtskrafterstreckung zu wertenden § 322 II ZPO, der entsprechend auch im Steuerrecht Anwendung findet und der unabhängig von der Person des Aufrechnenden diesen seinem "Gegenspieler" - hinsichtlich der Rechtskrafterstreckung auch auf die Aufrechnungsforderung - gleichstellt. Mit dem Erbringen der Leistung bzw. des Erfüllungssurrogates erschöpft sich das Forderungsverhältnis, unabhängig etwa von einer hoheitlichen (weil steuerrechtlichen) Forderungsinhaberschaft des aufrechnenden Finanzamtes. Die Aufrechnung selbst ist von Forderungsnatur und -rechtsgrund unabhängig, d.h. die Aufrechnungsbefugnis erwächst nicht etwa privatrechtlich bzw. öffentlich-rechtlich hoheitlich aus dem jeweiligen Forderungsrechtsgrund, sondern leitet sich einzig und allein aus der - verrechenbaren - Forderungsrelation zwischen den Beteiligten ab.

Interessant ist in diesem Zusammenhang auch die von *Schmidt*[52] angebrachte Differenzierung bzgl. der Funktion als Erfüllungssurrogat. Danach sei die rechtliche Gleichordnung von Aufrechnendem (Schuldner) und Aufrechnungsgegner (als Gläubiger der Gegenforderung) noch vertretbar, nicht hingegen bei der Aufrechnungsfunktion als Vollziehungssurrogat mit der verwaltungsrechtlichen Besonderheit, daß hier - anders als bei der zivilrechtlichen Aufrechnung, die nur Klagbarkeit voraussetze - mit dem Rückforderungs-/(Steuer-)Leistungsbescheid ein Vollstreckungstitel gegeben sei. Die Auf-

49 *Burmester*, aaO, S. 22 f., weist auf die innerbehördlichen sich saldomäßig auswirkenden Umbuchungen zwischen den zuständigen Amtskassen zum Zwecke des Ausgleiches hin.
50 *Burmester*, aaO, S. 21.
51 Vgl. *Söhn*, StRK - Anm. AO 1977, § 226 R. 4.
52 *Schmidt*, JuS 1984, 28 [32].

rechnungserklärung regele hier ein bestehendes und unbestreitbar hoheitliches Rechtsverhältnis zwischen Vollstreckungsbehörde und Vollstreckungsschuldner. Ein durch eine hoheitliche Maßnahme begründetes verwaltungsrechtliches Verhältnis könne einseitig von der Behörde nur ebenso "hoheitlich" beendet oder sonst verändert werden ("einheitlich öffentlich-rechtliche Betrachtungsweise"). *Schmidt* verkennt jedoch, daß die Finanzbehörde bei der Wahl der Aufrechnungsalternative zur Forderungsdurchsetzung gerade nicht im hoheitlich vollstreckungsrechtlichen Sinne tätig werden wollte[53]. Die Aufrechnung ist nicht als Vollstreckungsmaßnahme zu qualifizieren[54], sondern ist dem Erhebunsverfahren zuzuordnen[55]. Damit ist die Finanzbehörde nicht zwangsläufig gezwungen, den einseitig hoheitlichen Weg einzuschlagen. Auch der "actus contrarius-Standpunkt" von *Schmidt* gebietet eine solche Vorgehensweise nicht. Ebenso ist das Argument *Schmidts,* daß zumindestens die Vollziehungfunktion der Aufrechnung einen hoheitlichen Charakter der Aufrechnung in ihrer Gesamterscheinung bedinge, widerlegbar, denn sowohl Erfüllungs- als auch Selbstbefriedungsfunktion stellen sich im Verhältnis der Gleichordnung zwischen Schuldner und Gläubiger dar.

Die zum Teil für eine Unzulässigkeit der Aufrechnung seitens eines Privaten gegenüber einer - staatlichen - öffentlich-rechtlichen Forderung vorgebrachten Argumente wie z.B. entgegenstehendes öffentliches Interesse[56] und die fehlende Gleichartigkeit[57], insbesondere die fehlende Gleichwertigkeit der beteiligten Forderungen[58], spiegeln primär Bedenken hinsichtlich der "Ungleichheit" der beteiligten Forderungsinhaber mit "verschiedenartigen Interessen" wieder, ohne zu erkennen, daß beim Institut der Aufrechnung deren materiell-rechtliche Zulässigkeit unter Verzicht auf die Beachtung der verschiedenartigen Forderungsinhaber als Rechtspersonen zu bejahen ist. Auch greift das Argument des gefährdeten öffentlichen Interesses nicht, denn diesem ist - als Handlungsalternative zur Aufrechnung - nicht unbedingt mit hoheitlichen Vollstreckungsmaßnahmen gedient. Dies gilt insbesondere dann, wenn sich der als solvent einzustufende staatliche Fiskus gegen die Forderungseintreibung des Bürgers zur Wehr setzen muß. Gerade in dieser Konstellation wird deutlich, daß es dem Fiskus durchaus nicht immer zum Nachteil gereichen muß, wenn eine - beiderseitige - Aufrechnungsmöglichkeit bejaht wird: seine Forderungseintreibung wird zeit- und kostensparender, er selbst wird nicht der Gefahr ausgesetzt, aufgrund Vermögenslosigkeit des Steuerpflichtigen mit seiner Forderung auszufallen, während er dem Bürger zur Zahlung dessen Forderung verpflichtet bleibt. Im Zusammenhang mit der Sicherung des staatlichen Interesses am öffentlichen Budget ist vom Gesetzgeber gem. § 124 RAO und § 226 III AO 1977 die notwendige Schranke für den aufrechnungsbefugten Steuerpflichtigen geschaffen worden, so daß die staatliche Forderungsdurchsetzung nicht durch ungewisse Aufrechnungsforderungen des steuerpflichtigen Bürgers behindert wird. Auch "verliert" der Fiskus mit einer Aufrechnung keine Mittel, denn durch die Schuldtilgung tritt für ihn ebenfalls - wirtschaftlich betrachtet - eine Vermögensmehrung ein, die

---

53 Hierzu hätte sie den - einseitigen - Weg der Verwaltungsvollstreckung einschlagen können und müssen.

54 BFH v. 07.03.1967 - VII 164/62, BStBl. III 1967, 381 = BFHE 88, 311; BVerwG v. 13.10.1971 - VI C 137.67, DÖV 1972, 573.

55 BFH v. 18.03.1976 - V R 127/71, BStBl. II 1976, 438 = BFHE 118, 163.

56 "... es bestehe ein öffentliches Interesse daran, daß eine Forderung eines Subjekts hoheitlicher Gewalt ohne Behinderung eingetrieben werden könne; das staatliche Interesse an der sicheren Erreichung bestimmter Verwendungszwecke - hier Sicherung des öffentlichen Haushalts durch Steuermittel - vertrüge sich nicht mit der Zulassung von Einwendungen aus anderen Rechtsverhältnissen.", vgl. *Hartmann*, DJZ 1912, 1519, *ders.* VerwA 25 (1917),389 [409]; *Herrmann*, DJZ 1927, Sp.879 [880]; *Tezner*, AöR 9 (1894), 325 [388]: öffentliche Zahlungspflichten seien "absolut".

57 Gemeint ist hier nicht die Gleichartigkeit des Leistungsgegenstandes "Geld".

58 *Hartmann*, aaO, Fn.56: "inkommensurable Größen"; *Tezner*, aaO, Fn.56; *Hipp*, aaO, S. 36.

per Saldo zu keinem Vermögensverlust führen kann[59].

Die Funktion der Aufrechnung als Erfüllungssurrogat, Tilgungs- und Sicherungsmittel tritt damit zwischen verschiedenen Hoheitsträgern wie auch im Verhältnis Staat - Bürger ein, d.h. dem Aufrechnenden - unabhängig von seiner privatrechtlichen/öffentlich-rechtlichen Stellung als Rechtssubjekt - wird die der Aufrechnung wesensimmanente einseitige Verrechnungsbefugnis zugestanden. Hier zeigt sich die dem Bürger aufgrund der gesetzlich vorgesehenen steuerrechtlichen Aufrechnungsmöglichkeit eingeräumte "Sonderstellung" gegenüber dem staatlichen Fiskus, da er ohne staatlichen Bewilligungsakt (VA) über dessen (den staatlichen) Forderungsbestand "verfügen"[60] kann, indem er nicht nur die gegen ihn gerichtete Hauptforderung des Fiskus tilgen, sondern sogar aus eigener Initiative heraus die Befriedigung seiner eigenen Gegenforderung gegenüber dem Staat "erzwingen kann"[61]. Sieht man den Fiskus als staatlichen Hoheitsträger mit dem grundsätzlichen Vorrecht der Selbsttitulierung und Selbstvollstreckung an, so verdeutlicht die im Fall der Aufrechnung eingeräumte "Selbstexekutionsmöglichkeit" für den Bürger einen den bürgerlichrechtlichen Schuldverhältnissen vergleichbaren Anspruchs- und Schuldtilgungsbegriff im Sinne einer Gleichordnung der beteiligten Rechtssubjekte. Der Bürger wird damit - angepaßt an die zivilrechtliche Funktionsbestimmung der Aufrechnung - ausnahmsweise aus dem öffentlich-rechtlichen Prinzip der staatlichen Hoheitsvorrechte hinsichtlich der Anspruchsverwirklichung und -durchsetzung herausgehoben und im Rahmen der Anspruchs<u>erfüllung</u>[62] und damit mittelbar auch der -befriedigung dem Fiskus gleichgeordnet gegenübergestellt. Erlaubt man dem Steuerpflichtigen schon ohne vorangegangene staatliche Bewilligung eine dem Finanzamt aufgezwungene Tilgung mit gleichzeitiger Selbstbefriedigung, so wäre es hiermit und dem System der Aufrechnung nicht vereinbar, dem Staat durch

---

59 *Burmester*, aaO, S. 22: Saldomäßig ginge dem Staat nichts verloren, da er nur mit Mitteln rechnen und kalkulieren könne, die er tatsächlich verfügbar habe.

60 Vgl.*v. Feldmann*, in Münch.Komm.,aaO, § 387 Rdn. 1, 19. *Bötticher*, aaO, S.96 f. differenziert - unter Hinweis auf RG v.14.03.1898 - VI 371/97, RGZ 41, 51[53] - zu Recht zwischen der Verfügung des Aufrechnenden über seine Gegenforderung und der nur mittelbaren, einer Verfügung nicht gleichkommenden Auswirkung auf die Hauptforderung des Aufrechnungsgegners.

61 *Neupert*, JuS 1978, 825 [826], unter Hinweis auf § 395 BGB für privatrechtliche Schuldverhältnisse zwischen dem Bürger und dem Staat als Fiskus.

62 Geht man von der grundsätzlichen Ausgangslage im Steuerrecht aus, daß sich zur Verrechnung <u>Geldforderungen</u> gegenübertreten, so kann man festhalten, daß wohl kaum sonst die Eigenart des öffentlichen Rechts gegenüber dem privaten Recht so wenig in Erscheinung tritt wie gerade beim <u>Vorgang der Zahlung</u> bzw. der Tilgung über das Erfüllungssurrogat der Aufrechnung. Die Zahlung selbst als gesetzlicher Regelungstatbestand der Erfüllung von Geldforderungen stellt nur einen Realakt dar, eine vergleichbare Wirkung (vgl. BVerwG v. 27.10.1982 - 3 C 6/82, NJW 1983, 776) muß damit auch dem Erfüllungssurrogat der Aufrechnung zukommen; die Aufrechnungserklärung selbst ist kein "Leistungsbefehl", sondern vielmehr die Ausübung eines Gestaltungsrechtes, dessen Erfüllungswirkung nicht der Verwirklichung über das Mittel der Verwaltungsvollstreckung bedarf. Das Bestehen des ö.r. Steuerschuldverhältnisses über die Abgabenpflicht des Bürgers ist zu unterscheiden von der rein tatsächlichen Zahlung bzw. Tilgung dieser Abgabensumme im Wege der Aufrechnung, für die dieses steuerrechtliche Verhältnis nur den Rechtsgrund darstellt, vgl. u.a. *Tipke/Kruse*, § 226 AO Tz.19. Wenn *Schmidt*, JuS 1984, 28 [32 f.] die Aufrechnung mit einer in einem Leistungsbescheid konkretisierten Gegenforderung quasi als *"actus contrarius"* (besser:"actus successum") des durch eine hoheitliche Maßnahme begründeten Steuerschuldverhältnisses betrachtet und dementsprechend auch die "Auflösung" dieses Steuerschuldverhältnisses durch Aufrechnung als hoheitlich ansieht, so übersieht er damit die insbesondere auch im Steuerrecht hervortretende scharfe Trennung zwischen Forderungsbegründung (Festsetzungsverfahren) und Forderungsbeanspruchung (Erhebungsverfahren). *Ehlers*, Verwaltung in Privatrechtsform, S. 466 Fn. 262 m.w.N., hebt zu Recht hervor, daß sich "actus" und "actus contrarius" keineswegs und notwendigerweise gleichen müssen und zudem die Aufrechnung in ihrer Doppelfunktionalität nicht nur der Durchsetzung der durch VA festgesetzten Steuer (als Gegenforderung), sondern zugleich auch (in erster Linie) der Erfüllung der Hauptforderung diene. Vgl. auch *Pietzner*, JA 1973, 117 [120]: Spiegelbild zum ö.r. Steueranspruch sei nicht dessen Hoheitlichkeit, sondern allein der <u>ö.r.</u> Charakter des Anspruches.

eine hoheitliche VA-Aufrechnungsbefugnis erneut eine "Vorrangposition" gegenüber dem Steuerpflichtigen einzuräumen. Denn dann würde dessen einseitiges Aufrechnungsverfügungsrecht durch einen hoheitlichen Regelungscharakter gegenüber dem - nicht hoheitlich regelungsfähigen - Verfügungsrecht des Bürgers verstärkt.

IV. Die entsprechende Anwendung der §§ 387 ff. BGB bei der Aufrechnung im Steuerrecht

Die Übertragbarkeit[63] des Grundgedankens des zivilrechtlich begründeten Aufrechnungsinstituts auch ins öffentliche speziell ins Steuerrecht ist unbestritten; im Steuerrecht wurde mit der nunmehrigen Regelung des § 226 AO 1977 der Streit[64] darüber beendet, ob die §§ 387 ff. BGB unmittelbar, analog oder als Ausdruck eines allgemeinen Rechtsgedankens anzuwenden sind. § 226 I AO ordnet ausdrücklich an, daß für die Aufrechnung mit Ansprüchen aus dem Steuerschuldverhältnis sowie für die Aufrechnung gegen diese Ansprüche die Vorschriften des BGB sinngemäß gelten, sofern nichts anderes bestimmt ist und sie mit dem Steuerrecht vereinbar sind[65]; er folgt damit der ***neueren Rechtsprechung***[66]. Die (Pauschal-)Verweisung auf die Vorschriften des bürgerlichen Rechts ist aus gesetzestechnischen Gründen auch zweckmäßig, weil die steuerrechtlichen Modifikationen ohne weiteres in wenigen Sätzen formuliert werden konnten.
Mit der entsprechenden Heranziehung der BGB-Vorschriften über Voraussetzungen und Wirkungen der Aufrechnung ist aber noch nichts Definitives darüber ausgesagt, inwieweit die hoheitliche Steuerrechtssphäre Modifizierungen fordert, in welchem (Vorrang-)Verhältnis privatrechtliche Regelungen und steuerrechtliche Grundlagen zueinander stehen, d.h. ob und wann etwa die besondere Rechtsstellung eines an der Aufrechnung beteiligten Hoheitsträgers eine andere als die im Zivilrecht getroffene Regelung gebietet?

1. Verhältnis von Privat- und Steuerrecht

Seit den Anfängen des Steuerrechts in den 20er Jahren nimmt die Diskussion um die Frage der Stellung des Bürgerlichen Rechts zum Steuerrecht und die daraus resultierenden Folgen eine entscheidende Stellung im steuerrechtlichen Schrifttum und in der Rechtsprechung ein. Die Abhandlung von *Ball*[67] steht am Anfang eines viel belebten und beliebten Disputs, in dem die Maßstäbe sich zwischen

---

63 Die Heranziehung der Regelungen des Bürgerlichen Rechts auf die ö.r./steuerrechtliche Aufrechungserklärung setzt nicht nur die Zulässigkeit des Rückgriffs auf das Privatrecht voraus, sondern auch die Vereinbarkeit der in diesen Bestimmungen zum Ausdruck kommenden Grundsätze mit den sich aus den vorhandenen ö.r./steuerrechtlichen Normen ergebenden Prinzipien. Entscheidend ist die Vergleichbarkeit der Interessenlage, wobei gewisse, speziell das Steuerrecht auszeichnende Prinzipien wie etwa die inhaltliche Bindung an die Verfolgung öffentlicher Interessen durch die (entsprechende) Anwendbarkeit privatrechtlicher Rechtssätze nicht beiseite geschoben werden dürfen.

64 Vgl. *Burmester*, aaO, S. 24 Fn. 41 - 43 mit ausführlichen Nachweisen.

65 BFH v. 19.11.1968 - VIII R 6/66, BStBl. II 1969, 178 = BFHE 94, 477; FG Hamburg v. 27.01.1987 - IV 37/86 H, EFG 1987, 279: unter Beachtung der Besonderheiten des öffentlichen Rechts, insbesondere, daß ö.r. Ansprüche i.d.R. kraft Gesetzes entstehen, sei eine Übertragung nur in den Grenzen der Wahrung von "Sinn und Zweck" des öffentlichen Rechts zulässig.

66 Ab BFH v. 12.03.1963 - VII 98/61 U, BStBl. III 1963, 247 = BFHE 76, 678; v. 26.10.1965 - VII 310/64 S, BStBl. III 1965, 719 = BFHE 83, 607. Die frühere Rspr. ging zum Teil von einer direkten Anwendung aus, vgl. BFH v. 10.11.1953 - I 108/52 S, BStBl. III 1954, 26 = BFHE 58, 294; v. 11.08.1954 - II 102/54 U, BStBl. III 1954, 291 = BFHE 59, 214; v. 09.12.1954 - II 178/54 S, BStBl. III 1955, 32 = BFHE 60, 84.

67 *Ball*, Steuerrecht und Privatrecht; ihm folgend *Enno Becker*, StuW 1924, 1005; StuW 1932, 481 ff.; StuW 1934, 299 ff.; StuW 1939, 745 ff.; *ders.* RAO Komm., § 4 Anm. 24 f.. Sie vertraten eine vollkommene Abnabelung des

[Fortsetzung nächste Seite]

dem Postulat der "Eigenständigkeit des Steuerrechts" bis hin zur "Maßgeblichkeit/Primat des Privatrechts" bewegen und so eine Bandbreite verschiedenster Variationsmöglichkeiten eröffnen.

Ausgehend von der grundsätzlich inneren Verschiedenheit und der daraus resultierenden Trennung zwischen Zivilrecht und Steuerrecht als einem Teilgebiet des öffentlichen Rechts[68] mit eigenen Rechtsfiguren und -prinzipien, ist eine gewisse "Systemkonformität", eine An- und Verknüpfung der beiden Rechtsgebiete unübersehbar und unvermeidlich[69]. Das Zivilrecht regelt die Beziehungen einzelner Privater auf der Ebene der Gleichordnung und Selbstbestimmung, das Steuerrecht als Teilgebiet des öffentlichen Rechts bestimmt demgegenüber die - öffentlich-rechtliche - Rechtsbeziehung zwischen den steuerberechtigten Körperschaften und den Privaten grundsätzlich auf der Basis der Über-Unterordnung. Daraus folgt die Schwierigkeit für die Wesensbestimmung, soweit man die Aufrechnung vor allem im Verhältnis zum VA als Mittel der Forderungsdurchsetzung im Subordinationsverhältnis betrachtet. Das Steuerrechtsverhältnis ist geprägt durch die Beteiligung eines staatlichen Rechtssubjekts mit prinzipiell verschiedenartigem Status, insbesondere ist das staatliche (steuerrechtliche) Handlungsspektrum durch spezifische Handlungsformen und unterschiedliche Handlungsmaßstäbe - resultierend aus der Rechtspersönlichkeit des Forderungsinhabers[70] - geprägt. Problematisch wird das Anwendungsverhältnis, wenn sich der Fiskus speziell als Inhaber hoheitlicher Forderungspositionen, d.h.Steuerforderungen, solcher Handlungs- und Gestaltungsformen bedient, die im Zivilrecht entwickelt wurden und dort typischerweise Anwendung finden, aber aufgrund "Regelungslücken" im öffentlichen Recht[71] in entsprechender Anwendung dorthin übertragen werden können. Die Eigentümlichkeit des Steuerrechts, dessen Befugnisse vorwiegend verpflichtender Natur sind, müssen hierbei - bei privatrechtlicher Analogie - besonders berücksichtigt werden. Insbesondere werden die finanzbehördlichen Aktivitäten im Steuerrecht flankiert von § 5 AO oder allgemeiner ausgedrückt: die Beliebigkeit des privatrechtlich-autonom orientierten "Zugriffes" nach § 226 AO durch die Finanzbehörde ist durch die im Steuerrecht geltenden allgemeinen Verwaltungsgrundsätze über ermessensfehlerfreie Handlungen substituiert.

Der ursprünglich von *Otto Mayer*[72], *Hartmann*[73], *Hofacker*[74] u.a. vertretenen Ablehnung jeglicher Übernahme privatrechtlicher Rechtsbestimmungen und -institute ins öffentliche Recht, abgemildert

---

Steuerrechts vom Zivilrecht (Theorie des selbständigen Steuerrechtssystems) und nahmen lediglich im Wege eines "Notbehelfes" Rückgriff auf zivilrechtliche Begriffe, wenn dem Steuerrecht eine eigene Terminologie fehle.

68 Vgl. die rechtshistorische Herleitung dieser "Trennung" im Vergleich der römischen und germanischen Staatsauffassung und der vertretenen Theorien über die Abgrenzung des öffentlichen Rechts vom Privatrecht bei *Hipp*, aaO, S.19 ff.

69 Vgl. *Hipp*, aaO, S. 25: die "Präexistenz des BGB" erleichtere die Übernahme sorgfältig ausgearbeiteter zivilrechtlicher Rechtsbegriffe und -institutionen; vgl. auch die Rechtsprechung des BVerfG, welches Systemzusammenhänge zwischen Bürgerlichem Recht und Steuerrecht betont, ohne jedoch Koordinationsvorgaben zu entwickeln, BVerfG v. 24.01.1962 - 1 BvR 845/58, BVerfGE 13, 331 [340 f.]; v. 22.07.1970 - 1 BvR 285/66, 445/67 u. 192/69, BVerfGE 29, 104 [117]; vgl. auch BFH v.12.07.1967 - I 204/64, BStBl. III 1967, 781 [782] = BFHE 90,122 m.w.N.; *List*, Privatrecht und Steuerrecht, S.369 [370 f., 381].

70 Vgl. *Brohm*, Strukturen der Wirtschaftsverwaltung, S. 39.

71 *Erichsen/Martens*, Allgemeines Verwaltungsrecht, § 30 I (S. 342 f.).

72 *Otto Mayer*, Verwaltungsrecht I, § 11 II (S. 117 f.).

73 *Hartmann*, DJZ 1912, 1519; *ders.*, JW 1915, 120 - 122; *ders.*,VerwA 25 (1917), 389 [409]; *ders.*,LZ 1915, 1295, der nach anfänglicher Ablehnung die Anwendung bürgerlichrechtlicher Bestimmungen dort zuließ, wo das für das Zivilrecht maßgebende Grundverhältnis der Gleichheit der beteiligten Rechtssubjekte auch im öffentlichen Recht gegeben ist. Er lehnte aber die zivilrechtliche Übertragbarkeit dort ab, wo die Rechtsbeziehung des einzelnen zur übergeordneten öffentlichen Gewalt bestand.

74 *Hofacker*, Die Staatsverwaltung, S. 89.

u.a. von *Tezner*[75] und *Goez*[76], stand die Meinung gegenüber, gewisse allseitig bekannte Rechtsinstitute wie beispielsweise die Aufrechnung seien als Bestandteile des gesamten Rechtsgebietes auch dem öffentlichen Recht immanent[77]. *Boethke*[78] vertrat unter dem Gesichtspunkt der Einheit der Rechtsordnung eine gegenseitige Abhängigkeit beider Rechtsgebiete in dem Sinne, daß das Steuerrecht die zivilrechtlich entlehnten Begriffe in ihrer ursprünglichen (zivilrechtlichen) Bedeutung anzuwenden hätte.*Walz*[79] ging demgegenüber von einer "relativen Autonomie" beider Teilrechtsordnungen aus, wobei aber jeder zu besteuernde Lebenssachverhalt zivilrechtlich vorkonstruiert sei.
Den hier vertretenen Ansichten ist in ihren Extrempositionen nicht zuzustimmen, sondern es ist mit der wohl überwiegenden Meinung[80] von der Notwendigkeit der Einführung der Aufrechnung ins öffentliche Recht im Wege des Analogieschlusses - der für das Steuerrecht bereits durch §§ 103 RAO 1919, 124 RAO 1931 bzw. 226 AO 1977[81] gesetzlich anerkannt wurde - auszugehen und es sind unter Heranziehung der Analogievoraussetzungen und der steuerrechtlichen Modifikationen Anwendbarkeit, Voraussetzungen und Wirkungen zu bestimmen.

In Ermangelung eigener Regelungen ist das Steuerrecht vielfach an dem zivilrechtlich vorgegebenen "organisatorischen" Rahmen und den rechtlichen Instrumentatien[82] auszurichten, indem es an Institute, Rechtsverhältnisse und bürgerlich-rechtliche Rechtsgeschäfte als "Bausteine"[83] eines steuerrechtlichen Begriffgebäudes anknüpft bzw. unter ausdrücklicher Verweisung auf sie[84] zurückgreift. Hierbei ist fraglich, ob dem synonym verwendeten Begriff der Aufrechnung[85] nicht eine vom Zivilrecht abweichende wirtschaftliche Betrachtung i.S. des Steuerrechts beizumessen ist. Bei der entsprechenden Übernahme des Aufrechnungsinstitutes ins Steuerrecht handelt es sich jedoch nicht um den diffizilen Fall der Ausfüllung steuerrechtlicher Tatbestände mit Hilfe privatrechtlicher Normen[86] bzw. um eine "Vorherigkeit des Zivilrechts"[87] i.S. einer privatrechtlichen Vorformung eines Lebenssachverhaltes, der dann nach individueller Leistungsfähigkeit steuerrechtlich erfaßt wird. Es geht hier eben nicht um die privatrechtliche Ergänzung eines Steuertatbestandes - der Steuertatbestand liegt bereits vor in Form der zur Aufrechnung gestellten Steuerforderung bzw. Steuererstattungsforderung -, son-

---

75 *Tezner*, VerwA 9 (1894), 563 [565]: subsidiäre Anwendbarkeit unter Wahrung des staatlichen Zweckes.

76 *Goez*, Die Verwaltungsrechtspflege in Württemberg, S. 149 ff.: ... nur bei ausdrücklicher Verweisung.

77 *Fleiner*, Institutionen, S. 57-59, der allerdings die staatliche Aufrechnung generell als Verstoß gegen den numerus clausus der gesetzlich vorgesehenen Verwaltungsvollstreckungsmaßnahmen und aus Sorge vor der Umgehung materieller Schutzvorschriften des Vollstreckungsrechts ablehnte, aaO, S. 436 Fn. 60 und die Stellungnahme von *Pietzner*, VerwA 72 (1982), 453 [459] Fn. 37; *Behr*, DJZ 1916, S. 774; *Dronke*, ZfZ Bd. 11, 165 ff.: Übernahme kraft Gewohnheitsrecht; *Josef*, VerwA 24 (1916), 324 ff.; *Georg Jellinek*, System, S. 66.

78 *Boethke*, StuW 1928, 1203.

79 *Walz*, Steuergerechtigkeit und Rechtsanwendung, S. 212 ff.

80 *Soergel-Siebert*, aaO, § 387 Anm. 7 (S.707); *W. Jellinek*, aaO, S. 153; *Friedrichs*, Archiv des bürgerlichen Rechts Bd. 42, 28 ff.; RG v. 25.01.1907 - VII 99/06, RGZ 66, 266; BVerwG v. 13.10.1971 - VI C 137.67, DÖV 1972, 573 = BVerwGE 38, 336; BayVGH v. 23.10.1975 -Nr. 35 VI 73 (u.v.), A.U. S. 9; v. 27.04.1959 - Nr.69 III 58, BayVGHE 12,75[77].

81 Vgl. auch weitere Nachweise bei *Burmester*, aaO, S. 24 Fn. 39.

82 *Tipke*, Steuerrecht, § 1, 2.22 [S.6].

83 *Tipke*, JuS 1970, 149.

84 Z.B. für die Wirkung von Fristen und Terminen, §§ 187 - 195 BGB, § 108 AO 1977; im Steuerrecht handlungsfähig sind natürliche Personen, die nach bürgerlichen Recht geschäftsfähig sind, § 79 AO 1977; weitere Beispiele bei *Meier-Branecke*, AöR 50 (1926), 230 [237 f.].

85 § 226 AO 1977 verwendet den Begriff der "Aufrechnung" ohne Beifügung einer einseitig hoheitlichen Regelungsbefugnis des Steuergläubigers.

86 I.d.S. der Begründung eines steuerrechtlichen Tatbestandes unter Zuhilfenahme zivilrechtlich geprägter Begriffe wie z.B. des Eigentums.

87 *Kirchhoff*, StuW 1983, 173 [181]: ... unter Verbindlichkeitsvorrang des Steuerrechts.

dern um die Durchsetzung/Erfüllung u.a. von Steueransprüchen, d.h. um eine "Nachherigkeit" des Zivilrechts. Außerhalb der Begründung steuerrechtlicher Tatbestände kann es damit erneut zu zivilrechtlich geprägten Gestaltungsformen (z.B. als Erfüllungs-,Erfüllungssurrogatshandlung) kommen, die steuerrechtlich unbeachtlich sind,weil sie nicht zu einer Neubegründung/Änderung des Steuergrundes/-tatbestandes führen. Die Aufrechnungserklärung ist nicht als wesenstypisches Merkmal allein dem Steuerschuldverhältnis immanent und spezifisch, so daß es nur kraft dessen zu einer solchen Aufrechnungskonstellation kommen könnte. Vielmehr ist das Steuerschuldverhältnis nur eine der Möglichkeiten von "Schuld-/Anspruchsverhältnissen" und sonstigen Forderungsgründen wie z.B. öffentlich-rechtlicher Verpflichtungen aufgrund Gesetzes oder Verwaltungsakt, die als Grundlage einer Aufrechnungslage in Betracht kommen. Die Betonung liegt nicht auf "Steuer" (i.S. eines einseitig hoheitlichen Verhältnisses) sondern auf dem Begriff des "Schuld-/ Forderungsverhältnis", d.h. einer doppelseitig bedingten und verknüpften Schuldner-Gläubiger-Identität. Das "steuerrechtliche Hoheitsverhältnis" berührt das für die Aufrechnungslage erforderliche Forderungsverhältnis nicht. Vielmehr tritt es - allenfalls - als weiteres u.U. Modifizierungen bedingendes Merkmal zu den rechtlichen Beziehungen der Beteiligten.

Geht man damit nach Maßgabe einer Zeitenfolge von einem "Gleichrangverhältnis" des Zivil- zum Steuerrechts aus, betrachtet man das Steuerrecht nicht als - heteronomes - Annexrecht des Zivilrechts ("Primat des Zivilrechts")[88], so stellt sich bei der Anwendung einer zivilrechtlichen Analogie zu den §§ 387 ff. BGB die Frage nach dem Umfang - notwendiger - steuerrechtlicher Modifikationen bzw. der reinen Übernahme zivilrechtlicher Vorgaben.
Wenn *Tipke*[89] davon ausgeht, daß das Steuerrecht grundsätzlich zivilrechtliche Gestaltungen nicht um ihrer selbst willen, um der zivilrechtlichen Form willen, erfassen will[90], erscheint dies beim Rekrutieren des Aufrechnungsinstituts ins Steuerrecht nicht ganz zutreffend. Geht man nicht von einer pauschalen Argumentationsweise wie "Einheit der Rechtsordnung", "Primat des Zivilrechts" aus, sondern betrachtet den Begriff der Aufrechnung unter dem ihm zugrunde gelegten Normzweck[91], der vom Regelungsgehalt der Vermeidung eines unwirtschaftlichen Leistungsaustausches auch in den steuerrechtlichen Bedeutungszusammenhang paßt, so bedarf es keiner abweichenden steuerrechtlichen Interpretation. Hier geht es eben nicht um steuerrechtlich noch zu erfassende Sachverhalte wirtschaftlicher Leistungsfähigkeit, sondern allein um die Frage der gestalterischen "Auflösung" vorhandener, bereits steuerrechtlich erfaßter Sachverhalte. Dabei erscheint es sinnvoll, auf die bürgerlichrechtlich vorgegebene Gestaltungsform (§§ 387 ff. BGB) zurückzugreifen und neben den vom Steuergesetzgeber angeordneten Besonderheiten der § 226 Abs. II - IV AO 1977[92] bei den zivilrecht-

---

88 So *Crezelius*, Steuerrechtliche Rechtsanwendung und allgemeine Rechtsordnung, 1983, S. 152 ff. Vgl. auch die "Prävalenz-These" *Flumes*, in Festgabe für Smend, insbesondere S. 62 f., 68-70, die der Zivilrechtsordnung den Vorrang vor dem Steuerrecht einräumt. Wenn der *Bundesfinanzhof* gelegentlich vom "Primat des Bürgerlichen Rechts vor dem Steuerrecht" gesprochen hat, vgl. BFH v. 12.07.1967 - I 204/64, BStBl. III 1967, 781 [782] = BFHE 90, 122, so soll damit weniger eine strenge Zäsur zwischen zivilrechtlicher Gestaltung und Steuerrechtsfolge hervorgehoben werden als vielmehr eine "zivilrechtliche Alarm- und Warnfunktion" zur Verhinderung der Steuerumgehung, so *Kirchhof*, JdFSt 1979/80, S. 254 [256], der - basierend auf der Verschiedenartigkeit des Regelungsanliegens - eine Koordinierung nach dem Grundsatz der Spezialität vorschlägt, nach dem bei der Regelung der Steuerrechtsfolgen grundsätzlich das Steuerrecht das einschlägigere weil speziellere Recht sei und damit auch vorrangiger Maßstab, während das Zivilrecht als das speziellere Recht heranzuziehen sei, wenn das Steuerrecht eine individuell bewirkte, deshalb grundsätzlich nur zivilrechtlich bewirkbare Sachverhaltsänderung beobachte.

89 *Tipke*, Steuerrecht, § 1, 2.22 [S.8].

90 Arg.e. §§ 39 II, 41, 42 AO u.a.m.

91 *Tipke*, aaO, S. 111.

92 Sowohl das Bürgerliche Gesetzbuch wie auch das Steuerrecht unterliegen der Kompetenz der Bundesgesetzgebung; da

[Fortsetzung nächste Seite]

lich vorhandenen "Bausteinen" zu verbleiben. Die zivilrechtliche Interpretation erscheint die speziellere, wenn das Steuerrecht eine individuell bewirkte und deshalb grundsätzlich nur zivilrechtlich bewirkbare Sachverhaltsänderung beobachtet. Das Zivilrecht nennt die - individuell - verfügbaren Instrumentarien, mit deren Sachherrschaft über Einkunftsquellen mit Verbindlichkeit gegenüber Dritten verfügt werden kann. Damit stellt sich die rechtsfolgengestaltende Betrachtung desselben Sachverhaltes unter verschiedenen Perspektiven dar: einerseits die zivilrechtlich individuell wirtschaftliche Gestaltung und Zuordnung und andererseits die steuerrechtlich individuell zugeordnete Leistungsfähigkeitserfassung.
Ergänzend hierzu ergibt sich dann die Zuordnung dieser bürgerlich-rechtlichen Gestaltungsform zum öffentlichen Steuerrecht aus der Rechtsnatur der Handlungsweise und aus deren akzessorischen Charakter, d.h. die Rechtsnatur der Aufrechnung erwächst letztendlich aus dem Recht, dem die Forderung untersteht, mit der aufgerechnet wird[93].

Resumee:
Die zivilrechtliche Gestaltung kann im Sinne einer "Vorherigkeit" bzw. "Nachherigkeit" wirtschaftlich individueller Sachverhalte als die bestimmende Anwendungsform bei - auch - steuerrechtlich beeinflußter oder auch noch beeinflußbarer Tatbestände zum Tragen kommen, ohne damit vom prinzipiellen Grundsatz der "Neben-/Gleichrangigkeit" der beiden Teilrechtsordnungen abzuweichen. Geht es um die Zuordnung und Bewegung und nicht um die durch das Steuerrecht eingeräumte Ermächtigung des Fiskus zu Eingriffen in die Vermögenssphäre des Bürgers, sind die - präexistenziellen - Zivilrechtsinstitute heranzuziehen. Die Aufrechnung als Art der Erfüllung regelt die - materiell-rechtliche - Zuordnung nach den zugrundeliegenden Ansprüchen und deren Bewegung auf den entsprechenden Forderungsinhaber. Unter Eingriff[94] ist die einseitige Zugriffsmöglichkeit des Berechtigten ohne Aufopferung eigener Interessen zu verstehen, während es bei der Aufrechnung gerade um die wechselseitig gleichrangige Interessenwahrnehmung i.S. der Tilgung eigener Schulden und zugleich der Durchsetzung eigener Forderungen geht. Die insbesondere vom Bundesverfassungsgericht postulierte Lastengleichheit aller Rechtsunterworfenen i.S. einer gleichmäßigen Besteuerung (Art. 3 I GG) wird durch die Zulassung zivilrechtlicher Gestaltungsformen wie des Aufrechnungsinstitutes nicht beeinflußt. Der Grundsatz der Systemgerechtigkeit verpflichtet Zivil- und Steuerrecht zur sachgerechten Realitätserfassung und nicht zu einer starren Struktureinordnung und -abgrenzung der Teilrechtsgebiete.

2. Analoge Anwendung der §§ 387 ff. BGB und der daran anknüpfenden Folgeregelungen im Steuerrecht

Seit dem Urteil des BFH vom 12.03.1963[95] - nunmehr manifestiert in § 226 I AO 1977 - ist die ent-

---

es damit nur eine einheitliche Gesetzgebungskompetenz geben kann, kann ein älteres Zivilrechtsinstitut durch ein jüngeres Steuergesetz modifiziert werden, vgl. *Tipke*, JuS 1970, 149. Insbesondere erscheint es unbedenklich, aus außerfiskalischen Gründen bestimmte zivilrechtliche Gestaltungsformen zu begünstigen.

93 *Ehlers*, aaO, S. 467.

94 Ebenso ist auch die staatliche Zwangsvollstreckung bzw. der Charakter der Steuer selbst als Leistung ohne Gegenleistung, § 1 AO, zu verstehen. Geht es um das aus dem hoheitlichen Schuldverhältnis erwachsende Recht des Steuergläubigers, die Steuer einzufordern bzw. durchzusetzen, d.h. einseitig hoheitlich etwas zu fordern, so bleibt im Rahmen der hoheitlichen Funktionseinordnung kein Raum mehr für privatautonome Gestaltung.

95 BFH v. 12.03.1963 - VII 98/61 U, BStBl. III 1963, 247 = BFHE 76, 678; vgl. auch BFH v. 19.11.1968 - VII R 6/66, BStBl. II 1969, 178 = BFHE 94, 477 und v. 19.10.1982 - VII R 64/80, BStBl. II 1983, 541 = BFHE 138, 308.

sprechende Heranziehung der §§ 387 ff. BGB auf die Aufrechnung im Steuerschuldverhältnis unbestritten[96].

Zwar bedarf es einer vorsichtigen Handhabung der Übertragung zivilistischer Rechtsnormen und -grundsätze auf das Steuerrecht, die Übernahme zivilrechtlich vorgegebener und aufgrund präexistentieller Vorrangigkeit an sich leicht zu übernehmender Grundsätze des Privatrechts darf jedoch nicht prinzipiell zum allein gültigen Dogma aufgewertet werden. Vielmehr sind die Begriffe und Begriffskategorien unterschiedlicher Rechtsmaterien miteinander in Einklang zu bringen. Insbesondere impliziert der Vollzug zivilrechtlich vorkonzipierter Aufrechnungsvorschriften durch - hoheitliche - Handlungsformen im öffentliche Recht u.U. gewisse system- und sachangelegte Unvereinbarkeiten. Tritt jedoch wie bei der Aufrechnung als Substitut für den Barzahlungsvorgang[97] die Eigenart des öffentlichen Rechts insbesondere auch des Steuerrechts gegenüber dem Privatrecht so wenig in Erscheinung, so ist zwischen der Forderungsbegleichung (durch Zahlung oder durch Aufrechnung) einer öffentlich-rechtlichen oder privatrechtlichen Schuld allenfalls ein systematischer kaum aber ein sachli-cher Unterschied festzustellen[98]. Damit kann der analogen Anwendung zivilrechtlicher Normen grundsätzlich kein "von Natur aus" angelegter Widerspruch der beiden Rechtsgebiete entgegengesetzt werden. Letztlich wird ein Analogieschluß[99] zu den zivilrechtlichen Vorschriften der §§ 387 ff. BGB als der detaillierteren Fallregelung gezogen, der nicht allein als Ausdruck allgemeiner Rechtsgrundsätze zu bewerten ist, sondern rechtsergänzend durch ausdehnende Anwendung der bürgerlichrechtlichen Aufrechnungsprinzipien auf die im Steuerrecht rechtsähnlich und wesensgleich gelagerten, aber nur lückenhaft geregelten Fälle[100] gerechtfertigt wird. Verlangt ein Analogieschluß u.a. die Gleichheit des gesetzgeberischen Grundes, so beweist der Gesetzgeber mit § 226 I AO 1977 durch Übertragung des zivilrechtlichen Aufrechnungsinstitutes ins Steuerrecht unter - sinngemäßer - Verweisung auf die bürgerlichrechtlichen Aufrechnungsvorschriften , daß er - mangels ausdrücklicher Kodifizierung - keine steuerrechtlich hoheitliche Modifikation der Aufrechnungsbefugnis des Steuergläubigers zwecks Anpassung an die "besondere Natur des Steuerrechts" als notwendig erachtet hatte.

Voraussetzungen, Durchführung und Rechtsfolgen der Aufrechnung auch im Steuerrecht bestimmen sich damit grundsätzlich nach den bürgerlichrechtlichen Vorgaben, während die steuerrechtlichen Regelungen als Modifikationen nur deren Begrenzung gegenüber dem (zivilrechtlichen) "Normalfall"

96 Vgl. BFH v. 16.04.1985 - VII R 61/82, BFHE 144, 86 m.w.N.; FG München v. 26.01.1989 - 3 V 4956/88, EFG 1989, 212; FG Hamburg v. 27.01.1987 - IV 37/86 H, EFG 1987, 279 und v. 16.12.1981 - IV 118/80 H, EFG 1982, 311 [312]; FG Schlesw.Holst. v. 18.12.1985 - IV 159, 84, EFG 1986, 215; *Tipke/Kruse*, § 226 AO Tz.3 ff.; *Kühn/Kutter/Hoffmann*, § 226 AO Tz.1; *Frotscher*, in Schwarz,§ 226 AO Anm. 2, 2a; *v.Wallis*, in Hübschmann/Hepp/Spitaler, § 226 AO Anm. 2; auch *Rössler*, NJW 1969, 494; *Kröger*,FR 1970, 498 [499]; *Kulla*, DB 1970, 610; *Pietzner*, VerwA 76 (1985), 87 [88]; vgl. auch die insoweit sehr uneinheitliche Rspr. des BFH: für die unmittelbare Geltung der §§ 387 ff. BGB bis BFH v. 03.05.1961 - VII 134/59 U, BStBl.III 1961, 296 = BFHE 73,78 m.w.N. und erneut v.18.03.1976 - V R 127/71, BStBl. II 1976, 438 [439] = BFHE 118/163; für die analoge Geltung ab BFH v. 12.03.1961 - VII 98/61 U, aaO; als Ausdruck eines allgemeinen Rechtsgedankens: BFH v. 06.02.1973 - VII R 62/70, BStBl. II 1973, 513 = BFHE 108, 564.

97 Dieser wird deswegen vielfach als spezifisch privatrechtlicher Vorgang angesehen.

98 *Lassar*, Der Erstattungsanspruch, S. 100; *Kormann*, Annalen, 1912, S.38; *Friedrichs*, Archiv f.Bürgerliches Recht, Bd. 42 (1916), 28 [67 f.]; *Georg Jellinek*, aaO, S. 66.

99 Gesetzesanalogie, vgl. *Weber*, JuS 1970, 169 [170].

100 Zu den Analogievoraussetzungen gerade im Fall der Aufrechnung vgl. ausführlich bei *Hipp*, aaO, S.29 ff.; hier kann auf eine detaillierte Darstellung verzichtet werden, da die Analogie der §§ 387 ff. BGB gesetzlich manifestiert und allgemein erkannt ist.

manifestieren.

Der Gesetzgeber[101] verweist grundsätzlich vorbehaltlos[102] hinsichtlich der Voraussetzungen, der Durchführung und den Wirkungen der Aufrechnung auf die BGB-Regelungen. Etwas gegenteiliges läßt sich auch nicht aus Verwaltungsanweisungen zur Abgabenordnung[103] entnehmen.

Die sinngemäße Anwendung der BGB-Regelungen gilt für die steuerrechtliche Aufrechnung nur insoweit, als "nichts anderes bestimmt ist". Das bedeutet eine entsprechende Heranziehung der §§ 387 ff. als auch der §§ 404 ff. BGB[104] und der allgemeinen Vorschriften über Rechts- und Geschäftsfähigkeit, Willenserklärungen, Vertretung und Vollmacht usw..

Nach den steuerrechtlichen Modifikationen des § 226 II - IV AO sind nicht anwendbar:

- § 390 S. 2 BGB i.V.m. § 226 II AO, da §§ 47, 232 AO den Anspruch aus dem Steuerschuldverhältnis erlöschen lassen[105].

- § 395 BGB (sog. Kassenidentität), d.h. die Aufrechnung ist nur gegen solche (Steuer-)Forderungen gestattet, die an dieselbe Kasse zu erfolgen haben, aus der auch die Forderung des Aufrechnenden zu begleichen wäre. Dies würde für den Steuerpflichtigen hauptsächlich nur für Steuererstattungs- und Vergütungsansprüche zutreffen. Zwar bejahen Finanzverwaltung[106] und Teile der Literatur[107] das aus administrativen Zweckmäßigkeitserwägungen[108] aufgestellte Erfordernis der Kassenidentität in entsprechender Anwendung des § 395 BGB gem. § 226 I AO auch für das Steuerrecht[109]. Mit der wohl überwiegenden Meinung ist jedoch von den spezialgesetzlich geregelten Fäl-

---

101 Vgl. Regierungsentwurf zur AO 1977, BT-Drucks. VI/1982, S. 169 (zu § 207).

102 Abgesehen von den ausdrücklichen Modifizierungen.

103 Vgl. BMF, BStBl. I 1976, 576 [618]: Einführungserlaß zur AO v. 01.10.1976 - IV A 7 - S 0015 - 30/76, BStBl. I 1976, 694 ff.. Keine Änderungen insoweit im Anwendungserlaß zur AO v. 24.09.1987 - IV AS - S 0062 - 38/87, BStBl. I 1987, 664 [707 f.].

104 RFH v.14.09.1932 - II A 367/32, RStBl. 1932, 931; BFH v. 20.02.1968 - VII 327/64, BStBl. II 1968, 384 = BFHE 91, 518; v. 19.11.1968 - VII R 6/66, BStBl. II 1969, 178 = BFHE 94, 477; BFH v. 11.12.1984 - VIII R 263/82, BStBl. II 1985, 278 [281] m.w.N.; FG Hamburg v. 21.12.1970 - V 19/70 N, EFG 1971, 359.

105 § 222 I BGB begründet dagegen nur eine Einrede, während die steuerrechtliche Ausschlußfrist eine Aufrechnung nur vor Ablauf der Verjährungsfrist zuläßt, vgl. BFH v. 11.12.1984 - VIII R 263/82, BStBl. II 1985, 278 [282] = BFHE 143,1; Anwendungserlaß AO, BStBl.I 1987, S. 707 f. zu § 226 Nr.1.

106 BdF, BStBl. I 1976, 576 [618]: Einführungserlaß zur AO v. 14.12.1976 - IV A 7 - S 0015 - 30/76, BStBl. I 1976, 576 [618]; Anwendungserlaß zur AO v. 24.09.1987 - IV AS - S 0062 - 38/87, BStBl. I 1987, 664 ff.; Vfg. OFD Köln v. 30.01.1984 - S 0456 - 1 - St 312, AO-Handbuch 1988 zu § 226 AO Tz.6.

107 *Klein/Orlopp*, § 226 AO Anm. 6 c; *v. Wallis*, in Hübschmann/Hepp/Spitaler, § 226 AO Anm. 8; *Helsper*, in Koch, § 226 AO Rz. 16; *Gröger/Schöll*, § 226 AO Erl.8; *Bublitz*, DStR 1988, 313; *Kohls*, DStZ 1985, 181 [183].

108 Vgl. Motive zu dem Entwurf eines Bürgerlichen Gesetzbuches, Bd. II S. 114; *Staudinger-Kaduk*, aaO, § 395 BGB Tz.2, 3. Insbesondere aufgrund schwer überschaubarer und kontrollierbarer Hoheits- und Ressortüberschneidungen, der Organisation der Staatsbehörden und zur Gewährleistung einer ordnungsgemäßen Kassenführung sollten z.B. Forderungen des Justizfiskus nicht durch die Aufrechnung mit Forderungen gegen den Forstfiskus untergehen und erst über den internen Verkehr ausgeglichen werden können.

109 Die Regelung des § 395 BGB gilt allerdings nicht im umgekehrten Fall der Aufrechnung durch die Finanzbehörde, so auch BFH v. 25.04.1989 - VII R 105/87, BStBl. II 1989, 949 = BFHE 157, 8. Hieraus wird von den Vertretern der Meinung der Anwendbarkeit des § 395 BGB im Fall der Steuerpflichtigenaufrechnung z.Tl. eine Verzichtsmöglichkeit der Behörde auf die Einhaltung des § 395 BGB geschlossen.

len des § 226 III und IV AO auszugehen, die den § 395 BGB unabhängig davon verdrängen[110], ob die Aufrechnung von der Finanzbehörde oder vom Steuerpflichtigen vorgenommen wird.§ 226 I AO steht unter dem Vorbehalt anderslautender Bestimmungen - hier § 226 Abs. III und Abs. IV[111]. Zudem stellen sich Abs. III und Abs. IV in ihrer systematischen Stellung als Modifikationen des Grundsatzes des Abs. I dar. Die historische Auslegung[112] des § 226 III AO als Nachfolgeregelung[113] der § 103 RAO 1919 bzw. § 124 RAO 1931, wo an erkanntermaßen keine Kassenidentität entsprechend § 395 BGB gefordert wurde[114], spricht ebenfalls für diese Ansicht. Auch in Auslegung des § 226 IV AO bis 1986 ist ein Verzicht auf § 395 BGB für die Steuerpflichtigenaufrechnung zumutbar und praktikabel. Die steuerverwaltende Körperschaft steht dem Steuerpflichtigen als Einheit gegenüber, wobei es gleichgültig ist, welcher Behörde oder Dienststelle die kassenmäßige Rechnungsführung hinsichtlich Haupt- und Gegenforderung obliegt[115]. Insbesondere kann man das Motiv der Verwaltungsvereinfachung im Zeitpunkt der AO 1977 in Anbetracht der zunehmenden Technisierung der Kassenverwaltung nicht mehr als ausschlaggebendes Kriterium bewerten[116].

Mit der Neuregelung des Abs. IV n.F.[117] ab 01.01.1987, die für das Gegenseitigkeitserfordernis auf die Ertragshoheit und ergänzend auf die Verwaltungshoheit abstellt ("auch")[118], stellt der Gesetzgeber nunmehr klar, daß die Aufrechnung auch bei Beteiligung verschiedener Behörden derselben Körperschaft zulässig ist[119]; er stellt damit nicht mehr - wie bei § 395 BGB intendiert - auf die klare Trennung zwischen verschiedenen Kassenzuständigkeiten ab. Die Aufrechnungswirksamkeit kann nicht von der mehr oder weniger zufälligen Kassenordnung innerhalb eines Verwaltungsbereiches abhängen, zumal die Verwaltung und die Rechtsprechung bislang ein Überwinden dieser behördenverschiedenen Kassenzuständigkeiten auf dem Weg der Abtretung zuließen[120]. Des weiteren erfaßt die neue Regelung des Abs.IV die Möglichkeit unterschiedlicher Verwaltungsho-

---

110 Im **steuerrechtlichen Schrifttum** unter Geltung der RAO: *Becker-Riewald-Koch*, RAO, § 124 Anm. 2 b (1) und f (S.395, 397); *Enno Becker*, StuW 1924, Sp. 57 ff.; *Rössler*, NJW 1969, 494; *Spohr*, StuW 1939, Sp. 661 [684 f.] m.w.N.; *Tipke/Kruse*, RAO, § 124 Tz.1; **nunmehr:** *Decker*, StWA 1979, 9; *Tipke/Kruse*, § 226 AO Tz.6; *Kühn/Kutter/Hoffmann*, § 226 AO Tz.3 d; *Frotscher*, in Schwarz, § 226 AO Anm.2; *Forsthoff*, Bd.I, aaO, § 14, 2a (S.284) Fn.2; **zivilrechtliche Kommentarliteratur:** *Palandt*, aaO, § 395 Anm. 2 Rdn. 3; *Soergel/Siebert* , aaO, § 395 Tz.1; *v.Feldmann*, in Münch.Komm.,§ 395 Rdn.1; *Staudinger/Kaduk*, aaO, § 395 Rz. 15, 16; **Finanzrechtsprechung:** Schlesw. Holst. FG v. 19.12.1985 - IV 159/84, EFG 1986, 215; FG Hamburg v. 28.07.1987 - I 56/84, EFG 1987, 596 - in der Revision bestätigt vom BFH v. 25.04.1989 - VII R 105/87, BStBl. II 1989, 949 = BFHE 157, 8; FG München v. 17.07.1987 - V 99/86, EFG 1988, 98.

111 BFH v. 25.04.1989, aaO, Fn.110; FG München v. 17.07.1987, aaO, Fn.110; FG Hamburg v. 28.07.1987, aaO, Fn. 110.

112 Vgl. die Finanzrechtsprechung unter Fn. 110.

113 Der Gesetzgeber hat § 226 III AO 1977 bewußt den Vorschriften der § 103 bzw. § 124 RAO nachgebildet, vgl. BT-Drucks. VI/1982, S.170, so daß eine Vermutung für die Nichtänderung der ursprünglichen Rechtslage spricht, *Tipke/Kruse*, aaO, § 226 Tz. 6.

114 *Becker-Riewald-Koch*, RAO, § 124 Anm. 1; *Rössler*, NJW 1969, 494.

115 *Kühn/Kutter/Hoffmann*, § 226 AO Anm. 3 d; *Tipke/Kruse*, § 226 AO Tz. 6; FG Schlesw.-Holst. v. 19.12.1985 - IV 159/84, EFG 1986, 215 [216]; FG München v. 17.07.1987 - V 99/86, EFG 1988, 98 [99]; BFH v. 25.04.1989, aaO, Fn.110.

116 BFH v. 25.04.1989, Fn. 110; FG Hamburg v. 28.07.1987 - I 56/87, EFG 1987, 596.

117 Art. 1 Nr. 40 StbereinigungsG 1986 v. 19.12.1985, BGBl. I 1985, 2436 = BStBl. I 1985, 735; vgl. Anwendungserlaß zur AO, aaO, § 226 Nr.1.

118 Vgl. Anwendungserlaß zur AO, BStBl. I 1987, S. 707 f. § 226 Nr.1. Nicht deutlich: BR-Drucks.140/1/84, 13; vgl. auch *Tipke/Kruse*, aaO, § 226 Tz.11 c.

119 Z.B. das FA Bochum und das FA Münster in NRW; nicht aber verschiedene Behörden verschiedener Körperschaften, z.B. Finanzämter in Bayern und Nordrhein-Westfalen.

120 BFH v. 06.02.1973 - VII R 62/70; BStBl. II 1973, 513 [515] = BFHE 108, 564.

heit, die niemals nach § 395 BGB zulässig wäre, so daß man hieraus bereits folgern kann, daß eine Geltung des § 395 nicht beabsichtigt war und ist[121]. D.h., daß Aufrechnungslagen erhalten bleiben, wenn Steuern desselben Gläubigers von verschiedenen Körperschaften verwaltet werden .

Auf eine detaillierte Erörterung dieser Anwendungsproblematik im Rahmen der steuerrechtlichen Aufrechnung muß in dieser Abhandlung verzichtet werden. Aufgrund des die Aufrechnungszulässigkeit gleichberechtigt[122] für beide Seiten erweiternden Abs. IV kann ebenfalls auf die Intention des Gesetzgebers geschlossen werden, weder einem aufrechnenden Finanzamt noch dem aufrechnenden Steuerpflichtigen einseitig begünstigend eine "Vorrangstellung" einzuräumen, sondern - soweit verwaltungs- und kassentechnisch vereinbar - eine Aufrechnung in den möglichen Konstellationen unter den Grundvoraussetzungen der §§ 387 ff. BGB zuzulassen[123]. In der ursprünglichen Gesetzesfassung des Abs. IV a.F., der maßgeblich auf die Verwaltungshoheit der Körperschaft abstellte, war unbeachtet geblieben, daß diese Regelung eine - wohl nicht gewollte - Einschränkung der Aufrechnungsmöglichkeit des Steuerpflichtigen beinhaltete: wird nämlich die Gegenforderung von einer anderen Körperschaft verwaltet, bestand - auch bei identischer Ertragshoheit - keine Aufrechenbarkeit mehr.

C. Die Aufrechnung im System des Besteuerungsverfahrens

I. Gliederung des Steuerverfahrens im allgemeinen

Vom System der Abgabenordnung her betrachtet, wird zwischen unterschiedlichen Verfahrensstufen unterschieden[124]: zwischen dem Festsetzungsverfahren (§§ 155 ff. AO) dem Erhebungsverfahren (§§ 218 ff.AO) und dem Vollstreckungsverfahren (§§ 249 ff. AO).
Mit der Festsetzung[125] des Anspruches aus dem Steuerschuldverhältnis durch Verwaltungsakt der Finanzbehörde ist die erste Stufe der Anspruchsgeltendmachung bzw. die Grundlage zu deren Verwirklichung abgeschlossen. Im Erhebungsverfahren als zweiter Verfahrensebene wird dann - auf der Grundlage des Festsetzungsbescheides - die Verwirklichung/Erfüllung des Steueranspruches betrieben. Über die Erlöschenstatsache entscheidet bei Bedarf (auf Antrag oder von Amts wegen) das Finanzamt gem. § 218 II AO durch einen sog. Abrechnungsbescheid, der wiederum mit Einspruch (§ 348 I Nr.9 AO) und Anfechtungsklage (§ 40 I Alt.1 FGO)[126], angreifbar ist. Der Abrechnungsbescheid ist ins System des Besteuerungsverfahrens speziell und ausschließlich für die hoheitlich verbindliche Regelung[127] der Frage des Forderungserlöschens eingeführt worden[128], wobei nicht aus

---

121 FG Hamburg v. 28.07.1987 - I 56/84, EFG 1987, 596.

122 Vgl. BT-Drucks. 10/1636, S. 86.

123 Vgl. ausführlich FG München v. 17.07.1987 - V 99/86, EFG 1988, 98.

124 Anknüpfend an das pr. EStG 1891/1906, entgegen der RAO, vgl. FG München v. 21.07.1983 - X 2/80, EFG 1984, 103/104; vgl. auch die Überschriften des 4. und 5. Teils der AO; *v.Wallis*, in Hübschmann/Hepp/Spitaler, vor § 218 AO Anm.2, 3 u. 6; *Tipke/Kruse*, § 218 AO Tz.1. Der RFH hatte diese strikte Trennung bereits früh in seiner Rechtsprechung betont, vgl. v. 01.04.1925 - VI A 63/23, StuW 1925, 1078; v.28.04.1925 - II A 189/25, RFHE 16, 150 [153]; v.15.03.1928 - VI A 627/27, RFHE 23, 191 [195]; v. 26.04.1930 - I e A 45/30, RFHE 26, 309 [311]; zustimmend *Enno Becker*, StuW 1924, 57 [62].

125 Ob konstitutiver oder nur deklaratorischer Art mag hier dahinstehen, vgl. die Darstellung zum Meinungsstreit bei *Tipke/Kruse*, § 38 AO Tz. 3-4.

126 BFH v. 21.01.1977 - III R 125/73, BStBl. II 1977, 396 = BFHE 121, 284.

127 Der BFH v.12.06.1986 - VII R 103/83, BStBl. II 1986, 702 [703] = BFHE 147, 1 m.w.N. auf Rspr. und Lit., geht hier - zu Recht - von der "zwingenden" ("in jedem Fall", während § 125 RAO 1931 den schriftlichen Bescheid nur auf Antrag des Steuerpflichtigen vorsah) Verwaltungsaktentscheidung gem. § 218 II AO 1977 bei der Frage

[Fortsetzung nächste Seite]

dem Auge verloren werden darf, daß diese VA-Entscheidung nur Fragen des Erhebungsverfahrens[129] betrifft und nicht etwa die Frage, ob diese Ansprüche zu Recht festgesetzt worden sind[130]. Zudem ist er auch nur in diesem Verfahrensabschnitt und nicht etwa im vorangehenden Veranlagungs-/Festsetzungsverfahren zu erteilen[131]. Die Begründung der Zahlungsverpflichtung selbst ist nicht Gegenstand des Abrechnungsbescheides als einem zusätzlichen Rechtsbehelf des Erhebungsverfahrens[132]; sie wird vorausgesetzt. Gegen die Festsetzung selbst können damit im Abrechnungsbescheid bzw. im Rechtsbehelfsverfahren gegen diesen keine Einwendungen mehr geltend gemacht werden[133]. Allerdings ist die im steuerrechtlichen Verfahren über die Anfechtung eines Abrechnungsbescheides erklärte Aufrechnung beachtlich[134]. Die dritte Stufe der Anspruchsrealisierung aus dem Steuerschuldverhältnis ist dessen Vollstreckung. Voraussetzung für ihren Beginn[135] ist das sog. "Leistungsgebot" (§ 254 I 1 AO), das äußerlich mit dem Festsetzungsbescheid verbunden werden kann, mit diesem aber nicht identisch ist, sondern einen selbständigen VA im Erhebungsverfahren darstellt.

Aus Gründen der Verfahrensvereinfachung, -beschleunigung und der möglichsten Verfahrensklarheit wird damit diese strikte Verfahrenstrennung[136] von der Abgabenordnung sowohl hinsichtlich der Anspruchsentstehung und -verwirklichung als auch hinsichtlich der hieran anknüpfenden möglichen Rechtsschutzbegehren durchgezogen. Dies hat zur Konsequenz, daß Rechtsfolgen der einen Verfahrensebene (z.B. Festsetzungsbescheid) u.U. unberücksichtigt bleiben müssen bei Maßnahmen der anderen/nächsten Verfahrensstufe. Nur in den für die Schuld-/Forderungsfeststellung vorgesehenen Verfahren (z.B. Veranlagung) kann die Feststellung über das Entstehen dieser Schuld nach Grund und Höhe erfolgen. Liegt eine solche Feststellung bereits vor, so ist sie für jedes andere Verfahren vorgreiflich, liegt sie noch nicht vor, so kann sie trotzdem nicht - verfahrensübergreifend - in einem anderen Verfahrensabschnitt getroffen werden. Gegebenenfalls muß die Entscheidung im anliegenden Verfahren ausgesetzt werden[137], um die Entscheidung über die "Vorfrage" in dem dafür vorgesehenen Abschnitt zu treffen. Dasselbe gilt für die Rechtsbehelfsentscheidungen. Auch sie können - thematisch begrenzt - nur in den dafür vorgesehenen Verfahrensabschnitten und für die

---

des Erlöschens des Steueranspruches (ob und in welcher Höhe) durch Aufrechnung im Rahmen eines Streites über die Verwirklichung von steuerrechtlichen Zahlungsansprüchen aus, d.h. eine endgültige gerichtliche Klärung kann nur im Anschluß an diese Verwaltungsentscheidung erfolgen. Hierdurch wird gewährleistet, daß - in jedem Fall - über die Frage der Aufrechnung zunächst durch VA (als Verwirklichungsgrundlage für die Steuererhebung, vgl. § 218 I AO) entschieden wird, vgl. BFH v. 13.09.1988 - V R 207/83, BFH/NV 1989, 353 [354].

128 Neben der Möglichkeit der Erstattung falls bereits gezahlt wurde. *Söhn*, StRK-Anm., AO 1977, § 226 R.4 unter Hinweis auf BFH v. 27.10.1972 - VI R 310/68, BStBl. II 1973, 89 = BFHE 107, 272; BFH v.21.01.1977 - III R 125/73, BStBl. II 1977, 396 = BFHE 121, 284; FG München v. 21.07.1983 - X 2/80, EFG 1984, 103 [104]; FG München v.12.04.1989 - I 234/86 E, EFG 1989, 442; *Hundt-Eßwein*, DStR 1987, 575 [578]; *Ebsen*, aaO, S. 393 m.w.N.; *Frotscher*, in Schwarz, § 226 AO Anm. 8.

129 D.h. insbesondere das Erloschensein des steuerrechtlichen Anspruches, z.B. durch Zahlung, Auf-/Verrechnung, Erlaß, Verjährungseintritt oder wenn die Schuld bereits vor Zahlungspflichtbegründung erloschen ist oder der Forderungsausgleich durch Vollstreckungsmaßnahmen erreicht worden ist.

130 FG Köln v. 21.01.1988 - 6 K 257/83, EFG 1988, 344.

131 BFH v. 22.07.1986 - VII R 10/82, BStBl. II 1986, 776 [777 f.] = BFHE 147, 117.

132 BFH v. 16.10.1953 - III 145/52 U, BStBl. III 1953, 373 [374] = BFHE 58, 215; v.06.10.1954 - II 176/52 U, BStBl. III 1954, 375 [376] = BFHE 59, 432; *Söhn*, StRK-Anm., AO 1977, § 191 R. 3 [S.6].

133 Z.B. über die materiell-rechtliche Richtigkeit bzw. die verfahrensrechtliche Zulässigkeit der Steuerbescheide u.ä.; BFH v. 05.02.1970 - IV R 244/67, BStBl. II 1970, 444 = BFHE 98, 400; *Baumdicker*, DStZ 1982, 188 [190].

134 *Tipke/Kruse*, § 226 AO Tz. 18.

135 Nicht Vollstreckungsvoraussetzung selbst, *Tipke/Kruse*, § 254 AO Tz. 2.

136 *V.Wallis*, in Hübschmann/Hepp/Spitaler, vor §§ 155 - 168 AO Anm. 1; *Tipke/Kruse*, § 157 AO Tz. 9.

137 So BFH v. 06.10.1954 - II 176/52 U, BStBl. III 1954, 375 [377] = BFHE 59, 432.

zugeordneten Verfahrensgegenstände getroffen werden.

Das Steuerschuldverhältnis ist somit - trotz grundsätzlich öffentlich-rechtlich hoheitlicher Rechtsanknüpfung zwischen den Finanzbehörden und dem steuerpflichtigen Bürger - einer unterschiedlichen Verfahrensgestaltung und infolgedessen auch der unterschiedlichen Gestaltung der Rechtsbeziehungen zwischen den Beteiligten zugänglich. Die einseitig hoheitliche Begründung des Schuldverhältnisses ("ex lege") bedingt noch nicht unweigerlich - wie anscheinend von *Schmidt*[138] i.S. einer "actus-contrarius-Konstruktion" für alle Handlungen, die auf Veränderung/Beendigung dieses "Grund-Gesamtsteuerschuldverhältnisses" hinauslaufen, angenommen - einen "Gesamthoheitscharakter". Vielmehr ist für jede Phase des Besteuerungsverfahrens konkret und im Einzelfall zu prüfen, welche Handlungsalternative das Finanzamt gewählt hat und daran anschließend, welche Rechtsbehelfsmöglichkeiten entsprechend der Rechtsnatur dieser Maßnahme und in diesem Verfahrensstadium für den betroffenen Steuerpflichtigen zur Verfügung gestellt werden.

II. Die Aufrechnung als Maßnahme des Erhebungsverfahrens - Auswirkungen aufgrund der Nähe zum Vollstreckungsverfahren ?

1. Die Aufrechnung im Erhebungsverfahren

Die Aufrechnung ist nach ihrer systematischen Stellung im 5. Teil der Abgabenordnung und nach wohl einhelliger Meinung[139] dem Erhebungsverfahren zuzuordnen[140] und nicht etwa dem Steuerermittlungs- und festsetzungs- bzw. -veranlagungsverfahren.

Die im 2. Teil ("Besteuerung") der alten Reichsabgabenordnung geregelte Aufrechnung war dort noch - wie auch andere Erlöschensgründe (§§ 102 ff. RAO 1919 = §§ 122 ff. RAO 1931) - in einem ersten, als allgemeiner Teil gleichsam vor die Klammer gezogenen Abschnitt ohne konkreten Bezug

---

138 *Schmidt*, JuS 1984, 28 [32]. *Milatz*, Inf.1984, 101, qualifiziert die Erfüllung eines finanzbehördlichen Anspruches durch Aufrechnung ebenfalls als einen ö.r. Akt (unter Bezugnahme auf BFHE 117, 23), da es um die Erfüllung ö.r. Aufgaben gehe.

139 Vgl. bereits *RFH-Rspr.*: die Aufrechnung sei nur im Vollstreckungsverfahren zu erheben, ggf. bestehe ein Erstattungsanspruch nach § 129 RAO, RFH v. 12.05.1923 VI A 42/23, RStBl. 1923, 344 = RFHE 12, 182 [183]; v.28.04.1925 - II A189/25, RStBl. 1925, 155 = RFHE 16, 150 [153]; v. 26.04.1930 - I e A 45/30, RFHE 26, 309 [310, 311]. Der *BFH* übernahm diese Rspr. seit dem Urteil v. 18.11.1950 - IV 134/50 U, BStBl. III 1951, 6 [7]; v. 30.06.1971 - II B 8/68, BStBl. II 1971, 603 [604] = BFHE 102, 232; v. 23.06.1976 - I R 165/74, BStBl. II 1976, 676 [678] = BFHE 119, 418; v.03.11.1983 - VII R 38/83,BStBl. II 1984, 185 = BFHE 140, 9 unter Hinweis auf BFH v. 30.06.1971, aaO, und v. 18.03.1976 - V R 127/71, BStBl.II 1976, 438 = BFHE 118, 163; BFH v.02.04.1987 - VII R 148/83, BStBl. II 1987, 536 [539] = BFHE 149, 482. In der Literatur u.a.:*Becker-Riewald-Koch*, RAO, Bd.1, § 124 Anm. 4 (2); *Mattern/Meßmer*, RAO, § 124 Tz. 819/823; *Kühn/Kutter/Hoffmann*, § 226 AO Tz. 3c, 4b; *Frotscher*, in Schwarz, § 226 AO Anm.1; *v.Wallis*, in Hübschmann/Hepp/Spitaler, § 226 AO Anm. 24, 28; *Tipke/Kruse*, § 226 AO Tz. 18, 20; *Baltzer*, StuW 1955, 426 [431 f.]; *Ehlers*, NVwZ 1983, 446 [450]; *Herbsleb*, aaO, S. 92 ff.; *Hipp*, aaO, S. 17; *Hundt-Eßwein*, DStR 1987, 575 [577 f.]; *Martens*, StuW 1974, 155 [158] und StuW 1989, 69 [78]; *Pietzner*, VerwA 76 (1985), 87 [94]; *Söhn*, StRK-Anm., AO 1977, § 226 R. 4.

140 Soweit es kein Erhebungsverfahren i.S. der AO gibt, wird i.d.R. vertreten, daß sie dem Vollstreckungsverfahren zuzuordnen sei, vgl. u.a. OVG Münster v. 06.04.1976 - II A 242/74, NJW 1976, 2036: Geltendmachung der Aufrechnung entsprechend § 767 II ZPO oder mit einer Feststellungsklage gem. § 43 VwGO. *Arnold*, BayVBl. 1972, 151 [154] m.w.N.; BFH v. 07.03.1967 - VII 164/62, BStBl. III 1967, 381 = BFHE 88, 311 [313]; BFH v. 03.11.1983, aaO, Fn. 139; BGH v. 26.05.1971 - VII ZR 137/70, NJW 1971, 1563.

zu den nachfolgend geregelten Verfahrensabschnitten geregelt worden. Die scharfe Trennung zwischen Steuerfestsetzungsverfahren (§§ 210 ff. RAO 1919/31) und Steuerbeitreibungsverfahren (§§ 298 ff. RAO 1919 = §§ 325 ff. RAO 1931) sowie die Zuordnung der Aufrechnung zu letzterem[141] war jedoch auch unter der Geltung der RAO keine Frage[142].Daher ist ein Rechtsmittelverfahren z.B. ohne Rücksicht auf die Aufrechnungserklärung durchzuführen, weil es der Feststellung des Steueranspruches dient, gegen welchen dann gegebenenfalls im Erhebungsverfahren aufgerechnet werden kann[143].
Als Konsequenz dieser Trennung der einzelnen Verfahrensabschnitte und der eindeutigen Zuordnung der jeweiligen finanzbehördlichen Maßnahme verdient die erhebungsrechtlich relevante Aufrechnung dort keine Beachtung für das Festsetzungsverfahren, wo es nicht um die Verwirklichung, sondern um die - formelle - Rechtsgrundschaffung für das Fordern und Behalten der Abgabenleistung geht. Dagegen spricht im Erhebungsverfahren der Steuergläubiger im Leistungsgebot die Aufforderung an den Steuerschuldner aus, einen dem Grund und der Höhe nach bezeichneten Geldbetrag bis zu einem bestimmten Zeitpunkt bei bezeichneter Stelle in näher bezeichneter Weise zu leisten[144]. So bleibt auch die vor Festsetzung erklärte Aufrechnung irrelevant für die spätere Steuerfestsetzung[145]. Durch den Bescheid wird der zunächst abstrakt entstandene Anspruch konkretisiert und damit realisierbar[146]. Er schafft den Rechtsgrund für das Fordern bzw. Behaltendürfen ohne bereits ein konkretes Leistungsgebot i.S. einer Zahlungsaufforderung auszusprechen; dieses wird erst im Erhebungsverfahren durch die Aufforderung an den Leistungsschuldner ausgesprochen. Von der Systematik der AO 1977 beinhaltet die Aufrechnungserklärung weder eine Festsetzung/Manifestierung eines tatbestandlich vorausgesetzten Anspruches aus dem Steuerschuldverhältnis[147], noch gehört sie - auf der Grundlage eines vorangegangenen Leistungsbescheides - zu den Vollstreckungsmaßnahmen der Finanzbehörden i.S. der §§ 249 ff. AO. "Erheben" i.S. eines Verwirklichen/Realisieren des steuerrechtlichen Anspru-

141 § 300 RAO 1919 = § 327 RAO 1931 unterschied zwischen Einwendungen gegen Entstehen und Höhe und solchen bzgl. Fortbestehen/Erlöschen der Forderung; vgl. *Pietzner*, VerwA 76 (1985), 87 [94].

142 Vgl. RFH v. 28.04.1925 - II A 189/25, RStBl. 1925, 155 = RFHE 16, 150.

143 Vgl. RFH v. 12.05.1923, Fn. 139; *Tipke/Kruse*, § 226 AO Tz. 18 m.w.N.

144 BFH v. 29.09.1976 - I B 113/75 = BFHE 120, 134.

145 *Becker*, RAO, § 103 Anm.2, wies allerdings darauf hin, daß auch eine Aufrechnung vor Festsetzung nicht zu ignorieren sei. Es könne z.B. eine Stundung des Anspruches in Betracht kommen und es müsse bereits im Festsetzungsbescheid für ein Unterbleiben der Beitreibung gesorgt werden, z.B. über Ab-/ Verrechnung bzw. entsprechender Berücksichtigung bei der Zahlungsaufforderung (vgl. § 211 II Nr. 3 RAO 1931); bei Nichtberücksichtigung sei dem Steuerpflichtigen sogar der Beschwerdeweg eröffnet. Ähnlich im Ansatz *Decker*, StuW 1979, 9 [10], der zwar eine Berücksichtigung der Aufrechnung im Steuerfestsetzungs- oder Rechtsbehelfsverfahrens ablehnt, aber der Veranlagungstelle bereits bei Erlaß des Steuerbescheides auferlegt, daß sie für eine momentane Nichtvollstreckung durch die Vollstreckungsstelle Sorge trägt, wenn sie Kenntnis von der Aufrechnungsmöglichkeit des Steuerpflichtigen hat. Auch *Spohr*, StuW 1939, Sp.661 [679f.] erwägt für unzweifelhafte Aufrechnungsfälle aus praktischen Gründen heraus eine Berücksichtigung bereits im Veranlagungsverfahren, allerdings ohne dem Steuerpflichtigen einen Anspruch hierauf zuzubilligen. Dem ist die in der heutigen AO 1977 noch schärfer strukturierte eindeutige Trennung zwischen Steuerfestsetzungs- und -erhebungsverfahren entgegenzuhalten (vgl. früher bereits § 33 II S.2 und S.3 BeitrO), die verfahrensrechtlich motiviert das Festsetzungs- und Rechtsmittelverfahren von den Hebungsangelegenheiten wie Zahlung und Aufrechnung freigehalten wissen will, vgl. *Pietzner*, VerwA 76 (1985), 76 [94], um dadurch eine zusätzliche Prüfbelastung zu verhindern und bei ungewissen Aufrechnungsfällen der Gefährdung einer prompten Erledigung der Veranlagung entgegen zu wirken. *Pietzner*, VerwA 76 (1985), 87 [98] sieht allerdings in einem trotz Aufrechnung (vor Festsetzung) erlassenen Steuerbescheid einen "Eingriffsüberschuß", da damit - wie bei später erklärter Aufrechnung, wenn und soweit die Aufrechnung auf einen vor Festsetzung liegendem Zeitpunkt zurückwirkt - eine Leistung angefordert wird, die bereits durch Tilgung erloschen ist; so auch *Battis*, DVBl. 1971, 572 [573].

146 *V.Wallis*, in Hübschmann/Hepp/Spitaler, § 155 AO Anm. 4.

147 Sie stellt damit auch keinen "Leistungsbescheid" (i.w.S.) als hoheitliche Verfügung gem. § 155 I AO dar.

ches mit der Folge der Änderung/des Erlöschens der Zahlungsschuld ermöglicht dem Finanzamt auf der Grundlage der Festsetzung das tatsächliche Einbringen der Zahlungsschuld des Bürgers.

2. Aufrechnung und Steuerfestsetzungsverfahren[148]

I.d.R. kommt die Aufrechnung als Instrumentarium der Steuerverwirklichung seitens des Steuergläubigers (FA) im Erhebungsverfahren zum Tragen. Je nach Sachlage ist es jedoch nicht auszuschließen, daß es dem eine Gegenforderung gegen den Fiskus innehabenden Steuerpflichtigen in den Sinn kommt, diese als Aufrechnungsforderung gegen die ins Haus stehende Steuerforderung zu verwenden, noch bevor dieser - zukünftige - Anspruch des Finanzamtes aus dem Steuerschuldverhältnis in einem Steuerbescheid (§ 155 I AO[149]) festgesetzt werden konnte. Insofern wird vor Erlaß des Steuerbescheides die Aufrechnung bereits gegen die - zukünftige - Steuerforderung des Fiskus erklärt.

Hier ist es interessant und wichtig, das Zusammenspiel zwischen Steuerentstehung[150] und Steuerbescheidserlaß im Festsetzungsverfahren[151] in Auswirkung auf eine etwaig bestehende Aufrechnungslage bzw. deren Zulässigkeit zu beobachten.
Die Aufrechnungslage kann auch bei Festsetzungssteuern (z.B. LSt, VermSt, GrdSt) vor Erlaß des Steuerbescheides über die steuerrechtliche Hauptforderung[152] eintreten, und zwar wenn der Steuerpflichtige[153] gegen den Steueranspruch mit einer nichtsteuerrechtlichen Forderung aufrechnet, da die Steueranspruchsschuld als Hauptforderung im Aufrechnungsverhältnis entstanden ist, sobald der Tatbestand verwirklicht ist[154], an den das Gesetz die Leistungspflicht knüpft (§ 38 AO). Dabei ist es im letztgenannten Sinne auf die Entstehung des Steueranspruches ohne Einfluß, ob und wann die Steuer festgesetzt wird und wann die Steuer zu entrichten ist (vgl. § 3 II StAnpG)[155]. Dem ist zu-

---

148 Unter der Problemstellung: Wann tritt die Erfüllbarkeit der Hauptforderung (der Forderung, gegen die aufgerechnet wird) als materiell-rechtliche Aufrechnungsvoraussetzung im Fall einer Veranlagungssteuerforderung ein? Vgl. § 387 BGB: " ... sobald er (der Aufrechnende) die ihm obliegende Leistung bewirken *kann*."

149 § 155 I AO 1977 = § 210 I 1 RAO 1919/31; Ausn.: §§ 107, 214 RAO 1919 = §§ 14, 130 RAO 1931 = § 156 AO 1977.

150 D.h. Erfüllbarkeit i.S. einer Tilgungsfähigkeit z.B. durch Aufrechnung, vgl. u.a. *Gernhuber*, aaO, § 3 I 6 (S. 53 f.). Erfüllbar ist ein Anspruch mit seiner Entstehung (§ 38, vgl. auch § 271 BGB, BFH v. 10.11.1953 - I 108/52 S, BStBl. III 1954, 26 = BFHE 58, 294) nicht erst mit seiner Fälligkeit (sofortige Leistungspflicht), *Martin* , BB 1955, 1015.

151 D.h. als formelle Voraussetzung für Fälligkeit (§ 220 II 2 AO), Durchsetzbarkeit (§ 218 I AO) und Vollstreckbarkeit (§§ 249 ff. AO), vgl. auch Einführungserlaß zur AO, BStBl. I 1976, S. 582 zu § 38 Nr. 2.

152 **Bspl.:** A hat am 10.06.02 die ESt-Vorauszahlung von 900 DM zu leisten. Er erklärt dem FA am 20.5.02, daß er gegen den Vorauszahlungsanspruch mit einem fälligen (§§ 220 II 2, 122 AO) Anspruch auf Erstattung der ESt 01 in gleicher Höhe aufrechne. Die Aufrechnung gegen den Vorauszahlungsanspruch (Hauptforderung) ist zulässig, obwohl dieser Anspruch am 20.05.02 noch nicht fällig ist. Es genügt, daß die Hauptforderung rechtswirksam besteht. Dieser Vorauszahlungsanspruch ist am 1.4.02 entstanden (§ 37 EStG).

153 Nicht der Steuergläubiger (FA) mit Steuerforderungen, da die Durchsetzbarkeit und Fälligkeit des Steueranspruches als Aufrechnungsvoraussetzung für die Gegenforderung an die Bekanntgabe des Steuerbescheides geknüpft ist, BFH v. 10.11.1954 - I 108/52 S, BStBl. III 1954, 26 = BFHE 58, 294 [297], vgl. §§ 218 I, 220 II 2 AO. Gleiches gilt entsprechend auch für den Steuerpflichtigen, falls er einen Anspruch aus dem Steuerschuldverhältnis als Aufrechnungsforderung gegen den Anspruch des Fiskus hernimmt, z.B. einen steuerrechtlichen Erstattungsanspruch, dessen Fälligkeit und Durchsetzbarkeit wiederum von der Bekanntgabe eines Festsetzungsbescheides abhängt.

154 So die **herrsch. Meinung**, vgl. u.a. *Sontheimer*, aaO, S. 139, 140. Die Steuerfestsetzung hat grundsätzlich deklaratorische Bedeutung, allein die Entstehung der Steuerschuld durch Tatbestandsverwirklichung begründet noch keine Verpflichtung für den Steuerpflichtigen, die Steuer zu entrichten - dazu bedarf es noch des Festsetzungsaktes.

155 § 3 II StAnpG = § 99 RAO 1931 = § 81 I 2 RAO 1919; die AO 1977 enthält keine dementsprechende Regelung.

[Fortsetzung nächste Seite]

zustimmen, da Entstehen und Erlöschen eines Steueranspruches nicht von der zufälligen Geschäftslage eines Finanzamtes oder der Veranlagungsstelle eines Finanzamtes abhängen dürfen. Denn i.d.R. ist auch bei der Steuerentstehung kraft Gesetzes von demselben Entstehungstag bzw. Veranlagungszeitraum auszugehen; etwas anderes wäre auch mit dem Grundsatz der gleichmäßigen Behandlung der Steuerpflichtigen schwerlich vereinbar[156]. Die tatbestandlich materiell-rechtliche Entstehung des Steueranspruches schafft jedoch noch keinen - formellen - Rechtsgrund für das "Behaltendürfen" seitens des Finanzamtes. Dieser wird erst mit dem bestandskräftigen Festsetzungsbescheid konstituiert. Erklärt demzufolge der Steuerpflichtige die Aufrechnung gegen einen Steueranspruch vor dessen Festsetzung und erlischt dann der finanzbehördliche Steueranspruch z.B. aufgrund zwischenzeitlichem Verjährungsablaufes (§ 47 AO), so erlischt neben der Festsetzungsbefugnis (§ 169 I 1 AO) auch der materielle Anspruch (§ 47 AO 1977 = § 125 S.1 RAO 1919 = § 148 S.1 RAO 1931). Gleiches gilt rückwirkend für die durch eine wirksame Aufrechnung mögliche Gestaltungswirkung hinsichtlich eines Erlöschens der beiden sich zur Verrechnung gegenüberstehenden Forderungen, da es am Erfordernis der erfüllbaren Hauptforderung nunmehr fehlt.

Mit Entstehen der Steuerschuld als "Hauptforderung" i.S.v. § 387 BGB tritt auch deren materiellrechtliche Aufrechnungsvoraussetzung der "Erfüllbarkeit" ein, d.h. der Zeitpunkt tritt ein, von dem ab der Schuldner leisten darf[157]. Die Festsetzung des Steueranspruches selbst, die bereits begrifflich nicht mehr zum materiellen Entstehungstatbestand dieses Anspruches zählt, ist lediglich und ausschließlich[158] als obligatorische Voraussetzung für die Fälligkeit (§ 220 II 2 AO), die Durchsetzbarkeit (§ 218 I AO) und für die Vollstreckbarkeit i.S. einer zwangsweisen Realisierung (§§ 249 ff. AO) vom Gesetzgeber gesehen und in der AO 1977 normiert worden (§ 38 AO)[159].
Die Existenz einer Schuld i.S. eines materiellen an den Steuergesetzen orientierten Entstehungstatbestandes ist gerade vom Zeitpunkt ihres "Leistensollens"[160] zu unterscheiden, d.h. es ist notwendigerweise zwischen dem Zeitpunkt der Anspruchsentstehung gem. § 38 AO und damit dem Zeitpunkt der

---

Nach der Begründung des Regierungsentwurfes (BT-Drucks. VI/1982, 113) ist § 3 II StAnpG bewußt nicht übernommen worden, weil er nur "etwas Selbstverständliches" besage; so auch BFH v. 10.11.1953 - I 108/52 S, BStBl. III 1954, 26 [27] = BFHE 58, 294 und v. 06.10.1954 - II 176/52 U, BStBl. III 1954, 375 [377] = BFHE 59, 432; Vfg. OFD Köln v. 30.01.1984 - S 0456 - 1 - St 312, AO-Handbuch 1988 zu § 226 AO Tz. 2.4 : Festsetzung und Fälligkeit der Hauptforderung sei für ihre "Erfüllbarkeit" nicht erforderlich, aber wegen der Notwendigkeit der betragsmäßigen Angaben könne i.d.R. erst nach der Steuerfestsetzung aufgerechnet werden. **A.A.**: *Söhn*, Steuerrechtliche Folgenbeseitigung durch Erstattung, S. 56 f. Fn.230, der von der "sukzessiven Entstehung der Steuerschuld" ausgeht und dabei unter Rezeption des bürgerlich-rechtlichen Schuld- und Anspruchsbegriffes (vgl. § 194 BGB) für die "Erfüllbarkeit" einer festsetzungsbedürftigen Steuer als Hauptforderung deren Existenz als Schuld voraussetzt und damit i.S. der "sukzessiven Steuerschuldentstehung" auch grundsätzlich deren Festsetzung. Im Ergebnis ist es seiner Ansicht nach jedoch auch richtig, in diesem speziellen Fall der Aufrechnung unter Verzicht auf das Erfordernis der Erfüllbarkeit diese zuzulassen, da gem. § 3 I StAnpG entstandene Steuerschulden nicht - ungewiß (da conditio juris) - aufschiebend bedingt i.S.v. § 158 BGB seien (vielmehr wohl "obligatorisch" bedingt) und zudem die frühestmögliche Aufrechnungslage nicht allein durch eine zufällige Steuerfestsetzung bestimmt werden dürfe.

156 Vgl. BFH v.10.11.1953 - I 108/52 S, BStBl. III 1954, 26 [27] = BFHE 58, 294.

157 *Palandt*, aaO, § 271 Anm.1 Rdn.1 ff. - zu unterscheiden von der Fälligkeit als dem Zeitpunkt, von dem ab der Gläubiger die Leistung - sofort - verlangen kann.

158 **A.A.**: *Söhn*, aaO, Fn. 155.

159 Vgl. auch den Einführungserlaß zur AO, BStBl. I 1976, S. 582 zu § 38 Nr.2; so auch FG BaWü v. 10.06.1988 - IX K 349/87, EFG 1988, 611 [612], das jedoch - entgegen der rechtlichen Möglichkeit des § 226 I AO i.V.m. § 387 BGB - die Praxis der Finanzämter aufzeigt, die Aufrechnung erst dann zu erklären, wenn der Anspruch, gegen den aufgerechnet wird (Hauptforderung) festgesetzt worden ist.

160 I.S. der formal konkretisierten und realisierbaren Leistungspflicht kraft formellen Rechts in Form des Festsetzungsbescheides, so *Söhn*, aaO, S. 56 Fn. 230.

Erfüllbarkeit für den Schuldner[161] einerseits und dem Zeitpunkt des "Leistensollens"[162] zu differenzieren. Nach dem klaren Wortlaut des § 38 AO und der Intention des Gesetzgebers ist an die Steuerschuldentstehung und damit auch an den "Erfüllbarkeitszeitpunkt"[163] keine weitere - aufschiebende i.S. einer unechten gesetzlichen Suspensivbedingung (conditio juris[164]) - Bedingung[165] geknüpft[166]. "Schuldverhältnis" und "Anspruch" setzen schon begrifflich nicht voraus, daß sie aktuell vollziehbar, d.h. insbesondere fällig und vollstreckbar sind[167]. Welchen Sinn hätte sonst die gesetzlich angeordnete Entstehung des Steueranspruches gem. § 38 AO, wenn dieser Anspruch - ohne Festsetzung - noch fehlt/unvollständig wäre[168]? Es wäre verfehlt, dem materiellen gesetzlichen Entstehungstatbestand des Steueranspruches nur die Rechtsfolge des Eintritts bestimmter Nebenfolgen (z.B. Behördenzuständigkeit, Verjährungseintritt, Arrest- und Konkurssicherung) zuzusprechen. Die konkrete Realisierbarkeit des nach § 38 AO zunächst "abstrakten Steueranspruches" i.S. einer durchsetzbaren Zahlungsverpflichtung tritt freilich erst mit der formalen Anspruchsdokumentation durch den Festsetzungsbescheid ein[169]. Es ist auch richtig, daß die Schuldentstehung gem. § 38 AO bei Veranlagungssteuern noch keine konkrete[170] Leistungspflicht gemessen am bürgerlich-rechtlichen Schuldbegriff beinhaltet[171]. Bei der Aufrechnungsvoraussetzung der "Erfüllbarkeit" der Hauptforderung geht es jedoch nicht um die Leistungspflicht (das "Leistensollen") des Schuldners, sondern um dessen Leistungsmöglichkeit[172]. Zwar ist auch diese Leistungsmöglichkeit noch anhand der Festsetzung konkretisierungsbedürftig; für die Aufrechnungserklärung selbst muß

---

161 Und damit Tilgungsfähigkeit i.S. eines "Leistendürfens", vgl.§ 271 I, II BGB. Nicht die Existenz der Schuld wird durch die "Bedingung" der Festsetzung hinausgeschoben, sondern lediglich ihr (der Schuld-) Inhalt wird verändert.

162 Und damit der realisierbaren und ggf. vollstreckbaren Zahlungsverpflichtung i.S.v. § 194 BGB; hierbei ist zu beachten, daß Entstehung, realisierbare Zahlungsverpflichtung und Fälligkeit nicht identisch sind und das Auseinanderfallen von Anspruchsentstehung und Fälligkeit nicht unbedingt als besondere Eigenart der Veranlagungssteuern zu bewerten ist, sondern auch bei Fälligkeitssteuern, z.B.§ 18 II UStG, eintreten kann,vgl.*Söhn*,aaO, S.35 Fn.133.

163 Für den Begriff der Leistungszeit i.S.v. § 271 BGB wird auch im bürgerlichen Recht zwischen zwei verschiedenen Zeitpunkten unterschieden: für den Gläubiger ist der Fälligkeitszeitpunkt der entscheidende, weil er dann die Leistung fordern darf, den Schuldner interessiert in erster Linie der Zeitpunkt, von dem ab er die Leistung erbringen darf (Erfüllbarkeit), vgl. *Keller*, in Münch-Komm., § 271 Rdn. 2; *Tipke/Kruse*, § 226 AO Tz. 13; BFH v. 10.11.1953 - I 108/52 S, BStBl. III 1954, 26 = BFHE 58, 294.

164 Vgl. *Söhn*, aaO, S. 56.

165 In Form des Erfordernisses eines Festsetzungsbescheides.

166 *Fischer*, in Hübschmann/Hepp/Spitaler, § 38 AO Anm. 17; *Tipke/Kruse*, § 38 AO Tz. 3 b.

167 *Fischer*, in Hübschmann/Hepp/Spitaler, § 38 AO Anm. 14.

168 Zwar wird im BGB von der *h.M.* grundsätzlich für die Anspruchsentstehung auf die Fälligkeit abgestellt, d.h. auf den Zeitpunkt, in welchem die Befriedigung des Anspruches rechtlich verlangt werden kann, so auch *Söhn*, aaO, S. 56 f.; vgl. auch *Staudinger/Dilcher*, aaO, § 198 Rz. 2; *Erman-Hefermehl*, aaO, § 198 Rz. 1; BGH v.17.02.1971 - VIII ZR 4/70, BGHZ 55, 340; aber z.B. *Larenz*, Bürgerlichen Gesetzbuches AT, § 14 III a (S.243), der unter Hinweis auf § 271 II BGB auf die Unterscheidung zwischen dem Forderungsentstehungszeitpunkt und dem Fälligkeitszeitpunkt hinweist.

169 Titelfunktion in Legetimierung des dem Steuer-VA eigenen Vollstreckungsprivilegs; vgl. amtliche Begründung EAO 1974, BT-Drucks. VI/1982, S. 113. Es ist zu unterscheiden zwischen dem materiellen Rechtsgrund (§§ 38 bzw. 37 II AO) und dem Festsetzungsbescheid als formeller Grundlage der "Verwirklichung von Steueransprüchen" (§ 218 I AO).

170 ... i.S. eines ziffernmäßig bestimmten, formellen Festsetzungsbescheides; aber es besteht doch ein zumindestens objektiv feststehender Schuldbetrag i.S. des gesetzlichen Steuertatbestandes, da es auf die subjektive Bestimmbarkeit/Kenntnis der Betroffenen für den ex-lege entstandenen Anspruch nicht ankommt, vgl. *Tipke/Kruse*, § 38 AO Tz. 2 und Tz. 3 b.

171 So *Söhn*, aaO, S. 34.

172 *Söhn*, aaO, S. 35 Fn. 128 und S. 56 Fn. 230 unterscheidet noch zwischen der tatsächlichen Zahlungsmöglichkeit und der Erfüllbarkeit einer Schuld.

jedoch die Bezugnahme auf die objektiv kraft Gesetzes entstandene steuerrechtliche Hauptforderung genügen. Die Aufrechnungswirkung steht als Folge der erklärten Aufrechnung ohnehin unter dem grundsätzlichen Vorbehalt[173] der materiellen Aufrechnungsvoraussetzungen; stellt sich nach Erklärung der Aufrechnung und anschließender Festsetzung eine abweichende Hauptforderungssumme heraus, so gestaltet sich dementsprechend auch die Aufrechnungswirkung. Bei bereits geleisteten Zahlungen bleibt dem so betroffenen Steuerpflichtigen grundsätzlich als letzter Weg immer noch die Geltendmachung eines Erstattungsanspruches (§ 37 II AO). Damit kann sich die Aufrechnungserklärung durchaus hinsichtlich der Erfüllbarkeit einer - mangels VA-Konkretisierung - zunächst noch abstrakten Steuerschuld auf die gesetztliche Tatbestandsverwirklichung (§ 38 AO) beziehen, während die tatsächliche Gestaltungswirkung der Aufrechnung erst mit dem endgültigen (bestands-/rechtskräftigen) Vorliegen aller materiellen Aufrechnungsvoraussetzungen eintritt. Der von *Söhn*[174] vorgebrachte Einwand, bei der - späteren - Festsetzung sei nicht die in toto entstandene Steuer, sondern nur die bereits um eventuelle Erfüllungsleistungen gekürzte Steuer festzusetzen, greift nicht, da nach der steuerrechtlichen Gesetzessystematik und der einhelligen Meinung zwischen den einzelnen Stufen des Steuerverfahrens streng zu trennen ist und damit das Festsetzungsverfahren von etwaigen Hebungsangelegenheiten freizuhalten ist, selbst wenn diese Erfüllungshandlungen - ausnahmsweise - vor Festsetzung vorgenommen wurden[175].

Für die Veranlagungssteuern hat somit das Steuerrecht den "Schuldbegriff" nicht unverändert aus dem bürgerlichen Recht übernommen, weil hier von Gesetzes wegen an die Schuldverwirklichung i.S. eines "Leistensollens" durch das Finanzamt eine weitere Voraussetzung in Form der Steuerfestsetzung geknüpft wird. Damit unterscheidet das Steuerrecht vorliegend - entgegen den bürgerlichrechtlichen Vorstellungen - eindeutig zwischen der Anspruchs-/Schuldentstehung (ex lege, § 3 I StAnpG bzw. § 38 AO 1977) und der Steuerverwirklichung (§ 218 I AO) des fälligen und durchsetzbaren Anspruches. Die Schuldentstehung ist zwar "Vorstufe" des "Leistensollens", deren notwendige Voraussetzung und impliziert bereits diese Leistungspflicht. Dies gilt aber nur unter der "conditio juris" der späteren Festsetzung, d.h. der sofortigen Leistungspflicht und Fälligkeit, und nicht zugleich unter Entstehung eines "Leistensollens". Erst der Steuerbescheid verlangt vom Steuerpflichtigen "kraft eigenen Willens"[176] die sofortige Entrichtung der Steuer.

---

173 Vgl. BFH v. 30.06.1971 - II B 8/68, BStBl. II 1971, 603 [604] = BFHE 102, 232; v. 17.09.1987 - VII R 50-51/86, BStBl. II 1988, 366 [370] = BFHE 151, 304; ebenso BVerwG v. 27.10.1982 - 3 C 6.82, NJW 1983, 776 [777] = BVerwGE 66, 218. Anders noch BVerwG v.13.10.1971 - VI C 137.67, DÖV 1972, 573 ("Aufrechnungserklärung schwebend unwirksam"; "...unter dem Vorbehalt nachträglicher rückwirkender Unwirksamkeit"); FG Berlin v. 21.06.1968 - III 524/67, EFG 1969, 48 ("auflösend bedingt, § 187 II BGB"; "rückwirkender Wirksamkeitsverlust der Aufrechnung, § 158 II BGB"); *Martens*, StuW 1989, 69 [73]: "auflösende (Gesetzes-)Bedingung", unter Bezug auf BFH v. 12.01.1988 - VII R 66/87, BStBl. II 1988, 406 [408] = BFHE 152, 206 ("rückwirkend entfallende Tilgungswirkung"). Bei all diesen "materiell-rechtlichen Lösungsansätzen" bleibt noch zu prüfen, ob diese auch hinsichtlich der VA-Aufrechnung (mit der eigentlich logischen Konsequenz der VA-Rechtsfolgen) tragbar sind. A.A.: *Becker-Riewald-Koch*, RAO Bd. I, § 124 Anm. 5 (9): die Erlöschenswirkung der finanzbehördlichen Aufrechnungsverfügung sei unabhängig vom tatsächlichen materiellen Bestehen der Ansprüche.

174 *Söhn*, aaO, S. 56 Fn. 230 und s.o. Fn. 155.

175 Vgl. schon § 32 II 2 BeitrO; s.o. Fn. 145.

176 *Niemann*, VJSchrStFR 1930, 173 [197 f.]; *ders.*, Steuer- und Finanzrecht, S. 41 f., 44 f.

3. Aufrechnung und Verwaltungsvollstreckung - Ausschluß oder Annäherung?

a) Systematische Einordnung

Die Aufrechnung wird von der AO 1977 in ihrer systematischen Stellung dem Erhebungsverfahren zugeordnet, indem die Realisierung eines Anspruches aus dem Steuerschuldverhältnis konform gehen kann mit der Verwirklichung eines schuldrechtlichen Gestaltungsrechtes wie die Aufrechnung in ihrer ursprünglich zivilrechtlichen Prägung. Gerade das Erhebungsverfahren, das weder der hoheitlichen Begründung eines Steuerschuldverhältnisses noch der Zwangsvollstreckung hieraus dient, steht von seiner Rechtsfolgenverwirklichung in Gestalt von Realvorgängen wie Zahlung, Auf- bzw. Verrechnung nicht in einem rechtsdogmatisch unauflösbaren Widerspruch zu den gleichberechtigten Handlungsalternativen, wie sie grundsätzlich das Privatrecht kennt.
Mit der Zuordnung der Aufrechnung zum Erhebungsverfahren, das in Ausprägung der möglichen Realisierungsalternativen keiner spezifisch öffentlich-rechtlichen Gestaltungsformen bedarf[177], sondern vielmehr die im Privatrechtsverkehr üblichen Erfüllungsmöglichkeiten übernehmen konnte, zeigt der Gesetzgeber, daß er das Aufrechnungsinstitut nicht als spezifisch hoheitliches Regelungsinstrument betrachtet wissen will.

b) Aufrechnungsausschluß aufgrund der gesetzlichen Vollstreckungsmaßnahmen oder Annäherung/Gleichstellung mit dem Institut der Verwaltungsvollstreckung?

aa) Handlungsalternative oder Bindung aufgrund des gesetzlichen "Numerus clausus" der Vollstreckungsregelungen?

Die Aufrechnungswirkung i.S. einer "Selbstexekution" aufgrund einseitiger Verfügungsbefugnisse des Aufrechnenden in der Gläubigerrolle tritt zunächst allgemein und unabhängig von der Person des Aufrechnenden als zivilrechtlich vorgegebene Gestaltungswirkung ein[178]. Eine differenzierte Betrachtung erscheint jedoch hinsichtlich der Aufrechnungsmöglichkeit für die staatlichen Finanzbehörden im Hinblick auf das staatlich-hoheitliche Vollstreckungsangebot angebracht. Die "funktionelle Nähe"[179] der Aufrechnung zum Vollstreckungsrecht - besser: deren vergleichbare vollstreckungsähnliche Wirkung - dürfen nicht dazu verleiten, die Aufrechnung des Finanzamtes als staatliche Vollstreckungsmaßnahme eigener Art einzuordnen. Denn trotz vergleichbarer Wirkungen[180] ist die Aufrechnungsmaßnahme (an sich) nicht mit dem hoheitlichen und einseitigen Vollstreckungsvorrecht gleichzusetzen[181]. Die Aufrechnung ist schon von ihrer systematischen Einordnung her nicht dem

---

177 Hierzu dienen z.B. Begründung/Entstehung/Festsetzung (Selbsttitulierungsmöglichkeit durch VA) und die zwangsweise Durchsetzung (Selbstvollstreckung).

178 Näheres s.u. im 2. Teil, S. 130 ff.

179 Vgl. *Pietzner*, VerwA 73 (1982), 453 [456].

180 "Selbstbefriedigung" und der Parallele zur Vollstreckungsregelung, wonach Einwendungen gegen die Rechtmäßigkeit des zu vollstreckenden VAs selbst nur außerhalb des Vollstreckungsverfahrens zulässig sind, vgl. § 256 AO [BFH v. 19.10.1982 - VII R 64/80, BStBl. II 1983, 541 = BFHE 138, 308].

181 Daher ist sie auch zulässig bei Vollstreckungsaufschub, § 258 AO, und bei Aufteilung der Gesamtschuld zum Zwecke der Vollstreckung, §§ 268 ff. AO, Vfg. OFD Köln v. 30.01.1984 - S 0456 - 1 - St 312, AO-Handbuch 1988 zu § 226 AO.

steuerrechtlichen Vollstreckungsverfahren (§§ 249 ff.AO) zuzuordnen[182] und scheidet damit als Vollstreckungsmaßnahme i.e.S. aus[183]. Ordnet man sie aufgrund ihrer "Selbstbefriedungsfunktion" als Vollstreckungsmaßnahme i.w.S./eigener Art ein[184], so kann hiermit nicht eine Unterstellung unter die Regeln der spezifischen Verwaltungsvollstreckung einhergehen. Anspruchsverwirklichung i.S. einer doppelfunktional bedingten Befriedigung und andererseits die einseitig hoheitliche Zwangseinwirkung durch Vollstreckungsmaßnahmen sind "vom Ergebnis her" vielleicht vergleichbar, nicht aber von der Art und Intensität ihrer Durchführung.

(1) Unzulässige Aufgabe gesetzlich angeordneter staatlicher Handlungsfunktionen durch den Fiskus?

Sähe man die gesetzlich vorgesehenen Verwaltungsvollstreckungsmöglichkeiten des Fiskus zur Durchsetzung seiner Forderungen i.S. eines "Ausschließlichkeitsprinzips" an, so müßte die Wahl der Aufrechnung durch das Finanzamt zur Forderungsrealisierung als - unzulässige - Aufgabe gesetzlich angeordneter staatlicher Handlungsfunktionen der besonderen Verwaltungsvollstreckung bewertet werden. Diese "Ausschließlichkeit" läßt sich aber weder aus dem Gesetz noch mit steuerrechtlichen Besonderheiten begründen. Im Gegenteil - der Gesetzgeber wollte mit seiner ausdrücklichen Übernahme des Aufrechnungsinstituts in die AO 1977 deren Ausübung legalisieren. Aufrechnungsmöglichkeit einerseits und Verwaltungsvollstreckungsmaßnahmen andererseits sind damit weder gleichzusetzen noch schließen sie sich gegenseitig aus, sondern sie bilden vielmehr - auch und gerade für den staatlichen Fiskus - Handlungsalternativen[185] zur Erfüllungsdurchsetzung der ihm als Gläubiger zukommenden Ansprüche. Die insoweit spezielleren Machtbefugnisse des Staates, geprägt durch die hoheitlichen Vorrechte der Selbsttitulierung und Selbstvollstreckung, rechtfertigen aus sich allein heraus noch keine Beschränkung oder gar den Ausschluß der finanzbehördlichen Aufrechnungsbefugnisse. Zwar steht der Staat bei der Auswahl seiner Handlungsalternativen nicht dem privatautonom agierendem Bürger gleich, da er als demokratisch legetimierter Machtapparat an rechtstaatliche Vorgaben (Grenzen) gebunden bleibt, auch bei der Wahl privatrechtlich geprägter Gestaltungsformen. Das hindert ihn jedoch nicht, neben den gesetzlich speziell ihm zugeordneten hoheitlichen Vollstreckungsmöglichkeiten noch praktikablere da unmittelbarere Realisierungsmaßnahmen, wie z.B. die Auf-/Verrechnung, einzusetzen. Dies gilt um so mehr, als die Aufrechnungsmöglichkeit je nach Lage der Dinge die für den Bürger mildere und für ihn selbst die zeit- und kostensparenste Alternative darstellt. Insbesondere bringt die Aufrechnung den Vorteil, daß neben der eigenen Schuldtilgung auch die Befriedigung der eigenen Forderung eintritt, selbst wenn ansonsten deren Durchsetzung, z.B. mangels wirtschaftlicher Potenz, gefährdet erscheint.

Als pflichtgemäßen Ermessensausübung[186] ist damit die Ausübung der finanzbehördlichen Aufrech-

---

182 Voraussetzung für den Vollstreckungsbeginn wäre hier zudem ein vorangegangenes "Leistungsgebot", § 254 I 1 AO.

183 Vgl. BFH v. 07.03.1967 - VII 164/62, BStBl. III 1967, 381 = BFHE 88, 311; BGH v. 26.05.1971 - VIII ZR 137/70, NJW 1971, 1563; BVerwG v. 13.10.1971 - VI C 137.67, DÖV 1972, 573.

184 Vgl. *Pietzner*, aaO, S. 456 f. mit Hinweisen auf die verwaltungsgerichtliche Rechtsprechung des OVG Münster v. 15.09.1967 - VI A 538/62 (u.v.) als Berufungsurteil zu BVerwG v. 13.10.1971, aaO, Fn.183 und des OVG Koblenz v.09.10.1970 - 2 B 61/70, VerwRspr. 22, 409 und des VGH Baden-Württemberg v. 08.02.1971 - 08.02.1971 - VI 934/70, BaWüVBl. 1971, 75 f.; *Wolff/Bachof*, Verwaltungsrecht III, § 160 Rdn.40.

185 S.u. 2.Teil S. 137 f.: "echte Handlungsalternativität".

186 Vgl. OFD Nürnberg v. 22.11.1983, StEK AO 1977 § 226 Nr.13/ StLex 2 §§ 224 - 226, 1 unter Hinweis auf Abschn. 22 IV VollstrA; FG Baden-Württemberg v. 13.03.1986 - IX K 560/83, EFG 1986, 479 [480].

nung zulässig als eine Form der Forderungseintreibung auf einem "einfacheren, praktikableren, zeit- und kostensparenderen Weg"[187] und daher gerade nicht als unzulässige Aufgabe staatlicher Handlungsvorgaben zu bewerten.

Auch verlangt die gesetzliche Vorgabe der hoheitlichen Vollstreckungsmaßnahmen[188] nicht notwendigerweise die Gleichstellung der Aufrechnung mit staatlichen Hoheitsrechten. Die zulässige Alternativität staatlicher Handlungsformen kann sich nicht nur auf das "Ob" sondern muß sich zudem auf das "Wie" beziehen, so daß sich auch die Ausübung nicht notwendigerweise "hoheitlich-zwangsweise" darstellt. Gestaltunswirkung der Aufrechnung einerseits und hoheitliche Verfügung andererseits müssen und können auch nicht zu einer "einheitlichen" staatlichen Handlungsmaßnahme nach "hoheitlichem Einheitsmuster" verknüpft werden. Gestaltung und Verfügung zeigen von ihren Rechtsfolgen ähnliche Wirkungen, basieren aber nicht auf dem gleichen Grundgedanken, sondern sind Ausdrucksformen gesetzlich intendierter und vorgesehener Handlungsalternativen. Aufrechnung als "hoheitliches Gestaltungsrecht" wäre anderenfalls ein Widerspruch in sich, eine "Doppelung der Rechtsfolgenwirkungen"[189] ohne zwingende Notwendigkeit und nicht gerechtfertigt durch eine Orientierung an hoheitlichen Vollstreckungsmaßnahmen i.e.S.. Wer gestaltet, verfügt in gewissem Sinne hierdurch auch; die Gestaltungserklärung der Behörde gründet ihren "Regelungsgehalt" jedoch nicht auf hoheitliche Befugnisse des Staates, sondern er ist ihr "wesensimmanent". Er verlangt nicht nach ausdrücklicher Einräumung von Hoheitsrechten, sondern ist Ausdruck der auch dem Zivilrecht bekannten gesetzlich angeordneten Gestaltungswirkung durch Erklärungsausübung.

(2) Umgehung materieller Schutzvorschriften des Vollstreckungsrechts[190]

Der Steuergläubiger (FA) muß insbesondere bei der Aufrechnung gegenüber natürlichen Personen Schutzvorschriften zugunsten des Schuldners beachten, die jedoch am Aufrechnungsinstitut und nicht an einer hoheitlichen Vollstreckung i.e.S. ausgerichtet sind. Damit werden zwar schutzwürdige Interessen des inanspruchgenommenen Schuldners berücksichtigt, dies jedoch nicht unter dem Gesichtspunkt des besonderen Schutzzweckes bei hoheitlich-zwangsweiser Inanspruchnahme im Wege der Verwaltungsvollstreckung durch die Finanzverwaltung, sondern nur insoweit, als der Staat durch Ausüben seiner Aufrechnungsbefugnis materiell-rechtliche Schutzvorschriften zu umgehen sucht. Denn die Aufrechnung soll gerade auch dort, wo z.B. mangels wirtschaftlicher Potenz die Durchsetzbarkeit der eigenen Forderung im Wege der zwangsweisen Verwaltungsvollstreckung tatsächlich nicht möglich ist, eine Realisierung auf dem Verrechnungswege eröffnen, falls ein entsprechendes Verrechnungsäquivalent beim Schuldner vorhanden ist. Diese darf nicht an die Existenzgrundlage des Aufrechnungsempfängers angreifen (vgl. die Schutzvorschriften der §§ 850 ff. ZPO und die entsprechende Verweisungen hierauf). Die Durchsetzungspraktikabilität der Aufrechnungsmöglichkeit geht jedoch weiter - warum sollte ein Forderungsausgleich nicht auf dem Wege der Verrechnung erfolgen und stattdessen nur der umständlichere Weg der For-

---

187 *Burmester*, aaO, S. 20, sieht die staatlichen Vollstreckungsbefugnisse ebenfalls nicht als ein notwendiges, jegliche Alternative verdrängendes "Muß" an.

188 Als historisches Bild der Verkörperung einseitiger Emanation von Hoheitsgewalt und der damit verbundenen Verantwortung der Behörde.

189 S.u. 2.Teil, S. 130 ff. unter der rechtlichen Perspektive der "Eigenwertigkeit des VAs" neben der gesetzlich möglichen Gestaltungsrechtsfolge.

190 Vgl. hierzu *Pietzner*, VerwA 73 (1982), 453 [459] Fn. 37 f.; *Burmester*, aaO, S. 19 Fn. 32 unter Hinweis auf *Fleiner*, aaO, S. 436 Fn. 60 und *Josef*, VerwA 24 (1916), 327 ff.; *Heine*, Gruchot Bd. 62 (1918), 214 ff.

derungspfändung beim Aufrechnungsgegner der einzig zulässige Weg sein?

Diese Gefahr des finanzbehördlichen gesetzeswidrigen Umgehungsversuches im Wege der Aufrechnung wurde von *Fleiner*[191],*Josef*[192] und *Heine*[193] in Anknüpfung an eine damals heftig umstrittene, auf die Rechtswegproblematik beschränkte Reichsgerichtsentscheidung vom 21.11.1911[194] hervorgehoben. Zwar hatte hier die Gemeinde in ungesetzlicher und vertragswidriger Weise auf die Sparkassenforderung des Bürgers Zugriff genommen, was zulässigerweise nur über den Weg der Pfändung und Überweisung der Forderung hätte erfolgen dürfen. Die Umgehung des Vollstreckungsrechts konnte jedenfalls nicht in der Erklärung der Aufrechnung selbst gesehen werden, sondern nur in der Art der tatsächlichen Bargeldeintreibung durch Zugriff auf das Sparkassenbuch[195], so daß durch eine Aufrechnungserklärung allein niemals eine Vollstreckungsumgehung einzutreten vermag. Vielmehr kann die Umgehung nur darin gesehen werden kann, daß der Aufrechnende sich tatsächlichen Zugriff auf die beanspruchte Geldsumme verschafft.

Zum Schutz des durch die Aufrechnung Inanspruchgenommenen finden sich im BGB[196] entsprechende Regelungen (vgl. § 319 AO i.V.m. §§ 390 S.1, 392, 393, 394 S.1[197] bzw. §§ 850 ff., 851 ZPO[198], § 84 II BBG, Art. 80 II BayBG[199], §§ 399, 400 BGB). Auch kann die Aufrechnung als unzulässige Rechtsausübung entsprechend § 242 BGB zurückgewiesen werden[200].

Die vorhandenen Schutzvorschriften zugunsten des Schuldners als Aufrechnungsempfänger sind durchaus ausreichend und der Aufrechnungssituation angepaßt, an der beide Parteien durch ihre Schuldner-Gläubiger-Stellung gleichermaßen beteiligt sind. Da die Aufrechnung selbst keine Vollstreckungsmaßnahme i.e.S. darstellt, vermögen auch die materiellen Schutzvorschriften des Vollstreckungsrechts[201] nicht direkt zu greifen. Vielmehr ist in der konkreten Situation nach Sinn und Zweck der entsprechenden Schutznorm zu beurteilen, ob sie auch auf die Aufrechnung als eventuelle Vollstreckung i.w.S., als Synonym für Verwirklichung und Durchsetzung[202], entsprechend an-

---

191 Vgl. Fn. 190.

192 Vgl. Fn. 190.

193 Fn. 190 und Nachweise bei *Burmester*, aaO, S. 19 Fn. 32.

194 RG v. 21.11.1911 - VIII 169/11, RGZ 77, 41 ff.: Die Stadtgemeinde, zu deren Sicherheit für Forderungen aus einem Elektrizitäts- und Wasserlieferungsvertrag ein Sparkassenbuch des Grundstückseigentümers bei der Sparkasse hinterlegt worden war, hatte nach Erledigung des Sicherungszweckes nicht die gesamte Sicherheit zurückgegeben, sondern nur den um den Betrag der Grundsteuer gekürzten Betrag.

195 Vgl. *Pietzner*, aaO, S. 459 Fn. 37: "effektiv bezahlt gemacht".

196 Entsprechend anwendbar auch im öffentlichen Recht hinsichtlich des bezweckten sozialpolitischen Schutzanliegens, vgl. *Pietzner*, aaO, Fn. 190.

197 *Tipke/Kruse*, § 226 AO Tz. 16.

198 Gegen eine unpfändbare (§§ 850 ff., 851 ZPO, z.B. Forderungen der Beamten, Angestellten und Arbeiter auf Gehalt, Lohn und Nebenbezüge bis zu einer bestimmten Grenze, sowie Renten usw. und nicht übertragbaren Forderungen) Forderung ist die Aufrechnung unzulässig.

199 Vgl. BayVGH v. 27.04.1959 - Nr.69 III 58, ZBR 1960, 225 [226].

200 BFH v. 21.01.1977 - III R 107/73, BStBl. II 1977, 396 = BFHE 121, 284. Vgl. auch BFH v. 19.10.1982 - VII R 64/80, BStBl. II 1983, 541 = BFHE 138, 308: die Aufrechnung des FA gegen Lohnsteuererstattungsansprüche verstoße nicht gegen Art. 3 GG und stelle damit regelmäßig kein Handeln gegen Treu und Glauben dar.

201 Vgl. *Pietzner*, aaO, z.B. §§ 79 II 2 BVerfGG, §§ 183 S.2, 47 VI 2 VwGO.

202 Vgl. BVerfG v. 21.05.1974 - 1 BvL 22/71 u. 21/72, BVerfGE 37, 217 [263]; BFH v. 07.03.1967 - VII 164/62, BStBl. III 1967, 381 = BFHE 88, 311; zustimmend: *Tipke/Kruse*, § 226 AO Tz. 16. Die entsprechende Anwendung des § 79 II 2 BVerfGG und die entsprechenden Normen in der VwGO sollen im Interesse der Einzelfallgerechtigkeit und der materiellen Verfassungs- und Rechtsverwirklichung jegliche Umsetzung der auf nichtigen Normen beruhenden Ansprüche - trotz eventueller Bestands-/Rechtskraft - für die Zukunft verhindern, unabhängig davon, ob

[Fortsetzung nächste Seite]

wendbar sind.

Mangels zwangsweiser hoheitlicher Forderungsdurchsetzung sind auch die Rechtsbehelfsmöglichkeiten für den Steuerpflichtigen "reduziert", d.h. je nach der Beurteilung der Aufrechnungserklärung als VA oder als Ausübung eines Gestaltungsrechts sind sie als verwaltungsverfahrensrechtliche oder gerichtliche Rechtsbehelfe normiert. Der zu gewährende Rechtsschutz bleibt jedoch immer gewahrt, das Rechtsbehelfsinteresse des Steuerpflichtigen, der als Schuldner und zugleich als Gläubiger des aufrechnenden Finanzamtes herangezogen wird, kann bei dem aus der gestalterischen Wirkung der Aufrechnung folgenden Forderungsverlust nicht in derselben Weise (Intensität) tangiert werden wie bei der hoheitlich-vollstreckungsrechtlichen Durchsetzung. Denn im letzteren Fall tritt ihm das Finanzamt als staatliches Hoheitssubjekt und nicht in Ausübung eines Gestaltungsrechtes gegenüber, welches seine Wirkungen nur bei Vorliegen der tatbestandlichen Voraussetzungen entfaltet.

Aufrechnungsschutzvorschriften und die unter den konkreten Einzelfallumständen nach Sinn und Zweck der berührten materiellen Schutznorm mögliche Analogiefähigkeit von Vollstreckungsschutznormen zeugen von einem nicht zum Nachteil des Aufrechnungsempfängers ausgebauten Rechtsbehelfssystem und können damit keinesfalls zu einem Aufrechnungsausschluß seitens der Finanzbehörden führen.

(3) "Staatliche Mäßigung" der finanzbehördlichen Forderungseinbringung - Realisierung auf der Grundlage des Verhältnismäßigkeitsgebots

Betrachtet man die - rechtliche - Herleitung des Aufrechnungsinstituts nicht nur unter dem privatrechtlich orientierten, sehr zweifelhaften Aspekt des dolo-petit-Einwandes, sondern übertragen auf das öffentliche Recht auch unter dem Gesichtspunkt grundrechtsrelevanter und -abhängiger öffentlich-rechtlicher Handlungsformen, so rechtfertigt der Grundsatz der Verhältnismäßigkeit (Art. 20 III GG) i.S. des mildesten und zugleich auch geeignesten Mittels die Aufrechnung als gleichberechtigte Handlungsinitiative und -alternative des Finanzamtes neben der staatlichen Zwangsvollstreckung[203], da hier der Finanzbehörde zur Erreichung ihres angestrebten Erfolges mehrere Maßnahmen zur Verfügung stehen und sie hieraus die für den Steuerpflichtigen am geringsten belastende

---

die Durchsetzung durch zwangsweisen Vollzug der staatlichen Vollstreckungsgewalt oder durch die eingeräumte, in ihren Wirkungen vergleichbare Gestaltungsbefugnis geschieht. Eine Aufrechnung, die im Zeitpunkt der Nichtigkeitserklärung der dem Steuerbescheid zugrunde liegenden Norm fristgerecht angefochten war, ist daher nach Sinn und Zweck des § 79 II 2 BVerfGG nicht mehr zulässig. Unter Berücksichtigung der streitigen Rechtsnatur der finanzbehördlichen Aufrechnungserklärung kann man ihre Angreifbarkeit einer "noch nicht endgültigen Erledigung"/ einem "noch nicht abgewickelten Verhältnis" i.S.v. § 79 II 2 BVerfGG gleichsetzen, d.h. hier kann mangels Bestandskraftfähigkeit der Aufrechnungserklärung (als Willenserklärung) ihre "Erledigung"/"Abwicklung" noch nicht eingetreten sein. Denn "Realisierung" eines Anspruches i.w.S. des Vollstreckungsbegriffes des § 79 II 2 BVerfGG bedeutet auch die Ausübung eines (gleichgeordneten) Gestaltungsrechts und nicht nur die hoheitliche Durchsetzung durch VA-Aufrechnung. Mit der Annahme der - gleichberechtigten - Gestaltungsrechtsausübung durch das aufrechnende FA ist bei der oben dargelegten Betrachtungsweise des § 79 II 2 BVerfGG der Steuerpflichtige sogar stets gegen die Realisierung durch Aufrechnung eines bereits unanfechtbar gewordenen, auf einer nichtigen Norm beruhenden Steuerbescheides geschützt: mangels Bestandskraftfähigkeit der Aufrechnungserklärung selbst ist ihre Ausübung stets ein noch nicht endgültig abgewickeltes Rechtsverhältnis i.S.v.§ 79 II 2 BVerfGG.

203 Es fallen weder Vollstreckungskosten noch reale Zwangseingriffe noch Wertverluste wie z.B. bei der Pfändung und Verwertung beweglicher Sachen an und damit liegt mit der Aufrechnung die kostensparendere und schonendere Form der Forderungsdurchsetzung vor, vgl. VGH Baden-Württemberg v.08.02.1971 - VI 934/70, BaWüVBl. 1971, 75 [76].

Maßnahme auszuwählen hat[204].

Die Aufrechnung als das erforderliche, zumutbare, geeignete und mildere Mittel i.S. des Verhältnismäßigkeitsgrundsatzes gegenüber der hoheitlichen Vollstreckung tritt damit als "gemäßigte Staatsgewalt" hervor, die zwar nicht authentisch ist mit den autonomen Rechtsgeschäften des Privatrechts, aber der Finanzverwaltung doch ein gewisses Abgehen vom "hoheitlich-zwangsweisen Kurs" der Steuerforderungseintreibung eröffnet.

(4) "Gegenseitigkeit" der verrechenbaren Forderungen dominierend gegenüber einseitig hoheitlicher Verwaltungsvollstreckung

Während das staatliche Vorrecht der hoheitlichen Verwaltungsvollstreckung allein an die Existenz eines vollziehbaren Leistungsbescheides anknüpft, ist die Aufrechnung grundsätzlich unabhängig von formellen (Titel-)Voraussetzungen zulässig. Dies gründet sich auf das besondere, wechselseitig verknüpfte Forderungsverhältnis der sich zur Verrechnung gegenüberstehenden Ansprüche.

Für die Aufrechnungsforderung verlangt § 387 BGB lediglich deren Durchsetzbarkeit, Klagbarkeit und Fälligkeit, allerdings mit der steuerrechtlichen Besonderheit, daß der Zugang eines Festsetzungsbescheides (z.B. bei Veranlagungssteuern) vorausgesetzt wird (§ 220 II 2 AO)[205]. Diese Modifikation im Steuerrecht findet ihre Ursache nicht in vollstreckungsrechtlichen Erwägungen - etwa in der Art einer Titulierungsvoraussetzung durch VA des Finanzamtes -, sondern basiert allein auf der Tatsache, daß steuerrechtliche Zahlungsansprüche vor ihrer Verwirklichung i.d.R. festgesetzt werden müssen (vgl. § 218 I AO). Zudem bestimmt § 220 Abs. II 2, daß deren Fälligkeit nicht vor Bekanntgabe der Festsetzung eintritt.Ansonsten zeichnet sich das Aufrechnungsinstitut nicht durch besondere verwaltungsrechtlich formelle Tatbestandsvorausetzungen oder durch eine hervorgehobene prozessuale oder materielle Parteienstellung aus, sondern durch die besondere materiell-rechtliche Eigenart der Aufrechnung selbst, nämlich daß sie sich gleichzeitig und untrennbar auf zwei einander gegenüberstehende Forderungen auswirkt[206].
Unabhängig von der Parteienstellung hat man damit der Finanzverwaltung - ebenso wie man dem eine Gegenforderung innehabenden Bürger den gerichtlichen Institutionenweg und die Inanspruchnahme staatlicher Vollstreckungsorgane im Wege der privaten Zwangsvollstreckung über die Möglichkeit der Aufrechnung erspart - die Alternative der Aufrechnung im Verhältnis zur Verwaltungsvollstreckung zur Hand gegeben, denn die Aufrechnung stellt nicht etwa eine Art "außergerichtliche Zwangsbeitreibung"[207] dar, sondern ist vom dogmatischen Ursprung her, in Annäherung zu anderen schuldrechtgeschäftlichen Gestaltungsrechten wie z.B.Stundung, Forderungserlaß, Forderungsabtretung, auf das "Grundprinzip der freien Verfügbarkeit über den eigenen Rechtsbestand"[208] zurückzuführen. Das bürgerliche Recht unterwirft die Ausübung der Aufrechnung keinerlei formalen Voraussetzungen. Das steuerrechtliche Formalerfordernis des Festsetzungs-/Steuerbescheides bei Veranlagungssteuern stellt sich nicht als Besonderheit des Aufrechnungsinstitutes dar, sondern als spezifisch

---

204 *Tipke/Kruse*, § 5 AO Tz. 34 f.; vgl. auch Vfg. OFD Nürnberg v. 22.11.1983, StEK AO 1977 § 226 Nr. 13 unter Bezug auf Abschn. 22 IV VollstrA: "Die Anordnung von Vollstreckungsmaßnahmen in Kenntnis der Aufrechnungsmöglichkeit wäre ermessensfehlerhaft."

205 Vgl. OVG Lüneburg v. 22.03.1974 - VII A 68/73, KStZ 1975, 73 zur Gewerbesteuer.

206 BGH v. 25.10.1967 - V ZR 29/66, BGHZ 48, 356 [359].

207 Vgl. *Fürst*, GKÖD, § 84 BBG Rdn. 25.

208 BVerwG v. 13.10.1971 - VI C 137.67, DÖV 1972, 573 = BVerwGE 38, 336.

steuerrechtliche Besonderheit, die damit natürlich auch für die steuerrechtliche Aufrechnung zu gelten hat. Das Institut der Aufrechnung will beiden Aufrechnungsparteien eine möglichst[209] gleichberechtigte Chance der Forderungseinbringung ermöglichen, die für beide Seiten i.S. eines Gebens und Nehmens zu einem tragbaren Ergebnis führt. Während sich hoheitliche Verwaltungsvollstreckung und privatrechtlich vorangetriebene Zwangsvollstreckung wesentlich unterscheiden, verwischt die gesetzliche Einräumung der Aufrechnungsmöglichkeit diese Unterschiede i.S. einer gleichberechtigten Selbstbefriedigungsmöglichkeit, die sich einzig und allein aus der Natur der Sache und dem Willen des Aufrechnungsbefugten, d.h. der verrechenbaren Anspruchsverknüpfung und grundsätzlich unabhängig von deren Forderungsinhaber ergibt.

Grundsätzliche Unterschiede zwischen Verwaltungsvollstreckung und der ebenfalls einseitig möglichen Aufrechnung ergeben sich auch in der Betrachtung der hoheitlichen Vorrechte der Verwaltung im Rahmen ihrer Forderungsvollstreckung. Sie zeigt sich in der Möglichkeiten der Selbsttitulierung - der VA trägt seinen Titel in sich, es bedarf keines Erkenntnisverfahrens wie im Zivilrecht - und der Selbstvollstreckung, d.h. der "Fähigkeit, einen anderen auch gegen seinen Willen rechtlich zu verpflichten und die Pflichterfüllung mit eigenen Mitteln, notfalls mit physischer Gewalt durchzusetzen[210]. Wie *Pietzner*[211] zutreffend hervorhebt, weist diese Art der "Konstituierung und Domestizierung" der Staatsgewalt über das Mittel der Zwangsvollstreckung keine dogmatischen Parallelitäten mit der gestalterischen Aufrechnungsbefugnis auf. Der Begriff der Aufrechnung ist untrennbar mit der Maxime der "Gegenseitigkeit" verbunden. Zwar wird sie auch als "einseitige Verfügungsbefugnis" qualifiziert, diese "Einseitigkeit" bezieht sich aber nur auf die Initiativwirkung (einseitige Willenserklärung), nicht aber auch auf ihre Rechtsfolgenwirkung. Die Aufrechnungswirkung zieht keine einseitige und zwangsweise Aneignung i.S. eines hoheitlichen Zugriffes einer fremden Forderung nach sich, sondern ist - in ihrer gestalterischen Wirkung - zugleich und immer mit der Aufopferung der eigenen Forderung verbunden.

bb) Die "Titulierung" als Voraussetzung der Vollstreckung und der Aufrechnung?

(1) Private Zwangsvollstreckung: "Titelfunktion"

Die Verwaltungsvollstreckung unterscheidet sich insofern wesentlich von der Vollstreckung privatrechtlicher Ansprüche als bei letzterer der Gläubiger regelmäßig auf Erfüllung klagen muß[212]. Im gerichtlichen Erkenntnisverfahren muß er sich einen Titel erstreiten, der dann im hieran anschließenden besonderen Vollstreckungsverfahren durch den Gerichtsvollzieher oder das Vollstreckungsgericht nach den ZPO-Bestimmungen (§§ 704 - 945) vollstreckt wird.
Im bürgerlichen Recht ist damit dem Gläubiger die Selbsthilfe grundsätzlich untersagt (Ausnahme: vgl. §§ 229 - 231, 561, 829 BGB).

---

209 Vgl. aber § 226 III AO.

210 *Pietzner*, VerwA 73 (1982), 453 [457] Fn. 23, 24 m.w.N.

211 *Pietzner*, aaO, S. 453 [456].

212 Kein Selbsttitulierungsrecht. Allerdings hat der Gläubiger die Möglichkeit der Erwirkung eines Mahnbescheides (§§ 694, 699, 700, 701 ZPO), durch den er seinen Schuldner in ähnlicher Weise in Zugzwang bringen kann und bei nicht fristgerechtem Beschreiten der Rechtsbehelfsmöglichkeiten (§§ 699, 700 ZPO) dem Gläubiger einen Vollstreckungstitel in die Hand gibt (§ 794 I Nr.4 ZPO). Dies beruht auf dem allgemeinen Verfahrensgrundsatz, daß bei Untätigkeit des in Anspruch genommenen Verpflichteten eine gerichtliche Prüfung der Rechtslage mit dem Ziel einer rechtskräftigen Entscheidung entbehrlich sein kann.

(2) Verwaltungsvollstreckung: Selbsttitulierung und Selbstvollstreckung

Dagegen können die Verwaltungsbehörden ihre selbsttitulierten Ansprüche ohne gerichtliches Erkenntnisverfahren unter den gesetzlichen Vollstreckungsvoraussetzungen selbst vollstrecken (vgl. z.B. §§ 3 II Nr.a, 6 I VwVG des Bundes sowie die entsprechenden Landes-Verwaltungsverfahrensgesetze).

(3) Aufrechnungssituation

Diese Unterschiede der staatlichen und privaten Vollstreckungsmöglichkeiten gegenüber der Aufrechenbarkeit als Mittel der Eigenbefriedigung werden unterstrichen durch die jeweiligen Voraussetzungen und damit auch durch die Form der gewählten Durchsetzungsalternative. Wie *Burmester*[213] richtig feststellt, setzen weder die zivilrechtliche Aufrechnung des Bürgers noch das Ausüben der finanzbehördlichen Aufrechnungsbefugnis einen titulierten (Aufrechnungs-)Anspruch voraus. Ausnahmsweise fordert ausschließlich § 226 III AO für den steuerpflichtigen Bürger die alternative Aufrechnungsvoraussetzung einer rechtskräftigen Entscheidung. Weiterhin wird als steuerrechtliche Besonderheit bei der Geltendmachung eines Anspruches aus dem Steuerschuldverhältnisses dessen Festsetzung als notwendige Voraussetzung für sein Vorbringen gefordert[214], unabhängig davon, ob seitens des steuerpflichtigen Bürgers z.B. mit einem steuerrechtlichen Erstattungsanspruch oder seitens des Finanzamtes mit einer Steuerforderung aufgerechnet wird. Diese Aufrechnungsvoraussetzung eines Verwaltungsaktes beruht jedoch nicht auf vollstreckungsrechtlichen Erwägungen, die staatliche Zwangsbefriedigung rechtsstaatlich abzusichern, sondern vielmehr auf den besonderen steuerrechtlichen Anforderungen, die unabdingbar an die steuerrechtliche Anspruchsentstehung und -verwirklichung geknüpft sind. Der Steuerbescheid in Form der Festsetzung des Steueranspruches bringt hinsichtlich des "Ob" und "der Höhe" des entstandenen Steueranspruches die thematische Begrenzung für die hieran anschließenden Verfahrensabschnitte und etwaige Rechtsmittelverfahren. Er ist zwar als "vollstreckbarer VA" (vgl. § 254 I 2 AO) auch Vollstreckungstitel i.S. der §§ 249 ff. AO, § 218 I AO bringt aber darüber hinaus zum Ausdruck, daß er mehr ist als nur Vollstreckungstitel. Er ist bereits im Erhebungsverfahren von grundlegender Bedeutung, indem er personell und sachlich die materiellen Leistungspflichten konkretisiert und damit den rechtsstaatlichen Erfordernissen der Eingriffsverwaltung hinsichtlich Bestimmtheit und Rechtssicherheit i.S. von Berechenbarkeit für den inanspruchgenommenen Bürger genüge tut[215]. Die Bedeutung des Erfordernisses des Steuerbescheides im Erhebungsverfahren im Falle der Aufrechnung besteht damit in einem verfahrensrechtlich zu bewertenden Formerfordernis und nicht etwa in einer materiell-rechtlichen Titelvoraussetzung. Nach zivilrechtlicher Vorgabe ist die Aufrechnungserklärung zwar grundsätzlich formlos möglich[216] und zulässig. Die u.U. höchst diffizile Rechtslage im Steuerrecht, insbesondere auch unter dem Aspekt der rechtsstaatlich abgesicherten öffentlichen Haushaltsführung, fordert indes aber die Formmodifikation durch eine formalisierte Konkretisierung der Aufrechnungs-/Gegenforderung, die zugleich - materiell-rechtlich -

213 *Burmester*, aaO, S. 20.

214 Z.B. bei Veranlagungssteuern (vgl. §§ 25 ff. EStG, 49 KStG, 14 ff. VStG, 16 ff. GrStG), wo die Festsetzung obligatorisch ist für die Fälligkeit (§ 220 II 2 AO), die Verwirklichung (§ 218 I AO) und die Vollstreckung (§§ 249 ff. AO) des Anspruches.

215 "Formalisierte Dokumentation" des entstandenen staatlichen Steueranspruches, so daß ein unmittelbarer Rückgriff auf die "causa legis" (§ 38 AO) seitens des FA zur Anspruchsverwirklichung nicht genügt, vgl. *Pietzner*, VerwA 76 (1985), 87 [98 ff.].

216 BVerwG v. 13.10.1971 - VI C 137.67, DÖV 1972, 573 [574].

auch Fälligkeit und Durchsetzbarkeit nach sich zieht.

Damit offenbaren sich - abhängig vom jeweiligen Verfahrensabschnitt im Besteuerungs- und Vollstreckungsverfahren - unterschiedliche Funktionen des festsetzenden Steuerbescheides. Im Festsetzungsverfahren selbst wird autoritativ (und ggf. konstituierend) festgestellt[217], daß, gegen wen und in welcher Höhe ein Steueranspruch entstanden ist. Hier wird die Basis des Steuerbescheides in seiner Eigenschaft als Rechtsgrund für das spätere Behaltendürfen des ex lege entstandenen materiellen Steueranspruches geschaffen. Im Aufrechnungsverfahren als Akt des Erhebungsverfahrens geht es um die tatsächliche Verwirklichung des entstandenen und entsprechend festgesetzten Steueranspruches. Materiell-rechtlich setzt die Wirksamkeit der Aufrechnug nur die ihr nach §§ 387 ff. BGB und § 226 AO vorgegebenen Grundlagen voraus; verfahrensrechtlich bedarf die Aufrechnungserklärung aber des Steuerbescheides als "Formdokumentation" der geltend gemachten Aufrechnungsforderung und zur Erfüllung der materiellen Aufrechnungsvoraussetzungen der Fälligkeit (§ 220 II 2 AO) sowie der Durchsetzbarkeit (§ 218 I 1 AO). Im Vollstreckungsverfahren erst kommt dann seine Eigenschaft als Vollstreckungstitel zum Tragen. Hier, wo es um den intensivesten und einschneidensten Eingriff staatlicher Hoheitssubjekte in Verwirklichung ihrer einseitigen Hoheitsvorrechte geht, kommt der Festsetzung als formalisiertes Rechtsgrundelement die umfassendste Titelfunktion zu. Leistungs-/ Steuerbescheid und Verwaltungsvollstreckung einerseits und Aufrechnung und Gestaltungswirkung andererseits bilden zwei wesensverschiedene Begriffspaare. Während der Steuerbescheid i.V.m. der Zahlungsaufforderung (§ 254 I 1 AO) einen Leistungsbefehl[218] beinhaltet, zu dessen Verwirklichung die Mittel des Verwaltungszwanges erforderlich werden, läßt die Aufrechnungserklärung einen solchen "Leistungsbefehl" nicht erkennen[219]. Da ihre Verwirklichung in der ihr von gesetzeswegen zugeordneten Gestaltungswirkung liegt, benötigt sie die Mittel des Verwaltungszwanges nicht und damit auch keinen Vollstreckungstitel i.S. des Vollstreckungsrechtes. Die Aufrechnung steht somit rechtssystematisch weder in direkter Beziehung zu den Maßnahmen des Vollstreckungsrechts noch zu den Mitteln der Selbsthilfe (§ 229 f. BGB), sondern ist, wie z.B. auch Stundung, Forderungserlaß und Forderungsabtretung, den schuldrechtlichen Gestaltungsrechten zuzuordnen[220]. Deren dogmatischer Ursprung weist keine Gemeinsamkeiten mit (außer-)gerichtlichen Zwangsmaßnahmen zur Rechtsdurchsetzung auf. Als Grundprinzip steht hinter den schuldrechtlichen Gestaltungsrechten der Grundsatz der freien Verfügbarkeit über den eigenen Rechtsbestand[221]. Bei der Aufrechnungsausübung unterwirft auch das bürgerliche Recht diese keinerlei Formalerfordernissen, die Gestaltungswirkung kann ohne weiteres mit Empfang der Aufrechnungserklärung unter den Voraussetzungen der Aufrechnungslage eintreten. Gegen die Übernahme dieser Grundsätze ins öffentliche Recht sind keine schwerwiegenden Gründe ersichtlich. Auch hier treten sich die Aufrechnungspartner unabhängig vom bestehenden steuerrechtlichen Forderungsverhältnis als Gläubiger und Schuldner gegenüber, so daß es weder auf der Seite der öffentlichen Hand noch auf der des ihr als Gläubiger und Schuldner gegenübertretenden Bürgers einer Konkretisierung der gegenseitigen Forderungen in einem förmlich-verbindlichen Rechtsakt bedarf, etwa durch Erlaß eines Leistungsbescheides einerseits oder der Erwirkung eins Zahlungsbefehls andererseits oder einer vollstreckbaren Ausferti-

---

217 Primär feststellender Charakter.

218 Zu unterscheiden vom "Leistungsgebot" gem. § 254 I 1 AO, in dem der Vollstreckungsschuldner als Voraussetzung des Vollstreckungsbeginns zur Leistung aufgefordert wird, ist der vollstreckbare Leistungs-/Steuerbescheid (§ 254 I 2 AO).

219 Der der Gegenforderung zugrundeliegende Steuer-/Festsetzungsbescheid (§ 218 I AO) enthält noch keinen konkreten/individualisierten Leistungsbefehl, der dann durch die Aufrechnung realisiert würde.

220 *Soergel/Siebert*, aaO, § 388 Rz. 1.

221 BVerwG v. 13.10.1971 - VI C 137.67, DÖV 1972, 573.

gung. Lediglich unter dem Aspekt der "Verstärkung/Erweiterung" der gesetzlich vorgesehenen Aufrechnungsgestaltungswirkung unter dem öffentlich-rechtlichen Gesichtspunkt der Förderung der Verwaltungseffiziens und formellen Rechtssicherheit könnte eine darüber hinausgehende "formalisierte Regelung" der Aufrechnung zu überprüfen sein.

D. Resumeé: Auswirkungen der "Doppelfunktionalität" der Aufrechnung im Steuerrecht

Wie oben dargelegt, zeigt sich die primäre Besonderheit des Aufrechnungsinstitutes - sowohl in seiner zivilrechtlichen als auch in seiner öffentlich-rechtlichen Gestaltung - in einer doppelten Zweckrichtung: der Erfüllung der eigenen Schuld und zugleich der Befriedigung ("Selbstexekution") des eigenen Anspruches. Diese "Doppelfunktionalität", die sich zugunsten beider Aufrechnungsparteien auswirkt, relativiert die dem Steuergläubiger (FA) grundsätzlich zukommende hoheitlich verpflichtende und durchsetzbare Anspruchsposition im Vergleich zum steuerpflichtigen Bürger i.S. der Einräumung einer für beide Seiten (relativ) gleich ausgerichteten Realisierungsbefugnis mit dem Mittel gesetzlich angeordneter und ex-lege eintretender Gestaltungswirkung. Dem Bürger steht damit - gleichermaßen - die Befugnis offen, durch einseitige Erklärung das Finanzamt zur Durchsetzung seiner Forderung in Anspruch zu nehmen und damit zugleich eine zwangsweise-hoheitliche Forderungsdurchsetzung durch das Finanzamt mittels Verwaltungsvollstreckung zu verhindern. Betrachtet man das jedem Gläubiger im Aufrechnungsverhältnis offenstehende einseitige Verfügungsrecht im Wege der Aufrechnung, so wird damit auch der Fiskus der Notwendigkeit enthoben, zwingend hoheitliche Gestaltungsbefugnisse eingeräumt zu bekommen. Selbst wenn man den "Teilaspekt" der Aufrechnungsfunktion als "Vollziehungssurrogat"[222] und als öffentlich-rechtlich hoheitlich regelnde Maßnahme betrachtet wissen will, so genügt der als Argument angebrachte Hinweis auf die durch Leistungs-/Steuerbescheid konkretisierte Gegenforderung der öffentlichen Hand nicht, um hieraus - quasi im Umkehrschluß aus der im zivilrechtlichen Aufrechnungsfall lediglich geforderten Klagbarkeit der Gegenforderung - auf ein hoheitliches Gestaltungsrecht der Behörde im Wege der Aufrechnung rückzuschließen. Der Leistungsbescheid in Form des Steuerbescheides ist Ausdruck besonderer steuerrechtlicher Formalerfordernisse und als Voraussetzung für das Erhebungsverfahren auch der Aufrechnungserklärung als Erhebungsmaßnahme zugeordnet. Seine eigentliche (hoheitlich hervorgehobene) "Titelfunktion" erfüllt er erst in dem einem Erhebungsverfahren nachgeordneten (hoheitlichen) Vollstreckungsverfahren. In der Kombination Steuerbescheid und Verwaltungsvollstreckung kann man von einem typischen Über-Unterordnungsverhältnis zwischen dem Finanzamt und dem steuerpflichtigen Bürger sprechen, hier besteht das Forderungsverhältnis allein einseitig in der Forderungsbeitreibung "Finanzamt gegen Bürger" ("Singularfunktionalität" der Verwaltungseinforderung und -vollstreckung im Gegensatz zur "Doppelfunktionalität" der wechselseitig bedingten Aufrechnung).

Seinem dogmatischen Ursprung her weist damit das Aufrechnungsinstitut kaum Gemeinsamkeiten mit gerichtlichen oder außergerichtlichen Zwangsmaßnahmen zur Durchsetzung von Rechten und Ansprüchen auf. Vielmehr weist das BVerwG[223] zutreffend auf den - zwar im zivilrechtlichen Autonomieprinzip wurzelnden - Grundsatz der freien Verfügbarkeit über den eigenen Rechtsbestand hin, der ebenso auch für öffentliche Rechtsträger Geltung beanspruchen kann.

---

222 So *Schmidt*, JuS 1984, 28 [32 f.]; **a.A.**: *Tipke/Kruse*, § 226 AO Tz. 19.

223 BVerwG v. 13.10.1971 - VI C 137.67, DÖV 1972, 573.

2. Teil: Die Ausübung der Aufrechnungsbefugnisse durch Erklärung der Aufrechnung und die hieran anknüpfenden Wirkungen

A. Die Aufrechnungserklärung im allgemeinen

Der Gesetzgeber hat sich in der Rechtsgestaltung der Aufrechnung für eine einseitige Erklärung des Schuldners und Inhabers der Gegenforderung entschieden.

Die Aufrechnung wird damit einseitig, d.h. nicht annahme- aber empfangsbedürftig von einem der Schuldner dem Aufrechnungsgegner gegenüber erklärt[1]. Sie ist zulässig sowohl seitens des Steuerpflichtigen als auch seitens der Finanzbehörden, und je nachdem gegen wessen Forderung aufgerechnet wird sowohl mit als auch gegen sämtliche Ansprüche aus dem steuerlichen Schuldverhältnis (§ 37 AO)[2]. Die "Einseitigkeit" der Aufrechnungserklärung i.S. einer nicht geforderten Annahmebedürftigkeit stellt sich jedoch primär als Kontrast zur Möglichkeit eines durch Einigung zwischen Gläubiger und Schuldner zu erzielenden Verrechnungsvertrages dar und bedeutet keine uneingeschränkte Einräumung von Machtbefugnissen für den Schuldner, seine Verbindlichkeit nach Belieben durch eine solche Erklärung aus der Welt zu schaffen. Denn die einseitige Erklärungsmöglichkeit eröffnet dem Schuldner nur die Ausübungsmöglichkeit, der tatsächliche Rechtserfolg der Aufrechnungswirkung tritt als - gestalterische - Folge dieser Erklärung nur bei Vorliegen der - materiell-rechtlichen - Voraussetzungen ein.

Im Rahmen der finanzbehördlichen Aufrechnungserklärung ist hierbei insbesondere ihre rechtliche Qualifizierung entweder entsprechend der Generalverweisung des § 226 I AO i.S. einer rechtsgeschäftlichen Ausübung eines Gestaltungsrechts oder durch hoheitliche Regelungsverfügung umstritten.

I. Die Aufrechungserklärung

1. Die Aufrechnungserklärung des Steuerpflichtigen

Die Aufrechnungserklärung des Steuerpflichtigen sowohl mit einem zivilrechtlichen als auch mit einem öffentlich-rechtlichen Anspruch gegenüber dem Finanzamt als Ausübung eines rechtsgeschäftlichen Gestaltungsrechts[3] unterliegt über die Verweisung des § 226 I AO grundsätzlich den Regelungen des bürgerlichen Gesetzbuches: sie ist bedingungs- (§ 388 S. 2 BGB entsprechend) und befristungsfeindlich, ihre Abgabe setzt Geschäftsfähigkeit[4] voraus, sie wird mit Zugang bei der Finanzbehörde wirksam, § 130 I 1 BGB entsprechend.

---

1 So die Terminologie des BGB.

2 Nach BFH v. 03.04.1973 - VII R 89/70, BStBl. II 1973, 602 = BFHE 109, 218, durfte der Steuerpfllichtige nur gegen Steuerforderungen, nicht gegen steuerliche Nebenleistungen aufrechnen.

3 *Ax/Fuchs/Große*, AO und FGO, 12. Aufl. 1988, differenziert in dem Sinne, daß die Aufrechnungserklärung des Steuerpflichtigen Verfahrenshandlung gem. § 79 AO ist, rechnet er dagegen mit einer privatrechtlichen Forderung auf soll es sich um eine Willenserklärung i.S. der §§ 116 ff. BGB handeln. Eine solche Unterscheidung ist jedoch nicht zu treffen - auch eine Verfahrenshandlung seitens des Steuerpflichtigen im Rahmen des finanzbehördlichen Verfahrens kann als Willenserklärung vorgenommen werden.

4 Geschäftsfähig in diesem Sinne sind alle Personen, die nach BGB geschäftsfähig sind, sowie solche Personen, die beschränkt geschäftsfähig sind, soweit sie für bestimmte Rechtsgebiete oder bestimmte Verfahrenshandlungen als handlungsfähig anerkannt sind.

2. Die Aufrechnungserklärung der Finanzbehörde

Die finanzbehördliche Aufrechnungserklärung folgt zwar entsprechend der generellen Verweisung des § 226 I AO grundsätzlich dem bürgerlich-rechtlichen Grundmodell und § 226 I AO unterscheidet vom Wortlaut her nicht zwischen der Erklärung des Steuerpflichtigen bzw. der des Finanzamtes. Umstritten war und ist seit jeher die Qualifizierung der Rechtsnatur einer solchen Aufrechnungserklärung durch einen Träger hoheitlicher Befugnisse im Hinblick auf die Annahme eines hoheitlichen Regelungsgehaltes dieser - öffentlich-rechtlichen - Erklärung im Rahmen eines bestehenden steuerrechtlichen Subordinationsverhältnisses[5]. Dem gegenüber wird - in Anpassung an die zivilrechlichen Vorgaben - die Annahme einer (bürgerlich-rechtlichen) Willenserklärung vertreten.
Unstreitig[6] ist allerdings seit jeher, daß die Finanzbehörde eine Willenserklärung entsprechend §§ 116 ff. BGB abgibt, wenn sie mit einer privatrechtlichen Gegenforderung aufrechnet. Dann gilt für diese - rechtsgestaltende - Willenserklärung dasselbe wie für die Aufrechnungserklärung des Steuerpflichtigen.

II. Zuständigkeiten bei Abgabe und Empfangnahme der Aufrechnungserklärung

Zuständig für die Erklärung der Aufrechnung gegen Ansprüche des Steuerpflichtigen ist grundsätzlich die Behörde, die den Anspruch, gegen den aufgerechnet werden soll (Hauptforderung), zu erfüllen hat[7]. Hat das Finanzamt die Aufrechnung zu erklären, so ist hierzu die Finanzkasse (VV Nr. 34.2 zu Art. 70 BayHO) bzw. die Vollstreckungsstelle des betreffenden Finanzamtes oder Hauptzollamtes befugt (Abschn. 22 Abs. IV VollstrA). Sie kann auch von anderen Stellen vorgenommen werden, wenn es zweckmäßiger erscheint, insbesondere, wenn diese Stelle von der Aufrechnungsmöglichkeit Kenntnis erlangt, z.B. die Lohnsteuerstelle bei Aufrechnung gegen LStJA-Erstattungsansprüche. Ist die Hauptforderung des Steuerpflichtigen von einer anderen Kasse zu begleichen, ist vorrangig eine Aufrechnung der Kasse zulässig, die diese Hauptforderung zu erfüllen hat. An diese Behörden können Ersuchen um Erklärung der Aufrechnung und Übersendung eines Abdrucks der Erklärung gerichtet werden, soweit nicht Abschnitt 22 Abs. IV VollstrA Anwendung findet (Zuständigkeit der finanzbehördlichen Vollstreckungsstelle, deren Kasse zur Erhebung des Betrages befugt ist, mit dem aufgerechnet wird)[8]. Durch die Mitteilung von Steuerrückständen an die Behörden mit verrechenbaren Schulden gegenüber dem Steuerpflichtigen zum Zwecke der Aufrech-

---

5 Eine Verneinung der hoheitlichen Regelungsbefugnisse des FA in Form einer VA-Aufrechnungsverfügung wurde immer schon außerhalb eines Steuerschuldverhältnisses vertreten, insbesondere im Fall der finanzbehördlichen Aufrechnung gegenüber einem Abtretungsempfänger entsprechend § 406 BGB, vgl. BFH v. 20.02.1968 - VII 327/64, BStBl. II 1968, 384 = BFHE 91, 518.

6 BFH v. 20.02.1968, aaO, Fn. 5; *Klein/Orlopp*, § 226 AO Anm. 5.

7 Anwendungserlaß zur AO 1977, BStBl. I 1987, 664 [708] zu § 226 Nr. 4; vgl. auch FinMin. Niedersachsen vom 24.11.1981 - S 0456 - 3 - 33 1, StLex 2, AO 1977, §§ 224 - 226 Nr. 1004 und BMF v. 24.09.1987 - S 0062 - 38/87, StLex 2, AO 1977, §§ 224 - 226 Nr.1010 b); Vfg. OFD Köln v. 30.01.1984 - S 0456 - 1 - St 312, AO-Handbuch 1988 zu § 226 Anm. 8.1; Anm. zum Nieders. FG v. 26.05.1981 - XI (VI) 103/80, ZfZ 1982, 180 [181].

8 VollstrA Nr.22 Abs. IV, v.01.03.1980, BStBl.I 1980, 112, i.d.F. v.19.03.1987, BStBl. I 1987, 370; vgl. schon § 32 I 2 BeitrO; *Kühn/Kutter/Hofmann*, § 226 AO Tz.3b; *Gröger/Schöll*, § 226 AO Erl.8; *Frotscher*, in Schwarz, § 226 AO Anm.8; *Hagen*, DStZ 1940, 325 [328]; FG Hamburg v. 22.12.1982 - III 277/82, EFG 1983, 329; FG Hamburg v. 11.09.1981 - III 89/81, EFG 1982, 57; Verfügg. OFD Köln v. 30.01.1984, Fn.7: die Anweisung in Abschn. 22 IV VollstrA zur Aufrechnung durch die Vollstreckungsstelle bleibe von der Regelung der "Erfüllungszuständigkeit" unberührt.

nung wird das Steuergeheimnis nicht verletzt[9], soweit dies zur Verwirklichung der Steueransprüche erforderlich ist, § 30 IV Nr.1 AO. Zweckmäßigerweise sollte vor dem Ersuchen um Aufrechnung bei der anderen Behörde ermittelt werden, in welcher Höhe voraussichtlich aufgerechnet werden kann.

Eine allgemeine Kassenzuständigkeit neben der Zuständigkeit der Vollstreckungsstelle besteht nur bei einer Ermächtigung hinsichtlich der Begleichung der Gegenforderung (vgl. schon § 32 I BeitrO) oder wenn die Kasse zur Begleichung zuständig ist und einer besonderen Anweisung nicht bedarf bzw. diese Anweisung bereits erhalten hat.

Zuständig für die Beitreibung sonstiger insbesondere nichtsteuerlicher Geldforderungen des Staates sind nach Landesrecht grundsätzlich auch die Finanzämter (vgl. Art. 25 I, 43 I, 44 BayVwZVG)[10]. Die Vollstreckung (i.e.S.) richtet sich hierbei nach den Beitreibungsvorschriften der AO 1977 bzw. entsprechenden Rechtsverordnungen; als die mildere Maßnahme zur Vollstreckung steht den zur Einziehung insoweit berechtigten Finanzämtern die Aufrechnungsmöglichkeit zur Verfügung, wenn z.B. der Schuldner seinerseits einen Steuererstattungsanspruch zur Geltendmachung gegenüber dem Finanzamt besitzt.

Einem Finanzamt als örtlicher Landesbehörde für die Steuerverwaltung können - durch Rechtsverordnung der zuständigen Landesregierung - Zuständigkeiten von anderen Finanzämtern oder besonderen Finanzbehörden übertragen werden, z.B. Erledigung von Kassengeschäfte und die Erhebung von Steuern, die auch die Erklärung einer Aufrechung umfaßt[11].

Entsprechend der Aufrechnungsfunktion als ein den Steueranspruch zum Erlöschen bringendes Erfüllungssurrogat wird ihre Ausübung den mit der Steuereinziehung betrauten Organen übertragen. Dies ist die einzige Ausnahme von der Zuständigkeit der Vollstreckungsabteilung ansonsten. Insbesondere ersieht man aus dieser Zuständigkeitsverteilung, daß die Veranlagungsabteilung nicht mit der Aufrechnung befaßt ist, so daß auch organisatorisch bereits zum Ausdruck kommt, daß die Aufrechnung unabhängig von der Entstehung des Steueranspruches zu beurteilen ist, d.h. zu den Fragen der Erfüllung des zweifelsohne entstandenen Steueranspruches zu rechnen ist.

Die - vorläufige - Entscheidung über die Aufrechnungserklärung des Steuerpflichtigen wird (vgl. auch § 33 IV 1, 2, 3 und V 1 BeitrO) von der Vollstreckungsabteilung bearbeitet, der die Einziehung des Steueranspruches, gegen den der Steuerpflichtige aufrechnen will, obliegt. Eine endgültige, d.h. anfechtbare und der Bestandskraft fähige Entscheidung über die Wirksamkeit der Aufrechnung kann erst im Abrechnungsverfahren (vgl.§ 218 II AO) getroffen werden[12]. Hat ein anderes Amt die Forderung, mit der der Steuerpflichtige aufrechnet, zu begleichen, so ist es von der erklärten Aufrechnung - auch fernmündlich - in Kenntnis zu setzen und hinsichtlich der Liquidität der Steuerpflichtigenaufrechnungsforderung zu befragen. Gegebenenfalls ist um Überweisung des aufgerechneten Betrages

---

9 Vgl. so FG Nürnberg v. 03.07.1985 - VI 27/83, EFG 1986, 54, bei der Aufrechnung mit einem abgetretenen Lohnsteuererstattungsanspruch.

10 Vgl.Vfg. des Bay. StMF v. 22.04.1981 - 38 - S 0510 - 2/22 - 24052, DStZ E 1981, 195.

11 Als Maßnahme des Erhebungsverfahrens; vgl. § 17 II FVG. FG Hamburg v. 22.12.1982 und v. 11.09.1981, aaO, Fn. 8.

12 FG München v. 12.04.1989 - I 234/86 E, EFG 1989, 442; *Frotscher*, in Schwarz, § 226 AO Anm. 8. **A.A.** für die FA-Aufrechnung noch *Becker-Riewald-Koch*, § 124 RAO Anm.5: die Gegenforderung erlösche bereits mit und allein aufgrund der Aufrechnungsverfügung unabhängig vom tatsächlichen Bestehen der Aufrechnungsforderung des FA.

an das Finanzamtes zu bitten[13]. Bei Annahme der Unzulässigkeit der Aufrechnung durch die Behörde hat das Finanzamt den Steuerpflichtigen durch Abrechnungsbescheid in dem Sinne negativ zu verbescheiden, daß seine Steuerschuld mangels zulässiger Aufrechnung immer noch in voller Höhe bestehe.
Eine unrichtige Bezeichnung der Empfangsdienststelle durch den Steuerpflichtigen ist unschädlich, die Zu-/Weiterleitung an die innerbehördlich zuständige Dienststelle ist eine innere Angelegenheit der Behörde.

III. Formerfordernisse an die Aufrechnungserklärung, insbesondere im Hinblick auf das Bestimmtheitsgebot unter Beachtung steuerrechtlicher Besonderheiten

1. Grundsatz

Grundsätzlich bedarf die Erklärung der Aufrechnung keiner besonderen Form und kann sogar durch schlüssige Handlung (z.B.Umbuchungsmitteilung des Finanzamtes[14]; Geltendmachung einer Forderung als "restlich"[15]; eine Partei beruft sich bei beiderseits fälligen Geldforderungen auf ihr Zurückbehaltungsrecht[16]) bzw. stillschweigend erklärt werden[17], ggf. ist durch Auslegung entsprechend
§ 133 BGB zu ermitteln, ob durch die Willenserklärung eine wechselseitige Tilgung herbeigeführt werden soll[18]. Entscheidend ist, daß der Wille zur Verrechnung und Tilgung durch einseitige Erklärung dem Gläubiger erkennbar wird[19], lediglich die Mitteilung über eine bestehende Aufrechnungslage reicht zur Annahme eines Verrechnungswillens des Mitteilenden nicht aus[20]; ein besonderer Inhalt der Erklärung wird nicht gefordert. Aus Beweissicherungsgründen sollte zweckmäßigerweise die Aufrechnungserklärung schriftlich unter Angabe der zu verrechnenden Forderungen nach Grund und Betrag[21] genau bezeichnet werden, damit der Aufrechnungsgegner sich gegen die Aufrechnung selbst

---

13 Vfg. OFD Nürnberg v.22.11.1983 - S 0456 - 50/St 32, StEK AO 1977 § 226 Nr. 13 (S.42).

14 Vgl. FG München v. 26.01.1989 - 3 V 4956/88, EFG 1989, 212. Eine bloße buchmäßige Verrechnung ohne entsprechende Mitteilung genügt mangels Zugang jedoch nicht, so RG v. 16.05.1941 - VII 1/41, RGZ 167, 63.

15 OLG Köln v. 09.11.1922 - 6 U 39/22, LZ 1923, 232.

16 BGH v. 20.06.1962 - V ZR 219/60, BGHZ 37, 233 [244]; OLG Hamm v. 19.02.1979 - 15 W 57/78, JurBüro 1979, 745.

17 BFH v. 04.10.1983 - VII R 143/82, BStBl. II 1984, 178 [179] = BFHE 139, 487 m.w.N.; v. 03.11.1983 - VII R 153/82, BStBl. II 1984, 184 = BFHE 140, 10; v. 18.02.1986 - VII R 8/81, BStBl. II 1986, 506 [509]; v. 06.02.1990 - VII R 86/88, BStBl.II 1990, 523 [525] = E 160, 108; *Ermann-Westermann*, aaO, § 388 Rdn. 2; *v. Feldmann*, in Münch.Komm., § 388 Rdn. 1; *Palandt*, aaO, § 388 Anm. 1 Rdn. 1.

18 FG München v. 26.01.1989, aaO, Fn. 14.

19 BFH v. 06.02.1990, aaO, Fn. 17; FG Berlin v. 22.04.1975 - V 201/73, EFG 1976, 45 [46] und v. 16.03.1982 - VII 311/81, EFG 1983, 6 [7].

20 FG Baden-Würtemberg v. 10.06.1988 - IX K 349/87, EFG 1988, 611 [612].

21 BFH v. 08.02.1983 . VII R 93/76, BStBl. II 1983, 435 = BFHE 137, 557; BFH v. 25.04.1989 - VII R 105/87, BFH/NV 1990, 141 [142] m.w.N.: die Wirksamkeitserfordernisse richten sich mangels VA-Aufrechnungsqualität nicht nach den §§ 119 I, 125 I AO 1977, bei einem Streit über das Forderungserlöschen aufgrund Aufrechnung ist jedoch die Konkretisierung der Forderung (Steuerbetrag, -art, ggf. Veranlagungszeitraum) im gerichtlichen Verfahren bis spätestens zum Schluß der mündlichen Verhandlung in der Tatsacheninstanz notwendig; vgl. auch FG Nürnberg v. 03.07.1985 - VI 27/83, EFG 1986, 54, das eine ausreichende Konkretisierung der Aufrechnungsforderung des FA gegenüber dem Neugläubiger als Aufrechnungsgegner forderte, um die Überprüfung der Aufrechnungswirksamkeit und der erstmaligen Aufrechnungslage zu ermöglichen. Hierbei könne sich das FA auch nicht unter Berufung auf das Steuergeheimnis (§ 30 AO) wehren, da die Offenbarung dieser Kenntnisse des FA gegenüber dem Zessionar letztendlich durch eine freiwillige Verfügung des Zedenten ausgelöst worden sei, womit der Schutzzweck des § 30 AO entfiele.

und gegen die zur Aufrechnung gestellten Forderungen wehren kann[22].

2. Formerfordernisse aufgrund steuerrechtlicher Besonderheiten

Bei Veranlagungssteuern[23] ist Voraussetzung für deren Erhebung (§§ 218 ff. AO) ihre - vorangegangene - Festsetzung. Bei Steueranmeldungen, z.B. Umsatzsteuervoranmeldung gem. § 18 I UStG, erübrigt sich grundsätzlich eine Steuerfestsetzung (§ 167 AO). Führt die Anmeldung jedoch z.B. im Rahmen eines Steuererstattungsanspruches des Steuerpflichtigen zu einem Zahlungsanspruch, so bedarf sie der Zustimmung des Finanzamtes (§ 168 AO). Dabei gilt allerdings zugunsten des Steuerpflichtigen als Fälligkeitstag der Tag des Eingangs der Voranmeldung, frühestens jedoch der erste Tag des auf den Anmeldungszeitraum folgenden Monats.

IV. Pflichtgemäße Ermessensausübung des aufrechnenden Finanzamtes bei der Bestimmung der Tilgungsreihenfolge mehrerer zur Verfügung stehender Forderungen gegen den Steuerpflichtigen

Fallschilderung[24]: Das Finanzamt nahm den Geschäftsführer einer GmbH & CoKG als Haftungsschuldner gem. §§ 34, 69 i.V.m. § 191 I 1 AO 1977 für von der KG nicht abgeführte LSt und KiSt aus der LSt-Anmeldung der KG für Dezember 1979 in Anspruch. Hiergegen wendete sich der Inanspruchgenommene mit der Begründung, daß das Finanzamt gegen Steuererstattungsansprüche der KG mit diesen Steuerrückständen aus 1979 hätte aufrechnen können, während das Finanzamt stattdessen lediglich eine Verrechnung gegenüber der KG mit - später fällig gewordenen Steuerrückständen der KG für Januar 1980 vorgenommen habe.

Es stellt sich das Problem der "Tilgungsreihenfolge" der Schulden für die Aufrechnungsausübung durch das Finanzamt, falls dieses mehrere geeignete, wenn auch u.U. unterschiedlich fällige Forderungen zur Aufrechnung zur Verfügung hat. Wäre allein die Verrechnung der früher fällig gewordenen Steuerrückstände vom *Dezember 1979* für das Finanzamt gegenüber der KG in Frage gekommen, so hätte es dem Haftungsschuldner (Geschäftsführer der KG) ermessenswidrig[25] in Anspruch genommen: die Steuerrückstände für *Dezember 1979* wären durch Aufrechnung erloschen, für die Abzugsbeträge vom *Januar 1980* wäre der Geschäftsführer als Haftungsschuldner aufgrund der zwischenzeitlichen Konkurseröffnung über das Vermögen der KG im *März 1980* nicht mehr in Betracht

---

22 Der BFH v. 06.02.1990, aaO, Fn. 17, führt an, daß die Nichtbenennung der Gegenforderung bei Bestehen mehrerer Forderungen entsprechend § 396 I 2 BGB nicht zur Unwirksamkeit der Aufrechnungserklärung führt. Das FG Hamburg v. 04.01.1977 - IV 58/75 H, EFG 1977, 222 [226], will die mangelnde Bestimmung bei der Aufrechnung mit mehreren Forderungen durch die entsprechende Heranziehung des § 396 I 2 i.V.m. § 366 II BGB ersetz wissen; ebenso BFH v. 03.11.1983 - VII R 153/82, BStBl. II 1984, 184 [185] = BFHE 140,10; *Hager*, DStZ 1940, 325 [328]; *Spohr*, StuW 1939, Sp. 661 [683] zu § 33 III 2 BeitrO; zur Bestimmung der Tilgungsreihenfolge durch den Aufrechnenden vgl. unter IV.

23 Steuerveranlagung, vgl. RG v. 19.12.1912 - V 203/12, RGZ 80, 371 [374]: die Aufrechnung setzt sowohl Entstehung als auch Fälligkeit der Forderung des Aufrechnenden voraus. Vgl. auch BGH v. 22.01.1953 - IV ZR 6/51, BGHZ 8, 344 [346] und v. 05.04.1952 - VII 144/60, BGHZ 5, 352 zu einem Feststellungsbescheid nach der KriegsschädenVO 1940.

24 BFH v. 17.11.1987 - VII R 90/84, BStBl. II 1988, 117 = BFHE 151, 340.

25 Der BFH v. 17.11.1987, aaO, Fn. 24, sah hier die Inanspruchnahme des Haftungsschuldners unter Nichtberücksichtigung "älterer Aufrechnungsmöglichkeiten" gegenüber dem Erstschuldner als nicht "ermessensfehlerhaft" an, da das FA bei seiner Aufrechnung nicht gehalten sei, seine Gegenforderungen nach Fälligkeit zu ordnen; ebenso auch *Boeker*, in Hübschmann/Hepp/Spitaler, § 191 AO Anm. 60 a.

gekommen[26].
Entscheidend ist damit, ob dem aufrechnendem Finanzamt entsprechend §§ 396 I 1, 366 I BGB i.V.m.§ 226 I AO ein Bestimmungsrecht hinsichtlich der zur Aufrechnung geeigneten Forderungen zusteht oder ob es entsprechend § 225 I, II AO an die für Steuerschulden vorgeschriebene Tilgungsreihenfolge gebunden ist.

1. Forderungsbestimmungsrecht für den Aufrechnenden allgemein im Zivilrecht

Der Aufrechnende kann im Fall mehrerer aufrechenbarer Forderungen zunächst maßgebend die gegeneinander aufzurechnenden Forderungen bestimmen[27]. Fehlt eine solche Bestimmung oder widerspricht der andere Teil unverzüglich, so gilt § 366 II BGB entsprechend, der primär auf die Gläubigerinteressen (Tilgung nach dem Grad der Sicherheit) abstellt. Die Bestimmung der gegeneinander aufzurechnenden Forderungen ist aber nicht Wirksamkeitsvoraussetzung für die Aufrechnung[28].

Das "Aufrechnungsbestimmungsrecht" des § 396 I 1 BGB entspricht dem allgemeinen "Schuldnerbestimmungsrecht" des § 366 I BGB[29], denn der Aufrechnende bestimmt - auch - als "Schuldner" die Tilgungsreihenfolge.

2. Forderungsbestimmungsrecht auch im steuerrechtlichen Aufrechnungsfall seitens des Finanzamtes als Aufrechnender

a) § 226 I AO i.V.m. § 396 I 1 BGB entsprechend

§ 226 I AO läßt die sinngemäße Anwendung der BGB-Aufrechnungsregeln mit und gegen Ansprüche aus dem Steuerschuldverhältnis zu, soweit nichts anderes bestimmt ist[30].
Ein ausdrücklicher Ausschluß des § 396 I 1 BGB ist nicht erkennbar. Vielmehr erscheint es rechtsdogmatisch logisch und systemgerecht, auch die Aufrechnungsregel des § 396 I 1 BGB auf das im Steuerrecht allgemein anerkannte Aufrechnungsinstitut zu übertragen.Die Möglichkeit der Mehrheit von sich verrechenbar gegenüberstehenden Forderungen ist gerade auch im Steuerrecht nicht ausgeschlossen, insbesondere kann die Heranziehung einer bestimmten Forderung zur Aufrechnung bedeutungsvoll sein bei der Möglichkeit der Inanspruchnahme mehrerer (u.U. auch Haftungs-) Schuldner, wenn nicht alle gleichermaßen in Anspruch genommen werden können, sondern sich die Haftung ggf. auf einzelne Schuldbeträge gegenüber einzelnen (Haftungs-) Schuldnern beschränkt.

Im Zivilrecht wird dieses Bestimmungsrecht dem "Aufrechnenden" eingeräumt, basierend auf dem Gedanken des jedem Schuldner zustehenden Verfügungsrechts[31] hinsichtlich der Art der Tilgung[32].

---

26 Die Abzugsbeträge wären erst nach Konkurseröffnung anzumelden und zu entrichten gewesen.
27 *Palandt*, aaO, § 396 Anm.1 Rdn. 1.
28 *V. Feldmann*, in MünchKomm., aaO, § 396 Rdn. 2; BFH v. 06.02.1990, aaO, Fn.17.
29 § 366 I BGB regelt, daß bei mehreren Schulden und nicht ausreichender Schuldtilgungsleistung die vom Schuldner bestimmte Schuld getilgt wird.
30 S.o. 1. Teil B IV, S. 11 ff..
31 Ggf. begrenzt (bzw. erweitert) durch § 367 BGB.
32 Für den Gläubiger steht das Ergebnis, d.h. der Tilgungserfolg im Vordergrund; er ist nur an der Tilgung seiner Schuld bzw. der Erfüllung seiner Forderung interessiert, denn die Aufrechnung ändert allein saldomäßig etwas an den sich gegenüberstehenden Forderungen, unabhängig welche Schuld jetzt gegen eine andere Schuld verrechnet wird.

Die Übertragung der Aufrechnungsbefugnis ins öffentliche speziell ins Steuerrecht räumt dem Steuergläubiger hinsichtlich der materiell-rechtlichen Gestaltungswirkung durch Ausübung seines einseitigen Erklärungsrechtes die "gleichen" Rechte ein wie etwa einem aufrechnenden Bürger, da sich die Aufrechnung grundsätzlich unabhängig von der Rechtsnatur der Forderungen gestaltet[33].

Sähe man beide Aufrechnunsparteien damit grundsätzlich als "rechtlich gleichgeordnet" an, so müßten ihnen auch die zivilrechtlich vorgegebenen Rechte und Grenzen zur Seite gestellt werden. Allein aufgrund seiner Rechtsträgersubjektivität als staatlicher Hoheitsträger wäre dem Finanzamt in der Rolle des Aufrechnenden keine "Sonderstellung" in Abweichung von der Begriffsbestimmung des Aufrechnenden in § 396 I 1 BGB zuzusprechen. Als Aufrechnender, d.h. als Inhaber einer fälligen und durchsetzbaren Gegenforderung, dem - zumindestens - eine entsprechend erfüllbare Hauptforderung beim Aufrechnungsempfänger gegenübersteht, wäre es entsprechend § 396 I 1 BGB[34] zu behandeln, *falls* nicht steuerrechtliche Modifikationen als Beschränkung der generellen Verweisungsregel des § 226 I AO ein *"anderes"* forderten.

b) § 225 Abs. I und Abs. II AO 1977[35]

aa) § 225 Abs. I AO

Der Rechtsgedanke des § 366 I BGB findet sich auch im Steuerrecht in der Vorschrift des § 225 I AO wieder. § 225 I AO billigt dem Steuerpflichtigen, der mehrere Beträge schuldet, bei freiwilliger Zahlung[36] ein "Bestimmungsrecht" hinsichtlich der zu tilgenden Schuld zu. Auch § 225 I AO bringt damit für das Steuerrecht den Grundsatz zum Ausdruck, daß primär dem Schuldner, d.h. hier i.d.R. dem Steuerpflichtigen die Bestimmung der Tilgungsreihenfolge (bei "gleich geeigneten" Forderungen) zusteht.
Dem Schuldnerrecht des § 366 I BGB entspricht im Aufrechnungsfall der § 396 I 1 BGB, der dem Aufrechnenden die Befugnis einräumt, die Forderungen zu bestimmen, die gegeneinander verrechnet werden sollen. Eine dem § 396 I 1 BGB entsprechende Regelung für die Aufrechnungskonstellation fehlt im Steuerrecht, so daß nur dessen entsprechende Anwendbarkeit oder aber eine Analogie in Erweiterung der § 225 I, II AO in Betracht kommen kann, wenn es im Falle mehrerer sich zur Verrechnung geeignet gegenüberstehender Forderungen darum geht, welche Forderungen gem. § 389 BGB i.V.m. §§ 226 I, 47 AO der Erlöschenswirkung zugeführt werden sollen.
Im Verhältnis von § 225 I, II AO entsprechend[37] zu § 396 I 1 BGB entsprechend bleibt die Frage zu beantworten, inwieweit die Regelung des § 225 AO als die speziellere steuerrechtliche Vorschrift der BGB-Aufrechnungsregelung des § 396 I 1 BGB i.V.m.§ 226 I AO vorgeht.

Tipke/Kruse[38] schließen eine Anwendbarkeit des § 225 I AO für den Aufrechnungsfall schon auf-

---

33 Der Verrechnungseffekt orientiert sich am "Geldsummenwert", unabhängig von der rechtlichen Qualifizierung des Geldanspruches.

34 Vgl. *v.Feldmann*, DStR 1991, 222 [225]: § 396 I 1 BGB gilt entsprechend für aufrechnenden Teil unabhängig davon, wer die Aufrechnung erklärt hat.

35 § 225 AO 1977 = § 123 RAO 1931 = § 102 a RAO 1919.

36 Nicht bei zwangsweiser, z.B. im Vollstreckungsweg, vgl. § 225 III AO.

37 Es kommt nur eine entsprechende Anwendung in Frage, da hier das *FA* als tilgungsverpflichteter Schuldner in Form der Aufrechnung tätig werden will.

38 *Tipke/Kruse*, § 225 AO Tz.1;*Gröger/Schöll*, § 225 AO Rdn. 1; *Klein/Orlopp*, § 225 AO Anm. 3; *Decker*, StWA 1979, 9 [12]. **A.A.:***Tausend*, BB 1975, 555 für § 123 I RAO 1931; *Becker-Riewald-Koch*,RAO, § 123 Anm.2 (3)

[Fortsetzung nächste Seite]

grund des Wortlautes ("Zahlung") und der systematischen Stellung aus. Sicher kann man die Aufrechnungserklärung nicht einer "Zahlung" i.S. von § 224 AO gleichstellen. Wohl aber die aufgrund der vorausgegangenen Aufrechnungserklärung eingetretene Aufrechnungswirkung, denn sie bewirkt das Erlöschen der Schuld und fungiert damit zwar mangels tatsächlicher Barzahlung nicht als Erfüllung i.e.S. sondern lediglich als Erfüllungssurrogat, welches jedoch im Rahmen der Präferierung eines bargeldlosen Zahlungsverkehrs[39] der Zahlung i.S. von § 224 AO vergleichbar ist[40], so daß ein Ausschluß des § 225 I AO auf die Aufrechnung hieraus allein nicht zu rechtfertigen ist. Eine "freiwillige Zahlung"(Zahlungssurrogat) i.S.v. § 225 I AO leistet das Finanzamt jedenfalls auch im Wege der Aufrechnung, da es zu einer Schuldtilgung durch Aufgabe einer eigenen Forderung kommt. Auch die systematische Stellung des § 225 I AO vor der Aufrechnungsregelung (§ 226), nach der eigentlichen Zahlungsregelung (§ 224) kann eine Nichtanwendbarkeit nicht begründen, soweit zumindestens eine entsprechende Anwendung aufgrund vergleichbaren und auffüllungsbedürftigen Sachverhalts zu erwägen ist. Daher stellt sich die Frage einer analogen Anwendbarkeit entweder der zivilrechtlichen Aufrechnungsvorschrift oder aber einer entsprechenden Heranziehung des Grundgedankens des § 225 I, II AO ausnahmsweise aufgrund der besonderen Konstellation der Aufrechnungsparteien auch für das u.a. als Schuldner aufrechnende Finanzamt. Die aufgrund der "Doppelfunktionalität" der Aufrechnung zugleich erzielte Erfüllung der finanzbehördlichen Steuerforderung steht einer insoweit "freiwilligen Zahlung" des Finanzamtes durch Aufrechnung nicht entgegen. Auch ist sie nicht etwa als "eine im Verwaltungswege erzwungene Zahlung" i.S. v. § 225 III AO zu bewerten: die Selbstbefriedigungs-/Erfüllungsfunktion der Aufrechnung ist nicht als "Verwaltungsvollstreckungsmaßnahme" i.S. des Gesetzes einzuordnen[41] und damit scheidet auch eine Anwendung des § 225 III AO aus.

Der Grundgedanken des § 225 I AO[42] ist jedoch auf das aufrechnende Finanzamt nur entsprechend übertragbar, wenn man es hinsichtlich seiner rechtlichen Stellung einem steuerpflichtigen Schuldner (§ 225 I :"..schuldet..") gleichstellt. In der Aufrechnungssituation fällt dem beteiligten Finanzamt - unabhängig ob als Aufrechnender oder als Aufrechnungsempfänger - sowohl eine Gläubigerstellung als auch eine Schuldnerrolle zu. Bestimmt es als Aufrechnender die zu verrechnenden Forderungen, so könnte ihm dieses "Bestimmungsrecht" als "Schuldner" gem. § 225 I AO zustehen. Insbesondere ist es - über den Wortlaut des § 225 I AO hinaus - anerkannt, daß das Bestimmungsrecht ebenfalls auf einen tilgenden Dritten (§ 48 I AO) Anwendung finden kann[43].
Zieht man dagegen zur tatbestandlichen Abgrenzung des § 225 I AO als weiteres entscheidendes Kriterium dessen Normzweck zu Rate, dann liegt die Betonung des "Schuldnerbestimmungsrechts" bei § 225 I AO nicht auf dem Begriff der "Schuldnerrolle" allgemein, sondern es wird speziell auf die Rolle des"Steuerpflichtigen" verwiesen. Die speziellere Regelung - wenn auch zivilrechtlichen Ursprungs - ist für die wechselseitig ausgerichtete Aufrechnung somit § 396 I 1 BGB und nicht § 225 I AO, selbst wenn das Finanzamt in "freiwilliger (Aufrechnungs-)Zahlung" die Stellung eines Schuldners im Steuerschuldverhältnis gegenüber dem Steuerpflichtigen einnimmt[44]. Nach einhelliger Mei-

---

und § 124 Anm.4 (3).

39 Vgl. *Tipke/Kruse*, § 224 AO Tz. 1.

40 Vgl. FG Nürnberg v. 27.07.1961 - IV 49/59, DStZE 1962, 199 [200]; ebenso BFH v. 29.07.1986 - VII R 132/83, BFH/NV 1987, 74 [75].

41 S.o. 1. Teil D, S. 36.

42 § 225 I AO: der freiwillig zahlende Steuerpflichtige/Schuldner hat das Recht, selbst zu bestimmen, welche Schulden er tilgen will; entsprechend seiner Bestimmung erlischt die Schuld kraft Gesetzes.

43 *Tipke/Kruse*, § 225 AO Tz.3; *Becker-Riewald-Koch*, aaO, § 123 RAO Anm. 1 (2): "... gilt für alle Zahlenden ...".

44 *Tipke/Kruse*, § 225 AO Tz. 1, 3; § 226 Tz. 18, 19; *v.Wallis*, in Hübschmann/Hepp/Spitaler, § 225 AO Anm. 3; *Gröger/Schöll*, § 225 AO Erl.1; *Becker-Riewald-Koch*, aaO, § 124 RAO Anm. 4 (3).

nung[45] ist auch beim Bestimmungsrecht des Steuerpflichtigen § 396 I 1 BGB entsprechend i.V.m. § 226 I AO und nicht etwa § 225 I, II AO heranzuziehen. Greift man damit entgegen des Wortlautes des § 225 I AO schon beim aufrechnenden Steuerpflichtigen auf § 396 I 1 BGB als die speziellere Vorschrift zurück, so muß dies um so mehr auch für das aufrechnende Finanzamt gelten.

bb) § 225 Abs. II AO

Eine kraft Gesetzes eintretende Konsequenz bei Nichtausübung des Bestimmungsrechts[46] trifft § 225 II AO als systematische Folgeregelung des Abs. I. Diese Tilgungsreihenfolge wäre für das Finanzamt bei Anwendbarkeit des § 225 II AO zwingend, nur im Fall des § 225 II 2 HS 2 AO steht ihm eine Ermessensentscheidung zu. Insoweit stützt auch die Vorinstanz[47] die Begründung einer ermessensfehlerhaften Entscheidung des Finanzamtes auf die Nichtbeachtung der zwingenden Tilgungsreihenfolge des § 225 II 2 HS 1 AO.

Unabhängig von der - entsprechenden - Anwendbarkeit des Abs. I stellt sich für die Heranziehung des Abs. II die Frage, ob für die finanzbehördliche Aufrechnungserklärung hinsichtlich der Tilgungsreihenfolge zwingend § 225 II AO als allgemeine Ermessensregel zur Anwendung gelangt, während dem aufrechnenden Steuerpflichtigen unstreitig[48] § 396 I 1 i.V.m. § 366 I BGB i.V.m. § 226 I AO zur Verfügung steht, oder aber ob die besondere Konstellation zweier "Gläubiger-Schuldner" in der Aufrechnungssituation gerade keine "besondere" Behandlung des Finanzamtes als staatlichem Hoheitsträger verlangt, ihm vielmehr i.S. einer gleichberechtigten und -geordneten Aufrechnungspartei das "gleiche" Bestimmungsrecht zukommt wie dem aufrechnenden Steuerpflichtigen[49].

c) Verhältnis von § 225 II AO als "Ermessensrichtlinie" für die Tilgungsreihenfolge gegenüber §§ 396 I 1, 366 I BGB als autonomes Bestimmungsrecht des Aufrechnenden

Die Entscheidung für eine entsprechende Anwendung einer der beiden Vorschriften auf das aufrechnende Finanzamt, welches z.B. hinsichtlich der Tilgungsreihenfolge von der "Fälligkeitsfolge" des § 225 II AO abweichen will, hängt entscheidend davon ab, ob der Steuerfiskus als Aufrechnender einer allgemeinen öffentlich-rechtlichen Ermessensbindung[50] zu unterwerfen ist oder ob man ihn trotz öffentlich-rechtlicher Rechtsträgereigenschaft primär als Aufrechnenden behandelt wissen will und ihn daher durch Zuordnung eines Selbstbestimmungsrechts von einer pflichtgemäßen Ermessensausübung entbinden kann.

---

45 Vgl. Fn. 49.
46 Immer unter der tatbestandlichen Annahme einer "freiwilligen Zahlung" i.S. des Abs. I.
47 FG Münster v. 22.02.1984 - V 6428/82 L, EFG 1984, 594.
48 *Tipke/Kruse*, § 225 AO Tz.1, 3; § 226 Tz.18; *Gröger/Schöll*, § 225 AO Erl. 1; *v.Wallis*, in Hübschmann/Hepp/Spitaler, § 225 AO Anm.3; *Becker-Riewald-Koch*, aaO, § 124 RAO, Anm. 4 (3).
49 So die "Gleichbehandlungsthese" des BFH v. 17.11.1987 - VII R 90/84, BStBl. II 1988, 117 = BFHE 151, 340.
50 Hier läge es grundsätzlich im pflichtgemäßen Ermessen, wenn sich das FA an die Tilgungsreihenfolge des § 225 II AO hielte, vgl.*Tipke/Kruse*, § 225 AO Tz. 6.

aa) Grundsätzliche Ermessensbindung der finanzbehördlichen Entscheidungsfindung

(1) Bei der rechtlichen Qualifizierung der Aufrechnung als Verwaltungsakt i.S. des § 118 S.1 AO

Ordnet man mit einem Teil der Literatur die finanzbehördlichen Aufrechnungserklärung als Verwaltungsakt i.S. von § 118 S.1 AO ein, schreibt bereits § 5 AO als allgemeine Ermessensnorm dem Finanzamt explizit eine pflichtgemäße Ermessensausübung vor, die im Rahmen des § 225 II 1 und S.2 HS 1 AO an die dort vorgegebene Reihenfolge gebunden wäre[51].

(2) Bindung der Finanzbehörde bei schlichthoheitlichem/privatrechtlichem Handeln

Will man mit der Gegenansicht die finanzbehördliche Aufrechnungserklärung lediglich als Ausübung eines rechtsgeschäftlichen Gestaltungsrechtes[52] qualifizieren, so stellt sich die Frage nach der Notwendigkeit einer Ermessensbindung der öffentlichen Verwaltung auch hier im Rahmen dieses (schlicht-hoheitlichen) Handlungsspektrums.

Der *BFH*[53] sieht eine solche Notwendigkeit nicht gegeben - auch wenn dem Finanzamt mehrere Forderungen zur Aufrechnung zur Verfügung stehen. Er bezweifelt bereits, daß im konkret anliegenden Fall das Finanzamt verpflichtet gewesen wäre, hinsichtlich der Inanspruchnahme des Haftunsschuldners (Geschäftsführer, §§ 34, 69 i.V.m. § 191 I 1 AO) die von ihm ebenfalls gegenüber der KG erklärte Aufrechnung in seine Erwägungen miteinzubeziehen, geschweige denn bei der Aufrechnung mit Ansprüchen aus dem Steuerschuldverhältnis diese nach der Reihenfolge ihrer Fälligkeit zu ordnen und zuerst die älteren Ansprüche zum Erlöschen zu bringen. Er begründet das Entfallen einer Ermessensentscheidung und damit als Konsequenz die Begründung eines Forderungsbestimmungsrechtes entsprechend §§ 396 I 1, 366 I BGB, § 226 I AO für das Finanzamt primär mit einer rechtlichen Gleichordnung in Ausübung eines rechtsgeschäftlichen Gestaltungsrechtes und damit mit dem rechtlich gleichermaßen[54] einzuräumenden Bestimmungsrecht unabhängig von der zwingenden Tilgungsreihenfolge des § 225 II AO. Die maßgebliche Rechtsfrage sei hier vordergründig und allein die nach der Zulässigkeit eines - öffentlich-rechtlichen - Bestimmungsrechtes[55] und nicht die davon zu trennende Frage nach der Tilgungsreihenfolge des § 225 II AO bzw. § 366 II BGB. Bevor man zur Frage der Tilgungsreihenfolge käme, sei logisch vorrangig und hiervon unterscheidbar die Zulässigkeit eines Bestimmungsrechts zu prüfen. Erst bei Nichtausübung desselben durch den Berechtigten komme man zum Problem der Forderungsreihenfolge bei Tilgung, d.h. der gesetzliche Grundsatz gehe - sowohl bei Zahlung als auch bei Aufrechnung - vom primären Recht des "Leistenden" aus, zu bestimmen, welche Schuld mit seiner Leistung getilgt werden solle (§§ 225 I AO, 366 I, 396 I 1 BGB). Das aufrechnende Finanzamt sei ebenfalls als "Leistender" unter Aufgabe

---

51 Vgl. FG Münster v. 22.02.1984 - V 6428/82 L, EFG 1984, 594.

52 Ebenfalls ö.r. Natur, falls mit einem Anspruch aus dem Steuerschuldverhältnis aufgerechnet wird.

53 BFH v. 17.11.1987 - VII R 90/84, BStBl. II 1988, 117 [119] = BFHE 151, 340; ebenso *Klein/Orlopp*, § 226 AO Anm. 5; *Tipke/Kruse*, § 226 AO Tz.19. **A.A.**: FG Münster v. 22.02.1984 als Vorinstanz, aaO, Fn. 51.

54 Gleichermaßen für beide Aufrechnungsparteien, d.h. für das FA ebenso wie für den Steuerpflichtigen.

55 In letzter Konsequenz damit auch entgegen eventuell bestehender Ermessensgrundsätze.

eines eigenen Anspruches zur Tilgung seiner Verbindlichkeit gegenüber dem Steuerpflichtigen i.S. dieser Vorschrift anzusehen, so daß ihm ebenso das Forderungsbestimmungsrecht des "Aufrechnenden" zuzusprechen sei. Man komme damit unter Bejahung[56] eines finanzbehördlichen Bestimmungsrechts gar nicht zu der Frage der entsprechenden Anwendbarkeit des § 225 II AO.

Zusammenfassend geht daher der *BFH* von einem der Steuerpflichtigenaufrechnung angepaßten, gleichberechtigten Forderungsbestimmungsrecht des aufrechnenden Finanzamtes als Leistendem entsprechend §§ 396 I 1, 366 I BGB i.V.m. § 226 I AO aus und er verneint mangels staatlich übergeordneter, hoheitlicher VA-Aufrechnungsqualität die Notwendigkeit einer Ermessensentscheidung insbesondere im Sinne von § 225 II AO.
Ob man die Notwendigkeit einer pflichtgemäßen Ermessensentscheidung allerdings allein an die Rechtsnatur der finanzbehördlichen Aufrechnungserklärung anknüpfen kann bzw. inwieweit man bei der Annahme eines allgemeinen öffentliche-rechtlichen Verwaltungsermessens zwingend auf die Tilgungsreihenfolge des § 225 II AO zurückgreifen muß, bleibt noch zu prüfen.

(a) Grundsätzliche Ermessensbindung der staatlichen Finanzverwaltung

Auch die Finanzverwaltung bleibt in ihrer Funktion als Aufrechnender handelndes Staatssubjekt und nicht autonom agierendes Privatrechtssubjekt und damit an die für die Ausgestaltung eines Verwaltungsrechtsverhältnisses maßgebenden Rechtsgrundsätze gebunden[57]. Ermessensbindung der Verwaltung im Rahmen der Erfüllung und Durchsetzung öffentlich-rechtlicher Aufgaben ist als Ausdruck eines allgemeinen Rechtsgedankens auf sonstiges öffentlich-rechtliches[58] als auch u.U. auf privatrechtlich gestaltetes Handeln der Behörden anzuwenden.

(b) Ermessensentscheidung im Fall des § 191 I 1 AO unter grundsätzlicher Beachtung einer Aufrechnungsmöglichkeit gegenüber dem Steuerpflichtigen[59]

Die Inanspruchnahme des Geschäftsführers der KG im vorliegenden Fall als Haftungsschuldner gem. §§ 34, 69 i.V.m. § 191 I 1 AO setzt einen zweigliedrigen Entscheidungs- und Entschließungsvorgang voraus[60]: auf der ersten Stufe waren die tatbestandlichen Voraussetzungen der §§ 34, 69 AO vom Finanzamt zu prüfen und bejaht worden[61], auf der zweiten Stufe wird es in das pflichtgemäße Ermessen des Finanzamtes gestellt[62], *ob*[63] und *wen*[64] es heranzieht[65]. Das Finanzamt ist somit grundsätzlich berechtigt, entsprechend dem Zweck der Ermächtigungsnorm innerhalb der gesetzlichen Ermessensgrenzen (§ 5 AO) trotz Verwirklichung des Haftungstatbestandes den

---

56 Und Ausübung desselben durch das FA.

57 Vgl. die behördlichen Bindungen im Bereich des sog. Verwaltungsprivatrechtes, *Erichsen*, in Erichsen/W.Martens, Allgemeines Verwaltungsrecht, 8. Aufl. 1988, § 32 (S. 358 ff.). Allgemein: *Martens*, StuW 1989, 69 [76 f.].

58 *Kopp*, VwVfG, § 40 Rz. 2; vgl. z.B. die Behördenentscheidung zur Ausübung eines ö.r. Zurückbehaltungsrechts, VGH Münster v. 26.05.1983 - 4 A 1504/82, DVBl. 1983, 1074.

59 Als "Erstschuldner"; offengelassen von BFH v. 17.11.1987 - VII R 90/84, BStBl. II 1988, 117 [118] = BFHE 151, 340.

60 BFH v. 13.04.1978 - V R 109/75, BStBl. II 1978, 508 = BFHE 125, 128.

61 Unstreitig, vgl. BFH v. 17.11.1987, aaO, Fn. 59 und FG Münster v. 22.02.1984 - V 6428/82 L, aaO, Fn. 51.

62 "Kann", vgl. § 191 I 1 AO bzw. § 118 RAO 1931/§ 98 RAO 1919: "..ist befugt..."

63 "Entschließungsermessen" betreffend die Frage, ob es überhaupt tätig werden will.

64 "Auswahlermessen" bei mehreren Gesamtschuldner bzw. hier u.U. zwischen Erstschuldner (Steuerpflichtigem) und Haftungsschuldner.

65 *Tipke/Kruse*, § 191 AO Tz. 6 ff. und § 5 Tz. 12.

Haftungsschuldner überhaupt nicht oder stattdessen einen anderen Gesamtschuldner[66] in Anspruch zu nehmen. Bei einer Inanspruchnahme des Haftungsschuldners vor[67] dem Erstschuldner ging der *BFH*[68] ursprünglich von einer zwangsläufigen Subsidiarität des Haftungsschuldners aus, die auch im Falle einer Aufrechnungsalternative gegenüber dem eigentlichen Steuerpflichtigen eingriffe, so daß schon aufgrund allgemeiner Subsidiaritätsgrundsätze grundsätzlich die Aufrechnungsmöglichkeit gegenüber dem Steuerpflichtigen einer Haftungsinanspruchnahme i.S. einer pflichtgemäßen Ermessensentscheidung vorginge.
Dem würde auch die gesetzliche Einordnung der "Muß-Inanspruchnahme"[69] des Steuerpflichtigen gegenüber einer nur "Kann-Inanspruchnahme" des Haftenden entsprechen, d.h. besteht die Möglichkeit der Beitreibung beim Steuerpflichtigen selbst, so hat sich das Finanzamt an diesen zu halten, unabhängig von etwaig weiteren Haftenden, die nur potentiell in Betracht zu ziehen sind.
Ermessensausübung bedeutet jedoch für die entscheidende Behörde auch Einzelfallbetrachtung, eine allgemeine Regel der Ermessensausübung i.S. einer Inanspruchsnahmenreihenfolge ist nicht aufzustellen. Insbesondere kann von Gesetzes wegen ein Haftungsbescheid bereits vor Steuerfestsetzung erlassen werden (§ 191 III 4 AO). Der vorläufige Erlaß eines Haftungsbescheides gegen einen Haftungsschuldner kann z.B. geboten sein, wenn eine etwaig geltende Festsetzungsfrist abzulaufen droht und zudem nicht feststeht, ob eine Vollstreckung in das Vermögen des Erstschuldners Erfolg verspricht[70]. Den allgemeinen Subsidiaritätsgrundsatz prägt erst § 219 S.1 AO im Falle einer vorrangigen Vollstreckungsmöglichkeit gegenüber dem Steuerpflichtigen, wobei es hier noch dahingestellt bleiben kann, inwieweit die Aufrechnungsalternative des Finanzamtes gegenüber dem Steuerpflichtigen einer Vollstreckung i.S. des § 219 S.1 AO zumindestens angenähert werden kann. Jedenfalls kann die Aufrechnung als Erhebungsmaßnahme[71] schon von der Gesetzessystematik her erst im Fall der tatsächlichen Geltendmachung, z.B. bei selbständige Zahlungsaufforderung gem. § 219 AO, ihre Beachtlichkeit entfalten und nicht bereits beim Haftungsbescheiderlaß[72] gem. §§ 191 I 1 i.V.m. 34, 69 AO[73]. Allgemein gilt[74], daß sich die Aufrechnung erst im Erhebungs- bzw. Vollstreckungsverfah-

---

66 Steuerpflichtiger und Haftungsschuldner sind nach § 44 I 1 AO Gesamtschuldner, BFH v. 18.03.1987 - II R 35/86, BStBl. II 1987, 419 [420] = BFHE 149, 267; *Offerhaus*, in Hübschmann/Hepp/Spitaler, § 191 AO Anm. 55 a; *Dumke*, in Schwarz, § 191 AO Anm.45.

67 Vgl. auch § 191 III 4 AO (*Tipke/Kruse*, § 191 AO Tz.3, § 219 AO Tz.1), der für die Inanspruchnahme des Haftungsschuldners nicht die Festsetzung der Erstschuld gegen den Steuerpflichtigen voraussetzt - allerdings geht es hier erst um den Erlaß des Haftungsbescheides nicht bereits um die Erhebung (oder Vollstreckung) selbst (vgl. § 219 AO: Zahlungsaufforderung) der Haftungsschuld.

68 BFH v. 28.02.1973 - II R 57/71, BStBl. II 1973, 573 = BFHE 109, 164, der für ein unechtes Gesamtschuldverhältnis (vgl. § 7 III 1 StAnpG) zwischen dem eigentlichen Steuerschuldner und dem Haftungsschuldner aus der Gegenüberstellung von Schuld und Haftung zwangsläufig die Regel ableitete, daß zunächst - i.S. eines allgemeinen Subsidiaritätsprinzips - der Steuerschuldner in Anspruch zu nehmen sei; ebenso *Boeker*, in Hübschmann/Hepp/Spitaler, § 191 AO Anm. 57; *Dumke*, in Schwarz, § 191 AO Anm. 45 unter Hinweis auf den AO-Einf. Erl. - VwA Nr.1 - § 219 Nr. 2. A.A.: *Tipke/Kruse*, § 219 AO Tz. 5, der einen allgemeinen Subsidiaritätsgrundsatz ablehnt.

69 Vgl. § 85 AO; *Tipke/Kruse*, § 191 AO Tz.6; *Boeker*, in Hübschmann/Hepp/Spitaler, § 191 AO Anm.55.

70 Vgl. *Boeker*, in Hübschmann/Hepp/Spitaler, § 191 AO Anm. 57a, die eine Ausnahme für den Fall des Verbindens des Haftungsbescheides mit einem Leistungsgebot (§ 254 I AO) annimmt und hier die Einschränkung des § 219 S.1 AO auch bereits beim Erlaß des Haftungsbescheides beachtet wissen will.

71 S.o. 1.Teil C I. S. 19 ff. : strikte Trennung zwischen den einzelnen Verfahrensabschnitten des Steuerverfahrens. Vgl. Anwendungserlaß zur AO v. 24.09.1987 - IV AS - S 0062 - 38/87, BStBl. I 1987, 664 [707] zu § 219 Nr.1: Unterscheidung zwischen Entstehen der gesetzlichen Haftungsschuld, dem Erlaß des Haftungsbescheides (§ 191 AO) und der Inanspruchnahme des Haftungsschuldners durch Zahlungsaufforderung (§ 219 AO).

72 ...ohne Zahlungsaufforderung; *Tipke/Kruse*, § 219 AO Tz. 1.

73 Nicht deutlich macht dies die Entscheidung des BFH v. 17.11.1987 - VII R 90/84, BStBl. II 1988, 117 = BFHE 151, 340, der hier nicht unterscheidet, ob sich die Aufrechnungslage zwischen FA und KG bereits auf den Erlaß des Haftungsbescheides auswirkt oder aber erst bei Inanspruchnahme/Erhebung bzw. Vollstreckung i.e.S. gegenüber

[Fortsetzung nächste Seite]

ren auswirkt.

Aus der Ermessensvorschrift des § 191 I 1 AO kann damit bei Erlaß eines Haftungsbescheides gegen einen Haftungsschuldner nach §§ 34, 69 AO keine ermessenswidrige Handlung hergeleitet werden, weil eine mögliche, aber bestrittene und trotz Konkursverfahrens fortbestehende Aufrechnungslage des Finanzamtes gegenüber dem eigentlichen Steuerpflichtigen[75] nicht vor der Inanspruchnahme des Haftenden genutzt und beachtet worden ist[76]. Das Problem stellt sich erst bei der tatsächlichen Inanspruchnahme des Haftenden im Rahmen des § 219 AO. Hier gibt Satz 1 zunächst den Grundsatz der *BFH - Entscheidung* v. 28.02.1973[77] wieder, d.h. die Inanspruchnahme der "Schuld" geht der "Haftung" vor. Eine Einschränkung der Haftungssubsidiarität regelt allerdings Satz 2, unter den im vorliegenden Fall auch der Haftende nach §§ 34, 69 AO[78] zu subsumieren ist[79]. Satz 2 bedeutet keine Ermessenseinschränkung[80] i.S. einer vorrangigen Inanspruchnahme des Haftenden, sondern befreit nur von der Klausel des Satzes 1 und läßt ansonsten eine am Einzelfall orientierte Ermessensentscheidung unberührt[81]. Damit schließt § 219 S.2 AO nicht auch eine rechtmäßige Ermessensentscheidung hinsichtlich des primären Herantretens an den Steuerschuldner aus, falls gegen diesen eine Erhebung bzw. Vollstreckung möglich ist[82]. "Vollstreckung" ist hier in einem weiteren Sinne zu verstehen.
§ 219 S.1 AO geht von dem Grundsatz aus, daß der Haftende erst nach dem Steuerschuldner tatsächlich für die Schuld einzustehen hat. Erst wenn besondere Gründe[83] für seine vorrangige Inanspruchnahme vorliegen, kehrt sich die Ermessensmöglichkeit um, wobei es sich hierbei jedoch um keine zwingende Vorgabe handelt, sondern im Einzelfall auch eine genau konträre Ermessensentscheidung fehlerfrei sein kann. § 219 als Vorschrift des Erhebungsverfahrens stellt primär auf die tatsächliche Realisierungs-/Befriedigungsmöglichkeit des Steuergläubigers ab bzw. bei wem diese zu suchen ist. Diese Befriedigungsfunktion erfüllt auch die Aufrechnung, die in ihrer Wirkung einer Vollstreckung

---

dem Haftungsschuldner zum Tragen kommt.

74 S.o. 1.Teil C, S. 19 ff.

75 Hier hinsichtlich der Steuerrückstände von Dez. 1979, für die der Geschäftsführer der konkursbehafteten KG noch gem. §§ 34, 69 AO haften müßte.

76 Vgl. insbesondere BFH v. 04.04.1983 - II R 108/81, BStBl. II 1983, 592 [594] = BFHE 138, 487, der die Inanspruchnahme des Haftenden nicht als ermessensfehlerhaft ansah, da ein Abwarten des Erlasses eines Haftungsbescheides aufgrund eventuell zeitraubender Klärung der strittigen Aufrechnungslage dem FA nicht zumutbar sei und den berechtigten Interessen des Haftenden (bei Zahlung der Schuld durch den Haftenden würde die Schuld erlöschen, § 44 II 1, 2 AO und damit wäre - die als richtig nunmehr bestätigte frühere - Aufrechnungslage endgültig weggefallen, so daß dadurch auch ein eventueller Rückgriffsanspruch des Haftenden gegenüber dem Steuerschuldner beeinträchtigt würde) dadurch Rechnung zu tragen sei, daß dem Haftenden bis zur Klärung der Aufrechnungslage eine - Stundung (vgl.§ 770 BGB) zu gewähren sei. Der *BFH* ließ damit die Beantwortung der Frage der Aufrechnungsbeachtlichkeit für den Fall des § 219 AO offen.

77 Vgl. Fn. 68.

78 Der Haftungsschuldner hat Steuern zu Lasten eines anderen zu entrichten.

79 "Gleichrangige Nebenhaftung", vgl.*Dumke*, in Schwarz, § 191 AO Anm. 3.

80 *Tipke/Kruse*, § 219 AO Tz. 5.

81 Vgl. BFH v. 13.04.1978 - V R 109/75, BStBl. II 1978, 508 [510] = BFHE 125, 126, der im Falle eines groben Verschuldens des Haftenden nach § 69 dessen vorrangige Inanaspruchnahme forderte. Vgl. auch BFH v. 05.03.1985 - VII R 13/82, BFH/NV 1986, 73 [74], der dem Haftungsschuldner i.S. des § 41 II ZG eine Garantenstellung zuweist und damit auch dessen - vorrangige - Heranziehung begründet; ähnlich FG Bremen v. 29.06.1989 - II 22/86 K, EFG 1989, 608 [609]; *Klein/Orlopp*, § 219 AO Anm. 3; *v.Wallis*, in Hübschmann/Hepp/ Spitaler, § 219 AO Anm. 2, 7.

82 Vgl. Anwendungserlaß zur AO, BStBl. I 1987, 664 [707] zu § 219 Nr. 2.

83 Vgl. Satz 2: den hier genannten Fällen ist es gemeinsam, daß der Haftende ausschließlich, zumindestens aber überwiegend zur Entstehung der Schuld beigetragen hat.

gleichkommen kann[84]. Liegt wie hier hinsichtlich der Steuerrückstände der KG gegenüber deren Erstattungsansprüchen gegen das Finanzamt eine Aufrechnungslage vor, so erscheint es dem Finanzamt grundsätzlich zumutbar, eine Aufrechnungslage zu nützen und damit den Haftenden zu verschonen.

(c) Unter der Prämisse grundsätzlicher Aufrechnungsbeachtlichkeit: Finanzbehördliches Bestimmungsrecht oder Ermessensbindung bei der Tilgungsreihenfolge der Aufrechnung ?

Zieht man die Aufrechnungsbeachtlichkeit im Fall der Ermessensausübung zwischen der Inanspruchnahme des Steuerpflichtigen oder des Haftenden in Erwägung, so bleibt gerade hier im konkreten Fall einer Aufrechnungsalternativität die Frage nach der "Auswahl" der zu verrechnenden Forderungen, die von maßgebender Bedeutung sein kann, wenn nur die Inanspruchnahme der früher fälligen Aufrechnungsforderung zu einer Freistellung des Haftenden führen würde.

Selbst wenn man mit einer Ansicht die finanzbehördliche Aufrechnungsausübung lediglich als öffentlich-rechtliche Gestaltungsbefugnis qualifiziert, kann sich das Finanzamt nicht auf das Entfallen einer Ermessensbetätigung berufen[85], denn Ermessensbindung erfaßt die als "Staatsträger" handelnde Finanzbehörde nicht nur im Rahmen hoheitlicher Aufgabenerfüllung[86]. Wie *Martens*[87] zu Recht kritisiert, scheint hier der BFH eine unzulässige Verknüpfung zwischen der Form einer Verwaltungshandlung und deren inhaltlicher Gebundenheit vorzunehmen. Auch bei Annahme einer rechtlichen Gleichordnung der Finanzbehörde bei der Ausübung des öffentlich-rechtlichen Gestaltungsrechts bedeutet dies nicht deren Loslösung aus den für die Ausgestaltung eines Verwaltungsrechtsverhältnisses[88] maßgebenden Rechtsgrundsätzen. Rechnet die Finanzbehörde wie hier mit öffentlich-rechtlichen Steueransprüchen gegenüber dem Steuerpflichtigen auf, so handelt sie ohne Zweifel im Bereich der Erfüllung von Verwaltungsaufgaben, d.h. im Rahmen des bestehenden Verwaltungsrechtsverhältnisses. Sie bedient sich lediglich im Hinblick auf ihre Gestaltungsmöglichkeiten der entsprechenden Übernahme privatrechtlicher Gestaltungsformen zur öffentlich-rechtlichen Aufgabenrealisierung und begibt sich hiermit nicht auf die Ebene des Privatrechts, sondern verwendet - auf der Ebene des öffentlichen Rechts - im Privatrecht vorformulierte und ausgestaltete Rechtsfiguren, um damit öffentlich-rechtliche Regelungs- und Gestaltungslücken zu schließen. Dabei darf sich die Verwaltung mit der Wahl analog anwendbarer privatrechtlicher Rechtsgestaltungen nicht den öffentlich-rechtlichen Bindungen[89] entziehen[90]. Selbst wenn das Finanzamt mit einer privatrechtlichen Gegenforderung gegen öffentlich-rechtliche Steuererstattungsforderungen als Hauptforderungen des Steuerpflichtigen aufrechnen will, liegt zwar eine privatrechtliche Aufrechnungserklärung[91] vor, da es aber auch um die Erfüllung steuerrechtlicher Ansprüche des Steuerpflichtigen geht, wird es wiederum im Rahmen eines bestehenden öffentlich-rechtlichen und damit verwaltungsrechtlich

84 BFH v. 07.03.1967 - VII 164/62, BStBl. III 1967, 381 = BFHE 88, 311 im Fall des § 79 II 2 BVerfGG.

85 So aber BFH v. 17.11.1987 - VII R 90/84, BStBl. II 1988, 117 = BFHE 151, 340 unter Berufung auf *Tipke/Kruse*, § 226 AO Tz. 19.

86 S.o. 2.Teil A IV 2. c) aa) (2) (a), S. 47 ff.

87 *Martens*, StuW 1989, 69 [76 f.].

88 Ein solches liegt hier zweifelsohne vor, da zumindestens einer der an der Aufrechnung "beteiligten" Ansprüche dem Steuerschuldverhältnis entspringt; vgl. *Martens*, Die Praxis des Verwaltungsverfahrens, Rz. 29 ff.

89 "Ordnungsgemäße und gesetzesgemäße Verwaltung" (Art. 20 III GG, Art. 1 III GG); Sachwalter von Allgemeininteressen.

90 Vgl. *Martens*, aaO; *Maurer*, Allgemeines Verwaltungsrecht, § 3 II 3 (S. 26).

91 Die rechtliche Qualifizierung der Aufrechnungserklärung wird von der Rechtsnatur der Gegenforderung bestimmt.

gebundenen Steuerschuldverhältnisses tätig. Der Verwaltung stehen zwar die privatrechtlichen Rechtsformen zur Verfügung, nicht aber die Freiheiten und Möglichkeiten der Privatautonomie[92].

bb) Wertordnung der Abgabenordnung 1977

(1) Interessenbewertung des § 225 II AO als "Maßstab" zugunsten des Steuerpflichtigen ?

Die "Wertordnung" der AO 1977 berücksichtigt in unterschiedlicher Gewichtung die Interessen der Steuerpflichtigen einerseits und die des Steuergläubigers andererseits.

Einerseits[93] trifft § 225 II AO 1977 eine Wertentscheidung primär im Interesse des Steuerpflichtigen bei der freiwilligen Tilgung von Steuerschulden, indem er nach Nichtausübung des Bestimmungsrechtes die Tilgungsreihenfolge[94] hinsichtlich der für den Steuerpflichtigen am meisten belastenden Schuld und ansonsten ausgerichtet am Fälligkeitszeitpunkt anordnet[95]. Dem *FG Münster* ist zuzugeben, daß der Gesetzgeber die steuerrechtliche Schuldtilgung weitgehend am Selbstbestimmungsrecht (§ 225 I AO) und den Interessen des Steuerpflichtigen (§ 225 II AO) - in Abweichung vom bürgerlichen Recht[96] - ausgerichtet hat. Dem steht andererseits die Meinung[97] eines uneingeschränkten Forderungsbestimmungsrechtes des Finanzamtes im Rahmen einer rechtlichen Gleichordnung als "Schuldner-Gläubiger" in der speziellen Aufrechnungskonstellation gegenüber.

Die besondere Berücksichtigung der Steuerpflichtigeninteressen im Steuerrecht basiert jedoch gerade auf dem regelmäßig vorliegenden Subordinationsverhältnis zwischen den staatlichen Finanzbehörden und dem steuerpflichtigen Bürger. Den finanzbehördlichen Privilegien einer "Selbsttitulierung" und "Selbstexekution" muß zum Ausgleich für die hoheitliche Gewaltunterworfenheit ein entsprechendes Gegengewicht zugunsten des Steuerpflichtigen, wenn dieser freiwillig seiner Leistungsverpflichtung nachkommt, entgegengesetzt werden, daß insbesondere auch den hoheitlichen Handlungrahmen des Finanzamtes begrenzt (vgl. 225 II AO). Das gilt auch dann, wenn der Steuerpflichtige selbst von den ihm eingeräumten Rechten (§ 225 I AO) keinen Gebrauch macht.

Die Interessenbewertung der § 225 Abs. I und Abs. II AO stützt sich auf die Tatbestandsvorausset-

---

92 Vgl. *Maurer*, aaO: "Verwaltungsprivatrecht" als das ö.r. überlagerte und gebundene Privatrecht in Wahrnehmung staatlicher Aufgaben. Dem von *Martens*, aaO, gezogenen Umkehrschluß aus § 225 III AO, daß die Verwaltung selbst (*m.E.: gerade*) bei einer im Verwaltungswege erzwungenen Zahlung die Tilgungsreihenfolge nach Ermessensgesichtspunkten zu bestimmen hat (und damit erst recht auch bei der Aufrechnung in ihrer "funktionalen Nähe" zum Vollstreckungsrecht), kann nicht zugestimmt werden, da er damit gerade die vom BFH herangezogene Argumentation der nicht hoheitlichen vielmehr rechtlich gleichgeordneten Gestaltungsausübung des FA gänzlich außer acht läßt. Auch wenn im typisch hoheitlichen Bereich der Verwaltungsvollstreckung (*als intensivsten, staatlichsten Eingriffsbereich*) Ermessensbindungen bestehen (müssen), erfordert dies noch keine Übertragung auch auf die Stufe des "schlicht-hoheitlichen" oder privatrechtlichen Handelns.

93 Vgl. FG Münster v. 22.02.1984 - V 6428/82 L, EFG 1984, 594. *Sudau*, Abgabenordnung und Finanzgerichtsordnung, S. 464. *Tausend*, BB 1975, 555 zur alten Rechtslage des § 123 II RAO 1931.

94 Mit Ausnahme der vorrangigen Geldbußen und Zwangsgelder aufgrund des beabsichtigten Sanktionszweckes.

95 Vgl. *Frotscher*, in Schwarz, § 225 AO Anm.1; *Gröger/Schöll*, § 225 AO Erl.3; *Tipke/Kruse*, § 225 AO Tz. 5.

96 Vgl. § 366 II BGB, der primär die Gläubigerinteressen nach dem Grad der Sicherheit berücksichtigt und § 367 BGB der ein "Bestimmungsrecht" eines Dritten zuläßt.

97 BFH v. 17.11.1987 - VII R 90/84, BStBl. II 1988, 117 = BFHE 151, 340.

zung einer "freiwilligen Zahlung"[98]. Aus der Sicht des Steuerpflichtigen erscheint seine eigene Aufrechnung noch als "freiwillige Zahlung" i.S. dieser Vorschrift; geht es aber um die Aufrechnung des Finanzamtes, d.h. um dessen Ausübung eines einseitigen Verfügungsrechtes, so vollzieht sich die Schuldtilgung aufgrund der Gestaltungswirkung, die unabhängig vom Willen des Steuerpflichtigen[99] kraft Gesetzes eintritt. Sie ist von der Art der Realisierung eher einer "zwangsweisen"[100] als einer "freiwilligen" Zahlung gleichzusetzen[101].

Damit paßt die von der Vorinstanz noch hervorgehobene "Wertordnung der AO 1977" im speziellen Fall des § 225 I und II AO nicht auf die Situation der Aufrechnung des Finanzamtes[102], d.h. in diesem Fall fordert sie gerade nicht die besondere, einseitige Interessenberücksichtigung des Steuerpflichtigen im Sinne einer zwingend vorgegebenen Tilgungsreihenfolge, sondern dem Finanzamt steht eine "typische" Behördenermessensentscheidung in gerechter Gläubiger-Schuldner Abwägung zur Hand, ohne daß es damit eine dem Steuerpflichtigen eingeräumte Rechtsposition unterlaufen würde. Das *FG Münster* irrt, indem es das Bestimmungsrecht dem Steuerpflichtigen in jeder Aufrechnungskonstellation zubilligt und damit nicht mehr auf die Person des Aufrechnenden als freiwillig Zahlenden i.S.v. § 225 AO abstellt, sondern isoliert nur noch die Person des Steuerpflichtigen in den Vordergrund stellt.

Zusammenfassend ist bzgl. eines Bestimmungsrechts des Steuerpflichtigen festzustellen, daß die "Wertordnung der AO 1977"

- dem Steuerpflichtigen kein ausdrückliches Bestimmungsrecht gem. § 225 I AO im Fall der finanzbehördlichen Aufrechnung zugesteht und
- daß das Finanzamt ein solches auch nicht mittelbar unterläuft und damit "eine AO-Wertordnung" verletzt, indem es selbst eine Tilgungsreihenfolge nach pflichtgemäßen Ermessen festlegt.

Die "Wertordnung der AO" geht damit nicht von einer grundsätzlich vorrangigen Interessenberück-

---

98 Im Gegensatz zur zwangsweisen Vollstreckung (vgl. § 225 III AO), wo sich das finanzbehördliche Ermessen hinsichtlich der zu bestimmenden Tilgungsreihenfolge am Schuldnerinteresse bzgl. der "Lästigkeit" der Schulden einerseits und am Gläubigerinteresse hinsichtlich des Grades der Sicherheit andererseits zu orientieren hat, vgl. *Tipke/Kruse*, § 225 AO Tz. 6 unter Hinweis auf FG Düsseldorf v. 23.04.1974 - VII 165/73, EFG 1974, 446; *Gröger/Schöll*, § 225 AO Erl. 4 : i.d.R. Tilgungsreihenfolge des § 225 II AO ermessensgemäß; ebenso *Mittelbach/Lohmeyer/Kühr*, aaO, § 225 Anm. 3 und *v.Wallis*, in Hübschmann/Hepp/Spitaler, § 225 AO Anm.10.

99 "Freiwillig" setzt immer einen - noch selbständig beeinflußbaren - Willensentschluß voraus.

100 ... weil nicht mehr einseitig vom Betroffenen beeinflußbar.

101 Offengelassen vom FG Düsseldorf v. 23.04.1974, aaO, Fn. 98.

102 Diese Differenzierung hinsichtlich des die Aufrechnung Erklärenden verkennt das *FG Münster*, aaO, Fn. 93. Es sieht nicht, daß das Gesetz die Steuerschuldtilgung des Steuerpflichtigen nicht ganz allgemein, sondern nur im speziellen Fall der "freiwilligen" Tilgung (die gerade nicht vorliegt bei einer Aufrechnung durch das FA) priviligiert gegenüber den Gläubigerinteressen, weil es dem Gläubiger grundsätzlich nur auf die Erfüllung seines Anspruches ankommen kann, die Art (z.B. Reihenfolge der Forderungen zur Tilgung) grundsätzlich aber in die freiwillige Entscheidung des Schuldners gestellt werden kann. Anders liegt der Fall der Steuerpflichtigenaufrechnung, da hier eine "freiwillige Zahlung" des Steuerpflichtigen vorliegt, was zur Folge hätte, daß § 225 I AO als steuerrechtlich speziellere Ausprägung des Grundsatzes des § 366 I BGB das Bestimmungsrecht des Steuerpflichtigen regeln würde und damit bei Nichtausübung desselben § 225 II AO und nicht - über § 396 I 2 BGB - § 366 II BGB entsprechend zur Anwendung gelangen würde; so wohl auch OFD Nürnberg v. 22.11.1983 - S 0456 - 50/St 32, StEK AO 1977 § 226 Nr. 13: "...so richtet sich gem. § 396 BGB die Anrechnung nach § 366 II BGB, modifiziert durch § 225 AO." Nach BFH v. 17.03.1964 - VII 144/60, HFR 1964, 258 (noch für den Fall des § 123 RAO, nunmehr § 225 II und III AO 1977) seien insbesondere Abs. II und III entsprechend anzuwenden. **A.A.: herrsch. M.**

sichtigung des Steuerpflichtigen aus, genausowenig wie sie zwingend auf eine öffentlich-rechtliche hoheitliche Handlungsbefugnis des Finanzamtes abstellt, sondern sie verweist sogar vielfach ins Privatrecht und läßt die entsprechende Heranziehung privatrechtlicher Handlungs- und Gestaltungsformen zu.

(2) Besondere Berücksichtigung der - sachangelegten - "Benachteiligung" des Steuerpflichtigen gegenüber dem Finanzamt bei einer finanzbehördlichen Aufrechnung ?

Das *FG Münster*[103] stützt seine Ablehnung eines freien, i.S. eines privatautonom verstandenen Bestimmungsrechts der Aufrechnungsforderungen durch das Finanzamt auf das von der Natur der Sache her schon angelegte Interessen*un*gleichgewicht zwischen Finanzamt und steuerpflichtigem Bürger im Steuerrecht.

Im Fall der finanzbehördlichen Aufrechnung gegen Steuererstattungsansprüche hat aber der BFH bereits mehrmals entschieden, daß darin keine unzulässige Rechtsausübung liegt[104]. Dem ist zuzustimmen, denn die Aufrechnungslage stellt rein tatsächlich auf das Vorliegen zweier verrechenbarer (Geld-)Forderungen ab, unabhängig davon wie sie entstanden sind. Das auf steuerrechtlichen Modifikationen beruhende Interessenungleichgewicht zu Lasten des Steuerpflichtigen (vgl. § 226 III AO) leitet sich aus dem Grundgedanken der Sicherung des öffentlichen Haushaltes durch eine möglichst unbehinderte Steuereinziehung durch den Steuerfiskus ab und stellt sich damit als zwingende Notwendigkeit einer verfahrensrechtlichen Absicherung dar und nicht etwa als einseitiges auf Interessenausgleichung gerichtetes Erfordernis, daß nunmehr zu Lasten des Steuerpflichtigen eine Berücksichtigung der "Sondersituation" im Steuerrecht fordert. Die Ausnutzung der materiell-rechtlichen Aufrechnungslage stellt keinen zweckentfremdeten Gebrauch entgegen der "Wertvorstellung der AO" dar, wenn die zur Aufrechnung herangezogenen Forderungen den §§ 387 ff. BGB entsprechen. Der BFH stellte 1982[104] nochmals klar, daß nicht jedes Interessenungleichgewicht[105] die Annahme einer unzulässigen Rechtsausübung und damit hier die vorrangige Berücksichtigung der Steuerpflichtigeninteressen zum Ausgleich der anderweitig bestehenden Nachteile rechtfertige. Die dem Steuergläubiger eingeräumte Gestaltungsbefugnis in Form der Aufrechnung knüpft damit an die tatsächlich bestehende materiell-rechtliche Aufrechnungslage, wie sie § 226 I AO i.V.m. § 387 BGB fordert, an. Insoweit ist er "gleichberechtigter" Aufrechnungspartner im Verhältnis zum Steuerpflichtigen. Allein das bestehende Steuerschuldverhältnis rechtfertigt noch nicht die entsprechende Heranziehung steuerrechtlicher Vorschriften wie § 225 I und II AO als die grundsätzlich spezielleren Regelungen zu den zivilrechtlichen Vorgaben. "Gestaltet" das Finanzamt öffentlich-rechtlich aber in Nutzung privatrechtlicher Gestaltungsformen, so ist es angebracht, mangels steuerrechtlicher Kodifizierung auch auf die speziellen zivilrechtlichen Aufrechnungsvorschriften zurückzugreifen und sich nicht auf die Anwendung allgemeiner steuerrechtlicher Rechtsnormen unter der Prämisse einer "Wertordnung der AO

103 FG Münster v. 22.02.1984 - V 6428/82 L, EFG 1984, 594.

104 Im Fall des BFH v. 19.10.1982 - VII R 64/80, BStBl. II 1983, 541 = BFHE 138, 308, hatte das FA gegen einen Steuererstattungsanspruch aufgerechnet, der entstanden war, weil der Steuerpflichtige einen Verlustabzug nach § 10 d EStG erst bei der Veranlagung, nicht aber schon während des laufenden Lohnsteuerabzugsverfahrens geltend machen konnte (§ 39 a EStG).

105 In diesem Fall ging es um die Ungleichbehandlung der Lohnsteuerabzugsverpflichteten gegenüber den sonstigen Einkommenssteuerpflichtigen.

1977" zu verhärten.

Resumee:

- Das Bestimmungsrecht entsprechend §§ 396 I 1, 366 I BGB i.V.m. § 226 I AO steht einer Zuordnung auch auf die *finanzbehördliche Aufrechnung* nicht entgegen, insbesondere schließt § 225 AO dies nicht als die speziellere Steuerrechtsvorschrift aus.

- Das öffentlich-rechtliche Tätigwerden des Finanzamt im Rahmen der Aufrechnung in einem Steuerschuldverhältnis entbindet es nicht von der grundsätzlichen staatlichen Ermessensbindung bei mehreren Handlungs- und damit auch Aufrechnungsalternativen.

- Das Bestimmungsrecht des *Steuerpflichtigen* ergibt sich unstreitig aus §§ 396 I 1, 366 I BGB i.V.m. § 226 I AO. Bei Nichtausübung dieses Rechtes kommt es über § 226 I AO i.V.m. § 396 I 2 BGB zur Anwendung der steuerrechtlichen Vorschrift des § 225 II AO, soweit ein Steuerschuldverhältnis zwischen Finanzamt und Steuerpflichtigem vorliegt, und nicht zur Anwendung des § 366 II BGB[106], weil hier der zugunsten des Steuerpflichtigen bevorrechtigte Schutzzweck bei freiwilliger Schuldtilgung nicht unterlaufen werden darf. Insoweit stellen die §§ 396 I 2, 366 II BGB nicht die für die Aufrechnung im Steuerrecht speziellere Regelung dar[107], da § 366 II BGB primär die Gläubigerinteressen hinsichtlich des Grades der Sicherheit im Auge hat und dies bei freiwilliger Zahlung nicht der speziellen steuerrechtlichen Interessenbewertung gerecht wird[108].

---

106 So auch: Vfg. OFD Nürnberg v. 22.11.1983 - S 0456 - 50/St 32, StLex 2, §§ 224 - 226 AO, 1 ff.. **A.A.:** BFH v. 03.11.1983 - VII R 153/82, BStBl. II 1984, 184 [185] = BFHE 140, 10 und FG Hamburg v. 04.01.1977 - IV 58/75 H , EFG 1977, 222; *Schuhmann*, RWP, SG 2.2, S. 93 [108]; *Tipke/Kruse*, § 226 AO Tz.18.

107 FG Baden-Würtemberg v. 10.06.1988 - IX K 349/87, EFG 1988, 611 [613], zieht eine analoge Anwendung des in § 396 I i.V.m. § 366 II BGB geregelten unverzüglichen Widerspruchrechts des Schuldners (hier FA) im Abtretungsfall der Aufrechnung entsprechend § 406 BGB in Betracht, um dem Schutzzweck des § 406 BGB zugunsten des Schuldners gerecht zu werden. Damit wäre die zunächst vom Zessionar erklärte Aufrechnung auflösend bedingt durch die Ausübung des Widerspruchrechts des Schuldners. Der unverzügliche Schuldnerwiderspruch im Fall des § 406 BGB bewirke die Unwirksamkeit der ersteren Zessionarsaufrechnung und ermögliche die Wirksamkeit der späteren Schuldneraufrechnung. Dem Schutzzweck des § 406 BGB primär zugunsten des Alt- und zugleich Neuschuldners ist damit in (übertriebener) Weise genüge getan - dies jedoch entgegen des ausdrücklichen Gesetzeswortlautes, denn insoweit sieht § 225 II AO als die speziellere Steuerrechtsnorm kein Widerspruchsrecht des Aufrechnungsempfängers (Gläubiger der Hauptforderung) vor. Zudem ist § 396 I 2 BGB dahingehend zu interpretieren, daß das Widerspruchsrecht des Gläubigers nur dann greift, wenn der Schuldner bzgl. der Tilgung gegen mehrere Gläubigerhauptforderungen eine Bestimmung getroffen hat (hinsichtlich der Bestimmung seiner Gegenforderung ist er frei, vgl.*Staudinger-Kaduk*, aaO, § 396 BGB Rz.13 ff.). Im Streitfall des *FG Baden-Würtemberg* ging es jedoch um eine andere Fallkonstellation: der Alt- und Neugläubiger sollte im Falle der Abtretung vor einer zuerst erklärten Aufrechnung des Abtretungsempfängers (Zessionar) geschützt werden (d.h. i.S. des § 406 BGB: keine Behinderung der gesetzlich eingeräumten Aufrechnungsmöglichkeit gegenüber dem Neugläubiger). Durch diese wird zwar auch in sein freies Verfügungsrecht über seine Hauptforderung (mit der er nunmehr nicht mehr - zuerst - die Aufrechnung erklären kann) eingegriffen, jedoch nur in dem Maße, die das Aufrechnungsrecht bereits ohnehin dem Aufrechnenden zur Verfügung stellt. Stehen sich verrechenbare Forderungen (hier: Neugläubiger und Schuldner, wobei beide von der Abtretungssituation wissen, vgl. § 46 II AO, und damit auch von der Aufrechnungsmöglichkeit des § 406 BGB) gegenüber, so gibt es hinsichtlich der Ausübung der beiderseits vorhandenen Aufrechnungsbefugnisse kein Rangverhältnis: Wer die Aufrechnung zuerst erklärt, gestaltet zuerst. Der Schuldner einer Forderung wird durch § 406 BGB lediglich vor dem Verlust einer Aufrechnungsmöglichkeit nicht jedoch vor Abtretung und eventuell hieraus resultierenden - weiteren - Aufrechnungsmöglichkeiten nunmehr des Zessionars geschützt."Versäumt" er seine "Aufrechnungschance", so wird er durch die Aufrechnung des Neugläubigers mit der erworbenen Forderung nicht (mehr als zulässig) in seinen Rechten beschränkt, BFH v. 10.02.1976 - VII R 37/72, BStBl. II 1976, 549 [551] = BFHE 118,526; BFH v. 06.02.1990 - VII R 86/88, BStBl. II 1990, 523 = BFHE 160, 108.

108 So *Kohls*, KStZ 1985, 181 [186]; *Tiedtke*, StRK-RAO, § 124 R.29; *Tausend*, BB 1975, 555. **A.A.:** *Tipke/Kru-*

[Fortsetzung nächste Seite]

- Das Bestimmungsrecht des *Finanzamtes* analog §§ 396 I 1 BGB i.V.m.§ 226 I AO ist überlagert von einer allgemeinen Ermessensbindung. Insofern hat der *BFH*[109] Unrecht, wenn er die Frage des finanzbehördlichen Bestimmungsrechts losgelöst von der Tilgungsreihenfolge der §§ 366 II BGB, 225 II AO behandelt wissen will, denn die Tilgungsreihenfolge mehrerer sich zur Verrechnung gegenüberstehender Forderungen spielt im grundsätzlichen[110] eine u.U. entscheidende Rolle bei der Wahl des - "richtigen" - Aufrechnungsverhältnisses und ist deshalb auch in die - notwendige - Ermessensentscheidung miteinzubeziehen. Diese allgemeine Ermessensbindung hat sich jedoch nicht zwingend am Rahmen des § 225 II AO zu orientieren, sondern vorrangig an den besonderen Gegebenheiten des Einzelfalles[111]. Geht es wie vorliegend z.B. um die Sicherung der Realisierung zweier Steueransprüche des Finanzamtes gegen eine in Konkurs gefallene KG und bietet die Aufrechnungskonstellation "Aufrechnung gegen die KG mit später fällig werdenden Steuerrückständen und die Geltendmachung eines Haftungsanspruches gegen den Geschäftsführer der KG als Haftenden gem. §§ 34, 69 i.V.m. 191 I 1, 219 AO" die bestmögliche Durchsetzungschance für beide Ansprüche, so kann diese Ermessensentscheidung entgegen der Tilgungsreihenfolge des § 225 II AO nicht als ermessensfehlerhaft angesehen werden.

B. Die Aufrechnungserklärung im speziellen

Die Aufrechnungsmöglichkeit ist im Steuerrecht durch § 226 AO beiden Seiten - der Finanzbehörde und dem steuerpflichtigen Bürger - gleichermaßen eröffnet.
Ungeachtet der grundsätzlichen Anerkennung der Aufrechnung im öffentlichen/Steuerrecht herrscht hinsichtlich ihrer Rechtsnatur - insbesondere der Qualifizierung der finanzbehördlichen Aufrechnungserklärung - ein bis heute andauernder Meinungsstreit.

I. Seitens des Steuerpflichtigen

Die vom Bürger im Rahmen eines öffentlich-rechtlichen Schuldverhältnisses abgegebene Aufrechnungserklärung wird durchweg und unstreitig als (verwaltungsrechtliche[113]) Willenserklärung be-

---

se, § 226 AO Tz.18. Offengelassen vom BFH v. 17.11.1987 - VII R 90/84, BSTBl. II 1988, 117 [119] = BFHE 151, 340 und vom FG München v. 23.04.1974 - VII 165/73, EFG 1974, 446.

109 BFH v. 17.11.1987 - VII R 90/84, BStBl. II 1988, 117 = BFHE 151, 340; ebenso *Boeker*, in Hübschmann/Hepp/Spitaler, § 191 AO Anm. 60 a; *Tipke/Kruse*, § 226 AO Tz.19 m.w.N.; *Halfar*, NWB Fach 2, S. 5593 [5595].

110 Vgl. den Entscheidungssachverhalt des BFH-Urteils vom 17.11.1987, aaO, Fn.109. *Martens*, StuW 1989, 69 [77] und FG Münster v. 22.02.1984 - V 6428/82 L, EFG 1984, 594. Vgl. auch *Mittelbach/Lohmeyer/Kühr*, aaO, § 225 Anm. 3 a, die auch die in § 225 III AO vorgesehene Ermessensentscheidung der Finanzbehörde nicht zwingend an die Tilgungsreihenfolge des Abs. II gebunden sehen wollen, jedoch eine dem Abs. II entsprechende Tilgungsentscheidung immer als pflichtgemäße Ermessensausübung ansehen und auch bei einer von dieser abweichenden Tilgungsregel eine vernünftige Begründung fordern. *Klein/Orlopp*, § 225 Anm. 5: "...zweckmäßigerweise an die Reihenfolge des Abs. II gebunden ..."; *Tipke/Kruse*, § 225 AO Tz.6: keine zwingende Reihenfolge, aber die Folge des Abs. II sei stets ermessensfehlerfrei, eine Abweichung von Abs. II - insbesondere im Interesse des Schuldners - sei zulässig.

111 Ebenso *Martens*, StuW 1989, 69 [77]: es müsse jeweils erwogen werden, ob es gerechtfertigt erscheine, von der in § 225 II normierten Reihenfolge abzuweichen. Er erkennt zu Recht die vom FA bei der Aufrechnungskonstellation durch Verlust der eigenen (Gegen-)Forderung erbrachte Leistung nicht als ausreichendes Äquivalent für ein Übergehen einer Ermessensentscheidung unter Berücksichtigung auch der dem Steuerpflichtigen zustehenden Rechte an ("Gleichbehandlungsthese" des BFH).

113 Vgl. *Schmalz*, Allgemeines Verwaltungsrecht, S. 253.

urteilt.

II. Seitens des Steuergläubigers (Finanzamt)

Der Geltendmachung einer privatrechtlichen oder öffentlich-rechtlichen Gegenforderung des Steuerfiskusses steht grundsätzlich dessen hoheitliche Rechtsträgereigenschaft nicht entgegen, da - unter dem wirtschaftlichen Aspekt der Aufrechnung betrachtet - sowohl beim Staat als auch bei einer Privatperson der Sinn und Zweck der Vermeidung eines i.d.R. unwirtschaftlichen Leistungsaustausches anzuerkennen ist.
Bei der rechtlichen Qualifizierung der finanzbehördlichen Erklärung der Aufrechnung im Rahmen ihres möglichen und zulässigen Handlungsspektrums wurde insbesondere in der *Rechtsprechung* bislang durchweg die Zuordnung einer VA-Aufrechnung bevorzugt[114]. So ging und geht das *BSG*[115] von der Notwendigkeit und Zulässigkeit einer VA-Aufrechnung der Behörde aus. Der *BFH* folgte dieser Ansicht in der Vergangenheit[116] ebenfalls - mittelbar oder ausdrücklich -, mit der Begründung eines Subordinationsverhältnisses zwischen Steuerpflichtigem und Finanzamt im Rahmen der Geltendmachung von Steuerforderungen[117] und damit der zwingenden[118] Notwendigkeit der hoheitlichen Handlungsform dieser VA-Aufrechnungsverfügung[119]. In vergleichbarer Weise sah das *BVerwG* in mehreren Entscheidungen insbesondere die "Anordnung über die Rückforderung und Einbehaltung durch Verrechnung überbezahlter Versorgungsbeträge" als VA an[120]. Im Urteil vom

114 *Ebsen*, DÖV 1982, 389 [394] sieht die Einordnung der finanzbehördlichen Aufrechnungserklärung unter zweierlei Gesichtspunkten als klärungsbedürftig an: als Auslegungsfrage der behördlichen Erklärung und der daran angeknüpften Frage der zulässigen Formenwahl.

115 BSG v. 11.10.1979 - 3 RK 88/77, SozR 1200 § 51 SGB I Nr. 5 (S. 7 ff.); v. 16.09.1981 - 4 RJ 107/78, SozR 1200 § 51 SGB I Nr.11 (S.23 ff.);v.17.09.1981 - 4 RJ 13/80, SozR 1200 § 51 SGB I Nr. 12 (S. 28 ff.); LSG Schlesw.Holst. v. 05.04.1961 - L 1 J 32/60, Breithaupt,Sammlung von Entscheidungen der Sozialversicherung, Versorgung und Arbeitslosenversicherung.

116 Soweit der BFH sich in späteren Revisionsverfahren mit der Aufrechnungsproblematik konfrontiert sah, ließ er ohne nähere Auseinandersetzung die Beschwerde gegen eine finanzbehördliche Aufrechnungserklärung als zulässigen Rechtsbehelf zu und hat damit - konkludent - die VA-Rechtsprechung bestätigt, vgl. BFH v. 07.03.1967 - VII 164/62, BStBl. III 1967, 381 = BFHE 88, 311; v. 20.02.1968 - VII 327/64, BStBl. II 1968, 384 = BFHE 91, 518; v. 19.10.1982 - VII R 55/80, BStBl. II 1983, 162 = BFHE 137, 146; v. 19.10.1982 - VII R 64/80, BStBl. II 1983, 541 = BFHE 138, 308.

117 Anders bei einer Fallgestaltung im "nichtsteuerlichen Schuldverhältnis" zwischen FA und Zessionar, vgl. BFH v. 20.02. 1968, aaO, Fn. 116.

118 Vgl. BFH v. 14.10.1975 - VII R 40/74 = BFHE 117, 23.

119 Vgl. ebenso die unterfinanzgerichtliche Rechtsprechung: Nieders. FG v. 26.05.1981 - XI (VI) 103/80, EFG 1981, 545; FG Berlin v. 16.03.1982 - VII 311/81, EFG 1983, 6; FG Hamburg v. 28.04.1972 - IV 24/72 H, EFG 1972, 550; FG Hamburg v. 22.02.1983 - V 165/81, EFG 1983, 486; FG Hamburg v. 22.12.1982 - III 277/82, EFG 1983, 329; offengelassen in FG Hamburg v. 04.01.1977 - IV 58/75 H, EFG 1977, 222 [226]; Hess. FG v. 23.09.1980 - IX S 258/80, EFG 1980, 581. **A.A.:** FG München v. 21.07.1983 - X 2/80, EFG 1984, 103 (Vorinstanz zu BFH v. 02.04.1987 - VII R 148/83) und FG Hamburg v. 11.01.1985 - IV 242/84 H, EFG 1985, 435 für die Aufrechnungserklärung im europ. Agrarverwaltungsrecht, das die Aufrechnungserklärung der Behörde auch bei Durchsetzung ö.r. Ansprüche dem bürgerlichen Recht zuordnet; FG Nürnberb v. 17.11.1987 - VI 228/84, EFG 1988, 281, das allerdings unterscheidet zwischen der rechtsfehlerhaften Formenwahl bei finanzbehördlicher Aufrechnungserklärung und deren rechtlicher Wirksamkeit.

120 BVerwG v. 24.04.1959 - VI C 91.57, NJW 1960, 258; v.07.12.1960 - VI C 65.57, BVerwGE 11, 283; v. 19.12.1961 - II C 9.61, NJW 1962, 1170 f.; im Urteil v. 07.03.1958 - VII C 8.57, NJW 1958, 1107 [1109] bejahte es den VA-Charakter mit der Begründung eines "einheitlich dem öffentlichen Recht zuzuordnenden Vorganges" (Begründung durch VA - Rechtsverfolgung durch VA), mit zustimmender Anmerkung von *Obermayer*. So auch: VGH Bad.-Württb. v. 08.02.1971 - VI 934/70, BaWüVBl. 1971, 75 unter Hinweis auf § 27 des Musterentwurfes eines VwVfG; OVG Koblenz v. 09.10.1970 - 2 B 61/70, VerwRspr. Bd. 22, 409; OVG Münster v.

[Fortsetzung nächste Seite]

13.10.1971[121] ließ das *BVerwG* zwar offen, ob die Aufrechnung "generell VA-Charakter hat oder ob sie im konkreten Fall durch VA oder auf andere Weise vorgenommen wird", jedoch tendierte es i.d.R. immer noch zu einer Aufrechnungsverfügung durch VA. Mit der Entscheidung des *3. Senats vom 27.10.1982*[122] kam die ausdrückliche Wende im dem Sinne, daß die Ausübung der Aufrechnung als schuldrechtliches Gestaltungsrecht und - für sich allein jedenfalls - nicht als VA-Regelung bewertet wurde[123]. Dieser - verwaltungsgerichtliche - Rechtsprechungswandel fand zunächst wenig Anklang bei den Sozial- und Finanzgerichten; erst mit dem *Urteil vom 02.04.1987*[124] folgte auch der *7. Senat des BFH* der neuen Rechtsprechung des BVerwG, indem er - diesmal ausdrücklich - zur Aufrechnungsformenwahl der finanzbehördlichen Aufrechnungserklärung und deren rechtlicher Qualifizierung Stellung bezog. Abzuwarten bleibt, inwieweit sich die Rechtsprechung auch der Untergerichte bzw. der Sozialgerichtsbarkeit an diesen "Vorgaben" für die Zukunft orientieren wird bzw. ob es weiterhin zu einer Auseinanderentwicklung einer richterlichen Rechtsformqualifizierung eines ansonsten allgemein anerkannten und in der Praxis zur Anwendung gelangenden Rechtsinstituts kommt[125].

Im Hinblick auf die verschiedenen Rechtsfolgen und den hieran anknüpfenden Rechtsschutz, je nachdem, ob man die finanzbehördliche Aufrechnungserklärung als (verwaltungsrechtliche) Willenserklärung oder als VA auffaßt, wird es dem Aufrechnungsgegner nicht gleichgültig sein, mit welcher "Formenwahl" das Finanzamt versucht, seine Aufrechnung "durchzubringen"[126].

1. Mögliche "Erklärungsformen" des Finanzamtes zur Forderungsdurchsetzung und ihre rechtliche Qualifizierung

Die Akte der öffentlichen Finanzverwaltung sind in Art und Form vielgestaltig. Verwaltungsinterne

---

02.07.1964 - VI B 38/64, ZBR 1966, 307.

121 BVerwG v. 13.10.1971 - VI C 137.67, DÖV 1972, 573.

122 BVerwG v. 27.10.1982 - 3 C 6/82, NJW 1983, 776 = BVerwGE 66, 218 ff.: hier wurde seitens der Behörde zur Realisierung eines Anspruches auf Rückforderung von Beihilfen für Milchprodukte die Aufrechnung erklärt.

123 So auch: BayVGH v. 27.04.1959 - Nr. 69 III 58, ZBR 1960, 225; VGH Kassel v. 19.08.1977 - I TH 19/77, ESVGH 27, 159 [161]; OVG Münster v. 26.05.1983 - 4 A 1504/82, DÖV 1983, 1023 [1024].

124 BFH v. 02.04.1987 - VII R 148/83, BStBl. II 1987, 536 = BFHE 149, 482.

125 Auch im Hinblick auf die Gewähr effektiven Rechtschutzes erscheint die im Bereich der Rechtsprechung auffallende "Disharmonie" bzgl. der rechtlichen Wertung einer behördlichen Aufrechnungserklärung verfassungsrechtlich bedenklich. Man sollte sich bei Heranziehung des im Zivilrecht "vorgestalteten" Rechtsinstituts der Aufrechnung auf ein Grundmodell besinnen und allenfalls auf notwendige Modifikationen zurückgreifen und insbesondere auch im Bereich der Gestaltung die Möglichkeit des Absehens von hoheitlicher (d.h. einseitig übergeordneter) Befugnisrealisierung erkennen und zulassen und nicht aus Angst vor staatlichem Autoritätsverlust auf alt hergebrachten "Zwangsmaßnahmen" beharren.

126 Das BVerwG v. 13.10.1971 - VI C 137.67, DÖV 1972, 573 hat hier unzutreffend die Unbeachtlichkeit des VA-Charakters für die Wirksamkeit der Aufrechnung angenommen: "...Rechtsnatur und Wirkung werden davon nicht beeinflußt, sie bleibt schuldrechtsgeschäftliche Erklärung mit Erlöschenswirkung, §§ 388, 389 BGB..."; ähnlich der BFH v. 25.04.1989 - VII R 105/87, BFH/NV 1990, 141 [142] und v.18.07.1989 - VII R 46/86, BFH/NV 1991, 69 [70], der hier die Wirksamkeit der Aufrechnungserklärung allein nach materiell-rechtlichen Gesichtspunkten beurteilt und auch die zwar fehlerhafte aber bestandskräftig gewordene VA-Aufrechnung des FA hinsichtlich der zugrundeliegenden, bestandskräftigen Feststellungen unbeachtet läßt. Die Wahl der VA-Aufrechnung, d.h. der einheitlich hoheitlicher Regelung, hat aber für den Betroffenen verfahrensrechtliche Konsequenzen. Richtig ist dagegen, daß die VA-Form die materiell-rechtliche Lage nicht umgestalten kann; sie schafft keinen eigenen materiellen Rechtsgrund, sondern dient im Sinne des "Rechtsfriedens" der Herbeiführung einer bestandskräftigen Feststellung der Rechtslage, die jedoch wiederum als Grundlage für das gesetzlich bezweckte tatsächliche Verhalten (z.B. Zahlung) dient, vgl. *Martens*, StuW 1989, 69 [72].

Maßnahmen wie Planung, Weisungen etc. treten neben "Außenakte" wie z.B. rein tatsächliche Erklärungen, Tathandlungen und Realakte, einseitig rechtlich verbindliche Akte sowie sonstige rechtserhebliche Erklärungen. Handlungsformen sind zu begreifen als Instrumente, die das Tätigwerden der Verwaltung mit bestimmten Zielen positiv lenken sollen, sie sind nicht allein nach Rechtsfolgen und Fehlern zu differenzieren und zu systematisieren, sondern primär nach der Funktion ihrer Handlungsform. Diese Systematisierung der Handlungsfunktionsformen dient - u.a. - der Disziplinierung der Verwaltung und als Instrument eines rationalen Vollzuges des Rechts. Hierbei ist zu beachten, daß bei unterschiedlichen "Handlungsstufen" der Verwaltung nicht notwendigerweise dieselben Handlungsformen erfüllt werden müssen. Z.B. muß die Erfüllung nicht in der Rechtsform erfolgen, die für die zugrunde liegenden Rechtspflichten maßgeblich sind[127]. Die Annahme, daß eine Erfüllung einer öffentlich-rechtlichen Verbindlichkeit durch öffentlich-rechtlichen Akt erfolgen müsse, ist schlichtweg falsch, wie sich bei der Erfüllung der öffentlich-rechtlichen Geldleistungs- und Sachverschaffungsansprüche durch privatrechtliche Eigentumsübertragungsakt zeigt[128].

Die Tilgung einer Forderung kann auch im Steuerrecht vielseitig, d.h. nicht nur i.S. der gesetzlich vorgesehenen einseitigen Verrechnungserklärung ("Aufrechnung") geschehen. Im beiderseitigen Einverständnis kann - unabhängig von den gesetzlichen Aufrechnungsvoraussetzungen - ein sog. Verrechnungsvertrag geschlossen werden. Zu untersuchen bleibt, ob es der Behörde möglich ist, eine "Anordnung des Forderungsausgleiches" (Verfügung) hoheitlich zu treffen und das eventuell neben der gesetzlichen Forderungsaufrechnung und neben der Möglichkeit der Steuerfestsetzung und -vollstreckung.

Nicht als Forderungsverrechnung zweier selbständiger Forderungen zu verstehen ist eine im gesetzlichen Tatbestand der Forderungsentstehung bereits vorgesehene Minderung derselben, wie z.B. bei der Umsatzsteuer das Recht des Steuerpflichtigen auf Absetzung der Umsatzsteuer für zurückgewährte Entgelte, denn hier entsteht von vornherein nur eine (verminderte) Forderung; ebensowenig kann die bloß innerdienstliche Umbuchung als "Aufrechnungsmaßnahme i.w.S." angesehen werden, da sie grundsätzlich weder Haupt- noch Gegenforderung materiell-rechtlich berührt. Etwas anderes gilt natürlich, wenn sie als "Verrechnungserklärung" (z.B. über die Mitteilung der Umbuchung[129]) nach außen dringt bzw. der Steuerpflichtige der Umbuchung zustimmt.

a) Hoheitliche Regelungsmöglichkeiten

Hoheitliche Regelungsbefugnisse der Finanzverwaltung beinhalten eine einseitige Emanation der hoheitlichen Gewalt, d.h. die Fähigkeit, andere zu verpflichten. Sie setzen eine überlegende zwingende Gewalt in Wirkung, während eine - rechtsgeschäftliche - Willenserklärung eine Verpflichtung - zu-

---

127 **A.A:** *Helsper*, in Koch, § 226 AO Rdn. 24: die Behörde müsse die Aufrechnung durch VA erklären, wenn sie zur Tilgung eines Anspruches aus dem Steuerschuldverhältnis führen solle und der Betroffene Steuerschuldner sei. Ebenso das FG Hamburg v. 22.02.1983 - V 165/81, NVwZ 1984, 200 und die Ansicht in StQ 1985 §§ 134 - 248 AO [2], S.391 f. Nr.203 (*o.V.*), die insbesondere im Steuerrecht von der Notwendigkeit eines hoheitlichen Tätigwerdens ausgeht und als typische (grundsätzlich) und erforderliche Maßnahme zur "Erfüllung" dieses Auftrages den VA ansieht.

128 Vgl.*Krause*, Rechtsformen des Verwaltungshandelns, S. 53 f.: "auch die "Zweistufentheorie" gehe - i.w.S. - davon aus, daß die Verpflichtung nichts über die Rechtsform der Erfüllung aussage,...". Unbestreitbar könne eine Handlung zugleich Rechtsfolgen im öffentlichen Recht wie auch im privaten Recht herbeiführen, insbesondere sei die Auszahlung von Geldern auf ö.r. Grundlage keine hoheitliche Tätigkeit.

129 Vgl. FG München v. 26.01.1989 - 3 V 4956/88, EFG 1989, 212.

mindestens auch - für den Erklärenden selbst begründet, da sie Ausfluß des fundamentalen, der Privatrechtsordnung zugrunde liegenden Prinzips ist, daß niemandem eine Verpflichtungsmacht über seine Rechtsgenossen zuzugestehen ist.
Gerade im Steuerrecht eröffnet der Gesetzgeber der Finanzverwaltung im Hinblick auf eine effektive Haushaltsführung Regelungsprivilegien im Subordinationsverhältnis zur Steuerbeitreibung.

aa) Steuerfestsetzung mit der Möglichkeit der Vollstreckung

Steuerfestsetzung als formalisierte Dokumentation des ex lege entstandenen Steueranspruches und die hieran anknüpfende Möglichkeit der Verwaltungsvollstreckung dokumentieren die staatlichen Privilegien der Hoheitsgewalt i.S. des Vorrechts der Selbsttitulierung und Selbstvollstreckung[130]. Der Steuerbescheid ist hinsichtlich der Bestimmung des ex lege entstandenen Steueranspruches in Grund und Höhe[131] feststellender VA, hinsichtlich seiner Eigenschaft als Grundlage für die Anspruchsverwirklichung (§ 218 I AO) und für die Vollstreckung[132] verfügender VA[133].

Bei den sog. Veranlagungssteuern wirkt die Festsetzung obligatorisch auch im Sinne eines materiell-rechtlichen Forderns und Behaltendürfens, d.h. unabhängig vom tatbestandlich kraft Gesetzes entstandenen Anspruches (causa legis) entscheidet allein der Erlaß des finanzbehördlichen Steuerbescheides in verfahrensrechtlicher Rechtsgrundeigenschaftsbegründung. Ähnliches gilt in Anbetracht der Wirksamkeit und Bestandskraftfähigkeit des VA auch für den Steuerpflichtigen. Gegen den - wirksamen - existenten Steuerbescheid ist ihm formal-rechtlich grundsätzlich die Berufung auf die materielle Rechtslage verwehrt.

D.h. die Bestandskraft eines existenten VA hindert einerseits - ggf. zu Lasten des Steuerpflichtigen (sine causa legis) - die Geltendmachung der materiellen Rechtslage, die mangelnde Existenz eines solchen versperrt der Behörde aber andererseits den endgültigen Zugriff und das Behaltendürfen auf den Anspruch entsprechend des materiellen Rechtsgrundes (trotz causa legis).

Die Geltendmachung des Steueranspruches in hoheitlichem Gewande zwingt das Finanzamt damit zwar aus rechtsstaatlichen Gründen (Klarstellung, Berechenbarkeit, Voraussehbarkeit) in streng formalistische Schranken, die ihm insoweit den unmittelbaren Rückgriff auf die "causa legis" versperren, andererseits aber den Steuerpflichtigen im Rahmen der von dem Finanzamt erfüllten Formalien an deren verfahrensrechtliche Wirksamkeit binden[134].

---

130 S.o. 1. Teil C, II, S. 21 ff.

131 Ausdruck des Vorbehalts des Gesetzes, der Gesetzmäßigkeit der Besteuerung.

132 Vollstreckungstitel (§§ 249 ff. AO); vgl. die Überschrift des § 251 AO und § 257 I Nr.2 "...aus dem vollstreckt wird."

133 Vgl. *Pietzner*, VerwA 76 (1985), 87 [95 f.]: "insgesamt jedoch verfügender VA, da insoweit eine einheitliche Verfügung nicht auftrennbar ist".

134 Dagegen orientieren sich gleichgeordnete Gestaltungsbefugnisse hinsichtlich ihrer endgültigen Wirksamkeit allein an der materiellen Rechtslage: im Zivilrecht tritt die Aufrechnungswirkung des § 389 BGB erst endgültig mit Bejahung der materiell-rechtlichen Voraussetzungen ein. RG v. 09.12.1912 - V 203/12, RGZ 80, 371 [375]; vgl. auch *Ehlers*, NVwZ 1983, 446 [449] m.w.N., *ders.*, JuS 1990, 777 [778 f.]; *Martens*, StuW 1974, 155 [160]; BFH v. 17.09.1987 - VII R 50-51/86, BStBl. II 1988, 366 = BFHE 151, 304; v. 14.03.1990 - I S 5/89, BFH/NV 1991, 172; der BFH v.18.07.1989 - VII R 46/86, BFH/NV 1991, 69 [70] nimmt ebenfalls die Unwirksamkeit der Aufrechnung - trotz bestandskräftiger wenn auch formfehlerhafter VA-Aufrechnungserklärung, d.h.unabhängig von etwaig bestandskräftig gewordenen Feststellungen - allein aufgrund mangelnder materieller Voraussetzungen an.

Die tatsächliche Realisierung der durch Festsetzung geschaffenen Rechtsgrundlage erfolgt - nach Scheitern der Erhebung durch Aufforderung im Leistungsgebot (§ 254 I 1 AO) - im ebenfalls hoheitlichen, d.h.im einseitig zwangsweise ausgestalteten Vollstreckungsverfahren.

Die Wahl der einseitig hoheitlichen Selbsttitulierung- und -vollstreckungsalternative durch das Finanzamt führt somit zwar zur Durchsetzung des finanzbehördlichen (Steuer-)Anspruches. Jedoch bleibt auf diese Art und Weise die "Gegenforderung" des Steuerpflichtigen auf der Strecke, d.h. eine wirtschaftlich vorzugswürdige Verrechnung kommt nicht mehr in Betracht. Jeder Gläubiber kann seine Forderung nur ohne Rücksicht auf die Gegenforderung des anderen geltend machen, was in letzter Konsequenz jeweils bis zur Vollstreckung in das Vermögen des anderen führen kann, u.U. um das "Erlangte" sogleich wieder an den anderen herausgeben zu müssen.

Resumee:

Die Steuerfestsetzung und Verwaltungsvollstreckung ist

- streng formalisiert (vgl.u.a. § 3 II Nr.1 VwVG) und
- bietet - endgültige - Rechtsgewähr durch verfahrensrechtliche Bestandskraft;
- sie bewirkt keine von Gesetzes wegen eintretende Rechtsgestaltung, sondern ist als 2-/3-stufiger Akt ausgestaltet; sie benötigt - anders als bei der Aufrechnung - zur Realisierung die Mittel des Verwaltungszwanges und damit auch einen Vollstreckungstitel (VA).
- Vollstreckungskosten und ein realer Zwangseingriff mit eventuellem Wertverlust sind ihre Konsequenzen.
- Dagegen setzt die Aufrechnung - jedenfalls des Staates - aus vollstreckungsrechtlichen Gründen weder einen unanfechtbaren noch einen für sofort vollziehbar erklärten oder von Gesetzes wegen sofort vollziehbaren Leistungsbescheid voraus.

bb) Der Abrechnungsbescheid

(1) Historische Entwicklung im System einer steuerrechtlichen Forderungseinbringung

Der "Abrechnungsbescheid"[135] komplettierte bei seiner erstmaligen gesetzlichen Normierung im Jahre 1930 durch die Notverordnung des Reichspräsidenten vom 01.12.1930[136] gem. § 103 a RAO (= § 125 RAO 1931 = § 218 II AO 1977) den präventiven Rechtsschutz im Vorfeld der Vollstreckung[137], indem er bei Meinungsverscheidenheiten zwischen Finanzbehörde und Steuerpflichtigem

---

135 Nicht zu verwechseln mit der "Anrechnungsverfügung" des FA (Verrechnung vgl. § 52 SGB I, § 28 SGB IV), die aus Zweckmäßigkeitsgründen mit der Steuerfestsetzung verbunden werden kann, aber als finanzbehördliche Maßnahme bereits zum Steuererhebungsverfahren gehört, und die z.B. in der Anrechnung geleisteter Vorauszahlungen auf die festgesetzte Einkommenssteuerschuld liegt und unabhängig von etwaigen Streitigkeiten über die Verwirklichung von Ansprüchen aus dem Steuerschuldverhältnis erfolgt, vgl. BFH v. 12.06.1986 - VII R 103/83, BStBl. II 1986, 702 = BFHE 147, 1 ff. m.w.N. und v. 16.10.1986 - VII R 159/83, BStBl. II 1987, 405 = BFHE 148, 4.

136 Art. 1 Nr. 27, 53 des Kap. IV des 3. Teils der VO zur Sicherung von Wirtschaft und Finanzen vom 01.12.1930, RGBl. I S. 517 [554], aufgrund der vom RFH v. 15.03.1928 - VI A 627/27, RFHE 23, 191 entwickelten Grundsätze.

137 Als "zusätzlicher Rechtsbehelf", vgl. *Tipke/Kruse*, § 218 AO Tz. 4; *Söhn*, StRK-Anm. AO 1977, § 191 R. 3 (S. 6); BFH v. 16.10.1953 - III 145/52 U, BStBl. III 1953, 373 = BFHE 58, 215; FG Berlin v. 01.11.1968 - III

[Fortsetzung nächste Seite]

über das Erlöschen bzw. Fortbestehen einer Zahlungsverpflichtung, z.B. durch Aufrechnung (§ 47 AO), die Möglichkeit eines schriftlichen Bescheides eröffnete[138] und hiergegen Rechtsschutz im Rechtsmittelverfahren zuließ (§ 223 Nr.5 = § 235 Nr. 5 RAO 1931) und so eine - abweichende - Geltendmachung schon vor Entrichtung/Beitreibung der Steuer ermöglichte. Vor der Einführung dieses verfahrensrechtlich dem Erhebungsverfahren zuzuordnenden Abrechnungsbescheides konnte der Steuerpflichtige nämlich nur im selbständigen Erstattungsverfahren (§§ 150 ff. RAO 1931 = §§ 127 ff. RAO 1919) zu einer bindenden Entscheidung kommen, d.h. er wurde gezwungen, den streitigen Betrag zunächst einzuzahlen, um überhaupt einen Erstattungsanspruch geltend machen zu können ("Zahle zunächst, dann erst liquidiere"). Nunmehr besteht für ihn die Möglichkeit, mit Hilfe des Abrechnungsverfahrens[139] auch ohne - vorherige - Zahlung eine verbindliche, mit Rechtsmitteln angreifbare Entscheidung über seinen "Kontostand" bei der Finanzbehörde herbeizuführen.
Vor der Neufassung der Abrechnungsbescheidsregelung in § 218 II AO 1977 (= § 199 III EAO 1974)[140] konnte die Frage des "Erlöschens" von Steueransprüchen verbindlich-hoheitlich nur alternativ im Wege des Abrechnungsverfahrens nach § 125 RAO oder im Wege des Erstattungsverfahrens nach den §§ 150 ff. RAO (falls bereits eine Zahlung des Steuerpflichtigen erfolgt war) geklärt werden. Der Steuerpflichtige mußte sich für eine der beiden Möglichkeiten entscheiden, ein zweigleisiges Verfahren war unzulässig[141]. Der Erstattungsanspruch ging jedoch nicht verloren, wenn der Steuerpflichtige einen Bescheid nach Abs. II 1 nicht verlangt hatte.

(2) Hoheitlich bindende Regelungsbefugnis im Abrechnungsbescheid

(a) für das Finanzamt

Erst auf die aus dem Abrechnungsverfahren resultierende Verwaltungsentscheidung des Finanzamtes erging im Anschluß eine - endgültige - gerichtliche Klärung[142]. Die AO 1977 sieht die Geltendmachung eines Erstattungsanspruches in einem gesetzlich besonders geregelten Verfahren nicht mehr vor, weil stattdessen die allgemeinen Regeln über die Anspruchsverwirklichung gem. §§ 37 II, 218 I AO Anwendung finden.
§ 218 II AO ermöglicht grundsätzlich eine finanzbehördliche Entscheidung "über Streitigkeiten, die die Verwirklichung der Ansprüche aus dem Steuerschuldverhältnis betreffen"[143], d.h. über die Fragen, ob, inwieweit, wodurch bzw. aus welchem Grunde eine bestimmte Forderung erloschen ist.

619/67, EFG 1969, 208 [209].

138 Nunmehr gem. § 218 II AO von Amts wegen bzw. auf Antrag zu erteilen, während die alte Regelung des § 125 RAO einen solchen Bescheid nur auf Antrag des Steuerpflichtigen zuließ.

139 Allerdings nicht während des noch schwebenden Abrechnungsverfahrens unter der Geltung der alten RAO - hier trat keine - vorläufig vollstreckungshindernde - Wirkung ein, sondern es bestand nur die Möglichkeit einer Vollstrekkungsaussetzung im Rahmen einer finanzbehördlichen Ermessensentscheidung (§ 57 BeitrO); ansonsten (bei Ablehnung und Vollstreckung oder Zahlung) ging das Abrechnungsverfahren ins Erstattungsverfahren über, RFH v. 03.05.1933 - IV A 289/32; RFHE 33,145 [152]; BFH v. 06.10.1954 - II 176/52 U, BStBl. III 1954, 375 [376] = BFHE 59, 432; *v.Wallis*, in Hübschmann/Hepp/ Spitaler, vor § 218 AO Anm. 21; *Schenk*, StuW 1969, 707.

140 EAO 1974, aaO, BT-Drucks. 7/79.

141 BFH v. 27.10.1972 - VI R 310/68, BStBl. II 1973, 89 [90] = BFHE 107, 272.

142 BFH v.12.06.1986 - VII R 103/83, BStBl. II 1986, 702 [703] = BFHE 147, 1 ff. m.w.N.; *Söhn*, StRK-Anm. AO 1977, § 226 R. 4 m.w.N.

143 BFH v. 15.03.1979 - IV R 174/78, BStBl. II 1979, 429 [430] = BFHE 127, 311; *Kühn/Kutter/Hofmann*, § 218 AO Anm. 4; *Baumdicker*, DStZ 1982, 188; insbesondere *Pietzner*, VerwA 76 (1985), 87 [103 f.] Fn. 85 : "feststellender VA, mit nachfolgender Rechtsschutzmöglichkeit der Verpflichtungsklage auf eine dem Steuerpflichtigen günstigere Feststellung bei im Abrechnungsbescheid verbleibender (festgestellter) Restschuld".

Gegenstand des Abrechnungsbescheides nach § 218 II AO ist - thematisch begrenzt - grundsätzlich nur der Fortbestand der Zahlungsverpflichtung, während die Entscheidung über das Entstehen des Steueranspruches[144] allein dem Steuerbescheid und den hieran anknüpfenden Rechtsmittelverfahren vorbehalten ist. Der Abrechnungsbescheid selbst betrifft damit nur Entscheidungen hinsichtlich des Erhebungsverfahrens[145]. Das bedeutet für die finanzbehördliche Geltendmachung eines Steueranspruches gegenüber dem Steuerpflichtigen, daß für die Anspruchsverwirklichung nicht allein auf den Erlaß eines Abrechnungsbescheides zurückgegriffen werden kann (und darf). Die Entstehung des Anspruches und dessen Manifestation ist grundsätzlich allein dem Festsetzungsverfahren vorbehalten. Nur eine bereits festgesetzte Steuerforderung des Finanzamtes kann im Rahmen eines Abrechnungsbescheidverfahrens nach § 218 II AO vom Finanzamt als Aufrechnungsforderung i.S. einer Verteidigungseinrede dem - eventuell streitigen - Erstattungsanspruch des Steuerpflichtigen entgegengesetzt werden[146]. Zwar räumt die Entscheidungsbefugnis des § 218 II AO dem Finanzamt auch eine hoheitliche Regelungsbefugnis ein. Sie besteht jedoch grundsätzlich nicht in einer hoheitlichen Forderungsfestsetzung (vgl. § 218 I AO), sondern vielmehr in der finanzbehördlichen Regelung eines bereits bestehenden aber streitigen Steuerschuldverhältnisses und zwar lediglich hinsichtlich des Anspruchfortbestandes bzw. dessen Erlöschens[147]. Damit ist andererseits aber bereits auch der Rahmen der hoheitlichen Regelungsmöglichkeiten des Finanzamtes vom Gesetzgeber vorgegeben: zunächst die hoheitliche Steuerfestsetzung im Festsetzungs-/Veranlagungsverfahren, die das Entstehen/den Bestand der Steuerforderung klärt, zum anderen auf der "nächsten Verfahrensstufe" die Realisierung im Erhebungsverfahren i.S. eines "Feststellens" des Fortbestehens oder Erlöschens des Anspruches durch hoheitlichen Abrechnungsbescheid. Mit dieser gesetzgeberischen Verfahrenstrennung und der eindeutigen Zuordnung hoheitlicher Regelungsfunktionen korrespondiert auch die bislang vom BFH immer wieder vertretene Ansicht[148], daß "hoheitliche Regelungen der Frage des Erlöschens von Steuerschulden nur ("zwingend") mittels Abrechnungsbescheid zu erfolgen haben". Damit wird auch vom BFH - zumindestens konkludent - eine anderweitige hoheitliche Erlöschensverfügung, z.B. aufgrund Aufrechnung des Finanzamtes, ausgeschlossen.

(b) Verfahrensrechtliche Bedeutung des Abrechnungsbescheides speziell für den Steuerpflichtigen

Für den Steuerpflichtigen eröffnet § 218 II AO nicht zwingend und damit ausschließlich die Möglich-

---

144 Ausn.: Entstehen und Höhe von Säumniszuschlägen (§§ 240, 38 AO), vgl. BFH v. 15.03.1979, aaO, Fn. 143.

145 FG Köln v. 27.01.1988 - 6 K 257/83, EFG 1988, 344.

146 Unzutreffend ist insoweit die Kommentierung von *Kühn/Kutter/Hofmann*, § 226 AO Anm. 3 c, daß im außergerichtlichen Rechtsbehelfsverfahren (hier im Abrechnungsbescheidsverfahren) oder im Steuerprozeß nicht aufgerechnet werden dürfe, denn der Steuergläubiger kann nach Festsetzung seines Steueranspruches aufrechnen. Eine andere Frage ist dann allerdings die Auswirkung einer solchen Aufrechnung außerhalb des Erhebungsverfahrens z.B. ob ein Festsetzungs- oder Rechtsbehelfsverfahren trotz Aufrechnung durchzuführen ist.

147 Ausn.: Erstattungsbescheide entsprechend § 218 II AO: Erstattungsansprüche infolge Über-/Doppelzahlung, fehlgeleiteter Zahlung oder Aufhebung unzulässiger Vollstreckungsmaßnahmen können zwar vom Schuldner ohne vorherige Festsetzung erfüllt werden, jedoch nur bei vorheriger Festsetzung realisiert(d.h. durchgesetzt) werden; insoweit ist § 218 I 1 AO unvollständig. Entsprechend § 218 II bedarf auch nach der AO 1977 der Erstattungsanspruch noch der Festsetzung durch VA.

148 BFH v. 06.10.1954 - II 176/52 U, BStBl. III 1954, 375 = BFHE 59, 432; v. 27.10.1972 - VI R 319/68, BStBl. II 1973, 89 = BFHE 107, 272; v. 21.01.1977 - III R 125/73, BStBl. II 1977, 396 = BFHE 121, 284; v. 12.06.1986 - VII R 103/85, BStBl. II 1986, 702 = BFHE 147, 1. Ebenso: *Söhn*, StRK-Anm. AO 1977, § 226 R.4; *Hundt-Eßwein*, DStR 1987, 575 [578]; *Ebsen*, DÖV 1982, 389 [393] Fn. 36; *Frotscher*, in Schwarz, § 226 AO Anm.8; *Tipke/Kruse*, RAO, 7. Aufl., § 125 Tz. 1.

keit der Geltendmachung einer Aufrechnungseinrede; das gilt auch für die Überprüfung der Wirksamkeit einer Aufrechnungserklärung als Erlöschensgrund i.S.v. § 47 AO[149]. Ein Erlöschen des Steueranspruches ist vielmehr - präjudiziell - im gesamten Erhebungsverfahren zu berücksichtigen, etwa bei einer Stundungsfrage (§ 222 AO)[150] oder einem Erlaß (§ 227 AO) bzw. beim Erlaß des Leistungsgebotes (§ 254 I 1 AO; vgl. auch § 257 I Nr.3 AO[151]) als Maßnahme des Erhebungsverfahrens. Allerdings kann eine endgültige Klärung i.S. einer bestandskraftfähigen oder gerichtlichen Entscheidung nur im Wege des Abrechnungsverfahrens nach § 218 II AO (§ 125 RAO bzw. früher im Erstattungsverfahren nach §§ 150 ff. RAO) erfolgen[152].
Zugunsten des Steuerpflichtigen untersagt damit der das Erlöschen feststellende, mit Tatbestandswirkung ausgestattete VA-Abrechnungsbescheid des Finanzamtes bindend die weitere Vollstreckung[153], komplettiert durch die hieran angeknüpften Klagemöglichkeiten[154].

(3) Abrechnungsbescheid als "vollziehbarer VA" ?

Der Abrechnungsbescheid enthält zwar einerseits sowohl für den Adressaten als auch für die Finanzbehörde eine bindende Feststellung: die Vollstreckung darf über die festgestellten Beträge nicht hinausgehen[155]. Andererseits wird die Meinung vertreten[156], daß der Abrechnunsbescheid i.d.R. keinem vollziehbaren VA i.S.v. § 69 FGO bzw. § 361 II AO gleichzuordnen sei, weil Grundlage für die Verwirklichung von Steueransprüchen grundsätzlich nur die in § 218 I AO genannten Verwaltungsakte seien, zu denen der Abrechnungsbescheid nicht gehöre, so daß die Zahlung des Steuer-

---

149 Vgl. OFD Düsseldorf v. 13.03.1978 - S 0613 ASt 311 und AO-Kartei Baden-Württemberg § 218 Karte 1 - 01.01.1984: "Entscheidungen über die Verwirklichung von Ansprüchen aus dem Steuerschuldverhältnis", in: *Thiel/Steinwachs/Schiefer*, Die Veranlagung 1985/86 - Praktiker-Handbuch des Allgemeinen Steuer- und Verfahrensrechts, Anlagen 286 und 288.

150 Diese wird mit wirksamer Aufrechnung hinfällig, da über eine erloschene Forderung nicht mehr stundungsmäßig verfügt werden kann; BFH v. 06.10.1954 - II 176/52 U, BStBl. III 1954, 375 [376] = BFHE 59, 432 unter Hinweis auf § 33 IV 2 BeitrO. Teilweise eine **a.A.** vertritt hinsichtlich der Subsidiarität einer Feststellungsklage (§ 41 I FGO), wonach die Frage des Erlöschens der Steuerschuld "nur" im Wege des § 125 RAO (und nicht im gesamten Erhebungsverfahren) beachtet werden könne, der BFH v. 21.01.1977 - III R 125/73, BStBl. II 1977, 396 = BFHE 121, 284; ebenso bereits der BFH v. 29.11.1951 - III 38/50, DStR 1952, 63; BFH v. 27.10.1972 - VI R 319/68, BStBl. II 1973, 89 [90] = BFHE 107, 272: "Eingleisigkeit" der verbindlichen Entscheidung im Steuererhebungsverfahren.

151 Die Vollstreckung wird zwar durch die "Erlöschensfeststellung" im Abrechnungsbescheid nicht nach § 257 I Nr.3 AO automatisch einzustellen sein, aber der Abrechnungsbescheid dient zumindestens als Grundlage für den Nachweis des Vorliegens der Voraussetzungen des § 257 I Nr.2 bzw. Nr.3 AO. So auch die Ansicht von *Kraemer*, StB 1989, 147 [148] und *Pump*, DStR 1988,101 [103f.] unter Hinweis auf Abschn.11 Abs. II S.2 u. 3 VollstrA, BStBl.I 1980, 112 ff.

152 Sog."Eingleisigkeit" der Entscheidungs- und Rechtsmittelmöglichkeiten sowohl im Steuerfestsetzungs- als auch im Steuererhebungsverfahren (*BFH*).

153 Der BFH v. 13.01.1987 - VII B 74/86, BFH/NV 1987, 558, betont zu Recht, daß im Vollstreckungsverfahren kein Anspruch auf Erteilung eines Abrechnungsbescheides besteht, wenn der nunmehr behauptete Erstattungsanspruch des Steuerpflichtigen bereits durch einen Bescheid gem. § 218 I i.V.m § 37 I AO gewährt oder versagt worden ist.

154 "Funktionsgleichheit" mit der zivilprozessualen Vollstreckungsgegenklage, vgl. *Schenke*, StuW 1969, 707; *Pietzner*, VerwA 76 (1985), 87 [104]. Allerdings gab und gibt es keine dem § 767 ZPO vergleichbare Regelung in der AO 1977/RAO.

155 BFH v. 10.11.1987 - VII B 137/87, BStBl. II 1988, 43 = BFHE 151, 128.

156 *Tipke/Kruse*, § 218 AO Tz. 9; *Klein/Orlopp*, § 218 AO Anm. 3a; *Helsper*, in Koch, § 218 AO Tz. 19; FG München v. 18.10.1978 - III 113/78, EFG 1979, 161; FG Berlin v. 14.07.1980 - VII 919/80, EFG 1981, 328; *Müller*, Anm. zu BFH v. 13.10.1983 - VII R 146/82, DStZ 1984, 487 [488]; *Baumdicker*, DStZ 1982, 188 [189]; *Pump*, DStR 1988, 101 [103].

pflichtigen bzw. etwaige Vollstreckungsmaßnahmen der Steuerbehörde allein auf dem Steuerbescheid bzw. auf einer unmittelbar wirkenden Gesetzesvorschrift beruhten[157], selbst wenn im Anschluß hieran ein - ggf. noch abändernder und insoweit nunmehr bindender - Abrechnungsbescheid gem. § 218 II AO ergehe. Eine solche Negation des "Nichterlöschens" sei in keinerlei Weise vollziehbar, ein vollstreckbarer (neuer) Titel sei nicht erkennbar, vielmehr werde weiterhin aus der ursprünglichen Steuerbescheidsfestsetzung bzw. in unmittelbarer Gesetzesvollziehung vollstreckt. Zudem könne einem vorläufigen Rechtsschutzbegehren des Steuerpflichtigem nicht durch die Aussetzung der Vollziehung Rechnung getragen werden: da die Wirkung einer Aussetzung nicht weiter gehen könne als die Rückgängigmachung des VA (Abrechnungsbescheides) selbst und nicht etwa eine vorläufige Berücksichtigung eines nicht ergangenen Bescheides oder eines Bescheides mit anderem Inhalt ermöglicht werden könne, so daß in diesem Falle dem Steuerpflichtigen mit einer Vollziehungsaussetzung des Abrechnungsbescheides nicht gedient sei, da hierdurch die "alte" Streitigkeit nur wieder neu aufleben würde[158]. Die Ablehnung der Vollziehungsaussetzung des Abrechnungsbescheides gelte auch für einen Abrechnungsbescheid, der lediglich einen nicht festgesetzten Zahlungsanspruch kundtue, der allein aufgrund gesetzlicher Tatbestandsverwirklichung entstanden sei (vgl. § 218 I 1 HS. 2, § 38 AO - Säumniszuschläge - und der Erstattungsanspruch nach § 37 II AO), denn auch hier bleibe das Gesetz Grundlage für die Verwirklichung und der Abrechnungsbescheid trete nicht etwa an dessen Stelle[159].

Der *BFH*[160] ist nunmehr - abstellend auf die Begriffsbestimmung eines "vollziehbaren VA" - anderer Auffassung. Der im vorliegenden Entscheidungsfall hinsichtlich eines Teils des ursprünglichen Erstattungsanspruches des Steuerpfllichtigen negierende Abrechnungsbescheid wird als "der Aussetzung der Vollziehung fähiger VA" qualifiziert. Zu Recht bleibt eine generalisierende Antwort auf die Vollziehungsfähigkeit eines jeden Abrechnungsbescheides zweifelhaft[161], denn eine festgesetzte Steuer wird nur in dem Maße "vollziehbar" erhoben, in dem sie einen Geldzahlungsanspruch zur Folge hat, der fällig (§ 220) und ggf. vollstreckbar (§§ 249 ff., 259 ff.) wird[162]. Eine "Vollziehbarkeit" eines Abrechnungsbescheides wird jedenfalls dann bejaht, wenn in ihm das Bestehen eines Anspruches gegen den Steuerpflichtigen verbindlich festgestellt wird, denn allein in dieser festgestellten Höhe kann nunmehr seitens des Finanzamtes vollstreckt werden[163]. Dem steht im gegebenen Fall

---

157 Bereits vorhandene "Sollstellung" i.S. eines fälligen und vollstreckbaren Zahlungsanspruches.

158 FG München v. 18.10.1978, Fn. 156; *Müller*, aaO, Fn. 156.

159 Hier differenzieren das FG Berlin v.14.07.1980, aaO, Fn. 156 und *Kühn/Kutter/Hofmann*, § 218 AO Anm. 4 II: ausnahmsweise sei ein vollziehbarer VA auch bei einer Entscheidung gem. § 218 II AO gegeben, wenn bei gesetzlicher Tatbestandserfüllung ohne vorherige VA-Festsetzung des Zahlungsanspruches auch eine inzidente materiellrechtliche Entstehungsentscheidung im Abrechnungsstreitverfahren getroffen wurde.

160 BFH v. 17.04.1984 - VII S 15/83, UR 1985, 246; v. 10.11.1987 - VII B 137/87, BStBl. II 1988, 43 = BFHE 151, 128; ebenso *Dumke*, in Schwarz, § 218 AO Tz. 10; *Ziemer/Haarmann/Lohse/Beermann*, aaO, Tz. 4066; zweifelhaft FG Berlin v.17.10.1969 - III 29/69, EFG 1970, 131; differenzierend ebenfalls *Kraemer*, StB 1989, 147 [150]; *Schuhmann*, BB 1988, 739 [740] Fn. 17.

161 *Kraemer*, aaO, S. 150.

162 BFH v. 15.06.1982 - VIII B 138/81, BStBl. II 1982, 657 [659], der hier ebenfalls den im Gesetzgebungsverfahren zu § 199 EAO 1974 = § 218 AO 1977 (BT-Drucks. VI/1982, 54 f. [168]) zum Ausdruck gebrachten Grundsatz vertritt, daß Umstände, die zu einer Veränderung des festgesetzten Zahlungsanspruches führten, ohnehin zu berücksichtigen seien (vgl. Abs. I S. 3 des ursprünglichen Entwurfes). Er verneint die Vollziehungsaussetzung für "angerechnete" Lohnsteuerabzugsbeträge oder andere Vorleistungen noch mit der Begründung, daß Grundlage für die Verwirklichung allein der ursprüngliche Steuerbescheid (und das hierauf gründende Leistungsgebot) sei und dieser nur hinsichtlich seiner Abschlußzahlung (vgl. z.B. § 36 IV 1 EStG) zu vollziehen sei und auch nur insoweit eine Vollziehungsaussetzung in Frage käme, während hinsichtlich der zugestandenen Anrechnung kein "vollziehbarer Zahlungsanspruch" vorläge.

163 BFH v. 17.04.1984 - VII S 15/83, UR 1985, 246 [247].

auch nicht ein im Ergebnis positiv zugunsten des Steuerpflichtigen lautender Erstattungsbetrag im Abrechnungsbescheid entgegen, denn vom Erfolg her richtet sich das - vorläufige - Rechtsschutzbegehren gegen einen Bescheid, der sich nicht nur auf eine bloße Negation beschränkt, sondern der eine ursprünglich positive Regelung (teilweise[164]) aufhebt[165], indem er die vorher vom Finanzamt erklärte Aufrechnung bestätigt und damit den ursprünglichen Erstattungsbetrag des Steuerpflichtigen mindert[166], so daß auch die Anfechtungsklage als die in diesem Fall gegebene Hauptsacheklage anzusehen wäre. Insofern ist eine Aussetzung der Vollziehung dann zur Gewährleistung einstweiligen Rechtsschutzes auch beim Abrechnungsbescheid zulässig und notwendig, wenn der Abrechnungsbescheid - bindend - belastend in eine ursprünglich vorhandene Rechtsposition des Steuerpflichtigen eingreift und hinsichtlich dieses "Negativeingriffes" gegenüber dem Steuerpflichtigen auch "vollziehbar" ist. Vollziehbar ist er dann nicht in dem Sinne, daß etwas ("Finanzbefehl") positiv beim Steuerpflichtigen vollstreckt werden könnte, sondern in dem Sinne, daß die "Negativfeststellung" im Zusammenhang mit der ursprünglichen Festsetzung einen Anspruch bindend feststellt[167]. Hier ginge die Gewährleistung vorläufigen Rechtsschutzes auch nicht über die Rückgängigmachung des VA hinaus, sondern würde - unter vorläufiger Nichtbeachtung des das Aufrechnungserlöschen feststellenden Abrechnungsbescheides - den ursprünglich festgestellten, ungekürzten Erstattungsanspruch unter den Voraussetzungen des § 69 FGO bzw. § 361 AO einstweilen gewähren müssen, bis im gerichtlichen Verfahren gegen den Abrechnungsbescheid[168] dessen Rechtmäßigkeit und damit auch die Wirksamkeit der Aufrechnung geklärt worden ist. Hiermit verfolgt der Antragssteller daher kein weitergehendes Ziel, sondern wehrt sich nur gegen die Abänderung der Höhe der sich aus den Voranmeldungen ergebenden Erstattungsansprüche durch die feststellende Wirkung des Abrechnungsbescheides[169]. Wird damit eine vorher bestehende rechtliche Situation des Steuerpflichtigen durch den Abrechnungs-VA verschlechtert, d.h. hat er gegenüber dem Steuerpflichtigen eine bindend[170] belastende Wirkung, so rechtfertigt dies auch vorläufige Rechtsschutzgewährung für den Steuerpflichtigen nach § 69 FGO[171] bzw. § 361 II AO. Unklar ist insoweit die Kommentierung von *Klein/Orlopp*[172], der einerseits die Vollziehbarkeit eines Abrechnungsbescheides "i.d.R." ablehnt mit

---

164 Im gegebenen Fall war in den ursprünglichen Umsatzsteuerbescheiden gem. §§ 218 I 2, 168 AO ein jeweils um 5000 DM (der vom FA aufgerechnete Betrag) höherer Erstattungsbetrag festgesetzt worden.

165 Eine einstweilige Anordnung kommt dagegen in Betracht, wenn eine bisher nicht innegehabte Rechtsposition erstrebt wird.

166 Vgl. BFH v. 14.04.1987 - GrS 2/85, BStBl. II 1987, 637 [641] = BFHE 149, 493, im Fall der Aussetzung der Vollziehung bei einem negativen Gewinnfeststellungsbescheid und v. 10.11.1987 - VII B 137/87, BStBl. II 1988, 43 = BFHE 151, 128. Auch *List*, in Hübschmann/Hepp/Spitaler, § 69 FGO Anm.35, will bei Herabsetzung eines ursprünglichen Bescheides die insoweit neue belastende Wirkung durch die Vollziehungsaussetzung beseitigen und dadurch den ursprünglich günstigeren Bescheid vorläufig in Kraft belassen; *Pump*, DStR 1988, 101 [103] Fn. 51.

167 BFH v. 17.04.1984, aaO, Fn. 163; *Kraemer*, StB 1989, 147 [150].

168 Einspruch gem. § 348 I Nr.9 und Anfechtungsklage gem. § 40 I Alt.1 FGO.

169 Vgl. FG Rheinl.Pfalz v. 20.07.1972 - I 4 a/72, EFG 1973, 29 [30].

170 Insofern ist es unerheblich, wenn von den Vertretern der Gegenmeinung vorgetragen wird (vgl.*Tipke/Kruse*, § 218 AO Tz. 9), daß der Abrechnungsbescheid nicht an die Stelle der ursprünglichen und weiterbestehenden Verwirklichungsgrundlage des Bescheides nach § 218 I AO trete; entscheidend ist allein, daß der Inhalt des Abrechnungsbescheides in bindender Weise diese ursprüngliche Verwirklichungsgrundlage zwar nicht beseitigt aber - allein verbindlich für die Zukunft - "modifiziert" und damit belastend eingreift. Die Belastung ist Ausfluß des Abrechnungsbescheides i.V.m. der Verwirklichungsgrundlage nach § 218 I AO.

171 So BFH v. 10.11.1987, aaO, Fn. 166; v. 28.11.1974 - V B 52/73, BStBl. II 1975, 239 = BFHE 114, 169; v. 05.02.1976 - V B 73/75, BStBl. II 1976, 435; *Rönitz*, StB-Kongreß-Report 1978, S. 61, 64, 69; *Eyermann-Fröhler*, aaO, § 80 VwGO Anm.9; *Klemp*, DStR 1974, 443 [445]; *Kopp*, aaO, § 80 VwGO Rdn. 21.

172 *Klein/Orlopp*, § 218 AO Anm. 3 a.

der Begründung einer mangelnden Leistungsverpflichtung des Steuerpflichtigen[173], andererseits aber einen im Abrechnungsbescheid geminderten Erstattungsanspruch des Steuerpflichtigen[174] als einen vollziehbaren VA qualifiziert. Richtigerweise sollte man hinsichtlich der Vollziehungsaussetzung nicht allein auf einen positiv vollstreckbaren Zahlungsanspruch des Finanzamtes abstellen, sondern die Neufeststellung (i.S. einer bindend belastenden Abänderung der ursprünglichen Festsetzung/Gesetzesvollziehung) im Abrechnungsbescheid in ihrer Wirkung gegenüber dem ursprünglich vollziehbaren Bescheid/Tatbestand vergleichen und sich so unter Abwägung der Einzelumstände für die Gewährung vorläufigen Rechtsschutzes entscheiden.

Eine Aussetzung der Vollziehung bei belastend abändernden und insoweit für die Vollstreckung bindenden Abrechnungsbescheiden ist auch i.S. effektiven Rechtsschutzes im Vergleich zum ansonsten möglichen vorläufigen Rechtsschutz der einstweiligen Anordnung nach § 114 FGO[175] zu fordern. Sie ermöglicht für den Antragssteller vorläufigen Rechtsschutz unter wesentlich leichteren Voraussetzungen[176] und in praktisch wirksamer Weise. Zudem kann sie - nicht wie die einstweilige Anordnung - erst im finanzgerichtlichen Verfahren, sondern schon von den Finanzbehörden im außergerichtlichen Vorverfahren (§ 361 AO) verfügt werden.
Die vom *BFH* unter Hinweis auf im Schriftum vertretene Ansichten hinsichtlich einer vorläufigen Rechtsschutzgewährung nach § 114 FGO gegen eine finanzbehördlichen Aufrechnung[177] vorgebrachte Kritik scheint in Bezug auf die Beurteilung der Frage des vorläufigen Rechtsschutzes beim Abrechnungsbescheid des § 218 II AO etwas verfehlt. Die Zubilligung einer Vollziehungsaussetzung hängt zwar auch von der inhaltlichen (belastenden Neu-)Regelung des Abrechnungsbescheides ab. Hier steht jedoch allein die Maßnahme der Abrechnungsbescheidserteilung als "vollziehbarer VA" hinsichtlich der vorläufigen Rechtsschutzgewährung in Frage und nicht die insoweit isoliert zu betrachtende Aufrechnung[178] als eigene Maßnahme der Finanzbehörde. Nicht die Aufrechnung, sondern die hoheitlich bindende Feststellung des Abrechnungsbescheides soll im Rahmen der Aussetzung - vorläufig - beseitigt werden. Daß insoweit im Streitfalle auch die Aufrechnungswirkung - mittelbar - betroffen d.h. "ausgesetzt" wurde, war nur eine Sekundärfolge der Vollziehungsaussetzung des Abrechnungsbescheides und damit seiner inhaltlichen Regelungswirkung.

---

173 D.h. es fehlt ein positiv zu vollstreckender Zahlungsanspruch des FA bei saldomäßiger Betrachtung. Weitergehend noch *Tipke/Kruse*, § 218 AO Tz.9, der in dem "absprechenden Abrechnungsbescheid" grundsätzlich keinen vollziehbaren und damit auch keinen der Aussetzung der Vollziehung fähigen Inhalt sieht.

174 D.h. im Saldo besteht kein positiver Zahlungsanspruch des FA mehr.

175 Die Anwendung des § 114 FGO als Maßnahme des vorläufigen Rechtsschutzes wird von Vertretern der 1. Ansicht, s.o. Fn. 156, gefordert. Vgl. auch *Kraemer*, StB 1989, 147 [150]; FG Berlin v. 14.07.1980 - VII 919/80, EFG 1981, 328.

176 Ein Anordnungsgrund gem. § 114 I 2 FGO besteht nur ausnahmsweise, während die Vollziehung eines angefochtenen VA bereits dann auszusetzen ist, wenn ernstliche Zweifel an dessen Rechtmäßigkeit bestehen oder wenn die Vollziehung für den Betroffenen eine unbillige, nicht durch überwiegende öffentliche Interessen gebotene Härte zur Folge hätte, sofern in letzterem Falle der Rechtsbehelf nur nicht ohne jede Erfolgsaussicht ist, vgl. § 69 II FGO und BFH v. 24.06.1985 - GrS 1/84, BStBl. II 1985, 587 = BFHE 144, 124.

177 BFH v. 10.11.1987 - VII B 137/87 - BStBl. II 1988, 43 [45] = BFHE 151, 128 m.w.N.

178 Bei der Aufrechnungsmaßnahme des FA ist eine Aussetzung der Vollziehung allein schon bzgl. ihrer Rechtsnatur zu problematisieren, während sich der Abrechnungsbescheid unstreitig als hoheitliche VA-Regelung darstellt.

cc) Im Erstattungsverfahren nach der obrigkeitsstaatlichen Maxime des "Zahlens und Liquidierens" ?

(1) Ausgangslage

Die hoheitliche Regelungsbefugnis über den Weg des festsetzenden Steuerbescheides und der daran anschließenden Verwaltungsvollstreckung, die keine - präventive - Berücksichtigung einer verrechenbaren Gegenforderung des Steuerpflichtigen zuließ, bedingte eine Eröffnung der Geltendmachung dieser noch offenen Gegenforderung (z.B. als Erstattungsanspruch) des Bürgers bzw. des Finanzamtes im anschließenden gesonderten Erstattungsverfahren. Als spätere (letzte) Phase des Beitreibungsverfahrens hatte der aufrechnungsbefugte Steuerpflichtige erst dort die Möglichkeit, einen überbezahlten Betrag zurückzufordern. Nach § 300 II RAO 1919 = § 327 II RAO 1931 war ihm die Aufrechnungseinrede als rechtsvernichtender Einwand im Vollstreckungsverfahren ebenso wie im Festsetzungs- und Beitreibungsverfahren abgeschnitten. Er hatte - vorläufig - vorzuleisten[179] und wurde ggf. trotz rückwirkender Aufrechnungstilgung auf den "nachträglichen Rechtsschutz"[180] in Form des Erstattungsverfahrens beschränkt[181].

(2) AO 1977

Nunmehr gilt gem. § 257 I Nr.3 AO 1977[182], daß die Vollstreckung einzustellen ist, wenn und sobald der Anspruch auf Leistung erloschen ist, insbesondere darf nach Erfüllung kein Leistungsgebot (§ 254 I 1 AO) als Voraussetzung für den Beginn der Vollstreckung mehr ergehen.
Hat der Steuerpflichtige einen Steuererstattungsanspruch bzw. das Finanzamt eine Rückforderungsanspruch, so sind sie im steuerrechtlichen Verfahren nicht mehr - wie ehemals - auf deren Geltendmachung in einem gesonderten, selbständigen Erstattungsverfahren beschränkt, sondern diese Ansprüche können als festgesetzte und fällige Gegenforderungen des Berechtigten z.B. zur Aufrechnung gegen etwaig andere Forderungen verwendet werden. D.h. es besteht nunmehr nicht mehr die Notwendigkeit, neben den ursprünglichen Festsetzungs-, Erhebungs- und Vollstreckungsverfahren ein weiteres Erstattungs-/Rückforderungsverfahren aufrechtzuerhalten. Mit

179 Nur formelle Einwendungen gegen den einzelnen Vollstreckungsakt (§§ 300 II, 224, 281 f. RAO 1919 = §§ 327 II, 237, 303 f. RAO 1931) konnten geltend gemacht werden, mit materiellen Einwendungen war der Steuerpflichtige grundsätzlich auf das nachfolgende Erstattungsverfahren verwiesen. Gleichwohl eröffnete § 33 IV 4 BeitrO (später unter einschränkender Auslegung des § 327 II RAO 1931, vgl. *Schwarz*, in Hübschmann/Hepp/Spitaler, RAO/FGO, 1. - 6. Auflage 1951/74, § 327 RAO Anm. 2 b, 4 a) - quasi contra legem - eine Beschwerdemöglichkeit des Steuerpflichtigen gegen die Ablehnung seiner Aufrechnung durch das FA im Beitreibungsverfahren, die auch von der Praxis (vgl. RFH v. 01.03.1922 - III A 59/22, RFHE 9, 55; *Becker*, StuW 1924, 57 [62]; *Riewald*, in Becker-Riewald-Koch, RAO, Bd. I, § 103 Anm. 2, 3; Abschn. II Nr. 9 der Entschließung des BayStMF v. 03.12.1951, Abl. BayStMF 1957, 656 = BayBSVFin. S. 355; BFH v. 06.10.1954 - II 176/52 U, BStBl. III 1954, 375 [376] = BFHE 59, 432) generell zugelassen wurde.

180 Ein behaupteter Erstattungsanspruch (§ 129 RAO 1919 = § 152 RAO 1931) war beim FA geltend zu machen, welches durch Bescheid (§127 RAO 1919 = § 150 RAO 1931) entschied. Gegen diesen war gem. § 223 RAO 1919 = § 235 Nr. 4 RAO 1931 das ordentliche Rechtsmittelverfahren der §§ 217 Nr.1, 218 RAO 1919 = §§ 228 Nr.1, 229 RAO 1931 gegeben: der Einspruch beim FA, Berufung zum FG, Rechtsbeschwerde zum RFH. Mit Erlaß der FGO 1965 trat der Einspruch gem. § 229 Nr.7 RAO 1965 mit anschließender Verpflichtungsklage zum FG und Revision zum BFH (§§ 40, 115 FGO) an die Stelle des sog. Berufungsverfahrens.

181 *Pietzner*, VerwA 76 (1985), 87 [102 ff.] m.w.N.

182 Statt § 327 II RAO.

der Geltendmachung solcher Ansprüche bereits im Erhebungsverfahren und die hieran angehängten Rechtsbehelfsmöglichkeiten wird die ursprünglich allein obrigkeitsstaatlich orientierte zweiphasige Methode des "Duldens und Liquidierens" auf der Ebene des Erhebunsverfahrens durch eine wechselseitig bedingte "Verrechnungsmöglichkeit" ersetzt. Gerade im Steuerrecht, wo es häufig zu wechselseitig bedingten Ansprüchen der Beteiligten kommen kann, ist die "Ersetzung" des einseitig-nachträglichen Erstattungsverfahrens durch das zweiseitig - vorbeugende - Ver-/Abrechnungsverfahren auf der Ebene der Realisierung der Ansprüche praxis- und rechtsstaatsangemessen[183].

Auch die - frühere - scharfe Trennung zwischen Abrechnungs- und Erstattungsverfahren[184], die die zwei möglichen Alternativen der hoheitlich verbindlichen Klärung von Streitigkeiten über die Verwirklichung/Rückerstattung von Steueransprüchen darstellten, ist mit der AO 1977 beseitigt worden, denn ob gezahlt, zu viel/überbezahlt worden ist, ist im selben Verfahren nach § 218 II AO zu klären[185]. Allerdings wäre der Erlaß eines Abrechnungsbescheides gem. § 218 II AO - in Abgrenzung zu einem Erstattungs- oder Rückforderungsbescheid nach §§ 218 I, 37 AO - fehlerhaft, wenn bereits ein festsetzender Bescheid vorliegt (§ 218 I AO) und es lediglich um Einwendungen gegen den Anspruch selbst geht, denn hier besteht kein Bedarf für einen Abrechnungsbescheides mehr[186].

Resumee:

- Ein - gesondertes - Erstattungsverfahren besteht seit der AO 1977 nicht mehr.
- Erstattungs-/Rückforderungsansprüche sind bereits im Rahmen des Erhebungsverfahrens - z.B. als Aufrechnungseinwand bzw. ggf. im Zusammenhang mit dem Erlaß eines Abrechnungsbescheides - zu klären und zu realisieren.
- Die "Abschaffung" des nachträglichen Erstattungsverfahrens zugunsten einer vorverlagerten Klärung bereits im Erhebungsverfahren spricht für die Verdrängung einer - nur - einseitig obrigkeitsstaatlichen Maxime der Forderungsdurchsetzung.

b) Der "Verrechnungsvertrag"[187] in der AO 1977

Von der gesetzlich in der AO 1977 vorgesehenen Möglichkeit der einseitigen Aufrechnungserklärung gem. § 226 AO ist der zweiseitige Verrechnungsvertrag[188] zwischen der Finanzbehörde und dem Steuerpflichtigen zu unterscheiden[189].

---

183 Die Garantie des effektiven Rechtsschutzes muß dem Bürger auch die Möglichkeit einräumen, vor Vollstreckung seine - ggf. materiell-rechtlichen - Einwendungen geltend machen zu können und nicht nach Schaffung "vollendeter Tatsachen" auf eine nachträgliche - u.U. zweifelhafte - Erstattung verwiesen zu werden, vgl. *Pietzner*, VerwA 76 (1985), 87 [102] Fn. 71.

184 S.o. 2. Teil B. II.1. a) bb), S. 60 ff.

185 Entweder erstmalige Festsetzung des Erstattungsanspruches entsprechend § 218 II (i.S. von § 218 I AO als Realisierungsgrundlage) oder Klärung eines bereits gem. §§ 218 I, 37 AO festgesetzten Erstattungsanspruches im Rahmen einer Streitigkeit über die Verwirklichung (Erlöschen, Fortbestehen) von Steueransprüchen, z.B. nach Geltendmachung als Aufrechnungsforderung.

186 *Pump*, DStZ 1988, 280; BFH v. 13.01.1987 - VII B 74/86, BFH/NV 1987, 558.

187 Im Zivilrecht wird er häufig auch als "Abrechnungsvertrag" bezeichnet.

188 Ein ö.r. Verrechnungsvertrag liegt vor, wenn einer der beiden Ansprüche ö.r. Natur ist, *Tipke/Kruse*, § 226 AO Tz. 26.

189 *Pump*, DStR 1987, 616 [619] und Inf. 1992, 457 ff. erörtert als weitere Möglichkeit im zweiseitigen Forderungsverrechnungsverhältnis zwischen FA und Steuerpflichtigem die sog. "Verrechnungsstundung" als Minus zum Verrechnungsvertrag und die allerdings zweifelhafte Zulässigkeit einer generellen Verrechnungsabrede. Vgl. Abschn.

[Fortsetzung nächste Seite]

Diese Möglichkeit der einvernehmlichen Forderungsverrechnung kommt zum Tragen, wenn die engeren Aufrechnunsvoraussetzungen, z.B. Fälligkeit der Gegenforderung, Erfüllbarkeit der Hauptforderung oder mangelnde Gegenseitigkeit[190] nicht gegeben sind.

aa) Zulässigkeit des "Verrechnungsvertrages" im Steuerrecht

Die Zulässigkeit des Verrechnungsvertrages speziell im Steuerrecht wird allgemein nicht bestritten[191], trotz der im Steuerrecht sehr zurückhaltenden Haltung hinsichtlich der Zulässigkeit von Verträgen und Vereinbarungen[192], um die öffentliche Finanzeintreibung möglichst nicht - i.S. einer "Parteienwillkür"[193] - zu gefährden. Grundsätzlich wird jeder Vergleich über öffentlich-rechtliche Forderungen als unerwünscht angesehen[194].
Diese Erwägungen treffen aber gerade hinsichtlich des "steuerrechtlichen Verrechnungsvertrages" nicht zu, da hier kein Rechtsverlust seitens des Finanzamtes eintritt, sondern - wie der *BFH* zu Recht betont[195] -, "verzichtet hier der Fiskus als Steuergläubiger nicht auf seinen Steueranspruch und der Steuerpflichtige bleibt bis zur Tilgung seiner Steuerschuld Steuerschuldner"[196]. Wie bei der Aufrechnung selbst sprechen Praktikabilitätsgründe und Erhöhung der Verwaltungseffiziens für die Handhabung solcher Verrechnungsvereinbarungen, insbesondere, um die ansonsten i.d.R. notwendige Vollstreckungstätigkeit der Finanzämter und das damit verbundene Risiko des Forderungsausfalles weitgehend zu vermeiden[197]. Der Zulässigkeit des Verrechnungsvertrages stehen auch nicht etwa hoheitsrechtliche Erwägungen entgegen, weil der Steuerfiskus hier keine Vereinbarung auf "ursprünglichem Hoheitsgebiet" trifft. Es geht hier nicht um die Festsetzung/Begründung von Steuerforderungen, sondern man einigt sich allein auf rechtlich gleichgeordneter Gestaltungsebene mit dem Bürger auf eine Art der Forderungstilung im wechselseitigen Verhältnis. Der Verrechnungsvertrag als vom Wesen her zweiseitige Regelung zwischen den Beteiligten ist von den Wirkungen her der Aufrechnung zwar gleichgestellt, durch seine Loslösung von den Aufrechnungsvoraussetzungen[198] und durch das alleinige Abstellen auf die Parteiendisposition aber gänzlich herausgelöst aus dem hoheitlichen (subordinationsrechtlichen) Steuerschuldverhältnis mit einseitig hoheitlicher Regelungsbefugnis des Steuerfiskus. Voraussetzungen und Grenzen, die charakteristisch für einen einseitigen Eingriff sind, verlieren weitgehend ihre Überzeugungskraft, wenn es gilt, Rechtsgeschäfte in beiderseitiger Interessenwahrnehmung zu gestalten. Daher sind auch einseitige Aufrechnungsverbote nicht anwendbar[199], denn die Mitwirkung der zur einseitigen Aufrechnung befugten Parteien hebt die Grenzen für die andere auf.

---

22 Abs. IV 1 VollstrA, der für die Vorrangigkeit der Aufrechnung unter den Voraussetzungen des § 226 AO eintritt.

190 BFH v. 13.10.1972 - III R 11/72, BStBl. II 1973, 66 = BFHE 107, 260; v. 18.02.1986 - VII R 8/81, BStBl. II 1986, 506 [509]; v. 18.07.1989 - VII R 46/86, BFH/NV 1991, 69 [70].

191 *Tipke/Kruse*, § 226 AO Tz. 26; *Plath*, in WK-Komm. AO, § 226 Erl.7; *v.Wallis*, in Hübschmann/Hepp/Spitaler, § 226 AO Anm.5; *Ehlers*, NVwZ 1983, 446 [450]; *Herbsleb*, aaO, S.48 ff., 50; BFH v. 21.03.1978 - VIII R 60/73, BStBl. II 1978, 606 [607] = BFHE 125, 326; v. 05.08.1986 - VII R 167/82, BStBl. II 1987, 8 = BFHE 147, 398.

192 *Schick*, Vergleiche und sonstige Vereinbarungen zwischen Staat und Bürger im Steuerrecht, S. 16.

193 Vorbehalt des Gesetzes; Grundsatz der Gleichmäßigkeit der Besteuerung.

194 Unter Hinweis auf die strengen tatbestandlichen Voraussetzungen des Erlasses gem. § 227 AO, der Stundung gem. § 222 AO und insbesondere des Vollstreckungsaufschubes gem. § 258 AO.

195 BFH v. 21.03.1978 - VIII R 60/73, BStBl. II 1978, 606 [607] = BFHE 125, 326.

196 Vgl. *Pump*, DStR 1987, 616 [617]: die Verrechnung sei lediglich Erfüllungsversuch i.S. des § 47 AO.

197 *Herbsleb*, aaO, S. 50 m.w.N.: als "normenkorrigierende Verträge" zur Umgehung von Aufrechnungshindernissen.

198 Vgl. *Herbsleb*, aaO, S. 49.

199 Ausn.: soweit sie Drittinteresse schützen, z.B. §§ 19 GmbHG, 66 AktG.

Diese am freien Verfügungsgrundsatz orientierte Gestaltungsmacht des Zivilrechts mag im öffentlichen Recht dort ihre Grenzen finden, wo es um die Gefährdung von am Gemeinwohl orientierter Interessen - hier die Sicherung des öffentlichen Haushaltes durch Steuereinnahmen - geht. Fraglich ist insofern, ob der Steuergläubiger, der zwar nach zutreffender BFH-Ansicht nicht auf seine Steuerforderungen verzichtet und damit auch keinen Rechtsverlust erleidet, auch wirksam auf die an sich steuergesetzlich vorgegebene besondere Aufrechnungsvoraussetzung verzichten kann, insbesondere auf das Vorliegen einer unstreitigen/rechtskräftig festgestellten Forderung des Steuerpflichtigen (§ 226 III AO). Dem Verrechnungsvertrag selbst kommt zwar nur Erlöschenswirkung zu, wenn die zu verrechnenden Forderungen rechtsgültig bestehen bzw. durch verfügungsberechtigte Parteien zur Verrechnung gestellt werden. Stellt sich aber nachträglich das Nichtbestehen der Steuerpflichtigenforderung heraus und wird hierdurch der Verrechnungsvertrag (rückwirkend) unwirksam[200], so kann u.U. die Realisierung der verbleibenden Steuerforderung für das Finanzamt erschwert werden bzw. erfolglos bleiben (z.B. Risiko des Forderungsausfalles im Konkurs). Auf der anderen Seite wäre die Anerkennung eines - einvernehmlichen - Verrechnungsvertrages sinnlos bzw. würde seine praktische Bedeutung weitgehend reduzieren, wenn man für diesen dieselben Voraussetzungen fordern würde wie für die gesetzlich vorgesehene einseitige Aufrechnung. Ist der Rahmen des Vertrages nicht weiter zu spannen als derjenige des einseitigen Gestaltungsrechtes, so blieben nur wenige Gründe übrig, die für einen Vertragsabschluß sprächen (z.B. Beweislastregelungen zur Eliminierung von Zweifelsfragen[201], bedingt/befristete Verrechnung[202], Modifizierung der einseitigen Aufrechnungswirkungen), insbesondere kann - entgegen § 226 III AO - der Abschluß eines Verrechnungsvertrages sinnvoll sein, weil dadurch dem Aufrechnenden der Beweis der die Gegenforderung begründenden Tatsachen erspart wird. Zudem handelt es sich bei der Verrechnungsvereinbarung um keine Aufgabe ("Verkauf") der finanzbehördlichen Hoheitsrechte durch Verzicht auf materiell-rechtlich bestehende Steuerforderungen oder durch "vertragliche" Steuerforderungsfestsetzung, denn die Verrechnungswirkung tritt materiell-rechtlich nur ein bei sich tatsächlich verrechenbar gegenüberstehenden Forderungen. Spätere Forderungsrealisierungsprobleme aufgrund einer möglichen Verzögerung der Forderungsdurchsetzung, z.B. im Konkurs des Steuerpflichtigen, weil man zunächst vorrangig an einer einvernehmlichen Forderungstilgung interessiert war, können nicht schon zu einer Verneinung der Verrechnungsvertragzulässigkeit führen.

Etwas anderes muß im Steuerrecht allerdings - entgegen der im Zivilrecht vertretenen Ansicht[203] - gelten, wenn die zu verrechnende Forderung des Steuerpflichtigen nicht durchsetzbar bzw. einredebehaftet ist. Das BFH-Urteil vom 18.02.1986[204] stellt allein auf die Verzichtbarkeit der einseitigen - materiell-rechtlichen - Aufrechnungsvoraussetzungen des § 387 BGB für den Verrechnungsvertrag im Steuerrecht ab. Auf diese kann auch der öffentliche Forderungsinhaber verzichten, da ihm damit seine Steuerforderung nicht verloren geht, sondern nur die Art der Tilung - "freier" (i.S.v. dispositiv) - gestaltet wird. Etwas anderes muß gelten bei dem Verzicht auf die Forderungsrealisierung selbst bzw. der voraussehbaren Uneinbringlichkeit, denn hier kann eine vertragliche Einigung auch seitens des Finanzamtes unter Hingabe seiner - z.Zt. durchsetzbaren - Steuerforderung nur i.S. eines finanzbehördlichen Rechtsverlustes gewertet werden, der im öffentlichen Recht nicht dispositiv ist, sondern an die strengen gesetzlichen Voraussetzungen z.B. des Erlasses (§ 227 AO) oder der Stundung

200 *V. Feldmann*, in: Münch.Komm., aaO, § 387 Rdn. 17.
201 RG v. 15.04.1920 - VI 401/20, Das Recht 1920 Nr. 2825.
202 RG v. 25.03.1931 - I 300/30, RGZ 132, 218 [221].
203 Vgl. *Gernhuber*, aaO, S. 300.
204 BFH v. 18.02.1986 - VII R 8/81, BStBl. II 1986, 506 [509].

(§ 222 AO) gebunden werden muß. Die Finanzbehörde kann nicht unter vertraglicher Einigung dem Steuerpflichtigen den Rang "vollwertiger" Forderungen einräumen.

bb) Zustandekommen und Wirkungen des "Verrechnungsvertrages"

Der Verrechnungsvertrag kommt durch eine Einigung der Beteiligten nach zivilrechtlichen Kriterien, insbesondere Fragen des Angebotes und der - u.U. ebenfalls konkludent[205] möglichen - Annahme des Angebots, der Vertretungsbefugnis und der Befreiung von § 181 BGB[206] zustande und muß von demjenigen, der sich hierauf beruft, bewiesen werden. Im wesentlichen sind auf den Verrechnungsvertrag die allgemeinen Vertragsgrundsätze des BGB[207] anwendbar, insbesondere auch die allgemeinen Auslegungsregeln der §§ 133, 157, 242 BGB[208].

Auch im Steuerrecht ist zwischen dem obligatorischen und dem verfügenden Verrechnungsvertrag zu unterscheiden[209]. Während der verfügende Verrechnungsvertrag selbst durch Verrechnung die Forderungen zum Erlöschen bringt, verschafft der obligatorische Verrechnungsvertrag der einen Seite nur eine Verrechnungs-/Aufrechnungsbefugnis, d.h. er begründet Gestaltungsbefugnisse, hat aber

---

205 Vgl. BFH v. 21.03.1978 - VIII R 60/73, BStBl. II 1978, 606 [607] = BFHE 125, 326: entsprechend §§ 133, 157, 242 BGB - der objektive Erklärungswert ist maßgebend, d.h. wie der Empfänger die Willenserklärung nach Treu und Glauben und nach der Verkehrsauffassung verstehen mußte (*Palandt*, aaO, § 133 Anm.4b Rdn. 8); BFH v. 18.02.1986, Fn. 204; v.05.08.1986 - VII R 167/82, BStBl. II 1987, 8 = BFHE 147, 398; FG Rheinland-Pfalz v. 13.03.1970 - III 117/69, EFG 1970, 405 [406] m.w.N.; *Plath*, in WK-Komm., § 226 AO Erl. 7. Z.B. stellen Kontoabrechnungen und Umbuchungen des FA rechtlich ein Angebot zum Abschluß eines Verrechnungsvertrages dar, das vom Steuerpflichtigen - z.B. konkludent in Form der Zahlung des Saldos - angenommen werden muß, da ansonsten die - einseitige - Umbuchung mangels Zustimmung als rechtlich wirkungslos rückgängig zu machen ist. Nach BFH v. 18.07.1989 - VII R 46/86, BFH/NV 1991, 69, ist im Schweigen des Steuerpflichtigen auf das Verrechnungsangebot des FA grundsätzlich noch keine Annahme zu sehen; der BFH v.18.02.1986, aaO, Fn.204, sieht die - konkludente - Einverständniserklärung (als Vertragsangebot) zum Verrechnungsvertrag in einem Stundungsantrag des Zessionars (als Neugläubiger) für Steuerschulden (Abschlußzahlungen) des Zedenten gegenüber dem FA bzgl. der vom FA ihm gegenüber später in Anrechnung gebrachten Gegenforderungen auf seinen - abgetretenen - Erstattungsanspruch an; kritische Anmerkung hierzu von *Martens*, StuW 1989,69 [70], der die Zulässigkeit des Verwaltungsvertrages allgemein im Steuerrecht nach Inkrafttreten der AO 1977 (diese hat im Unterschied zum späteren SGB X [v. 18.08.1980, BGBl.. I, 1469] den Teil über den ö.r. Vertrag entsprechend dem VwVfG [v. 25.05.1975, BGBl. I, 1253] weggelassen. *Klaus Vogel*, in FS f. Döllerer, S. 690 und *Jürgen Sontheimer*, aaO, S. 134 ff. ziehen aus dem Schweigen des Gesetzgebers zu Recht allerdings keine zwingenden Folgerungen i.S. einer Unanwendbarkeit) in Frage stellt und insbesondere die vom BFH angewandte - weite - Auslegungspraxis (Stundungsantrag als Vertragsangebot) unter dem Gesichtspunkt des Bestimmtheitserfordernisses kritisch würdigt; zudem sieht er Abgrenzungsprobleme zu einer insoweit "regelnden Aufrechnungsfeststellung durch VA".

206 BGH v. 27.03.1985 - VIII ZR 5/84, ZIP 1985, 745 [748]; BFH v. 05.03.1986 - VII B 146/85, BFH/NV 1987, 337; v. 11.12.1984 - VIII R 263/82, BStBl. II 1985, 278 [280] = BFHE 143, 1 bzgl. § 151 BGB.

207 Wie z.B. §§ 404, 406 BGB und § 267 BGB (vgl. auch §§ 120 II, 48 II, 192 AO), wenn mit Zustimmung des Gläubigers die Steuerschuld eines Dritten statt durch Zahlung durch Verrechnung mit (Erstattungs-)ansprüchen getilgt werden soll, BFH v. 13.06.1967 - II 157/63, BStBl. III 1967, 650 = BFHE 89, 394; 21.03.1978 - VIII R 60/73, BStBl. II 1978, 606 [607] = BFHE 125, 326; v. 05.04.1984 - V R 118/78, BStBl. II 1984, 418 = BFHE 140, 429; v. 18.02.1986, Fn. 207; *v.Wallis*, in Hübschmann/Hepp/Spitaler, § 226 AO Anm. 5.

208 Vgl. bei konkludentem Vertragsangebots- und -annahmeverhalten und zur Auslegung, ob die Verrechnungsverträge bedingt oder unbedingt geschlossen worden sind, BFH v. 13.10.72 - III R 11/72, BStBl. II 1973, 67 [68] = BFHE 107, 260; v. 18.02.1986, Fn. 204; v. 05.08.1986, Fn. 205; *v.Wallis*, in Hübschmann/Hepp/Spitaler, § 226 AO Anm. 5; *Klein/Orlopp*, § 226 AO Anm. 11.

209 BFH v. 11.12.1984 - VII R 263/82, BStBl. II 1985, 278 = BFHE 143, 1; *Frotscher*, in Schwarz, § 226 AO Anm. 7.

selbst keine gestaltende (schuldtilgende) Wirkung. Die Forderungen erlöschen erst, wenn der Berechtigte vom Verrechnungsvertrag Gebrauch macht, also insoweit die Aufrechnung erklärt[210].

Die Parteien des Verrechnungsvertrages sind i.d.R. das Finanzamt und der Forderungsinhaber, der ggf. unter den Voraussetzungen des § 267 BGB (entsprechend) die Steuerschuld eines Dritten tilgen kann, wenn das Finanzamt zustimmt.

Der Verrechnungsvertrag selbst[211] bedarf grundsätzlich keiner Form und ist vom formbedürftigen Abtretungsvertrag zu unterscheiden, der der Verschaffung der Verfügungsmacht über die Verrechnungsforderung dient. Für die wirksame Verrechnungsvereinbarung genügt es, wenn die Parteien über die zur Verrechnung gestellten Forderungen, die allerdings rechtsgültig sein müssen, verfügen können[212], d.h. es kann auch der Steuerschuldner im Rahmen einer Verrechnung mit der Forderung eines Dritten aufrechnen, ohne daß diese ihm vorher abgetreten worden ist[213], insbesondere, da der Verrechnungsvertrag das Erfordernis der Gegenseitigkeit nicht voraussetzt. Unwirksam (rückwirkend) ist der Verrechnungsvertrag allerdings, wenn eine der beiden Forderungen nicht besteht[214] bzw. später im Wege der Änderung der Steuerfestsetzung aufgehoben oder herabgesetzt wird[215]: mit Eintritt der auflösenden Bedingung entfällt die - zunächst angenommene - Erlöschenswirkung des Verrechnungsvertrages.

---

210 Verjährt z.B. die Gegenforderung bevor von der Aufrechnungsbefugnis Gebrauch gemacht werden konnte, so kommt die Verrechnung aufgrund obligatorischen Vertrages nicht mehr in Betracht, BFH v. 11.12.1984, Fn. 206. Zu unterscheiden vom Verrechnungsvertrag ist die Anrechnung, s.o. 2. Teil B. II. 1. a) bb), S. 60 ff. Fn. 135, als "deklaratorischer VA", *Helsper*, in Koch, § 218 AO Tz. 9.

211 Anders bei vorausgegangener Abtretung von Steuererstattungsansprüchen (vgl. § 46 I AO); hier kann der Schuldner (Zessionar) mit diesen abgetretenen Erstattungsansprüchen nur bei vorherigem formwirksamen Abtretungsvertrag gegenüber dem FA aufrechnen, die Zustimmung des Dritten (Forderungsinhaber) beseitigt nur das in seiner Person liegende Hindernis, der Gläubiger als Aufrechnungsempfänger braucht dies nicht zu dulden.

212 *Klein/Orlopp*, § 226 AO Anm.11;*Frotscher*, in Schwarz, § 226 AO Anm.7;*Palandt*, aaO, § 387 Anm.8 Rdn. 19 ff.; *Gernhuber*, aaO, S.299.

213 *Weber*, BGB-RGRK, aaO, § 387 Rdn. 3.

214 Weder dem Parteienwillen noch der steuerrechtlichen Gesetzesintention würde es entsprechen, eine bestehende gegen eine nicht bestehende Forderung aufzurechnen; in Frage kommt dann nur ein Schulderlaß oder eine Novation, wobei jedoch die tatbestandlichen Voraussetzungen z.B. des § 227 AO zu beachten sind.

215 Vgl. BFH v. 05.08.1986 - VII R 167/82, BStBl. II 1987, 8 [9] m.w.N. = BFHE 147, 398: ein Verrechnungsvertrag zur Umbuchung von Vorsteuerüberschüssen aus USt-Voranmeldungen (§§ 18 I UStG i.V.m. 168 AO) auf Steuerrückstände stehe kraft Gesetzes (als immmanente Bedingung eines jeden Verrechnungsvertrages) unter der auflösenden Bedingung (§ 158 II BGB), daß das verrechnete Guthaben aus der USt-Voranmeldung durch die Festsetzung der Jahressteuerschuld (§ 18 II UStG) bestätigt wird, d.h. wiederum, daß der Verrechnungsvertrag abhängig ist von der Existenz der zur Verrechnung gestellten Forderungen. *Söhn*, Steuerrechtliche Folgenbeseitigung durch Erstattung, S. 145, 147 m.w.N.. Kritisch zum BFH-Urteil äußert sich *Martens*, StuW 1989, 69 [70 f.], hinsichtlich der Entscheidung über die (Un-)Wirksamkeit eines Verrechnungsvertrages durch VA (§ 218 II AO) (ähnlich *Ehlers*, NVwZ 1983, 448 m.w.N. Fn. 33: die Behörde dürfe beispielsweise nicht mit einer Forderung aus einem ö.r. Vertrag aufrechnen, weil es unzulässig sei, vertragliche Forderungen mittels VA durchzusetzen; hierbei übersieht diese Meinung aber, daß auch privatrechtlich, d.h. einvernehmlich begründete Forderungen ö.r. - auch hoheitlich in VA-Form - geltend gemacht werden können. Verpflichtungsbegründung und Erfüllung derselben sind nicht "ein und dieselbe Sache") und zudem erneut (vgl. Fn.205) unter Hinweis auf seine Bedenken bzgl. des Bestimmtheitserfordernisses für einen Verrechnungsvertrag und die dadurch mögliche Gefährdung des Befriedigungseffektes. Zustimmung erfährt dagegen die vom BFH festgestellte und von den einschlägigen Normen (als "Akt der Rechtsanwendung", vgl. § 18 II UStG, i.S. einer ergänzenden Vertragsauslegung gewertete) abhängige Tilgungsregelung.

Bei Streit über die Wirksamkeit des Verrechnungsvertrages ist gem. § 218 II AO ebenfalls ein Abrechnungsbescheid zu erlassen, da es sich hierbei um "Streitigkeiten über das Erlöschen von Zahlungsansprüchen" i.S.v. § 47 AO handelt[216]. Der von *Martens*[217] geäußerten Kritik an der Wirksamkeitsklärung eines Verrechnungsvertrages durch finanzbehördlichen VA ist nicht zuzustimmen. Zwar sollte man grundsätzlich eine vertragliche Übereinkunft von hoheitlichen VA-Befugnissen einer Vertragspartei trennen. Jedoch geht es bei der VA-Entscheidung des Finanzamtes über den Verrechnungsvertrag nicht um eine - unzulässige - Vermischung von unterschiedlich strukturierten und daher nicht zu vermischenden Handlungsformen einer Ebene, sondern vielmehr um eine im steuerrechtlichen Verfahrensablauf speziell zur Streitentscheidung geschaffene VA-Befugnis des Finanzamtes in Folge einer vorangegangenen "Maßnahme", die sowohl tatsächlicher, schlichthoheitlicher oder hoheitlicher Natur gewesen sein kann. Die Befugnis einer - abschließenden - VA-Entscheidung des Finanzamtes ist nicht abhängig von einer ebenfalls vorausgegangenen VA-Regelung.

Resumee zur Zulässigkeit des steuerrechtlichen Verrechnungsvertrages:

- Er ist nur einvernehmlich möglich und folgt aufgrund der ebenfalls wechselseitigen Forderungsverknüpfung denselben wirtschaftlichen Praktikabilitätserwägungen wie die Aufrechnung selbst; er ist ausnahmsweise auch im Steuerrecht zulässig als Forderungstilgungsvereinbarung.
- Er ist sinnvoll, wenn die Aufrechnung mangels tatbestandlicher Gegebenheiten nicht möglich ist, vgl. §§ 168 AO, 153 III FGO, 226 III AO und zur Vermeidung - überflüssiger - Erstattungen.
- Er vermindert das Risiko des Steuerausfalles, z.B. im Konkurs des Steuerpflichtigen.
- Kritik[218] wird geäußert insbesondere hinsichtlich der generellen Verrechnungsabrede, da sie einen Verzicht auf klare kassenmäßige Vorgänge bedeute und die Transparenz staatlichen Verwaltungshandelns gefährde.
  Besser wäre daher eine ggf. großzügigere Praxis der Verrechnungsstundung.

c) Die Aufrechnungserklärung des Finanzamtes

Die Ausübung der finanzbehördlichen Aufrechnungsbefugnisse wirkt sich hinsichtlich ihrer - zulässigen - Formenwahl auch entscheidend auf die hieraus resultierende Gestaltungswirkung aus. Dies zwar nicht i.S. einer Wirksamkeit bzw. Nichtwirksamkeit aufgrund unzulässiger Formenwahl, da die materiell-rechtliche Aufrechnungswirkung grundsätzlich allein mit Vorliegen der gesetzlichen Tatbestandsmerkmale eintritt, jedoch unter dem Gesichtspunkt einer gewissen "formellen Verbindlichkeit" der hierdurch bewirkten Rechtsfolgen und der hieran anknüpfenden Rechtsbehelfsmöglichkeiten. Hinsichtlich einer Aufrechnungsgestaltungsbefugnis gilt es zu überprüfen, ob auch hier die Präponderanz des VA als "maßgebliche Handlungsform der Verwaltung" zu übernehmen ist oder ob es gerade im speziellen Fall der Gestaltung eines Rechtsverhältnisses möglich und notwendig ist, eine Differenzierung der verwaltungsrechtlichen Handlungsformen vorzunehmen.

---

216 *Baumdicker*, DStZ 1982, 188.
217 Fn. 205 und Fn. 215.
218 *Pump*, DStR 1987, 616 [620].

aa) Als Verwaltungsakt (VA)

(1) Fragestellung

Die Komplexität der Probleme hinsichtlich einer VA-Aufrechnungsform durch die Finanzbehörden zeigt sich in unterschiedlichsten Fragestellungen:

Kann oder muß die Finanzbehörde hoheitlich-regelnd aufrechnen oder aber ist ihr der hoheitsrechtliche Gestaltungsbereich im Rahmen einer VA-Aufrechnung sogar gänzlich - zugunsten einer schuldrechtsgeschäftlichen Willenserklärung - versperrt?
Wann kommt überhaupt nur eine VA-Formenwahl der finanzbehördlichen Aufrechnungserklärung in Betracht, und was geschieht, wenn das Finanzamt - entgegen der gesetzlichen Zulässigkeit - die VA-Form wählt und so den Bürger vor "vollendete" Tatsachen stellt ("Formverwaltungsakt"[219])?
Besteht die Möglichkeit unterschiedlicher "Regelungsstufen" bzw. "Mischformen"/"Einheitsregelung"?
Wie ist die Aufrechnungslage als "Element" des umfassenden "Steuerschuldverhältnis" einzuordnen ?

Der Steuerrechts-VA (vgl.§ 118 S. 1 AO[220]) stellt sich in Abgrenzung zu anderen Handlungsformen der Verwaltung, insbesondere den Realakten und sonstigen rechtsgeschäftlichen Erklärungen[221], als rechtsverbindliche Willensäußerung der Finanzbehörde dar, die unmittelbar eine rechtliche Wirkung im Bereich des öffentlichen Rechts herbeiführt[222].

(2) Funktionen und Zweckbestimmung des VA

Die Frage nach der Zulässigkeit und Wirksamkeit der inhaltlichen Gestaltungsform durch VA der Behörde wird verständlicher, wenn man sich die Bedeutung des VA, seine "Funktionen"[223] verdeut-

---

219 D.h. solche VAe, die sich nach dem in ihrer Form zum Ausdruck gebrachten Willen der Behörde als VAe darstellen, vgl. *Wolff/Bachof*, Verwaltungsrecht I, § 47 VII a. A.A.: *Obermayer*, Anm. zu BVerwG v. 07.03.1958 - VII C 8/57, NJW 1958, 1107 f., der dem Grundsatz "falsa demonstratio non nocet" auch bei der Klassifikation einer Verwaltungshandlung den Vorzug vor einer rein formalistisch orientierten Betrachtungsweise geben will, mit der Folge, daß z.B. der erweckte Anschein eines VA irrelevant ist, wenn es sich um eine im Verhältnis der Gleichordnung abgegebene Willenserklärung handelt. *Ehlers*, NVwZ 1983, 446 [450].

220 Entsprechend § 35 S.1 VwVfG, § 31 X 1 SGB.

221 Denn es sind anerkanntermaßen nicht grundsätzlich alle ö.r. Amtshandlungen als VA zu qualifizieren, vielmehr ist das Bejahen des Vorliegens eines VA in seiner argumentativen Variationsbreite durch die Tatbestandsmerkmale der gesetzlichen Definition des § 118 S.1 AO reduziert; vgl. *Wolff/ Bachof*, Bd. I, § 45 II (S.364 ff.).

222 Vgl. auch die Definition bei *Wolff/Bachof*, Verwaltungsrecht I, § 46 I c (S.372): "Der *VA* stellt sich als jede von einem Subjekt öffentlicher Verwaltung getroffene verwaltungsrechtliche Maßnahme zur einseitigen, verbindlichen Regelung eines Einzelfalles dar, durch welche eine/mehrere Personen unmittelbar betroffen werden oder eine Sache rechtlich qualifiziert oder zugeordnet wird". *Tipke/Kruse*, § 118 AO Tz. 1.

223 Vgl.*Gräber/v.Groll*, vor § 40 FGO Rdn.1 ff.; *Löwer*, JuS 1980,805 f.; *Schmalz/ Hofmann*, Allgemeines Verwaltungsrecht Teil 1, S. 98: Gesetzesvollzugs- und Konkretisierungsfunktion, Bestandskraftfunktion, verfahrensrechtliche Funktion, Akzeptanzfunktion, prozeßrechtliche Funktion, vollstreckungsrechtliche Funktion; *J. Martens*, Die Praxis des Verwaltungsverfahrens, S. 162 ff.: Konkretisierungs-/Individualisierungsfunktion, Titelfunktion, Verwaltungsverfahrensfunktion und Prozeßrechtsfunktion. Unter Betrachtung dieser dem VA immanenten Funktionen ist die Aufrechnungsausübung zu analysieren und zu fragen, ob sie dieser Wesenselemente (notwendigerweise) bedarf bzw. ob die Wahrnehmung dieser Funktionen durch die VA-Formenwahl nicht sogar eine "Doppellung der Rechtsfolgengestaltung" bedeuten würde; vgl. auch *Krause*, Rechtsformen des Verwaltungshandelns, S. 137 ff.

licht, d.h. sich fragt, was "aktuell und potentiell rechtlich durch den Erlaß eines VA bewirkt wird" und wie sich dazu die gesetzliche Gestaltung allein aufgrund rechtsgeschäftlicher Willenserklärung verhält.

Der VA-Begriff ist heutzutage nicht notwendig als Relikt des Obrigkeitsstaates[224] zu sehen, sondern bildet auch und gerade im sozialen Rechtsstaat eine unerläßliche Voraussetzung für die Effektivität der Verwaltung, die für den Bürger aufgrund zunehmender Interdependenz aller sozialen Beziehungen unerläßlich ist, und gerade auch im Bereich des Erlasses einer Vielzahl gleichartiger Maßnahmen - wie z.B. den Steuerbescheiden - in großer Zahl unentbehrlich ist. Als rechtsstaatliches Korrektiv wird den der Verwaltung solchermaßen eingeräumten Hoheitsbefugnissen die Gewährung entsprechenden Rechtsschutzes gegenübergestellt (vgl. Art. 19 IV GG, §§ 40, 42, 43 VwGO, § 54 SGG, § 40 FGO)[225], wenn auch zu beachten ist, daß der VA-Begriff heute nicht mehr allein unter prozessual funktionaler Betrachtungsweise zu sehen ist, da mit Inkrafttreten der verwaltungs- bzw. finanzgerichtlichen Generalklausel (§§ 40 VwGO, 33 FGO) die Rechtsschutzgewährung nicht mehr entscheidend vom Vorliegen eines VA bestimmt wird[226]. Entscheidend ist vielmehr die Rechtsverletzungseignung. Seine gleichwohl erhebliche prozessuale Bedeutung liegt in den verfahrensrechtlichen Besonderheiten, die seiner Rechtsnatur vom Gesetzgeber zugrunde gelegt wurden ("Prozeßrechtsfunktionen": Verfahrensablauf, Art der Rechtsschutzgewährung) wie u.a.:

- Bestimmung der richtigen Klageart mit entsprechenden Sachurteilsvoraussetzungen und Urteilsformen;
- vorgeschaltetes Verwaltungsverfahren (Beschwerde/Einspruch), d.h. der Weg zum Richter wird nur über ein Vorverfahren in erneuter behördlicher Überprüfung der Recht- und Zweckmäßigkeit frei;
- die dem VA spezielle Bindungskraft mit seinem Wirksamwerden und seiner Bestandskraftfähigkeit, d.h.eine begrenzte Fehlerunabhängigkeit ist konzediert, die die prozessual geordnete Bestandskraft bewirkt (vgl. §§ 355 AO, 47 FGO, auch § 124 II AO); ein förmlicher Beseitigungs-/Aufhebungsakt ist erforderlich[227];
- seine Tatbestandswirkung insbesondere auch im Verhältnis zu Dritten, im Verhältnis zum Adressaten seine Titelfunktion und seine Bestandskraft[228];
- der VA-Wirksamkeitsrückbezug auf den Zeitpunkt seines Erlaßes/seiner Bekanntgabe (vgl. § 124 I AO), nicht wie bei der BGB-Aufrechnung abstellend auf den Zeitpunkt des erstmaligen Vorhandenseins geeigneter Forderungen[229];
- das Vorrecht der Selbsttitulierung und Selbstvollstreckung,

---

224 *Renck*, JuS 1965, 129 [131] betont noch die im Prozeß der Rechtsanwendung und Rechtsdurchsetzung offensichtliche Bevorzugung des durch VA handelnden Staates gegenüber dem Bürger: dem Bürger sei die Selbsthilfe grundsätzlich verboten (vgl. §§ 227, 229 ff., 859, 904 BGB), d.h. er sei i.d.R. bei der Rechtsdurchsetzung auf staatliche Stellen angewiesen (Gerichte zur Titulierung, besondere staatliche Organe zur Vollstreckung); der Staat besitze mit dem Recht der Selbsttitulierung und Selbstvollstreckung ein doppeltes Vorrecht (staatliche Prärogative).

225 Vgl. *Günther Püttner*, Allgemeines Verwaltungsrecht, S. 73: Die Funktionen der Handlungsformen seien fast ausschließlich im Hinblick auf die gerichtliche Kontrolle entwickelt worden.

226 Vgl. Art. 19 IV GG: unabhängig von der gewählten Handlungsform der öffentlich-rechtlichen Maßnahme.

227 Vgl. *Löwenberg*, aaO, S. 44: die Eigenwirkung, der Eigenwert des VA zeige sich speziell auch in seiner hoheitlichen Verbindlichkeitsfolge, die solange bestehe, bis die VA-Rechtswidrigkeit erwiesen sei. *Krause*, aaO, S.138; *Erichsen*, in Erichsen-Martens, Allg. Verwaltungsrecht I, § 11 I (S.173).

228 *Löwer*, DVBl. 1980, 952 [956] m.w.N.

229 Vgl. hierzu kritisch: *Herbsleb*, aaO, S. 47.

- verbunden mit der Überwälzung der Klägerrolle (Kostenvorschußpflicht) auf den Bürger, die den Bürger prozessual in die Rolle des an strenge Fristen (beschränkte Angreifbarkeit) gebundenen "Angreifers" zwingt;
- vorläufige Regelungen/Rechtsschutz;
- Verjährungsunterbrechung analog § 209 BGB;
- Formerfordernisse (vgl. §§ 28, 39 VwVfG bzw. §§ 119 I, 125 AO 1977)[230].

Die funktionale Eigenart des VA bietet damit der Verwaltung Möglichkeiten, mit seinem Erlaß Verfahrensmechanismen in Gang zu setzen[231], die den Bürger in die rechtliche Position einer fristgebundenen Entscheidung hinsichtlich des Angreifens oder der Akzeptanz dieser Maßnahme zwingen (sog. "Anfechtungslast"[232]), denn versäumt er die Fristen, so wird der VA "bestandskräftig". Diese Bestandskraft wiederum ist nur noch in engen Voraussetzungen zu durchbrechen (vgl. §§ 129 ff. AO bzw. §§ 172 ff. AO). Sie schafft zudem - ad hoc und pro futuro - eine gewisse Rechtssicherheit und -beständigkeit[233], ermöglicht der Verwaltung eine - relativ - schnelle und damit sichere Klärung der Sach- und Rechtslage[234], an Hand derer sich die Beteiligten des Steuerschuldverhältnisses bzgl. der im VA bezeichneten Rechtsfolgen für die Zukunft als unmittelbar rechtliche Grundlage für ihr tatsächliches Verhalten auszurichten haben[235], denn die Bestandskraft bewirkt auch, daß eine von der Norm in gewisser Weise verselbständigte, d.h. nicht an den materiell-rechtlichen Voraussetzungen orientierte Rechtsgrundlage geschaffen wird[236].
Mit wirksamer Bekanntgabe (§ 124 AO) und eventuell später eintretender Bestandskraft steht der VA auf der anderen Seite aber in einem Spannungsverhältnis zwischen der - formalisierten - Rechts-

---

230 Vgl. BFH v. 25.04.1989 - VII R 105/87, BFH/NV 1990, 141; s.o. S. 61 Fn. 21.

231 *Krause*, aaO, S. 141: als verselbständigte, förmliche Entscheidung über das Rechtsverhältnis diene der VA dazu, exekutive Verantwortung "manifestiert werden zu lassen".

232 Bei der "Verteilung der Parteirollen" wird der steuerpflichtige Bürger in die prozessuale Angriffsposition gezwungen und er wird zudem - zusätzlich verschärft - im Steuer- und Abgabenrecht (vgl.§ 80 II Nr.1 VwGO, §§ 361 I AO, 69 I FGO) der Titelbefugnis der Verwaltung beinahe uneingeschränkt ausgesetzt.

233 *Krause*, aaO, S. 141: Ausdruck der - rechtsstaatlichen - "Justizförmigkeit" als rechtlich gebundene Maßnahme, die formal dem unmittelbaren Vollzug vorzuschalten sei.

234 In diesem Sinne kommt auch die *"Individualisierungs-/Konkretisierungs- und Klarstellungsfunktion"* zum Tragen, da der formalisierte VA mit seiner stabilisierenden Wirkung zu einer Gewährleistung und Sicherung der Grundsätze der Gleichmäßigkeit und Gesetzmäßigkeit der Besteuerung beiträgt, die im Rahmen der Steuerfestsetzung (zumindestens) einer solch strengen (gebundenen) Form des Verwaltunshandelns bedürfen. So wird nicht nur den Interessen der Verwaltung gedient, sondern sie wird zugleich (zugunsten des Bürgers) gezwungen, ihrem Handeln eine bestimmte Form zu geben, sich durch präzise Willensbekundung zu artikulieren und festzulegen ("Ankündigungseffekt" des VA hinsichtlich der behördlichen Beurteilung der Rechtslage und Rechtsfolgen, *J. Martens*, aaO, S. 163. Vgl. dagegen das BVerwG v. 13.06.1985 - 2 C 43.82, ZBR 1986, 87 [88], das die VA-Charakterisierung verneint und damit der Verwaltung auch - gleichberechtigt wie dem Bürger - die Möglichkeit eröffnet, von der zunächst erklärten Aufrechnung wieder "Abstand zu nehmen"; dies wäre bei einer VA-Entscheidung nicht so ohne weiteres möglich, sondern nur unter den formalisierten Voraussetzungen der §§ 130, 131 AO.

235 *Krause*, aaO, S. 149: in Klarstellungs- und Disziplinierungsfunktion durch Selbstbindung der Verwaltung, Bindung des Adressaten und allgemeine Verbindlichkeit gegenüber anderen Verwaltungsbehörden/Gerichten, Durchformung des Verwaltungsverfahrens in rechtsstaatlich formeller Ausgestaltung und damit größtmögliche Gewähr für Sachgerechtigkeit und Ordnungsmäßigkeit der Verwaltungstätigkeit und für die Wahrung der Bürgerinteressen. *Otto Mayer*, Deutsches Verwaltungsrecht I, S.92 - 93: "VA als Hausgut der Verwaltung und als das typische Mittel zur Konkretisierung und Individualisierung des abstrakt-generellen Gesetzes".

236 *Gräber/v.Groll*, vor § 40 FGO Rdn. 9 m.w.N.: "konstitutives Moment der Verfügung"; *Ebsen*, DÖV 1982, 389 [395]: "autoritative Klarstellung"; *Krause*, aaO, S. 144 f.; *Löwenberg*, aaO, S. 44 f.: ..steuernfestsetzender Steuerbescheids-VA begründe nochmals (neben der gesetzlichen Sachverhaltsverwirklichung) eine Zahlungsschuld, dies versteht *Löwenberg* als "Eigenwirkung, Eigenwert aufgrund der speziellen VA-Verbindlichkeit"; *Becker-Riewald-Koch*, aaO, vor § 97 RAO Vorbem.1 c ff. (S.267 ff.).

sicherheit und der materiellen Richtigkeit[237], während sich das Gestaltungsrecht an sich maßgeblich an den gesetzlich angeordneten materiell-rechtlichen Tatbestandsvoraussetzungen orientiert.

Als weitere Funktion der VA-Vorgehensweise durch die erlassende Behörde wird seine "Titelfunktion" und unmittelbar hiermit zusammenhängend das Vollstreckungsprivileg der §§ 218 I, 249 ff. AO[238] angeführt. Die Titelfunktion erst legetimiert den Eingriff in die Rechtsposition des Pflichtigen; die vorangegangene Titulierung ermöglicht damit die Vollziehung desselben[239].

Besonders hervorzuheben als Spezifikum des hoheitlichen VA in Erfüllung des Bedürfnisses nach Rechtssicherheit, Rechtsklarheit und Vertrauensschutz ist weiterhin seine - besondere - Bindungskraft. Hierin liegt eine "Minimierung der Geltungsvoraussetzungen"[240], die die VA-Wirksamkeit im Unterschied zu sonstigen Rechtsausübungsakten und Rechtsgeschäften auch bereits dann eintreten läßt, wenn keine volle Übereinstimmung mit der Rechtsordnung besteht[241]. Liegen die speziell geforderten Wirksamkeitsvoraussetzungen vor, so kann der damit wirksame[242] wenn vielleicht auch fehlerhafte (nicht nichtige) VA erst im speziellen Beseitigungsverfahren in Frage gestellt werden. Der "wirksame" VA ist damit auch nicht durch "Rückgriff" auf die "wahre" normative Rechtslage zu umgehen. Eben dieses "materiell-rechtliche Zurückgreifen" entgegen der formal vorliegenden VA-Regelung auf die "wirklichen, objektiven Rechtsumstände" ist für den Bürger nur in Geltendmachung der Ersetzung/Beseitigung des wirksamen VA in den dafür speziell vorgesehenen Rechtsbehelfsverfahren möglich[243]. Mit der Bestandskraft des zunächst wirksam vorliegenden VA soll dann auch nicht die Gültigkeit, sondern die (An-)Dauer der wirksamen Entscheidung gesichert werden. Fraglich insbe-

---

237 *Krause*, Rechtsformen des Verwaltungshandelns, S. 93, rechtfertigt dieses "Spannungsverhältnis" mit dem Bedürfnis nach Rechtsklarheit und -sicherheit.

238 D.h. es wird dem FA das Recht eingeräumt, sich - im Unterschied zu anderen Gläubigern - den "Titel" für die Vollstreckung aus VAen (Steuerbescheiden) mit Hilfe eines Leistungsgebotes (§ 254 I 1 AO) selbst zu verschaffen und zwar - abweichend von den sonstigen Verwaltungsbehörden - grundsätzlich (soweit nicht ausnahmsweise die Vollziehung ausgesetzt oder gehemmt ist) unabhängig von der Einlegung eines Rechtsbehelfes (vgl. § 80 II Nr.1 VwGO, §§ 361 I AO, 69 I FGO i.V.m. 251 I AO).

239 S.o. 1. Teil C II. 3. b) bb), S. 33 ff.: die Aufrechnung bedarf aufgrund gesetzlich angeordneter Gestaltungswirkung keiner Vollziehung (ebensowenig allerdings auch ein "gestaltender VA", vgl. *Wolff/Bachof*, aaO, § 46 V c [S. 391]) und benötigt daher - jedenfalls aus vollstreckungsrechtlichen Gründen - keinen VA als Titelvoraussetzung. Der Einräumung von VA-Befugnissen i.S. eines "Selbsttitulierungsprivilegs" bedarf es somit bei den gesetzlichen Gestaltungsrechten gerade nicht. Auf der anderen Seite ist mit Recht (vgl. *J. Martens*, aaO, S.163 [228]) anzumerken, daß eine allein aufgrund des "Selbsttitulierungsprivilegs" als Unterordnung gekennzeichnete Begriffsbildung der VA-Charakteristika unzweckmäßig wäre, da - in ähnlicher Weise - auch im Zivilrecht dem Gläubiger durch Erwirken eines Mahnbescheides (§§ 694, 699, 700, 701 ZPO) die Möglichkeit eingeräumt ist, seinen Schuldner in Zugzwang zu setzen und einen Vollstreckungstitel (§ 794 I Nr.4 ZPO) zu erwerben. Ebensowenig markiert die Möglichkeit einer Verjährungsunterbrechung durch VA-Erlaß (vgl. §§ 53 VwVfG, 45 SGB-AT) ein Rudiment an hoheitlicher Überordnung gegenüber dem Bürger, denn im Zivilrecht ist dies dem Gläubiger ebenfalls durch Mahnbescheidszustellung eröffnet (§ 209 II Nr. 1 BGB). Im Steuerrecht ist die "Gleichordnung" des Bürgers diesbzgl. bereits dadurch hergestellt worden, daß auch der Steuerpflichtige für einen ihm zustehenden Anspruch (z.B. Erstattungsanspruch) auf gleiche Weise die Verjährungsunterbrechung wie das FA erreichen kann, nämlich durch schriftliche Geltendmachung seines Anspruches (§ 231 I AO).

240 *Krause*, aaO, S. 150. Geltung trotz Rechtsmängel.

241 Vergleichbar, aber nicht gleichzusetzen mit der ö.r. VA-Charakterisierung sind auch im Zivilrecht einige Rechtsinstitute vorhanden, z.B. die arbeitsrechtliche Kündigungserklärung als Gestaltungsrecht mit der Anfechtungsmöglichkeit nach § 3 KSchG, für Hauptversammlungsbeschlüsse, dem fehlerhaften Eheschluß und für die Ablehnung eines Versicherungsanspruches nach § 12 VVG; vgl. u.a. *Krause*, aaO, S. 156 f. m.w.N.

242 Mit seiner Wirksamkeit geht die Selbstbindung der Verwaltung, die Bindung des Adressaten und die Allgemeinverbindlichkeit gegenüber anderen Verwaltungsträgern und Gerichten einher (auch als Tatbestandswirkung bezeichnet).

243 *Krause*, aaO, S. 152.

sondere auch für den Fall der Aufrechnungswirkung bleibt damit, inwieweit die formelle Bestandskraft die materiell-rechtliche Verbindlichkeit nach sich ziehen kann, d.h. inwieweit bei Bejahung einer "VA-Aufrechnung" die grundsätzliche Abhängigkeit der Aufrechnungswirkung vom Vorliegen der materiellen Voraussetzungen nicht im Widerspruch zur formalen Verbindlichkeitsfeststellung durch den VA steht.Auch läßt sich dieser "Verbindlichkeit" nicht die uneingeschränkt mögliche Rücknahme rechtswidrig belastender VAe gem. § 130 I AO entgegenhalten, da diese jedenfalls nach Unanfechtbarkeit des VA nicht aus dem Grundsatz der Gesetzmäßigkeit der Verwaltung zur Rücknahme durch die Behörde verpflichtet[244].

(3) Begrenzung der VA-Befugnisse - auch durch ein "materiell-rechtliches Fundament"

Die Folgen der privilegierten Wirkungen der Selbsttitulierung und -vollstreckung legen u.a. auch die Frage nahe, ob die Verwaltung jede beliebige Maßnahme zur Anspruchsrealisierung - auch ohne gesetzliche Ermächtigung zum VA-Erlaß - titulieren darf[245] oder aber ob das Gebrauchmachen der Handlungsform "VA" unter einem "gesetzlichen Handlungsvorbehalt" steht[246], d.h. ob ihr zur Ausübung materiellen Rechts unbegrenzt alle Regelungs- und Handlungsfunktionen offenstehen oder ob sie nicht nur für das "Was", sondern auch für das "Wie" ihres Vorgehens einer Ermächtigung bedarf[247].

Definitionsgerecht und damit reduziert auf das "materielle Fundament"[248] der gesetzlichen Begriffsbestimmung des § 118 AO stellt sich ein finanzbehördlicher Akt dann als VA dar, wenn er sich nach objektiven Betrachtung als hoheitlich-einseitige, verbindliche, auf Rechtsbeständigkeit hin abzielende und von der Behörde erkennbar gewollte, unmittelbar rechtsfolgensetzende - unabhängig von der Rechtmäßigkeit der Maßnahme[249] - Regelung darstellt oder nicht[250], wobei sich die einseitige Rechtsfolgensetzung (rechtsgestaltend[251]) auf hoheitliche Emanation stützen kann. Hierbei ist zu beachten, daß eine Maßnahme nicht bereits dann Regelungscharakter i.S.v. § 118 AO besitzt, wenn sie auf die Setzung einer Rechtsfolge gerichtet ist. Entscheidend ist vielmehr für den VA-Begriff die einseitige[252] Setzung einer Rechtsfolge und die prinzipielle Fehlerunabhängigkeit hinsichtlich seiner Verbindlichkeit sowohl für die Finanzbehörde als auch für den betroffenen Bürger[253].

---

244 *Klein/Orlopp*, § 130 AO Anm. 4.

245 "Dürfen" i.S. einer Handlungsbefugnis, "tatsächlich tun" als hiervon zu trennende Rechtsnaturbestimmung.

246 *Krause*, Rechtsformen des Verwaltungshandelns, S. 208 ff.; *Weides*, Verwaltungsverfahren und Widerspruchsverfahren, S. 81 ff.; *Pietzner*, JA 1973, 117 ff.. Ähnlich *Löwer*, DVBl. 1980, 952 [958]: Die VA-Befugnisse seien an die Legaldefinition des § 35 VwVfG gebunden, d.h. gesetzlich verliehen. Nach *Ehlers*, JuS 1990, 777 [778] räumen die §§ 387 ff. BGB der Verwaltung keine VA-Befugnis ein, da diese aufgrund der belastenden Aufrechnungswirkungen durch VA einer Ermächtigung i.S. des Gesetzesvorbehaltes zwingend bedürfe.

247 Kritisch hierzu: *Bachof*, Verfassungsrecht II, S. 27 m. Anm. 21.

248 D.h. allein abstellend auf den "sachlichen Gehalt" der Maßnahme für die VA-Qualifikation.

249 *Wolff/Bachof*, aaO, § 46 V c (S.380); *Krause*, aaO, S.189 f. **A.A.:** *Ebsen*, DÖV 1982, 389 [395], stellt allein entscheidend auf die objektiv-rechtliche Qualifizierung, d.h. auf die entsprechende behördliche Rechtsmachtstellung ab und läßt den erkennbar gemachten objektiven Regelungswillen der Verwaltung nicht ausreichen, falls ihr - gesetzlich - keine VA-Befugnisse zustehen.

250 FG Baden-Württemberg v. 13.03.1986 - IX K 560/83, EFG 1986, 479 [480]; *Kopp*, aaO, § 35 VwVfG Tz. 34.

251 Nach *Ebsen*, DÖV 1982, 395 wäre ein auf wechselseitige Forderungstilgung gerichteter Aufrechnungs-VA nur durch die Annahme eines rechtsgestaltenden VA zu konstruieren.

252 "Einseitigkeit" des Tätigwerden (d.h. autoritativ) liegt vor, wenn der Handelnde von sich aus und ohne Mitwirkung des Betroffenen handeln kann. *Löwenberg*, aaO, S. 37 möchte "Hoheitlichkeit" und "Einseitigkeit" der Handlung von Organen hoheitlicher Verwaltung nicht trennen. Diese Verknüpfung erscheint zwar i.d.R. zutreffend, denn der

[Fortsetzung nächste Seite]

Damit ist die Frage des tatsächlichen Vorliegens und damit auch die Bestimmung der Rechtsnatur des konkreten Aktes der Behörde zunächst keine Definitionsfrage, sondern ein Auslegungsproblem[254].

Die "Einkleidung"[255] der finanzbehördlichen Maßnahme in die hoheitliche VA-Verfügung kommt regelmäßig nur dann in Betracht, wenn es sich um eine öffentlich-rechtliche Maßnahmen des Finanzamtes handelt[256]. Rechnet die Finanzbehörde mit einer privatrechtlichen Gegenforderung auf, dann tut sie es nach allgemeiner Ansicht durch privatrechtliche Willenserklärung i.S.d. §§ 116 ff. BGB[257]. Nach veralteter und unreflektierter Meinungswiedergabe einiger Autoren[258] unter Bezugnahme auf das BFH-Urteil v. 20.02.1968[259] handelt das Finanzamt im Rahmen einer Aufrechnung im Abtretungsverhältnis entsprechend § 406 BGB gegenüber dem Zessionar privatrechtlich[260] und nicht öffentlich-rechtlich, insbesondere nicht in hoheitlicher VA-Form.

(4) Abgrenzung: Aufrechnungswirksamkeit und Zulässigkeit der Erklärungsform

Grundsätzlich kann allein die äußere Form[261] der Verwaltungsäußerung nicht die VA-Eigenschaft verleihen. Auch eine beigefügte Rechtsbehelfsbelehrung genügt insoweit nicht, sondern entfaltet allenfalls Indizwirkung[262]. Die äußere Form gibt aber dann den Ausschlag, wenn der Steuerpflichtige bei objektiver Würdigung der Sachlage die finanzbehördliche Äußerung nur als hoheitliche Regelung verstehen konnte; Unklarheiten gehen diesbezüglich zu Lasten der Verwaltung.

Begriff der "Hoheitlichkeit" impliziert zugleich immer auch das Wesensmerkmal der Einseitigkeit, die beiden Begriffe sind jedoch keinesfalls synonym zu verwenden. Die "Hoheitlichkeit" ist speziell dem ö.r. Hoheitsträger vorbehalten, während die Einseitigkeit der Handlungsweise durchaus auch dem zivilrechtlichen Rechtsverhältnis bekannt ist. Die "Einseitigkeit" ist damit der Hoheitlichkeit nicht gleichzusetzen, sondern beide Begriffsmerkmale sind getrennt von einander zu prüfen und beim Bejahen einer einseitigen ö.r.Handlungsweise der Verwaltung bleibt immer noch die Differenzierung zwischen hoheitlicher oder schlichthoheitlicher Maßnahme zu treffen.

253 Vgl. *Ehlers*, NVwZ 1983, 446 [448]; *Krause*, Rechtsformen des Verwaltungshandelns, S.189 f. Das Kriterium der einseitigen Verbindlichkeit wird sowohl dem Merkmal der "Regelung" (so *Wolff/Bachof*, aao, § 46 V a [S. 380]; *Weidemann*, DVBl. 1981, 113 [116]; *Meyer-Borgs*, aaO, § 35 VwVfG Rdn. 33) als auch dem Merkmal der "Hoheitlichkeit" (so *Erichsen*, in Erichsen-Martens, aaO, § 11 II 3 [S.181 f.]) zugeordnet; auf diese Streitfrage kommt es vorliegend jedoch nicht an.

254 S.u. 2.Teil B. II. 1. c) aa) (4), S. 79 ff.; *Weidemann*, DVBl. 1981, 113 [116]; VGH Mannheim v. 23.04.1982 - 5 S 2334/81, NVwZ 1983, 100; *Kramer*, JuS 1973, 484 [486]; *Eyermann-Fröhler*, aaO, § 42 VwGO Rnd. 22.

255 Vgl. *Kopp*, aaO, § 35 VwVfG Rz. 7: ob eine Rechtsgrundlage für einen VA-Erlaß vorhanden ist, ist für die Frage der Rechtsnatur eines Aktes als VA unerheblich.

256 *Erichsen*, in Erichsen-Martens, aaO, § 11 II 3 (S.181).

257 *V. Wallis*, in Hübschmann/Hepp/Spitaler, § 226 AO Anm. 27; *Helsper*, in Koch, § 226 AO Rdn. 25; *Tipke/Kruse*, § 226 AO Tz. 19.

258 *Helsper*, in Koch, § 226 AO Rdn. 24; *v.Wallis*, in Hübschmann/Hepp/Spitaler, § 226 AO Anm. 24, 27; *Frotscher*, in Schwarz, § 226 AO Anm. 4; Gröger/Schöll, § 226 AO Erl. 11.

259 BFH v. 20.02.1968 - VII 327/64, BStBl. II 1968, 384 = BFHE 91, 518.

260 ...weil das FA "außerhalb des steuerrechtlichen Erstattungsverfahrens" nicht als Hoheitsträger VA-befugt sei, vgl. *Milatz*, Inf. 1984, 101. A.A. zu Recht *Tipke/Kruse*, aaO, § 226 Tz.19: für die Abgabe einer Aufrechnungserklärung sei eine hoheitliche Position der Finanzbehörde nicht erforderlich.

261 Vgl. *Schwarze*, in Knack, aaO, § 35 VwVfG Rz. 4.3.1.1, der den Willen der Behörde unter Abstellung auf den materiellen Gehalt der Maßnahme und nicht die äußere Form entscheiden läßt; BayVGH v. 21.07.1977 - Nr.9 IX 75, DVBl. 1978, 181 [182]; VGH Baden-Württemberg v.13.03.1987 - 5 S 2079/86, VBlBW 1987,377; BVerwG v. 10.06.1960 - I C 163.59, BVerwGE 11, 14; v.01.10.1963 - IV C 9.63, BVerwGE 18, 1; v.15.03.1968 - IV C 5.67, BVerwGE 29, 207.

262 BFH v. 17.02.1987 - VII R 45/83, BStBl. II 1987, 504 = BFHE 149, 280; BFH v. 10.11.1987 - VII B 137/87, BStBl. II 1988, 43 = BFHE 151, 128.

Neben die Beurteilung der Wirksamkeit der Aufrechnung selbst und andererseits der Zulässigkeit der VA-Formenwahl tritt die Konstellation, daß das Finanzamt unzulässigerweise[263] die Aufrechnung in Form eines VA erklärt. Die Unzulässigkeit der Handlungsform "VA" schließt dagegen nicht dessen wirksamen Erlaß aus[264]. Allerdings wird damit der Bürger zur fristgerechten Klage gezwungen, wenn er die besonderen Rechtsfolgen des VA-Bescheides vermeiden will - gerade unter diesem Aspekt erscheint die Abgrenzung der VA-Rechtsnatur von sonstigem Handeln in realiter nicht ganz so unproblematisch wie vielfach dargestellt[265]. Diese unzulässige Formenwahl macht den VA damit zwar rechtswidrig[266], so daß er vom Adressaten angegriffen und aufgehoben werden kann, ändert jedoch nichts an der materiell wirksamen Aufrechnungserklärung[267] selbst[268], die in ihren (Erlöschens-) Wirkungen fortbesteht sowie die dem VA spezifische Bindungswirkung, insbesondere nach Ablauf der Rechtsbehelfsfristen entfaltet.

---

263 Die Begriffsbestimmung des "formellen VA", des "fehlerhafter VA" oder "Schein-VA" mag hier dahinstehen - es geht allein um die Tatsache, daß die Verwaltung "formfehlerhaft" handeln kann und dies auch überprüfbar sein muß.

264 Die These "weil nicht sein kann, was nicht sein darf" gilt hier gerade nicht. Vgl.*Tschira/Schmitt/Glaeser*, S. 78 und *Menger*, VerwA 55 (1964), 383: für die Zulässigkeit der Anfechtungsklage ist allein ausschlaggebend, wie sich die behördliche Regelung objektiv darstellt, nicht wie sie sich darstellen soll; die Frage des "rechtlichen Sollens" ist eine Frage der Rechtmäßigkeit und stellt sich daher erst im Rahmen der Begründetheitsprüfung. Vgl. auch *Ehlers*, JuS 1990, 777 [779] und BFH v. 18.07.1989 - VII R 46/86, BFH/NV 1991, 69 [70].

265 Z.Tl. wird beim formfehlerhaften aber existenten VA die Möglichkeit der "Meistbegünstigung" vertreten, d.h. die Anfechtungsklage wäre einerseits zulässig, auf der anderen Seite wird dem aber nur formellen VA seine spezifische Bindungskraft abgesprochen. Unter den gegebenen Umständen erscheint dieser Weg aber sinnlos, da man mit Negierung der dem VA sonst typischerweise zukommenden Bindungskraft auch keine (besondere) Rechtsschutzgewährung mehr in Form der speziellen Anfechtungsmöglichkeit (eben zur Beseitigung dieser Geltungskraft) benötigt.

266 **Rechtswidrigkeit nehmen an:** *Ehlers*, Verwaltung in Privatrechtsform, S. 466 Fn. 262; *Ehlers*, NVwZ 1983, 446 [450]; *Gräber/v.Groll*, vor § 40 FGO Anm. 2 (Rdn. 25); *Kopp*, VwGO Anhang § 42 Rz. 19; *ders.* § 35 VwVfG Rz. 7: das Vorhandensein einer Rechtsgrundlage für den Erlaß eines VA sei für die Frage der Rechtsnatur unerheblich; *Löwer*, JuS 1980, 805 [809]; *Tipke/Kruse*, § 118 AO Tz.5 i: Abgrenzung zwischen VA-Wirksamkeit und Formzulässigkeit; *Zimmer*, DÖV 1980, 116 [121] grundlegend zur Abgrenzung von Rechtsnatur und Handlungsbefugnis m.w.N.: "Sein und Sollen, tatsächliches Handeln (Form) und rechtliches Dürfen (Inhalt in dieser Form) können einander widersprechen"; wohl auch BFH v.28.07.1987 - VII R 145/83,BFH/NV 1988, 213 [214]; BFH v. 02.04.1987 - VII R 148/83, BStBl. II 1987, 536 [537] = BFHE 149, 482; BFH v. 25.04.1989 - VII R 105/87, BFH/NV 1990, 141 [142] m.w.N.; v. 25.04.1989 - VII R 84/86, BFH/NV 1990, 344 [345]; v. 18.07.1989 - VII R 46/86, BFH/NV 1991, 69 [70]; *Eyermann/Fröhler*, aaO, § 42 Anm. 22; *Ziemer/Haarmann/Lohse/Beermann*, aaO, Tz.1136; **Nichtigkeit nimmt an:** *Helsper*, in Koch, § 226 AO Rdn.26; **offengelassen** wurde die Frage vom OVG Lüneburg v. 07.12.1981 - 5 B 52/81, OVGE 36, 484 [485]; eine **Mittelstellung** nimmt *Weidemann*, DVBl. 1981, 113 [117] Fn. 54 ein: Wahlrecht der Verwaltung bzgl. VA-Aufrechnungsform; vgl. auch *Krause*, aaO, S.97. Das BVerwG vertrat in seiner Entscheidung vom 13.10.1971 - VI C 137. 67, DÖV 1972, 573 [574] die These, daß für Ausübung und Wirkung der Aufrechnung der VA-Charaker ohne Belang sei. Es unterscheidet zwar zunächst zu Recht die materiell-rechtlich (§§ 387 ff. BGB) bestimmte Wirksamkeit der Aufrechnung auch im ö.r. Verhältnis von einer möglichen Formenwahl der Erklärung, stellt aber dann nicht genügend die - trotzdem und gerade gegebenen - verfahrensrechtlichen Konsequenzen einer "VA-Aufrechnung" heraus, indem es jegliche Beeinflussung der VA-Form auf das Aufrechnungsverhältnis leugnet, obwohl die materiell-rechtliche Aufrechnung und ihre verfahrensrechtliche Gestaltung untrennbar (zumindestens teilweise) miteinander verknüpft sind. Ähnlich wohl auch der BFH v. 18.07.1989, aaO, der einer bestandskräftigen aber formfehlerhaften VA-Aufrechnung des FA allein aufgrund mangelnder materiell-rechtlicher Voraussetzungen ihre Wirksamkeit abspricht unabhängig vom vorliegenden bestandskräftig feststellenden VA.

267 Die quasi als "Minus", d.h. als schlichthoheitliche Willenserklärung in der VA-Aufechungsverfügung enthalten ist.

268 **A.A.:** *Ebsen*, DÖV 1982, 389 [395] Fn. 64, der allein entscheidend auf die - gesetzlich eingeräumte - objektiv-rechtliche Qualifikation abstellt und damit eine "unzulässige VA-Formenwahl" i.S. des Vorliegens eines - wenn auch rechtswidrigen - VA ablehnt.

Diese Unterscheidung[269] zwischen materiell-rechtlicher Wirksamkeit einerseits und Zulässigkeit der Erklärungsform andererseits durch die Finanzbehörde zeigt, daß die finanzbehördliche Aufrechnung ihre Wirkungen unabhängig von der Ausübung etwaiger Hoheitsrechte zur Entfaltung bringt und verdeutlicht auch die Verknüpfung von materiell-rechtlichen Voraussetzungen und Rechtsfolgen und Verfahrensfragen[270], die u.U. entscheidend sind (nicht für die materiell-rechtliche Wirksamkeit[271], sondern) für die Angreifbarkeit und Durchsetzbarkeit (z.B. Tatbestandswirkungen bzw. Wirkungen eines bestandskräftigen Aufrechnungs-VA) der finanzbehördlichen Maßnahme.
Auch ist anzumerken, daß sich - wie oftmals vom BFH und der ihm folgenden Literatur verkannt - nicht lediglich die Alternativen öffentlich-rechtliche VA-Aufrechnungsverfügung oder bürgerlich-rechtliche Willenserklärung gegenüberstehen, sondern daß neben die zivilrechtliche Gestaltungsform der Willenserklärung primär die Abgrenzung zum öffentlich-rechtlichen Handeln, das nicht notwendigerweise und zwingend hoheitliches sein muß, tritt. Damit kann auch nicht mehr das Bestehen bzw. Nichtbestehen eines Steuerschuldverhältnisses zwischen Aufrechnendem und Aufrechnungsempfänger im Vordergrund der Abgrenzung stehen, sondern abzustellen ist auf den Zweck der Aufrechnung (gegenseitige Forderungstilgung) und damit auf die Rechtsnatur(en) der im Aufrechnungsverhältnis auftretenden, zu verrechnenden Forderungen.

Wird das Finanzamt in Form einer VA-Aufrechnung tätig, so bedeutet dies eine "Verfügung" in Form einer hoheitlichen Willensäußerung, die auf eine Rechtsgestaltung im Einzelfall gerichtet ist (Maßgeblichkeit und Verbindlichkeit des Steuerverwaltungsaktes, autoritive Wirkungsweise des VA). D.h. die hoheitliche Willensäußerung muß grundsätzlich auf Rechtsgestaltung gerichtet sein und diese auch aufgrund dessen unmittelbar herbeiführen und sich nicht bereits auf Rechtsfolgen beziehen, die ohnehin - kraft Gesetzes - bzw. abhängig von anderen/weiteren Voraussetzungen eintreten[272].

Der VA ist damit ein einseitiger hoheitlicher Ausspruch - er begreift keine "Mehrseitigkeit" der Verhältnisse in sich. Die Aufrechnung ist dagegen - trotz einseitiger Erklärungsbefugnis nicht einseitig anordnend aufgrund ihres Ausspruches, sondern für den Eintritt ihrer Gestaltungswirkung ist entscheidend auf die materiell-rechtlich bestehende Aufrechnungslage abzustellen, die wiederum maßgeblich vom wechselseitigen (und damit auch mehrseitigen) Forderungsverhältnis geprägt wird.

---

269 Das BVerwG v. 12.02.1987 - 3 C 22.86, BayVBl. 1987, 439 = BVerwGE 77, 19, differenziert auch zwischen der materiell-rechtlichen Zulässigkeit der Aufrechnung als solcher (§§ 387 ff. BGB) und der möglichen Geltendmachung der (vollzogenen) Aufrechnung im Anfechtungsprozeß (d.h. der Anfechtungsklage gegen den Leistungsbescheid); nach *Zimmer*, Jura 1980, 242 [245], ist die Frage nach der konkreten Handlungsform nicht gleichzusetzen mit der Frage nach der Handlungsbefugnis; *Battis*, Allg. Verwaltungsrecht, aaO, Rdn. 288, läßt bei einer VA-Aufrechnung der Behörde die VA-wirkungen gem. § 43 I 2 VwVfG - vorbehaltlich der Nichtigkeit des VA - auch ohne Vorliegen der materiell-rechtlichen Aufrechnungsvoraussetzungen eingreifen.

270 *Gräber/v.Groll*, § 40 FGO Rdn. 58: VA als "Klammer zwischen materiellem und Verfahrensrecht".

271 Die Wirksamkeit der Aufrechnung i.S.d. §§ 387 ff. BGB hängt allein von der materiellen Rechtslage ab, so grundsätzlich *Ebsen*, DÖV 1982, 389 [397]: der VA mit Bestandskraft habe nur die Wirkung, daß - aus verfahrensrechtlichen Gründen - eine entgegenstehende (tatsächlich gegebene) materielle Rechtslage nicht mehr mit Erfolg geltend gemacht werden kann. BFH v. 18.07.1989, aaO, Fn. 266; *Battis*, aaO, Rdn. 288.

272 Bei der Aufrechnung im Zivilrecht bedingen Aufrechnungserklärung *und* Aufrechnungslage die Rechtsgestaltung, und nicht - wie oftmals verkannt wird - allein die Aufrechnungserklärung unabhängig vom Vorliegen der Aufrechnungslage.

bb) Als Gestaltungsrecht

(1) ...im öffentlichen Recht - in Abgrenzung zu hoheitlichen Handlungsformen

Die Gestaltungswirkung der Aufrechnung rechtfertigt nicht zwingend i.S. einer "Regelung" die Annahme eines VA, denn sie ist nicht an die Verwendung hoheitlich öffentlich-rechtlicher Formen gebunden. Auch - verwaltungsrechtliche - Willenserklärungen können - wie z.B. Anfechtung und Kündigung - rechtsgestaltende Wirkungen[273] i.S. einer schuldrechtsgeschäftlichen Erklärung erzeugen.

Daher ist die Aufrechnung der Finanzbehörde auch in Form einer (verwaltungsrechtlichen oder privatrechtlichen) Willenserklärung[274] als Ausübung eines Gestaltungsrechts denkbar, zumal der Gesetzgeber der AO 1977 in § 226 dem Finanzamt keine ausdrückliche "Regelungsform" vorgegeben hat, sondern sich mit dem "Hinweis" der entsprechenden Anwendbarkeit der bürgerlich-rechtlichen Gesetzesbestimmungen begnügt hat.

Unter einer verwaltungsrechtlichen (öffentlich-rechtlichen) Willenserklärung ist die von der Verwaltung oder einem Bürger abgegebene, auf die unmittelbare Herbeiführung einer Rechtsfolge auf öffentlich-rechtlichem Gebiet gerichtete Erklärung zu verstehen[275]. Sie unterscheidet sich vom VA durch das Fehlen des einseitig anordnenden Charakters mit seiner spezifischen Verbindlichkeit und Vollstreckbarkeit[276].

Als Rechtsgeschäft ist die - einseitige - Willenserklärung als Institut des Privatrechts entwickelt worden[277], welches dem Privatrechtssubjekt die Selbstverpflichtung und die Verfügung über eigene Rechte aufgrund der ihm zukommenden Privatautonomie[278] - die dem Staat als öffentlich-rechtlichen

---

273 "Gestaltung mit (einseitigem) Rechtszwangcharakter" kraft Gesetzes durch rechtsgeschäftliche Handlung, vgl. *Bruns*, ZZP 78 (1965), 264 [266 f.].

274 Vgl. die Definition einer "rechtsgeschäftlichen Willenserklärung" bei *Hoffmann-Becking*, DÖV 1972, 196 [197] "als eine auf Rechtsfolgen gerichtete Willensäußerung, deren Rechtswirkungen die Rechtsordnung entsprechend dem geäußerten Willen bestimmt".

275 *Erichsen*, in Erichsen/Martens, Allgemeines Verwaltungsrecht, § 23a I (S.305) Fn.1

276 *Maurer*, Allgemeines Verwaltungsrecht, § 9 Rdn. 10; *Ehlers*, NVwZ 1983, 446 [448]; OVG Münster v. 23.09.1986 - 15 B 2039/86, NVwZ 1987, 608 [609]. Die teilweise im Schrifttum geäußerte Ansicht, den VA - auch - als Willenserklärung zu qualifizieren (vgl. *Erichsen*, in Erichsen-Martens, aaO, § 11 II 4 [S.183] Fn. 69 m.w.N., § 23a I [S.306] Fn. 12 m.w.N.; *Hoffman-Becking*, DÖV 1972, 196 [197] m.w.N.; *Krause*, aaO, S. 189; *Sontheimer*, aaO, S.43; *Stelkens/Bonk/Leonhardt*, aaO, § 35 VwVfG Rdn. 50 m.w.N.; *Tipke/Kruse*, § 118 AO Tz.1) begründet sich mit seiner final rechtsfolgenorientierten Intention, mag hier aber dahingestellt bleiben, weil es vorliegend allein auf die einseitige, subordinationsrechtliche Unterscheidung zwischen Hoheitsmaßnahme einerseits und gleichgeordneter Erklärung andererseits ankommt.

277 Der Begriff der "Willenserklärung" ist aus dem Zivilrecht - relativ spät (18. Jahrhundert) - im Wege der Abstraktion aus konkreten Rechtsgeschäftstypen entwickelt worden (vgl.*Schloßmann*,Willenserklärung und Rechtsgeschäft, Festgabe Hänel, S.1 ff., 48 ff. m.w.N.; *Flume*, Allgemeiner Teil des Bürgerlichen Rechts, Bd. 2, S. 24 ff., 28 ff.; abweichend *Larenz*, Allgemeiner Teil des Deutschen Rechts, S.317) und ins öffentliche Recht übertragen worden (*v. Tuhr*, Der allgemeine Teil des deutschen bürgerlichen Rechts, Bd.2, S.147). Immer wieder hinterfragt wurde aber die Entwicklung eines ö.r. Instituts der Willenserklärung durch Rückgriff auf das Bürgerliche Gesetzbuch mit der rein pragmatischen Begründung der "apriorischen Regelung".

278 Privatautonomie in dem Sinne, daß die privaten Rechtssubjekte Zwecke, Ziele und Inhalt ihrer Rechtsgeschäfte im Rahmen der gesetzlichen Verbote und zwingenden Inhaltsbestimmungen frei wählen können, während die öffentliche Verwaltung in ihren Zwecken und Zielen durch Verfassung und Gesetz festgelegt ist ("konstituierende Zuweisung von Befugnissen").

Rechtsträger nicht zukommt[279] - zubilligt, d.h. hinter den schuldrechtlichen Gestaltungsrechten steht das Grundprinzip der freien Verfügbarkeit über den eigenen Rechtsbestand[280].
Die Regelungsinstrumente der Verwaltung dienen grundsätzlich nicht der autonomen (i.S.d. Privatautonomie) Rechtsgestaltung, sondern sind i.d.R. entweder strikt gebundene Rechtsfindung oder ermessensgebundene Erfüllung normativer Antriebe[281], wobei sie sich in Anbindung an das Recht zu halten haben[282]. Das ist einmal durch die Abhängigkeit ihrer Wirksamkeit von der Gesetzeskonformität, desweiteren durch verfahrensmäßige Ausgestaltung des Entscheidungsprozesses zu erreichen.
Von Gesetzes wegen angelegt begründet die Aufrechnung ihren schuldrechtlichen Gestaltungscharakter im bürgerlichen Recht. Dieser wird zunächst grundsätzlich aufgrund der Verweisung gem. § 226 I AO ins Steuerrecht übertragen - allerdings unter Beachtung einiger "bereichsspezifischer" Modifikationen, wobei diese jedoch i.d.R. nur ergänzend und nicht rechtscharakterverändernd hinzutreten.
Grundsätzlich[283] ist die Aufrechnung daher ihrem objektiven Erklärungswert nach Ausdruck des behördlichen Aufrechnungswillens[284] in Ausübung eines schuldrechtlichen Gestaltungsrecht und daher als einseitige Willenserklärung[285] einzuordnen, denn sie kann ohne Rücksicht darauf abgegeben werden, ob sie seitens des Bürgers oder seitens der Behörde erfolgt, ob mit privatrechtlichen gegen öffentlich-rechtliche oder umgekehrt oder mit einer öffentlich-rechtlichen gegen eine öffentlich-rechtliche Forderung aufgerechnet wird. Der gesetzlich angeordnete Tilgungserfolg bleibt der gleiche, die Aufrechnungserklärung als solche verschafft - materiell-rechtlich - auch der Finanzbehörde als Gläubigerin keine andere Rechtsposition als jedem sonstigen Gläubiger im Aufrechnungsverhältnis, insbesondere orientiert sie sich primär an den materiell-rechtlichen Voraussetzungen. Eine verwaltungsrechtliche Willenserklärung unterscheidet sich vom VA gerade dadurch, daß sie für den Erklärungsgegner aus sich heraus keine verbindliche Rechtsfolgenregelung zum Inhalt hat, für das Bejahen eines

279 *Krause*, VVDStRL 45 (1987), 212 [220 f., 222]; *ders.* VerwA 61 (1987), 297 [327 f.]; *ders.*, Rechtsformen des Verwaltungshandelns, S. 86 Fn. 176. Das öffentliche Recht kennt keine dem Zivilrecht vergleichbare Gestaltungsfreiheit, insbesondere wenn es um die Geltendmachung und/oder Durchsetzung subjektiv-öffentlicher Rechte geht, denn die öffentliche Gewalt ist aus Gründen der Rechtssicherheit und -klarheit grundsätzlich verpflichtet, bei der Erhebung von Ansprüchen formell zu verfahren, d.h. ausdrückliche Entscheidungen zu treffen; vgl. auch *Appel*, BayVBl. 1983, 201 [205]:"... da die ö.r. Gegenansprüche hauptsächlich unmittelbar aus dem Gesetz erwachsen (Primäranspruch) und deshalb eingebunden sind in den damit verfolgten Gemeinzweck."

280 Im Gegensatz zum Wesen des VA, der die Fähigkeit besitzt, andere zu verpflichten, eine überlegene, zwingende Gestalt in Wirkung zu setzen (*Forsthoff*, I, aaO, § 11,2 [S. 206]), während die rechtsgeschäftliche Willenserklärung des Privatrechts eine Verpflichtung grundsätzlich nur für den Erklärenden begründen kann; dies als Ausfluß des Privatrechtsprinzips, daß niemandem eine Verpflichtungsmacht über seine Rechtsgenossen verliehen ist.

281 *Krause*, Rechtsformen des Verwaltungshandeln, S. 92.

282 Primäranspruch der öffentlichen Hand kraft Gesetzes und gemeinwohlzweckgebunden.

283 D.h. gemessen an der Gesetzesvorgabe des § 226 I i.V.m. §§ 387 ff. BGB.

284 Maßgeblich ist der erklärte (erkennbare) Wille der Behörde, nicht ihr innere, ggf. muß er durch Auslegung der Erklärung ermittelt werden; vgl. BFH v. 06.02.1990 - VII R 86/88, BStBl. II 1990, 523 [525] = BFHE 160, 108; *Appel*, BayVBl. 1983, 201 [207]; *Kopp*, aaO, § 35 VwVfG Rz. 6; *Krause*, aaO, S. 99; *Sontheimer*, aaO, S. 43. BVerwG v. 26.04.1968 - VI C 113.67, BVerwGE 29, 310 [321]: " Die Behörde, die ihre Aufforderung als Regelungsbescheid verstanden wissen will, muß dies für den Betroffenen unmißverständlich klarstellen. ... ist maßgebend insoweit nicht der innere, sondern der erklärte Wille. Für dessen Auslegung kann auch schon das Fehlen oder das Vorhandensein einer Rechtsmittelbelehrung von gewisser Bedeutung sein, ohne daß dies allerdings zwingend ist."

285 I.w.S., d.h. zunächst noch unabhängig von einem etwaig verfügenden VA-Charakter betrachtet, denn die rechtskonstruktiven Gemeinsamkeiten zwischen einer Willenserklärung und einer VA-Regelung i.S. ihrer "Einseitigkeit" (Einseitigkeit einmal bzgl.der Willenserklärung und Einseitigkeit andererseits bzgl. der Rechtsfolgenanordnung bei einer VA-Regelung) bzw. der VA-Qualifizierung als finale Willenskundgabe der Behörde reichen nicht ohne weiteres aus, um über gewisse system- und sachangelegte Unvereinbarkeiten zwischen zivilrechtlich vorkonzipierter Aufrechnungserklärung und etwaig hoheitlicher VA-Verfügung hinwegsehen zu können.

VA-Charakters müßte zusätzlich ein hoheitlich gesetzter "Regelungsinhalt" hinzutreten, der bei Eintritt der Bestandskraft unabhängig von der materiellen Rechtslage wirksam wäre. Sinn und Zweck der Erklärung ist nicht die Schaffung einer verfahrensmäßig "formalisierten" Rechtsposition des aufrechnenden Steuergläubigers, sondern einzig und allein - wie im Bürgerlichen Gesetzbuch zugrunde gelegt - die notwendige Ausübung des Gestaltungsrechts mittels einseitiger empfangsbedürftiger Willenserklärung. Inwieweit ein möglicherweise darüber hinausgehender Inhalt dieser Erklärung möglich und zulässig ist, bleibt zu überprüfen[286]. Da beide an der Verrechnung beteiligten Seiten gleichermaßen zur Aufrechnungserklärung befugt sind und die Rechtsmacht zur Gestaltung der Rechtslage auf Rechtssätzen beruht, die für Behörde und Bürger grundsätzlich in gleicher Weise gelten, ist sie vergleichbar mit dem Abschluß eines öffentlich-rechtlichen Vertrages[287], der wiederum durch die Abgabe zweier rechtsgeschäftlicher, übereinstimmender Willenserklärungen zustande kommt. Damit kann man die Rechtsbeziehungen zwischen Erklärendem und Erklärungsempfänger nicht nur im Sinne eines "präsumtiven Interessengegensatzes"[288] im Bürger-Staat-Verhältnis ansehen, sondern vielmehr auch als Kooperation zweier "Gläubiger-Schuldner" zum Zwecke einer wirtschaftlich praktikableren Forderungsverrechnung. Geht man von einer gleichermaßen verteilten und gebotenen Rechtsanwendung für jeden Aufrechnenden aus, so kann diese Prämisse nur i.S.d. Qualifizierung derselben als rechtsgestaltende Willenserklärung erfüllt werden, da nur diese im Gegensatz zum VA jedem Rechtssubjekt zugänglich ist[289].

Zu differenzieren ist allerdings zwischen dem Merkmal der Aufrechnungserklärung entsprechend § 388 BGB als solcher[290],in deren rechtsgestaltender Wirkung keinerlei "Hoheitsregelung" i.S.d. § 118 AO zu sehen ist,und den sonstigen Wirksamkeitsvoraussetzungen der Aufrechnung gem. §§ 387 ff. BGB i.V.m. § 226 AO, z.B. das Bestehen eines fälligen Gegenanspruches, Fehlen von Aufrechnungshindernissen u.ä., die u.U. einem "Regelungsgehalt", z.B. über einen "Feststellungsbescheid", zugänglich wären[291].

---

286 Selbst bei Qualifizierung der Aufrechnung als Willenserklärung hindert dies die Behörde nicht, einen "Feststellungsbescheid" über den Bestand der Gegenforderung zu erlassen , vgl. *Ehlers*, NVwZ 1983, 446 [449] Fn. 48, oder aber - im Rahmen der Einbringung der Aufrechnungserklärung in eine "Gesamtregelung" (so wohl OVG Münster v. 02.07.1964 - VI B 38/64, ZBR 1966, 307: "Aufrechnungsbescheid" mit Ankündigung der Einbehaltung einzelner Gehaltsraten zum Zwecke der Verrechnung mit überbezahlten Dienstbezügen sei "vollziebarer VA in seiner Gesamtheit"; OVG Münster v. 13.09.1974 - I B 649/74, OVGE 30, 46 [50]) - ihn als "einheitlich förmlichen VA", vgl. *Ebsen*, DÖV 1982, 389 [396], zu erlassen.

287 Der zwar auf gegenseitigem Einvernehmen beruht, aber auch von einer beiderseitigen Forderungsdispositionsbefugnis hinsichtlich der Art [des "Ob" und "Wie"] der Tilgung/Erfüllung ausgeht.

288 *Krause*, VerwA 61 (1987), 297 [305].

289 *Appel*, BayVBl. 1983, 201 [206].

290 Es ist anzunehmen, daß die divergierenden Ansichten in Rechtsprechung und Literatur primär hinsichtlich der Beurteilung der Rechtsnatur auf die Erklärung selbst abstellen wollen, es aber nicht außer Betracht bleiben darf, daß eventuell weitere "Regelungsgehalte" im Rahmen des Aufrechnungsverhältnisses vorhanden sein können, vgl. Fn. 286.

291 Vgl. *Appel*, BayVBl. 1983, 201[204]; *Vallendar*, DÖD 1973, 52; *Weidemann*, DVBl. 1981, 113 [116]; *Ebsen*, DÖV 1982, 389 [394 r.Sp.]. Könnten diese vom BVerwG als Rechtmäßigkeitsvoraussetzungen der Aufrechnung bezeichneten Tatbestandsmerkmale ganz/teilweise durch VA (verbindlich) festgestellt/"geregelt" werden, so würden sich dementsprechend auch die Rechtsschutz- und Nachprüfungsmöglichkeiten für den Betroffenen ändern. *Ebsen*, DÖV 1982, 389 [394] sieht drei Bereiche, die einer potentiellen "Regelung" zugänglich wären: die Aufrechnungsvoraussetzungen selbst (z.B.Festsetzung der Gegenforderung),"Ob" aufgerechnet werden soll und die Ausübung des Gestaltungsrechtes; diese möglichen "Regelungsstufen" seien analytisch auch dann unterscheidbar, wenn nur eine "schlichte Aufrechnungserklärung" vorliege, denn in dieser "Ausübung" seien beide vorherigen Stufen implizit enthalten. *M.E.* ist die "Entscheidungsstufe" des "Ob" der Aufrechnungserklärung nicht als möglicher Regelungsgehalt einzuordnen, da die Entscheidung des "Ob" einer Verwaltungshandlung dieser regelmäßig vorangehen muß

[Fortsetzung nächste Seite]

(2) Als privatrechtliche oder öffentlich-rechtliche (verwaltungsrechtliche) Willenserklärung ?

Sieht man die Aufrechnung als "schuldrechtsgeschäftliches Gestaltungsrecht" an[292], so wird von den Vertretern dieser Charakterisierung die Entscheidung für eine zivilrechtliche oder öffentlich-rechtliche Gestaltung - häufig - noch offen gelassen. Eine "schuldrechtsgeschäftliche"[293] Gestaltung sagt nur etwas über ihren nicht-hoheitlichen Charakter aus, beschränkt sich aber nicht auf eine allein etwa nur zulässige zivilrechtliche Handlungsform, sondern kann bei entsprechender Zulässigkeit auch i.S. einer schlichthoheitlichen öffentlich-rechtlichen Handlungsform zum Ausdruck gebracht werden. Eine Gleichordnung der Beteiligten auch im öffentlich-rechtlichen Rechtsverhältnis ist anzunehmen, wenn kein Beteiligter eine den anderen bindende Entscheidung über den Streitgegenstand treffen kann. Entscheidend ist der tatsächliche Umstand, daß das Kriterium der hoheitlichen Über-Unterordnung fehlt und nicht etwa das zugrundeliegende Rechtsverhältnis (Steuerschuldverhältnis).

Das *FG Hamburg*[294] ordnet die finanzbehördliche Aufrechnung - auch wenn es um die Durchsetzung öffentlich-rechtlicher Ansprüche geht - dem bürgerlichen Recht zu[295]. Das FG verkennt hierbei die Möglichkeit der Unterscheidung zwischen gleichgeordneten, rechtsgeschäftlichen Gestaltungsrecht und hoheitlichen Verfügungsrecht einerseits und zwischen öffentlich-rechtlicher und zivilrechtlicher Handlungsweise andererseits. Entscheidet man sich für die Rechtsnatur eines "schuldrechtsgeschäftlichen Gestaltungsrecht", so wird damit noch nicht zwangsläufig eine öffentlich-rechtliche Ausdrucksform ausgeschlossen. Die "simplifizierte" Unterscheidung zwischen zivilrechtlicher Gestaltungserklärung einerseits und VA-Aufrechnung andererseits ist schlichtweg falsch[296]. Eine Abgren-

---

und nicht notwendigerweise einer "VA-Entscheidung" bedarf. Auch können solche Regelungen, selbst wenn sie gemeinsam mit der Aufrechnungserklärung in einem "Bescheid" enthalten sind, nichts an deren rechtlicher Qualifizierung als rechtsgeschäftliche Willenserklärung ändern. Vgl.auch *Kopp*, VwGO, Anhang § 42 Rz.35, der die VA-Qualität der Aufrechnung selbst ablehnt, dem aber die häufig mit der Aufrechnung verbundene förmliche Zahlungsaufforderung (als VA) gegenüberstellt.

292 Diese Begrifflichkeit wurde vom BVerwG v. 27.10.1982 - 3 C 6/82, NJW 1983, 776 = E 66, 218 quasi als "Vorreiter" des Abrückens vom VA-Charakter der behördlichen Aufrechnung zugrundegelegt; ebenso FG München vom 21.07.1983 - X 2/80, EFG 1984, 103; Hess. VGH v. 19.08.1977 - I TH 19/77, ESVGH 27, 159; BFH v. 28.07.1987 - VII R 145/83, BFH/NV 1988, 213 [214]; so wohl auch GKÖD, *Fürst/Finger/Mühl/Niedermaier*; § 84 BBG Rdn. 25 ff.

293 Der Begriff "rechtsgeschäftlich" paßt zwar von seiner -zivilrechtlich- vorgeprägten Definition i.S. einer "Gestaltungsfreiheit" nicht so recht in den rechtsstaatlich und gesetzlich eingebundenen ö.r. Handlungsbereich, er soll aber in diesem Zusammenhang zur Charakterisierung eines rechtlich gleichgeordneten Gestaltungsrechts, das auf die Begründung einer dem geäußerten Willensinhalt entsprechenden Rechtsfolge gerichtet ist, dienen und nicht i.S. eines "freien rechtsgeschäftlichen Aushandelns" einer behördlichen Handlungsform verstanden werden.

294 FG Hamburg v. 11.01.1985 - IV 242/84 M, EFG 1985, 435 - von diesem wird die Entscheidung des BVerwG v. 27.10.1982, Fn. 292, i.S. einer bürgerlich-rechtlichen Aufrechnungswillenserklärung der Behörde gewertet.

295 Unzutreffend sind die vom FG angeführten Literaturangaben zur Stützung seiner *"zivilrechtlichen These"*. Ähnlich wie das FG Hamburg sehen auch *Lüke/Huppert*, JuS 1971, 165 [171] - mittelbar - nur den zivilrechtlichen Charakter der richtigerweise als Willenserklärung eingestuften finanzbehördlichen Aufrechnungserklärung: die Erfüllung sei ein privatrechtlicher Tatbestand, das gelte auch für die Erlöschenswirkung bei Aufrechnungstilgung. *Veitenthal*, BayVBl. 1990, 615 [616], ordnet dagegen die Aufrechnung bereits dann dem öffentlichen Recht zu, sobald nur eine der betroffenen Forderungen ö.r. Natur sei. Auch dieser Einordnung ist zu widersprechen, da hinsichtlich der Qualifizierung der Rechtsnatur der Aufrechnungserklärung (als ö.r. oder privatrechtliche) allein entscheidend auf die Rechtsnatur der Gegen-/Aufrechnungsforderung abzustellen ist.

296 So aber noch FG Hamburg v. 22.02.1983 - V 165/81, NVwZ 1984, 200, das neben der Möglichkeit der bürgerlich-rechtlichen Gestaltung nur noch die hoheitliche VA-Aufrechnung (bei ö.r. Aufrechnungsforderungen als

[Fortsetzung nächste Seite]

zung der Handlungsform hat u.a. auch zwischen Zivilrecht und öffentlichen Recht stattzufinden, wobei zu beachten ist, daß die Aufrechnung als ursprünglich zivilrechtlich geschaffenes Rechtsinstitut nicht auf dieses beschränkt bleibt und daher nicht notwendig nur in "zivilrechtlichem Gewande" zur Anwendung gelangt. Auch wenn - durch entsprechende Verweisung - Voraussetzungen, Ausübung und Wirkungen den zivilrechtlichen Vorschriften entnommen werden, so läßt dies noch keinen Rückschluß auf deren ausschließlich zivilrechtlichen Rechtscharakter zu[297], wenn es um die Regelung öffentlich-rechtlicher Sachverhalte, insbesondere die Durchsetzung oder Erfüllung/Tilgung öffentlich-rechtlicher Forderungen aufgrund öffentlich-rechtlicher Normsetzung geht. Durch die "Transformation" der BGB-Aufrechnungsregeln ins öffentliche Recht "werden" diese öffentliches Recht, sind diesem als öffentlich-rechtliche Ausdrucksform zu unterstellen[298]. Sonst würden Sinn und Zweck der Analogie bzw. der Verwendung allgemeiner Rechtsgedanken/-institute von einem Rechtsgebiet ins andere verkannt. Bei solchen "Übertragungen" geht es nicht um eine Verknüpfung (Vermischung) verschiedener Rechtsbereiche, sondern aufgrund vergleichbarer Sachverhaltsgestaltungen um das Bedürfnis, bereits geregelte Handlungsformen für einen anderen Rechtsbereich zu eröffnen, wobei aber nichts an der speziellen Rechtsnatur aufgrund der Übernahme von Handlungsformen geändert wird. Vielmehr wird die übernommene Handlungsform/Rechtsinstitut diesem Rechtsgebiet angepaßt ("modifiziert") und bleibt nicht in seinem ursprünglichen Rechtscharakter verhaftet bzw. führt nicht zu einer Rechtscharakterveränderung des öffentlich-rechtlichen Sachverhaltes aufgrund zivilrechtlicher Handlungsform. Zwar ist auch einem öffentlichen Rechtsträger die Verwendung zivilrechtlicher Vorgehensweisen nicht verwehrt, d.h. jedoch nicht, daß er bei der entsprechenden Heranziehung zivilrechtlich vorgeprägter Rechtsinstitute wie z.B. der Aufrechnung auf die zivilrechtliche Gestaltung festgelegt ist, denn er wird weiterhin öffentlich-rechtlich tätig. Wenn die herrschende Subjekts-/Zuordnungstheorie zur Abgrenzung von öffentlichen Recht zum Zivilrecht festlegt, daß sich öffentlich-rechtliche Gewaltträger bei der Verwirklichung von Tatbeständen, die jede Rechtsperson erfüllen kann bzw. bei einem Handeln nach Rechtsgrundsätzen, auf die sich jedermann berufen darf, im Bereich des bürgerlichen Rechts bewegen, so greift diese Abgrenzung im Aufrechnungsverhältnis nicht allein deshalb, weil die Aufrechnungsgrundsätze im BGB geregelt sind und beiden Aufrechnungsparteien grundsätzlich dieselben Befugnisse zukommen. Ansonsten müßte jedes "gleichgeordnete" Handeln öffentlicher Rechtsträger, u.U. noch in Anlehnung an zivilrechtliche Rechtsinstitute[299], ausschließlich als bürgerlich-rechtliches Regelungsinstrument verstanden werden; dies würde der Bedeutung des öffentlichen Rechts nicht gerecht werden und zudem die Trennung zwischen Zivilrecht und öffentlichen Recht "überspannen". Selbst wenn man obrigkeitliches Handeln als Indiz für "öffentliche Rechtsanwendung" heranzieht, so ist der Umkehrschluß, daß bei fehlendem obrigkeitlichen Handeln ein behördliches Vorgehen nach bürgerlich-rechtlichen Grundsätzen vorliegt, falsch und unzulässig, weil eben dem öffentlichen Recht eine Gleichordnung der Parteien nicht (wesen-)fremd ist. Wurzelt - wie im vorliegenden Fall - die Rechtsproblematik im öffentlichen Recht, so schadet der Zuordnung zum öffentlichen Recht auch nicht die Gleichordnung der Parteien. Sieht man zu Recht die Aufrechnung als Erfüllungssurrogat an und stellt sie damit einer Auszahlung gleich[300],

---

"muß") sieht. Ebenso das FG Hamburg v. 28.04.1972 - IV 24/72 H, EFG 1972, 550 im Fall einer § 406-BGB-Aufrechnung: "Bürgerlich-rechtliche Willenserklärung und kein VA, da allein die hoheitliche Befugnisausübung maßgeblich ist."; FG Hamburg v. 04.01.1977 - IV 58/75 H, EFG 1977, 222 [226]; wohl auch *Milatz*, Inf. 1984, 101.

297 So aber FG Hamburg v. 11.01.1985, Fn.294; OVG Münster v. 02.07.1964 - VI B 18/64, ZBR 1966, 307 [308].

298 BFH v. 02.04.1987 - VII R 148/83, BStBl. II 1987, 536 [538 f.] = BFHE 149, 482 m.w.N.; *Wolff/Bachof*, aaO, § 22 I c (S.101).

299 Wie z.B. Anfechtung, Kündigung und Aufrechnung im Rahmen eines verwaltungsrechtlichen Vertrages.

300 Vgl. § 20 III AKO.

so kann dies noch nicht einhergehen mit der These, daß eine Auszahlung (oder die Aufrechnung als Zahlungsersatz) kein Akt hoheitlicher Tätigkeit sei, sondern vielmehr ein rein fiskalischer Akt und daß sich daher die Finanzbehörde im Rahmen fiskalischer Verwaltung als öffentlicher Träger privatrechtlicher Formen bediene[301]. Es geht um die Durchsetzung/Befriedigung eines öffentlich-rechtlichen Anspruches[302] und damit auch um die Wahrnehmung öffentlicher Aufgaben, und zwar nicht allein in fiskalischer Zwecksetzung. Vom bestehenden - einheitlich - öffentlich-rechtlichen Rechtsverhältnis kann auch nicht ein "zivilrechtlicher Teilaspekt" der Aufrechnung als Befriedigungsmaßnahme abgespalten werden[303].

Zusammenfassend ist damit zu sagen, daß nicht die zivilrechtliche "Apriorität" des Instituts der rechtsgeschäftlichen Willensgestaltung, sondern die Ausübung im öffentlich-rechtlichen Aufgabenbereich aufgrund ausdrücklicher Zulassung rechtscharakterbestimmend ist. Auch der Gesetzgeber zeigte damit seine Intention, daß er diese "Erklärungsform" der Verwaltung im öffentlich-rechtlichen (schlichthoheitlichen) Bereich eröffnet wissen wollte.

Entscheidend für die Bestimmung der Rechtsnatur der Aufrechnungserklärung des Aufrechnenden ist somit - unabhängig von der Rechtsnatur der Hauptforderung des Aufrechnungsempfängers im Aufrechnungsverhältnis[304] - die rechtliche Einordnung der Gegen-/Aufrechnungsforderung des Aufrechnenden. Ihrer Rechtsnatur ist auch die rechtliche Qualifizierung der Aufrechnungserklärung selbst zu unterstellen[305]. D.h. rechnet das Finanzamt (oder der Bürger[306]) mit einer öffentlich-rechtlichen For-

---

301 So der Klägervortrag im Fall des BFH v. 14.10.1975 - VII R 40/74, BFHE 117, 23 [25]; abgelehnt wird dies vom BFH in seiner Entscheidung.

302 Dem Aufrechnungsanspruch als Gegenforderung; ggf. kommt noch die Erfüllung einer ö.r. Hauptforderung des Gegners hinzu.

303 Vgl. BFH v. 14.10.1975 - VII R 40/74, BFHE 117, 23: "einheitlich ö.r. Betrachtungsweise".

304 Zur rechtlichen Qualifizierung der Aufrechnungserklärung ist allein maßgeblich auf den Erklärenden bzw. dessen Forderung abzustellen und nicht umfassend auf ein zweiseitiges Verhältnis, was die Hauptforderung u.U. auch als rechtscharaktermitbestimmend heranziehen würde; anders und unzutreffend insofern *Veitenthal*, aaO, Fn. 295.

305 Vgl. BFH v. 02.04.1987 - VII R 148/83, BStBl. II 1987, 536 [538f.] = BFHE 149, 482 m.w.N.und BFH v. 14.10.1975 - VII R 40/74, BFHE 117, 23 [28] im Fall einer - ö.r. - Abtretung ö.r. Forderungen: entsprechend §§ 398 ff. BGB - trotz apriorisch-zivilrechtlicher Natur der Abtretung - regele sich diese nach allgemeinen verwaltungsrechtlichen Grundsätzen, d.h. nach öffentlichem Recht (Ausn.: Abtretung zivilrechtlicher Forderungen); mittelbar wohl auch BFH v. 20.02.1968 - VII 327/64, BStBl. II 1968, 384 [385] = BFHE 91, 518: "..rechnet das FA mit Steuerforderungen gegenüber dem Steuerschuldner auf, so handelt es sich um eine ö.r. Maßnahme, denn das Steuerschuldverhältnis ist ein ö.r."; der BFH nimmt in diesem Fall seine ö.r. Qualifizierung jedoch nur bei hoheitlichen Maßnahmen des FA vor. Allgemein zur ö.r. Rechtsnatur einer Maßnahme: *Küchenhoff*, BayVBl. 1958, 325:"... wenn der erstrebte Rechtserfolg ö.r. Art ist."; *Frotscher*, in Schwarz, aaO, § 226 Tz. 8; *Battis*, Allgemeines Verwaltungsrecht, aaO, Rdn. 288; *Ehlers*,Verwaltung in Privatrechtsform, S. 467; *ders.*, NVwZ 1983, 446 [447/450] m.w.N. Fn.14 - allerdings gehen nicht alle dort aufgeführten Fundstellen von einer verwaltungsrechtlichen Willenserklärung aus, i.d.R. wird die Aufrechnungserklärung als "rechtsgeschäftliche Willenserklärung" bezeichnet, ohne näher auf ihre Zuordnung zum ö.r. oder privatrechtlichen Bereich einzugehen; *Herbsleb*, aaO, S.47; mittelbar auch *Krause*, aaO, S. 231 Fn. 1 und 2; *Milatz*, Inf.1984, 101; *Eyermann-Fröhler*, aaO, § 40 VwGO Rdn. 25; ebenfalls bejaht das OVG NW v. 26.05.1983 - 4 A 1504/82, DÖV 1983, 1023 [1024] eine verwaltungsrechtliche Willenserklärung; StQ 1985, §§ 134 - 248 AO, S. 391 f. Nr. 203 (*o.Verf.*), der allerdings die verwaltungsrechtliche Willenserklärung zugleich als VA sehen will; *Hundt-Eßwein*, DStR 1987, 575 [577]; *Weidemann*, DVBl. 1981, 113 [114] m.w.N.; *Kopp*, aaO, § 40 VwGO Rz. 6: "Begehren als Folge eines Sachverhaltes, der nach öffentlichen Recht zu beurteilen ist"; *Söhn*, StRK-Anm. AO 1977, § 226 R. 4; *Wolff-Bachof*, aaO, Bd. I, § 45 II B 2 (S. 365f.), § 44 III a (S. 350), § 44 III e 2 (S. 354); *Palandt*, aaO, § 395 Anm.1 Rdn. 1.

306 Auch diesem steht die verwaltungsrechtliche Willenserklärung als Handlungsform zur Verfügung, wenn er Rechtsfolgen auf dem Gebiet des öffentlichen Rechts herbeiführen will; vgl. *Erichsen*, in Erichsen/Martens, Allgemeines Verwaltungsrecht, § 23 a I (S.305); *Krause*, VerwA 61 (1987), 297 [303 ff.]; *Middel*, Öffentlich-rechtliche Wil-

[Fortsetzung nächste Seite]

derung auf, so ist diese Erklärung als öffentlich-rechtliche (verwaltungsrechtliche) Willenserklärung einzustufen, da sie auf die unmittelbare Herbeiführung einer Rechtsfolge zu verstehen ist. Wird mit einer privatrechtlichen Gegenforderung aufgerechnet, so bedient sich der Aufrechnende einer privatrechtlichen Willenserklärung zur Aufrechnungsausübung.

2. Tendenzen in der Rechtsprechung und im Schrifttum

a) Darstellung der Rechtsprechung

aa) Finanzgerichtliche Rechtsprechung

Der *BFH* statuierte in der Vergangenheit[307] die Einordnung der finanzbehördlichen Aufrechnungserklärung als "VA" unmittelbar oder mittelbar[308], indem er Beschwerde und Anfechtungsklage als die zulässigen Rechtsbehelfe gegen die "Aufrechnungsverfügung" ansah und sie ohne weiteres als öffentlich-rechtlich hoheitliche Maßnahme der Finanzbehörde gegenüber dem Steuerschuldner im subordinationsrechtlichen Steuerschuldverhältnis qualifizierte[309]. Die hoheitlichen Handlungsbefugnisse des Finanzamtes leitete er aus dem Vorliegen eines öffentlich-rechtlichen Steuerschuldverhältnisses ab, wobei er - kritiklos - mit dem Vorliegen desselben eine hoheitliche Handlungsfunktion verband. Denn in den Entscheidungen[310] wurde allein maßgeblich auf das Vorliegen eines Steuerschuldverhältnisses zwischen aufrechnendem Finanzamt und Aufrechnungsgegner abgestellt - unabhängig von der Rechtsnatur der der Aufrechnung zugrunde gelegten Gegenforderung. Im Fall des § 406 BGB dagegen wurde das Bestehen eines Steuerschuldverhältnisses verneint, wenn der Zessionar den ihm abgetretenen Steuererstattungsanspruch einbrachte und das Finanzamt - wegen der besonderen Konstellation des § 406 BGB - gegen den Zessionar selbst keine Steuerforderung hatte, sondern ihm nur die Steuerforderung gegen den Zedenten entgegensetzen konnte; aufgrund dessen könne das Finanzamt nicht als Hoheitsträger auftreten, seine Aufrechnungserklärung gegenüber dem Zessionar sei daher nur als bürgerlich-rechtliche Willenserklärung zu beurteilen[311].
Wie oben bereits anhand des Urteils des FG Hamburg v. 11.01.1985 dargelegt, werden hier vom BFH nur die Handlungsalternativen "VA-Aufrechnung" oder "gleichgeordnete zivilrechtliche Aufrechnungs-Willenserklärung" in Betracht gezogen und damit die Spannbreite öffentlich-rechtlicher Handlungsalternativen auch im Steuerschuldverhältnis verkannt[312].

---

lenserklärungen von Privatpersonen, S. 25 ff. m.w.N.; *Ehlers*, NVwZ 1983, 446 [447] Fn. 14 m.w.N.; *Schmalz*, Allgemeines Verwaltungsrecht, Teil 1, S. 253.

307 BFH v. 07.03.1967 - VII 164/62, BStBl. III 1967, 381 = BFHE 88, 311; v. 20.02.1968 - VII 327/64, BStBl. II 1968, 384 = BFHE 91, 518; v. 19.10.1982 - VII R 55/80, BStBl. II 1983, 162 = BFHE 138, 308.

308 BFH v. 20.02.1968, aaO, Fn. 307 und v. 19.10.1982, aaO, Fn. 307.

309 Im Sinne einer "zwingenden Notwendigkeit" der hoheitlichen VA-Handlungsform, vgl. BFH v. 14.10.1975 - VII R 40/74 = BFHE 117, 23.

310 Vgl. BFH v. 20.02.1968, aaO, Fn. 307; eine andere Bewertung kam - im Ansatz - schon in der Entscheidung v. 14.10.1975, aaO, Fn. 309 zum Tragen, wo er bereits darauf hinwies, daß die Steuerbehörde nicht notwendigerweise hoheitlich-obrigkeitlich auftreten muß, um ihr Handeln als ö.r. qualifizieren zu können. In beiden Entscheidungen stand die Frage des zulässigen Rechtsweges im Aufrechnungsfall entsprechend § 406 BGB im Mittelpunkt der Sachdiskussion.

311 Indirekt ist aus der Begründung des BFH aus dem Jahre 1968 zu schließen, daß der "Normalfall" der finanzbehördlichen Aufrechnung gegenüber dem Steuerschuldner in VA-Form zu erfolgen habe.

312 Im Ansatz richtig, aber ohne Konsequenz der Änderung des VA-Charakters, BFH v. 14.10.1975, aaO, Fn. 309 .

Dieser "traditionell subordinationsrechtlichen Betrachtungsweise" folgten durchweg - loyal - auch die untergerichtliche Rechtsprechung der Finanzgerichte[313], i.d.R. ohne große Begründungsversuche unter Annahme der Zulässigkeit von Beschwerde (§ 349 I AO) und anschließender Klage gegen die finanzbehördliche Aufrechnungsverfügung zur Klärung ihrer Wirksamkeit.

Das *Niedersächsische FG*[314] stellte sogar die "Vorrangigkeit" des Beschwerdeverfahrens nach § 349 I AO als die speziellere Regelung gegenüber der Möglichkeit,wegen Streitigkeiten über die Verwirklichung von Ansprüchen aus dem Steuerschuldverhältnis einen Abrechnungsbescheid nach § 218 II AO zu erlassen, ausdrücklich fest[315]. Begründet wird dies u.a. mit dem Umfang der Nachprüfungsmöglichkeiten in beiden Verfahren: dem Steuerpflichtigen gehe es primär um die Feststellung des Bestehens seines Erstattungsanspruches - diese Frage werde aber im Abrechnungsbescheidsverfahren nur inzidenter mitentschieden. Dem kann die gesetzgeberische Intention entgegengesetzt werden, die mit der Einführung des Abrechnungsbescheides im Erhebungsverfahren eine gerichtlich überprüfbare VA-Grundlage gerade schaffen wollte. Der Abrechnungsbescheid wäre an sich überflüssig, wenn i.d.R. alle vorangegangenen Entscheidungen des Finanzamtes bereits als VAe zu qualifizieren und dementsprechend zu überprüfen wären[316].

Das *FG Hamburg*[317] sieht die unmittelbare Regelungswirkung der finanzbehördlichen Aufrechnungserklärung definitionsgemäß i.S. des § 118 S.1 AO in der Gestaltungs(erlöschens)wirkung auf den Bestand der beteiligten Aufrechnungsforderungen. Die Frage des Abgrenzungsproblems "hoheitliche VA-Aufrechnung im Steuerschuldverhältnis" und "bürgerlich-rechtliche Aufrechnungserklärung" bei privatrechtlicher Gegenforderung des Finanzamtes läßt der Senat zwar im Ergebnis offen, weist aber darauf hin, daß es im Falle der finanzbehördlichen Aufrechnung mit einer privatrechtlichen Forderung gegen einen öffentlich-rechtlichen Steuererstattungsanspruch des Bürgers auch um die Erfüllung öffentlich-rechtlicher Forderungen gehe[318], die damit nicht als privatrechtlicher Akt (zivilrechtliche Willenserklärung) eingestuft werden könne. Der Senat tendiert somit verstärkt in die Richtung einer öffentlich-rechtlich hoheitlichen Qualifizierung, indem er eine solche sogar bei einer Finanzamtaufrechnung mit privatrechtlichen Forderungen annimmt[319]. Er verkennt aber, daß die von

313 FG des Saarlandes v. 14.07.1967 - 946/67, EFG 1967, 584; FG Hamburg v.21.12.1970 - V 19/70 N, EFG 1971, 359; v. 28.04.1972 - IV 24/72 H, EFG 1972, 550; v. 22.02.1983 - V 165/81, EFG 1983, 486; v. 22.12.1982 - III 277/82, EFG 1983, 329; offengelassen vom FG Hamburg v. 04.01.1977 - IV 58/75 H, EFG 1977, 222 [226]; FG Hamburg v. 27.01.1987 - IV 37/86 H, EFG 1987, 279; FG Berlin v. 22.04.1975 - V 201/73, EFG 1976, 45; v. 16.03.1982 - VII 311/81, EFG 1983, 6; Hess. FG v. 23.09.1980 - IX S 258/80, EFG 1980, 581; Nieders. FG v. 26.05.1981 - XI (VI) 103/80, EFG 1981, 545; FG München v. 09.04.1986 - III 283/80, EFG 1986, 633 [634]; v. 09.04.1986 - III 300/85, EFG 1986, 632.

314 Nieders. FG v. 26.05.1981 - XI (VI) 103/80, EFG 1981, 545; ebenso *Mittelbach*, in: Handbuch AO (Komm.), Gruppe 4, Anm. 8. Vgl. auch OFD Bremen v. 28.04.1978 - S 0456 - St 242, StLex Teil II §§ 224 - 226 AO, SG 2 Nr.1002, die neben der Beschwerde nach § 349 AO gegen die finanzbehördlichen Aufrechnungserklärung auch den Abrechnungsbescheid nach § 218 II AO vorrangig (zur Vermeidung unterschiedlicher Rechtsbehelfsentscheidungen) zuließ; er sei sogar dann zu erteilen, wenn der Steuerpflichtige gegen die Aufrechnung Beschwerde eingelegt habe - diese "Beschwerde" sei dann nicht als förmlicher Rechtsbehelf zu behandeln.

315 Allerdings mit der Einschränkung, daß dem Steuerpflichtigen - bei entsprechendem Antrag und nicht von Amts wegen - ein Wahlrecht bzgl. der Abrechnungsbescheidserteilung eingeräumt wird.

316 So FG BaWürtt. v. 13.03.1986 - IX K 560/83, EFG 1986, 479 [480f.]; FG München v. 21.07.1983 - X 2/80, EFG 1984, 103.

317 FG Hamburg v. 22.02.1983 - V 165/81, EFG 1983, 486.

318 Neben der Durchsetzung der bürgerlich-rechtlichen Gegenforderung.

319 Und damit allein entscheidend - unter Außerachtlassung der zivilrechtlichen Rechtsnatur der Aufrechnungs-/Gegenforderung - auf die ö.r. Rechtsnatur der Hauptforderung als rechtscharakterbegründendes Element abstellt; ähnlich

[Fortsetzung nächste Seite]

ihm herangezogene Gestaltungswirkung der Aufrechnung ebenso bei der Bürger-Aufrechnung eintritt. Das Finanzamt könnte mit einer hoheitlich ausgestalteten Aufrechnungsbefugnis diese nur "formell" verstärken, an der materiell-rechtlichen Gestaltungswirkung würde sich hierdurch jedoch nichts ändern.
Das *FG Hamburg* v. 28.04.1972[320] sieht die Aufrechnung des Steuergläubigers gegenüber dem Steuerschuldner mit einer öffentlich-rechtlichen Forderung gegen eine dem Steuerschuldner zustehende öffentlich-rechtliche oder privatrechtliche Forderung als "Ausübung öffentlicher Gewalt" an, die sich aus dem Steuerschuldverhältnis zwischen Finanzamt und steuerpflichtigem Bürger ableiten lasse. Formell gestützt sieht das Finanzgericht seine VA-Qualifikation durch eine der Erklärung üblicherweise beigefügte Rechtsmittelbelehrung (vgl.§ 356 AO) bzw. aufgrund der Berufung auf § 32 BeitrO[321], der in Abs. IV und Abs. V von einer "Verfügung" spricht und damit zumindestens in wortgetreuer Auslegung als Einräumung hoheitlicher Regelungsbefugnisse des Finanzamtes verstanden werden kann[322].
Die finanzgerichtliche Rechtsprechungstendenzen gingen damit in der Vergangenheitn primär von einer Unterscheidung "Aufrechnungs-VA" im Steuerschuldverhältnis bei der Finanzamtaufrechnung mit öffentlich-rechtlichen Steuerforderungen einerseits und einer "zivilrechtlichen Aufrechnungserklärung" andererseits "außerhalb" eines Steuerschuldverhältnisses oder aber bei finanzbehördlicher Aufrechnung mit einer zivilrechtlichen Gegenforderung aus. Ungenannt blieb die schlichthoheitliche Handlungsalternative als verwaltungsrechtliche (öffentlich-rechtliche) Willenserklärung des Finanzamtes in Ausübung der ihm - kraft öffentlichen Rechts, § 226 AO - eingeräumten Gestaltungsbefugnisse; und zwar nicht gerade gegenüber dem Finanzamt als hoheitlich bevorrechtigtem - Steuergläubiger, sondern als "Gläubiger-Schuldner-Persönlichkeit" in einem wechselseitig verknüpften Forderungsverrechnungsverhältnis.

bb) Sonstige verwaltungsrechtliche Rechtsprechung

Ähnlich der finanzgerichtlichen Rechtsprechung sahen die Verwaltungs- und Oberverwaltungsgerichte und das BVerwG zunächst die Aufrechnungserklärung der Behörde als VA an[323].

Veitenthal, BayVBl. 1990, 615 [616], der das Vorliegen einer ö.r. Forderung (unabhängig ob Gegen- oder Hauptforderung) im Aufrechnungsverhältnis für die Qualifizierung des ö.r. Aufrechnungscharakters genügen läßt.

320 FG Hamburg v. 28.04.1972 - IV 24/72 H, EFG 1972, 550.

321 Vom 23.06.1923, RMinBl. 1923, 595 ff., in Kraft seit dem 01.01.1924, mit Wirkung ab 01.01.1977 außer Kraft gesetzt durch das EinführungsG zur AO 1977, BStBl. I 1976, 694 [733], 8. Teil Art. 96 Ziff. 10, ersetzt durch die VollstrA v. 13.03.1980, BStBl. I 1980, 112 ab 01.03.1980.

322 Unter Hinweis auf BFH v. 20.02.1968 - VII 327/64, BStBl. II 1968, 384 = BFHE 91, 518: "Die Aufrechnungserklärung des Steuerberechtigten ist eine Verfügung i.S.v. § 91 RAO, wenn der Steuergläubiger mit einer Steuerforderung aufrechnet."

323 BVerwG v. 07.03.1958 - VII C 8/57, NJW 1958, 1107 [1109] mit zustimmender Anmerkung von *Obermayer*; BVerwG v. 24.04.1959 - VI C 91.57, BVerwGE 8, 261 f.; v. 07.12.1960 - VI C 65.57, BVerwGE 11, 283; v. 19.12.1961 - II C 9.61, BVerwGE 13, 248 f.; in den drei letztgenannten Entscheidungen des BVerwG sieht es in beamtenrechtlichen (Rückforderungs- und) Einbehaltungsbescheiden einen VA, vermeidet aber den Begriff der "Aufrechnung" - in der Entscheidung v. 13.06.1985 - II C 43.82, ZBR 1986, 87 [88] weist das BVerwG dann selbst darauf hin, daß - entgegen der im Schrifttum z.Tl. vorgenommenen Einordnung (vgl.*Ebsen*, DÖV 1982, 389 [393] Fn. 31) der genannten Entscheidungen - " die gelegentlich als gegenteilige Ansicht des BVerwG angeführten Entscheidungen .... nicht Aufrechnungserklärungen für sich allein betreffen"; offengelassen hat es die rechtliche Qualifizierung der behördlichen Aufrechnungserklärung mit ö.r. Forderungen im Urteil v. 26.04.1968 - VI C 113.67, BVerwGE 29,310 [313], allerdings stellte es dort schon fest, daß die Gestaltungswirkung allein keine Regelung beinhalte, sondern eine weitere "Regelung" erforderlich sei.

Das BVerwG[324] vertritt hier - generalisierend - eine "einheitlich öffentlich-rechtliche Betrachtungsweise" in dem Sinne, daß das durch VA begründete Rechtsverhältnis auch in seiner Durchsetzung/ Rechtsverfolgung nichts von seinem öffentlich-rechtlich hoheitlichen Charakter verliere[325], es keinesfalls zu einer Aufspaltung der behördlichen Rechtsstellung kommen könne[326], da dies zu einer prozeßunökonomischen Zerreißung der Rechtsschutzgewährung[327] führen würde. Begründung und Durchsetzung im Rahmen eines Rechtsverhältnisses seien damit als "einheitlicher Vorgang" dem öffentlichen Recht zuzurechnen mit der Folge, daß auch so begründete Rechtsansprüche in ihrer Rechtsverfolgung vor den Verwaltungsgerichten geltend zu machen wären[328].
Noch offengelassen wurde die Rechtsnaturqualifizierung im Urteil des BVerwG v. 13.10.1971[329], obwohl es in seiner Entscheidung bereits von einer "einseitigen empfangsbedürftigen Willenserklärung als schuldrechtliches Gestaltungsrecht" spricht und die Ausübung der Aufrechnung keinen formellen Bindungen unterwirft[330]. Es verneint aber nicht - ausdrücklich - eine VA-Handlungsalternative, da eine VA-Aufrechnung nach seiner Ansicht ohne Belang sei für Rechtsnatur und Wirkungen der Aufrechnung. Es trennt[331] damit bereits zu Recht zwischen der materiell-rechtlicher Ausübung des Gestaltungsrechts und dessen materiellen Wirkungen einerseits und der andererseits möglichen verfahrensrechtlichen Einbindung in spezielle Handlungsformen der Verwaltung, zieht jedoch noch nicht die notwendigen Konsequenzen aus dieser Differenzierung, die bei einer entsprechenden Verknüpfung[332] nicht ohne - formelle - Auswirkungen[333] auf die ohnehin kraft Gesetzes gegebene materielle Gestaltungslage bleibt.

In der Regel folgten auch die verwaltungsgerichtlichen Obergerichte in der Vergangenheit einheitlich der vorgegebenen "öffentlich-rechtlich hoheitliche Linie" einer VA-Aufrechnung[334].

Der *BayVGH*[335] generalisierte zwar schon sehr frühzeitig: "Ein VA i.S. des § 35 VGG liegt aber in der Aufrechnungserklärung und in deren Vollzug nicht", allerdings verrechnete hier die Behörde (Fi-

---

324 BVerwG v. 07.03.1958, Fn. 323.

325 Vgl. "actus-contrarius-These", relativiert im Sinne eines "actus-successum", s.o. bei *Schmidt*, JuS 1984, 28 [32 f.] und 1. Teil B. III S. 8 ff.

326 Etwa durch Umwandlung in eine gleichgeordnete Aufrechnungsposition bzw. Einnahme einer Doppelstellung bei der Aufrechnungsrealisierung.

327 Die Verwaltungsgerichte wären für den ö.r. hoheitlichen Begründungsakt zuständig, die Zivilgerichte für die zivilrechtlich gleichgeordnete Anspruchsrealisierung.

328 *Obermayer* geht in seiner Urteilsanmerkung, NJW 1958, 1107 f., ausdrücklich auch auf die Rechtsqualität der behördlichen Aufrechnungserklärung ein und ordnet diese dem VA-Subordinationsverhältnis zwischen Behörde und Bürger zu, indem er der Aufrechnung eine "verbindliche Feststellung" (wohl hinsichtlich des Forderungserlöschenstatbestandes) zuspricht, die er ohne größere Auseinandersetzung und in Abgrenzung zu Gestaltungsrecht und -wirkung der VA-Handlungsform zuordnet.

329 BVerwG v. 13.10.1971 - VI C 137.67, DÖV 1972, 573.

330 Was aber bei einer "Muß-VA-Aufrechnung" notwendige Konsequenz wäre.

331 So auch *Obermayer*, Fn.328: "... klare Scheidung zwischen Rechtsnatur und Rechtmäßigkeit einer Verwaltungshandlung zunächst schon ein rechtsdogmatisches Anliegen...".

332 Materiell-rechtliches Gestaltungsrecht in VA-Form.

333 Tatbestandswirkung, Bestandskraft, Anfechtungslast u.a.; s.o. S. 74 ff.

334 OVG Münster v. 02.07.1964 - VI B 38/64, ZBR 1966, 307; OVG Rheinland-Pfalz v. 09.10.1970 - 2 B 61/70, VerwRspr. 22, 409; VGH Bad.Württ.v. 08.02.1971 - VI 934/70, VBlBaWü. 1971, 75 ff.; OVG Münster v. 13.09.1974 - I B 649/74, OVGE 30, 46 ff.

335 BayVGH v. 27.04.1959 - Nr.69 III 58, ZBR 1960, 225 [227], der insbesondere zur Frage der Rechtswegkompetenz bei der Aufrechnung mit bestrittenen privatrechtlichen Forderungen der Behörde Stellung nahm.

nanzmittelstelle) privatrechtliche Schadensersatzforderungen[336], die ihr vom Landratsamt als Lastenausgleichsamt rechtswirksam abgetreten worden waren, mit öffentlich-rechtlichen Dienst- und Versorgungsbezügen des Beamten[337]. Es war (und ist) jedoch nie umstritten gewesen, daß sich eine behördliche Aufrechnung mit privatrechtlichen Gegenforderungen unabhängig von der Rechtsnatur der zu verrechnenden Hauptforderung des Bürgers[338] nicht als Ausübung hoheitlicher Machtbefugnisse darstellt, sondern als privatrechtliche Willenserklärung. Insoweit ist auch der Beschluß des BayVGH nicht als "Neuerung" zur Rechtsqualitätbewertung der behördlichen Aufrechnungserklärung zu verstehen, sondern als einzelfallbezogene Entscheidung zur Aufrechnung mit privatrechtlichen Gegenforderungen, die - zugegebenermaßen - keinen VA i.S.v. § 35 VGG bzw. § 35 VwVfG, §§ 91 RAO bzw. 118 AO darstellt.

Das *OVG Münster* v. 02.07.1964[339] stellte in seinem Beschluß zunächst klar, daß die Geltendmachung von überbezahlten Dienstbezügen im Wege einer "VA-Auf-/Verrechnung" mit laufenden Dienstbezügen als "Leistungsbescheid"[340] zulässig sei[341] und nicht etwa nur im Wege der Zahlungsklage verfolgt werden könne. Es differenziert dann folgerichtig zwischen "Aufrechnungsbescheid" und der "Aufrechnung im privatrechtlichen Sinne durch Abgabe einer Erklärung", wobei es jedoch anscheinend davon ausgeht, daß ein "behördlicher Aufrechnungsbescheid" nicht notwendigerweise auch eine Aufrechnungserklärung entsprechend § 388 BGB enthalten muß, d.h. im Wege einer "VA-Verfügung" könnte sich die Behörde dann durch einseitig hoheitliche Regelung von den materiellrechtlichen Aufrechnungsvoraussetzungen lösen und sich als Rechtsgrundlage für die Forderungsdurchsetzung - zunächst - allein auf die formelle VA-Grundlage stützen. Dem ist nicht zuzustimmen. Will man der Definition einer Aufrechnung gerecht werden - unabhängig davon, ob man sie als hoheitliche Verfügung oder gleichgeordnete Willenserklärung ansieht - so muß sie seitens des Aufrechnenden durch "einseitige, empfangsbedürftige Willenserklärung" dem Aufrechnungsgegner zur Kenntnis gebracht werden und zumindestens diese Erklärung hat den Erfordernissen des § 388 BGB zu entsprechen[342].Insbesondere sieht das OVG Münster in der mit der Aufrechnung verbundenen Ankündigung der Einbehaltung von Gehaltsraten eine "regelnde Erklärung", einen "auf - ratenweise - Vollziehung gerichteten VA", so daß damit der "Aufrechnungsbescheid" in seiner Gesamtheit der Aussetzung bzw. der Aufhebung der Vollziehung (vgl. § 80 V VwGO) zugänglich sei. Ohne näher auf einen - möglichen - Regelungscharakter der Aufrechnungserklärung selbst einzugehen, orientiert sich das OVG[343] an der Begründung einer "Gesamthoheitsregelung" (Aufrechnungsmitteilung i.V.m. der Einbehaltung einzelner Gehaltsraten), die hinsichtlich der Rateneinbehaltung als hoheit-

336 §§ 276 i.V.m. 611 BGB aus schuldhafter Vermögensschädigung beim Lastenausgleich.

337 Diese "Verrechnungsmitteilung" war einer Änderungsmitteilung über die Bezüge des in den Ruhestand versetzten Beamten und einer Auszahlungsanordnung beigefügt worden.

338 Eine gänzliche Mindermeinung vertritt insoweit das FG Hamburg v. 22.02.1983 - V 165/81, EFG 1983, 486 (S.109), das tendenziell sogar zu einer "VA-Aufrechnung" des FA mit privatrechtlicher Gegenforderung gegen einen ö.r. Steuererstattungsanspruch neigt, s.o. S. 89 Fn. 317.

339 OVG Münster v. 02.07.1964 - VI B 38/64, ZBR 1966, 307.

340 Vgl. *Arbeiter*, Die Durchsetzung gesetzlicher Pflichten, S. 122 ff.; *Erichsen*, in Erichsen/Martens, aaO, § 18 II 3 (S. 263); *Wolff-Bachof*, aaO, §§ 30 III a 4, 44 III f 1; BVerwG in ständiger Rechtsprechung: BVerwG v. 06.05.1964 - VIII C 394.63, BVerwGE 18, 283; v. 16.10.1969 - VIII C 200.67, BVerwGE 34, 97; v. 21.04.1972 - VII C 68.70, BVerwGE 40, 85.

341 Ebenso BVerwG v. 26.04.1968 - VI C 113.67, BVerwGE 29, 310 [311 f.].

342 So auch FG Hamburg v. 21.12.1970 - II 19/70 N, EFG 1971, 359: "Inhaltlich muß die Verfügung eine Erklärung der Aufrechnung gegenüber dem anderen Teil sein; ... § 388 BGB ist sinngemäß auch maßgeblich für die Aufrechnung im öffentlichen Recht."

343 Ähnlich OVG Münster v. 13.09.1974 - I B 649/74, OVGE 30, 46 [50].

lich-verbindliche, rechtsfolgenbestimmende Erklärung der Behörde gesehen wird und insoweit insgesamt den VA-Charakter des "Bescheides" bestimmt. Das OVG Münster trennt vorliegend zwar zu Recht die materiell-rechtliche Aufrechnungserklärung einerseits und andererseits die - verwaltungsrechtlich formelle - VA-Verfügung. Hierbei verkennt es aber, daß wesensimmanent jeder Aufrechnung auch die Aufrechnungserklärung ist und daß eine "Aufrechnungsverfügung" ohne Aufrechnungserklärung keine Aufrechnung i.S. dieses Rechtsgebildes ist, sondern sich lediglich als hoheitlich ausgestaltete Regelungserklärung einer Rechtsfolge in Ausübung - potentieller - VA-Befugnisse darstellt. Es geht hier daher nicht um die Frage "Aufrechnungserklärung oder Aufrechnungsverfügung", sondern um die Problemstellung, ob neben der Aufrechnungserklärung i.S.v. § 388 BGB noch mögliche weitere Regelungsgehalte vorhanden sind, die in VA-Form (z.B. als "Feststellungsbescheid") gekleidet werden können. Versucht man dagegen, die rechtliche Qualifizierung der behördlichen Aufrechnungserklärung dadurch zu umgehen, indem man sie als "Teilaspekt" in eine "Gesamt-VA-Regelung" eingliedert, so geht man der eigentlichen Problemstellung aus dem Wege bzw. läßt sie offen. Das OVG verkennt mit seiner als Regelung gesehenen "Gehaltseinbehaltung", daß das Recht der Einbehaltung sich lediglich als Folge der aufrechnungsbedingt eingetretenen Tilgungswirkung darstellt und keiner weiteren - zusätzlichen, insbesondere regelnden - Erklärung bzw. eines anordnenden vollziehbaren VA bedarf[344].
Auch in einer weiteren Entscheidung v. 13.09.1974[345] stellte sich das *OVG Münster* - vorsichtiger[346] - auf die Seite der VA-Befürworter: "...jedenfalls ist dann, wenn sich die Aufrechnungserklärung des Dienstherrn als Teil einer Gesamtregelung in Gestalt eines mit einer Rechtsmittelbelehrung versehenen förmlichen VA darstellt, die die Berechnung über das Ruhen der Übergangsgebührnisse und über die Rückforderung von Überzahlungen zum Gegenstand hat und damit der umfassenden Regelung eines Einzelfalles im Beamtenverhältnis dient, ein VA-Bescheid anzunehmen". Etwas deutlicher als noch in der Entscheidung vom 02.07.1964 stellte es hier heraus, daß die "rechtlichen Folgewirkungen als bürgerlich-rechtliche Aufrechnungswirkungen nach den Vorschriften der §§ 387 ff. BGB" unabhängig von dem VA-Charakter der Maßnahme eintreten. Damit wurde klargestellt, daß die "Erlöschensfolge" entsprechend § 389 BGB nicht als die der VA-Form zugeschriebenen Regelung zu bewerten ist, daß vielmehr darüber hinaus eine "hoheitliche Einzelfallregelung" zur VA-Qualifizierung des "Aufrechnungsbescheides" insgesamt von Nöten ist[347].
Die besondere Fallkonstellation in den vom OVG Münster[348] entschiedenen Fällen der Einbehaltung von Dienstbezügen im Wege der Aufrechnung bestand darin, daß die Behörde hier ihrer "Aufrechnungserklärung" Taten folgen ließ, indem sie ihre Auszahlungen entsprechend kürzte und so über die verrechneten Forderungen "verfügte". Damit "vollzog" sie - wie auch vom OVG dargelegt - faktisch die von Gesetzes wegen her eingetretene Aufrechnungsfolge der Forderungsverrechnung gegenüber dem Bürger. Vergleichbar dieser Art des "faktischen Vollzuges" einer behördlichen Aufrechnungserklärung ist auch die steuerrechtliche Aufrechnungskonstellation, wo die dem Bürger zustehenden Steuererstattungsansprüche durch entsprechende Einbehaltung (d.h. abzüglich) noch offener Steuerforderungen durch das Finanzamt gekürzt werden.

---

344 BVerwG v. 13.10.1971 - VI C 137.67, DÖV 1972, 573 [574]; *Weidemann*, DVBl. 1981, 113 [114]; **a.A.**: OVG Münster v. 02.07.1964 - VI B 38/64, ZBR 1966, 307 und v. 13.09.1974 - I B 649/74, OVGE 30, 46 ff.

345 OVG Münster v. 13.09.1974 - I B 649/74, OVGE 30, 46 [49] m.w.N.; aber nunmehr OVG Münster v. 26.05.1983 - 4 A 1504/82, DÖV 1983, 1023.

346 Vgl. *Weidemann*, DVBl. 1981, 113 [114].

347 Diese Regelung wurde im vorliegenden Fall in der "Gesamtbesoldungsregelung" (Aufrechnung + Rateneinbehaltung), wie bei der Entscheidung vom 02.07.1964, aaO, Fn. 344, gesehen.

348 Vom 02.07.1964, aaO, Fn. 344; vom 13.09.1974, aaO, Fn. 344.

Das *OVG Rheinland-Pfalz* v.09.10.1970[349] sah die Erklärung des Dienstherrn, mit der er gegenüber dem Anspruch des Beamten auf Zahlung der Dienstbezüge aufrechnete, ebenfalls als anfechtbaren VA an. Die "unmittelbare Regelung" der dienstrechtlichen Beziehung wähnte es in der Entscheidung des Dienstherrn, nunmehr gegen den Beamten wegen einer ihn betreffenden Forderung vorzugehen und dabei vom Aufrechnungsinstitut in bestimmter Höhe Gebrauch zu machen[350], während es - zu Recht - die gesetzlich angeordnete und daher auch kraft Gesetzes eintretende Tilgungswirkung als Regelungsfunktion i.S. des VA-Begriffes ablehnte[351]. Ebensowenig wurde im vorliegenden Fall die Behördenentscheidung darüber, daß ihr die Aufrechnungsforderungen zustehen[352], als "Regelung" angesehen, da diese (Aufrechnungs-)forderungen bereits vorher rechtskräftig festgestellt worden waren und damit im Rahmen der Aufrechnungserklärung nicht mehr verbindlich ("erstmalig mit Regelungswillen") festgelegt werden könnten, sondern nur noch erläuternd erneut aufgezählt würden[353]. Konkret auf den seinem Beschluß zugrundeliegenden Fall bezogen, verneint das OVG weiterhin den Eintritt der aufschiebenden Wirkung bei Rechtsbehelfseinlegung, weil im Ausnahmefall der Aufrechnung mit einer rechtskräftig festgestellten Gegenforderung dies der "Vollstreckung einer titulierten Forderung gleichkomme", da die so bereits als rechtmäßig festgestellten Aufrechnungsforderungen durch die Anfechtungsklage gegen den Aufrechnungsbescheid nicht mehr in Frage gestellt werden könnten und damit auch nicht mehr weitergehend in die Rechtsstellung des Betroffenen eingegriffen würde, als dies bei einer Durchsetzung im Wege der Verwaltungsvollstreckung geschehe. Damit dürfe es im Rahmen dieser "titulierten Aufrechnung" keinen weitergehenden Rechtsschutz geben als bei der Realisierung im Wege der Verwaltungsvollstreckung, wo (vgl. Art. 38 IV bayVwZVG) die aufschiebende Wirkung von Rechtsbehelfen gegen VA-Vollstreckungsmaßnahmen ausgeschlossen sei.
Mit dem OVG könnte man damit zwar die Aufrechnungserklärung insoweit als VA ansehen, als sie eine - den Beamten im "Grundverhältnis" berührende und damit i.S. des § 35 VwVfG außenwirksame - Entscheidung des Dienstherrn darüber enthält, nunmehr (1) zur Einziehung seiner Forderung (2) von seinen Befugnissen gegenüber dem Beamten durch Aufrechnung (3) Gebrauch zu machen (4). Hierdurch würde aber die Unterscheidung zwischen tatsächlicher, geschäftsähnlicher und rechtsgeschäftlicher Handlung verwischt[354]. Auch ist jeder Handlung - schon ihrer ontologischen Struktur nach - die vorangehende Vornahme der Zwecksetzung und Entscheidung über das "Ob" und "Wie" immanent. Sieht man in der zu einer Handlung gehörenden Entscheidung das Wesensmerkmal der

---

349 OVG Rheinland-Pfalz v. 09.10.1970 - 2 B 61/70, VerwRspr. Bd. 22, 409.

350 "Regelungsstufe" des "Ob" der Aufrechnungsausübung, unter Hinweis auf OVG Lüneburg v. 09.09.1964 - IV A 105/62, DVBl. 1965, 209; OVG Münster v. 02.07.1964 - VI B 38/64, ZBR 1966, 207; BVerwG v. 27.03.1968 - V C 3.67 = BVerwGE 29, 229.

351 Ansonsten träte eine "Doppelung" der Rechtsfolgewirkungen ein: aufgrund Gesetzes und aufgrund VA-Verfügung. Von der Zulässigkeit der Rechtsfolgenbegründung gehen dagegen aus: *Arbeiter*, aaO, S.120: bei gesetzeswiederholenden VAen ergebe sich eine einheitliche Verpflichtung des Bürgers aus zwei Rechtsgründen - aus Gesetz und aus VA; *Hoffmann-Becking*, DÖV 1972, 196 [199 f.]; *Löwenberg*, aaO, S. 44 f.: neben der gesetzlichen Rechtsfolge gebe es eine weitere eigenwertverbindliche Verpflichtung aufgrund behördlicher Regelung; *Becker-Riewald-Koch*, aaO, vor § 97 Anm. 1 d (S. 268 f.): "bei Steuern, die ohne Festsetzung zu entrichten sind und bei denen sich die Zahlungsschuld durch die Verwirklichung des gesetzlichen Tatbestandes ergibt (Nichtveranlagungssteuern), begründet ein gleichwohl die Steuer festsetzender Steuerbescheid nochmals eine Zahlungsschuld."; BFH v. 10.11.1953 - I 108/52 S, BStBl. III 1954, 26 = BFHE 58, 294 [297].

352 "Regelungsstufe" der Aufrechnungsvoraussetzungen, u.a. über das Bestehen der Gegenforderung.

353 Diese Negierung einer "Regelungsmöglichkeit" gilt aber nur für den vorliegenden Fall einer lediglich "wiederholenden Verfügung", ansonsten bleibt im Rahmen einer allgemeinen VA-Befugnis noch zu überprüfen, ob das "Feststellen" der Aufrechnungsvoraussetzungen von der hoheitlichen Ermächtigung der Verwaltungsbehörde erfaßt wird ("Gesetzesvorbehalt").

354 *Wolff-Bachof*, I, § 45 II S. 364 ff.; *Weidemann*, DVBl. 1981, 113 [114].

Regelung, beinhaltet jede behördliche Maßnahme einen VA. Das Regelungsmerkmal im Verhältnis zum Merkmal der Maßnahme ist jedoch in der VA-Definition einengend gedacht[355]. Für die These des OVG Rheinland-Pfalz scheint auch das BVerwG-Urteil v. 25.02.1969[356] zu sprechen, wo die Erteilung/Versagung einer Auskunft als VA angesehen wird, weil der rechtliche Schwerpunkt nicht in der Auskunft als solcher liege, sondern in der dadurch zum Ausdruck kommenden Ermessensentscheidung. Damit wäre aber jede erstmalig schlichte behördliche Aufforderung VA und die - früher diskutierte - Frage nach der Zulässigkeit eines Leistungsbescheides würde sich gar nicht mehr stellen.

Auch die *Sozialgerichtsbarkeit*, die in § 51 SGB I[357] die Aufrechnungsmöglichkeit gesetzlich vorsieht, hat sich bislang ohne vertiefende Erörterung des Rechtscharakterproblems der behördlichen Aufrechnungserklärung einer VA-Qualifizierung (i.d.R.[358]) angeschlossen[359].

In der *Verwaltungspraxis* ist ebenfalls der VA-Charakter der behördlichen Aufrechnung mit öffentlich-rechtlichen Gegenforderungen behauptet worden.
Die *OFD Köln* ordnete in ihrer Verfügung vom 30.01.1984[360] die finanzbehördliche Aufrechnung zur Tilgung eines Steueranspruches bzw. einer sonstigen öffentlich-rechtlichen Geldforderung gegen einen Steuererstattungsanspruch des Steuerpflichtigen als VA i.S.v. § 118 S. 1 AO ein, während die Finanzamtaufrechnung mit einer privatrechtlichen Gegenforderung durch privatrechtliche Willenser-

---

355 *Wolff-Bachof*, I, § 46 IV, V S. 380.

356 BVerwG v. 25.02.1969 - I C 65.67, BVerwGE 31, 301 [307].

357 Bis zum 31.12.1975 galt noch § 223 RVO für das Recht der sozialen Krankenversicherung, der bestimmte, daß Ansprüche auf Kassenleistungen nur mit besonders genannten Forderungen, u.a. mit einer Beitragsschuld, und Ansprüchen auf Krankengeld bis zur Hälfte aufgerechnet werden konnten. Mit Wirkung vom 01.01.1976 wurde § 223 RVO durch Art. II § 4 Nr. 1 SGB I vom 11.12.1975, BGBl. I, 3015, aufgehoben und durch § 51 SGB I in der Fassung des Art. II § 28 Nr.4 SGB X vom 28.08.1980, BGBl. I, 1469 m.W. v. 27.08.1980 (Art. II § 40 V SGB X) ersetzt. Nach Abs. I des § 51 SGB I kann der zuständige Sozialversicherungsträger gegen Ansprüche auf Geldleistungen mit Ansprüchen gegen den Berechtigten aufrechnen, soweit die Ansprüche auf Geldleistungen nach § 54 II und III SGB I pfändbar sind. Darüber hinaus gestattet Abs. II mit Ansprüchen auf Erstattung zu Unrecht erbrachter Sozialleistungen und mit Beitragsansprüchen nach diesem Gesetzbuch gegen Ansprüche auf laufende Geldleistungen bis zu deren Hälfte aufzurechnen. § 52 ergänzt diese Regelung dahingehend, daß der für eine Geldleistung zuständige Leistungsträger mit Ermächtigung eines anderen Leistungsträgers dessen Ansprüche gegen den Berechtigten mit der ihm obliegenden Geldleistung verrechnen darf, soweit nach § 51 die Aufrechnung zulässig ist.

358 Im Urteil vom 17.11.1970 - 1 RA 163/69, BSGE 32, 76 [78] sah der entscheidende Senat allerdings eine "Aufrechnungsbescheinigung" gem. § 124 VI 2 AVG der beklagten BfA gegenüber dem Nachversichrungsberechtigten nicht als VA an, mit dem über die Pflicht des Arbeitgebers zur Zahlung der Nachversicherungsbeiträge für die Zeiten der versicherungsfreien Beschäftigung gem. §§ 9 AVG i.V.m. §§ 124, 125 AVG i.S. des § 77 SGG in der Sache entschieden worden wäre. Eine solche von der BfA erteilte Aufrechnungsbescheinigung sei - wenn sie sich auf die Wiedergabe der beurkundeten Zeiten, Entgelte und Beiträge beschränke - lediglich eine tatsachenfeststellende öffentliche Beweisurkunde, ohne eine Sachentscheidung über die Arbeitgeberbeitragspflichten zu treffen. Werde aber keine Entscheidung in der Sache selbst getroffen, so handele die die Nachversicherungsbeiträge entgegennehmende BfA nur durch "schlichte Verwaltungshandlungen". *Krause*, BlStSozArbR 1979, 145 [148] lehnt - unter Hinweis auf die BSG-Rechtsprechung - den VA-Charakter der behördlichen Aufrechnungserklärung ab: das BSG (v. 10.11.1970 - 3 RK 65/68, BSGE 32, 56 und v. 18.02.1970 - 6 RKa 1/69, BSGE 31, 23 [29]) behandele alle Klagen, die sich gegen eine Aufrechnung wendeten, als Leistungsklagen und prüfe jeweils, ob der Anspruch durch Aufrechnung erloschen sei, eine Aufhebung der Aufrechnungserklärung werde nie in Erwägung gezogen.

359 Vgl. BSG v. 11.10.1979 - 3 RK 88/77, SozR 1200, § 51 SGB I Nr.5 (S. 7 f.): "VA als umfassende hoheitliche Regelung des zugrundeliegenden Sachverhaltes beinhaltet eine rechtmäßige Aufrechnung"; v. 16.09.1981 - 4 RJ 107/78, SozR 1200, § 51 SGB I Nr.11 (S. 23 ff.); v. 17.09.1981 - 4 RJ 13/80, SozR 1200, § 51 SGB I Nr. 12 (S. 28 ff.); BSG v. 25.03.1982 - 10 R Kg 2/81 - SozR 1200 § 52 Nr. 6 unter Annahme eines VA; LSG Schlesw.-Holst. v. 05.04.1961 - L 1J 32/60, in Breithaupt Nr. 354 (S. 1026).

360 Vfg. OFD Köln v. 30.01.1984 - S 0456 - 1 - St 312, AO-Handbuch 1988 zu § 226 Anm. 8.2.

klärung entsprechend §§ 116 ff. BGB geschehe, ebenso wie die Aufrechnung gegen abgetretene bzw. gepfändete privatrechtliche Forderungen mit öffentlich-rechtlichen Gegenforderungen[361]. Die neueren Rechtsprechungstendenzen des FG München[362] und des BVerwG[363], die die Aufrechnungserklärung als Ausübung eines schuldrechtlichen Gestaltungsrechts ansahen, wurden von der OFD Köln nicht geteilt.
In einer Verfügung der *OFD Nürnberg* v. 22.11.1983[364] wird die behördliche Aufrechnung in VA-Form als Ermessensentscheidung gem. § 5 AO qualifiziert. In "Neuerung" der alten "Subordinations-Rechtsprechung"[365] erkannte die OFD nunmehr eine Aufrechnungserklärung des Finanzamtes entsprechend § 406 BGB mit Ansprüchen aus dem Steuerschuldverhältnis gegen abgetretene Steuererstattungs- und Steuervergütungsansprüche als VA an und schloß nicht aus der entsprechenden Heranziehung der zivilrechtlichen Vorschrift des § 406 BGB bzw. aus dem Nichtbestehen eines Steuerschuldverhältnisses i.e.S. zwischen Zessionar und Finanzamt auf die Ablehnung einer VA-Handlungsform. Dagegen sollte die Aufrechnung des Finanzamtes gegen privatrechtliche Forderungen unabhängig von der öffentlich-rechtlichen Rechtsnatur der finanzbehördlichen Aufrechnungsforderung nur eine privatrechtliche Willenserklärung darstellen[366]. Diese Schlußfolgerung resultierte anscheinend aus der Tatsache, daß man i.d.R. nur zwischen den Möglichkeiten einer hoheitlichen Aufrechnungsverfügung einerseits oder aber der zivilrechtlichen Willenserklärung andererseits unterschied und die Alternative eines schlichthoheitlichen Handelns in Form einer öffentlich-rechtlichen Willenserklärung nicht in Betracht zog. Damit war die öffentlich-rechtliche und hoheitliche Handlungsform nur möglich beim Bestehen eines subordinationsrechtlichen Forderungsverhältnisses zwischen Zessionar und Finanzamt, d.h. hinsichtlich seiner privatrechtlichen Hauptforderung war der steuerpflichtige Bürger als Forderungsinhaber diesem nicht untergeordnet. Die öffentlich-rechtliche Rechtsnatur der finanzbehördlichen Gegenforderung allein konnte sich - nach diesen Kriterien - daher nicht i.S. öffentlich-rechtlichen Verwaltungshandelns prägend auswirken[367].
Auch die Verfügung der *OFD Bremen* v. 28.04.1978[368] geht grundsätzlich von der Annahme einer "VA-Aufrechnung" auf, da sie - u.a. - als zulässigen Rechtsbehelf des Steuerpflichtigen gegen die finanzbehördliche Aufrechnungsverfügung die Beschwerde gem. § 349 zuläßt. Allerdings weist sie darauf hin, daß gegen die finanzbehördliche Aufrechnung grundsätzlich das Abrechnungsbescheidsverfahren nach § 218 II AO als vorrangige Möglichkeit des Betroffenen in Betracht zu ziehen sei, um insbesondere mehrere Verfahren mit möglicherweise unterschiedlichen Rechtsbehelfswegen zu vermeiden. Ein Abrechnungsbescheid sei sogar dann zu erteilen, wenn der Steuerpflichtige gegen die Finanzamtaufrechnung Beschwerde eingelegt habe. Diese "Beschwerde" könne dann nicht als förmli-

---

361 Unter Hinweis auf BFH v. 20.02.1968 - VII 327/64, BStBl. II 1968, 384 = BFHE 91, 518.

362 FG München v. 21.07.1983 - X 2/80, EFG 1984, 113.

363 BVerwG v. 27.10.1982 - 3 C 6/82, NJW 1983, 776 = BVerwGE 66, 218.

364 OFD Nürnberg v. 22.11.1983 - S 0456 - 50/St 32 - StEK AO 1977 § 226 Nr. 13: "... die Aufrechnungserklärung des FA ist ein VA i.S.v. § 118 S. 1 AO." - damit geht die OFD anscheinend von einer Gleichsetzung "Aufrechnungserklärung = VA-Verfügung" aus, und nicht - wie vielfach vertreten wird - von der Differenzierung zwischen materiell-rechtlicher Aufrechnungserklärung i.S.v. § 388 als Kerngehalt, "ummantelt" von der äußeren VA-Form.

365 Vgl. insbesondere BFH v. 20.02.1968 - VII 327/64, BStBl. II 1968, 384 = BFHE 91, 518.

366 Unter Bezugnahme auf das BFH-Urteil v. 20.02.1968, aaO, Fn. 365.

367 Anders ist die Sachlage rechtlich zu beurteilen, wenn man bei Annahme einer ö.r. Willenserklärung des FA allein auf die - ö.r. - Rechtsnatur der Aufrechnungsforderung abstellt.

368 OFD Bremen v. 28.04.1978 - S 0456 - St 242, StLex Teil II, §§ 224 - 226, SG 2, Nr. 1002.

cher Rechtsbehelf behandelt werden[369], sondern sei als Antrag auf Erlaß eines Abrechnungsbescheides auszulegen.

cc) Neue Tendenzen in der verwaltungsgerichtlichen Rechtsprechung - Rechtsprechungswandel ?

(1) BVerwG v. 27.10.1982 - 3 C 6/82, NJW 1983, 776 und Verwaltungsgerichte

Während das *BVerwG* in seinem Urteil vom 13.10.1971[370] die Frage der VA-Qualifikation bzw. Negierung noch offen ließ, aber bereits eindeutig zumindestens die Erklärung selbst gem. § 388 BGB als "schuldrechtliches Gestaltungsrecht" einordnete[371], nimmt es im Urteil vom 27.10.1982[372] erstmalig eindeutig und ausdrücklich Stellung, indem es klarstellt (LS): "Die Aufrechnungserklärung ist die Ausübung eines schuldrechtlichen Gestaltungsrechtes und für sich allein kein VA[373]." Sie werde nicht aus einer hoheitlichen Position abgegeben, sondern erfolge - i.d.R.[374] - durch einseitige, empfangsbedürftige Willenserklärung gem. §§ 387, 388 BGB des Schuldners, der zugleich Gläubiger seines Gläubigers sei, auf einer gleichgeordneten rechtlichen Ebene[375] und dies unabhängig davon, ob die Aufrechnung seitens der Behörde oder seitens des Bürgers erklärt werde und ob mit einer privatrechtlichen gegen eine öffentlich-rechtliche, mit einer öffentlich-rechtlichen gegen eine privatrechtliche oder mit einer öffentlich-rechtlichen gegen eine öffentlich-rechtliche Forderung aufgerechnet werde[376]. Als Konsequenz der nicht-hoheitlichen Zuordnung der behördlichen Aufrechnungserklärung zieht es weiterhin die Schlußfolgerung, daß die Aussetzung der Vollziehung bzw. die aufschie-

369 Die Beschwerdefähigkeit der FA-Aufrechnung scheitert damit nach Ansicht der OFD Bremen nicht am Vorliegen eines VA, sondern am Eingreifen der spezielleren Regelung des § 218 II AO und zur Vermeidung unterschiedlichster Rechtsbehelfswege.

370 BVerwG v. 13.10.1971 - VI C 137.67, DÖV 1972, 573 ff.: Aufrechnung durch den Dienstherrn mit einem Erstattungsanspruch wegen erfolgter Überzahlung gegen die dem Beamten zustehende Forderung auf Zahlung von Dienstbezügen.

371 Hier geht das BVerwG noch von einer "zusätzlichen" (neben der eigentlichen Erklärung) Verfügungsmöglichkeit aus, die die schuldrechtliche Erklärung i.S. einer "hoheitlichen Regelung" noch verstärkt, ihr einen gewissen verselbständigten Eigenwert verleiht.

372 BVerwG v. 27.10.1982 - 3 C 6/82, NJW 1983, 776 = BVerwGE 66,218 (wie *Schmidt*, JuS 1984, 28/32 richtig bemerkt, läßt sich aus den vom 3.Senat gegebenen Nachweisen jedoch nur mittelbar die von ihm vertretene Argumentation hinsichtlich der behördlichen Aufrechnung mit ö.r. Gegenforderungen belegen), nachfolgend erneut im Urteil v. 13.06.1985 - 2 C 43.82, ZBR 1986, 87 [88]. Hier wird klargestellt, daß die z.Tl. als gegenteilig angeführten, in BVerwGE 8, 261; 11, 183; 13, 248 abgedruckten Entscheidungen nicht Aufrechnungserklärungen für sich allein betrafen; in diesem Fall verrechnete die Behörde den in einem Rückforderungsbescheid wegen zuviel gezahlter EWG-Beihilfeleistungen festgesetzten Betrag mit erneut zugunsten des Bürgers bewilligter Beihilfe und zahlte nur den Differenzbetrag aus. Dagegen erhob der Bürger als Aufrechnungsgegner der Behörde Zahlungsklage auf den Restbetrag. Das VG Frankfurt v.15.11.1979 - I/2 E 2745/79 (n.v.), gab der Klage statt. Auf Sprungrevision der beklagten Behörde hob das BVerwG dieses Urteil auf und verwies die Sache gem. § 144 VwGO zurück.

373 Mit zustimmender Urteilsanmerkung von *Söhn*, StRK-Anm. AO 1977, § 226 R. 4. Ablehnend, zumindestens für den Fall der behördlichen Aufrechnung mit einer in einem Leistungsbescheid konkretisierten Gegenforderung, *Schmidt*, JuS 1984, 28 [33].

374 Diese Einschränkung ist wohl nur unter dem Gesichtspunkt der zweiten vom BVerwG angeführten Alternative - dem Aufrechnungsvertrag - zu verstehen.

375 Vergleichbar einer Willenserklärung im ö.r. Aufrechnungsvertragsverhältnis. Allerdings ist mit *Schmidt*, JuS 1984, 28 [32] anzumerken, daß die Alternative eines ö.r. Vertrages gerade noch kein Argument gegen die Annahme einer VA-Aufrechnung ist, es kommt vielmehr auf die Beurteilung der (tendierten) Wirkungen der einseitigen, behördlichen Aufrechnungserklärung an.

376 Mit Blick auf § 35 VwVfG und § 42 VwGO sieht das BVerwG das VA-Element der "Hoheitlichkeit" als ausschlaggebendes Kriterium für die Abgrenzung von Regelungen durch VA und anderen ö.r. Willenserklärungen an.

bende Wirkung als öffentlich-rechtlich hoheitliches Rechtsinstitut der Vollziehung nicht "gleich laufe" mit dem Aufrechnungsinstitut und daher auch keine Auswirkungen auf dieses zeige.

Ähnliche Ansätze finden sich auch bereits bei einigen *Oberverwaltungsgerichte*[377], insbesondere i.V.m. der Klärung des möglichen einstweiligen Rechtsschutzes gegen solche behördliche Maßnahmen.

Der *Hessische VGH*[378] stellte bereits 1977 klar, daß eine in einer Rückberechnung (§§ 87 II BBG, 12 II BBesG, Feststellung der Überzahlung i.V.m. Einbehaltung von Dienstbezügen[379]) enthaltene Aufrechnung nicht als VA zu qualifizieren sei. Vergleichbar der bürgerlich-rechtlichen Aufrechnung bedürfe es keiner die Rückzahlungspflicht konkretisierenden Regelung durch VA, denn die Aufrechnung beinhalte - anders als ein hoheitlicher Leistungsbescheid - keinen Leistungsbefehl; sie benötige zu ihrer Realisierung nicht der Mittel des Verwaltungszwanges und habe auch nicht die Funktion eines Vollstreckungstitels[380]. Vergleichbar dem Realakt der Barzahlung als gesetzlichem Regeltatbestand der Erfüllung von Geldforderungen bedürfe es auch bei der Aufrechnung als gestaltendem Erfüllungssurrogat keiner Forderungsfestsetzung in einer hoheitlichen Aufrechnungsverfügung als anspruchsbegründende Konkretisierung der Leistung. Die zum Teil in der Entscheidung des "Ob" der Aufrechnung gesehene Regelungsfunktion[381] verkenne die innerdienstliche Anordnungsnatur dieser Erklärung, die jeder behördlichen Entscheidung - z.B. auch bei Erteilung einer Vollstreckungsanordnung - vorausgehe.

Das *OVG Lüneburg*[382] unterscheidet unter Hinweis auf seine frühere Rechtsprechung zunächst zwischen der ausdrücklichen Vornahme einer "VA-Aufrechnung" ("Form-VA") und der zulässigen Formenwahl an sich, wobei es offen läßt, inwieweit die Aufrechnung auch in VA-Form zulässig ist. Jedenfalls anerkennt es die Möglichkeit der Erklärung in "schlicht-hoheitlicher" Form durch "einfache" Aufrechnungserklärung, die von sich aus Erlöschenswirkung entfaltet[383]. Der Senat verneint damit ein "Muß" der "VA-Aufrechnungsverfügung".

Unter Berufung auf das BVerwG-Urteil vom 27.10.1982[384] hat das *OVG Nordrhein-Westfalen* im Urteil vom 26.05.1983[385] bei der rechtlichen Qualifizierung eines behördlichen Zurückbehaltungs-

---

377 Generalisierend dargestellt beim BayVGH v. 27.04.1959 - Nr. 69 III 58, ZBR 1960, 225, allerdings nur in Bezug auf die - nie streitige - behördliche Aufrechnung mit privatrechtlichen Gegenforderungen; Hess. VGH v. 19.08.1977 - I TH 19/77, ESVGH 27, 159; OVG Lüneburg v. 07.12.1981 - 5 OVG B 52/81, OVGE 36, 484; OVG NW v. 26.05.1983 - 4 A 1504/82, DÖV 1983, 1023.

378 Fn. 377; mit der Konsequenz der Ablehnung des § 80 V VwGO und Annahme der Möglichkeit eines § 123 VwGO-Antrages; ebenso die Vorinstanz VG Kassel.

379 Bei einer solchen Fallkonstellation ordnete das OVG Münster v. 02.07.1964 - VI B 38/64, ZBR 1966, 307 und v. 13.09.1974 - I B 649/74, OVGE 30, 46 [49] die behördliche Aufrechnungserklärung im Rahmen einer einheitlichen Gesamtregelung als VA ein.

380 S.o. 1. Teil C. II.3. b) bb) S. 33 ff. und 2. Teil A III 2. S. 41, zur Funktion des Erfordernisses der Festsetzung der aufzurechnenden Gegenforderung im Besteuerungsverfahren in Abgrenzung zu der vollstreckungsrechtlichen Bedingung der "Titulierung".

381 So OVG Rheinl.Pfalz v. 09.10.1970 - II B 61/70, VerwRspr. Bd. 22, 409.

382 OVG Lüneburg v. 07.12.1981 - 5 OVG B 52/81, OVGE 36, 484.

383 Unter Bezugnahme auf das BVerwG-Urteil v. 13.10.1971 - 6 C 137.67, DÖV 1972, 573.

384 BVerwG v. 27.10.1982 - 3 C 6.82, NJW 1983, 776.

385 OVG NW v. 26.05.2983 - 4 A 1504/82, DÖV 1983, 1023 [1024]; a.A. noch v. 02.07.1964, Fn. 379 und v. 13.09.1974, Fn. 379.

rechts auf Kostenerstattung dieses "ähnlich einer Aufrechnung" als öffentlich-rechtliche Willenserklärung eingeordnet.

Zwei Problemkreise werden damit von der verwaltungsgerichtlichen Rechtsprechung zur behördlichen Aufrechnungserklärung in den Mittelpunkt gestellt:

1. Die Suche nach einem möglichen "Regelungsgehalt", falls man von einer VA-Qualifizierung[386] ausgeht und hiermit zusammenhängend die "Pflicht" bzw. die Einräumung eines Wahlrechts.

2. Die Frage nach der Zulässigkeit eines "Form-VA"[387], d.h. ob neben der Möglichkeit der "schlichten" Aufrechnungserklärung auch die Alternative der Aufrechnungsverfügung als zulässige Handlungsalternative in Betracht kommt,

und hieran anknüpfend jeweils die Frage nach den entsprechenden Rechtsschutzmöglichkeiten, insbesondere auch im Hinblick auf den einstweiligen Rechtsschutz.

(2) BFH seit dem 02.04.1987 - VII R 148/83, BStBl. II 1987, 536 = BFHE 149, 482[388]

Im Urteil vom 02.04.1987[389] überprüfte der *BFH* seine "VA-Rechtsprechung" der vergangenen Jahre und revidierte sie im Sinne der - vorangegangenen - Entscheidung des BVerwG v. 27.08.1982[390], bestätigte damit zugleich auch die Vorinstanz des FG München v. 21.07.1983[391] in dem Sinne, daß die Aufrechnung der Finanzbehörde als solche keinen VA darstelle.

---

386 Unabhängig von der Beurteilung einer - möglichen - Handlungsbefugnis.

387 Hier als Frage nach der - eventuell zulässigen - Handlungsbefugnis.

388 Seitdem nunmehr: BFH v. 10.11.1987 - VII B 137/87, BStBl. II 1988, 43 = BFHE 151, 128; v.17.11.1987 - VII R 90/84, BStBl. II 1988, 17 = BFHE 151, 340; v. 17.09.1987 - VII R 50-51/86, BStBl. II 1988, 366 = BFHE 151, 304; mittelbar auch v. 23.02.1988 - VII R 52/85, BStBl. II 1988, 500 = BFHE 152, 317; v. 05.08.1986 - VII R 167/82, BStBl. II 1987, 8 = BFHE 147, 398; v. 28.07.1987 - VII R 145/83, BFH/NV 1988, 213; ebenso einige Finanzgerichte: FG Hamburg v. 11.01.1985 - IV 242/84 H, EFG 1985, 435; FG München v. 21.07.1983 - X 2/80, EFG 1984, 103 [Vorinstanz zu BFH v. 02.04.1987]; FG Nürnberg v. 03.07.1985 - VI 27/83, EFG 1986, 54; FG Bad.Württb.,Außensenate Stuttgart, v. 13.03.1986 - IX K 560/83, EFG 1986, 479; FG Bad.Württb., Außensenate Stuttgart, v. 10.06.1988 - IX K 349/87, EFG 1988, 611; FG Nürnberg v. 17.11.1987 - VI 228/84, EFG 1988, 281.

389 Mit folgendem Sachverhalt: Das beklage FA hatte gegenüber dem Kl. die Aufrechnung ("Verfügung") mit einer Forderung auf Säumniszuschläge zur Einkommenssteuer gegen einen Anspruch des Kl. auf Kostenerstattung im Rechtsbehelfsverfahren erklärt. Die "Aufrechnungserklärung" enthielt die Rechtsbehelfsbelehrung, daß gegen die "Verfügung" des FA die Beschwerde gegeben sei. Die hiergegen eingelegte Beschwerde wies die OFD als unbegründet zurück. Die eingelegte Klage hatte Erfolg - das FG München hob die Beschwerdeentscheidung mit der Begründung auf, daß diese nur gegen VAe gegeben sei und als solcher sei die finanzbehördliche Aufrechnungserklärung nicht zu verstehen. Ebenso wie das FG stellte auch die Entscheidung des BFH primär auf die formelle Fehlerhaftigkeit der Aufrechnnungserklärung des FA in VA-Form ab und wies aufgrund dessen die Revision des FA ab, ohne hierbei auf die materiell-rechtliche Frage der Aufrechnungwirksamkeit im konkreten Fall einzugehen. In Abänderung der bisherigen Rechtsprechung wird in diesem Urteil die Ablehnung der VA-Qualität der finanzbehördlichen Aufrechnungserklärung und die Einordnung als verwaltungsrechtliche Willenserklärung (Besprechung dieses Urteils bei *Martens*, StuW 1989, 69 [71] f.) i.S. einer Grundsatzentscheidung erörtert und belegt.

390 BVerwG v. 27.10.1982 - 3 C 6.82, NJW 1983, 776.

391 Fn. 388.

Zunächst stellt der *BFH* hinsichtlich der aufgeworfenen Rechtswegproblematik klar, daß bzgl. des materiell-rechtlich vorliegenden[392] wenn auch rechtswidrigen, da formfehlerhaft ergangenen VA Beschwerde und anschließende Anfechtungsklage im Finanzrechtsweg zulässig seien. Des weiteren trifft er die Unterscheidung zwischen formfehlerhafter VA-Aufrechnungsverfügung einerseits und schlichter Aufrechnungserklärung i.S. der §§ 387, 388 BGB andererseits, läßt es aber im Ergebnis dahinstehen, ob eine solche "Aufrechnungsverfügung" auch die wirksame Ausübung des rechtsgeschäftlichen Gestaltungsrechts "beinhaltet". Mit dieser Differenzierung geht auch die Annahme einher, daß eine "Aufrechnungsverfügung" eine über die Aufrechnungserklärung i.S. des § 388 BGB hinausgehende (verstärkende) Maßnahme sei. Richtig ist insofern, daß eine "Erklärung" i.S.v. § 388 BGB als "Mindestvoraussetzung" der Aufrechnung auf jeden Fall vorzuliegen hat; kommt zu dieser Erklärung noch ein "weiterer Regelungsgehalt" hinzu, so stellt sich diesbezüglich die Frage der "Ermächtigungsgrundlage" hinsichtlich des hoheitlich geregelten Sachverhaltes.
In der Sache selbst begründet der *BFH* seine Ablehnung des VA-Charakters u.a. mit folgendem:

- Die Generalverweisung des § 226 I AO auf die Rechtsform und -folgen des Zivilrechts spreche für eine Gleichbehandlung aller Aufrechnungen innerhalb und außerhalb des Steuerschuldverhältnisses, da die zivilrechtliche Ausübung des Gestaltungsrechts von der rechtlichen Gleichordnung der Parteien ausgehe[393] und aus § 226 I AO keine besonderen insbesondere "hoheitliche" Verhaltensnormen hergeleitet werden könne.

- Die Aufrechnung als ein jedem Schuldner von der Rechtsordnung zur Verfügung gestelltes Mittel der Rechtsverteidigung bedürfe "darüberhinaus", d.h. über die rechtsgestaltende Erklärung i.S.d. §§ 387, 388, 389 BGB hinaus, des VA nicht, da selbst bei Bestandskraft dieser Verfügung die Aufrechnungsfolgen (i.S.des Gesetzes) nicht über die in § 389 BGB geregelte Gestaltungswirkung[394] der Willenserklärung hinausgehen könnten, weil sie ausschließlich in Abhängigkeit von den materiell-rechtlichen Voraussetzungen des § 387 BGB einträten und dies sowohl für einen aufrechnenden Hoheitsträger wie auch für eine aufrechnende Privatperson gelte.

---

392 Formell: eine Rechtsbehelfsbelehrung war beigefügt und das FA handelte in der Annahme und mit dem Willen einer hoheitlich regelnden Aufgabenerfüllung, d.h. hat die Finanzbehörde - gegebenenfalls - eine ihrer Rechtsstruktur nach falsche Regelungsform tatsächlich gewählt (z.B. VA statt rechtsgeschäftlicher Willenserklärung), so macht die "Rechtsnatur" des Regelungsinhalts (Aufrechnung) den VA zu einem fehlerhaften, aber (vorübergehend) wirksamen VA mit allen daraus resultierenden rechtlichen Konsequenzen; *Zimmer*, DÖV 1980, 116 [121] Fn. 41.

393 In Form einer einseitigen, empfangsbedürftigen Willenserklärung sowohl bei der FA-Aufrechnung mit ö.r. oder privatrechtlichen Gegenforderungen, gegenüber dem Steuerpflichtigem als auch gegenüber einem Zessionar und ebenso wie die Aufrechnungserklärung des Steuerpflichtigen.

394 Der BFH hat zwar Recht, wenn er - grundsätzlich - den Eintritt der materiell-rechtlichen Gestaltungswirkung von dem Vorliegen der (materiellen) Aufrechnungsvoraussetzungen abhängig macht, er verkennt hierbei aber, daß auch diese Voraussetzungen zum Inhalt einer hoheitlichen Verfügung des FA gemacht werden können, so daß sie mit Bestandskraft dieser Verfügung als bestehend zugunsten der Aufrechnungswirksamkeit anzusehen wären (unabhängig nunmehr von ihrem tatsächlichen materiell-rechtlichen Bestehen - sog. [formelle] "Verbindlichkeit trotz/mit Fehlerhaftigkeit"). Der BFH v. 18.07.1989 - VII R 46/86, BFH/NV 1991, 69 [70] läßt trotz bestandskräftigem, aber formfehlerhaften Aufrechnungs-VA die Aufrechnung an den mangelnden materiell-rechtlichen Aufrechnungsvoraussetzungen scheitern.

- Aufgrund dieser kraft Gesetzes eintretenden Gestaltungswirkung fehle[395] der behördlichen Aufrechnung der dem VA eigentümliche "Regelungsgehalt" i.S.v. § 118 S.1 AO[396].

- Trotz der Verweisung auf das Zivilrecht handele es sich beim Aufrechnungsinstitut um ein solches öffentlich-rechtlicher Rechtsnatur; auch als schuldrechtsgeschäftliches Gestaltungsrecht bleibe es Verwaltungshandeln und als solches eine Maßnahme auf dem Gebiet des öffentlichen Rechts (im Rahmen eines Steuerschuldverhältnisses, §§ 3 I, III, 37 AO) und zwar bei der Aufrechnung mit Steuerforderungen seitens des Finanzamtes in Form einer verwaltungsrechtlichen (öffentlich-rechtlichen) Willenserklärung. Die Abgabe einer Aufrechnungserklärung im Rahmen eines öffentlich-rechtlichen Steuerschuldverhältnisses führe niemals zu der zwingenden Annahme eines VA.

- § 118 S. 1 AO setze einen "hoheitlichen" Charakter der Maßnahme voraus, den das Finanzamt gerade zur Geltendmachung der Aufrechnung mit Ansprüchen aus dem Steuerschuldverhältnis nicht benötige, weil ihm die Einräumung hoheitlicher Befugnisse keine weitergehende Rechtsposition[397] verschaffen könne als sie ihm ohnehin als Gläubiger, der zugleich Schuldner ist, nach den Vorschriften der §§ 387 ff. BGB zustehe, so daß es sich mit der rechtsgeschäftlichen Ausübung des Gestaltungsrechts (§§ 387, 388 BGB) begnügen könne (und müsse). Das Beispiel des zulässigen Auf-/Verrechnungsvertrages zeige, daß auch im Erhebungsverfahren kein notwendiger VA-Bedarf bestehe.

- Darüber hinaus bestehe für eine finanzbehördliche Aufrechnung als angeordnete - hoheitliche - Maßnahme keine gesetzliche Ermächtigungsgrundlage, auch nicht mit der Begründung einer öffentlichrechtlichen Selbstexekution. Die Selbstbefriedigung durch Aufrechnung stehe jedem Schuldner zu, d.h. dieser bedürfe grundsätzlich keiner hoheitlichen Rechtsposition. Zudem ermögliche die Aufrechnung im Unterschied zum Verwaltungszwang (insbesondere -vollstreckung) keine einseitige Befriedigung des Aufrechnenden, sondern knüpfe an die Preisgabe der eigenen Forderung an.

- Unter Bezugnahme auf die Argumentation des FG Hamburg v. 11.01.1985[398] stellt er "kaum lösbare Probleme bei der Gewährung vorläufigen Rechtsschutzes" in Aussicht: Die Rückwirkung der Aufrechnung auf den Zeitpunkt der erstmaligen materiell-rechtlichen Aufrechnungslage bewirke, daß die aufschiebende Wirkung von Rechtsbehelfen im allgemeinen Verwaltungsverfahren (§ 80 VwGO) ebenso wie die Aussetzung der Vollziehung im Steuerverwaltungsverfahren (§§ 361 AO, 69 FGO) wirkungslos bleiben müsse, es sei denn, man ließe eine rückwirkende Beseitigung der Aufrechnungslage zu. Die Lösung über eine - formell - rückwirkende Beseitigung der Aufrechnungslage stände aber im Widerspruch zur materiell-rechtlichen Gestaltungswirkung des § 389 BGB und ginge überdies über die sonst üblichen (und zulässigen) Rechtswirkungen der aufschiebenden Wirkung bzw. der Aussetzung der Vollziehung hinaus.

---

395 Zu diskutieren wäre an dieser Stelle der Argumentationsabfolge zumindestens die Möglichkeit der "Doppelung der Rechtsfolgen" durch zusätzliche VA-Grundlage neben der gesetzlichen Gestaltungswirkung.

396 Hier liegt die eigentliche Problemstellung - und zwar inwieweit die Aufrechnungserklärung (mit all ihren - überschüssigen - Inhalten) der Finanzbehörde die Begriffsmerkmale eines VA i.S.v. § 118 S. 1 AO erfüllt oder nicht ?

397 Hier bleibt zu erörtern, ob eine "VA-Aufrechnung" mit den spezifischen Besonderheiten (Verbindlichkeit) der VA-Rechtsnatur dem aufrechnenden FA nicht doch eine "etwas andere" Rechtsposition verschaffen könnte und inwieweit eine solche "notwendig" (unter dem Aspekt des milderen Mittels) und "zulässig" wäre.

398 FG Hamburg v. 11.01.1985 - IV 242/84 H, EFG 1985, 435.

Auch das *FG München* v. 21.07.1983[399] übernahm wortwörtlich die BVerwG-Rechtsprechung vom 27.10.1982 im Sinne der Ausübung als schuldrechtliches Gestaltungsrechts und damit der Verneinung einer VA-Rechtsnatur. Neben der Einordnung als einseitige empfangsbedürftige Willenserklärung führt es als Argument ergänzend das Rechtsschutzsystem der Abgabenordnung 1977 an: § 218 II AO sei der von der AO speziell für den Fall der Streitigkeit über das Bestehen/Erlöschen von Ansprüchen aus dem Steuerschuldverhältnis vorgesehene streitentscheidende VA, der bei einem bereits in Form einer Aufrechnungserklärung vorliegendem VA überflüssig werde[400]. Insbesondere weist es auf die in der AO 1977 gezogene Trennung zwischen Festsetzungs- und Erhebungsverfahren hin, wobei das Abrechnungsbescheidsverfahren den speziellen Streitigkeitsentscheid in VA-Form im Rahmen der steuerrechtlichen Erhebung beinhalte. Auch das Finanzgericht begutachtet primär die fehlerhafte äußere VA-Form, unabhängig von der eventuell in dieser "Erklärungsform" enthaltenen materiell-rechtlichen Aufrechnungserklärung und hebt daher die in diesem Zusammenhang unzulässigerweise ergangene Beschwerdeentscheidung auf. Über den eigentlichen - materiell-rechtlichen - Streit hinsichtlich des (Fort-)Bestehens/Erlöschens der Forderungen aufgrund Aufrechnung sei gegebenenfalls (erst) im Abrechnungsbescheid zu entscheiden.

Das *FG Hamburg* v. 11.01.1985[401] ordnet der finanzbehördlichen Aufrechnungserklärung - abstellend auf ihre bürgerlich-rechtlichen Wirkungen - einen zivilrechtlichen Charakter zu, ohne die Möglichkeit einer öffentlich-rechtlichen Handlungsweise in Willenserklärungsform in Erwägung zu ziehen. Begründet wird die zivilrechtliche Natur der behördlichen Aufrechnungserklärung mit der grundsätzlichen Gleichbehandlung der Aufrechnungssituation, so daß die Aufrechnung für den Staat keine andere Rechtsnatur haben könne.

Im Sinne einer - zunächst - materiell-rechtlichen Wirksamkeit eines "Aufrechnungs-VA" ("Form-VA") entschied sich das *FG Nürnberg* v. 17.11.1987[402]. Es geht zwar - im Sinne der "neuen" Rechtsprechung - von der Aufrechnung als Ausübung eines rechtsgeschäftlichen (gleichgeordneten) Gestaltungsrechts aus, über dessen Wirksamkeit im Rahmen eines Abrechnungsbescheides nach § 218 II AO zu entscheiden ist, läßt die Aufrechnung selbst[403] auch nicht - bei "eindeutiger" Erklärung - an der Form eines - rechts- weil formfehlerhaften - VA scheitern, da der schuldrechtsgestaltenden Willenserklärung kein gesetzliches Formerfordernis vorgegeben sei und die äußere Form nicht den erkennbar gemachten Aufrechnungswillen beeinträchtigen könne. Auch das FG Nürnberg betont damit wiederum die Trennung zwischen materiell-rechtlicher Aufrechnungserklärung (die die materiell-rechtlichen Gestaltungsfolgen des § 389 BGB nach sich ziehen wird) und äußerer Form dieser Erklärung, z.B. in Gestalt eines hoheitlich gekennzeichneten VA.

---

399 FG München v. 21.07.1983 - X 2/80, EFG 1984, 103 m.w.N., als Vorinstanz des BFH v. 02.04.1987 - VII R 148/83, BStBl. II 1987, 536 ff. = BFHE 149, 482.

400 Entgegengesetzter Ansicht: Nieders. FG v. 26.05.1981 - XI (VI) 103/80, EFG 1981, 545: Vorrangigkeit des Beschwerdeverfahrens nach § 349 I AO gegenüber der Möglichkeit nach § 218 II AO. Wie das FG München, aaO, Fn. 399, bzgl. der Stellung des § 218 II AO als lex spec. zu § 118 S. 1 AO entscheidet auch das FG Baden-Württemberg, Außensenate Stuttgart v. 13.03.1986 - IX K 560/83, EFG 1986, 479 [480 f.].

401 FG Hamburg v. 11.01.1985 - IV 242/84 H, EFG 1985, 435.

402 FG Nürnberg v. 17.11.1987 - VI 228/84, EFG 1988, 281.

403 Materiell-rechtlich entsprechend §§ 387 ff. BGB; wie der BFH v. 02.04.1987, aaO, Fn. 399, sieht es nur den formfehlerhaften und daher rechtswidrigen und aufhebbaren VA, der jedoch keine materiell-rechtlichen Aufrechnungswirkungen zeitige. Es ist zwar richtig, daß die materielle Aufrechnung auch unabhängig von der fehlerhaften VA-Form ihre Wirkungen entfalten kann, jedoch läßt der - nicht nichtige - und damit zumindestens vorübergehend wirksame VA mit seiner spezifischen Gültigkeitsanordnung diese Aufrechnungswirkung nicht unberührt.

b) Darstellung der Literatur

aa) Bejahung einer "VA-Aufrechnung"

Obwohl im Schrifttum die Rechtsnatur der behördlichen Aufrechnung als VA seit langem umstritten war und weiterhin ist, gibt es auch nach der "neueren Kehrtwende" in der öffentlich-rechtlichen Rechtsprechnung noch ausreichend Stimmen, die sich dieser "neuartigen Richtung" nicht anzuschließen vermögen und weiterhin auf dem VA-Charakter einer seitens der Finanzbehörde erklärten Aufrechnung mit öffentlich-rechtlichen Gegenforderungen bestehen[404].

I.d.R. wird auch von diesen Meinungen begründungslos eine VA-Qualifizierung vorgenommen. Zum Teil wird am eigentlichen Problem "vorbeidiskutiert" - die Vertreter der VA-Qualität der Finanzamtaufrechnung unterscheiden nur zwischen hoheitlicher VA-Verfügung einerseits, wenn das Finanzamt mit öffentlich-rechtlichen Forderungen gegen Steuererstattungsansprüche des Steuerpflichtigen aufrechnet, und der privatrechtlichen Willenserklärung i.S.d. §§ 116 ff. BGB andererseits, wenn es eine zivilrechtliche Forderung im Wege der Aufrechnung geltend macht[405].
Im einzelnen geht es primär um die Definition und Subsumtion der VA-Elemente auf die finanzbehördliche "Aufrechnungsmitteilung". Als VA[406] ist die behördliche Maßnahme/Erklärung zu bezeichnen, die auf eine einseitige, für den Betroffenen unmittelbar verbindliche und bzgl. der damit entschiedenen Sache abschließende und der Rechtsbeständigkeit fähige Regelung kraft hoheitlicher Ge-

---

404 **Im Beamtenrecht:** u.a. *Schütz-Ulland*, Beamtenrecht des Bundes und der Länder, § 98 BBG Rdn. 22 a; *Schütz*, DÖD 1959, 81 ff.; **a.A.:** *Plog/Wiedow/Beck/Lemhöfer*, BBG-Komm., § 84 Rdn. 23 (S. 10); *Fürst*, in GKÖD I, 1. Teil, § 84 BBG Rdn. 25; *Niedermayer*, Art. 92 BayBG Anm. 15; *Battis*, BBG, 1980, § 84 Anm. 5. **Im Sozialrecht:** *Brackmann*, Handbuch, S. 742 e, m.w.N.; *Burdenski/v.Maydell/Schellhorn*, Komm. SGB AT § 51 Rdn. 52; *Bley-Gitter-Schwerdtfeger*, Gesamtkomm. z. SozialVers., § 51 SGB-AT Anm. 2; *Grüner/Dalichau*, Komm. z. SGB, I/3, § 51 Anm. II 1 (S. 10) und Anm. IV; *Verbandskomm.*, § 1299 RVO Anm.4. **Im allgemeinen Verwaltungsrecht:** *Buhmann*, MDR 1984, 983 [985 f.]; *Forsthoff*, Allg. Verwaltungsrecht I, § 14 S. 284 Fn. 1; *Obermayer*, NJW 1958, 1107 [1108]; differenzierend: *W.Schmidt*, JuS 1984, 28 [33]; *Schwarze*, in Knack, aaO, § 35 VwVfG Anm.4.4.:"... ist durch Gesetz eine Aufrechnung durch VA zugelassen, ist die Erklärung ein VA und ansonsten zivilrechtliche Willenserklärung. Unmittelbare Rechtswirkung nach außen tritt aufgrund der Folge des § 389 BGB ein. Die VA-Aufrechnung ist aber unzulässig mangels gesetzlicher Ermächtigungsgrundlage, die auch nicht in § 226 AO... zu sehen ist."; *Stelkens/Bonk/Leonhardt*, aaO, § 35 VwVfG Rdn. 102 erörtern die Aufrechnung gegenüber Dienstbezügen in Form der Rückforderung zuvielgezahlter Bezüge unter Hinweis auf das OVG Münster v. 13.09.1974 - I B 649/74, DÖV 1975, 175; *Weidemann*, DVBl. 1981, 113. **Finanzliteratur:** *Becker-Riewald-Koch*, § 124 Anm. 5 (5); *Riewald*, RAO und StAnpG, Bd. I, 1941, S. 568; *Benkendorff*, ZfZ 1979, 9 [12]; *Burmester*, aaO, S. 93 f.; *Decker*, StWa 1979, 9 [12]; *George*, NSt 1985, 13 [23]; *Helsper*, in Koch, § 226 AO Anm. 24; *Hager*, DStZ 1940, 325 [329]; *Klein/Orlopp*, aaO, bis zur 3. Aufl., § 226 Anm. 5; *Kühn/Kutter/ Hoffmann*, § 226 AO Anm. 5 bis zur 15. Auflg.; *Martens*, StuW 1974, 155 [161] und StuW 1989, 69 [71 f.]; *Mattern-Meßmer*, RAO, § 124 Rdn. 820; *Milatz*, Inf. 1984, 101; *Mittelbach*, in Handbuch AO, Gruppe 2, § 226 Anm. 6 b; *Rössler*, NJW 1969, 394 [395]; differenzierend: *W. Schmidt*, JuS 1984, 28 [32 f.]; *Schuhmann*, RWP, SG 2.2, S. 93 [106]; *StWK*, Gr.2, S. 164 zu § 226 (*o.V.*); *Spohr*, StuW 1939, Sp. 661 [666, 672]; *Sudan*, Lehrbuch AO/FGO, S. 465; StQ 1985, S. 391 §§ 134 - 248 AO Gr. 2 Nr. 203 (*o.V.*); *Tipke/Kruse*, AO/FGO, bis zur 11. Aufl., § 226 AO Tz. 19; *Vocke*, AO/FGO, S. 172; differenzierend: *Weidemann*, DVBl. 1981, 113; *v. Wallis*, in Hübschmann/Hepp/Spitaler, § 226 AO Anm. 26 (**a.A.**:*Spanner*, in Hübschmann/Hepp/Spitaler, § 118 AO Anm. 27 a).

405 *Achterberg*, Allg. Verwaltungsrecht, § 20 Rdn. 63, grenzt lediglich - ebenso zutreffend wie unbestritten - die behördliche Aufrechnung "im Rahmen ihrer privatrechtlichen Tätigkeit und in Formen des Privatrechts" (auch im Fall des § 406 BGB) aus dem VA-Begriff aus; ebenso: *Schuhmann*, RWP, SG.2.2, S. 93 [106] u.v.a.

406 Vgl. die VA-Definitionen bei *Zimmer*, DÖV 1980, 116 [121] Fn. 39, 40 m.w.N.

walt, d.h. die auf eine behördlich einseitig verfügte Begründung, Aufhebung, Abänderung oder verbindliche Feststellung gerichtet ist[407].

Milatz[408] leitet - folgend dem ursprünglichen "Leitbild" der finanzgerichtlichen Rechtsprechung - den VA-Aufrechnungserlaß aus den hoheitlichen Befugnissen des aufrechnenden Finanzamtes als Steuergläubiger zur Befriedigung eigener Steuerforderungen gegenüber dem Steuerpflichtigen ab, wobei er ebenfalls nur die Alternativen "hoheitliche Aufrechnungsverfügung" bei öffentlich-rechtlicher Aufrechnungsforderungen des Finanzamtes und andererseits die zivilrechtliche Willenserklärung unterscheidet. Der Finanzbehörde stehe bei ihrer Aufrechnung, wenn beide[409] Forderungen dem öffentlichen Recht entstammten, kein Wahlrecht zu, sie müsse hoheitlich tätig werden.

Buhmann[410] versucht zunächst unter systematischer Analyse der einzelnen Wesenselemente des VA-Begriffes die Ablehung bzw. die Bejahung des VA zu begründen. Eine "Regelung" sieht er ohne weiteres in der behördlich verbindlichen Entscheidung darüber, "wann", "wie" und "mit welcher/gegen welche Forderung"[411] aufgerechnet werden soll[412]. Sei bereits der "Inhalt" einer Leistungsaufforderung als Regelung zu bewerten[413], dann gelte dies "um so mehr" von der endgültigen Erfüllung der Leistungserbringung. Mit seiner "um-so-mehr-Argumentation" unterliegt Buhmann aber einem Trugschluß: der "Inhalt" einer Leistungsaufforderung stellt sich nur in Zusammenhang mit dem "Leistungsbefehl" als VA dar. Auch bei sonstigen/schlichten Verwaltungshandlungen sind die Modalitäten des "Wann", "Wo" und "Wie" zu behandeln, ohne daß hierdurch VA-Qualitäten begründet werden könnten. Des weiteren spricht der Tatbestand der Erfüllung/Leistungserbringung als tatsächlicher Handlung, als Realakt nicht zwingend für die Schlußfolgerung einer hoheitlichen Regelung. Gerade hier gibt es nichts mehr zu "regeln", sondern lediglich (real) zu handeln. Ebensowenig ermöglicht die Verknüpfung von "Inhalt" und deren "Erfüllung" die Annahme einer VA-Konsequenz, da beide Handlungsbereiche der Verwaltung (Leistungsanforderung; Leistungsbescheid und Realisierung des-

---

407 *Kopp*, aaO, § 35 VwVfG Rz. 4.

408 *Milatz*, Inf. 1984, 101.

409 *Milatz* sieht den behördlichen "VA-Zwang" anscheinend nur beim Vorliegen zweier ö.r. Forderungen, übersieht dabei aber, daß für die Qualifizierung der behördlichen Erklärungshandlung gegenüber dem Steuerpflichtigen allein die Rechtsnatur ihrer Aufrechnungsforderung entscheidend ist. Er gründet diese Argumentation auf die nunmehr überholte BFH-Rechtsprechung (BStBl. II 1968, 384), daß ö.r. und hoheitlich allein im Rahmen eines Steuerschuldverhältnis gehandelt werden könne.

410 *Buhmann*, MDR 1984, 983 [985 f.].

411 Vgl. FG Rheinland-Pfalz v. 25.02.1988 - 3 K 142/84, EFG 1988, 454 [455]: die finanzbehördliche Forderungsbestimmung nach § 225 III AO sei VA.

412 Unter Hinweis auf die BVerwG-Entscheidung v. 03.06.1983 - 8 C 43.81, DÖV 1983, 980, in der es die Zahlungsaufforderung der Behörde mit entsprechenden Anweisungen über das "Wann", "Wie" und "Wo" der Abgabenentrichtung durch den Bürger als VA qualifiziert. Kritisch zu dieser "VA-Entscheidungsargumentation" auch *Krause*, aaO, S. 124 f.: durch die auch schlichten Verwaltungshandlungen inkludierte Entscheidung des "Ob" und "Wie" sei eine VA-Deklaration - entgegen der BVerwG-Argumentation - nicht möglich. *M.E.* erfüllt zwar die Zahlungsaufforderung an sich als Leistungsbefehl die Anforderungen eines VA, nicht aber notwendigerweise - und getrennt von der Zahlungsaufforderung - die inhaltliche Ausgestaltung des "Wann", "Wo" und "Wie". Zudem kann der Bürger bei seiner - einseitigen - Aufrechnung ebenfalls inhaltiche Modalitäten der Durchführung "bestimmen"(vgl. z.B. §§ 396 I BGB, 225 II AO), so daß hierzu hoheitliche Befugnisse nicht unbedingt erforderlich sind.

413 Zu unterscheiden ist aber zwischen - hoheitlicher - Leistungsaufforderung (dann VA, unabhängig von der Entscheidung über das "Ob", "Wann", "Wo" und "Wie") und dem von dem Verwaltungsträger bewußt gewählten "Surrogat" der Aufrechnungserfüllung entsprechend der zivilrechtlichen Konzeption. Zudem ist der "Aufrechnungsmitteilung" der Behörde kein Leistungsbefehl i.S. einer Zahlungsaufforderung zu unterstellen; die behördliche Aufrechnung ist nicht dem sonst üblichen (hoheitlichen) Zahlungsbefehl gleichzusetzen. Insoweit wird das Wesen der Aufrechnung verkannt und (hoheitlich) zweckentfremdet.

selben) hinsichtlich ihrer Handlungsalternativen grundsätzlich streng[414] zu trennen sind. Für *Buhmann* scheitert damit der VA-Charakter nicht bereits am "Regelungsgehalt" der behördlichen Aufrechnungserklärung[415], sondern allenfalls am Begriffsmerkmal der "Hoheitlichkeit". Dies gelte jedoch auch nur dann, wenn die Aufrechnungsforderung des Finanzamtes nicht durch einen VA begründet wurde. Beim Vorliegen eines forderungsfestsetzenden und damit forderungsbegründenden VA sei auch die Tilgung dieser Forderung selbst eine hoheitliche Maßnahme[416]. Im Steuerrecht führt diese Ansicht regelmäßig zum Vorliegen einer finanzbehördlichen VA-Aufrechnung, da die Steuerforderungen im Steuerbescheid (VA) in autoritativer Klarstellung der Rechtslage ("forderungsfestsetzend"[417]) festgestellt werden und entsprechend der Vorstellung Buhmanns damit auch - generell - durch VA getilgt werden müßten.

Wie *Buhmann* differenziert auch *Schmidt*[418] zwischen der in einem Leistungsbescheid konkretisierten Gegenforderung und der vertraglich, d.h. auf der Ebene der Gleichordnung begründeten Forderung. Im ersteren Falle sei die behördliche Aufrechnungserklärung immer VA mit den Folgen der § 28 VwVfG, §§ 68 ff. VwGO, § 80 VwGO, da ein durch hoheitliche Maßnahme begründetes Verwaltungsrechtsverhältnis einseitig von der Behörde nur ebenso "beendet" oder sonst verändert werden könne. Anders als im Zivilrecht regele hier die Aufrechnungserklärung ein bestehendes und unbestreitbar hoheitliches Rechtsverhältnis zwischen der (Vollstreckungs-)Behörde und dem (Vollstreckungs-)Schuldner.

Von *Schmidt*[419] wird auch *Ebsen*[420] zu den "differenzierenden aber keineswegs eindeutig ablehnenden" Betrachtern der VA-Qualität gezählt. *Ebsen* "differenziert" insofern, als er einer der wenigen Verfasser ist, der zwischen der Aufrechnungserklärung an sich und potentiell weiteren Regelungsgehalten im Rahmen der behördlichen "Aufrechnungsmitteilung" unterscheidet. D.h. seine Betrachtungsweise zielt nicht einseitig darauf ab - allein ausgerichtet am subordinationsrechtlich begründeten Verwaltungsrechtsverhältnis -, hieraus auch die Auflösung/Beendigung desselben als VA zu qualifizieren, sondern er untersucht - unabhängig von etwaig vorhandenen subordinationsrechtlichen Gesichtspunkten des bestehenden Verhältnisses zwischen Bürger und Verwaltung - allein unter objektiven Kriterien den "Regelungsgehalt" der behördlichen Maßnahme(n). Im Ergebnis hält er jedoch fest, daß die behördliche Aufrechnungserklärung selbst immer rechtsgeschäftliche Willenserklärung sei, ob weitere hoheitliche Regelungen im Zusammenhang mit ihr abgegeben worden sind, sei eine Frage der Auslegung.

---

414 Insbesondere im Besteuerungsverfahren.

415 Ebenso BVerwG v. 27.10.1982 - 3 C 6/82, NJW 1983, 776 = E 66, 218; *Söhn*, StRK-Anm. AO 1977, § 226 R. 4.

416 "Gesamthoheitsverhältnis": Begründung und Beendigung jeweils durch VA; "actus successum", s.o. S. 91 Fn. 325; ebenso *Schmidt*, JuS 1984, 28 [33]; ähnlich das BVerwG v. 07.03.1958 - VII C 8/57, NJW 1958, 1107 [1109]: einheitlich ö.r. Betrachtung = Begründung und Durchsetzung im Rahmen eines Rechtsverhältnisses = einheitlicher Vorgang = einheitliche Handlungsform(en).

417 Wenn auch nicht forderungsbegründend, s.o. 1.Teil C. II. 2., S. 23 ff.: Entstehung mit dem Steuertatbestand.

418 *Schmidt*, JuS 1984, 28 [32 f.].

419 Fn. 418, aaO, S. 32.

420 *Ebsen*, DÖV 1982, 389 ff.

In gewisser Weise grenzt sich auch *Weidemann*[421] von den eindeutigen VA-Befürwortern ab, indem er eine (feststellende[422]) VA-Aufrechnung der Behörde - als Auslegungsproblem - nur beim tatsächlichen Vorliegen eines formalisierten Aufrechnungsbescheides annimmt, wobei die Behörde das "Wahlrecht" habe, durch schlichte Zahlungsaufforderung (Aufrechnungserklärung) oder durch Erlaß eines Leistungs-/Aufrechnungsbescheides vorzugehen. D.h. Weidemann weicht von der ansonsten festgefahrenen Ansicht des "VA-Zwanges" im öffentlich-rechtlichen Verhältnis zwischen Staat und Bürger ab und stellt es ins Ermessen der handelnden Behörde, das adäquate (Handlungs-)Mittel zur Forderungsrealisierung zu wählen. Entscheidend sei, daß die behördliche Intention auf Herbeiführung einer verbindlichen Regelung trotz möglicher Rechtsmängel hinreichend zum Ausdruck gekommen sei (formalisierte Klarstellung). Unabhängig vom tatsächlichen materiell-rechtlichen Regelungsgehalt will damit *Weidemann*[423] der "äußeren" Handlungsform den Ausschlag für deren - materiellrechtliche - Einordnung geben, wobei aber mit dem Bejahen des Vorliegens eines VA noch nichts über die Zulässigkeit[424] dieser Handlungsform gesagt werde[425]. Interessant erscheint auch die von *Weidemann* vorgenommene Abgrenzung zwischen gestaltendem und feststellendem VA, wobei er der Aufrechnung allenfalls nur feststellende Regelungswirkung zubilligt. Die - zweifelsohne gegebene - rechtsändernde (einseitig gestaltende und verbindliche) Wirkung der Aufrechnungserklärung führe nicht ebenso unweigerlich zur Annahme eines VA. Die einseitig verbindliche Herbeiführung unmittelbarer Rechtswirkungen müsse sich zur VA-Charakterisierung gerade als behördliches Gebrauchmachen von ihren spezifisch hoheitlichen Befugnissen darstellen ("besonderer Bedingungszusammenhang" zwischen Hoheitlichkeit der Erklärung und ihrer unmittelbaren Rechtswirkung [Forderungserlöschen]), die Tilgungsherbeiführung entsprechend § 389 BGB werde dem öffentlich-rechtlichen Rechtsträger aber nicht aufgrund eines öffentlich-rechtlichen Sonderrechtssatzes zugestanden.

In *StQ-Anmerkung 1985, Geb. 2 §§ 134 - 248 AO Nr. 203 (o.V.)* folgt der Verfasser - "jedenfalls für das Steuerrecht" - nicht der "zivilrechtlichen Betrachtungsweise" des BVerwG[426] im öffentlich-rechtlichen Steuerschuldverhältnis, sondern nimmt über die Einordnung als verwaltungsrechtliche Willenserklärung zugleich einen ("überschießenden") VA i.S.v. § 118 S. 1 AO an, d.h. den Grundtatbestand auch der öffentlich-rechtlichen Aufrechnung sieht er in der Erklärung gem. § 388 BGB, "angereichert" durch die Wesenselemente eines VA gem. § 118 S. 1 AO. Das hoheitliche[427] Tätigwerden des Finanzamtes entspringe der öffentlichen Aufgabe, Steuern festzusetzen und zu erheben. Der VA sei die hierzu typische und zulässige[428] Äußerungsform der Verwaltung gem. § 118 S. 1 AO. Die Generalverweisung des § 226 I AO beziehe sich nur auf die materiell-rechtlichen Voraussetzungen, besage aber nichts über die Handlungsweise in Form schlichten Verwaltungshandelns ohne VA-Charakter. Auch sei die Beschwerde (§ 349 AO) gegen die finanzbehördliche Aufrechnungserklärung/-verfügung nicht nur zulässig, sondern vor allem auch sachgerecht. Ein Abrechnungsbe-

---

421 *Weidemann*, DVBl. 1981, 113 ff.

422 "Feststellung" als final bindende Feststellung über ein Rechtsverhältnis (Forderungserlöschen); einen "gestaltenden VA" lehnt *Weidemann* mit der Begründung ab, daß der für einen gestaltenden VA notwendige "spezifische Bedingungszusammenhang" zwischen der Hoheitlichkeit der Erklärung und dem Eintritt der Regelungswirkung nicht vorliege.

423 Auch zum Schutz und zugunsten des betroffenen Bürgers, s.o. 2.Teil B II.1., c), aa) (4), S. 79 ff.: "Form-VA".

424 Hier erkennt *Weidemann* zu Recht die Differenzierung zwischen tatsächlich gebrauchter Handlungsform (Wirksamkeit mit Bekanntgabe) und deren - nachheriger - Überprüfbarkeit auf die Zulässigkeit ihres Regelungsgehaltes.

425 *Weidemann* bejaht wohl aus dem Funktionsbereich der Exekutive heraus eine solche "VA-Befugnis".

426 BVerwG v. 27.10.1982 - 3 C 6/82, NJW 1983, 776 = BVerwGE 66, 218.

427 Auch hier wird wiederum auf das Begriffsmerkmal der "Hoheitlichkeit" abgestellt.

428 Ausnahme: ausdrücklich vorgeschriebene andere Vorgehensweise.

scheid in (erneuter) Bestätigung der bereits bekannten Finanzamtauffassung mit dem Finanzamt (nicht der OFD) als Rechtsbehelfsbehörde sei unangemessen. Im Interesse effektiver Rechtsschutzgewährung sei die Qualifizierung als VA-Aufrechnung geboten.

"Gruppenkonform" mit den Vertretern eines VA-Charakters der behördlichen Aufrechnung argumentiert auch *Schuhmann*[429], indem er einerseits den VA-Charakter der Finanzamt-Aufrechnung mit öffentlich-rechtlichen Forderungen hervorhebt, und dem die privatrechtliche Willenserklärung i.S.d. §§ 116 ff. BGB bei privatrechtlicher Gegenforderung des Finanzamtes gegenüberstellt. Im speziellen Aufrechnungsfall des § 406 BGB qualifiziert er die finanzbehördliche Aufrechnung nur dann als VA[430], wenn das Finanzamt mit Steuerforderungen gegen abgetretene (öffentlich-rechtliche) Erstattungs- und Vergütungsansprüche gegenüber dem neuen Gläubiger/Zessionar aufrechnet, dagegen[431] als privatrechtliche Willenserklärung, wenn es gegen abgetretene bzw. gepfändete privatrechtliche Forderungen aufrechne. Für *Schuhmann* ist damit für die öffentlich-rechtliche und zugleich hoheitliche Aufrechnungsmöglichkeit des Finanzamtes immer das Vorliegen eines (hoheitlichen) öffentlich-rechtlichen Steuerschuldverhältnisses zwischen aufrechnendem Finanzamt und dem Bürger als Aufrechnungsempfänger Grundvoraussetzung. Er macht das VA-Begriffselement der "Hoheitlichkeit"[432] zu einer Grundvoraussetzung der öffentlich-rechtlichen Aufrechnung, ohne allein entscheidend auf die Rechtsnatur der behördlichen Aufrechnungserklärung abzustellen. "Hoheitlichkeit" wird kommentar- und kritiklos zu einer gesetzlich nicht - ausdrücklich - vorgesehenen Voraussetzung der behördlichen Aufrechnung gemacht, ohne überhaupt dessen Notwendigkeit und insbesondere auch dessen Zulässigkeit im Rahmen des Rechtsinstituts der Aufrechnung im öffentlichen Recht zu erwägen.

Aufgrund ihrer Vergleichbarkeit mit der Verwaltungsvollstreckung ("Ersatzvornahme") sieht auch *Burmester*[433] die Aufrechnungserklärung gegenüber dem Bürger als VA an[434]. Die VA-Regelungswirkung interpretiert sie in die durch die Aufrechnung bewirkte "Schuldexekution" hinein, belegt durch § 32 BeitrO. Rechtlich erheblich sei die Unterscheidung zwischen VA und Willenserklärung nach ihrer Ansicht nur im Hinblick auf die Rechtsmittel, da auch der VA nur eine besondere Erscheinungsform einer rechtsgestaltenden Willensäußerung sei. Die Erfüllung bzw. Tilgung sei zudem kein ausschließlich privatrechtlicher, fiskalischer Vorgang, sondern erfolge im öffentlichen Recht[435]. Das Argument, die materiell-rechtliche Rückwirkungsfiktion des § 389 BGB stünde im Widerspruch zur

---

429 *Schuhmann*, RWP SG 2.2, S. 93 [106 f.].

430 Unter Berufung auf *Tipke/Kruse*, 11.Aufl., § 226 AO Tz. 19 und BFH v. 14.10.1975 - VII R 40/74, BFHE 117, 23 ff. bzgl. des Finanzrechtsweges.

431 Mit Hinweis auf BFH v. 20.02.1968 - VII 327/64, BStBl. II 1968, 384 = BFHE 91, 518.

432 Zu beurteilen im Rechtsverhältnis zwischen Bürger (Steuerpflichtigem) und Verwaltung.

433 *Burmester*, aaO, S. 93 ff. m.w.N.

434 *Burmester*, aaO, S. 95 f., nimmt eine VA-Qualität der Aufrechnung ebenso im Verhältnis zu anderen ö.r. Stellen, z.B. Finanzämter untereinander, an. Kritisch hierzu: *Neupert*, NJW 1978, 1574. Gerade im zwischenbehördlichen Erklärungsverhältnis der Behörden untereinander erscheint der VA-Charakter der Behördenaufrechnung schwer begründbar. Zwar sind auch hier VAe i.S. einer einseitig verbindlichen Anordnung denkbar, aber in der Praxis kaum vorstellbar, da sich hier die gleichgeordnete "schlichte" Verrechnung sich gegenüberstehender Forderungen als das einfachere und angemessenere Mittel darstellt. Ähnlich *Krause*, aaO, S. 142: Subordination fehle i.d.R. in den Rechtsbeziehungen verschiedener Hoheitsträger zueinander.

435 Damit erkennt *Burmester* - wenn auch nur auf den Vorgang der "Erfüllungshandlung" bezogen - die zu Recht primär zu treffende Unterscheidung zwischen ö.r. oder privatrechtlicher Rechtsnatur der behördlichen Maßnahme. Auch ursprünglich privatrechtliche Vorgänge - wie z.B. das Aufrechnungsinstitut - können die gleichen Wirkungen im ö.r. Bereich entfalten. Fraglich bleibt dann nur noch die Qualifizierung als ö.r. hoheitliche oder ö.r. schlichthoheitliche Verwaltungsmaßnahme.

grundsätzlichen ex-nunc-Wirkung von VAen mit deren Bekanntgabe, will sie nicht gelten lassen, da es keinen ausnahmslosen Ausschluß der ex-tunc-Wirkung von VAen gäbe. Die Abhängigkeit der Aufrechnungswirksamkeit vom materiell-rechtlichen Bestehen der Aufrechnungsvoraussetzungen will *Burmester* auch im Fall der VA-Bejahung dadurch lösen, indem sie den Bestand der gegenseitigen Forderungen als Wirksamkeits- und nicht nur als Zulässigkeitsvoraussetzung der VA-Aufrechnung (und damit wohl auch des VA) betrachtet[436].

Auch *Martens*[437] äußert sich positiv zur VA-Rechtsnatur der behördlichen Aufrechnungserklärung. Bereits 1974[438] stellte er fest, daß die finanzbehördliche Aufrechnung mit einer Steuerforderung als ein Akt der Abgabeneinziehung stets eine öffentlich-rechtliche Angelegenheit sei, zugleich aber nahm er einen "Aufrechnungs-VA" an, der lediglich etwas über die Zulässigkeit der Aufrechnung im Steuererhebungsverfahren regele (z.B. ob Aufrechnungshindernisse bestünden), nicht aber über das Bestehen der Gegenforderung. Das sei allein dem Steuerfestsetzungsverfahren vorbehalten[439]. In einer Urteilsanmerkung aus dem Jahre 1989[440] distanziert er sich anscheinend wieder von seiner früheren VA-Inhaltsabgrenzung[441], indem er der "Aufrechnungsverfügung" des Finanzamtes die verbindliche Feststellung der Rechtslage[442] im Verfahren zuspricht. Die Kritik *Martens* an der nunmehrigen BFH-Rechtsprechungsänderung zugunsten eines schuldrechtlichen Gestaltungsrechts äußert sich zunächst in rein formal orientierten Unmutsäusserungen: die Vorgehensweise des BFH widerspreche einer effektiven Rechtsschutzgewährungleistung, da das Gericht allein - prozessual-formal[443] - auf die fehlerhafte VA-Aufrechnungsform abstelle, ohne hierbei die materiell-rechtlichen Aufrechnungswirkungen zu würdigen und hierbei die "Produktion von zwei aufeinanderfolgenden Prozessen" heraufbeschwöre[444]. *Martens* problematisiert die Frage, warum das Finanzamt nicht in der Lage sein sollte, in einer "Verfügung"[445] die Aufrechnung unter gleichzeitiger rechtlicher Wirksamkeitsfeststellung zu erklären, insbesondere auch weil die Verwaltungsbehörden zur Erfüllung ihrer Aufgaben durchaus des VA zur Herbeiführung der - bestandskraftfähigen - Feststellung der Rechtslage bedürf-

---

436 *Thieme*, in Wannagat-Thieme, SGB AT, § 51 Rdn. 10 will hinsichtlich derselben Problematik die rechtswidrige Aufrechnung (aufgrund Fehlens der Aufrechnungsvoraussetzungen) als wirkungslos behandelt wissen, d.h. er nimmt einen "Sonderfall der Nichtigkeit von VAen" an.

437 *Martens*, StuW 1974, 155 [161] und erneut unter Besprechung des BFH-Urteils v. 02.04.1987 - VII R 148/83 in StuW 1989, 69 [71 f.].

438 Fn. 437.

439 Nach *Martens* kann damit ein VA im Erhebungsverfahren nur Fragen des Erhebungsverfahrens regeln, nicht etwa auch Fragen des selbständig und grundsätzlich vorgeschalteten Festsetzungsverfahrens. Auch bezogen auf die steuerrechtlichen Besonderheiten bzgl. der Gliederung des Besteuerungsverfahrens kommt man nicht umhin, die Verquickung beider Verfahren zu sehen: das Charakteristikum des VA ist gerade dessen verbindlicher materiell-rechtlicher Regelungsgehalt, zu dem im Fall der "Aufrechungsverfügung" insbesondere deren materiell-rechtlichen Voraussetzungen wie Gegenseitigkeit, Fälligkeit, Gleichartigkeit und Bestehen der Forderungen zählen.

440 Fn. 437.

441 Einerseits die wirksame Aufrechnungszulässigkeitsregelung, andererseits die Regelung der materiellen Aufrechnungsvoraussetzungen (allerdings nicht zulässig hinsichtlich Fragen des Festsetzungsverfahrens).

442 D.h. damit wohl auch der Aufrechnungsmerkmale bzw. -voraussetzungen und ihrer Wirksamkeit.

443 Insoweit stellt der BFH aber in (Er-)Kenntnis des Problems der Differenzierung zwischen zulässiger Handlungsform und -inhalt seine Entscheidung allein unter den Aspekt der zulässigen Aufrechnungsform, die selbständig (d.h. getrennt von den Fragen der materiell-rechtlichen Aufrechnungsvoraussetzungen) zu beantworten war. Die ausschließliche (da entscheidungsrelevante) Beantwortung in formal-prozessualer Hinsicht bedeutet jedoch für den betroffenen Bürger noch keine Einschränkung seiner Rechtsschutzmöglichkeiten.

444 Einmal die Entscheidung hinsichtlich der Zulässigkeit der Aufrechnungsform und des weiteren - materiell-rechtlich - die Fragen im Rahmen eines Abrechnungsbescheides bzgl. der materiellen Aufrechnungslage.

445 Als feststellender VA in verbindlicher Regelung der Rechtslage.

ten[446]. Er unterscheidet zwar zu Recht zwischen materiellem Gestaltungsrecht einerseits und verfahrensrechtlicher Gestaltung andererseits, wobei allerdings die materielle Rechtslage durch verfahrensrechtliche Ausübung i.S. einer hoheitlich verbindlichen Feststellung "überdeckt" (verstärkt) werden kann, er zieht aber hieraus die unrichtige Konsequenz, daß jede materielle Ausübung im öffentlichrechtlichen Bereich einer verfahrensrechtlichen Gestaltung i.S. einer "Verbindlichkeitsfeststellung" bedürfe. Allein der Gestaltung willen werde eine hoheitliche Feststellung nicht benötigt, da diese bereits kraft Gesetzes mit Vorliegen der materiell-rechtlichen Aufrechnungsvoraussetzungen eintrete; die Verbindlichkeitsfeststellung diene allein der - formellen - Absicherung der Verwaltung. Dieses "Hoheitsprivileg" zieht entgegen *Martens* Ansicht durchaus eine "einseitige Bindungswirkung" nach sich. *Martens* widerspricht sich selbst, indem er im nachfolgenden gerade aus dieser Möglichkeit der verbindlichen Feststellung der Rechtslage die Notwendigkeit einer "VA-Aufrechnung" ableitet. Zwar besteht für den Betroffenen - als Rechtsschutzgewährleistung - die Möglichkeit, den - endgültigen - "Verbindlichkeitseintritt" durch fristgerechte Rechtsbehelfsergreifung zu verhindern, bis dahin aber schwebt das "Damoklesschwert" der bestandskraftfähigen und nach Fristablauf bestandskräftigen Feststellung über ihm. Ihm obliegt die "Anfechtungsslast", d.h. er wird - unabhängig vom materiell-rechtlichen Bestehen der Aufrechnungsvoraussetzungen - in die Angreiferposition gedrängt, während ihm im Falle der allein materiell-rechtlichen Betrachtungsweise die Aufrechnungswirkung allein aufgrund tatsächlich materiell bestehender Aufrechnungslage und -voraussetzungen trifft. Sicherlich kann gerade aufgrund dieses "formellen Verbindlichkeitsprivilegs" der Verwaltung ein Bedürfnis zur VA-Regelung bestehen. Dieses bedarf aber zu seiner Legetimierung einer - zumindestens mittelbar ableitbaren - VA-Ermächtigung. Allein aus der Notwendigkeit der Sicherung der Verwaltungseffiziens läßt sich eine solchermaßen undefinierbare Ermächtigung schwerlich herleiten. Auch greift *Martens* Kritik hinsichtlich der durch die BFH-Entscheidung seiner Ansicht nach "produzierte Doppelung der Rechtsschutzprozesse" in Anbetracht der vorliegenden Sachlage nicht durch. Aufgrund der der finanzbehördlichen VA-Aufrechnungsform beigelegten Wirkungen erscheint es nicht ohne Notwendigkeit, die Zulässigkeit der finanzbehördlichen Handlungsform zu klären. Die Trennung der formalen Frage vom etwaigen Vorliegen der materiell-rechtlichen Aufrechnungsvoraussetzungen erscheint weder eine auf "prozessuale Formalien reduzierte Betrachtungsweise" noch eine Unterlaufung einer "effektiven Rechtsschutzgewährleistung", sondern allein die notwendige Klärung einer Sachfrage, unabhängig zunächst von der materiell-rechtlichen Wirksamkeit der Aufrechnung an sich; denn es ist scharf zu trennen zwischen der formalen Handlungsweise der Verwaltung und dem materiell-rechtlich zugrundegelegten, gesetzlichen Inhalt dieser Maßnahme. Daß die Entscheidung über die materiell-rechtliche Wirksamkeit der Aufrechnung - als Frage des Fortbestehens/Erlöschens von Ansprüchen aus dem Steuerschuldverhältnis - speziell dem Abrechnungsbescheidsverfahren (§ 218 II AO) vorbehalten ist, ist keine Fehlbeurteilung des BFH in Verletzung der "Rechtsschutzidee", sondern eine vom Gesetzgeber intendierte, den Ablauf des Besteuerungsverfahrens regelnde Erscheinung. Speziell im Abrechnungsbescheid ist die dem Gerichtsverfahren grundsätzlich vorgeschaltete Verwaltungsentscheidung (VA) zu sehen; hiervon ist die Ausübung sonstiger Gestaltungsrechte zu trennen.

Auch in der steuerrechtlichen Kommentarliteratur[447] ist die Ansicht der VA-Qualifizierung noch nicht gänzlich aufgegeben worden.

---

446 Ebenso wie in Steuerbescheiden - als Feststellungs- und Konkretisierungsgrundlage - ein materiell-rechtlich bereits kraft Gesetzes entstandener Anspruch verbindlich festgestellt werden müsse ("VA-Bedürfnis").

447 *Riewald*, RAO und StAnpG, Bd. I, S. 568; *Becker-Riewald-Koch*, aaO, § 124 Anm. 5 (4); *Kühn/Kutter/Hoffmann*, AO, 12.-15. Auflage, § 226 Anm. 5; *Helper*, in Koch, AO, 2.Aufl., § 226 Anm. 24; *Mattern-Meßmer*, RAO, § 124 Rdn. 820; *Tipke/ Kruse*, bis zur 11. Aufl., § 226 Tz. 19; *v. Wallis*, in Hübschmann/Hepp/Spitaler,

[Fortsetzung nächste Seite]

Klein/Orlopp[448] lehnen unter "schlichter" Widergabe der Rechtsprechung(sänderung) des BFH[449] den VA-Charakter der behördlichen Aufrechnung ab und ordnen sie als "rechtsgeschäftliche Ausübung eines Gestaltungsrechts" ein, während sie noch in ihrer 3. Auflage 1986 die Aufrechnungserklärung durch den Steuergläubiger als ermessensgebundenen VA qualifizierten[450].*Tipke/Kruse*[451] revidierten ihre ursprüngliche Auffassung bereits vor der BFH-Rechtsprechungsänderung, indem sie sich - auch argumentativ[452] - mit der damals noch herrschenden steuerrechtlichen Ansicht auseinandersetzten und im Ergebnis die VA-Konsequenz der Aufrechnungserklärung mangels "Hoheitlichkeit" ablehnten.

Becker-Riewald-Koch[453] präferieren die VA-Rechtsnatur aufgrund der Vergleichbarkeit mit einer Vollstreckungsmaßnahme und wollen[454] den hoheitlich begründeten staatlichen Anspruch in ebensolchen Formen durchgesetzt wissen. Sie unterscheiden damit auch nur zwischen der privatrechtlichen Auffassung (privatrechtliche Willenserklärung) und der öffentlich-rechtlichen (und) hoheitlichen Form der VA-Verfügung. Zu Recht erkennen sie, daß in den Bestimmungen der §§ 32 -34 BeitrO keine rechtsprägenden Wirkungen gesetzt werden.

Koch[455] sieht in der behördlichen Aufrechnungserklärung ebenfalls einen im Erhebungsverfahren ergehenden VA (§ 118 S. 1 AO), der zu einem "Muß" werde, wenn die Aufrechnung zur Tilgung eines Anspruches aus dem Steuerschuldverhältnis führen soll und der Betroffene der Aufrechnungserklärung zugleich Schuldner dieses Anspruches sei. Nur unter diesen Voraussetzungen werde die Finanzbehörde im "Erhebungsverfahren" tätig; außerhalb (z.B. im Fall des § 406 BGB) eines Erhebungsverfahrens dürfe sie dem Betroffenen dagegen nur in Form einer bürgerlich-rechtlichen Willenserklärung entgegentreten. Damit verbindet *Koch* Erhebungsverfahren und hoheitliches Tätigwerden des Finanzamtes, während die §§ 218 ff. AO nicht in einheitlicher Systematik vom Grundtatbestand der VA-Handlungsweise ausgehen. Gerade der Erfüllungstatbestand der Zahlung in realiter bedarf dieser "Verpackung" nicht. Bei - ausnahmsweiser - unzulässiger "VA-Aufrechnungsform", z.B. im Fall des § 406 BGB oder bei der finanzbehördlichen Aufrechnung mit privatrechtlichen Forderungen, nimmt er Nichtigkeit - nur - des VA unter Fortbestand der bürgerlich-rechtlichen Willenserklärung an.

Auch *Kühn/Kutter/Hoffmann*[456] und *Reth*[457] sahen bislang die finanzbehördliche Aufrechnungserklärung ohne nähere Begründung als VA i.S.v. § 118 S.1 AO an. *Plath*[458] sieht die unmittelbare Rechtswirkung i.S.v. § 118 S.1 AO im Erlöschen des Forderungsbestands[459]. Insbesondere im Fal-

---

aaO, § 226 Anm. 26; *Klein/Orlopp*, bis zur 3. Aufl. 1986, § 226 Anm. 5; *Plath*, in: WK-Komm., § 226 Erl. 2 (S. 478 a).

448 *Klein/Orlopp*, AO-Komm., ab *4*. Aufl. 1989, § 226 Anm. 3; vorher bereits *Tipke/Kruse*, AO/FGO, ab *12*. Aufl. 1986, § 226 Tz. 19.

449 BFH v. 02.04.1987 - VII R 148/83, BStBl. II 1987, 536 = BFHE 149, 482.

450 Unter Wiedergabe der damals noch als Mindermeinung einzuordnenden Ansicht des FG München v. 21.07.1983 - X 2/80, EFG 1984, 103.

451 Fn. 447.

452 Unter Hinweis auf BVerwG v. 27.10.1982 - 3 C 6/82, NJW 1983, 776 = BVerwGE 66, 218 und der Urteilsanmerkung von *Söhn*, StRk-Anm. AO 1977, § 226 R. 4.

453 Fn. 447, Anm. 5 (9) und (5).

454 Ebenso wie *Schmidt*, JuS 1984, 28 [32].

455 Fn. 447 Rz. 24.

456 Fn. 447 Anm. 3b, Änderung in 16. Auflage Anm. 5.

457 Fn. 447, Erl. 11.

458 Fn. 447, Erl. 2.

459 Unter Bezugnahme auf das FG Hamburg v. 22.02.1983 - V 165/81, EFG 1983, 486 und BFH v. 14.10.1975 - VII R 40/74, BFHE 117, 23 ff.

le einer Verrechnung zweier öffentlich-rechtlicher Forderungen sei das Finanzamt gehalten ("muß"), durch VA-Erlaß tätig zu werden.
V. Wallis[460] hebt die Parallelen zwischen Vollstreckungs- und Erhebungsverfahren hervor; das Auftreten des Finanzamtes als Hoheitsträger sei nur im Steuerschuldverhältnis, d.h. zwischen Finanzamt und Steuerpflichtigem möglich und zulässig und zwar als öffentlich-rechtlich hoheitlich belastende[461] Maßnahme i.S.v. § 118 S. 1 AO. Während *v.Wallis* die Erfordernisse der Bestimmt- und Klarheit dieser Verfügung ausdrücklich betont, geht er mit keinem Wort auf die ebensolche Notwendigkeit einer gesetzlichen VA-Ermächtigung ein[462].

bb) "Aufrechnung als Ausübung eines rechtsgeschäftlichen Gestaltungsrechts und für sich allein kein VA"

Die steuerrechtliche Kommentarliteratur ist in ihrer "BFH-Gefolgschaft" noch recht vorsichtig und in den Begründungsversuchen mehr als karg. I.d.R. wird der vom BVerwG geprägte und vom FG München und vom BFH übernommene Leitsatz, die Aufrechnung sei die Ausübung eines rechtsgeschäftlichen Gestaltungsrechts und für sich allein kein VA, wiedergegeben und zum Teil mit seinen steuerrechtlichen Besonderheiten begründet.*Tipke/Kruse*[463], *Klein/Orlopp*[464], *Frotscher*[465], *Kühn/Kutter/Hofmann*[466], *Gröger/Schöll*[467] und auch *Spanner*[468] haben sich der neuen BFH-Rechtsprechungsänderung ausdrücklich angeschlossen[469].

Schon frühzeitig gab es Stimmen im Schrifttum, die die Einordnung der finanzbehördlichen Aufrechnungserklärung als VA kritisiert haben bzw. nach der neuen Rechtsprechung des BVerwG und des BFH diese erst recht ablehnten[470].

460 Fn. 447, Anm. 24 ff.
461 Aufgrund der Erlöschenswirkung, wobei jedoch nicht bereits die Tatsache des Forderungserlöschens für sich betrachtet die einseitig hoheitliche Belastung darstelle, da diese Rechtsfolge schon aufgrund der gesetzlich vorgesehenen Gestaltungswirkung eintrete, sondern erst der mit dem Forderungserlöschen verbundene "Verbindlichkeitsausspruch" durch die VA-Form.
462 Er sieht diese Ermächtigung wohl in § 226 AO im Rahmen eines bestehenden Steuerschuldverhältnisses.
463 *Tipke/Kruse*, ab 12. Aufl., § 226 Tz. 19.
464 *Klein/Orlopp*, ab 4. Aufl. 1989, § 226 Anm. 3 unter Wiedergabe der BFH-Rechtsprechung im BStBl. II 1987, 536 ff.
465 *Frotscher*, in Schwarz , § 226 AO Anm. 6 u. 8.
466 *Kühn/Kutter/Hofmann*, seit der 16. Auflage, § 226 AO Anm. 5.
467 *Gröger/Schöll*, § 226 AO Erl.12, **a.A.** noch in der Vorauflage.
468 *Spanner*, in Hübschmann/Hepp/Spitaler, § 118 AO Anm. 27 a; **a.A. noch:** *v. Wallis*, in Hübschmann/Hepp/Spitaler, § 226 Anm. 26.
469 Vgl. ebenso: *Eyermann-Fröhler*, aaO, § 40 VwGO Anm. 25; *Kopp*, aaO, § 42 VwGO Anh. 19 m.w.N., *ders.* § 35 VwVfG Rz. 19; *v. Feldmann*, in MünchKomm., aaO, § 387 Rdn. 1 a; *Palandt*, aaO, § 395 Anm. 1 Rdn. 1.
470 **Im Beamtenrecht:** *Plog/Wiedow/Beck/Lemhöfer*, BBG-Komm., § 84 Rdn. 23 (S. 10); *Fürst*, in GKÖD I, 1. Teil, § 84 BBG Rdn. 25; *Battis*, BBG, § 84 Anm. 5; *Niedermayer*, BayBG, Art. 92 BayBG Anm. 15; *Schwegmann-Summer*, § 11 BBesG Rdn. 11. **Im Sozialrecht:** vgl. Fn. 358, 359, 404 und *Krause*, BlStSozArbR 1979, 154 [148] verneint unter Hinweis auf BSG-Rechtsprechung den VA-Charakter der behördlichen Aufrechnung. **Im allgemeinen Verwaltungsrecht:** *Achterberg*, Allg. Verwaltungsrecht, § 20 Rdn. 63; *Appel*, BayVBl. 1983, 201 ff.; *Ebsen*, DÖV 1982, 389 [394 ff.] Fn. 37 ff. m.w.N.; *Ehlers*, NVwZ 1983, 446 ff. m.w.N.; *ders.*, Verwaltung in Privatrechtsform, S. 466 Fn. 262; *Eyermann-Fröhler*, aaO, § 40 VwGO Anm. 25; *Herbsleb*, Die Aufrechnung im Verwaltungsrecht, S.45 ff.; *Götz*, Allg. Verwaltungsrecht, S. 87; *Maurer*, Allg. Verwaltungsrecht, § 9 Rdn. 10, § 17 Rdn. 1; *Kopp*, aaO, § 42 VwGO, Anh. 19 m.w.N., Anh. 35 und § 35 VwVfG Rz. 19; *Krause*, Rechtsformen des Verwaltungshandelns, S. 231 f.; *Lüke/Huppert*, JuS 1971, 165 [171]; *Pietzner*, VerwA 73 (1982), 453; *Schmalz*, Allg. Verwaltungsrecht, S. 253; *Vallendar*, DöD 1973, 52 [53]

[Fortsetzung nächste Seite]

Herbsleb[471] lehnte eine behördliche Aufrechnung in VA-Form schon im Jahre 1968 ab und ordnete sie als öffentlich-rechtliche Willenserklärung ein. Dies gelte stets bei der Aufrechnung zwischen zwei Trägern hoheitlicher Gewalt mangels Vorliegens eines Über-Unterordnungsverhältnisses[472], aber auch gegenüber dem Bürger als Aufrechnungsempfänger der Behörde. Eine konkrete Ermächtigung zur VA-Aufrechnung könne sich allenfalls unter den Vollstreckungsvoraussetzungen des Verwaltungszwanges in Form der einseitigen verbindlichen Anordnung des Forderungserlöschens ergeben. Eine solche Wirkungsweise sei aber der gestalterischen Aufrechnungserklärung vom Gesetzgeber nicht zugedacht gewesen. *Herbsleb* sieht zu Recht den - möglichen - Widerspruch zwischen materiellrechtlicher Aufrechnungslage und den gegebenenfalls hieran nicht gebundenen formell vorgegebenen VA-Rahmen der Erklärungshandlung bei finanzbehördlicher VA-Aufrechnung mit einer tatsächlich nicht existenten Gegenforderung: bei Versäumung der Rechtsbehelfsmöglichkeiten könnte der betroffene Bürger seine Forderung nur noch im Wege der Erstattung und nicht mehr über eine Zahlungsklage[473] geltend machen. Auch stehe die Rückwirkungsfiktion des § 389 BGB im Widerspruch zum entscheidenden Erlaß-/Bekanntgabezeitpunkt für die VA-Wirksamkeit[474]. Ebensowenig dürfe die Feststellung der Aufrechnungsforderung z.B. im Steuerfestsetzungs-/Leistungsbescheid als VA mit der - daran anschließenden - Aufrechnungserklärung im Erhebungsverfahren verwechselt werden.

Baltzer[475] stellte bereits 1955 fest, daß die Aufrechnungserklärung des Steuergläubigers nicht "Verfügung" i.S. des § 91 RAO a.F. sei, da sie grundsätzlich an dieselben Voraussetzungen und Wirkungen geknüpft sei wie die des Steuerpflichtigen und daher ihre Grundlage nicht im "Gewaltunterworfensein" des Steuerpflichtigen oder in der "Ausübung von Staatshoheit" haben könne. Des weiteren habe die Aufrechnungserklärung des Steuerpflichtigen keine weitergehenden Wirkungen wie die des Steuerpflichtigen. Solche Wirkungen in Form einer "Verbindlichkeit" mit/trotz Rechtsfehlerhaftigkeit seien aber gerade an eine Aufrechnungs-VA-Form geknüpft.

Vallendar[476] hat in seiner Anmerkung zum BVerwG-Urteil vom 13.10.1971[477] im Ergebnis auch den VA-Charakter der behördlichen Aufrechnung mit öffentlich-rechtlichen Forderungen abgelehnt, da allein aus der behördlichen Entscheidung über das "Ob" und "Wie" einer Verrechnung/Einbehaltung noch keine abschließende Qualifizierung der Rechtsnatur getroffen werden könne[478]. Auch

---

m.w.N.; differenzierend: *Weidemann*, DVBl. 1981, 113 [116 f.]; *Wolff-Bachof*, Verwaltungsrecht I, § 46 V b 3 (S. 381), § 45 II b 2; *v. Feldmann*, in Münch.Komm., aaO, § 387 Rdn. 1 a; *Palandt*, aaO, § 395 Anm. 1 Rdn. 1; *Staudinger-Kaduk*, aaO, § 395 Rz. 18 a. **Finanzliteratur:** *Ax/Fuchs/Große*, AO/FGO, S.78; *Baltzer*, StuW 1955, Sp. 425 [430 ff.]; *Drexler/Frieml/Schiml*, AO, S. 229 (Rdn. 285); *Frotscher*, in Schwarz, § 226 AO Anm. 6 u. 8; *Hundt-Eßwein*, DStR 1987, 575 [578; *Klein/Orlopp*, ab 4. Aufl. 1989, § 226 AO Anm. 3; *Kraemer*, StB 1989, 147 [148 f.]; *Kühn/Kutter/Hofman*, ab 16. Auflg., § 226 AO Anm. 5; wohl auch *Neupert*, NJW 1978, 1574; *Pump*, DStR 1988, 101 [102 f.]; *Söhn*, StRK-Anm. AO 1977, § 226 R. 4; *Sontheimer*, aaO, S. 40, 41 Fn. 5; *Spanner*, in Hübschmann/ Hepp/Spitaler, § 118 AO Anm.27 a; *Tipke/Kruse*, seit 12. Aufl., § 226 Tz. 19.

471 Fn. 470.

472 **A.A.:** s.o. S. 107 Fn. 434, *Burmester*, S. 95 f., die prinzipiell und zu Recht hervorhebt, daß der VA-Charakter nicht (nur) vom Empfängerkreis abhänge und daher auch zwischenbehördlich möglich sei. Kritisch zu Burmester: *Neupert*, NJW 1978, 1574.

473 Da der VA nunmehr bestandskräftig das Feststehen des Forderungserlöschens bestätigt.

474 **A.A.** hierzu *Burmester*, aaO, S. 93 ff., s.o. S. 107 f.

475 *Baltzer*, StuW 1955, 425 [430].

476 *Vallendar*, DÖD 1973, 52 [53] Fn. 2 m.w.N.

477 BVerwG v. 13.10.1971 - VI C 137.67, DÖV 1972, 573.

478 So aber OVG Rheinland-Pfalz v. 09.10.1970 - 2 B 61/70, VerwRspr. Bd. 22 (1971), 409.

Realakten könne eine Ermessensentscheidung zugrunde liegen, allerdings stehe es dem Verwaltungsträger frei, eine solche Entscheidung auch in eine verbindliche Regelung umzusetzen, soweit er dies für den Betroffenen unmißverständlich klarstelle. Die Aufrechnungswirkung bedürfe als gesetzlich angeordnete Rechtsfolge der Aufrechnungserklärung keiner Regelung. Bei der - sehr häufig - bestehenden Aufrechnungslage für beide Seiten sei eine unterschiedliche Rechtsfolgenwirkung - je nachdem, ob zuerst der Verwaltungsträger oder zuerst der Bürger die Aufrechnung erkläre - nicht einsehbar.

Ebsen[479] sieht in einer Betrachtung der "funktionellen Äquivalenz" von Leistungsbescheid i.V.m. Verwaltungsvollstreckung einerseits und Aufrechnung andererseits[480] die Beantwortung der Frage nach der Rechtsnatur der behördlichen Aufrechnung. Er kommt zu der - differenzierenden - Ansicht, daß die eigentliche Aufrechnungserklärung[481] immer rechtsgeschäftliche Willenserklärung sei; darüber hinaus sei das Vorliegen weiterer[482] Erklärungen mit eventuell hoheitlichem Regelungsgehalt aufgrund Auslegung zu ermitteln. Selbst in einem "einheitlichen Aufrechnungsbescheid" mit - zum Teil - hoheitlichen Regelungen der genannten Art bleibe die Aufrechnungserklärung selbst nie mehr als rechtsgeschäftliche Willenserklärung. Richtigerweise stellt *Ebsen* damit auf den Inhalt der behördlichen Erklärung ab, d.h. ob und wann behördliche Erklärungen als VAe auszulegen (Regelungswille) sind[483] und zudem, ob diese Handlungsform zulässigerweise gewählt wurde.
Die drei von *Ebsen* vorgeschlagenen potentiellen Regelungsgehalte sind unter steuerrechtlichen Aspekten modifiert zu betrachten. Im Regelfall der Aufrechnung mit Steuerforderungen bedürfen diese ausnahmsweise und anders als in einer zivilrechtlichen Aufrechnungssituation der vorangegangenen Festsetzung (§ 155 I AO)[484], um im Erhebungsverfahren realisiert werden zu können (§ 218 I AO) bzw. um die für die Aufrechnungslage notwendige Fälligkeit der Gegenforderung zu setzen (vgl. § 220 II 2 AO). Eine "erneute" Forderungsfestsetzung im Abrechnungsbescheid ist nicht mehr erforderlich. Allerdings kann je nach gegebener Sachverhaltslage das Bedürfnis bestehen, die sonstigen Aufrechnungsvoraussetzungen, insbesondere die "Gegenseitigkeit" zu "regeln". Diese Notwendigkeit erscheint jedoch regelmäßig gering. Insbesondere bleibt fraglich, inwieweit sich die Verwaltung von den ausdrücklich vorgesehenen gesetzlichen Aufrechnungsvoraussetzungen durch einseitig verbindliche Anordnung zu lösen vermag, ohne sich hierbei auf eine gesetzlich unmittelbar legetimierende Ermächtigung stützen zu können; denn § 226 AO sieht eine solche zugunsten des Steuergläubigers vor-

---

479 *Ebsen*, DÖV 1982, 389 ff.

480 Für das Beamtenrecht vgl. *Borgs-Maciejewski*, Die Durchsetzung vermögensrechtlicher Ansprüche des Dienstherrn gegen Beamte, S. 121: "funktionelle Parallelität von Aufrechnung und Leistungsbescheid".

481 Als Tatbestandsvoraussetzung für den Eintritt der Rechtsfolge entsprechend § 389 BGB.

482 Z.B.: 1. Aufrechnungsvoraussetzungen, insbesondere Bestehen und Fälligkeit der Gegenforderung, 2. Entscheidung, "ob" und "wie" aufgerechnet werden soll und 3. Ausübung des Gestaltungsrechts selbst.

483 D.h. die "Erklärungen", die vom materiell-rechtlichen Grundgehalt i.S. des § 118 S.1 AO als solche eingeordnet werden können bzw. "welche Verhältnisse die Verwaltung im Zusammenhang mit einer Aufrechnungslage wohl typischer- und sinnvoller Weise zum Gegenstand einer VA-mäßigen Regelung machen kann". Allerdings lehnt er entgegen der wohl überwiegenden Ansicht (vgl. *Ehlers*, NVwZ 1983, 446 [450] Fn. 58 m.w.N.) das Vorliegen eines Form-VA mit entsprechender Rechtsschutzmöglichkeit bei objektiv erkennbarem Erklärungsgehalt ab. Für ihn ist "allein die Frage objektiv-rechtlicher Qualifizierung" aufgrund Rechtsmachteinräumung entscheidend: ebensowenig wie die Verwaltung abstrakt-generelle Regelungen als VA erlassen könne, liege es auch nicht in ihrer Rechtsmacht, mit dementsprechenden Regelungswillen eine rechtsgeschäftliche Erklärung als VA zu qualifizieren ("aufzuwerten"); es ginge dabei nicht um die isoliert zu betrachtende Frage der Rechtmäßigkeit der VA-Aufrechnung, sondern bereits (nur) um deren Qualifikation (Rechtsnatur). *Ebsen* verknüpft damit fälschlicherweise die Fragen der Rechtmäßigkeit/Wirksamkeit der Erklärung und der tatsächlich gewählten Maßnahmeform miteinander und "reduziert" sie auf die alleinige Frage der Rechtsnatur.

484 S.o. 1.Teil C. II. 2. S. 23 ff.

handene einseitige Aufrechnungsregelungsbefugnis nicht vor. Die (Ermessens-)Entscheidung der Behörde, "ob" und "wie" aufgerechnet werden soll, kommt nach Ebsen als nächste Regelungsstufe[485] in Frage. Trotz der "Wechselbeziehung" zur Aufrechnungserklärung an sich seien diese möglichen VA-Regelungsgehalte aber unabhängig von der Erklärung zu sehen und hätten nichts zu tun mit der gesetzlichen Rechtsgestaltung durch Aufrechnung, denn sie könnten auch unabhängig vom "Aufrechnungsbescheid" Inhalt eines selbständigen "Leistungs-, Festsetzungs- oder Feststellungsbescheides" sein. Als eine Frage objektiv-rechtlicher Qualifikation könne die auf eine bestimmte Rechtsfolge gerichtete Aufrechnungserklärung nicht als "rechtsgestaltender VA" konstruiert werden, insbesondere, weil sich im Falle der Aufrechnungslage die Rechtsmacht zur Gestaltung der Rechtslage aus Rechtssätzen ergebe, die in gleicher Weise für Hoheitsträger und andere Personen gälten. Wichtig erscheint die von *Ebsen* zu Recht vorgenommene Trennung zwischen gesondertem Erklärungs- und Regelungsgehalten, gerade im Hinblick auf die komplementären Bedeutungen bzgl. der Wirksamkeitsfrage des VA und des Suspensiveffekts von Rechtsbehelfen.

Ehlers[486] ordnet die behördliche Aufrechnungserklärung als verwaltungsrechtliche Willenserklärung und nicht als VA mangels gesetzlicher Ermächtigungsgrundlage ein. Den hoheitlichen Regelungsgehalt der Erklärung lehnt er sowohl hinsichtlich der Entscheidung als auch hinsichtlich der Gestaltungswirkung ab. Von der Zulässigkeit/Wirksamkeit der Aufrechnungsverfügung unterscheidet er den u.U. materiell-rechtlich - wenn auch stets rechtswidrig - vorliegenden VA (nach Form und Inhalt) bei objektiv erkennbar gemachten Regelungswillen. Die VA-Qualifizierung einer "Ob-" und "Wie"-Entscheidung der Behörde negiert *Ehlers* zu Recht mit der Begründung, daß eine solche "Entscheidung" jeglichem behördlichen Handeln vorauszugehen habe und sich dann in der Handlung selbst manifestiere, ohne die Möglichkeit eines notwendigen Rückschlusses auf das Vorliegen einer hoheitlichen Regelung zu eröffnen[487]. Wie *Ebsen*[488] sieht auch er die Möglichkeit, neben der eigentlichen Aufrechnungserklärung weitere Regelungsgehalte (z.B. Bestehen, Fälligkeit der Gegenfordlerung; Geltendmachnung der Gegenforderung) in VA-Form geltend zu machen. Richtigerweise stellt *Ehlers* hierbei zunächst auf die Befugnis der Behörde zum VA-Erlaß überhaupt ab, d.h. hier im speziellen einen Leistungsbescheid zu erlassen. Aus dem Einforderungsrecht folgert er dann die VA-Ermächtigung auch hinsichtlich des Feststellens des Bestandes und der Fälligkeit der Gegenforderung. Die Geltendmachung einer der Behörde zustehenden Forderung in Form eines Leistungsbescheides ist aber noch nicht gleichzusetzen mit der Befugnis, gesetzlich als gleichgeordnet vorgesehene Gestaltungsrechte bzw. deren Voraussetzungen durch einseitig-hoheitlich verbindliche Regelung "auszuüben". Selbst wenn der Behörde die Befugnis zukommt, über Leistungsbescheid und Verwaltungsvollstreckung ihre Forderung einzubringen, so führt dies noch nicht automatisch zu dem Schluß, daß sie sich grundsätzlich zur Forderungsrealisierung der hoheitlichen VA-Form bedienen muß[489]. Wählt sie die "Ausübung eines rechtsgeschäftlichen Gestal-

---

485 Bzgl. der "Pflichtmäßigkeit" der Entscheidung, die im Streit befindlich sein könne und daher einer einseitig verbindlichen Regelung durch autoritative Klarstellung zugänglich wäre. Allerdings besteht für *Ebsen* kein "muß" einer hoheitlich-verbindlichen Regelung wie es das OVG Rheinland-Pfalz v. 09.10.1970 - 2B 61/70, VerwRspr. Bd. 22 (1971), 409, annimmt.

486 *Ehlers*, NVwZ 1983, 446 [448 f.]; *ders.* in: Verwaltung in Privatrechtsform, S. 465 ff. Fn. 262.

487 Ebenso *Vallendar*, DÖD 1973, 52 [53]; *Weidemann*, DVBl. 1981, 113 [114]; VGH Kassel v. 19.08.1977 - I TH 19/77, ESVGH 27, 159 [160 f.].

488 *Ebsen*, DÖV 1982, 389 [395].

489 Auch das BVerwG hat in seinem Urteil vom 26.04.1968 - VI C 113.67, E 29, 310 [313] bereits drei Möglichkeiten der behördlichen Anspruchsrealisierung anerkannt: die Aufrechnung, die (Zahlungs-/Leistungs-)Klage und den Leistungsbescheid (ggf. i.V.m. den Mitteln der Verwaltungsvollstreckung).

tungsrechts" zur Forderungsdurchsetzung, so begibt sie sich ihres "Regelungswillens"[490], d.h. der gesetzgeberischen Intention folgend übt sie gleichgeordnet einem jeden Aufrechnungspartner nur noch das ihr zustehende Gestaltungsrecht aus. Die Rechtsfolgen treten kraft Gesetzes ein, einer darüber hinausgehenden Rechtsfolgenregelung bedarf es nicht mehr und steht der Behörde in diesem Rahmen auch nicht mehr zu. Ebensowenig sieht *Ehlers* in der Gestaltungswirkung der Aufrechnung eine "hoheitliche Regelung" i.S. des VA-Begriffes. Rechtsgestaltende Wirkungen/Rechtsfolgen seien nicht allein Konsequenz einer VA-Regelung, sondern könnten ebenso aufgrund (verwaltungsrechtlicher) Willenserklärungen und im Privatrecht außerhalb des Hoheitsbereiches eintreten. Der Aufrechnung komme - in Abgrenzung zur besonderen Bindungskraft des VA - nur eine "normale schuldrechtsgeschäftliche Erklärungswirkung" zu, die sich auch in der grundsätzlichen Gleichrangigkeit beider Aufrechnungspartner manifestiere. Weder aufgrund Klarstellungs- noch aufgrund Vollstreckungsfunktion bedürfe es im Falle der Aufrechnung einer VA-Regelung. Auch eine Gleichsetzung mit der Verwaltungsvollstreckung gehe trotz aufgezwungener Befriedigung fehl, da keine einseitige Aneignung, sondern stets nur ein Zugriff unter Preisgabe der eigenen Forderung vorliege[491]. Im Hinblick auf die VA-Befugnis zur Aufrechnung differenziert *Ehlers*: eine grundsätzliche VA-Aufrechnungsbefugnis (z.B. aus § 226 I AO i.V.m. §§ 387 ff. BGB) verneint er; nur im Falle der zulässigen Geltendmachung durch Leistungsbescheid komme die Frage der Zulässigkeit der VA-Aufrechnung überhaupt in Betracht. Allerdings liege auch bei der VA-Aufrechnung immer ein "Mehr" an Belastung vor: sowohl hinsichtlich des Hautforderungserlöschens als auch hinsichtlich der Rückwirkung auf den erstmaligen Zeitpunkt der Aufrechnungslage. Nach dem Grundsatz des Gesetzesvorbehaltes bedürfe es daher einer besonderen gesetzlichen Ermächtigungsgrundlage, die nicht in den §§ 387 ff. BGB gesehen werden könne, da die behördliche Aufrechnung grundsätzlich an dieselben Voraussetzungen geknüpft sei und dieselbe Funktion habe wie die öffentlich-rechtliche Aufrechnungserklärung des Bürgers und somit nicht als Ausfluß spezifischer Hoheitsmacht gewertet werden könne. Insbesondere brauche sich die Finanzbehörde - in Abgrenzung zum Festsetzungsverfahren (§ 155 AO) - im Erhebungsverfahren nicht notwendigerweise der VA-Handlungsform zu bedienen[492]. Aus § 218 II AO lasse sich kein "erst-recht-schon-Schluß" für die vorangehende Aufrechnungserklärung ziehen[493]. Im Widerspruch stünden - ggf. - auch die im Aufrechnungs-VA bestandskräftig gewordenen Feststellungen und auf der anderen Seite die alleinige Abhängigkeit von den materiell-rechtlichen Voraussetzungen[494]. Als Wesensmerkmal des VA erfaßt dessen materiellrechtlicher Regelungsgehalt gerade auch die Feststellung der Aufrechnungsvoraussetzungen/-lage und -wirkung, so daß es mit *Ehlers*[495] als "systemwidrig" anzusehen wäre, wenn seine Wirksamkeit

490 Dieser objektiv zum Ausdruck gebrachte Wille ist entscheidend für die Rechtsnaturqualifizierung als VA, nicht dagegen für die - weitere - Frage der Zulässigkeit.

491 *Pietzner*, VerwA 73 (1982), 453 [457], der ebenfalls mit der h.M. die Strukturunterschiede zum Vollstreckungsrecht - am Beispiel der Ablehnung des § 14 KO - hervorhebt.

492 Als Gegenbeispiel wird die Zulässigkeit eines Aufrechnungsvertrages angeführt.

493 *Ebsen* stellt hier etwas umständlich auf den nicht zu ziehenden Schluß von der VA-Rechtsnatur des Abrechnungsbescheides zur finanzbehördlichen Aufrechnungserklärung ab. Gerade aufgrund der ausdrücklichen VA-Regelungsanordnung des § 218 II AO sollte man an der VA-Aufrechnungsform, die keine Erwähnung im Gesetz findet, (zumindestens) zweifeln.

494 So: *Herbsleb*, aaO, S. 46; *Vallendar*, DÖD 1973, 52 f.: die Erlöschenswirkung sei beim VA allein die Folge dessen verbindlichen Regelungsausspruches, während es bei der (alleinigen) rechtsgeschäftlichen Willenserklärung ausschließlich auf das tatsächliche Vorliegen der materiellen Voraussetzungen ankomme. Als Lösungsvorschlag kommt von *Burmester*, aaO, S. 95, z.B. die Anregung, die materiell-rechtlichen Aufrechnungsvoraussetzungen zugleich auch als VA-Wirksamkeitsvoraussetzung zu sehen. *Thieme*, in Wannagat-Thieme, SGB AT, § 51 Rdn. 10, will die rechtswidrige Aufrechnung als Sonderfall der VA-Nichtigkeit behandelt wissen.

495 *Ehlers*, NVwZ 1983, 449.

von bestimmten materiell-rechtlichen Rechtmäßigkeitsvoraussetzungen abhängig gemacht würde. Auch biete die VA-Lösung keine unverzichtbaren praktischen Vorteile; im Gegenteil kompliziere sie durch eine Vielzahl von in Literatur und Rechtsprechung erörterten Rechtsbehelfsmöglichkeiten den eher auf Vereinfachung angelegten Erfüllungsvorgang. Zu unterscheiden von der Zulässigkeit der VA-Aufrechnung sei deren materiell-rechtliches Vorliegen. Bei unzutreffender, aber deutlich gemachter VA-Formenwahl durch die aufrechnende Behörde handele es sich bei objektiv erkennbar gemachten Regelungs- und Bindungswillen nicht nur der Form, sondern auch inhaltlich um einen VA[496]. Durch Auslegung sei zu ermitteln, ob es sich um eine - rechtswidrige - VA-Aufrechnungserklärung oder um eine zulässige VA-Regelung hinsichtlich des Bestehens, der Fälligkeit und/oder der Geltendmachung der Gegenforderung handele. Eine durch VA bewirkte Aufrechnung sei stets rechtswidrig mangels gesetzlicher Ermächtigungsgrundlage und vor Bestandskrafteintritt auf Widerspruch/Beschwerde hin aufzuheben[497]. *Ehlers* betont an anderer Stelle[498] ausdrücklich, daß - entgegen *W. Schmidt*[499] - die Aufrechnungserklärung der Behörde auch bei Vorhandensein eines die Gegenforderung konkretisierenden Leistungsbescheid kein VA sei. *"Actus"* und *"actus contrarius"*[500] müßten sich keinesfalls notwendig gleichen; auch im Zivilrecht entspringe die Aufrechnungsforderung regelmäßig einem zweiseitigem Vertragsverhältnis, während die Aufrechnung mit dieser Forderung dann einseitig erfolge. *Ehlers* hat insofern Recht, als es keine zwingende Rechtsnaturkonsequenz für "actus" und "actus contrarius" gibt. Jedoch erscheint diesbzgl. der Vergleich mit dem zweiseitig begründeten privatrechtlichem Rechtsverhältnis und der einseitigen privatrechtlichen Aufrechnungsmöglichkeit im Verhältnis zum öffentlichen Recht nicht angebracht, da im Privatrecht die einseitig aufgezwungene Vorgehensweise nicht die Regel ist, während für die öffentlich-rechtlich begründeten Subordinationsverhältnisse die hoheitlich-einseitige VA-Handlungsform die - auch gesetzlich - präferierte Vorgehensweise darstellt. Weiterhin führt er aus, daß auch die "Doppelnatur" der Aufrechnung nicht die Annahme einer VA-Charakerisierung ermögliche. Selbst wenn man die behördliche Durchsetzung als hoheitliche Maßnahme bewerten wolle, so könne man wohl kaum die Erfüllung als tatsächliche Handlung i.S.d. Barzahlung oder hier als Surrogat im Wege der Verrechnung als VA-Maßnahme einordnen[501]. Die fehlende - aber notwendige - gesetzliche Ermächtigungsgrundlage für eine VA-Aufrechnung spreche ebenfalls gegen eine dementsprechende Qualifizierung. Etwas anderes müsse nur bei eindeutig und objektiv klar erkennbarer "VA-Aufrechnungsverfügung" der Behörde gelten ("Form-VA"), die dann als VA - zunächst wirksam - vorliege, aber rechtswidrig und damit anfechtbar und aufhebbar sei.

---

496 Unter Hinweis auf BFH v. 20.02.1968 - VII 327/64, BStBl. 1968, 384 = BFHE 91, 518; OVG Münster v. 13.09.1974 - I B 649/74, OVGE 30, 46 [49]; *Weidemann*, DVBl. 1981, 116 f. **A.A.:** *Ebsen*, DÖV 1982, 389 [395]: es sei allein eine "Frage objektiv rechtlicher Qualifizierung", d.h. mangels Rechtsmacht könne die aufrechnende Behörde auch bei entsprechender (äußerer) Formenwahl ihrer Aufrechnungserklärung nicht den Charakter einer rechtsgeschäftlichen Willenserklärung nehmen.

497 **A.A.:** *Weidemann*, DVBl. 1981, 117: Formenwahlrecht der Behörde. Ähnlich *Helsper*, in Koch, § 226 Rdn. 27 (vgl. auch §§ 47 VwVfG, 43 SGB X, 128 AO). Nach Aufhebung des nichtigen Aufrechnungs-VA bestehe die Aufrechnungserklärung dem Inhalt nach als bürgerlich-rechtliche Willenserklärung - i.S. einer "Umdeutung" - fort.

498 *Ehlers*, Verwaltung in Privatrechtsform, S. 465 ff.

499 *W. Schmidt*, JuS 1984, 28 [32 f.].

500 S.o. 1. Teil S. 8 ff. und 2. Teil S. 92 f., 105.

501 Zwar liegt hier sicherlich die Vergleichbarkeit der Verrechnung als Erfüllungssurrogat mit der Erfüllung durch tatsächliche Zahlungserbringung nahe, da sie der Herbeiführung desselben Rechtserfolges dient, jedoch zeigt auch die Einordnung der finanzbehördlichen "Abrechnungsverfügung" in VA-Form, daß eine einseitig hoheitlich angeordnete Verrechnung zulässig und möglich ist, insbesondere, da es sich eben nicht um eine tatsächliche Erfüllungserbringung handelt, sondern um eine "verfügbare" Verrechnung (auf dem Papier).

Appel[502] setzt seine "VA-Erörterung" ebenfalls an der "verbindlichen Regelung" als VA-Wesensmerkmal an[503]: aus einer einheitlich-förmlichen "VA-Gesamtregelung" im Rahmen einer Rückforderung könne noch nicht auf den VA-Charakter des "Aufrechnungs-Teils" geschlossen werden. Die Maßgeblichkeit des erklärten Behördenwillens[504] könne "qualitativ" nie als etwas anderes denn als Willenserklärung begriffen werden. In Betracht kämen dagegen weitere über § 388 hinausgehende "objektiv als solche erkennbare, aufrechnungsrelevante Regelungen", während sich die Aufrechnungserklärung selbst lediglich als Manifestation des Aufrechnungswillens darstelle. Die behördliche Aufrechnungserklärung als VA in Vollzug zivilrechtlich konzipierter Aufrechnungsvorschriften durch hoheitliche Handlungsform impliziere zudem eine Reihe von Systemwidrigkeiten und sachlichen Unvereinbarkeiten: trotz einseitig final ausgerichteter Erklärung handele die Behörde nicht als spezieller Hoheitsträger, sondern auf der Ebene der Gleichordnung wie jeder andere Anspruchsinhaber auch. Die gesetzlich vorgesehene gleichmäßige[505] Rechtsanwendung für jeden Aufrechnenden und die damit einheitliche Wahrnehmung der Aufrechnungsbefugnisse für beide Seiten sei nur unter der Prämisse einer rechtsgeschäftlichen Willenserklärung zu realisieren. Weder das Handeln eines öffentlich-rechtlichen Hoheitsträgers, noch die Geltendmachung öffentlich-rechtlicher Ansprüche[506], noch das zugrunde liegende, steuerrechtliche Subordinationsverhältnis stünden einer rechtsgeschäftlichen Handlungsweise entgegen, denn nicht notwendig alle Verwertungsformen öffentlich-rechtlicher Ansprüche müßten hoheitlich ausgestattet sein. Bediene sich der Hoheitsträger nichthoheitlicher Handlungsformen, stelle das "punktuelle" Einsetzen von Hoheitsgewalt ein widersprüchliches Verhalten dar, z.B. sei auch eine punktuelle VA-Regelung einzelner Punkte eines Vertragsverhältnisses unzulässig.

Appel unterscheidet im Ergebnis ebenso zwischen dem tatsächlichen Vorliegen eines VA und seiner Rechtmäßigkeitsbeurteilung, allerdings sei i.d.R. aufgrund "mangelnden Aussagegehalts"/"mangelnder Bestimmtheit" die Ausformung der Aufrechnungserklärung als VA zur Dokumentation des behördlichen Aufrechnungswillens nicht wirksam. Schließe man vom behördlichen Willen auf ein rechtmäßigen Handeln[507], so müsse in "rechtskonformer Interpretation" trotz vielleicht widersprüchlichen äußerem Erscheinungsbild grundsätzlich von einem "Nicht-VA" ausgegangen werden, da der Behörde die Ermächtigungsgrundlage fehle, die die Rechtmäßigkeit der Aufrechnungserklärung als belastender VA erfordere. § 388 BGB bzw. die analoge Anwendung der BGB-Vorschriften eröffneten aufgrund der ihnen zugrundegelegten "neutralen Rechtssystematik" des Aufrechnungsinstituts keine Befugnisgrundlage zum Einsatz hoheitlicher Gewalt. Angesichts der vorgegebenen BGB-Rechtssystematik bedürfe es gar keiner hoheitlichen Regelung; eine solche wäre überflüssig und damit sogar als Verletzung des Übermaßverbotes anzusehen. Die Tatbestandsmerkmale der Aufrechnung seien grundsätzlich einer Regelung strukturell nicht zugäng-

---

502 *Appel*, BayVBl. 1983, 201 [203 ff.].

503 Unter Bezugnahme auf die Qualifizierungsversuche des OVG Münster v. 13.09.1974 - I B 649/74, OVGE 30, 46 [50] und OVG Koblenz v. 09.10.1970 - 2 B 61/70, VerwRspr. Bd. 22, 410.

504 Entweder als "Regelung" der "dienstlichen Beziehungen" - so OVG Koblenz - oder als verbindliche Festschreibung der - noch notwendigen - Aufrechnungsvoraussetzungen und der Erlöschenswirkung - so OVG Münster.

505 Grundsätzlich sieht auch § 226 I AO keine Differenzierung hinsichtlich der Person des Aufrechnenden vor; Abs. II - IV des § 226 können hier bzgl. der Aufrechnungsbefugnis außer Acht gelassen werden.

506 S.o. 2.Teil B II.1. c), bb), S. 82 ff.

507 Diese Argumentationsweise unterliegt einem Trugschluß, denn auch bei der "Interpretation" des behördlichen Willens kann man der Behörde nicht ohne weiteres - per fiktivum - das "Nichtwollen" eines - rechtswidrigen - "VA-Aufrechnungsbescheides" (trotz äußerlicher Kenntlichmachung als solchen) unterstellen. Vielmehr will sie ja gerade (wie auch von ihr deutlich gemacht, und zwar wohl auch mit "entsprechendem Willen" und in Überzeugung der rechtmäßigen Handlungsweise) durch VA tätig werden.

lich, da sie "faktisch" vorzuliegen hätten[508].

Söhn[509] ordnet die finanzbehördliche Aufrechnungserklärung mit einem Anspruch aus dem Steuerschuldverhältnis als verwaltungsrechtliche Willenserklärung und weder als VA noch als privatrechtliche Willenserklärung ein. In Subsumtion unter den VA-Begriff des § 118 S. 1 AO wird - wie auch vom Bundesverwaltungsgericht - das Merkmal der "Hoheitlichkeit" problematisiert: für die behördliche Aufrechnungserklärung sei weder eine hoheitliche Position notwendig noch sei sie selbst hoheitliches (tatbestandliches) Handeln, denn ein öffentlich-rechtliches Handeln bei Aufrechnungsforderungen des Finanzamtes aus dem Steuerschuldverhältnis sei eben auch in Form der verwaltungsrechtlichen Willenserklärung möglich und zulässig[510]. Der Vergleich mit dem hoheitlichen Verwaltungszwang gehe fehl, da zwar eine einseitig aufgezwungene "Selbsthilfe" des Aufrechnenden vorliege, diese Realisierungsmöglichkeit aber nur unter Aufgabe der eigenen Forderung eintreten könne und damit die "Einseitigkeit" der Durchsetzbarkeit relativiere.
Hundt-Eßwein[511] lehnt die Verpflichtung des Finanzamtes zur "VA-Aufrechnungsverfügung" mangels entsprechender Rechtssatzkodifizierung ab. Die grundsätzlich (Ausn.: Absatz II - IV) vorbehaltlose Verweisung hinsichtlich der Durchführung und den Voraussetzungen auf das Bürgerliche Gesetzbuch spreche ebenfalls gegen die intendierte Institutionalisierung einer VA-Aufrechnung. In Abgrenzung zur verwaltungsrechtlichen Willenserklärung lasse sich die Aufrechnungserklärung als solche auch nicht unter den VA-Begriff i.S.v. § 118 S.1 AO subsumieren, denn sie stelle lediglich die Ausübung des Gestaltungsrechts dar und nicht etwa eine verbindliche Entscheidung über den Eintritt der Aufrechnungsrechtsfolgen. Eine endgültig verbindliche Entscheidungsmöglichkeit eröffne erst § 218 II AO, der ebenso wie die Aufrechnung selbst dem Erhebungsverfahren zuzurechnen sei. Die Lösung über die verwaltungsrechtliche Willenserklärung mit anschliessender Abrechnungsbescheiderteilungsmöglichkeit nach § 218 II AO korrespondiere auch mit der früher schon geäußerten BFH-Ansicht[512], daß hoheitliche Regelungen hinsichtlich der Frage des Erlöschens von Steuerforderungen nur mittels Abrechnungsbescheid oder im Wege des Erstattungsverfahrens zu erfolgen haben.

3. Abgrenzung "VA" als hoheitliche Verfügung zur "Willenserklärung" als Gestaltungsrecht - zugleich in Interpretation eines "hoheitlichen Regelungsgehaltes" der finanzbehördlichen Aufrechnungserklärung gem. § 118 S. 1 AO

Als seitens der Finanzbehörden mögliche, rechtsfolgenbegründende öffentlich-rechtliche Akte kommen einmal die rechtsgeschäftliche Willenserklärung, bei der für den Eintritt der Rechtsfolge der in der Handlung zum Ausdruck gelangte Rechtsformungswille erheblich ist, in Frage, wobei diese rechtsgeschäftliche Erklärung allein der Ausübung einer bereits gesetzlich manifestierten Befugnis

508 Hier spielt *Appel* ebenso wie *Ebsen* und *Weidemann* auf den Widerspruch zwischen den vorausgesetzten materiellrechtlichen Wirksamkeitsvoraussetzungen der Aufrechnung einerseits und andererseits der Möglichkeit der Verwaltung der einseitig-verbindlichen, rein formalen und bestandskraftfähigen Regelung dieser Anforderungen an.

509 *Söhn*, StRK-Anm. AO 1977, § 226 R.4, überträgt die BVerwG-Rechtsprechung v. 27.10.1982 - 3 C 6/82, NJW 1983, 776 = BVerwGE 66, 218, auf das steuerrechtlich in § 226 AO speziell geregelte Aufrechnungsinstitut.

510 Im steuerrechtlichen Schrifttum zur Einordnung der finanzbehördlichen (ö.r.) Aufrechnungserklärung war *Söhn* einer der ersten Vertreter, die erkannten - entgegen der 1968ziger Rechtsprechungsvorgabe des BFH - , daß ö.r. Handeln in Abgrenzung zum bürgerlich-rechtlichen Handeln (zivilrechtliche Willenserklärung) nicht nur eine Maßnahme in VA-Form zuläßt.

511 *Hundt-Eßwein*, DStR 1987, 575 ff.; zugleich bespricht er auch - unter Ausführungen zur Rechtsprechungsentwicklung (BVerwG und BFH) - das BFH-Urteil vom 02.04.1987 - VII R 148/83, BStBl. II 1987, 536.

512 BFH v. 27.10.1972 - VI R 310/68, BStBl. II 1973, 89 = BFHE 107, 272 und v. 21.01.1977 - III R 125/73, BStBl. II 1977, 396 = BFHE 121, 284; vgl. auch *Ebsen*, DÖV 1982, 393 m.w.N.

dient und keine spezifisch einseitig verbindliche Hoheitlichkeit der Verwaltung zum Ausdruck bringt. Auf der anderen Seite der als "das" Regelungsinstrument der Verwaltung behandelte Verwaltungsakt (vgl. §§ 35 S. 1 VwVfG, 118 S. 1 AO, 31 SGB X), der seinem "Gegenüber" eine von der Verwaltung intendierte, mit seinem formellen Vorliegen bedingte, einseitige Verbindlichkeit "aufdrückt"[513] und zwar als selbständige Grundlage neben der eigentlichen Gestaltungsverwirklichung des Gesetzestatbestandes[514]. Mit dem VA ist der Verwaltung ein Mittel zur schnellen, wirksamen und zwangsweise durchsetzbaren, einseitigen Regelung von Sachverhalten und Rechtsverhältnissen zur Hand gegeben[515]. Im Bereich der Leistungsverwaltung ist der VA - unbestrittenermaßen - als Mittel der Konkretisierung, Klarstellung und Stabilisierung und damit zur Herstellung von Rechtsklarheit und -sicherheit unverzichtbar[516]. Er dient der Übersichtlichkeit und Berechenbarkeit des administrativen Geschehens durch eine zeitliche und eine Abschnittsgliederung des Verwaltungsverfahrens und führt zur schrittweisen Festlegungen und Entscheidungen und damit zu einer Reduktion der Verwaltungskomplexität (gestuftes Verwaltungsverfahren)[517].

Die für die finanzbehördliche Aufrechnungsverfolgung adäquate Handlungs- und Regelungsform bzw. die Ausgestaltung möglicher Regelungsinstrumente hängt von dem konkret auszugestaltenden Rechtsverhältnis, den Rechtsfolgen, die der Regelungsform als solcher zugemessen werden und den tatsächlichen Folgen der Handlungsform ab. Denn die verschiedenen Arten des Verwaltungshandelns werden unterschieden, um jede Art den ihrer Eigenart und Funktion entsprechenden Regelungen zu unterstellen, insbesondere bzgl. der Rechtmäßigkeitsvoraussetzungen, der Bindungswirkung, der Rechtswidrigkeitsfolgen und der Rechtsschutzmöglichkeiten. Grundsätzlich ist eine "Doppelnatur" der Verwaltungsmaßnahme abzulehnen, so daß auch eine Aufspaltung eines "einheitlichen Bescheides" in VA-Teile und schlichthoheitliche Erklärungen zu verneinen ist. In Analyse der für den VA typischen Rechtsfolgen[518] und in Übertragung auf das steuerrechtliche Aufrechnungsinstitut ist auch dessen Zulässigkeit und Notwendigkeit gerade hier in Frage zu stellen. Unter dem Aspekt der Interessenlage zwischen Staat und Bürger ist nach einem Bedürfnis zur besonderen Regelungsform des VA im Steuerschuldverhältnis, speziell im Fall der Aufrechnungserfüllung, zu forschen, wobei hier die adäquate Regelung nicht nur in die autonome Verantwortung der handelnden Finanzbehörde fällt, sondern normativ vorgezeichnet ist. Nur wenn man die "Gleichwertigkeit" der Interessenlagen verneint, kann man zur "Notwendigkeit" einseitig hoheitlicher Entscheidungen kommen.

Die Frage der "Regelung" an sich, ihrer "Hoheitlichkeit" und ihres Inhalts ist von der Frage zu trennen[519], ob eine Regelung diesen Inhalts unter den gegebenen Umständen im eingeschlagenen Verfah-

---

513 S.o. 2. Teil B. II.1. c) aa), S. 74 ff.

514 Sog. "Doppelung des Rechtsfolgengrundes", vgl. *Hoffmann-Becking*, DÖV 1972, 196 [199 f.] Fn. 36; *Becker-Riewald-Koch*, RAO, vor § 97 Vorbem. 1 d (S. 268 f.); *Löwenberg*, aaO, S. 44 f.; *Arbeiter*, aaO, S. 120; BFH v. 10.11.1953 - I 108/52 S, BFHE 58, 294 [297].

515 "Aspekt der Rechtssicherheit".

516 *Erichsen*, in Erichsen/Martens, aaO, § 11 I (S. 174); *Schmidt-Aßmann*, Das allgemeine Verwaltungsrecht als Ordnungsidee und System, S. 32 f.; *Maurer*, Allgemeines Verwaltungsrecht, § 9 Rdn. 40 f.; abweichend *Achterberg*, Allgemeines Verwaltungsrecht, § 19 Rdn. 33.

517 Hierbei ist bei der finanzbehördlichen Aufrechnung besondere Aufmerksamkeit auf die Gliederung des Besteuerungsverfahrens, s.o. 1.Teil C., S. 19 ff., zu richten, insbesondere auch auf die besonderen Entscheidungsstufen, z.B. das Abrechnungsbescheidsverfahren (§ 218 II AO).

518 S.o. 2.Teil B.II.1. c) aa) (2), S. 74 ff.

519 S.o. 2.Teil B.II. 1. c) aa) (4), S. 79 ff.; *Krause*, aaO, S. 191 Fn. 465 m.w.N.; *Weidemann*, DVBl. 1981, 113 [117], der die - erkennbar formalisierte - gewählte VA-Aufrechnung durch die Behörde einerseits (im Rahmen der Rechtsnaturbeurteilung) von der Zulässigkeit des Gebrauchs der Handlungsform "VA" andererseits trennt.

ren und in der gewählten Form rechtswirksam ist.

a) Funktionen der VA-Handlungsform in Bezug auf das Aufrechnungsinstitut

Ursprünglich als konkrete Regelung eines Eingriffes in Eigentum und Freiheit insbesondere in Form des Polizeibefehls oder des Steuerbescheides gedacht und behauptet[520], wird heutzutage diese Vorstellung der VA-Funktion nicht mehr gerecht. Der VA ist nie nur "Instrument der Verpflichtung" gewesen, allerdings dient er auch nicht nur autonom der Selbstverpflichtung oder der Verfügung über eigene Rechte, sondern ebenso heteronom der Entscheidung über die Rechte anderer.
Der VA ist als öffentlich-rechtliche Regelungsform in einer einseitig zu Lasten des Adressaten ergehenden Maßnahme durchaus der einseitig rechtsfolgenbedingenden Gestaltungsrechtsausübung vergleichbar. Er ist aber - im öffentlich-rechtlichen Bereich - in Klarstellung und "Disziplinierung" der Rechtslage Ausdruck der "Justizförmigkeit" und damit nicht "grenzenlos" in seiner hoheitlichen Machtemanation, auf der anderen Seite bringt der VA der Verwaltung den Vorteil der "formellen Verfestigung" ihrer Maßnahme.
Die Funktionsanalyse der VA-Maßnahme kann in verschiedenerlei Hinsicht beantwortet werden: er kann bestimmte Verwaltungshandlungsvoraussetzungen hinsichtlich eines Rechtsfolgentatbestandes als Tatbestandsmerkmale qualifizieren; er dient als staatliches Instrument zur gesetzten Zielverwirklichung und er diszipliniert die Verwaltungshandlung in formaler und verfahrensmäßiger Hinsicht und verleiht ihr zugleich in Schaffung einer vom materiellen Recht verselbständigten Rechtsgrundlage[521] einen eigenständigen Wert. D.h. auf der einen Seite wäre die "VA-Aufrechnung" der Finanzbehörde mit - verfahrensrechtlich bedingten - Vorteilen behaftet, auf der anderen Seite läßt sich aber ein sachlich begründeter Widerspruch, eine Zweckentfremdung zum zivilrechtlich motivierten Aufrechnungsinstitut im Falle der VA-Aufrechnung nicht leugnen. Denn die Funktion des VA als Vollstreckungstitel, als vorgeschobene - verbindliche - Entscheidung der Rechtslage vor Vollzug erscheint beim "Aufrechnungs-VA" sinnlos, da die Aufrechnungsgestaltungswirkung den Vollzug bereits in sich trägt und ein "weiterer Vollzug" weder notwendig noch möglich erscheint. Der VA-Bescheid als Leistungs-/Zahlungsaufforderung der Behörde ist nicht mit einem Aufrechnungsbescheid vergleichbar. Unter dem Blickwinkel des Aufrechnungswesens enthält diese gerade keine Zahlungsaufforderung, keinen Leistungsbefehl mehr, sondern bereits den Leistungsvollzug aufgrund der gesetzlich angeordneten und insoweit automatisch eintretenden Gestaltungswirkung. Eine Anordnung aber, die nicht mehr vollstreckt werden soll (kann), muß auch nicht mit der gleichen Notwendigkeit verbindlich ausgesprochen werden wie ein vollstreckbarer und noch zu vollstreckender Verwaltungsbefehl, der gerade des VAs als Vollstreckungsgrundlage noch bedarf.

b) Die finanzbehördliche Aufrechnung in Subsumtion unter den VA-Begriff des § 118 S. 1 AO 1977

Bei der Subsumtion der potentiellen "Aufrechnungsverfügung" unter die VA-Definition i.S.v. § 118 S.1 AO bleibt vorerst und vordergründig klarzustellen, daß die Definition des VA i.S. der Verfahrensgesetze (AO 1977, VwVfG, SGB X) nicht zweierlei im Hinblick auf die aufgezeigten Problemkreise zu leisten vermag: die Definition dessen, was die Finanzbehörde der Form nach getan hat und zugleich die Definition dessen, was sie der Form nach hätte tun müssen[522]. Die Rechtsnaturbestim-

---

520 Weitergehend bereits *Otto Bachof*, Verfassungsrecht Bd. I, S. 226, 252, 348.

521 S.o. Fn. 514: "Doppelung des Rechtsfolgengrundes".

522 Vgl. *Zimmer*, DÖV 1980, 116 [120]; *ders.*, Jura 1980, 242 [245] m.w.N.: fehlende Gestaltungsbefugnisse berühr-

[Fortsetzung nächste Seite]

mung bzgl. der tatsächlich seitens der Behörde vorgenommenen Maßnahme bestimmt sich nach den gesetzlichen Definitionskriterien des VA-Begriffes - insoweit begrenzt aber bereits dieser materieller Definitionsrahmen die Vorgehensweise[523]. Es besteht demnach durchaus die Möglichkeit der "definitionsgerechten" VA-Handlung i.S. des Gesetzes, d.h. es liegt ein (zumindestens vorübergehend) wirksamer VA mit all seinen Spezifika vor, ohne damit zugleich auch eine gesetzliche Handlungsbefugnis für diese Art der behördlichen Vorgehensweise zu eröffnen.

Mit der herrschenden Meinung[524] ist eine behördliche Maßnahme in Anbetracht ihres *Regelungsgehaltes* dann als VA zu qualifizieren, wenn sie - objektiv als solche erkennbar - auf eine *einseitige*, für den Betroffenen *unmittelbar verbindliche* und bzgl. der damit entschiedenen Sache abschließende und der *Rechtsbeständigkeit fähige Regelung kraft hoheitlicher Gewalt* gerichtet ist, d.h. auf die einseitig von einer Behörde auf dem Gebiet des öffentlichen Rechts verfügte Begründung, Aufhebung, Abänderung oder verbindliche Feststellung eines subjektiven Rechts oder einer Pflicht des betroffenen Bürgers abzielt.

Ebenso wird von der herrschenden Meinung die finanzbehördliche Aufrechnung - ausgehend vom "Normalfall" der Aufrechnung unmittelbar gegenüber dem Steuerpflichtigen - hinsichtlich der VA-Begriffsmerkmale der "*behördlichen Maßnahme*" auf dem "*Gebiet des öffentlichen Rechts*", betreffend einen "*Einzelfall*" und diesbezüglich mit "*unmittelbarer Rechtswirkung nach außen*" als unproblematisch[525] angesehen. Gestritten wird um die Ein- bzw. Zuordnung der Begriffe "*hoheitliche Maßnahme*"[526] und "*(rechtliche) Regelung*" i.S.v. § 118 S. 1 AO bzgl. der von der Finanzbehörde kundgetanen Aufrechnungserklärung.

aa) "Einseitigkeit" der Maßnahme bzw. "Verbindlichkeitsanordnung" als Abgrenzungskriterium und VA-Spezifikum?

Die "Hoheitlichkeit" der Maßnahme soll die einseitige Verbindlichkeit des VA, die Unterordnung des steuerpflichtigen Bürgers unter den VA-Ausspruch des Finanzamtes mit seiner speziellen Bindungswirkung ausdrücken. Sie dient der Abgrenzung zur zivilrechtlichen Willenserklärung bzw. zum schlichthoheitlichen Handeln der Behörde und findet sich als Zuordnungskriterium ausschließlich im öffentlichen Recht[527]. Nicht gleichzusetzen - i.S. einer synonymen Begriffsverwendung - sind "Hoheitlichkeit" und "Einseitigkeit" (i.S.von autoritativ) der Verwaltungserklärung[528]. Die Verknüp-

---

ten ebensowenig das Vorliegen der Definitionsmerkmale (die Handlungsform) wie das Vorliegen der definitorischen Voraussetzungen den Schluß auf vorhandene Regelungskompetenzen zuließen. Demgegenüber schließt das BVerfG v. 10.05.1960 - 2 BvO 6/56, BVerfGE 11, 89 [100], aus der fehlenden Kompetenz zum Erlaß von Rechtsverordnungen auch auf den fehlenden Verordnungscharakter. Das FG Hamburg v. 28.04.1972 - IV 24/72 H, EFG 1972, 550, verkennt die Differenzierung zwischen formeller (äußerer) Handlungsgestaltung und tatsächlich getroffenem Regelungsinhalt.

523 S.o. 2.Teil B. II.1. c) aa) (3), S. 78 ff.

524 Vgl. *Kopp/Obermayer*, Allgemeines Verwaltungsrecht, S. 178 Fn. 17 m.w.N. zur herrsch. Meinung.

525 Vgl. u.a. *Söhn*, StRK-Anm. AO 1977, § 226 R. 4 m.w.N.

526 Maßnahme ist als jedes willentliche Verhalten (Tun, Dulden, Unterlassen) eines Amtsträgers (vgl. § 7 AO) zu verstehen,vgl. *Tipke/Kruse*, § 118 AO Tz. 4.

527 Vgl. *Erichsen*, in Erichsen/Martens, aaO, § 11 II 3 (S. 181), wobei *Erichsen* richtigerweise betont, daß nicht jedes ö.r. Verhalten auch hoheitlich i.S. des VA-Begriffes sein muß; so auch *Stelkens/Bonk/Leonhardt*, aaO, § 35 VwVfG Rdn. 59 m.w.N.

528 Z.Tl. wird die Begriffsbestimmung der "Einseitigkeit" dem Merkmal der "Hoheitlichkeit" zugeordnet, vgl. *Löwenberg*, aaO, S. 37; *Erichsen*, in Erichsen/Martens, aaO, § 11 II 3 (S. 181 f.): der VA sei das Mittel zur "einseitigen

[Fortsetzung nächste Seite]

fung[529] der beiden Begriffe ist zwar insofern möglich, als ein hoheitliches Handeln implizit auch die Einseitigkeit der Vorgehensweise beinhaltet, ein Umkehrschluß in dem Sinne, daß bei einseitiger Vorgehensweise des Hoheitsträgers im öffentlichen Recht gegenüber dem Bürger grundsätzlich auch die "Hoheitlichkeit" i.S. einer Über-Unterordnung einhergeht, ist aber nicht möglich. Die einseitige Handlungs-/Erklärungsbefugnis ist keine spezifisch dem öffentlichen Recht vorbehaltene Maßnahme, sondern findet sich ebenso, z.B. als einseitiges Rechtsgeschäft wie Kündigung und Aufrechnung, im bürgerlichen Recht, wo es auch im Verhältnis einseitig begründender/gestaltender/beendender Rechtsbeziehungen keine "Hoheitlichkeit" des einzelnen gibt und begrifflich schon nicht geben kann. Denkbar und möglich ist damit im öffentlich-rechtlichen Verhältnis auch eine einseitige Handlungsweise ohne Inanspruchnahme spezifisch hoheitlicher Machtbefugnisse[530], soweit die "Einseitigkeitsbefugnis" gesetzlich vorgesehen ist, wie z.B. bei einseitigen Gestaltungsrechten.
Auch im Hinblick auf die Zuordnung der "Einseitigkeit" zum VA-Begriffselement der "Regelung" tauchen Unvereinbarkeiten auf. Als "Regelung" ist die einseitig anordnende, verbindlich rechtsfolgenbegründende/-setzende Ordnung eines Lebenssachverhaltes anzusehen, unabhängig von deren Rechtmäßigkeit oder Rechtswidrigkeit[531]. Betrachtet man - wie z.B. *Krause*[532] - die Regelung einzig als Verfahrensergebnis, so hat er Recht, wenn er die Zuordnung der "Einseitigkeit" auf diesen Rechtserfolg ablehnt, denn schon begrifflich umschreibt die einseitige Handlungsweise nicht den Rechtserfolg, sondern das Verfahren, die Maßnahme. Aber auch unabhängig von diesem - eher theoretischen - Streit ist der Begriff der "Einseitigkeit" nicht unabdingbar mit dem Element der "Regelung" zu verbinden, denn eine "Regelung" hat nicht zwingend einseitig zu erfolgen. Eine einvernehmliche, z.B. vertragliche Regelung ist ebenso denkbar wie möglich[533]. Die "Einseitigkeit" als Begriffselement für sich betrachtet, bringt jedenfalls für die Abgrenzung VA zum Nicht-VA kein befriedigendes Ergebnis. Allein aus der "Einseitigkeit" der Aufrechnungserklärung - die sich ebenso im bürgerlichen Bereich findet - läßt sich die Präferierung einer VA-Aufrechnungsform nicht rechtfertigen.
Parallel zu den Begriffen der "Hoheitlichkeit" und "Einseitigkeit" geht das Merkmal der "Verbindlichkeit" der gewählten Maßnahmeform einher. Verbindlichkeit i.S. einer allgemeinen Rechtsbindung[534] bzgl. der ausgesprochenen Rechtsfolge kann materiell-rechtlich allgemein kraft unmittelbarer tatbestandlicher Gesetzesverwirklichung (Pflichtigkeit aufgrund Gesetzes) oder aber formell kraft spezifi-

---

Regelung" von (ö.r.) Sachverhalten; *Wallerath*, Allgemeines Verwaltungsrecht, § 7 I 1; während andere sie dem Begriff der "Regelung" zuschreiben, vgl. *Meyer/Borgs*, aaO, § 35 VwVfG Rdn. 41; wohl auch *Maurer*, Allgemeines Verwaltungsrecht, § 9 Rdn. 25 (in Abgrenzung zum Verrechnungsvertrag); *Wolff-Bachof*, aaO, Bd. I; § 46 V a (S. 380); Weidemann, DVBl. 1981, 113 [116]; kritisch *Krause*, aaO, S. 126 Fn. 73 m.w.N.

529 So aber *Löwenberg*, aaO, S. 38 f.:"...lassen sich nicht trennen."

530 *Wolff-Bachof*, aaO, Bd. I, § 46 V b (S. 381): nicht jede einseitige Willenserklärung einer Behörde ist ein VA (z.B. Aufrechnung, Kündigung, Barzahlung) mangels verbindlicher Regelung.

531 Verschiedenlich wird die "Regelung" nicht nur als Ergebnis eines Verfahrens, als die gesetzte Rechtsfolge verstanden - so *Wolff-Bachof*, aaO, Bd. I, § 46 V a (S. 380); *Krause*, aaO, S. 126; *Arbeiter*, aaO, S. 115; *Löwer*, JuS 1980, 805 [809] Fn. 72; *Stelkens/Bonk/Leonhardt*, aaO, § 35 VwVfG Rdn. 76 -, sondern "mehrdeutig" einerseits als Verfahren selbst und zugleich auch als die im Verfahren gewonnene Entscheidung, so *Erichsen*, in Erichsen/Martens, aaO, § 11 II 4 (S. 182) angesehen.

532 *Krause*, aaO, S. 126.

533 *Maurer*, aaO, § 9 Rdn. 6 (S. 142). Als Nebenaspekt ist - wie auch *Krause*, aaO, S. 126 f. betont - die Begrifflichkeit der "Einseitigkeit" beim VA-Begriff insofern irreführend,als auch die VA-Regelung nicht nur einseitig orientierte Rechte und Pflichten (Staat gegen Bürger) begründet, sondern das zwischen Staat und Bürger begründete/geregelte Rechtsverhältnis wirkt auch zweiseitig im Verhältnis Bürger - Staat ("gegenseitiges Rechten-Pflichten-Verhältnis").

534 Für beide Seiten - nicht nur gegenüber dem Bürger - wird die Behörde anordnend tätig, auch sie selbst bindet sich an die im VA konkretisierte Rechtsfolge.

schen VA-Ausspruches eintreten. "Verbindlichkeit" ist definitionsgemäß nur bei "Verwaltungsrechtshandlungen"[535] anzutreffen, während tatsächliche Verwaltungshandlungen als Tathandlungen ohne Verbindlichkeit und ohne Regelungsgehalt einzuordnen sind, z.B. Bar(aus)zahlungen. Die "spezifische[536], insbesondere auch unmittelbare Verbindlichkeit" öffentlich-rechtlicher Maßnahmen findet sich dagegen nur bei regelnden Anordnungen wie z.B. VAen[537], während die allgemeine Verbindlichkeit einer rechtsgeschäftlichen Willenserklärung, die auf Begründung einer dem geäußerten Willensinhalt entsprechenden Rechtsfolge gerichtet ist, erst beim Vorliegen der materiell-rechtlichen tatbestandlichen Voraussetzungen zum Tragen kommt, d.h. hier gibt es nicht die besondere formelle Verbindlichkeit des VA trotz eventueller Fehlerhaftigkeit/Rechtswidrigkeit. Wenn das *BVerwG* in seiner Entscheidung v. 29.12.1969[538] die feststellende Erklärung der Verwaltung deshalb als VA einordnet, weil die Behörde die Rechtsfolgen "verbindlich" festgestellt hat, so zieht es hier einen - unzulässigen - Schluß von der Folge auf die Voraussetzung, denn die "Verbindlichkeit" der in der Behördenerklärung bezeichneten Rechtsfolge ist erst Konsequenz des VA-Tatbestandes, sie setzt eine regelnde Rechtsfolgenanordnung i.S. des VA-Begriffes voraus und bestimmt nicht umgekehrt eine VA-Qualifizierung. Zwar läßt ein solchermaßen geäußerter behördlicher Regelungswille mit einer spezifisch intendierten Verbindlichkeitsanordnung einen VA-Anordnungscharakter der Behörde vermuten. D.h. der zum Ausdruck gebrachte "Verbindlichkeitswille" der Behörde läßt sich zwar als (subjektives) Indiz für ihren Regelungswillen werten, nicht aber als ein objektiv feststehendes Merkmal für die Bejahung einer VA-Existenz.

bb) "Rechtliche Regelung" i.S.v. § 118 S.1 AO 1977

(1) Definition

Der VA erfüllt seine spezifische Funktion primär durch seine Rechtsfolgenwirkung: sie kennzeichnet ihn als Rechtsakt, der sich nicht nur nach dem Recht richtet, sondern selbst Rechtsfolgen auslöst. Als ein Element des VA-Begriffes ist die rechtliche Regelung als "einseitig anordnende, verbindliche, rechtsfolgenbegründende/-ändernde d.h. eigene Rechtserheblichkeit besitzende, hoheitliche Ordnung eines Lebenssachverhaltes durch einen Hoheitsträger, die für den Betroffenen "rechtens sein soll, gleichgültig ob sie nach dem Gesetz rechtmäßig oder rechtswidrig ist"[539], zu verstehen. Durch verbindliche Rechtsfolgensetzung müssen Rechte des Betroffenen unmittelbar begründet, geändert, aufgehoben oder mit bindender Wirkung festgestellt bzw. verneint werden[540]. Der Regelungsbegriff ist weit zu fassen, wie bereits auch die Begriffsverwendungen in § 118 S. 1 AO "jede Verfügung[541], Entscheidung oder andere hoheitliche Maßnahme" zeigen, wobei es jedoch für die VA-Qualifikation nicht entscheidend auf die Bezeichnung, sondern auf deren Inhalt ankommt[542]. Denn ob eine auf die

---

535 Vgl. *Wolff-Bachof*, aaO, Bd. I, § 45 II b (S. 365).

536 *Löwenberg*, aaO, S. 39 f., mißt Verbindlichkeit (i.w.S.) allen hoheitlichen Maßnahmen zu, allerdings in Abstufungen hinsichtlich ihrer Intensität und ihres zeitlichen Eintrittes.

537 S.o. 2.Teil B. II.1.c) aa) (3), S. 78 ff.

538 BVerwG v. 29.12.1969 - VI C 4.65, BVerwGE 34, 353 [354].

539 Vgl. statt vieler *Wolff-Bachof*, aaO, Bd. I, § 46 V a (S. 380 m.w.N.); *Otto Mayer*, Verwaltungsrecht I, S. 95 ff.

540 *Obermayer*, RiA 1980, 121 ff. zur Bedeutung der "Regelung" i.S.v. § 35 VwVfG. Das BVerwG v. 20.05.1987 - 7 C 83.84, DVBl. 1988, 110 ff. m.w.N., das hier die VA-Definition unter dem Problem der Eintragung in das Verkehrszentralregister näher darlegt und u.a. auch darauf hinweist, daß das Argument der VA-Qualifizierung zur Gewährung effektiven Rechtsschutzes nicht stichhaltig sei.

541 Dieser Begriff wurde in die AO 1977 von dem in § 91 RAO 1931 verwendeten Begriff der "Verfügung" übernommen.

542 *Spanner*, in Hübschmann/Hepp/Spitaler, § 118 AO Anm. 19; *Kopp/Obermayer*, Allgemeines Verwaltungsrecht,

[Fortsetzung nächste Seite]

Bewirkung von Rechtsfolgen gerichtete Maßnahme der Behörde vorliegt, ist durch Auslegung des Entscheidungssatzes festzustellen[543]. Die "rechtliche Regelung" in unmittelbar begründender bzw. ändernder Art erfüllt eine "materiell-rechtliche Regelungsfunktion"[544] in verbindlicher Konkretisierung der gesetzlich abstrakt formulierten Voraussetzungen und Rechtsfolgen. Die "Abstraktheit" der Rechtsfolgen bei gesetzlichen Gestaltungsrechten wird jedoch im Maße ihrer Subsumtion unter die tatsächlich gegebenen Umstände relativiert. Mit tatsächlichem Vorliegen der gesetzlichen Tatbestandsmerkmale treten automatisch - d.h. kraft Gesetzes - die zunächst abstrakt bestimmten Rechtsfolgen ein. Es bedarf keiner - formell vorangehenden - Konkretisierung in einem zwischen Gesetz und Rechtsfolgenherbeiführung geschalteten Bescheides; die erkennbare Kundgabe (und nur diese) der Ausübung des Gestaltungsrechts genügt.

Die "Unmittelbarkeit" der rechtlichen Regelung hinsichtlich der Setzung von Rechtsfolgen muß in zweierlei Hinsicht gegeben sein[545]: *der Akt selbst muß unmittelbar rechtserheblich sein* und die Wirkung muß sich unmittelbar gegen eine Person richten. Während die Aufrechnungserklärung der Behörde die letztgenannte Voraussetzung unzweifelhaft erfüllt, muß gefragt werden, inwieweit sie selbst unmittelbar rechtserhebliche Wirkungen erzeugt, d.h. die Gestaltungswirkungen müßten direkt von der "VA-Aufrechnungserklärung" ausgehen, ihr muß eine eigene, originäre, nicht nur "gesetzeswiederholende" Rechtswirkung zuerkannt werden wie z.B. bei rechtsgeschäftlichen oder rechtsgeschäftsähnlichen Erklärungen der Behörde, die zwar vielfach auch im Bewußtsein der dadurch ausgelösten Rechtsfolgen vorgenommen werden, jedoch nicht unmittelbar auf den Eintritt dieser Rechtsfolge gerichtet sind, sondern diese erst in Verbindung mit der materiellen Konformität mit der Gesetzeslage bewirken können[546]. Insbesondere hinsichtlich einer "bloßen" (deklaratorischen) Feststellung der Aufrechnungslage bleibt zu prüfen, ob hier "rechtsgestaltend" (konstitutiv) oder nur "feststellend" eingegriffen wird; ob eventuelle Feststellungen, die die Rechtslage nicht ändern sondern nur bestätigen, als VAe zu beurteilen sind, d.h. ob sie nicht nur die von der Rechtsordnung (§ 389 BGB) als selbstverständlich gewollte Folge nach Erfüllung der materiellen Voraussetzungen (§§ 387 ff. BGB) darstellen[547].

S. 178 m.w.N.

543 *Hoffmann-Becking*, DÖV 1972, 196 [199]; *Erichsen/Hoffmann-Becking*, JuS 1971, 144 [145]; *Arbeiter*, aaO, S.118 f.; *Schmalz/Hofmann*, Allgemeines Verwaltungsrecht Teil 1, S. 105; BVerwG v. 22.05.1980 - 2 C 30.78, BVerwGE 60, 144 [145]; v. 18.06.1980 - 6 C 55.79, BVerwGE 60, 223; v. 12.01.1973 - 7 C 3.71, MDR 1973, 526 = E 41, 305; VGH Mannheim v. 23.04.1982 - 5 S 2334/81, NVwZ 1983, 100: "... der Bürger mußte nach bekannten und erkennbaren Umständen nach Treu und Glauben und bei objektiver Auslegung die Behördenerklärung als verbindliche Regelung auffassen, der innere Wille der Behörde ist nicht entscheidend."; OVG Münster v. 17.11.1983 - 4 A 1791/82, DVBl. 1984, 1081; VGH München v. 30.12.1986 - Nr. 9B - 1851/79, BayVBl. 1987, 693; *Martens*, JuS 1988, 776 [777 f.].

544 So *Schmalz/Hofmann*, Allgemeines Verwaltungsrecht Teil 1, S. 98.

545 *Obermayer*, Verwaltungsakt und innerdienstlicher Rechtsakt, S. 71 ff.. A.A.: *Hoffmann-Becking*, DÖV 1972, 196 [197], der der "Unmittelbarkeit der Rechtswirkung" allein in Abgrenzung zum ausschließlich verwaltungsinternen Akt Bedeutung beimißt.

546 Als weitere Unterscheidung ist noch anzuführen, daß bei der rechtsgeschäftlichen Erklärung (z.B. Gestaltungserklärung) die vom Gesetz an die Erklärung geknüpften Rechtsfolgen eintreten ohne Rücksicht darauf, ob sie im Einzelfall auch gewollt sind, während die VA spezifische Rechtsfolgenherbeiführung nur bei einsprechend (objektiv) deutlich und erkennbar gemachten Regelungs- und Bindungswillen der Behörde eintreten kann, vgl. *Hoffmann-Becking*, DÖV 1972, 196 [200]: "Regelungs- und Bindungswille, ggf. durch Auslegung zu ermitteln".

547 D.h. ein VA liegt vor, wenn Art und Weise der Forderungsgestaltungswirkung nicht bereits durch gesetzliche Anordnung gedeckt ist, sondern sich als unmittelbar rechtserhebliche Handlung und somit als VA darstellt.

(2) "Regelungsgehalte" im "Aufrechnungsbescheid" der Finanzbehörde

Feststeht damit, daß eine hoheitliche Maßnahme der Finanzbehörde nur "Regelungscharakter" enthält, wenn sie auf unmittelbare Rechtswirkung gerichtet ist, d.h., wenn durch diese ein bestimmter Lebenssachverhalt durch die Behörde verbindlich festgelegt wird[548]. *Ebsen*[549] unterscheidet bereits folgerichtig zwischen der Aufrechnungserklärung als solcher und andererseits möglicher weiterer Regelungsstufen im Zusammenhang mit der Aufrechnung. In der Vergangenheit, insbesondere seitens der Rechtsprechung fanden Einordnungs- und Argumentationsversuche hinsichtlich der "behördlichen Aufrechnung" ("im ganzen") recht kurious ihren Weg hin zur VA-Aufrechnung: es wurde i.d.R. schlichtweg von der "behördlichen Aufrechnung" gesprochen, ohne zwischen Erklärung[550], sonstigen Entscheidungen und Feststellungen bzw. einer "Gesamtrechtsverhältnisregelung" zu unterscheiden. Fand man einen Anknüpfungspunkt, der für eine "VA-Qualifikation" sprechen konnte, war damit der Weg geebnet für "die VA-Aufrechnungserklärung". Wie von *Ebsen*[551] vorgeschlagen, sind die bei der finanzbehördlichen Aufrechnung zur Diskussion stehenden "Regelungsgehalte" der Erklärung bzw. des "Aufrechnungsbescheides" in zwei grobe Teilbereiche zu untergliedern. Einmal die Frage, inwieweit die Aufrechnungserklärung als solche die verbindliche Regelung der Aufrechnung in Bezug auf die Forderungsgestaltung bewirkt, dies insbesondere im Vergleich bzw. in Abgrenzung zur bereits gesetzlich angeordneten und ggf. eintretenden Gestaltungswirkung. Auf der anderen Seite steht die Erörterung weiterer, potentieller Regelungen im Zusammenhang[552] mit der Erklärung der Aufrechnung bzw. ihr Zusammenwirken i.S. eines "Gesamt-VA", d.h auch inklusive der Aufrechnungserklärung.

(a) Gestaltungswirkung mit der Rechtsfolge des Forderungserlöschens entsprechend § 389 BGB[553]

Im Zivilrecht ist die Aufrechnungserklärung als Tatbestandsvoraussetzung für den Eintritt der in § 389 BGB normierten wechselseitigen Tilgung immer rechtsgeschäftliche Willenserklärung. Ebenso unstreitig wird die Aufrechnungserklärung des Bürgers im Steuerrecht als rechtsgeschäftliche Willenserklärung eingeordnet. Vielfach wird aber an diese - grundsätzlich - nach der Aufrechnungserklärung eintretende Gestaltungswirkung i.d.R. unreflektiert die Annahme eines VAs, im speziellen das Vorliegen einer "Regelung" i.S. des VA-Begriffes geknüpft. Gestaltung wird gleichgesetzt mit "Regelung" und zwar nicht nur im weiteren Sinne einer "Rechtsfolgensetzung", sondern gemäß der - engeren - VA-Definintion gem. § 118 S. 1 AO. So entfaltet nach Ansicht des *FG Hamburg*[554] die Aufrechnungserklärung des Finanzamtes unmittelbar rechtliche Wirkung auf den Bestand der beiden

548 *Kopp*, aaO, § 35 VwVfG Tz. 32; *Tipke/Kruse*, § 118 AO Tz. 4 ff.

549 *Ebsen*, DÖV 1982, 389 [395].

550 Diese Unterscheidung trifft auch das Bürgerliche Recht, vgl. § 388 BGB, als selbständiges Erfordernis der "Aufrechnung" als Institut.

551 Fn. 549.

552 *Ebsen*, aaO, S. 394, sieht schwerpunktmäßig das Problem nicht in der Klärung der Frage nach der Rechtsnatur der Aufrechnungserklärung, sondern vielmehr - vordergründig - ob und mit welchem Inhalt behördliche Erklärungen als VAe auszulegen sind. Das erscheint als lediglich "spiegelverkehrte" Betrachtungsweise: mit der Beantwortung der Frage nach dem "Ob" und "Wie" behördlicher Erklärungen unter VA-Aspekten wird zugleich auch die Einordnung der Aufrechnungserklärung bestimmt.

553 Rechtsfolgen kraft gesetzlicher Tatbestandsverwirklichung.

554 FG Hamburg v. 22.02.1983- V 165/81, NVwZ 1984, 200.

Forderungen; das *BVerwG*[555] kann bei Annahme seiner "potentiellen VA-Aufrechnung" den VA-Regelungsgehalt nur in der Gestaltungswirkung entsprechend § 389 BGB gesehen haben; das *OVG Münster*[556] sieht das Forderungserlöschen, die Rateneinbehaltung vom Dienstgehalt als unmittelbaren Ausfluß (Rechtswirkung) des "Aufrechnungsbescheides" an. Im *Schrifttum* wird die "Regelungsfunktion" der Aufrechnungserklärung i.V.m. der Gestaltungswirkung des § 389 BGB nicht differenziert genug unter dem Aspekt einer "VA-Regelung" gesehen. Nach *Henke*[557] übt die Verwaltung Gestaltungsrechte durch gestaltende VAe aus, d.h. im Gewande einer förmlichen Feststellung des Rechts und zugleich seiner Wirkungen. *Schuhmann*[558] sieht die VA-Aufrechnungsform des Finanzamtes dann als berechtigt an, wenn die Aufrechnung zur Tilgung eines Anspruches aus dem Steuerschuldverhältnis verwendet wird oder wenn das Finanzamt gegen Steuererstattungsansprüche des Steuerpflichtigen aufrechnet, da dann die finanzbehördliche Aufrechnungserklärung "unmmittelbare rechtliche Wirkungen auf den Bestand der Forderungen entfaltet. *Söhn*[559] sieht in der Aufrechnungserklärung der Finanzbehörde zweifelsohne "eine Maßnahme zur Regelung eines Einzelfalles", ohne zu einer näheren Qualifizierung des "Regelungsbegriffes" im VA-Sinne zu kommen. *Burmester*[560] sieht die "VA-Regelung" in der Schuldexekution d.h. im Ergebnis auch in der Rechtsfolge des § 389 BGB, ebenso *Plath*[561]. *V.Wallis* [562] betrachtet die Aufrechnungserklärung aufgrund des Forderungserlöschens als "belastende, in Rechte des Steuerpflichtigen eingreifende Verfügung". Auch nach *Schwarze*[563] entfaltet die behördliche Aufrechnungserklärung unmittelbare Rechtswirkungen aufgrund § 389 BGB, die den Bürger belasten; trotz Bejahung der VA-Wesenselemente lehnt er diesen aber im Ergebnis mangels gesetzlicher Ermächtigungsgrundlage ab[564].

Begrifflich ist jedoch zu unterscheiden zwischen der "rechtlichen Regelung" an sich (i.w.S.)[565], basierend einzig und allein auf der Tatsache der Rechtsfolgensetzung i.S. von § 389 BGB, die auch nach und aufgrund rechtsgeschäftlicher Willenserklärung (bürgerlich-rechtlicher oder verwaltungsrechtlicher Natur) möglich ist[566], und zwischen der "hoheitlich-spezifischen, einseitig-verbindlichen

555 BVerwG v. 13.10.1971 - VI C 137.67, DÖV 1972, 573 [574].

556 OVG Münster v. 02.07.1964 - VI B 38/64, ZBR 1966, 307 [308].

557 *Henke*, DÖV 1980, 627 [629].

558 *Schuhmann*, RWP, SG 2.2, AO 1977, S. 93 [106].

559 *Söhn*, StRK-Anm. AO 1977 § 226 R. 4.

560 *Burmester*, aaO, S. 94 - unter falschem (in der Sache) Bezug auf das OVG Koblenz v. 09.10.1970 - 2 B 61/70, VerwRspr. 22, 409 [410], welches gerade betont, daß die "Regelungsfunktion" nicht in der Forderungstilgung als eine vom Gesetz an die Aufrechnungsausübung geknüpfte Rechtsfolge zu sehen ist, sondern nur in der Entscheidung des Dienstherrn, "nun", "in bestimmter Höhe" gegen den Beamten "aufrechnungsmäßig" vorzugehen.

561 *Plath*, in WK-Komm., § 226 Erl. 2: unmittelbare Rechtswirkungen auf den Forderungsbestand.

562 *V.Wallis*, in Hübschmann/Hepp/Spitaler, § 226 AO Anm. 26.

563 *Schwarze*, in Knacke, aaO, § 35 VwVfG Anm. 4.4.

564 Wobei er allerdings die Differenzierung, s.o. 2.Teil, B. II.1. c) aa) (4), S. 79 ff., zwischen Rechtsnaturbestimmung anhand der tatsächlich vorgenommenen Maßnahme und der hierfür erforderlichen Handlungsbefugnis verkennt.

565 Vgl. *Ehlers*, DVBl. 1986, 912; *Obermayer*, RiA 1980, 121 ff.

566 *Hoffmann-Becking*, DÖV 1972, 196: "... auch schlichthoheitliche Erklärungen/Tathandlungen können unmittelbare Rechtswirkungen (i.S. einer "Regelung i.w.S.") herbeiführen; *Ehlers*, NVwZ 1983, 446 [448]: eine Gestaltungswirkung sei nicht zwingend mit einer VA-Annahme verbunden, rechtsgestaltende Wirkungen seien ebenso möglich bei privatrechtlichen/verwaltungsrechtlichen Willenserklärungen, die Setzung einer Rechtsfolge reiche zur VA-Qualifizierung nicht aus; *Weidemann*, DVBl. 1981, 113[115]: die rechtsändernde/rechtsfolgensetzende Wirkung der Aufrechnungserklärung sei nicht VA-spezifisch, da diese auch bei Kündigung, Aufrechnung und Anfechtung durch eine Behörde innerhalb eines verwaltungsrechtlichen Vertrages eintrete. Die Unverbindlichkeit dieser Erklärungen könne nicht als maßgebliches Unterscheidungskriterium angesehen werden, weil diese Eigenschaft nicht Voraussetzung sondern Rechtsfolge des "Tatbestandes" VA sei.

VA-Regelung", die zwar auch auf Setzung von Rechtsfolgen gerichtet ist, die aber ausschließlich und im besonderen auf spezifisch hoheitlicher Machtemanation[567] beruht. Die Begriffe der "rechtlichen Regelung" i.w.S. und der "VA-Regelung" als Regelung i.e.S. mögen sich zwar - im Tatbestand der Rechtsfolgensetzung - überschneiden, die Einordnung als "VA-Regelung" hat aber unter einengenden Kriterien zu geschehen: nicht jede "rechtliche Regelung" ist auch (zugleich) als "VA-Regelung" zu qualifizieren. Hierzu bedarf es neben der Rechtsfolgenbewirkung noch der zusätzlichen VA-Spezifika der hoheitlich-verbindlichen, bestandskraftfähigen Regelung. Die Forderungsgestaltungswirkung kraft Gesetzes entsprechend § 389 BGB ist zwar - i.S. einer Rechtsfolgensetzung - Regelung i.w.S., aber noch nicht allein deswegen und zwangsläufig "VA-Regelung" i.S.v. § 118 S. 1 AO. Dann wäre bereits jede von der Verwaltung gestaltend/rechtsfolgensetzend vorgenommene Maßnahme VA-Regelung, unabhängig vom objektivierten und erkennbaren Regelungswillen[568]. Mit der Rechtsfolgenauslösung entsprechend § 389 BGB allein aufgrund Gesetzes bei Vorliegen der materiellen Voraussetzungen ist noch kein (erkennbar gewordener) Regelungswille der Finanzbehörde i.S.v. § 118 S. 1 AO zu vermuten. Dieselben Rechtsfolgen würden auch bei "sonstiger" Handlungsformwahl eintreten, d.h. die Gestaltungswirkung der wirksamen Aufrechnung tritt zunächst[569] und unabhängig von einer VA-Vorgehensweise (nur) kraft Gesetzes ein. In diesem Sinne gab es auch schon frühzeitig in der *Rechtsprechung* und *Literatur* Meinungen, die zwar im Ergebnis eine VA-Qualität annahmen, den "Regelungsgehalt" allerdings nicht bereits mit der gesetzlichen Gestaltungswirkung des § 389 BGB erfüllt sahen: So das *OVG Koblenz*[570] (wohl auch das *OVG Münster*[571]), das trotz Annahme der VA-Qualität die rechtlichen Folgewirkungen der §§ 387 ff. BGB, insbesondere des § 389 BGB, als bürgerlich-rechtliche Aufrechnungswirkungen unberührt vom VA-Charakter der Maßnahme sieht. Auch nach Ansicht des *OVG Lüneburg*[572] entfaltet die Aufrechnungserklärung von sich aus Erlöschenswirkung, d.h. kraft Gesetzes ohne spezielle VA-Regelungsnotwendigkeit. Der *Hessische VGH*[573] geht davon aus, daß die der Aufrechnungserklärung innewohnende Forderungsgeltendmachung keiner konkretisierenden Regelung durch VA bedürfe - der Erfüllungseintritt sei kein hoheitlicher Regelungstatbestand[574]. Das *FG Hamburg*[575] sieht die Aufrechnungsgestaltungswirkung eben-

567 Natürlich verbunden mit den Besonderheiten dieser Hoheitsinanspruchnahme. Vgl. OVG Münster v. 23.09.1986 - 15 B 2039/86, NVwZ 1987, 608 [610], wenn sich im Unterschied zur VA-Regelung der (gesetzliche) Rechtsfolgeneintritt aufgrund schlichter ö.r. Willenserklärung ausschließlich nach der materiellen Rechtslage bestimme, die zwar Rechtsfolgen auslöse, diese aber nicht in der einem VA eigenen Weise einseitig verbindlich festlege. Nach *Hoffmann-Becking*, DÖV 1972, 196 [198], besteht der Unterschied zwischen rechtsgeschäftlicher Willenserklärung und VA nicht im Hinblick auf den Tatbestand der Rechtsfolgenbewirkung, sondern im Hinblick auf den "Umfang der objektiv-rechtlichen Gültigkeitsanordnung", d.h. im Bestand (spezifische Verbindlichkeit beim VA, s.o. 2.Teil B. II.1. c) aa) (2), S. 74 ff.) der durch Willenserklärung oder VA ausgelösten Rechtsfolgen.

568 *Appel*, BayVBl. 1983, 201 [207], Fn. 96: eine behördliche Aufrechnungserklärung lediglich in Dokumentation des Aufrechnungswillens könne so allein noch nicht - "mangels Aussagegehalts" (mangels Bestimmtheit) - als VA-Regelung gewertet werden. Ähnlich sei die "mehrdeutige" Ankündigung einer "Einbehaltung" (nach Aufrechnung) zu werten, soweit der "Duldungsbefehl zur Hinnahme" im Gegensatz zur bloßen Bekundung der Rechtsmeinung der Behörde unmißverständlich (als hoheitliche Regelungsanordnung) zum Ausdruck komme.

569 Sowohl für die aufrechnende Behörde als auch für den aufrechnenden Bürger, unabhängig von der Verwendung ö.r., speziell hoheitlicher Handlungsformen.

570 OVG Koblenz v. 09.10.1970 - 2 B 61/70, VerwRspr. 22, 409 [410], s.o. Fn. 560.

571 OVG Münster v. 13.09.1974 - I B 649/74, OVGE 30, 46 [49]; vgl. auch OVG Münster v. 23.09.1986, aaO, Fn. 567.

572 OVG Lüneburg v. 07.12.1981 - 5 B 52/81, OVGE 36, 484 [485].

573 Hess. VGH v. 19.10.1977 - I TH 19/77, ESVGH 27, 159 [160].

574 Damit wird die Forderungsgestaltung entsprechend § 389 BGB auch unabhängig von einer VA-Regelung gesehen und zwar im Vergleich zur Zahlung als Erfüllungstatbestand und Realakt.

575 FG Hamburg v. 11.01.1985 - IV 242/84 H, EFG 1985, 435 [436].

falls unabhängig und sogar im Widerspruch zur Rückwirkung des § 389 BGB[576]. Ähnlich beurteilt auch der *BFH*[577] die Rechtslage: die Aufrechnungsrechtsfolgen gem. § 389 BGB könnten - auch bei VA-Annahme - nicht über die gesetzliche Gestaltungswirkung hinausgehen bzw. hingen allein entscheidend vom Vorliegen der materiellen Voraussetzungen ab, so daß der behördlichen Aufrechnungserklärung der spezifisch anordnende VA-Regelungsgehalt fehle. Das *BSG*[578] verneint eine verbindliche VA-Regelung bei einem Rechtsfolgeneintritt mit dem Eintritt der vom Gesetz oder Satzung aufgestellten Voraussetzungen, d.h. wenn die Wirkung/Rechtsfolge als gesetzliche Folge an entsprechend tatsächliche Umstände geknüpft ist, ohne daß es hierzu einer regelnden Anordnung mehr bedarf. *Ehlers*[579] verneint ebenfalls die Gleichstellung der Gestaltungswirkung des § 389 BGB mit einer "VA-Regelung", insbesondere, da die Aufrechnungswirkungen unabhängig vom öffentlichen Recht bzw. von einer hoheitlichen Verhaltensweise einträten und gleichermaßen für Behörde und Bürger gälten, d.h. schon von daher nicht als hoheitliche Regelung in einseitiger und grundsätzlich rechtsfehlerunabhängiger Rechtsfolgensetzung zu bewerten seien. *Vallendar*[580] wertet den Eintritt der Aufrechnungswirkungen als gesetzliche Rechtsfolge der Aufrechnungserklärung, die daher keiner Regelung (mehr) bedürfe. *Appel*[581] lehnt das Argument der Gestaltungswirkung als Regelung als wenig überzeugend ab; auch er sieht aufgrund der bereits gesetzlichen Erlöschenswirkung keine Notwendigkeit einer VA-Regelung, eine nochmalige, inhaltsgleiche Geltungsanordnung durch VA "gehe ins Leere"[582]. *Ebsen*[583] negiert die "Konstruktion des rechtsgestaltenden VA" bzgl. der wechselseitigen Tilgung, denn die Aufrechnungserklärung sei schon nach "objektiv-rechtlicher Qualifikation" und den von der Rechtsordnung vorgegebenen Instrumentarium nur "rechtsgeschäftliche Willenserklärung". *Hundt-Eßwein*[584] sieht - zu Recht - den Sinn der Aufrechnungserklärung gerade nicht in einer verbindlichen Entscheidung i.S. einer VA-Regelung über den Rechtsfolgeneintritt, sondern lediglich - wie auch vom Gesetzgeber vorgesehen - als Ausübung des Gestaltungsrechts ohne darüberhinausgehenden weiteren Inhalt.

Zusammenfassend läßt sich damit feststellen, daß die gesetzliche Gestaltungswirkung entsprechend § 389 BGB nicht ohne differenzierende Betrachtung konvergent zu setzen ist mit einer hoheitlichen VA-Regelung, d.h. es darf nicht heißen: Forderungserlöschen entsprechend § 389 BGB = VA-Regelung. Diese "Gleichung" wäre weder als allgemeiner Rechtssatz noch als Wertung der konkreten Aufrechnungssituation mit den herkömmlichen Vorstellungen von der Funktion eines VA vereinbar. Es ist vielmehr zu fragen, ob neben der gesetzlich bewirkten Gestaltungswirkung noch zusätzlich ("verstärkend"[585]) eine hoheitlich spezifische VA-Regelungsanordnung tritt.

---

576 Die Rückwirkung des § 389 BGB tritt mit Vorliegen der Aufrechnungslage ein, während die VA-Wirksamkeit grundsätzlich (vgl. *Wolff-Bachof*, aaO, § 50 III b) [S. 422]: Gesetzesvorbehalt bei VA mit ex-tunc-Wirkung) ex-nunc mit Bekanntgabe (vgl. §§ 124 I, 122 AO) eintritt, d.h. die VA-Wirkung und die Rechtsfolge des § 389 BGB sind - schon nach der Gesetzesvorgabe - nicht identisch.

577 BFH v. 02.04.1987 - VII R 148/83, BStBl. II 1987, 536 [538] = BFHE 149, 482

578 BSG v. 23.06.191977 - 8 RU 36/77, BSGE 44, 114 [120].

579 *Ehlers*, NVwZ 1983, 446 [448].

580 *Vallendar*, DÖD 1972, 573 [574].

581 *Appel*, BayVBl. 1983, 201 [204].

582 Kritisch hierzu *Hoffmann-Becking*, DÖV 1972, 196 [200]: bei behördlicher Feststellung einer kraft Gesetzes eingetretenen Rechtsgestaltung könne man ein Problem im zweimaligen Eintritt der Rechtsfolgen sehen. Falls aber ein "Bedürfnis" für diese "Doppelwirkung im Recht" bestehe, sei eine solche Mehrheit von Gründen für Existenz/ Nichtexistenz einer Verbindlichkeit anzuerkennen.

583 *Ebsen*, DÖV 1982, 389 [395].

584 *Hundt-Eßwein*, DStR 1987, 575 [578].

585 So auch *Appel*, BayVBl. 1983, 201 [204]: "... andere aufrechnungsrelevante Regelungen enthalte, die die zivil-

[Fortsetzung nächste Seite]

(b) Gestaltungswirkung kraft hoheitlichen Regelungs-/Gestaltungsanspruches der Finanzbehörde in Form einer "VA-Aufrechnungsverfügung"

Unabhängig von der gesetzlichen Gestaltungsfolge des § 389 BGB ist ein eigenständiges, vom Finanzamt intendiertes und angeordnetes Forderungserlöschen[586] in Form einer VA-Verrechnungsverfügung mit (letzt-)verbindlichem Ausspruch der Forderungsver-/aufrechnung nur möglich und notwendig, wenn die so gesetzte Rechtsfolge über die in § 389 BGB bereits von Gesetzes wegen eröffnete Rechtswirkung hinausgeht. Mit *Appel*[587] kann man eine solche nochmalige, inhaltsgleiche Geltungsanordnung durch VA als "ins Leere gehend" bezeichnen, wenn ihr nicht aufgrund und gerade wegen der VA-Eigenschaft eine besondere (weitere) Bedeutung beizumessen wäre. Dem entspricht auch das VA-Spezifikum der "Unmittelbarkeit"[588], das die unmittelbare, eigenständige/originäre Rechtserheblichkeit des Aktes selbst fordert. Diese müßte bei völlig identischer Rechtsfolgenauslösung durch Gesetz einerseits und VA andererseits zu verneinen sein, da der VA damit nur "gesetzeswiederholende" Funktion erfüllen kann. Eine solche eigenständige, originäre Wirkung kann der Anordnung des Forderungserlöschens nur bei einer über die § 389 BGB-Gesetzesfolge hinausgehende Konsequenz zugestanden werden.

Würde ein (nicht zulässiger) Widerspruch auftreten hinsichtlich der einerseits gegebenen Abhängigkeit der Aufrechnungsgestaltungswirkung vom Vorliegen der materiellen Aufrechnungsvoraussetzungen, der Aufrechnungslage entsprechend §§ 387 ff. BGB und einer (weiteren) VA-Aufrechnungsanordnung des Forderungserlöschens in bestandskraftfähiger - formeller[589] - Verbindlichkeitsfeststellung, dann bliebe zu fragen - neben dem Problem der grundsätzlichen VA-Ermächtigungsgrundlage überhaupt -, inwieweit eine solche VA-Aufrechnungsmöglichkeit nicht in Widerspruch zu Sinn und Zweck des gesetzlichen Aufrechnungsinstituts tritt bzw. dessen gesetzliche Manifestation als überflüssig erscheinen läßt, es sogar unterliefe.

Eine solche Problemkonstellation ergibt sich jedoch nur bei einer Gegenüberstellung der " § 389 BGB-Wirkung" einerseits und den "VA-Rechtsfolgenwirkung" andererseits. Sieht man beide Gestaltungen als deckungsgleiche Rechtsfolgensetzung an - wie z.B. der *BFH* vom 02.04.1987[590], der selbst einem bestandskräftigen Aufrechnungs-VA ***keine*** verbindliche Gestaltungswirkung über die Folgen des § 389 BGB hinaus zugesteht[591], da diese (allein) vom Vorliegen der materiellen Aufrech-

---

rechtlich vorgegebene Grundstruktur der Willenserklärung gleichsam zu einem VA anreichere."

586 In materiell-rechtlicher Hinsicht als Ergebnis der Forderungsverrechnung zu sehen mit der Konsequenz der Erlöschenswirkung wie bei § 389 BGB.

587 *Appel*, BayVBl. 1987, 201 [204], s.o. Fn. 581 u. 585.

588 S.o. S. 124 f. Nach *Weidemann*, DVBl. 1981, 113 [116] scheitert hieran die gestaltende Wirkung des potentiellen VA, da einem solchen behördlichen VA-Aufrechnungsausspruch der "spezifische Bedingungszusammenhang" zwischen Hoheitlichkeit der Erklärung und dem Eintritt der Regelungswirkung fehle.

589 D.h. zunächst einmal hinsichtlich des formalen Bestandes vom materiellen Recht unabhängigen Regelung.

590 BFH v. 02.04.1987 - VII R 148/83, BStBl. II 1987, 536 [538] = BFHE 149, 482

591 Vgl. auch BFH v. 18.07.1989 - VII R 46/86, BFH/NV 1991, 69 [70]; ganz entgegen der sonst im Verwaltungsrecht vertretenen Auffassung, daß der im bestandskräftigen VA getroffene Ausspruch ("formelle Rechtslage") als "richtig gilt", und zwar auch und gerade entgegen der "materiellen Rechtslage", unabhängig davon, ob man ihn als "prozessuales Rückgriffsverbot" (so z.B. *Ossenbühl*, DÖV 1967, 246 [248]) oder auch als "materielle causa" begreift. In einem solchen Fall tritt gerade der gegenteilige des vom BFH präferierten Effekts ein: bei Inkongruenz zwischen materieller Rechtslage und der durch den fehlerhaften Bescheid als "richtig" anerkannten, gewißermaßen "formellen Rechtslage" hat die causa legis nur sekundäre/nachrangige Bedeutung; so auch *Vallendar*, DÖD 1973, 52 [53]: Aufrechnungswirkungen, insbesondere das Forderungserlöschen träte auch dann ein, wenn die Aufrechnungsvoraussetzungen des § 387 BGB tatsächlich nicht vorgelegen haben sollten; *Ehlers*, NVwZ 1983, 446 [450] Fn. 58. Der *BFH* erkennt damit auch der in hoheitliche Formen gekleideten Aufrechnungserklärung keine mate-

[Fortsetzung nächste Seite]

nungsvoraussetzungen abhinge[592] -, dann käme damit der VA-Form keine selbständig originäre Bedeutung zu. Eigentlich wäre sie ein "Rahmen ohne Füllung" und damit sinn- und zweckentleert.

(aa) ...als "Doppelung des Rechtsfolgengrundes" aufgrund eigenständiger, formeller VA-Grundlage

Stellt sich die "VA-Erklärung"[593] der Finanzbehörde in Feststellung der Forderungsverrechnungslage gegenüber dem Steuerpflichtigen als verbindliche Klärung und Konkretisierung der im Gesetz beschriebenen Aufrechnungslage (Gegenseitigkeit, Gleichartigkeit, Fälligkeit und Erfüllbarkeit) dar und nicht als unverbindlicher, informatorischer Hinweis auf die Rechtslage bzw. als bloße Wiederholung der Gesetzesnorm i.V.m. der Abgabe einer "schlichten" Aufrechnungserklärung in Ausübung des gesetzlichen Gestaltungsrechts[594], dann kann diese VA-Rechtsfolgensetzung nicht mehr mit der Begründung verneint werden, die von der Maßnahme ausgesprochene Rechtsfolge ergäbe sich bereits aus dem Gesetz, denn der VA habe gerade die Aufgabe, die sich aus dem Gesetz ganz allgemein ergebende Rechtsfolge zu konkretisieren und zu individualisieren[595].Wenn *Martens*[596] meint, der Auf-

---

riell-rechtlichen VA-Konsequenzen zu, so *Hundt-Eßwein*, DStR 1987, 575 [577].

592 Ähnlich unter alleiniger Abstellung auf die materielle Rechtslage - allerdings bereits unter Annahme einer Aufrechnungs*willenserklärung* - entschied der BFH v. 17.09.1987 - VII R 50-51/86, BStBl. II 1988, 366 [370] = BFHE 151, 304; BFH v. 12.01.1988 - VII R 66/87, BStBl.II 1988, 406 [408] = BFHE 152, 206: rückwirkendes Entfallen der zunächst wirksamen Tilgungswirkung bei (nachträglicher) Änderung der materiellen Sachlage; BVerwG v. 27.10.1982 - 3 C 6.82, NJW 1983, 776 [777]; FG München v. 12.04.1989 - I 234/86 E, EFG 1989, 442: Wirksamkeit der (bestrittenen) Aufrechnung hängt von der Entscheidung im Abrechnungsbescheidsverfahren (§ 218 II AO) ab; anders noch unter einer (potentiellen) VA-Annahme: das BVerwG v. 13.10.1971 - VI C 137.67, DÖV 1972, 573 läßt Rechtsnatur und Wirkungen unberührt vom potentiellen VA-Charakter der behördlichen Maßnahme - die Aufrechnung bleibe schuldrechtsgeschäftliche Erklärung mit Erlöschenswirkung (§§ 388, 389 BGB) -, es unterstellt damit den Eintritt der Aufrechnungswirkungen allein dem materiellen Recht und versagt der "VA-Form" jeglichen Einfluß auf die Gestaltungswirkung im Widerspruch zum materiellen Recht; BFH v. 02.04.1987, aaO, Fn. 577; v. 30.06.1971 - II B 8/68, BStBl. II 1971, 603 [604] = BFHE 102, 232: "..vorerst als erloschen gelten"; FG Berlin v. 28.06.1968 - III 25/65, EFG 1969, 46 [47]: Aufrechnung ist (materiell) bedingt, § 158 II BGB, durch Wirksamkeit/Änderung/Herabsetzung der Aufrechnungsforderung; OVG Münster v. 13.09.1974 - I B 649/74, OVGE 30, 46 [50]: "schwebend unwirksam"; *Herbsleb*, aaO, S. 46; *Vallendar*, DÖD 1973, 52 f.

593 Allein äußerlich schon als solche einzuordnende und mit Regelungswillen erklärte; wird dagegen von der Behörde die Aufrechnungserklärung (z.B. über Mitteilung an den Betroffenen über den Verrechnungsvorgang) als solche gegenüber dem Betroffenen kund getan ohne deutlich gemachten spezifisch hoheitlichen Regelungswillen, so ist der Eintritt der Aufrechnungswirkung als gesetzliche Rechtsfolge zu sehen. Einer solchen Erklärung kann - in Anbetracht der bürgerlich-rechtlichen Konzeption des Aufrechnungsinstitutes - nicht (ohne weiteres) der Wille entnommen werden, in VA-Form aufrechnen zu wollen, vgl. so *Vallendar*, DÖD 1973, 52 [53].

594 *Stelkens/Bonk/Leonhardt*, aaO, § 35 VwVfG Rdn. 79; *Arbeiter*, aaO, S. 120; vgl. auch die Rechtsprechung des *BVerwG*, die für den Fall, in dem die behördliche Erklärung eine Rechtsfolge ausspricht, die sich bereits (zwingend) aus einer gesetzlicher Regelung ergibt, einen deklaratorisch-feststellenden VA annimmt: v. 24.04.1959 - VI C 91.57, BVerwGE 8, 261 (Pensionsfeststellungsbescheid); v. 11.05.1963 - VII C 27.61, BVerwGE 14, 151 [152] (Anerkennung als Kriegsdienstverweigerer); v. 27.02.1963 - V C 105.61, BVerwGE 15, 306 [309] (Fürsorgebescheid); v. 29.12.1969 - VI C 4.65, BVerwGE 34, 353 [354 f.] (Feststellung des Ausscheidens aus dem Beamtenverhältnis kraft Gesetzes). An dieser Stelle ist es noch unerheblich, ob es sich um einen (nur) deklaratorisch-feststellenden oder aber um einen konstitutiv-gestaltenden VA handelt - die "typische" Rechtsverbindlichkeit der ausgesprochenen Rechtsfolge gilt für beide gleichermaßen, s.u. (cc), S. 138 ff.

595 *Schmalz/Hofmann*, Allgemeines Verwaltungsrecht Teil 1, Anm. 4.1 (S. 105) unter Hinweis auf Henke, DÖV 1980, 621 [629] und VGH Mannheim v. 13.06.1985 - 9 S 758/85, NVwZ 1985, 593. Das BVerwG v. 25.04.1979 - VIII C 52.77, BVerwGE 58, 37 [39] stellt fest, daß eine Rechtsfolgenbegründung unmittelbar aus dem Gesetz einer Einordnung der diesbezüglichen Feststellung als VA nicht entgegenstünde, entscheidend sei die

[Fortsetzung nächste Seite]

rechnungs-VA diene nicht deren Gestaltungseintritt, sondern allein der "Verbindlichkeitsfeststellung", so trifft er zwar den Kern des Problems, Gestaltungswirkung und Verbindlichkeit lassen sich aber im Aufrechnungs-VA nicht trennen. Gerade ihre Verknüpfung zeichnet die Besonderheit des VA auf. Aufgrund der "spezifischen Verbindlichkeit" der Gestaltungsfolge wird die "neue selbständig-originäre Rechtsgrundlage" zusätzlich neben der Gesetzesfolge geschaffen. Der "VA-Bescheid" ist damit nicht nur eine "Willenserklärung" oder ein "Rechtsgeschäft", die eine materielle Rechtswirkung - Entstehung, Beendigung oder Änderung des Rechtsverhältnisses - herbeiführen, sondern die förmliche, in gewisser Weise vom materiellen Recht verselbständigte Feststellung und Entscheidung darüber, daß die gewünschte Rechtsfolge eintritt[597], daß die Rechtsbeziehung zwischen Bürger und Staat in der gewünschten Weise geregelt wird[598]. *Hoffmann-Becking*[599] hat zwar insofern Recht, daß sowohl die Willenserklärung als auch der öffentlich-rechtliche VA von der Gültigkeitsanordnung des objektiven Rechts hinsichtlich der angestrebten Rechtsfolgen getragen wird (werden sollten), eine Kongruenz von materieller Gesetzeslage und förmlicher VA-Fixierung muß jedoch - im Rechtsfolgenergebnisbestand - nicht notwendig bestehen. Die Selbständigkeit der durch VA festgestellten Rechtsfolge besteht gerade darin, daß sie zunächst fehlerunabhängig "gilt". Diese "Eigenwertigkeit des VAs" "neben" dem Gesetz und damit in "Doppelung des Rechtsfolgengrundes"[600] läßt durchaus ein "Bedürfnis" der Finanzverwaltung zur VA-Handlungsform erscheinen. Dieses grundsätzliche "VA-Bedürfnis"[601] zur behördlich formellen Absicherung der materiellen Rechtslage muß jedoch am Erfordernis einer Ermächtigungsgrundlage und im Vergleich zu der zu regelnden Materie gemessen werden.

Kommt man zu dem Ergebnis, daß die Aufrechnungserklärung der Finanzbehörde nach objektiver Auslegung tatsächlich eine Regelung der gesetzlichen Rechtsfolge enthält[602], so muß man auf der

---

rechtsverbindliche Feststellung der Rechtsfolgen; das sei ausreichend, eine gestaltende Wirkung wird nicht für erforderlich gehalten.

596 *Martens*, StuW 1989, 69 [71f.].

597 VGH Kassel v. 12.05.1964 - OS I 163/61, DVBl. 1965, 452 [453]: "selbständiger Aussagewert".

598 Vgl. z.B. VGH Mannheim v.23.04.1982 - 5 S 2334/81, NVwZ 1983, 100: eine mögliche (deklaratorische) Regelungswirkung durch VA der Behörde könne darin zu sehen sein, daß in einer rechtlich ungewissen Situation die Sach- und Rechtslage durch eine (potentiell) verbindliche Feststellung geklärt werden soll; vgl. auch Beschluß des erkennenden Senats v. 04.11.1981 - 5 S 1941/81 (u.v.).

599 *Hoffmann-Becking*, DÖV 1972, 196 [197 f.].

600 Sowohl aus Gesetz (subsidiär für die Dauer der Wirksamkeit der behördlichen Regelung) als auch aus feststellender Rechtsfolgenanordnung der Behörde; vgl. "Doppelwirkung im Recht" bei *Hoffmann-Becking*, DÖV 1972, 196 [200]; *Arbeiter*, aaO, S. 120 f.; *Löwenberg*, aaO, S. 44 f.; *Becker-Riewald-Koch*, vor § 97 RAO Vorbem. 1 d (S. 268 f.); *Ossenbühl*, DÖV 1967, 246 [248] Fn. 15; *Martens*, DVBl. 1968, 322 [323] Fn. 15 m.w.N.; *Haueisen*, DVBl. 1959, 793 und DÖV 1961, 121 [124 ff.]; wohl auch BVerwG v. 25.04.1979 - VIII C 52.77, BVerwGE 58, 37 [39].

601 Vgl. auch *Appel*, BayVBl. 1983, 201 [207], der den "verständlicherweise erwünschten Aufrechnungserfolg" durch "Regelungsherbeiführung" aufgrund rechtssystematischer Unvereinbarkeiten beim hoheitlichen Vollzug zivilrechtlicher Rechtsregeln ablehnt.

602 Vgl. *Hoffmann-Becking*, DÖV 1972, 196 [200]: Prüfungsreihenfolge:

1. Kann die feststellende Erklärung der Behörde eine Regelung im Sinne einer auf die selbständige Begründung der Rechtsfolge gerichtete Erklärung enthalten (für *Hoffmann-Becking* zu messen am "Bedürfnis nach einer Doppelwirkung im Recht") ? und

2. Unter welchen Voraussetzungen **enthält** eine behördliche Erklärung/Mitteilung/Feststellung, die sich nach ihrem Wortlaut auf eine Widergabe der - vermeintlichen oder wirklichen - gesetzlichen Rechtsfolge beschränkt, **tatsächlich** eine (konkludente) Regelung? Das "Können" der "VA-Rechtsfolgensetzung" ist jedoch keine Frage des nächsten Stufe in "materieller Betrachtungsweise"[603] fragen, ob auch "sein darf, was ist", d.h. es geht eigentlich gar nicht mehr um die Frage der "Regelungsdefinition" (dem tatsächlichen Vorliegen einer selbständig, originären Rechtsfolgensetzung), sondern allein um die Frage der Regelungszulässigkeit durch VA[604]. Will die Finanzbehörde, der prinzipiell als hoheitlich befugter Verwaltungsträger der Einsatz der VA-Handlungsform zur Verfügung steht, erkennbar für den Betroffenen die Aufrechnungsfolge des Forderungserlöschens in spezifischer VA-Form erklären, so "regelt" sie i.S.des VA-Begriffes und zwar nicht nur gem. §§ 388, 389 BGB[605]. Diese Unterscheidung zwischen "formaler Definition" und "materieller Qualifikation", zwischen Handlungsform und Handlungsbefugnis, begründet sich nicht nur mit dem Bedürfnis nach terminologischer Klarheit, sondern auch mit Rechtsschutzargumenten, da dieser an die äußerlich erkennbaren Handlungstypen anknüpft und hier der Betroffene angehalten wird, sich am äußeren Erscheinungsbild zu orientieren. Während die "Definition" somit am Erscheinungsbild ausgerichtet ist, fragt die - materiell-rechtliche - "Qualifikation" nach der adäquaten Aufgliederung von Kompetenzen auf formalisierte Handlungsformen und -träger und der sachlichen Vereinbarkeit zwischen Form und Inhalt.

(bb) "Regelungsgestaltungswirkung" einer Aufrechnungserklärung in rein "abstrakter" materieller Betrachtungsweise (Regelungskompetenz/-befugnis)[606]

Kommt man zum Ergebnis, daß bei tatsächlicher und auch so erkennba-rer Regelungserklärung der Finanzbehörde ein VA (formell und materiell) vorliegt[607], so kann man materiell-rechtliche Erwägungen der Vereinbarkeit einer solchen Handlungsform im Vergleich zum "typischen" Aufrechnungsinstitut nur in rein abstrakt-dogmatischer[608] Betrachtungsweise[609] vornehmen; denn die sachlich be-

---

Bedürfnisses, sondern der materiell-rechtlichen Vereinbarkeit mit dem Gesetz (Ermächtigungsgrundlage und Vereinbarkeit mit Sinn und Zweck des gesetzlich geregelten Aufrechnungsrechts; ähnlich auch *Zimmer*, DÖV 1980, 242 [245 ff.] in Differenzierung zwischen tatsächlich gewählter Handlungsform [formeller Definition] und materiell-rechtlicher Handlungsbefugnis [materiell-rechtlicher Qualifikation]). *Ebsen*, DÖV 1982, 389 [393], hat - nach zunächst zutreffender Differenzierung - Unrecht, wenn er die Bestimmung der Rechtsnatur als erledigt erachtet bzw. die prinzipielle Erörterung der Frage in den Vordergrund stellt, welche Verhältnisse die Verwaltung im Zusammenhang mit einer Aufrechnungslage wohl typischer- und sinnvollerweise zum VA-Regelungsgegenstand machen könne; *Appel*, BayVBl.1983, 201 [207] Fn. 94: Erkennbarkeit durch rechtsstaatlichen Erscheinungsbild des VAs.

603 Vgl. die Differenzierung unter Fn. 602, so auch *Kramer*, JuS 1973, 484 [486 f.]; falsch insoweit *Borchert*, NJW 1972, 854 [855], der dem hoheitlichen Verwaltungshandeln nur dann VA-Qualität zubilligt, wenn es eine hoheitliche Regelung enthält, der bloße Schein einer Regelung genüge nicht; ebenso, d.h. allein entscheidend für die Rechtsnaturbestimmung (Handlungsform) auf die materielle Betrachtung, das Wesen des VAs abstellend *Schmitt*, DVBl. 1060, 382 [384] Fn. 5-7 m.w.N. Hierbei verkennt diese Ansicht, daß der von ihr als "Schein-Regelung" angemaßte hoheitliche VA-Ausspruch nicht nur "scheinbar" sondern tatsächlich existiert und demnach der Rechtsnatur (formelle Definition) nach ein VA - wenn auch ein rechtswidriger - ist.

604 Vgl. *Arbeiter*, aaO, S. 118: "Der Fall, daß eine Regelung (objektiv erkennbar für den Betroffenen) beabsichtigt ist, aber nicht (tatsächlich) eintreten kann, ist nicht vorstellbar."

605 Vgl. *Kramer*, JuS 1973, 484 [486] Fn. 17 m.w.N.: "VA durch Form"; *Eyermann-Fröhler*, aaO, § 42 VwGO Rdn. 22: "formeller wie materieller VA, wenn sich die Behörde auf ihre Befugnisse beruft und damit einen VA erläßt - es liegt ein materieller, wenn auch rechtswidriger VA vor"; **a.A.** OVG Lüneburg v. 23.07.1953 - 1 OVG B 72/53, DVBl. 1954, 297: es liege nur der äußeren Form (formell) nach ein VA vor.

606 D.h. unabhängig davon, ob die Behörde ihrer Erklärung den objektiven, formellen Gehalt ("formelle Definition") einer Regelung gegeben hat und damit einen VA erlassen hat.

607 S.o. Fn. 605.

608 D.h. losgelöst vom konkreten Einzelfall, wo entweder eine Regelung vorliegt oder nicht, unabhängig von ihrer sachlichen Rechtmäßigkeit.

609 Vgl. *Zimmer*, Jura 1980, 242 [248]: "...von der Unterscheidung der Handlungsformen (hier: VA oder Willenserklärung) mag demnach abhängen, welche Voraussetzungen und Rechtsfolgen bestimmend gewesen **wären**, hätte sie

[Fortsetzung nächste Seite]

gründbare Unvereinbarkeit der Aufrechnung mit der hoheitlichen Handlungsform des VA ändert nichts an den für den betroffenen Bürger geschaffenen Tatsachen durch den Behördenakt, der zwar rechtswidrig[610] sein kann, aber deshalb sein "Sein" nicht verliert (relativiert). Das Abstellen rein auf das "Wesen des VAs", eine rein materiell orientierte Betrachtungsweise[611] ohne Berücksichtigung des offensichtlichen und so erkennbar gemachten VA-Regelungswillen, ist nicht mehr vertretbar, weil dies für den Bürger zu unvertretbaren Rechtsunsicherheiten und Unwägbarkeiten führen würde: formal läge für ihn ein bestimmtes Verwaltungshandeln vor, welches jedoch allein an sachlichen Vorgaben zu messen wäre. Wie unsicher diese materiell-rechtliche Einordnung sein kann, zeigt der jahrzehntelange Streit um die - materiell-rechtliche - Rechtsnatur der behördlichen Aufrechnungserklärung. Die - abstrakte - Qualifikation der Aufrechnungserklärung führt zur Frage, welche Handlungsinhalte rechtlich zulässigerweise in dieser oder jener formalisierten Handlungsstruktur mit den hierfür vorgesehenen Instrumentarien geregelt werden dürfen/können. Denn die Zuweisung von Handlungsinhalten und -befugnissen in die verschiedenen Regelungsstrukturen[612] ist beherrscht von der unbestreitbaren Tatsache, daß jede dieser Formen für einen typischen - nämlich formgerechten - Inhalt geschaffen wurde: Zuordnungen müssen "formadäquat"[613] erfolgen, d.h. auch die "legitimatorischen, gegenständlich-situativen (Dringlichkeit/Notwendigkeit der Regelung) und verfahrensmäßigen Elemente einschließlich der - ggf.- formalisierten Wirkungen berücksichtigen.

Bei einer - abstrakt - materiell-rechtlichen Qualifikation, die Rechtmäßigkeit/Handlungsbefugnis der steuerrechtlichen Aufrechnungserklärung in der Handlungsform des VA betreffend, sprechen erhebliche Gründe gegen die materiell-rechtliche Vereinbarkeit einer VA-Aufrechnungsregelung mit den "typischen" Wesensmerkmalen der Aufrechnung im "Grundtypus". Weder die Abgabenordnungsregelung der steuerrechtlichen Aufrechnungszulässigkeit (§ 226 AO 1977) noch sonstige (auch spezialgesetzlich, z.B. §§ 51 SGB-AT, 51 BeamtVG, 84 II BBG, 51 II BRRG, Art. 92 II BayBG i.V.m. § 90 IV BG, § 154 II AFG) öffentliche Rechtssätze lassen eine vom Gesetzgeber intendierte und vorgesehene Institutionalisierung der behördlichen Aufrechnung in der Vorgehensweise eines VAs erkennen oder verdichten sich gar zu einer "VA-Verpflichtung"[614]. § 226 I AO verweist in Art einer "Generalverweisung" auf die sinngemäße Anwendbarkeit der bürgerlich-rechtlichen Vorschriften. Eine Beschränkung besteht nur, wenn "etwas anderes bestimmt ist". Aus diesem ausdrücklichen Hinweis auf die - ggf. - verdrängende Geltung spezieller steuerrechtlicher Vorschriften kann im Umkehr-

---

die richtige Handlungsform gewählt; von der Unterscheidung hängt jedoch nicht ab, ob die richtige Handlungsform auch tatsächlich gewählt **wurde**.

610 Eben wegen dieser mit dem materiellen Recht nicht vereinbaren Unstimmigkeiten bzw. wegen mangelnder Ermächtigung.

611 So noch: *Borchert*, NJW 1972, 854 [855] m.w.N.; *Schmitt*, DVBl. 1960, 383 [384] Fn. 5-7 m.w.N.; *v. Mutius*, in FS für H.J. Wolff; S. 184; *Stern*, Verwaltungsprozessualle Probleme der öffentlich-rechtlichen Arbeit, S. 58 f., insoweit widersprüchlich: "Der Begriff des VA bestimmt sich nach seinem Inhalt, nicht nach seiner Form (Fn. 40 m.w.N.)". Weiter heißt es dann jedoch, daß eine in der Form des VA erlassene behördliche Anordnung auch dann VA sei, wenn sie ihrem wesentlichen Inhalt nach etwas regele, was nur durch Rechtsnorm wirksam geschehen könne. OVG Münster v. 26.08.1983 - 15 A 877/83 (u.v.): ein "Form-VA" sei nicht gem. §§ 40 I, 42 VwGO anfechtbar, der "formelle VA" erfülle nicht die Voraussetzungen des § 35 S.1 VwVfG.

612 Hier: Willenserklärung als Ausübung eines Gestaltungsrechts mit der Rechtsfolgensetzung (i.w.S.) der gesetzlichen Gestaltungswirkung bei wirksamer (materieller) Aufrechnung und VA als rechtsverbindliche, fehlerunabhängige, kraft eigener Hoheitsemanation gesetzte Rechtsfolge der Gestaltungswirkung.

613 *Zimmer*, Jura 1980, 242 [252].

614 So noch: *Milatz*, Inf. 1984, 101: als Erfüllung öffentlicher Aufgaben ein "muß"; *Koch*, in Helsper, § 226 AO Rz. 24; OVG Rheinland-Pfalz v. 09.10.1970 - 2 B 61/70, VerwRspr. 22, 409. Ein "Wahlrecht" wird der aufrechnenden Behörde zumindestens schon von *Weidemann*, DVBl. 1981, 113 ff., eingeräumt.

schluß gefolgert werden, daß ansonsten die zivilrechtlichen Prinzipien anwendbar sind. Spezialregelungen der steuerrechtlichen Aufrechnung finden sich in den Absätzen II - IV des § 226 AO, wo zwar zum Teil (vgl. Abs. III) dem steuerpflichtigen, aufrechnenden Bürger gewisse Nachteile gegenüber der Aufrechnungsmöglichkeit des Steuergläubigers aufgebürdet werden. Gerade aber weil diese "Sonderstellung" vom Gesetzgeber besonders hervorgehoben wurde, muß ansonsten eine "Gleichstellung" i.S. des Aufrechnungsinstitutes der Aufrechnungspartner[615] - unabhängig davon, wer zuerst aufrechnet - gelten. Man stelle sich z.B. den Fall vor, das Finanzamt rechne als erste Partei gegenüber dem Steuerpflichtigen mit einer Steuerforderung gegen einen Steuererstattungsanspruch des Steuerpflichtigen auf. Der Steuerpflichtige reagiert hierauf mit einer "Gegenaufrechnung", wobei er aber seinen Steuererstattungsanspruch höher/die Steuerforderung des Finanzamtes niedriger ansetzt. Geht er nun gegen den finanzbehördlichen Aufrechnungs-VA nicht vor und erwächst dieser in Bestandskraft - ggf. entgegen der materiell-rechtlichen, vom Steuerpflichtigen richtig gesehenen Aufrechnungslage der verrechenbaren Forderungen -, so stehen sich formelle Aufrechnungslage durch VA des Finanzamtes und materielle Aufrechnungsgestaltung entsprechend § 389 BGB aufgrund der Steuerpflichtigenaufrechnung gegenüber. Nach Ansicht des *BFH*[616] ist zwar immer die materielle Rechtslage allein entscheidend. Dies führt aber die sonst üblicherweise aufgestellten Konsequenzen eines bestandskräftigen VAs ad absurdum: i.d.R. bildet die VA-Grundlage die entscheidende Rechtsgrundlage für den zukünftigen Bestand der Rechtslage, die materielle Rechtslage tritt insoweit als "subsidiär" zurück. Mit der Verweisung über § 226 I AO ins Bürgerliche Gesetzbuch macht auch der Steuergesetzgeber deutlich, daß die der Finanzverwaltung eingeräumte Rechtsmacht zur Gestaltung der Rechtslage auf Rechtssätzen zivilrechtlichen Ursprungs beruht, die für Bürger und Hoheitsträger gleichermaßen gelten[617] und nicht etwa auf einem "öffentlich-rechtlichen Sonderrechtssatz"[618] basieren. Die Finanzbehörde als aufrechnender Hoheitsträger wird - obwohl im Rahmen eines Steuerschuldverhältnisses - ebenso wie ein aufrechnender Bürger ihr gegenüber als "Schuldner-Gläubiger" eines Geldanspruches in Ausübung eines Gestaltungsrechts kraft Verfügbarkeit über eigene Ansprüche und nicht kraft hoheitsspezifischer VA-Regelungsgestaltung tätig. Es bedarf ihrerseits keiner autoritativen Klarstellung[619] ihrer Aufrechnungsposition durch VA, da die Aufrechnungsbefugnis unter den gesetzlichen Voraussetzungen jedermann zusteht. Das hierfür vorgesehene Instrumentarium ist die rechtsgeschäftliche Willenserklärung (§ 388 BGB entsprechend) - anerkannt auch für das Steuerrecht. Wenn die §§ 32 - 34 BeitrO hinsichtlich der finanzbehördlichen Aufrechnungserklärung noch vom "verfügen" sprachen und damit wohl auch die "Verfügung" i.S. von § 91 RAO (nunmehr § 118 S. 1 AO 1977) meinten, so hat dies für die heutige Bewertung in Anbetracht des Gesetzeswortlautes des § 226 I AO keinerlei Bedeutung mehr. Die BeitrO war - zumindestens hinsichtlich dieser

615 Das BGB geht - wie bei allen schuldrechtlichen Rechtsinstituten - von der rechtlichen Gleichordnung der Parteien aus.

616 BFH v. 02.04.1987 - VII R 148/83, BStBl. II 1987, 536 = BFHE 149, 482; BVerwG v. 13.10.1971 - VI C 137.67, DÖV 1972, 573; *Martens*, StuW 1974, 155 [161 f.].

617 Vgl. *Appel*, BayVBl. 1983, 201 [206]: "Ebene der Gleichordnung": gleichmäßige Rechtsanwendung, einheitliche Wahrnehmung für jeden Aufrechnenden.

618 So z.B. der frühere Streit um die Rechtsnatur der gemeindlichen Ausübung des Vorkaufrechts gem. § 24 BBauG a.F., der der Gemeinde aufgrund des "ö.r. Sonderrechtssatzes" erst (und alleine) die Befugnisse des § 505 II BGB einräumte, während § 226 I AO "differenzierungslos" die Aufrechnung allgemein (für beide Seiten) für zulässig i.S. der BGB-Vorgaben erklärt und sich damit nicht als hoheitsspezifische Sonderrechtszuweisung nur für den Verwaltungsträger zeigt, vgl. *Weidemann*, DVBl. 1981, 113 [115].

619 Nach *Ebsen*, DÖV 1982, 389 [395] resultiert die Aufrechnungsentscheidung des FA über die rechtmäßige Ausübung nicht auf einer "freien Rechtsverfügung" (so im Privatrecht), sondern auf einer Ermessensausübung, in deren Rahmen die Pflichtgemäßheit ein sinnvoller Regelungsgegenstand für eine autoritative VA-Klarstellung sein könne.

Regelungen - lediglich als Auslegungskriterium (interne Verwaltungsrichtliniensetzung) zur Gesetzesregelung gedacht und gab insoweit die damalige Meinung der VA-Qualität wieder, ohne damit selbst Rechtsnormqualität i.S. einer gesetzlichen Rechtsnaturbestimmung bzw. Handlungsbefugniseröffnung zu besitzen.

Geht man davon aus, daß der rechtliche Schwerpunkt der Aufrechnungserklärung grundsätzlich in der Ausübung des Gestaltungsrechts liegt[620] und nicht in einer letztverbindlichen und einmaligen Entscheidung[621] über das Forderungsverrechnen, dann kann ihr kein VA-Charakter zugesprochen werden. Denn typischerweise wird in einer Aufrechnungserklärung i.S. des § 388 BGB[622] nicht das Feststellen des Erlöschens erklärt, sondern - eine Stufe vorher - die Verrechnungsabsicht. D.h. die Aufrechnungserklärung enthält i.d.R. nicht die Rechtsfolgenfeststellung, sondern die Ausübungskundgabe, die erst zu dieser Rechtsfolge führen soll. Auch die im Rahmen eines Steuerschuldverhältnisses erklärte Aufrechnung behält - aufgrund der prinzipiellen Generalverweisung - die ihr im bürgerlichen Recht beigemessene Intention, die nicht darauf gerichtet ist, als gestaltende oder feststellende Regelungsanordnung unmittelbar hoheitlich, einseitig-verbindlich auf den Lebenssachverhalt einzuwirken und den Adressaten unabhängig von der Rechtmäßigkeit des Regelungsinhaltes zu binden. Bedeutet die Verweisung auf die §§ 387 ff. BGB des Bürgerlichen Gesetzbuches, daß sich gleichfalls die steuerrechtliche Aufrechnung hinsichtlich der Voraussetzungen und Wirkungen an diesen Vorgaben zu orientieren hat, so sind auch Sinn und Zweck der "typischerweise" zu wählenden Handlungsform hieran auszurichten. Die Ansicht[623], daß § 226 I AO nur hinsichtlich der materiellen Voraussetzungen auf das BGB verweise und nicht hinsichtlich der Handlungsform, verkennt insofern, daß auch die zu wählende Handlungsalternative am materiell rechtlichen Regelungsgehalt zu orientiern ist bzw., daß dieser als Auslegungs-/Bewertungskriterium für die Formenwahl herangezogen werden kann (und muß), insbesondere wenn das Gesetz diesbezüglich keinerlei Regelung trifft. Eine möglicherweise bestehende grundsätzliche Vermutung für die VA-Handlungsweise beim Vorgehen der Behörde innerhalb eines Steuerschuldverhältnisses gegenüber dem Steuerpflichtigen wird in dem Augenblick widerlegt, in dem aus dem Gesetz andere Schlüsse zu ziehen sind - so, wenn wie hier eindeutig nicht nur auf das zivilrechtliche Aufrechnungsinstitut Bezug genommen wird, sondern dessen Normengefüge durch entsprechende Anwendbarkeitserklärung für das öffentliche Recht Geltung erlangen soll. Damit ist die Aufrechnungserklärung von ihrer grundangelegten Konzeption her keine typischerweise auf Hoheitsmacht[624] basierende Handlungsform des Aufrechnenden. Sie gibt dem Aufrechnenden zwar "einseitige Verfügungsrechte", dies aber unabhängig von seiner Stellung als Hoheitsträger, sondern allein gemessen an der materiell-rechtlichen Gestaltungslage, die die Aufrechnungsparteien allein aufgrund der Rechtsfolgenabhängigkeit durch Gesetzeskongruenz mit den materiellen Voraussetzungen auf eine

---

620 *Appel*, BayVBl. 1983, 201 [204]: der von der Verwaltung erwünschte - rechtsverbindliche - Aufrechnungserfolg rechtfertige noch nicht, diesen gleichsam durch eine "VA-Konstruktion reüssieren zu lassen". Ausgehend vom objektiven Erklärungsgehalt sei die Aufrechnungserklärung der Behörde lediglich Ausdruck ihres Aufrechnungswillens.

621 Denn hier bräuchte es gar nicht mehr der Einräumung eines Gestaltungsrechts mit der vorangehenden Voraussetzung der Ausübung.

622 Auch die Aufrechnungserklärung ist nach zivilrechtlichen Prinzipien gem. § 388 BGB nur eines der Wirksamkeitserfordernisse für den Aufrechnungserfolg gem. § 389 BGB; sie allein bewirkt grundsätzlich noch nicht den Rechtserfolg des § 389 BGB.

623 Vgl. StQ-Anm. 1985, Geb. 2 §§ 134 - 248 AO Nr. 203 (o.V.).

624 *Appel*, BayVBl. 1983, 201 [206 ff.] stellt insbesondere auf die "Systemwidrigkeit eines hoheitlichen Vollzuges ziviler Rechtsregeln" ab.

"Ebene der Gleichordnung" hebt und die auch eine "gleichmäßige Rechtsanwendung" für beide Beteiligten grundsätzlich mit einschließt. Steht die Aufrechnungsbefugnis jedem Rechtsträger zu, so fehlt ihr die für das VA-Verhältnis Staat - Bürger typische öffentlich-rechtliche Sonderrechtsstellung für den handelnden Verwaltungsträger. Auch liegt in der finanzbehördlichen Aufrechnungserklärung nicht nur dann eine gestaltende Rechtsfolgensetzung, wenn die Behörde hoheitlich tätig wird, sondern ebenso, wenn sie sich schlicht-hoheitlich erklärt, ohne die dem VA spezifische Verbindlichkeitsanordnung. Insbesondere die gleichermaßen angestrebte Rechtsfolge, unabhängig davon, wer zuerst aufrechnet[625], spricht gegen eine einseitig bevorrechtigte VA-Aufrechnung der Finanzbehörde, die dieser damit auch - entgegen der Gesetzeslage - eine Rechtsfolgenverbindlichkeit konträr zur Rechtswirksamkeit der Aufrechnung eröffnen würde. Selbst wenn man § 226 I AO als "konstitutive" Begründung der Aufrechnungsbefugnisse im Steuerrecht auffassen will, so ist dies noch nicht gleichbedeutend mit einer VA-Handlungsbefugnis für den aufrechnenden Verwaltungsträger. Der Wortlaut des § 226 I AO, der nicht auf die Person des Aufrechnenden, sondern einzig und allein auf das Forderungsverhältnis abstellt, unterstreicht diese Bewertung. Die Betonung der Unerheblichkeit des Aufrechnenden als Rechtsträgerpersönlichkeit spricht ebenfalls gegen die "Konstruktion einer VA-Aufrechnung" der Finanzbehörde. Die Abweichung zu den Gesetzesformulierungen der steuerrechtlichen Aufrechnungsvorgängernormen (§§ 103 RAO 1919 und 124 RAO 1931) wo noch ausdrücklich auf die Person des Aufrechnenden abgestellt wurde[626] bzw. - wie in der BeitrO - differenziert wurde zwischen Finanzamt- und Steuerpflichtigenaufrechnung, unterstreicht ebenso ausdrücklich wie eindeutig die gesetzgeberische Intention der Betonung des Rechtsinstituts zur Vermeidung eines unwirtschaftlichen Leistungsaustausches und nicht die Verstärkung finanzbehördlicher Forderungsdurchsetzungspositionen durch hoheitliche Machtemanation gegenüber dem Steuerpflichtigen. Dem eigentlichen Aufrechnungszweck - den Erfüllungsvorgang rein tatsächlich-wirtschaftlich zu vereinfachen - stände es entgegen, wenn man den "Vollzug i.e.S."[627] durch hoheitliche Handlungsformen zuließe und hierdurch den Rechtsmittelapparat durch unzählige (und dazu noch streitige) Rechtsbehelfsmöglichkeiten, insbesondere auch beim vorläufigen Rechtsschutz, bei der VA-Handlungsalternative verkomplizieren würde. Soll die Zulässigkeit des Aufrechnungsinstitutes im Steuerrecht für beide Beteiligten eine "einheitliche Wahrnehmung" der Gestaltungsbefugnisse ermöglichen, so geht dies nur über eine einheitliche Handlungsform der schuldrechtsgeschäftlichen Gestaltungserklärung und nicht über ein nur dem VA-Wesen zuzuordnendes Gewaltunterworfensein einer Seite. Der Einsatz des Mittels zur Rechtsverteidigung steht unabhängig von der Verwaltungsträgereigenschaft oder dem Vorliegen eines öffentlich-rechtlichen Anspruches jedem Schuldner i.S. des Gesetzes zu. Die gesetzlich manifestierte Aufrechnungsnormierung auch in der AO 1977 wäre vom Prinzip her überflüssig, wenn man der Behörde - abgeleitet aus dem

---

625 Warum sollte bei gleicher Aufrechnungskonstellation die Aufrechnungserklärung der Finanzbehörde mehr Einfluß haben auf den zukünftigen Bestand der Forderungsgestaltung als wenn in umgekehrter Situation der Bürger zuerst die Aufrechnung erklärt und damit die Aufrechnung i.S. des Gesetzes ausübt? So aber *Martens*, StuW 1989, 69 [72], der auf der einen Seite die materiell-rechtlich gleichberechtigte Ausübung des Gestaltungsrechts für beide Seiten sieht, auf der anderen Seite der aufrechnenden Behörde aber das "verfahrensrechtliche Privileg" der "Verbindlichkeitsfeststellung" einräumt. Wie bei vielen materiell-rechtlich kraft Gesetzes entstehenden Ansprüche sei dies lediglich eine verbindlich festgestellte Grundlage für das Verwaltungstätigwerden (wie z.B. auch durch Steuerbescheid). Diese "Verstärkung" des mate-riellrechtlich gleichberechtigten Gestaltungsrechts durch VA-Verbindlichkeit entspricht jedoch nicht den steuerrechtlichen Gesetzesvorgaben; wie § 155 I AO regelt für das Erhebungsverfahren § 218 II AO ausdrücklich die behördliche Verbindlichkeitsfeststellung als Verhaltensgrundlage.

626 Ausdrücklich erwähnt wird nur die Aufrechnung des Steuerpflichtigen, während die FA-Aufrechnung gewohnheitsrechtlich, als allgemeiner Rechtssatz, in Analogie überwiegend - de lege ferenda - zugelassen wurde.

627 Denn einem solchen käme die hoheitliche VA-Aufrechnung nunmehr gleich, da sich die - dauernde - Rechtsfolgensetzung allein aus dem VA-Ausspruch der Behörde ergeben würde.

Vorliegen eines steuerrechtlichen Subordinationsverhältnisses - eine grundsätzliche VA-Aufrechnungsbefugnis zuerkennen könnte und die Aufrechnungsrechte des Steuerpflichtigen der privatrechtlichen Konzeption angleichen würde. Man hätte dann - rechtlich - zwei unterschiedlich ausgestaltete Aufrechnungsinstitute mit unterschiedlich verbindlicher Rechtsfolgenherbeiführung und bräuchte - nach außen hin - kein einheitliches Aufrechnungsinstitut mehr zu vertreten.
Zwei der entscheidenden Grundfunktionen des VAs - Rechtsgestaltung und autoritative Klarstellung der Rechtslage, Schaffung einer Vollzugsgrundlage - würden beim "Aufrechnungs-VA" ad absurdum geführt. Die Folge des § 389 BGB bedarf keines weiteren Vollzuges mehr bzw. einer hoheitlichen Gestaltung oder Rechtslagenkonkretisierung, sie trägt mit der materiell-rechtlichen Wirksamkeit der Aufrechnung ihren Vollzug bereits in sich. Zwar könnte man mit *Martens*[628] die spezifische VA-Verbindlichkeit, die die gesetzliche Gestaltungswirkung gerade nicht leistet, als Begründung eines VA-Bedarfes neben der gesetzlichen Gestaltungswirkung heranziehen. Doch dieses "Bedürfnis" der Verwaltung zur bestandskraftfähigen Feststellung der Rechtslage besteht fast immer. Ein VA-Handlungsbedarf und -befugnis geht jedoch keinesfalls immer einher mit einem solchen "Regelungsbedürfnis besonderer Art". Will die Verwaltung diese VA-eigene bestandskraftfähige Entscheidung bewirken, dann darf sie hierzu nicht auf ein "anderes"[629] Gestaltungsmittel zurückgreifen und unter diesem "Deckmantel" der gesetzlichen Gestaltungswirkung hoheitliche Machtbefugnisse beanspruchen. Alternativität der Handlungsweisen heißt gerade nicht Anpasssung im Rechtsfolgenergebnis unter den "Oberbegriff" der VA-Regelungsanordnung, da es sich sonst eben nicht mehr um eine echte Alternative handelt. Gerade weil die Finanzbehörde grundsätzlich auch die Möglichkeit hat, ihre Forderungen auf VA-Grundlage durchzusetzen, muß man, wählt sie die andere Alternative der Auf-/Verrechnung, diese Vorgehensweise nicht ebenfalls VA-mäßig angleichen.
Entschließt sich das Finanzamt zur Gestaltungsrechtsfolge der Aufrechnung, dann verzichtet es insoweit freiwillig auf eine über diesen gesetzlichen Regelungsgehalt hinausgehende fehlerunabhängige Verbindlichkeitsfeststellung. Der *BFH*[630] hat Unrecht, wenn er die "Hinfälligkeit" der VA-Aufrechnungsform damit erklärt, daß die VA-Erklärung keine über die materiell-rechtlichen Folgen der §§ 387 ff. BGB hinausgehenden Rechtsfolgen zu setzen vermag. Er setzt bei seiner Argumentation an der falschen Stelle an, da er vom Ergebnis her begründet, indem er den - wohl seiner Ansicht nach grundsätzlich möglichen - VA-Bedarf im Vergleich zum Umfang der materiellen Gestaltungsbefugnis ablehnt, ohne zu erkennen, daß der dem VA eigentümliche Regelungsgehalt durchaus - mit eigenständiger Wirkung - i.V.m. der Aufrechnungserklärung zu bringen ist, daß es also hiermit nicht am Bedarf, sondern an der Vereinbarkeit scheitert. Recht hat der BFH, wenn er - vom Ergebnis her - nicht zuläßt, daß die Abhängigkeit des Gestaltungsrechts von den materiellen Voraussetzungen durch einen formell bestandskräftigen Aufrechnungsbescheid unterlaufen wird. Die Tatbestandsmerkmale der Aufrechnung müssen zur materiell-rechtlichen Rechtsfolgenherbeiführung "faktisch"[631] vorliegen, d.h. sie sind einer - rein formellen - Regelung ("Feststellungsanordnung") strukturell nicht zugänglich. Auch würde die Möglichkeit der bestandskräftigen Feststellung der Aufrechnungswirksamkeit dazu führen, daß sie in der Hauptsacheentscheidung auf Zahlungsklage hin materiell nicht mehr überprüft werden könnte. Die Lösung kann jedoch nicht darin zu suchen sein, daß man - entgegen aller dogmatischen Grundlagen - dem VA jegliche, sonst typischen Rechtswirkungen

---

628 *Martens*, StuW 1989, 69 [71 f.].

629 Als "aliud" zur VA-Handlungsalternative.

630 BFH v. 02.04.1987 - VII R 148/83, BStBl. II 1987, 536 ff. = BFHE 149, 482; in letzter Konsequenz dürfte damit der BFH nicht lediglich zu einer (nur) Restriktion der Aufrechnungswirkungen kommen, sondern er müßte den Aufrechnungs-VA für nichtig erklären, um seine Wirkungen zu verhindern.

631 So *Appel*, BayVBl. 1983, 201 [208].

im Rahmen seines originären Regelungsgehaltes abspricht, sondern indem man die zwei "Rechtsinstitute" der hoheitlichen VA-Forderungsrealisierung einerseits und der gestalterischen Verrechnungsmöglichkeit andererseits vergleichend gegenüberstellt und hierbei anhand sachlicher Unvereinbarkeiten und Systemwidrigkeiten zum Ergebnis der Ablehnung der Kombination von VA und Gestaltungsrechtsausübung kommt. Eine "Anreicherung" zum VA allein in Bezug auf die abgegebene Aufrechnungsausübungserklärung ist unter diesen Gesichtspunkten schon im Hinblick auf den "Regelungsaspekt" nicht tragbar.
Eine Beschränkung der gewöhnlichen VA-wirkungen in dem Sinne, daß die Bestandskraftfähigkeit für die materiell-rechtlichen Aufrechnungswirkungen negiert wird[632], ist mit der VA-Lehre nicht vereinbar, da insbesondere seine formelle Verbindlichkeit mit Bestand für die Zukunft eine seiner wesenstypischen und unverzichtbaren Eigenschaften darstellt. Ebensowenig können[633] die materiell-rechtlichen Aufrechnungsvoraussetzungen zur Wirksamkeitsvoraussetzung des VA gemacht werden. Die Wirksamkeit (Zeitpunkt und Dauer) richtet sich - steuerrechtlich - allein nach §§ 124 I, II i.V.m. 122, 130 ff. AO unabhängig von den materiellen Voraussetzungen.
Die "Restriktionslösung" bzw. das Erfordernis einer weiteren materiell-rechtlichen Wirksamkeitsvoraussetzung für den VA trägt den Widerspruch bereits in sich: entweder will man gerade - mit VA-Handlungswahl - dessen Besonderheiten zur Anwendung gelangen lassen, d.h. spezifische Bindungskraft hinsichtlich des Regelungsinhaltes, u.U. entgegen der materiellen Rechtslage erzeugen oder aber der - formell so gestaltete - VA ist rechtswidrig bzw. überhaupt überflüssig, da keine besondere Verstärkung, sondern lediglich wie bei einer rechtsgeschäftlichen Willenserklärung alleine die Ausübung in "Gesetzeswiederholung" gewollt ist.

(cc) "VA-Rechtsfolgensetzung" in feststellender (deklaratorischer) oder gestaltender (konstitutiver) Weise[634]?

Ein peripheres, i.d.R. kaum diskutiertes Problem liegt in der Beantwortung der Frage eines (nur) feststellenden (deklaratorischen) oder (auch) gestaltenden (konstitutiven) "Aufrechnungs-VAs"[635], da die Lösung dieser rein dogmatischen Frage nichts an den vordergründig interessierenden VA-Konsequenzen der "spezifischen Verbindlichkeitsfeststellung" ändert. Vom *BVerwG*[636] wurde in der Vergangenheit i.d.R. ein deklaratorischer, feststellender VA bei behördlichem VA-Ausspruch einer - auch gesetzlich vorgesehenen - Rechtsfolge angenommen[637], wobei *Hoffmann-Becking*[638]

---

632 So z.B. BFH v. 02.04.1987 - VII R 148/83, BStBl. II 1987, 536 = BFHE 149, 482; BVerwG v. 13.10.1971 - VI C 137.67, DÖV 1972, 573; *Martens*, StuW 1974, 155 [161 f.].

633 So *Burmester*, aaO, S. 93 ff.

634 Immer unter der Annahme einer "Form-VA-Regelung" der Aufrechnungserklärung.

635 Ein deklaratorisch-feststellender VA in dem Sinne, daß er eine sich bereits aus Gesetz ergebende Rechtsfolge ausspricht und dabei einen gesonderten, vom Gesetz in gewissem Maße unabhängigen Rechtsgrund für die Leistung schaffen soll, ein konstitutiv-gestaltender VA - auch eventuell mit äußerlich nur feststellender Erklärung - in dem Sinne, daß er zugleich eine Verpflichtung/Berechtigung des Adressaten konstitutiv begründen soll.

636 Vgl.v. 24.04.1959 - VI C 91.57, BVerwGE 8, 261 (Pensionsfestsetzungsbescheid); v. 11.05.1962 - VII C 27.61, BVerwGE 14, 151 (Anerkennung als Kriegsdienstverweigerer); v. 27.02.1963 - V C 105.61, BVerwGE 15, 306 (Fürsorgebescheid); v. 29.12.1969 - VI C 4.65, BVerwGE 34, 353 (Feststellung des Ausscheidens aus dem Beamtenverhältnis kraft Gesetzes); v. 25.04.1979 - VIII C 52.77, BVerwGE 58, 37 (Ausmusterungsbescheid); vgl. auch *Ossenbühl*, DÖV 1967, 246 [247]: feststellender VA bei "Konkretisierung" der Rechtslage für den Adressaten.

637 Vgl. auch VGH Mannheim v. 23.04.1982 - 5 S 2334/81, NVwZ 1983, 100: deklaratorisch-feststellender VA über die Denkmalschutzwürdigkeit; FG Rheinland-Pfalz v. 11.12.1987 - 4 K 309/86, EFG 1988, 279 [280], das die "Abrechnung" einer Finanzkasse über die Bestätigung zuviel entrichteter Steuer als deklaratorischen VA einordnete.

einschränkend hinzufügt, daß solche behördlichen Gesetzesfeststellungen nicht notwendig deklaratorisch wiederholende Funktion besitzen müßten. Soweit die behördliche Erklärung die Rechtsfolge, z.B. das Forderungserlöschen aufgrund Aufrechnung, selbständig begründet, indem sie sich nicht nur auf die Feststellung der gesetzlichen Rechtsfolge beschränkt, sondern eine erklärte, auf die Bewirkung der Berechtigungsfolge gerichtete Anordnung enthält, handelt sie auch mit "gestaltender" Wirkung[639]. Die Annahme eines gestaltenden VA allein aufgrund des entsprechenden Rechtsfolgeneintrittes des § 389 BGB wurde bereits mangels unmittelbarer Rechtserheblichkeit verneint[640]; die so handelnde Behörde muß die rechtsgestaltende Wirkung unmittelbar durch und aufgrund des VA-Ausspruches herbeiführen. *Weidemann*[641] lehnt eine gestaltende VA-Qualität der behördlichen Aufrechnungserklärung mangels des "spezifischen Bedingungszusammenhanges" zwischen der Hoheitlichkeit der Erklärung und dem Eintritt der Regelungswirkung ab. Er verkennt dabei aber die Möglichkeit des "angemaßten" Hoheitsausspruches, der - VA-spezifisch - die angestrebte Regelung bis zur Anfechtung/Aufhebung durchsetzt. Dagegen sieht er zumindestens die Möglichkeit ("Wahlrecht") des "feststellenden Aufrechnungs-VAs" in der bindenden Feststellung über ein Rechtsverhältnis. Eine Unterscheidung ist nach dem Inhalt der behördlichen Erklärung zu treffen: trifft sie eine Feststellung über die Tatbestandsmerkmale eines Rechtssatzes, so liegt ein feststellender VA vor, beim gestaltenden VA dagegen verändert sie die Rechtslage. Die Feststellung der Rechtsumstände ist aber regelmäßig die "Vorstufe" zur Gestaltung der festgestellten Rechtslage, so daß jedem gestaltenden VA eine Feststellung der rechtlichen Gegebenheiten zu Grunde liegt[642]. Handelt die aufrechnende Finanzbehörde mit dem Willen, eine einseitig verbindliche Entscheidung zu erlassen und bringt sie es für den Betroffenen hinreichend deutlich zum Ausdruck, so kann man wohl davon ausgehen, daß sie die VA-typische Verbindlichkeitsfolge nicht nur - im eingeschränkten Maße - auf die Feststellung der Aufrechnungslage beziehen wollte, sondern auch und gerade auf den Gestaltungsrechtserfolg des § 389 BGB. Warum sollte sie - lediglich - VA-mäßig die Rechtslage gem. § 387 BGB feststellen und dann die ggf. ohnehin eintretende Gestaltungswirkung einem gesetzlich bedingten Rechtsfolgeneintritt gem. § 389 überlassen. Will das Finanzamt die Aufrechnungs-Forderungsverrechnung mit der Folge des Forderungserlöschens in den verrechenbaren Höhen verbindlich geregelt wissen, dann wird es auch die durch sie geänderte Rechtslage mit der Verbindlichkeitsfolge[643] des VA versehen, denn ein bloß feststellender VA würde im Gegensatz zum gestaltenden VA noch keine verbindliche Änderung des konkreten Rechtsverhältnisses bewirken. Hier käme zum Tragen, daß das zunächst bedingte Forderungserlöschen später bei Änderung von Sachgegebenheiten, die von

---

638 *Hoffmann-Becking*, DÖV 1972, 196 [199].

639 *Hoffmann-Becking*, aaO, S.200: "Streng genommen handelt es sich ...nicht mehr um einen feststellenden sondern um einen versteckt gestaltenden VA".

640 S.o. 2.Teil B. II. 3. a) (2) (b) (aa), S. 130 ff.

641 *Weidemann*, DVBl. 1981, 113[116]; während *Henke*, DÖV 1980, 621 [629] undifferenziert die Allgemeinthese aufstellt, Gestaltungsrecht übe die Verwaltung durch gestaltende VAe aus. *Ebsen*, DÖV 1982, 389[395] sieht die Aufrechnungserklärung als einen auf den Eintritt der wechselseitigen Tilgung gerichteten Akt nur in der Konstruktion eines rechtsgestaltenden VAs als möglich an, lehnt dies aber im Ergebnis auch ab, da sie "objektiv-rechtlich" nur als Willenserklärung zu qualifizieren sei.

642 *Wolff-Bachof*, I, § 47 I (S. 390); *Martens*, NVwZ 1987, 106: die verbindliche Feststellung der Rechtslage sei Grundelement eines jeden VA; Martens, DVBl. 1968, 322 [324], der jeder VA-Feststellung eine gestaltende Komponente zuspricht und damit die Unterscheidung deklaratorischer und konstitutiver VA im wesentlichen beseitigt sieht; *ders.* S. 326: alle VAe enthielten Rechtsfolgenfeststellungen - die Unterscheidung zwischen gestaltenden, befehlenden und feststellenden VA habe hier keine Bedeutung, ... im wesentlichen Kern beinhalte auch der gestaltende VA die Feststellung einer Rechtsfolge; *Hoffmann-Becking*, DÖV 1972, 196 [200]: "...als verdeckt gestaltender VA".

643 In diesem Gestaltungsausspruch mag dann die u.U. konstitutive Feststellung/Festsetzung der verbleibenden Forderung liegen.

der ursprünglichen nunmehr ggf. bestandskräftigen VA-Feststellung der Aufrechnungslage nicht erfaßt worden waren, rückwirkend wieder entfallen könnte, da sich die VA-Beständigkeit eben nicht auf die Gestaltung, sondern nur auf die ihr zugrunde liegenden Feststellungen bezogen hatte. Die Aufrechnungssentenz der Finanzbehörde soll dagegen eine neue, verselbständigte und originäre Rechtslage schaffen und soll - wie die Gestaltungsausübung auch - die Vollziehung gleichsam in sich tragen.

(c) "Regelung" der Entscheidungsgrundlage des "Ob", "Wie", "Wann" und "Wo" als Rückschluß auf die Rechtsnatur der daran anknüpfenden Behördenmaßnahme

Immer von der Prämisse ausgehend, daß die tatsächliche Handlungsform des VA von der handelnden Behörde mit entsprechend erkennbar gemachten Regelungswillen tatsächlich in VA-Form umgesetzt werden kann[644], bleibt daneben die rein materiell-rechtliche Prüfung, inwieweit solche "Regelungen" zulässigerweise als VAe einzuordnen sind.
Neben der so diskutierten Aufrechnungserklärung selbst und der mit ihr verbundenen Gestaltungswirkung als potentielle Regelungsinhalte eines finanzbehördlichen Aufrechnungs-VA[645] wird vielfach die der Aufrechnungserklärung vorangehende(n) Entscheidung(en) des "Ob", "Wann", "Wo" und "Wie"/"in welcher Höhe" als mögliche "aufrechnungsrelevante Regelung" bzw. als Rückschlußmöglichkeit auf die VA-Rechtsnatur der hieran anknüpfenden Behördenmaßnahme gewertet[646]. Man versucht hier den VA-Regelungsgehalt mit der behördlichen Anordnung/Entscheidung über das bestimmte Gebrauchmachen der gesetzlichen Befugnisse, über die bewertende Feststellung hinsichtlich des Vorliegens bestimmter Wirksamkeitsvoraussetzungen der zugrundeliegenden Maßnahme[647] bzw. mit der Ermessensentscheidung der Behörde über ihr pflichtgemäßes

644 Auch in der "Regelung" der entsprechend vorgreiflichen Entscheidungen; vgl. *Vallendar*, DÖD 1973, 52 [53]; *Appel*, BayVBl. 1983, 201 [207] Fn. 94; *Weidemann*, DVBl. 1981, 113 [116]; *Ebsen*, DÖV 1982, 389 [395]; *Ehlers*, NVwZ 1983, 446 [450].

645 S.o. 2. Teil B. II. 3. bb) (2) (a), S. 125 ff.

646 OVG Münster v. 13.09.1974 - I B 649/74, OVGE 30, 46 [49]; OVG Lüneburg v. 09.09.1964 - IV OVG A 105/62, DVBl. 1965, 209; OVG Lüneburg v. 12.04.1984 - 12 OVG A 333/81 (n.v.); OVG Rheinland-Pfalz v. 09.10.1970 - 2 B 61/70, VerwRspr. 22, 409 [410; *Buhmann*, MDR 1984, 983 [985] unter Bezugnahme auf das BVerwG v. 03.06.1983 - VIII C 43.81, DÖV 1983, 980. Vgl. auch die Kritik von *Krause*, aaO, S. 125 an dieser vom BVerwG zum Teil vertretenen Rechtsprechung, die in der Entscheidung der Behörde, "ob" und "wie" sie von Rechts wegen vorzugehen habe (BVerwG v. 26.01.1961 - II C 45.59, BVerwGE 12, 29) und in der hieran anknüpfenden Erfüllung/Nichterfüllung einen VA sah. Auch die Entscheidung des BVerwG v. 25.02.1969 - I C 65.67, BVerwGE 31, 301 [307] scheint für diese "VA-Ermessensentscheidungsthese" zu sprechen: es sah hier die Erteilung/Versagung einer Auskunft als VA an, weil der rechtliche Schwerpunkt nicht in der Auskunft, sondern in der zum Ausdruck gekommenen Ermessensentscheidung liege. Aus dem Fehlen der gesetzlichen Voraussetzungen für ein Handeln leitete es die Folgerung ab, daß die Entscheidung über seine Vornahme verbindlich sein müsse. Doch wäre hier die Argumentation "Entscheidung getroffen, also Vorliegen eines VA" verkehrt. Es geht vielmehr darum, ob die unweigerlich zu treffende Entscheidung mit äußerlich erkennbar gemachten Regelungswillen zum Ausdruck gebracht wurde, dann erst (allein) ist sie VA-Entscheidung. Auf der anderen Seite steht die BVerwG-Entscheidung v. 12.01.1973 - VII C 3.71, DÖV 1973, 573, die bei einer Entscheidung über die Abgrenzung "zivilrechtliche Zahlungsaufforderung" und "VA-Abgabenbescheid" keinen VA sah, obwohl auch hier eine - vorangehende - Entscheidung über das "Wann", "Wie", "Wo" gefallen sein muß. BFH v. 29.10.1985 - VII B 69/85, BStBl. II 1986, 236 = BFHE 145, 17 zitiert bei *Martens*, NVwZ 1987, 106 [109]; z.Tl. *Ebsen*, DÖV 1982, 389 [394].

647 Interessant z.B. auch die Entscheidung des OVG Rheinland-Pfalz v. 09.10.1970 - 2 B 61/70, VerwRspr. 22, 409 [410], das im konkreten Entscheidungsfall, die Behördenfeststellung, daß ihr die Aufrechnungsforderung zustehe (d.h. quasi die Forderungsfestsetzung, vgl. § 155 I AO, die unstreitig einen VA darstellt und auch mit der Aufrechnungserklärung verbunden werden kann), nicht als VA-Regelung ansah, da die Gegenforderung bereits rechtskräftig

[Fortsetzung nächste Seite]

Vorgehen bei der Möglichkeit der Aufrechnung[648] zu begründen. Entweder sieht man in diesen vorangehenden, bewertenden Entscheidungen über die Rechtslage und ihrer Realisierung, die implizit mit der nach außen kundgetanen Aufrechnungserklärung verbunden werden können bzw. konkludent in ihr enthalten sein können, eine selbständige VA-Regelung, die insoweit die Aufrechnungserklärung insgesamt[649] zum VA-Bescheid "anreichere", oder aber man vermutet die Möglichkeit eines Rückschlußes von einer so getroffenen VA-Entscheidung auf die Rechtsnatur der dieser Entscheidung zugrundegelegten Maßnahme[650]. Verwaltungshandlungen sind jedoch häufig rechtlich determiniert, so daß ihrer tatsächlichen Umsetzung durch Vornahme grundsätzlich eine bewertende Prüfung der Rechtslage vorausgeht, die jedoch noch nichts über deren Einordnung in den Katalog der Handlungsformen aussagt. Diese gesonderte Hervorhebung der gewissermaßen jeder Maßnahme/Handlung vorausgehenden/einschliessenden Entscheidung und die daraus resultierende Einordnung unter das Definitionselement der "Regelung" vermag - jedenfalls hinsichtlich der materiell-rechtlichen VA-Konsequenz - nicht zu überzeugen. Sicher können solche Entscheidungen "regelungsmäßig"[651] getroffen werden. Das ist aber in diesem Fall eine Frage ihres äußeren Erscheinungsbildes[652]. Dagegen ist es nicht möglich, allein aufgrund der analytisch-ontologischen Struktur des Zusammenspiels zwischen Zwecksetzung und Entscheidung einerseits und Handlungsvornahme andererseits eine VA-Qualifizierung der Maßnahme im ganzen abzuleiten. Vereinfacht ausgedrückt wäre dann jede bewußte, behördliche Maßnahme ein VA, weil eine vorangehende Entscheidung über das "Ob" und "Wie" der Vorgehensweise wesensnotwendig getroffen werden muß[653]. Eine Differenzierung, ein Abgrenzungswert der zum Teil recht unterschiedlich strukturierten und mit Rechtsfolgen versehenen Verwaltungshandlungen wäre aufgrund einer solchen "Entscheidungs-VA-These" nicht mehr zu treffen[654]. Die Unterschiede zwischen tatsächlicher, geschäftsähnlicher, rechtsgeschäftlicher und hoheitlicher Handlungsweise würden verwischt und unter der "allumfassenden Zuordnung" zur vorangehenden hoheitlichen Rechtslagenentscheidung zusammengefaßt. Man kann nicht - quasi in einem Zug - von den ggf. unabhängigen VA-Regelungen der Wirksamkeitsvoraussetzungen der Aufrechnung[655] auf den VA-Charakter der Aufrechnungserklärung selbst schließen, insbesondere nicht, wenn diese vorangehenden Feststellungen auch tatsächlich in einem selbständigen VA-Bescheid getroffen werden[656]. Solchermaßen getroffene

---

festgestellt worden war und in der Aufrechnungserklärung insoweit nur "erläuternd" (ohne selbständigen Regelungsgehalt) aufgezählt wurde. Im Umkehrschluß muß man folgern, daß das OVG auch das Feststellen/die Überprüfungsentscheidung der noch nicht rechtskräftig/bestandskräftig feststehenden Aufrechnungsforderung grundsätzlich als Regelungsanordnung bewertet.

648 *Ebsen*, DÖV 1982, 389 [395].

649 S.u. unter (d), S. 142 ff.

650 So *Buhmann*, MDR 1984, 983 [985], der den "Inhalt" der Leistungsaufforderung ("wann, wie und welche Forderung durchgesetzt bzw. getilgt wird") bereits als VA-Regelung einordnet und hieraus "erst-recht" folgert, daß auch die endgültige Erfüllung, die Leistungserbringung (Aufrechnung) einen solchen Regelungscharakter besitzt; vgl. kritisch zu dieser "Entscheidungs- und Erfüllungsqualifizierung" *Krause*, aaO, S. 125 f.

651 S.o. Fn. 644: *Vallendar*, aaO; *Appel*, aaO; *Weidemann*, aaO; *Ebsen*, aaO; *Ehlers*, aaO.

652 Auslegungsproblem, vgl. *Ehlers*, NVwZ 1983, 446 [450]; *Weidemann*, DVBl. 1981, 113 [116].

653 Vgl. *Weidemann*, DVBl. 1981, 113 [114], der zu Recht das "Regelungselement" im Vergleich zur "Maßnahme" im Rahmen der VA-Definition als einengend bezeichnet; BVerwG v. 20.05.1987 - VII C 83.84, DVBl. 1988, 110 [111]; *Hundt- Eßwein*, DStR 1987, 575 [576, 578]; *Ehlers*, NVwZ 1983, 446 [448].

654 *Krause*, aaO, S. 126; *Ehlers*, NVwZ 1983, 446 [448]; *Vallendar*, DöD 1973, 52 [53]; *Weidemann*, DVBl. 1981, 113 [114]; Hess. VGH v. 19.08.1977 - I TH 19/77, ESVGH 27, 159 [161].

655 Fälligkeit und Bestehen der Gegenforderung; im Steuerrecht i.d.R. einschlägig als VA-Festsetzung der Steuer (als Gegenforderung), §§ 155 I, 218 I, 220 II 2 AO.

656 Z.B. Festsetzungsbescheid, vgl. *Ehlers*, NVwZ 1983, 446 [450] Fn. 59 mit Hinweis auf *Weidemann*, DVBl. 1981, 113 [116].

VA-Entscheidungen können völlig unabhängig von der eigentlichen Aufrechnungserklärung erlassen werden, sie stehen nicht zwingend in unmittelbarem Zusammenhang mit der Aufrechnung, so daß sie insofern nicht rechtsnaturbestimmend auf diese wirken können. Ihre prinzipielle Unabhängigkeit von der Gestaltung durch Aufrechnung als Regelungen betreffs der Forderungsdurchsetzung und deren Intensität dokumentieren sie auch durch die Möglichkeit, Regelungsgegenstände eines Leistungsbescheides/Zahlungsbescheides bzw. Inhalt eines völlig selbständigen VA zu sein. Die Qualifizierung der Aufrechnungserklärung als solcher hat mit diesen Entscheidungen nichts mehr zu tun.
Die implizit in der Aufrechnungserklärung enthaltenen, d.h. nicht vorher ausdrücklich und selbständig kundgetanen Entscheidungen über die Beurteilung der Rechtslage, fallen ebenso beim aufrechnenden Bürger an, ohne daß man hier je auf den Gedanken käme, ihm einen hoheitlichen Regelungswillen zu unterstellen. Insbesondere kann man einer äußerlich erkennbar nicht zum Ausdruck gebrachten Regelungsentscheidung keinen VA-bestimmenden Charakter zusprechen, wenn diese nicht den inhaltlichen Anforderungen der §§ 37, 39 VwVfG bzw. §§ 119, 121 AO genügt[657].
Die Aufrechnungserklärung der Behörde geht i.d.R.[658] als Verrechnungsvermerk dem Empfänger einer Hauptforderung zu. Dem objektiven Erklärungsgehalt nach ist einem solchen "Vermerk" grundsätzlich kein VA-Regelungswille zu entnehmen, insbesondere, weil man davon ausgeht, daß bei bestehender Aufrechnungslage die gesetzlich bestimmten Rechtsfolgen - beiderseits - ohne weiteres eintreten werden.

(d) "Gesamt-VA-Regelung", d.h. einschließlich der Aufrechnungserklärung

Vergleichbar der Diskussion um den Regelungsgehalt der der eigentlichen Aufrechnungserklärung vorangehenden Entscheidung(en)[659] wird zum Teil[660] der "VA-Gehalt" der Aufrechnungserklärung begründet mit einer "Gesamt-VA-Qualifizierung" der verknüpften Entscheidungen, Feststellungen mit der Aufrechnungserklärung selbst und ggf. der daran anschließenden Einbehaltung nach Verrechnung als einer "Gesamtordnung" der Rechtsbeziehungen, wobei "jedenfalls die Einbehaltung der Bezüge" eine mit der Aufrechnungserklärung verbundene Regelung darstelle[661]. D.h. *ein* möglicher Regelungsgehalt im Rahmen eines Aufrechnungsbescheides genügte zur Gesamt-VA-Qualifizierung des Bescheides. Das OVG Münster v. 13.09.1974[662] sah die Aufrechnungserklärung der Behörde in dem seinem Beschluß zugrunde liegendem Sachverhalt deshalb als VA an, weil die Behörde in einem

---

657 So aber z.B. wohl *Ebsen*, DÖV 1982, 389 [395], der den "implizit in der Aufrechnungserklärung enthaltenen Entscheidungen" Regelungsgehalt zuspricht. Implizit enthaltene "Regelungen" können nie selbständige, von der explizit ausgedrückten Erklärung unabhängige VAe sein, sondern allenfalls mit dieser zusammen zur "VA-Regelung" erstarken. Beurteilt man aber die Aufrechnungserklärung als solche rein objektiv-rechtlich schon nicht als VA-zugängliche Erklärung, so können in ihr keine (nicht zum Ausdruck gebrachte) "Teil-VA-Regelungen" (Ausnahme: z.B. die Auflage) implizit enthalten sein (ein "impliziter VA" wäre allein schon aus rechtsstaatlichen Gründen auszuschließen). Die aufrechnende Behörde kann nicht "punktuell" Hoheitsgewalt (hinsichtlich der Rechtslagenentscheidung) einsetzen - vgl. *Appel*, BayVBl. 1983, 201 [206]: "widersprüchliches Verhalten". **A.A.:** *Schmalz/-Hofmann*, Allgemeines Verwaltungsrecht Teil 1, der einem äußerlich bloß faktischem Verwaltungshandeln Regelungsgehalt zuerkennt, weil in ihm (implizit) eine rechtserhebliche Entscheidung über die Maßnahmezulässigkeit enthalten sei; er erkennt aber auch die Schwierigkeit der Grenzziehung gegenüber den ansonsten auch zu treffenden Entscheidungen.

658 Z.B. im Beamtenrecht: die Aufrechnungserklärung des Dienstherrn gegenüber dem Beamten geht diesem als Mitteilung über die veränderten Dienstbezüge oder als ein auf den Überweisungsträger gesetzter Vermerk zu.

659 S.o. unter (c), S. 140 ff .

660 OVG Münster v. 02.07.1964 - VI B 38/64, ZBR 1966, 307 [308]; BVerwG v. 26.04.1968 - VI C 113.67, BVerwGE 29, 310 [313].

661 So BVerwG v. 26.04.1968, Fn. 660 und OVG Münster v. 02.07.1964, Fn. 660.

662 OVG Münster v. 13.09.1974 - I B 649/74, OVGE 30, 49 [50].

einheitlichen Bescheid sowohl den Rückforderungsbetrag wegen überzahlter früherer Soldatenbezüge festgestellt als auch die ratenweise Aufrechnung mit den Gehaltsbezügen des Betroffenen erklärt hatte. Diese "Gesamtregelung" ("Aufrechnungsbescheid") der Rechtsbeziehungen durch Aufrechnungserklärung einerseits und der öffentlich-rechtlichen Feststellung der Nichtauszahlung eines gewissen Anteils der Bezüge führe auch zur Qualifizierung der Aufrechnungserklärung selbst als VA. Hilfesuchend - wohl wissend, daß die Aufrechnungserklärung für sich allein nicht objektiv-rechtlich als hoheitliche Gestaltungsregelung zu behandeln ist - greift man auch mit der "VA-Gesamtlösung" auf weitere aufrechnungsübergreifende Regelungen zurück, die in der Gesamtbetrachtung eine rechtsnaturbestimmende Folge für den "Aufrechnungsbescheid" auslösen sollen . Ebenso argumentierte das OVG Münster in einer früheren Entscheidung vom 02.07.1964[663], wo es wegen der gleichzeitigen Ankündigung der Einbehaltung vom Gehalt der Aufrechnungserklärung VA-Charakter zusprach[664].

Es mag zwar angehen, die - objektiv so kundgetane - Restforderungsfestsetzung/Nichtauszahlungsfeststellung als selbständige VA-Regelung anzusehen. Auch vom materiell-rechtlichen Gehalt her wären diese Feststellungen objektiv-rechtlich einer VA-Regelung zugänglich. Ebenso ist die gegebenenfalls hoheitlich-verbindlich ausgesprochene Einbehaltungsanordnung bzgl. der dem Aufrechnungsempfänger noch zustehenden Hauptforderung(en) zu behandeln. Der Argumentationsbruch liegt jedoch in der Übertragung dieser - möglichen (aufrechnungsrelevanten) - Regelungen auf die Aufrechnungserklärung selbst. Es fehlt sowohl bei der *"Entscheidungs-VA-These"* als auch der der *"Gesamt-VA-Regelungslösung"* an der Unterscheidung zwischen Erklärung einerseits und der dieser - notfalls sogar zwingend, z.B. als forderungsbegründende Festsetzung - vorausgehenden Entscheidungen bzw. dieser nachfolgenden, hieraus resultierenden Folgerungen (Einbehaltung, Erklärung der Leistungsverweigerung). Diese - potentiellen - Regelungsgehalte stehen "außerhalb" des materiellrechtlich systemgerecht zu beurteilenden Gestaltungsrechts der Aufrechnung; sie könnten ebensogut Inhalt eines Leistungsbescheides bzw. selbständig angeordnete und daher auch angreifbare VAe sein. Sie mögen sich als Ausfluß eines hoheitlichen Machtausspruches darstellen und nicht lediglich als Ausübung eines jedem Aufrechnungspartners gleichermaßen zustehenden Gestaltungsrechts. Denn sowohl eine verbindliche Restforderungsfestsetzung als auch eine Nichtauszahlungs-/Einbehaltungsfeststellung[665] können seitens des Bürgers nicht getroffen werden, da sie Ausfluß spezifischer Hoheitsbefugnisse zur Regelung einer öffentlich-rechtlichen Rechtsbeziehung für den Hoheitsträger sind.

Die Einbindung der Aufrechnungserklärung als Teil(-aspekt) einer Gesamtregelung eines einheitlich-förmlichen VAs kann nichts zur Herleitung der VA-Charakterisierung der Aufrechnungserklärung für sich betrachtet hergeben, da "Teil-VA-Regelungen" nicht möglich sind und auch mehrere VA-Regelungen i.V.m. anderen sonstigen Verwaltungsäußerungen nicht i.S. einer "Gesamt-VA-Regelung" verknüpft werden können[666]. Der Wunsch nach einer "umfassenden Regelung" der Forderungsrechtsbeziehungen im Rahmen eines Aufrechnungsverhältnisses zwischen Finanzbhehörde und Bürger hinsichtlich der Rechtslagenabklärung, der Herbeiführung des Gestaltungserfolges und der tatsächlichen Realisierung durch Einbehaltung der so verrechneten Forderungen rechtfertigt keinesfalls

663 OVG Münster v. 02.07.1964, Fn. 660.

664 Ähnlich BVerwG v. 26.04.1968, Fn. 660, das eine mit der Gestaltungswirkung der Aufrechnung verbundene Regelung erst bei der Einbehaltung der Bezüge annahm, während es die Rechtsnatur der Aufrechnungserklärung als solche unbeantwortet ließ.

665 Vgl. *Appel*, BayVBl. 1983, 201 [204]: auch die Ankündigung der aufrechnungsgemäßen Einbehaltung könne - je nach erkennbarer Gestaltung - als zwanglose Äußerung der subjektiven und unverbindlichen Rechtsmeinung des Hoheitsträgers verstanden werden.

666 Vgl. *Appel*, BayVBl. 1983, 201 [204] Fn. 48, der als Vergleich die in einem förmlichen Rückforderungsbescheid verlautbarte Zahlungsaufforderung ebenfalls nicht als selbständigen VA würdigt.

die Annahme eines einheitlichen "rechtsbeziehungsumfassenden VA". Eine solche pauschale Betrachtungsweise würde schon den Bestimmtheitserfordernissen an den zugrunde gelegten VA widersprechen und jegliche Abgrenzungskriterien und Differenzierungen zwischen den unterschiedlichen Regelungsstufen und Handlungsformen - auch im Rahmen der Einleitung und Abwicklung des Aufrechnungsverhältnisses - verwischen. Es geht nicht um die Rechtsqualität des steuerrechtlichen Schuldverhältnisses im ganzen, sondern allein um die Qualifizierung der Aufrechnungserklärung als Kundgabeakt zur Herbeiführung eines Erfüllungserfolges, grundsätzlich allein beruhend auf der eingeräumten Gestaltungsbefugnis und abhängig von etwaig vorhandenen (potentiellen) VA-Regelungsgehalten. Formell gesehen ist zwar, wie auch ansonsten bei "angemaßten" behördlichen VA-Befugnissen, die Gestaltung eines "Aufrechnungsbescheides" unter Erklärung der möglichen Regelungsanordnungen denk- und machbar, und dieser "Aufrechnungsbescheid" erginge dann auch "inklusive der Aufrechnungserklärung", die insoweit Bestandteil der hoheitlich-verbindlichen Forderungsverrechnungsregelung würde und auch nicht - rein formell - vom einheitlich gestalteten Bescheid als lediglich materiell-rechtliches Gestaltungsrecht auszuklammern wäre. Dieser "formelle Deckmantel" zugunsten eines "Aufrechnungserklärungs-VA" ändert jedoch nichts an der Systemwidrigkeit eines solchen Vorgehens allein unter materiell-rechtlichen Gesichtspunkten.

(3) § 218 II AO als Spezifikum des Steuererhebungsverfahrens: letztverbindliche finanzbehördliche Verwaltungs-entscheidung i.S. einer behördlichen "Regelung"[667]

Die vom Gesetzgeber vorgegebenen hoheitlichen Regelungsmöglichkeiten des Finanzamtes im Rahmen des Besteuerungsverfahrens sehen die hoheitliche Steuerfestsetzung im Festsetzungs-/Veranlagungsverfahren vor, der die hoheitliche Entscheidungsbefugnis im Abrechnungsbescheid als Maßnahmeentscheidung im Erhebungsverfahren über das Fortbestehen/Erlöschen des streitigen Anspruches gegenübertritt. Diese bewußt vom Gesetzgeber so ausgestaltete Verfahrenstrennung mit der ebenfalls gegebenen eindeutigen Zuordnung hoheitlicher Regelungsfunktionen innerhalb der einzelnen Verfahrensstufen korrespondiert auch mit der bislang vom BFH immer wieder und noch vertretenen Ansicht[668], daß "hoheitliche Regelungen der Frage des Erlöschens von Steuerschulden nur mittels Abrechnungsbescheid zu erfolgen haben"[669]. Eine anfechtbare und der Bestandskraft fähige Entscheidung soll damit - allerdings mit der einschränkenden Voraussetzung des Vorliegens einer Mei-

---

667 S.o. 2.Teil B. II. 1. a) bb), S. 60 ff.

668 BFH v. 06.10.1954 - II 176/52 U, BStBl. III 1954, 373 = BFHE 59, 432; v. 27.10.1972 - VI R 319/68, BStBl. II 1973, 89 = BFHE 107, 272; v. 21.01.1977 - III R 125/73, BStBl. II 1977, 396 = BFHE 121, 284; v. 12.06.1986 - VII R 103/85, BStBl. II 1986, 702 = BFHE 147, 1; ebenso: *Söhn*, StRK-Anm. AO 1977, § 226 R. 4; *Hundt-Eßwein*, DStR 1987, 575 [578]; *Ebsen*, DÖV 1982, 389 [393] Fn. 36; *Frotscher*, in Schwarz, § 226 AO Anm. 8; *Tipke/Kruse*, RAO, § 125 Tz. 1. **A.A.** wohl noch *v. Wallis*, in Hübschmann/Hepp/Spitaler, § 226 AO Anm. 34.

669 Ebenso: FG München v. 12.04.1989 - I 234/86 E, EFG 1989, 442: " Die Wirksamkeit der Aufrechnung wird - letztendlich - durch (rechtskräftigen) Abrechnungsbescheid gem. § 218 II AO entschieden"; FG Baden-Württemberg v. 13.03.1986 - IX K 560/83, EFG 1986, 479 [481]: § 218 II AO sei für den Bereich der Erhebung lex spec. zu § 118 S. 1 AO; das Gesetz setze unausgesprochen voraus, daß vorhergehenden Akten des Erhebungsverfahrens i.d.R. nicht die Rechtsqualität eines VA beizumessen sei; FG München v. 21.07.1983 - X 2/80, EFG 1984, 103 [104]: in Anpassung an das System der AO 1977, da § 218 II AO bei einer VA-Qualifizierung der Aufrechnungserklärung "überflüssig" sei. § 218 II AO gehe über die Bedeutung eines (nur) "zusätzlichen Rechtsbehelfes" hinaus (so noch BFH v. 06.10.1954 - II 176/ 52 U,BStBl.II 1954,375 = BFHE 59, 432 für § 125 RAO).

nungsverschiedenheit (§ 218 II AO) - erst im Rahmen eines Streits über die Abrechnung oder Erstattung ergehen, d.h. auch über die streitige Wirksamkeit der Aufrechnung ist grundsätzlich im Verfahren nach § 218 II AO zu entscheiden. Zumindestens konkludent wird damit mit der vom BFH vertretenen Ansicht[670] eine anderweitige hoheitlich-verbindliche Entscheidung/Erlöschensverfügung ausgeschlossen. Zwar soll die letztverbindliche Verwaltungsentscheidung im Wege des Abrechnungsbescheides nur im Falle von "Streitigkeiten" über Anspruchsverwirklichungen aus dem Steuerschuldverhältnis einschlägig sein. Das kann jedoch nicht heißen, daß ansonsten hoheitlich-verbindliche Erlöschensverfügungen ebenso grundsätzlich zulässig sind. Denn dann lägen - ggf. - zwei gerichtlich überprüfbare VAe - der Aufrechnungs-VA und der Abrechnungsbescheids-VA - vor, während für die gerichtliche Überprüfbarkeit eine letztverbindliche Verwaltungsentscheidung in derselben Sache ausreicht[671]. Insbesondere im Falle einer dem Abrechnungsverfahren vorausgehenden Aufrechnungs-VA-Verfügung würde dieses im Ergebnis hinfällig: zur gerichtlichen Überprüfung wäre der VA der Aufrechnungsverfügung ausreichend. Würde der Aufrechnungs-VA bestandskräftig, so könnte nachträglich ein bzgl. derselben Aufrechnungssituation nunmehr noch ergehender Abrechnungsbescheid gem. § 218 II AO nichts Abweichendes letztverbindlich (neu) regeln[672]. Diese letztverbindliche Verwaltungsentscheidung ist als gerichtliche Überprüfungsgrundlage für den Fall entscheidend, daß es zwischen den Beteiligten zu Unstimmigkeiten und zu Streit kommt, in dessen Verlauf die Finanzgerichte zur Überprüfung angerufen werden sollen. Von der rechtlichen Dogmatik - auch unter Heranziehung der zivilrechtlichen Prinzipien - erscheint es angebracht, die Ausübung des Gestaltungsrechts, unabhängig von der Person des Aufrechnenden, allein aufgrund gleichberechtigter Gestaltungsbefugnisse in rechtsgeschäftlicher Erklärungsform zu ermöglichen. Stimmen die materiell-rechtlichen Voraussetzungen überein und herrscht auch zwischen den Beteiligten kein Streit, so tritt - ohne weiteres - die gesetzliche Gestaltungsrechtsfolge entsprechend § 389 BGB ein. Einer hoheitlich-verbindlichen Aufrechnungsgrundlage bedarf es insoweit nicht. Kommt es dagegen zum Streit, so kann durch Angreifbarkeit des Bestandes der Gegenforderung (z.B. Anfechtung des steuerrechtlichen Festsetzungsbescheides durch den Bürger) bzw. Beantragung/Erlaß eines Abrechnungsbescheides die nunmehr zur gerichtlichen Überprüfung letztverbindliche Verwaltungsentscheidung getroffen werden, aufgrund dessen u.a. die materielle Wirksamkeit der Aufrechnung überprüft werden kann. Nach BFH-Ansicht[673] schreibt - im Gegensatz zu § 125 RAO, bei dem bei Meinungsverschiedenheiten über das Erlöschen einer Zahlungsverpflichtung das Finanzamt nur auf Antrag des Steuerpflichtigen hierüber einen schriftlichen Bescheid zu erteilen hatte - § 218 II AO 1977 nunmehr zwingend die Entscheidung der Verwaltungsbehörde durch VA vor. Geht man[674] aber schon von einer - unter den gegebenen Umständen - zwingenden Abrechnungsbescheidsentscheidung der Behörde aus, so erscheint es rechtssystematisch unlogisch, dieser Entscheidung eine "gleichwertige" voranzustellen, denn dann ginge es wirklich nur um eine "Wiederholung" der bereits getroffenen. Insbesondere der hinsichtlich einer Handlungsnaturbestimmung neutrale Begirff der "Streitigkeit" in § 218 II AO und der ausdrückliche Gesetzeswortlaut hinsichtlich der nunmehr zu ergehenden VA-Entscheidung sprechen dafür, die vorausgehende "Streitigkeit" nicht notwendig als VA-Verfügung auffassen zu müssen. Ähnlich dem verwaltungsrechtli-

670 "*Eingleisigkeit* der hoheitlich-verbindlichen Entscheidungsbefugnisse auch im Steuererhebungsverfahren", d.h. "nur" über ein Abrechnungsbescheidsverfahren, vgl. Fn. 668 und 669.

671 Vergleichbar dem § 79 I Nr.1 VwGO gibt es in der FGO keine Regelung, daß Überprüfungsgegenstand der Anfechtungsklage der "VA in Gestalt des Abrechnungsbescheides" ist; vgl. aber § 44 II FGO für den Fall der außergerichtlichen Rechtsbehelfe.

672 Allenfalls als Abänderungsbescheid gem. §§ 172 ff. AO.

673 Vgl. BFH v. 12.06.1986 - VII R 103/83, BStBl. II 1986, 702 [703] = BFHE 147, 1

674 BFH, aaO, Fn. 673.

chen Vorverfahren (§§ 68 ff. VwGO) soll der Finanzbehörde im Rahmen des Erhebungsverfahrens im Abrechnungsbescheidsverfahren die nochmalige Überprüfung ihrer Entscheidung ermöglicht werden. Jedoch ist gerade im Gegensatz zum Vorverfahren zur Eröffnung der Abrechnungsbescheidserteilung kein VA notwendig. Während das Vorverfahren erst durch eine VA-Maßnahme eröffnet wird und die Widerspruchsentscheidung grundsätzlich nur eine Ablehnung/Bestätigung dieses vorangehenden VA ermöglicht, geht es im finanzbehördlichen Abrechnungsbescheidsverfahren um eine neue, ggf. zwar auch bestätigende/ablehnende oder auch modifizierende (neue) Entscheidung in hoheitlich-verbindlicher Bescheidsform. Im gerichtlichen Rechtsmittelverfahren ist dann allein diese Entscheidung Gegenstand der gerichtlichen Prüfung, während im verwaltungsgerichtlichen Anfechtungsverfahren grundsätzlich der ursprüngliche VA in Gestalt des Widerspruchbescheides Gegenstand ist (vgl. § 79 I Nr.1 VwGO). Dem Widerspruchsbescheid kommt - ausnahmsweise - nur in den Fällen des § 79 I Nr.2 und II VwGO selbständige Rechtserheblichkeit i.S. eines eigenständigen VA gem. § 42 I VwGO zu[675], während dem Abrechnungsbescheid diese originäre und selbständig anfechtbare (vgl. § 348 I Nr. 9 AO) Rechtserheblichkeit bereits von Gesetzes wegen ausdrücklich eingeräumt wird. Besteht damit keine zwingende Notwendigkeit für die Eröffnung des Abrechnungsbescheidsverfahrens auf das Vorliegen einer VA-Entscheidung zu drängen, so entfällt auch das "Bedürfnis" nach einer vorangehenden VA-Entscheidung: die Letztverbindlichkeit der Verwaltungsentscheidung wirkt sich letztverbindlich nur ausschlaggebend aus, wenn der Entscheidungsempfänger hiermit nicht einverstanden wäre. Bei nicht im Streit befindlicher Entscheidung sind allein die materiell-rechtlichen Voraussetzungen zur Rechtsfolgensetzung entscheidend. Bei auftauchenden Streitigkeiten zwischen den Beteiligten kommt aber - espressis verbi - § 218 II AO[676] zur Anwendung, d.h. verdrängt insofern vorangehende Entscheidungen.
Auch Rechtsschutzerwägungen im Vergleich einer VA-Entscheidung gem. § 218 II AO und etwaig vorangehender VA-Entscheidungen sprechen gegen die Qualifizierung der dem Bescheid nach § 218 II AO vorausgehenden Aufrechnungserklärung als VA. Gegen einen Abrechnungsbescheid nach § 218 II AO ist gem. § 348 I Nr. 9 AO der Einspruch gegeben, während gegen jede im Erhebungsverfahren vorangehende Maßnahme des Finanzamtes, die als VA qualifiziert wird, die Beschwerde (§ 349 I AO) zulässig wäre. Wie der BFH bereits betont hat[677], ist die "Zweigleisigkeit"[678] der Rechtsbehelfsmöglichkeiten im Steuerverfahren abzulehnen[679]. Beide - außergerichtlichen - Rechtsbehelfe dienen zwar dem Rechtsschutz des Bürgers und der Selbstkontrolle der Verwaltung, sind aber zum Teil hinsichtlich ihrer Verfahrensvorschriften unterschiedlich ausgestaltet, z.B. fehlt dem Einspruch der Devolutiveffekt, es entscheidet grundsätzlich die Behörde, die den VA erlassen hat (§ 367 I 1 AO), während über die Beschwerde i.d.R. die nächsthöhere Behörde entscheidet (§ 368 II 2 AO); desweiteren ist im Beschwerdeverfahren eine Verböserung - abweichend vom Einspruchsverfahren
(§ 367 II 2 AO) - nicht zulässig[680].

---

675 Vgl. *Kopp*, aaO, § 79 VwGO Rz. 2.
676 Nach BFH v. 12.06.1986, Fn. 673 sogar zwingend.
677 BFH v. 27.10.1972 - VI R 310/68, BStBl. II 1973, 89 [90] = BFHE 107, 272; *Tipke/Kruse*, § 348 AO Tz. 1.
678 Das außergerichtliche Rechtsbehelfsverfahren ist entweder Einspruchs- oder Beschwerdeverfahren.
679 Z.B., daß einerseits über den "Aufrechnungs-VA" beschwerdemäßig entschieden wird, und - ggf. parallel - gegen eine Abrechnungsbescheidsentscheidung gem. § 218 II AO eine Einspruchsentscheidung gem. § 348 I Nr. 9 AO ergeht, wobei es inhaltlich beide Male um die Frage der Aufrechnungswirksamkeit geht.
680 *Tipke/Kruse*, § 368 AO Tz. 4 m.w.N.; im Umkehrschluß aus § 367 II 2 AO i.V.m. der Handhabung zur Zeit der RAO.

Resumee:

Liegt nach objektiven (Auslegungs-)kriterien in für den Bürger nach Treu und Glauben erkennbaren Weise eine von der Behörde so ausgestaltete, förmliche "VA-spezifische" Regelung vor, so scheitert eine VA-Qualifizierung nicht bereits an dem Vergleich mit der ebenfalls möglichen materiell-rechtlichen Gestaltungswirkung des § 389 BGB, ist jedoch auch andererseits nicht - gesetzesidentisch - mit dieser ohne weitere Differenzierung zu bejahen, sondern liegt erst dann vor, wenn die so gewollte Regelung als verselbständigte, originäre Rechtsfolgenanordnung der Behörde i.S. der Forderungsverrechnung und -erlöschens verstanden werden konnte und sollte und löst damit insbesondere aufgrund der dem VA anhaftenden "spezifischen Verbindlichkeit" eine für den Betroffenen über die gesetzliche Rechtsfolge des § 389 BGB hinausgehende Wirkung aus.

Neben der so verstandenen formalen Betrachtungsweise des "Form-VA" , bleibt entgegen der von der Behörde u.U. zu Unrecht gewählten VA-Handlungsform die "VA-Regelungswirkung" in materieller Betrachtungsweise zu analysieren, d.h. unter Vergleich mit dem Gesetzeszweck des eingeräumten rechtlich gleichgeordnet zu sehenden Gestaltungsrechts der Aufrechnung als Rechtsinstitut. Hier widerspricht die Gegenüberstellung der gesetzlich angeordneten Gestaltungswirkung des § 389 BGB zur anordneten "VA-Gestaltung" der Gesetzesintention. Sowohl die Generalverweisung des § 226 I AO auf das Zivilrecht mit der dort vorgegebenen Gleichstellung der Aufrechnungspartner spricht für die Ablehnung einer VA-Regelung als auch die Einordnung der Aufrechnung als jedem Schuldner zur Verfügung gestelltes Mittel der Rechtsverteidigung[681]. Eine formalisierte VA-Verbindlichkeit der Aufrechnung einerseits und die ggf. abweichende materielle Rechtslage andererseits stehen in einem unlösbaren Widerspruch zueinander.
Potentielle, insgesamt rechtscharakterbestimmende Regelungsgehalte zur - abstrakten - Eröffnung einer VA-Handlungsbefugnis des aufrechnenden Finanzamtes sind weder in den vorangehenden Bewertungsentscheidungen des "Ob" und "Wie" zu sehen ("Entscheidungs-VA-These") noch durch Annahme einer sog. "Gesamt-VA-Regelung" des Aufrechnungsverhältnis zu rechtfertigen.

Die Aufrechnungserklärung - auch - des Finanzamtes bedarf daher weder des "hoheitlichen Obrigkeitsausspruches" in einseitiger Verbindlichkeit der Rechtsfolgenherbeiführung noch wäre dieser mangels gesetzlicher Ermächtigungsgrundlage zulässig. Die "Einheitsbetrachtung eines hoheitlichen Machtrahmens" aufgrund hoheitlicher Begründung des Steuerrechtssubordinationsverhältnisses ist abzulehnen, da die konkreten Einzelakte in unterschiedlichen Verfahrensabschnitten einer selbständigen Rechtsnaturbestimmung zugänglich sind und nicht etwa verfahrensübergreifend insgesamt hoheitlich vom Steuerrechtsverhältnis rechtsnaturprägend beeinflußt werden.

---

681 So BFH v. 02.04.1987 - VII R 148/83, BStBl. II 1987, 536 = BFHE 149, 482, der es jedoch nicht versteht, eine eindeutige Differenzierung zwischen formell gewählter (d.h. tatsächlicher) VA-Form und materiell-rechtlicher Übereinstimmung mit einer Gestaltungsfunktion zu ziehen. Auf der einen Seite gibt er das Bestehen eines "Form-VA" (wohl - und zu Recht - aus Rechtsschutzerwägungen heraus) zu, auf der anderen Seite spricht er einem solchen "Form-VA" den VA eigentümlichen Regelungs- und Verbindlichkeitsgehalt ab. Entweder versucht er damit nach dem Motto " was nicht sein darf, kann nicht sein" - wenig dogmatisch - den VA-Konsequenzen (z.B.Bestandskraft) zu entgehen, oder aber er zählt sich zu den - ö.r. - Vertretern der Meistbegünstigungsthese, die zwar die ensprechende Rechtsschutzform gegen die formfehlerhafte Verwaltungshandlung zulassen, dieser fehlerhaften Maßnahme aber jegliche Wirkung der sonst rechtmäßigen Maßnahme absprechen. Dies stünde jedoch im Widerspruch zur prinzipiellen VA-Kennzeichnung der fehlerunabhängigen Verbindlichkeit bei Bestandskraft (nur in Durchbrechung bei Rücknahme desselben, vgl. § 130 I AO bzw. §§ 172 ff. AO).

C. Wirkungen der Aufrechnung

I. Rückwirkungsfiktion des Erlöschens entsprechend § 389 BGB

Die Wirkungen der Aufrechnung im Steuerrecht bestimmen sich ebenfalls nach den Vorschriften des Bürgerlichen Rechts[682], insbesondere ist § 389 BGB entsprechend heranzuziehen[683].
Die Aufrechnung - unabhängig von wem sie zuerst erklärt wird - bewirkt somit eine auf den Beginn der Aufrechnungslage zurückbezogene Erfüllung und damit ein Erlöschen (§ 47 AO) der sich zu diesem Zeitpunkt verrechenbar gegenüberstehenden Forderungen.

1. Bezüglich der Hauptansprüche im Aufrechnungsverhältnis

a) Verhältnis Aufrechnungslage und Aufrechnungserklärung

Die Aufrechnung führt entsprechend § 389 BGB dazu, daß die Hauptforderung, soweit sie sich mit der Gegenforderung deckt, zu dem Zeitpunkt als erloschen gilt, in dem beide Forderungen sich erstmals aufrechenbar gegenüberstanden (Aufrechnungslage). Nicht maßgebend ist der Zeitpunkt, zu dem der andere frühestens hätte aufrechnen können, d.h. für den Aufrechnenden besteht die Aufrechnungslage erst ab Fälligkeit seiner Forderung, unabhängig von einer etwaigen früheren Fälligkeit der Hauptforderung seines Schuldners, solange dieser nicht tatsächlich die Aufrechnung erklärt hat. Entscheidend ist damit für die Aufrechnungswirkung die Erklärung der Aufrechnung bei bestehender Aufrechnungslage. Bevor die Aufrechnung erklärt wird, stehen die beiderseitigen Forderungen einander rechtlich völlig unberührt gegenüber, so daß sie nicht etwa von selbst erlöschen[684]. Der Aufrechnungserklärung als Gestaltungsrecht, das eine "Verfügung" über die Gegenforderung enthält, wird damit vom Gesetzgeber insofern entscheidende Bedeutung für den Eintritt der Aufrechnungswirkung gem. § 389 BGB beigemessen, als sie sich als notwendige Ausübungsvoraussetzung mit der Aufrechnungslage verbinden muß. Das spiegelt die symbiotische Verbindung von Aufrechnungserklärung und Aufrechnungslage[685] wieder. Beide sind zur Bewirkung der Erlöschenswirkung der verrechenbaren Forderungen zwingend notwendig, wobei die Aufrechnungserklärung als die formelle Seite und die Aufrechnungslage als die materiell-rechtliche Seite anzusehen ist. Wer die Aufrechnung erklärt, macht damit formell gegenüber seinem Forderungsgegner das materielle Bestehen einer Aufrechnungslage geltend, manifestiert aber die Aufrechnungslage nicht bereits allein aufgrund seiner Erklärung. Diese wiederum bestimmt sich nur nach den vom Gesetz vorgegebenen materiell-rechtlichen Aufrechnungsvoraussetzungen. Eine solchermaßen formelle Aufrechnungsmanifestation - etwa durch

---

682 *Helsper*, in Koch, § 226 AO Rdn. 20; BFH v. 18.03.1976 - V R 127/71, BStBl. II 1976, 438 [439] = BFHE 118, 163; *Palandt*, aaO, § 389, Anm. 1 c Rdn. 3; *v. Feldmann*, in Münch.Komm., aaO, § 389, Rdn. 4; BVerwG v. 09.10.1959 - VII C 53/58, DVBl. 1960, 36; *Battis*, DVBl. 1971, 572.

683 Vgl. BVerwG v. 03.06.1983 - 8 C 43.81, DÖV 1983, 980; v. 09.10.1959 - VII C 53/58, aaO, Fn. 682 - **a.A.** die Vorinstanz des VGH München v. 20.07.1960 - Nr. 128 IV 59, DVBl. 1960, 646 und VGH München. Hierzu *Battis*, DVBl. 1971, 572 [574] - v. 28.11.1957 - Nr. 206 IV 53, KStZ 1958, 75 [76]: "keine Rückwirkung der Aufrechnung entsprechend § 389 BGB, wenn sie erst im Anfechtungsprozeß erklärt wird, keine Beachtlichkeit im Anfechtungsprozeß, da die Rechtmäßigkeit des Bescheides im Zeitpunkt des Abschlusses des Verwaltungsverfahrens zu beurteilen ist". OVG Münster v. 06.04.1976 - II A 242/74, NJW 1976, 2036; Anm. hierzu v. *Metschies*, DÖV 1977, 141; OVG Lüneburg v. 20.04.1977 - VII A 3/76; VerwRspr 29 (1978), 757 [761]; *v. Feldmann*, in Münch.Komm., aaO, § 389, Rdn. 4; *Palandt*, aaO, § 389, Anm. 1 c Rdn. 3.

684 *V. Feldmann*, in Münch.Komm., aaO, § 389 Rdn. 1 m.w.N.

685 BFH v. 06.02.1990 - VII R 86/88, BStBl. II 1990, 523 [526] = BFHE 160, 108: "rechtlicher Bund zwischen Aufrechnungslage und -erklärung".

eine formal verbindliche Behördenverfügung - unabhängig vom Bestehen einer materiellen Aufrechnungslage widerspräche der vom Gesetz intendierten Doppelfunktionalität des Aufrechnungsinstituts und der vom Gesetzeswortlaut her anknüpfenden Gestaltungswirkung - nach Erklärung - an den Zeitpunkt der Aufrechnungslage. Die Aufrechnungslage ist in ihren materiell-rechtlichen Voraussetzungen der Verfügungsbefugnis der Aufrechnungsparteien entzogen, d.h. die Aufrechnungserklärung wird gegenstandslos, wenn die Voraussetzungen der Aufrechnungslage nicht/nicht mehr bestehen[686]. Um Unbilligkeiten zu vermeiden, die dadurch entstehen könnten, daß die Aufrechnung erst mit der Aufrechnungserklärung vollzogen wird, wird die Wirkung der Aufrechnung auf den Zeitpunkt der Aufrechnungslage ("materiell-rechtliche Verrechenbarkeit") zurückbezogen[687].

b) Wirkung des Erlöschens der Hauptforderungen

Die beiden Forderungen erlöschen im Zeitpunkt ihrer erstmaligen Aufrechenbarkeit (Aufrechnungslage und -erklärung) im Rahmen ihres Deckungsverhältnisses. Die Erlöschenswirkung in diesem Rahmen wird also grundsätzlich nicht davon beeinflußt, daß die zur Aufrechnung gestellte Gegenforderung die Hauptforderung übersteigt oder hinter ihr zurückbleibt.
Die Aufrechnungslage ist insofern für die Erlöschenswirkung von Bedeutung, als sie den Zeitpunkt des Erlöschens - ggf. rückwirkend - bestimmt. Diese Rückbeziehung hat ihren Grund darin, daß "der Schuldner sich wirtschaftlich - auch wenn er die Aufrechnung nicht sogleich erklärt - nicht mehr als Schuldner fühlen muß[688]. Die Rückwirkung bedeutet jedoch nicht, daß der aufrechnende Schuldner so gestellt wird, als hätte er die Aufrechnung im Zeitpunkt der Aufrechnungslage erklärt[689]. Weder wird die Aufrechnungserklärung selbst zu einem früheren Zeitpunkt als abgegeben fingiert noch erstreckt sich die Rückwirkung auf die Voraussetzungen der Aufrechnung - diese müssen im Regelfall zum Zeitpunkt der Aufrechnungserklärung vorliegen -; lediglich die Forderungen gelten bei wirksamer Aufrechnungserklärung als in einem früheren Zeitpunkt erloschen[690].
Ändert sich das Deckungsverhältnis der sich gegenüberstehenden Forderungen zwischen bestehender Aufrechnungslage (grundsätzlicher Rückwirkungszeitpunkt) und Aufrechnungserklärung (als gestaltender Vollzug der Aufrechnungsbefugnis), so ist für die Rückwirkung und damit für die Verrechenbarkeit grundsätzlich der Zeitpunkt der späteren Aufrechnungserklärung maßgeblich. Verringert sich

---

686 Ausnahme: vgl. § 53 KO, § 54 VerglO, §§ 392, 393, 406 BGB.

687 Vgl. BGB Motive II, 109; Protokolle I, 366 f.

688 BGH v. 17.04.1958 - II ZR 335/56, BGHZ 27, 123 [125]; *Enneccerus-Lehmann*, Recht der Schuldverhältnisse, § 71 I S. 276. Dem Gesetz liegt die Wertung zugrunde, daß jede aufrechnungsberechtigte Partei das Bewußtsein haben dürfe, daß sie "im Grunde nichts mehr zu leisten braucht", vgl. *Heck*, Schuldrecht, § 60 S. 182. "Der Schuldner, dem eine aufrechenbare Gegenforderung zustehe, habe", heißt es in den Protokollen [*Mugdan*, Mat. z. BGB, II. Bd., Prot. S. 561], "keine Veranlassung, sie im Wege der Aufrechnung .. geltend zu machen, weil er in dem Betrag, den er seinerseits dem Gläubiger schulde, Deckung in Händen habe.... Eine Veranlassung zur Aufrechnung habe der Schuldner erst dann, wenn der Gläubiger seinerseits mit seinem Anspruch hervortrete". Dieser Auffassung hat der Gesetzgeber Rechnung getragen, indem er entscheidend auf die Aufrechnungslage für die Wirkung des Forderungserlöschens abgestellt hat, weil diese den eigentlichen Grund für die Tilgung der Forderungen bildet. Von Beginn der Aufrechnungslage hat es jeder Teil in den Händen, was er vom anderen Teil zu fordern hat - er kann hierüber frei verfügen, weil er die Forderung des anderen durch Aufrechnung zurückweisen kann.

689 Bei einer solchen - nicht vertretbaren - Fallkonstruktion würden aufgrund der Rückwirkung Aufrechnungslage und -erklärung zeitlich zusammenfallen und ab diesem Zeitpunkt zum Wegfall des Zahlungsgrundes führen, d.h. eine in Unkenntnis der Aufrechnungslage erfolgte Barzahlung vor dann noch erklärter Aufrechnung wäre (nachträglich rückwirkend) ohne Rechtsgrund erfolgt und kondizierbar, §§ 812, 813 BGB, vgl. hierzu *Zeiss*, in Soergel/Siebert, aaO, § 389 Rdn. 4; *v. Feldmann*, in Münch.Komm., aaO, § 389 Rdn. 1 m.w.N.

690 BFH v. 06.02.1990 - VII R 86/88, BStBl. II 1990, 523 [526] = BFHE 160, 108; vgl. Mot. II z. Entwurf I des BGB, S. 109: "... um den Anforderungen des praktischen Lebens und des Verkehrs zu genügen".

eine der Forderungen seit Eintritt der Aufrechnungslage (z.B. Teilerfüllung, Teilabtretung), so kann sie - vorbehaltlich des § 406 BGB - nicht mehr Gegenstand der Aufrechnung sein[691]. Wird beispielsweise eine Steuerforderung als Gegenforderung nach Tilgung durch Aufrechnung durch Änderungsbescheid herabgesetzt, verliert die Aufrechnung auflösend bedingt insoweit ihre Wirkung, da die Steuerforderung in Höhe des Herabsetzungsbetrages von Anfang an (objektiv) nicht bestanden hatte und so die Hauptforderung (objektiv) nicht durch Aufrechnung erlöschen konnte und noch besteht[692]. Erhöht sich seit Bestehen der Aufrechnungslage eine der Forderungen und erklärt nunmehr deren Gläubiger die Aufrechnung gegen eine niedrigere Forderung seines Schuldners, so erlöschen die beiderseitigen Forderungen nicht bloß in der Höhe, in der sie sich zur Zeit ihrer Aufrechenbarkeit gegenüberstanden, sondern in dem Umfang,in dem sie sich im Zeitpunkt der Aufrechnungserklärung gedeckt haben, jedenfalls dann, wenn der Schuldner bis zu diesem Zeitpunkt noch nicht aufrechnen konnte[693]. Betrug z.B. die Gegenforderung am 01.01.01 4oo,- DM und stieg sie bis zum 01.06.01 auf 1ooo,- DM an, so kann - nach *BGH* - der Schuldner am 01.06.01 in Höhe von 1ooo,- DM aufrechnen, doch ist die Rückwirkung auf die jeweilige Höhe begrenzt, die die Gegenforderung zu den verschiedenen früheren Zeitpunkten hatte[694], so daß eine verzinsliche Hauptforderung von 1ooo,- DM am 01.01.01 noch mit 6oo,-DM, bis zum 01.06.01 jedoch nur noch mit einem stets abnehmenden Betrage verzinst werden mußte.

Diese vom *BGH* 1954 entwickelte Beschränkung der Rückwirkung gem. § 389 BGB bei nur einseitig bestehender Aufrechnungsbefugnis im Zeitpunkt der Aufrechnungslage durch den Gläubiger der Gegenforderung auf den Zeitpunkt der Aufrechnungserklärung und dem zu diesem Zeitpunkt bestehenden Deckungsverhältnis der Forderungen wurde auch von der *Finanzverwaltung*[695] und der *Literatur* in dem Sinne übernommen[696], daß die Rückwirkung der Aufrechnung entsprechend § 389

---

691 *V. Feldmann*, in Münch.Komm., aaO, § 389 Rdn. 4 a; insoweit nicht deutlich *Palandt*, aaO, § 389 Anm. 1 b Rdn. 2.

692 FG Berlin v. 28.06.1968 - III 25/65, EFG 1969, 46: § 158 II BGB; vgl. auch BFH v. 05.08.1986 - VII R 167/82, BStBl. II 1987, 8 [9] = BFHE 147, 398; v. 06.02.1990 - VII R 86/88, BStBl. II 1990, 523 [526] = BFHE 160, 108: die Aufrechnungserklärung bewirke nur solange die Aufrechnung, wie die Aufrechnungslage fortbestehe, d.h. werde die Festsetzung des Gegenanspruches im Rechtsbehelfsverfahren oder auch außerhalb des Rechtsbehelfsverfahrens (z.B. §§ 172 ff. AO) aufgehoben oder geändert, so verliere die Aufrechnung - rückwirkend - die ihr zunächst beigemessene Erlöschenswirkung ("rückwirkend unwirksam"); diese rückwirkende Korrigierbarkeit der zunächst eingetretenen Aufrechnungswirkung finde ihre Rechtfertigung darin, daß der Gläubiger der Gegenforderung als Aufrechnender (z.B. das FA als Gläubiger einer Steuerschuld) bereits mit "Erfüllbarkeit" (vgl. § 271 II BGB, s.o. 1. Teil, S. 23 ff.) der Hauptforderung (z.B. eines Steuererstattungsanspruches des Steuerpflichtigen) aufrechnungsbefugt sei, unabhängig von der etwaigen Festsetzungsbedürftigkeit dieses Anspruches. Vgl. auch *Tipke/Kruse*, § 226 AO Tz. 20; *Frotscher*, in Schwarz, § 226 AO Rdn. 7 a; *v. Feldmann*, in Münch.Komm., aaO,
§ 387 Rdn. 2 und § 389 Rdn. 4 a.

693 BGH v. 17.04.1958 - II ZR 335/56, BGHZ 27, 123 [125] m.w.N.; *v. Feldmann*, in Münch.Komm., aaO; *Zeiss*, in Soergel/Siebert, aaO, § 389 Rdn. 1; *Palandt*, aaO, § 389 Anm. 1 b Rdn. 2; *Westermann*, in Ermann, BGB-Komm., Bd. I, § 389 Rdn. 4.

694 **A.A.:** *Grunsky*, JuS 1963, 102 [105]; *Dietrich*, AcP 170 (1970), 534 [552]; *G. und D. Reinicke*, NJW 1959, 361 [365]. Diese nehmen bei einem Gegenüberstehen von Geldsummenforderung und Schadensersatzanspruch als Geldwertforderung Gleichartigkeit (i.S. der Aufrechnungslage) erst im Zeitpunkt der Aufrechnungserklärung an, um Spekulationen eines allein zur Aufrechnung befugten Geldwertforderungengläubigers oder -schuldners zu verhindern. Dadurch fällt der Zeitpunkt der Aufrechnungslage mit dem der Aufrechnungserklärung ausnahmsweise zusammen und es wird eine Rückwirkung der Aufrechnungs ausgeschlossen.

695 EEAO 1977 v. 01.10.1976 - IV A 7 - S 0015 - 30/76, BStBl. I 1976, 546 [618] zu § 226 Nr. 3.

696 In Abweichung von dem Grundsatz, daß die Aufrechungswirkung des Forderungserlöschens zum erstmaligen Aufrechenbarzeitpunkt eintreten soll. Dieser ist bereits bei Vorliegen der Aufrechnungsvoraussetzungen gem. §§ 226 AO i.V.m. 387 ff. BGB gegeben, ohne daß die Fälligkeit der Hauptforderung (nur "Erfüllbarkeit") zwingend notwendig ist. Ebenso in Abweichung von der Tatsache, daß Säumniszuschläge, die nach Eintritt der Aufrechnungsla-

[Fortsetzung nächste Seite]

BGB nicht über den Zeitpunkt der Fälligkeit der Schuld (Hauptforderung) des Aufrechnenden hinausgehen soll. Rechnet z.B. das Finanzamt mit einer Steuerforderung gegen eine später als die Steuerforderung fällig gewordene Erstattungsforderung auf, so bleiben Säumniszuschläge hinsichtlich der zur Aufrechnung gestellten Steuerforderung nach Ansicht der Finanzverwaltung für die Zeit vor Fälligkeit der Erstattungsforderung bestehen[697]. Anders verhält es sich nur, wenn sich Steuerforderung und Erstattungsanspruch für beide Seiten aufrechenbar gegenüber gestanden haben. Hier sollen dann vom Zeitpunkt der beiderseitigen Aufrechnungsmöglichkeit an bis zur Aufrechnungserklärung keine Säumniszuschläge mehr erhoben werden können.
Die - beschränkte - Erlöschensrückwirkung tritt also nach Auffassung der Finanzverwaltung und der überwiegenden Literaturansicht erst zu dem Zeitpunkt ein, wo eine beiderseitige Aufrechnungsmöglichkeit besteht, da vor diesem Zeitpunkt der Aufrechnungsempfänger nicht seinerseits hätte aufrechnen können und sich so - im Sinne der Rückwirkungsbegründung der Rechtsprechung[698] - noch nicht als wirtschaftlich befreiter Schuldner fühlen konnte[699], d.h. er sei vor Fälligkeit seiner eigenen Forderung (und damit seiner Aufrechnungsbefugnis) auch nicht davor geschützt, daß der Gläubiger der Gegenforderung nicht aufrechne, vielmehr seine Forderung gesondert einklage und die Forderung des Schuldners tilge. In diesem Fall würde der Schuldner ebenfalls nicht von den seit Fälligkeit der Steuerforderung eingetretenen Nebenfolgen wie z.B. den Säumniszuschlägen befreit, die - kraft Gesetzes - ab Fälligkeit seiner Steuerschuld anfallen.
Diese restriktive Auslegung der Rückwirkungsfiktion bei nur einseitiger Aufrechnungsbefugnis im Zeitpunkt der Aufrechnungslage wird vom *BGH*[700] damit begründet, daß für den Schuldner (Aufrechnungsempfänger) kein sachlich schutzwürdiges Interesse zu erkennen wäre, was es rechtfertigen könne, dem Gläubiger praktisch seine Aufrechnungsmöglichkeit zu versagen und ihn auf den umständlicheren Weg der Klage und der seinerseitigen Tilgung der Schuldnerforderung zu verweisen, um ihm den "Genuß" der mit der Fälligkeit seiner Gegenforderung verbundenen Nebenleistungen zu belassen, solange der Schuldner nicht seinerseits leiste.
In diesem Sinne wird unter Zugrundelegung der vom Gesetzgeber intendierten Zwecksetzung[701] die Rückwirkungsfiktion im Fall der zur Zeit der Aufrechnungslage i.S.v. §§ 387, 389 BGB bestehenden, nur einseitigen Aufrechenbarkeit durch den Gläubiger der Gegenforderung restriktiv interpretiert, so daß nicht allein auf die materiell-rechtliche Aufrechnungslage i.S.v. § 387 BGB abzustellen sei, sondern auf den Zeitpunkt des Eintritts einer - potentiell - beiderseitigen Aufrechenbarkeit, d.h. auf den Zeitpunkt, in dem auch die Hauptforderung des Schuldners fällig werde und damit auch dieser sich nicht mehr als "wirtschaftlich Schuldender" bzw. i.S.v. § 240 I AO als "verspätet Zahlender"

---

ge - per Gesetz, unabhängig von der Fälligkeit der Hautforderung - verwirkt worden sind, rückwirkend wieder entfallen und ggf. zu erstatten sind, so *Gröger/Schöll*, § 226 AO, Erl. 12; *Kühn/Kutter/Hofmann*, § 226 AO Anm. 3 c; *Frotscher*, in Schwarz, § 226 AO Rdn. 7 b.

697 Ohne Begründung dem folgend: *v.Wallis*, in Hübschmann/Hepp/Spitaler, § 226 AO Anm. 29; *Helsper*, in Koch, § 226 AO Rdn. 20; WK-*Plath*, § 226 AO Anm. 5; *Klein/Orlopp*, § 226 AO Anm. 8; *Tipke/Kruse*, § 226 AO Tz. 20; *Höllig*, DStZ A 1979, 304 [305]; *Vetterlein*, NWB Fach 2, S. 5323 [5326], der für das Ende der Steuersäumnis den Tag als maßgebend ansieht, an dem sich Forderung und Erstattungsanspruch aufrechenbar (für den Steuerpflichtigen) gegenüberstehen. Dieses - auch seiner Ansicht nach - für den Steuerpflichtigen unbefriedigende Ergebnis sei allein dadurch zu vermeiden, daß er im Hinblick auf seine belegbaren, demnächst fällig werdenden Ansprüche aus einem Steuerschuldverhältnis eine zinslose Stundung beantrage, die ihm unter diesen Umständen zu gewähren sei.

698 S.o. Fn. 688 - Grundgedanke des Vertrauensschutzes, hier mit dem vorrangigen Interesse des einseitig Aufrechnungsbefugten.

699 BGH v. 17.04.1958 - II ZR 335/56, BGHZ 27, 123 [125].

700 Und auf diesen Bezug nehmend die Finanzverwaltung in EEAO 1977 zu § 226 Nr.3.

701 Vertrauensschutz bzgl. der Erwartungshaltung für den ab diesem Zeitpunkt Aufrechnungsbefugten.

zu betrachten habe, da ihm nunmehr mit seiner aufrechenbaren Forderung ein Zahlungssurrogat zur Verfügung stünde.

Die Bestimmung dieses Verrechnungszeitpunktes durch Rechtsprechung und Verwaltung hat damit insbesondere auch rechtliche Konsequenzen für die mit dem Bestand bzw. dem Erlöschen der Hauptforderungen im Aufrechnungsverhältnis unmittelbar verknüpften Nebenleistungsfolgen.

Anhand der von der Verwaltung als notwendig empfundenen Regelung der Rückwirkungsfiktion - abweichend vom Gesetzeswortlaut -, die nicht vor dem Fälligkeitszeitpunkt der Hauptforderung einzutreten hat[702], läßt sich ebenfalls die "Doppelfunktionalität" der Aufrechnung belegen, die nicht einseitig betrachtend nur auf die Stellung des Aufrechnenden abstellt, sondern in wertender Betrachtungsweise die "Doppelstellung" der Beteiligten jeweils als "Gläubiger-Schuldner" der betroffenen Forderungen zu beachten hat, unabhängig davon, ob die Aufrechnung seitens des Finanzamtes oder seitens des Steuerpflichtigen erklärt wird. Denn stünde dem Finanzamt hinsichtlich seiner einzuziehenden Steuerforderung eine hoheitlich einseitig regelnde Aufrechnungsbefugnis zur Seite, so würde diese zugunsten des Finanzamtes zwangsläufig auch die Rückwirkung des § 389 BGB erfassen und zwar unabhängig von der gesetzlich angeordneten und ex lege wirkenden, grundsätzlich auf die Aufrechnungslage abstellenden Erlöschenswirkung, und die von der Finanzverwaltung im Einführungserlaß zur AO 1977 zu § 226 in Nr. 3 angeordnete "spätere" Rückwirkung auf den Fälligkeitszeitpunkt der Hauptforderung wäre überflüssig, da diese sich nur auf die generell-abstrakte Gesetzesfolge bezieht und nicht etwa auf eine gesetzesunabhängige einzelfallbezogene Aufrechnungsregelung/-verfügung der Finanzbehörde i.S.v. § 118 AO.

2. Rückwirkungsfolgen bzgl. sonstiger Nebenleistungen

Die sich aus §§ 235, 236 und 237 AO ergebenden Zinsansprüche sind an die Rückwirkung der Aufrechnung geknüpft, d.h Zinsen[703] können nach der durch Aufrechnung bewirkten Tilgung nicht mehr anfallen[704], bereits geltend gemachte Zinsbescheide sind nach § 175 I 1 Nr.2, 239 I HS. 1, 2 I, II AO von Amts wegen aufzuheben oder zu korrigieren und bereits entrichtete Beträge nach § 37 II AO zu erstatten. Festgesetzte Stundungszinsen (§ 234 AO; Art. 13 I Nr. 5 b KAG) bleiben allerdings auch bei Verkürzung des Stundungszeitraumes aufgrund einer zwischenzeitlich erklärten Aufrechnung unberührt[705], da deren Entstehung tatbestandlich von der Gewährung der beantragten Stundung durch VA und nicht vom Bestehen des gestundeten Anspruches abhängt (Sollverzinsung). Hier ermöglicht es § 234 II AO auf die Erhebung der Stundungszinsen ab dem Zeitpunkt des Erlöschens des gestundeten Anspruches zu verzichten bzw. diese zu erlassen (§ 227 AO).

702 EEAO 1977 zu § 226 Nr.3, aaO, Fn.695.

703 Für Steuernachforderungen und Steuererstattungen, Hinterziehungs- und Prozeßzinsen sowie Zinsen bei Aussetzung der Vollziehung (§§ 233 a, 235 - 237 AO; Art. 13 I Nr. 5 b KAG).

704 *Kühn/Kutter/Hofmann*, § 226 AO Anm. 3 c; *Helsper*, in Koch, § 226 AO Rdn. 21; *v.Wallis*, in Hübschmann/Hepp/Spitaler, § 226 AO Anm. 31; *Tipke/Kruse*, § 226 AO Tz. 20; *Frotscher*, in Schwarz, § 226 AO Rdn. 7 b; *Plath*, in WK, § 226 AO Anm. 5; *Veitenthal*, BayVBl. 1990, 615 [620]; differenzierend *Klein/Orlopp*, § 226 AO Anm. 8; vgl. auch *v. Feldmann*, in Münch. Komm., aaO, § 389 Rdn. 4: vom Eintritt der Aufrechnungslage werden weder auf die Hauptforderung noch auf die Gegenforderung Zinsen geschuldet.

705 Vgl. *v.Wallis*, in Hübschmann/Hepp/Spitaler, aaO; *Helsper*, in Koch, aaO; *Klein/Orlopp*, aaO; *Kühn/Kutter/Hofmann*, aaO; **a.A:** *Tipke/Kruse*, aaO.

Aufgrund des rückwirkenden Erlöschens der Zahlungsansprüche (§ 47 AO) können grundsätzlich vom Zeitpunkt der erstmaligen Aufrechnungslage bis zur Aufrechnungserklärung keine Säumniszuschläge gem. § 240 I AO anfallen[706]. § 240 I 4 AO ist nach nunmehr überwiegender Ansicht[707] nicht entsprechend heranzuziehen, da diese Vorschrift nur Änderungen im Festsetzungsverfahren erfaßt, während sich die Aufrechnung als eine Maßnahme des Erhebungsverfahrens darstellt.
Dieser Grundsatz wird aber im Interesse des Aufrechnenden im konkreten Einzelfall von Rechtsprechung und Verwaltung restriktiv ausgelegt, wenn im Zeitpunkt der Aufrechnungslage nur eine einseitige Aufrechnungsbefugnis besteht und die Hauptforderung des Aufrechnungsempfängers erst später fällig wird. In diesem Fall wird der - rückwirkende - Erlöschenszeitpunkt auf den Eintritt der Fälligkeit der Hauptforderung verlegt, um dem Aufrechnenden nicht etwa durch die Ausübung dieses Gestaltungsrechts zu benachteiligen. Es sind damit nach Auffassung des *BGH* und der *Finanzverwaltung* entgegen dem ausdrücklichen Gesetzeswortlaut, aber ausgerichtet an der Gesetzesintention drei maßgebliche Zeitpunkte im Rahmen der Aufrechnungsabwicklung zu unterscheiden: der Zeitpunkt der materiellen Aufrechnungslage; ab dieser kann zumindestens einer der Beteiligten die Aufrechnung erklären, weil die Aufrechnungsvoraussetzungen (§§ 387 ff. BGB i.V.m. § 226 AO) vorliegen; der Zeitpunkt der Aufrechnungserklärung selbst, die zum Vollzug der Aufrechnungsgestaltung zwingend notwendig ist und die die Folgen ggf. rückwirkend eintreten läßt; als weiterer, entscheidender Zeitpunkt ist der Eintritt der Fälligkeit der Hauptforderung[708] zu sehen (abweichend von den gesetzlich vorgegebenen Aufrechnungsvoraussetzungen), der maßgebend ist für die Bestimmung (Beschränkung) des Rückwirkungszeitpunktes. Diese steuerrechtliche Modifikation der Aufrechnungswirkungen, abweichend von den gesetzlichen Vorgaben (§ 389 BGB) und gestützt auf die nach Billigkeitsgesichtspunkten abwägende *BGH*-Argumentation[709] bei veränderlichen Aufrechnungsforderungen im Rahmen einer zeitweilig nur einseitig vorhandenen Aufrechnungsbefugnis, führt prinzipiell zu einer Belastung des Steuerpflichtigen als Aufrechnungsempfänger der finanzbehördlichen Aufrechnung, der entgegen der gesetzlich angeordneten Rückwirkung entsprechend § 389 BGB auf den Zeitpunkt der Aufrechnungslage bis zum Zeitpunkt der beiderseitigen Aufrechnungsmöglichkeit (Fälligkeit seiner Hauptforderung) zur Zahlung von Säumniszuschlägen verpflichtet bleibt.
Diese Abweichung von der insoweit eindeutigen Gesetzeslage durch eine einzelfallorientierte Modifizierung des Verrechnungszeitpunktes zur Vermeidung der ggf. bei gesetzlicher Rückwirkung eintretenden Unbilligkeiten führt zu einem i.S. der Rechtssicherheit und -klarheit nicht tragbarem Zustand. Vom Grundsatz her ist anerkannt, daß der Zinslauf[710] ebenso wie die Säumniszuschläge rückwirkend[711] auf den Zeitpunkt der Aufrechnungslage entfallen müssen, da sie vom Bestand der Hauptforderungen abhängen[712], und diese entsprechend § 389 BGB rückwirkend erlöschen[713]. Der Gesetz-

---

706 *V.Wallis*, in Hübschmann/Hepp/Spitaler, § 226 AO Anm. 29; *Kühn/Kutter/Hofmann*, § 226 AO Anm. 3 c (**a.A.** noch Vorauflage); *Tipke/Kruse*, § 226 AO Tz. 20; *Helsper*, in Koch, § 226 AO Rdn. 20; *Frotscher*, in Schwarz, § 226 AO Rdn. 7 b; *Veitenthal*, aaO, S. 620; *Halfar*, NWB Fach 2, S. 5593 [5597]; **a.A.**: *Klein/Orlopp*, § 226 AO Anm. 8.

707 Vgl. Fn. 706.

708 Vgl. Literaturangaben bei Fn. 697.

709 S.o. Fn. 688.

710 BGH v. 08.10.1987 - VII ZR 185/86, NJW 1988, 258 [259]; RG v. 17.12.1920 - II 196/20, RGZ 101, 111 [114]; *v. Feldmann*, in Münch.Komm., aaO, § 389 Rdn. 4.

711 Vergleichbar der Situation bei einer rückwirkender Aufhebung der Vollziehung gem. § 69 II FGO/§ 361 AO: Säumniszuschläge entfallen ebenfalls rückwirkend, vgl. BdF v. 12.12.1988 - IV A 6 - S 0623 - 18/88, BStBl. I 1989, 2 [7]; BFH v. 10.12.1986 - I B 121/86, BStBl. II 1987, 389 [391] = BFHE 149, 6; *Tipke/Kruse*, § 240 AO Tz. 10.

712 D.h. grundsätzlich nicht losgeslöst vom Bestand bzw. dem Erlöschen der Hauptforderung fortbestehen können; **a.A.**: Klein/Orlopp, § 226 AO Anm. 8: "...bleiben bestehen, wenn sie einmal verwirkt worden sind". Zudem

[Fortsetzung nächste Seite]

geber wählte gerade die Fiktion der Rückwirkung, um zwischenzeitlich eingetretene Rechtsfolgen (Verzug, Verzinslichkeit, Vertragsstrafe) nicht durch Sonderregeln beseitigen zu müssen[714]. In den Motiven zum BGB für das Deutsche Reich[715] wird die rückwirkende Kraft der Aufrechnung als gesetzliche Fiktion mit "den Anforderungen des praktischen Lebens und des Verkehrs sowie mit dem Einklang zum geltenden Recht" begründet, da ansonsten dem Aufrechnungsinstitut durch die Zuordnung der Kompensationswirkung auf den Zeitpunkt der Erklärung seine Einfachheit und Klarheit genommen würde. Zudem würde durch die zeitliche Bindung der Wirkung an die Kompensationserklärung der praktische Wert des Rechtsinstituts verkümmern, da eine solche Normierung zur Folge hätte, "daß sowohl Verzinslichkeit als die ora sowie das Verfallen einer Strafe sich ausschließlich nach der Zeit der Erklärung beurteilten". In den Anträgen zur Normierung der Aufrechnungswirkung war u.a. die Bestimmung angeregt worden, daß bei "beiderseitig zinstragenden Forderungen diese in dem sich deckenden Betrag erlöschen"[716] bzw. daß "mit Eintritt der Aufrechnungslage bzgl. des Betrages keine Zinsen erwachsen, kein Verzug eintritt und keine Strafe anfällt"[717]. Die Zinsproblematik bzw. sonstige Nebenfolgen waren zum damaligen Zeitpunkt also durchaus erkannt und erörtert worden. Zwar sind die Redaktoren des BGB erkennbar von einem beiderseitigen Zinslauf ausgegangen; auch geht die Mehrheitsmeinung in den Protokollen hinsichtlich der Wirkungen der Rückwirkungsfiktion davon aus, daß mit dem Zeitpunkt der Kompensationslage sich beide Forderungen gleichermaßen einander aufrechenbar gegenüberträten und damit jeder Teil das in Händen habe, was er vom anderen Teil zu fordern habe und darüber frei verfügen könne, weil er die Forderung des anderen durch die Aufrechnung zurückzuweisen vermöge. Die BGB-Gesetzgeber hatten somit den Grundfall der Kompensationslage vor Augen, daß beide Teile die Aufrechnungsbefugnis besaßen, d.h. ab dem Zeitpunkt der Kompensationslage sich durch Aufrechnung von ihrer eigenen Schuld befreien und ihren Anspruch beim anderen hierdurch befriedigen konnten.

Dieser Zugrundelegung einer beiderseitigen Aufrechnungsbefugnis zum Zeitpunkt der - rückwirkenden - Aufrechnungslage entsprachen auch einige Stimmen in der Kommissionsberatung zum Gesetzesentwurf[718], die eine beiderseitige Fälligkeit der zu verrechnenden Forderungen forderten, was wiederum zur Folge gehabt hätte, daß im Zeitpunkt der Kompensationslage tatsächlich beide Seiten mit gleichen Erfolg ihre Forderungen durch Aufrechnung hätten durchsetzen können. Legt man der Aufrechnungslage diese Grundprämisse der beiderseitigen Aufrechenbarkeit i.S. einer beiderseitigen Aufrechnungsbefugnis zugrunde, so stimmt auch der von der Kommission zur Rechtfertigung der Rückwirkung angelegte Satz, daß "jeder Teil während der Zwischenzeit zwischen Entstehung und Ausübung des Aufrechnungsrechts dasjenige gehabt habe, was er zu fordern hatte, und er habe es in

---

werden Säumniszuschläge als Druckmittel eigener Art angesehen, das den Steuerpflichtigen zur rechtzeitigen Zahlung der Steuern anhalten soll und sie sind nicht etwa als Gegenleistung für die Nichterfüllung des Steueranspruches und die damit verbundene Kapitalüberlassung anzusehen, so BFH v. 10.12.1988 - I B 121/86, BStBl. II 1987, 389 [391] = BFHE 149, 6. Die Notwendigkeit des Einsatzes dieses Druckmittels fällt mit Erfüllung der Steuerforderung - auch durch Aufrechnung - weg, d.h. ab dem (fingierten) Zeitpunkt des rückwirkenden Forderungserlöschens.

713 *Kübel*, Die Vorentwürfe der Redaktoren zum BGB, Schuldverhältnisse AT, Teil 1, S. 1081.

714 Vgl. Mot. II S. 108 f.

715 Mot. II S. 108 f.; Prot. I S. 366 f.

716 Vgl. *Mudgan*, Prot. I S. 562.

717 *Zeller*, Zusammenstellung der gutachtlichen Äußerungen zu dem Entwurf eines Bürgerlichen Gesetzbuches, Bd. II, Schuldverhältnisse, zu § 283, S. 57.

718 Vgl. *Schubert*, Protokolle der Kommission zur Ausarbeitung eines allgemeinen deutschen Obligationenrechts, zu Art. 349 - Aufrechnung - S. 1261.

Folge der Rechtslage gehabt, auf welcher die Aufrechnung beruhe[719]. Deshalb sei es nur billig, wenn der Zinslauf aufhöre und von einem Verzuge des Schuldners nicht die Rede sein könne".
Unbilligkeiten treten erst dann auf, wenn aufgrund einer einseitigen Aufrechnungsbefugnis im Zeitpunkt der Aufrechnungslage dem Aufrechnenden aufgrund der gesetzlichen Rückwirkungsfiktion des Forderungserlöschens Nachteile entstehen, z.B. in der Zwischenzeit anfallende Zinsen bzw. Säumniszuschläge bis zur Fälligkeit der Hauptforderung, d.h. bis zu dem Zeitpunkt, ab dem der Schuldner (Aufrechnungsempfänger) sich eigentlich erst aufgrund seiner Aufrechnungsmöglichkeit als befreit betrachten durfte, wieder - rückwirkend - entfallen, die dem Gläubiger aber bei selbständiger Forderungsgeltendmachung erhalten geblieben wären. Die - begründungslose - Entscheidung des *RG*[720], die für die fristgerechte Entrichtung einer Versicherungsprämie durch Aufrechnung auf den entscheidenden Zeitpunkt der Aufrechnungserklärung vor Fristablauf abstellt, um Nachteile, die mit der nicht fristgemäßen Entrichtung der Prämie verknüpft sind, zu vermeiden, ist zur Rechtfertigung der beschränkten Rückwirkung bei nur einseitiger Aufrechnungsbefugnis und verzinslicher Gegenforderung nicht geeignet. Das *RG* stellt vorliegend die erst nach Fristablauf erklärte Aufrechnung einer rechtzeitigen (Bar-)Zahlung nicht gleich und verneint damit - ebenfalls um Nachteile der Rückwirkung für den Gläubiger des Prämienanspruches zu vermeiden - die Rückwirkung der Aufrechnungserklärung[721]. Dies wird der Bedeutung der Aufrechnung und insbesondere auch der Aufrechnungslage und der hiermit verbundenen wechselseitigen Forderungstilgung nicht gerecht. Die Aufrechnungswirkungen treten kraft Erklärung für beide Forderungen und hieran anknüpfende Nebenleistungen im Zeitpunkt der Aufrechnungslage ein[722] und wirken insofern als "volle" Erfüllung. Von einer "Ungleichwertigkeit"[723] der Aufrechnungserfüllung im Verhältnis zur Bartilgung kann keine Rede sein. Sofern man die Aufrechnungsmöglichkeit als gleichwertig neben die Bartilgung tretende Tilgungsalternative für den Schuldner betrachtet, muß man die bei Inanspruchnahme der Aufrechnungsbefugnis eintretenden gesetzlichen Rechtsfolgen ebenfalls als gleichwertig "akzeptieren".
Der Gesetzeswortlaut ist diesbzgl. eindeutig - die Aufrechnungswirkungen führen bei den beteiligten Forderungen im Zeitpunkt der Aufrechnungslage, d.h. beim Vorliegen auch nur einer einseitigen Aufrechnungsbefugnis - aufgrund Fälligkeit und Durchsetzbarkeit dieser Aktivforderung - zur gesetzlich angeordneten und beiderseitig wirkenden Gestaltungswirkung des rückwirkenden Erlöschens. Der Schuldner einer Forderung ist auch schon vor deren Fälligkeit zur Erfüllung berechtigt. Erfüllung ist in diesem Sinne ebenfalls die "aufgezwungene Kompensation" durch Aufrechnung, denn diese bewirkt nicht nur einseitig die Befriedigung des Aufrechnenden, sondern gleichzeitig - in ökonomischer Zwecksetzung der Aufrechnung als einheitlichem Verrechnungsvorgang in Erfassung zweier sich gleichartig verrechenbar gegenüberstehender Forderungen - die Schuldtilgung beim Schuldner als Aufrechnungsempfänger. Das Gesetz gibt keine Handhabe, für die Rückwirkungsfiktion hinsichtlich der Kompensation i.S. einer beiderseitigen Schuldtilgung abzustellen auf den jeweiligen Zeitpunkt der Aufrechnungsbefugnis der Beteiligten. Das hieße bei unterschiedlichem Eintritt

---

719 Prot. I S. 366 f.

720 RG v. 19.05.1908 - 539/07, LZ 08, 867 Nr. 7; vgl. auch *Soergel/Siebert*, aaO, § 389 Rdn. 1.

721 RG, aaO, Fn. 720: "Der Tilgung durch Barzahlung ist es nicht gleichwertig, wenn der Versicherte eine aufrechenbare Gegenforderung hat, sie aber - innerhalb der Frist - nicht zur Aufrechnung verwendet".

722 Vgl. *v. Feldmann*, in Münch.Komm., aaO, § 389 Rdn. 4.

723 Wohl in Bezug auf die wirtschaftliche Stellung des Schuldners, der sich bei "verspäteter" Aufrechnung nicht mehr auf die für ihn positiven Rechtsfolgen der Rückwirkung soll berufen dürfen, da er im Zeitpunkt der Erklärung erst "verspätet"/verfristet leistet und dem Gläubiger damit nicht von Anbeginn der Aufrechnungslage an das Kapital in die Hände gibt, was ihm tatsächlich zusteht. Mit dieser Argumentation wird aber gerade die "Fristlosigkeit" der Aufrechnungserklärung verkannt ebenso wie die Konsequenzen der Rückwirkung, die bei vorhandener Aufrechnungslage Verzugsfolgen etc. rückwirkend entfallen läßt.

der Aufrechnungsbefugnisse wäre auch hinsichtlich des Rückwirkungszeitpunktes zu trennen bzw. auf den für den "zuerst" Aufrechnungsbefugten günstigsten (hier ab Fälligkeit der Hauptforderung) Zeitpunkt abzustellen[724]. Diese "einseitige Bevorzugung" des Aufrechnungsbefugten wird vom Gesetz zwar in einigen Ausnahmeregelungen (vgl. §§ 390 S.2, 392, 406 BGB, § 53 KO, § 54 VerglO) vorgesehen, entgegen *BGH*[725] sind diese Ausnahmebestimmungen jedoch nicht als allgemeine Rechtsgedanken in dem Sinne zu werten, daß es keinen streng einheitlichen Grundgedanken der Aufrechnung gibt, sondern aus Billigkeitserwägungen und in Rücksichtsnahme auf die Erfordernisse des Verkehrs Ausnahmen vom Regelfall auch im Einzelfall zuzulassen sind. Eine solche "Billigkeitsentscheidung" abweichend vom Gesetzeswortlaut liegt sowohl der Entscheidung des BGH vom 17.04.1958 als auch der Anordnung der Finanzverwaltung im Einführungserlaß zur AO 1977 zu § 226 Nr.3 zugrunde[726]. Die Rechtfertigung für die Rückwirkung wird jeweils aus dem Blickwinkel des Aufrechnungsbefugten gesehen, d.h. sie wird mit der ab diesem Zeitpunkt für den Aufrechnenden bestehenden günstigen Rechtsposition, auch als Schuldner des anderen Teils nicht mehr besorgen zu müssen, noch wegen jetzt fällig werdender Zinsen etc. in Anspruch genommen zu werden, begründet. Erst ab dem Zeitpunkt der eigenen Aufrechnungsmöglichkeit kann sich der jeweilige Teil auch darauf einrichten, nicht mehr leisten zu müssen und ab diesem Zeitpunkt keine Zinsen etc. mehr zu schulden. Die Rückwirkung wird damit nicht aus dem "Wesen der Aufrechnung" hergeleitet, sondern weil sie im Regelfall mit Rücksicht auf die Vorstellungen der Parteien interessengerecht ist[727]. Diese - vorrangige - Interessenbewertung wird praktisch bedeutsam bei der nur einseitigen Aufrechnungsbefugnis und zwar mit der von der Verwaltung gezogenen Konsequenz, daß der Aufrechnungsgegner, der zum ersten Zeitpunkt der möglichen Verrechenbarkeit selbst noch nicht hätte aufrechnen können, zu keiner Zeit auf die wirtschaftliche Erledigung seiner Schuld vertrauen durfte, und weil er vom Gläubiger auf eine (verzinsliche) Effektivleistung in Anspruch genommen werden konnte, muß er sich auch eine Aufrechnung "gefallen lassen", deren Wirkungen nach dem Willen des Aufrechnenden ex nunc bzw. erst mit Fälligkeit der Hauptforderung eintreten[728]. Würde man - nach dieser Argumentation - dagegen dem Gläubiger der aufrechenbaren Gegenforderung zwingen, seine Forderung einzuklagen und seinerseits die Forderung seines Schuldners zu begleichen, so würde man ihn auf einen umständlicheren Weg verweisen, der durch keine sachlichen Belange des Schuldners gerechtfertigt wäre. Der vom Gesetzgeber intendierte Rückwirkungsgrund wird vom Prinzip her darin gesehen, daß der aufrechnungsbefugten Partei dadurch keine Nachteile erwachsen sollen, wenn sie früher hätte aufrechnen können, dies aber aus irgendwelchen Gründen unterlassen hatte. Nicht in die gesetzliche Normierung eingearbeitet - wohl aber erkannt bzgl. zweiseitig anfallender Nebenfolgen wie z.B. des Zinslaufes - wurde die umgekehrte Konstellation, bei der die einseitig aufrechnungsbefugte Partei durch die gesetzlich angeordnete Rückwirkungsfiktion, die beide verrechenbaren Forderungen erfaßt, benachteiligt wird, weil diese nunmehr zugunsten des Schuldners Auswirkungen zeitigt, z.B. den zunächst angelaufenen Zinslauf rückwirkend entfallen läßt. Nach der überwiegenden Meinung ist diese zwar nicht im Gesetz zum Ausdruck gekommene Wertung der Rückwirkungsfik-

---

724 Vgl. die diesbzgl. Lösungsvorschläge bei *Grunsky*, JuS 1963, 102 [105 f.] zur Kritik an der BGH-Rspr., BGHZ 27, 123 ff., s.o. Fn. 693 u. 694.

725 BGH v. 20.06.1951 - GSZ 1/51, BGHZ 2, 300 [305 f.].

726 So wohl auch *Larenz*, Schuldrecht AT Bd. I, § 18 VI 4 d, S. 263 f. Fn. 74; *Gernhuber*, aaO, § 12 VIII 4, S. 281 f. Fn. 187; *Heck*, aaO , § 60, S. 182.

727 *Gernhuber*, aaO, S. 281 f.: Erwartungsschutz des Aufrechnungsbefugten.

728 BGH v. 17.04.1958 - II ZR 335/56, BGHZ 27, 123 ff.; *Gernhuber*, aaO, der diese einseitige Abweichung von der gesetzlichen Bestimmung der Rückwirkung durch den allein Aufrechnungsbefugten als zulässig ansieht, soweit er von dem Grundgedanken der Rückwirkung (Erwartungsschutz) getragen wird bzw. die Änderung allein aus der Sphäre des Aufrechnungsgegners herrührt.

tion auch für die Fälle maßgebend, in denen das Gesetz keine ausdrückliche Regelung getroffen hat. Mit der - zugebenermaßen interessengerechten aber - allein auf den einseitig Aufrechnungsbefugten abgestellten Bestimmung des Zeitpunktes der Erlöschenswirkung würde den Prinzipien der Rechtssicherheit und -klarheit[729], mit denen u.a. gerade auch die Rückwirkungsfiktion der Aufrechnung begründet wird, nicht Rechnung getragen. Es bestünde - je nach Fallkonstellation - eine Variationsbreite der entscheidenden Zeitpunkte, je nachdem, auf welche Partei man abstellt bzw. auf welche (Neben-) Folgen der Verrechenbarkeit man interessengerecht zu achten hätte. Denkbar wäre z.B. auch die Situation, daß die Fälligkeit des Steuererstattungsanspruches des Steuerpflichtigen erst nach der Aufrechnungserklärung des Finanzamtes mit einer bereits schon vorher fälligen und durchsetzbaren Steuerforderung als aufrechenbare Gegenforderung des Finanzamtes einträte. Entsprechend §§ 387, 389 BGB entstände die Aufrechnungslage (als grundsätzlicher Kompensationszeitpunkt) bei fälliger und durchsetzbarer Gegenforderung und erfüllbarer aber noch nicht fälliger Hauptforderung. Der Vollzug der Gestaltungswirkung würde - rückwirkend - mit der Erklärung des Finanzamtes ausgelöst. Da aber die Hauptforderung des Steuerpflichtigen noch nicht fällig ist, stünde trotz - freiwillig - erklärter Aufrechnung diese weiterhin in der "Schwebe", nicht rückwirkend auf den Zeitpunkt der Aufrechnungslage, sondern zukunftsorientiert auf den Zeitpunkt der (noch) möglichen Fälligkeit der Hauptforderung des Steuerpflichtigen bezogen. Denn stellt man in konsequenter Fortführung der Argumentationsweise des BGH bzw. der Finanzverwaltung und Literatur allein auf die wirtschaftliche Schuldstellung des Aufrechnungsempfängers ab, der sich erst ab dem Zeitpunkt "befreit" fühlen darf[730], in dem er selbst eine i.S.v. § 387 BGB i.V.m. § 226 AO kompensable Forderung besitzt, d.h. ab dem Zeitpunkt der Fälligkeit und Durchsetzbarkeit seiner Hauptforderung, so würde dies dazu führen, daß in der oben genannten Fallkonstellation der entscheidende Zeitpunkt i.S.v. § 389 BGB als Forderungserlöschenszeitpunkt der Zeitpunkt der Fälligkeit seiner Hauptforderung wäre. Dieser Zeitpunkt wird aber in keinerlei Weise vom Gesetzeswortlaut gedeckt. Zudem wäre eine solchermaßen in die Zukunft gerichtete, noch "schwebend unwirksame"[731] (bis zur Fälligkeit der Hauptforderung) Aufrechnung kaum parteien- und verkehrssinteressengerecht[732].
Damit läßt sich über die jeweils interessengerecht angepaßte "Flexibilität" der Rückwirkungsfiktion im Einzelfall - hier zur Erhaltung der Säumniszuschläge - aus den oben genannten Gründen eine erweiternde bzw. beschränkende Auslegung der Aufrechnungsrückwirkung insgesamt nicht rechtfertigen. Die möglichen Einzelfallprobleme bei der Rückwirkung der Kompensation[733] waren vom Gesetzgeber erkannt aber aufgrund der größeren Schwierigkeiten bei der Abstellung auf den Erklärungszeitpunkt der Aufrechnung akzeptiert worden. Insofern kann man auch nicht mehr zu einer restriktiven, an steuerrechtlichen Grundsätzen orientierten Auslegung bzgl. des Rückwirkungszeitpunktes kommen, da keine Lücke i.S. einer planwidrigen Unvollständigkeit des Gesetzes ersichtlich ist. Die gesetzlich vorgesehene und angeordnete ex lege Rückwirkung läßt sich damit im Einzelfall nicht - einseitig - aufgrund "Billigkeitserwägungen" beseitigen, einschränken bzw. erweitern. In den gegebenen

---

729 Vgl. FG Berlin v. 22.04.1975 - V 201/73, EFG 1976, 45 zum Erfordernis des gesteigerten Rechtssicherheitsbedürfnisses bei Gestaltungserklärungen auch im öffentlichen Recht.

730 Umgekehrt muß aber auch ein Gläubiger - hier das aufrechnungsbefugte FA - seinen Anspruch als "erledigt" betrachten, wenn ihm eine aufrechenbare und der Höhe nach ausreichende Gegenforderung zur Befriedigung gegenüberrsteht, vgl. FG Münster v. 24.09.1985 - VI 7381/82 E, EFG 1986, 229 [230].

731 Ggf. auch "auflösend bedingt" - so der *BFH* im Fall der FA-Aufrechnung mit einem angefochtenen Steueranspruch als Gegenforderung bis zum rechtskräftigen Abschluß des Anfechtungsprozesses, d.h. bis zur endgültigen Klärung der materiell-rechtlichen Aufrechnungslage, vgl. BFH v. 14.03.1990 - I S 5/89, BFH/NV 1991, 172.

732 Allerdings wäre eine solche Aufrechnung nicht unzulässig als "bedingte (auf den Fälligkeitszeitpunkt der Hauptforderung) Aufrechnung", da der Fälligkeitszeitpunkt der Hauptforderung lediglich als unechte (Rechts-)Bedingung zu bewerten ist.

733 Prot. I S. 366 - Minderheitenstandpunkt.

Einzelfällen, wo es aufgrund der gesetzlich angeordneten Rückwirkungsfiktion des Forderungserlöschens und den hiermit unmittelbar zusammenhängenden Nebenfolgen/-leistungen zu einer Benachteiligung des Aufrechnenden[734] kommen würde, ist ihm vorzuhalten, daß die Aufrechnung - zu diesem Zeitpunkt - allein in seiner Verfügungsmacht stand, er sie freiwillig erklärte und er damit auch die hieran anknüpfenden rechtlichen Konsequenzen in Kauf genommen hat[735]. Ansonsten ist ihm das Zuwarten auf eine "Reaktion" seines Schuldners[736] zuzumuten bzw. er hat den umständlicheren, aber für ihn - in diesem Fall - günstigeren Weg der Einzelforderungsrealisierung zu wählen. Dem freiwillig Aufrechnenden wird es von Gesetzes wegen nicht zugestanden, aufgrund seiner zunächst einseitigen Aufrechnungsbefugnis der Aufrechnung eine gewisse, ihm günstige Wirkung beizumessen, die ihr kraft Gesetzes nicht zukommt. Das BGB hat sich mit den in §§ 389 ff. BGB normierten Aufrechnungsregeln für einen Kompromiß zwischen der "ipso iure compensatur" und einer Parteiaufrechnung entschieden[737]. Nur das "Ob" der Aufrechnung steht im Parteibelieben, die Wirkung der Aufrechnung - abgesehen vom einvernehmlich modifizierenden Auf-/Verrechnungsvertrag - bestimmt das Gesetz und zwar in eindeutiger und objektiv nachprüfbarer Weise. Dazu gehört auch, daß der Zeitpunkt, auf den sie wirkt, unzweideutig fixiert werden kann (Aufrechnungslage).

Dem Gesetzgeber bzw. den Parteien bleibt es damit überlassen, das Problem des Zins-, Verzugs- bzw. Sämniszuschlagslaufes bei nur einseitiger Aufrechnungsbefugnis i.S. einer Modifizierung der gesetzlichen Rückwirkungsfiktion zu regeln[738]. Die Parteien könnten sich z.B. einvernehmlich im Rahmen eines Verrechnungsvertrages auf eine solche - vertragliche - Modifizierung einigen, so daß die wirtschaftlichen Verrechnungsvorteile erhalten blieben, die Aufrechnungssituation aber der Interessenlage angepaßt werden könnte. Eine einseitige abweichende Bestimmung durch den Aufrechnenden ist abzulehnen[739] als unzulässiger, einseitiger Verzicht zulasten des Aufrechnungsschuldners. Dem Gesetzgeber obliegt es insofern, ggf. die durch die Rückwirkung des Forderungserlöschens eingetretenen, nicht beabsichtigten Nachteile wie etwa den - einseitigen - Wegfall von Säumniszuschlägen oder von Zinsen für eine Seite, falls die zu verrechnende Hauptforderung erst später fällig wird, gesetzlich zu normieren. Die Zinsproblematik bei beidseitiger Forderungsverrechnung, aber nur einseitigem Zinsanspruch wurde bereits im Rahmen der Lesungen zum Entwurf eines BGB gesehen und erörtert. Sie ist aber vom Gesetzgeber nicht manifestiert worden bzw. zugunsten des Grundsatzes zurückgestellt worden, daß aufgrund des beidseitig rückwirkenden Forderungserlöschens auch keine hiermit - eventuell nur einseitig bevorrechtigenden - verbundenen Nebenleistungen in der Zeit zwi-

---

734 Z.B. im Vergleich zur Situation bei einer selbständigen Geltendmachung seiner Forderung, wo ihm ohne Rückwirkung die Zinsen bzw. Säumniszuschläge bis zum Zeitpunkt der tatsächlichen Schuldnererfüllung erhalten bleiben.

735 Das Fälligkeitserfordernis der Gegenforderung soll verhindern, daß der Aufrechnende als einseitig Agierender seinem Gläubiger (hinsichtlich der Hauptforderung) einen Anspruch als Erfüllung aufdrängt, für den er selbst noch keine Leistung in Geld fordern könnte. Dagegen ist der Aufrechnungsgegner als Inhaber der noch nicht fälligen Hauptforderung der passiv Betroffene - er versucht nicht seinem Gläubiger eine Erfüllung aufzudrängen, sondern ist nur zwangsläufig - kraft Gesetzes - von der Rechtsfolge des gemeinsamen Forderungserlöschens betroffen. Kommt es daher zur gegenseitigen Verrechnung und Forderungserlöschen, so kann ihm nicht entgegengesetzt werden, daß im Zeitpunkt der gesetzlichen Aufrechnungslage seine Forderung noch nicht fällig war, wenn der Aufrechnende dies selbst in Kauf genommen hat.

736 Z.B. mit Fälligkeit seiner Forderung erklärt dieser nunmehr die Aufrechnung, so daß die Aufrechnungslage i.S. des Gesetzes erst zu diesem Zeitpunkt entsteht und vorher verwirkte Säumniszuschläge erhalten bleiben.

737 *Reichel*, AcP 126 (1926), 313 [320].

738 *Vetterlein*, NWB Fach 2, S. 5323 [5326], sieht das unbefriedigende Ergebnis für den Steuerpflichtigen i.S. der Finanzverwaltungsanweisung (AEAO zu § 226 Nr.2) ebenfalls, sucht eine Vermeidung dieser Lösung aber nur über die Beantragung einer zinslosen Stundung durch den Steuerpflichtigen und Erstattungsberechtigten, die ihm unter diesen Umständen gewährt werden müsse.

739 So: *v. Feldmann*, in Münch.Komm., § 389 Rdn 4 b. Vgl. aber *Gernhuber*, aaO, S. 281 m.w.N.

schen Aufrechnungslage und -erklärung anzufallen vermögen. Dies liefe der Systematik des vom BGB gewählten Kompromisses zwischen der Aufrechnung ipso iure und der Parteiaufrechnung zuwider, indem zu einseitig auf die Parteiinteressen des Aufrechnenden abgestellt wird. Das Gesetz knüpft die Wirkungen der Aufrechnung - kumulativ - an das Vorliegen der Aufrechnungslage und der Aufrechnungserklärung. Die Aufrechnungslage tritt aber ein mit Fälligkeit und Durchsetzbarkeit der Gegenforderung sowie Erfüllbarkeit der Hauptforderung, die Aufrechnungserklärung in Ausübung dieser Aufrechnungsbefugnis liegt in der freiwilligen Verfügungsbefugnis des Aufrechnenden. Weder Aufrechnungslage noch Aufrechnungserklärung werden damit abhängig gemacht von einer - weiteren - Voraussetzung der Fälligkeit auch der Hauptforderung. Wenn die Finanzverwaltung auf diesen Zeitpunkt für den Eintritt der Aufrechnungswirkungen abstellt, entscheidet sie sich für eine nicht mehr vom Gesetz gedeckte zusätzliche Aufrechnungsvoraussetzung. Eine zusätzlich Voraussetzung müßte im Hinblick auf eine zumindestens einem belastenden Steuertatbestand vergleichbare Situation dem Vorbehalt des Gesetzes genügen (Art. 1 III, 20 III GG) und kann nicht aufgrund Verwaltungspraxis in restriktiver Auslegung des Gesetzes geschaffen werden.
Dies erkennen z.B. auch bereits *Kaduk*[740] und *Palandt*[741], indem sie bei veränderlicher Anspruchshöhe nicht die Rückwirkung entgegen der gesetzlichen Anordnung auf den Zeitpunkt der Aufrechnungslage beschränken, sondern - allerdings ohne rechtsdogmatisch akzeptable Lösungsvorschläge - Erhöhungen bzw. im finanzbehördlichen Verfahren den Zinslauf bis zur Fälligkeit der Hauptforderung bis zum Zeitpunkt der Aufrechnungserklärung "berücksichtigt" haben wollen[742].
Damit bleibt letztendlich dem Gesetzgeber die Möglichkeit vorbehalten, einmal entstandene Nebenfolgen vom rückwirkenden (fiktiven) Erlöschen der Hauptforderung entsprechend § 389 BGB zu lösen.

Diesen Weg ist der Steuergesetzgeber bereits mit der Fassung des § 240 I 4 AO in ähnlicher Weise für die Säumniszuschläge im Festsetzungsverfahren gegangen. § 240 I 4 AO ist zwar nach herrschender Meinung[743] nicht auf das Erhebungsverfahren übertragbar, eine entsprechende Regelung für das Erhebungsverfahren, diese einmal verwirkten Säumniszuschläge trotz rückwirkender Aufrechnungswirkung bestehen zu lassen, ist aber denkbar und würde damit als gesetzlich normierte Ausnahmeregelung entgegen § 389 BGB auch dem Vorbehalt des Gesetzes entsprechen.

II. Besteuerungsübergreifende Auswirkungen der Steuerpflichtigenaufrechnung auf das Ermittlungs- und Festsetzungsverfahren bzw. auf ein hieran anschließendes Rechtsmittelverfahren ?

1. Gliederung des Besteuerungsverfahrens: Steuerbescheid (Leistungsbescheid) und Leistungsgebot

Auch wenn die entsprechende Heranziehung der Rückwirkungsfiktion der Aufrechnung gem. § 389 BGB i.V.m. § 226 I AO allgemein anerkannt ist, ist streitig - jedenfalls für den verwaltungsrechtli-

---

740 *Kaduk*, in Staudinger, BGB-Komm., 12. Auflg., § 389 Rdn. 31.

741 *Palandt*, aaO, § 389 Anm. 1 b Rdn. 2.

742 Wie eine Berücksichtigung rechtlich zu begründen ist, wenn man mit Bejahung der Rückwirkung auf den Zeitpunkt der Aufrechnungslage ein Forderungserlöschen zu diesem Zeitpunkt annimmt, erscheint allerdings äußerst fragwürdig.

743 *V.Wallis*, in Hübschmann/Hepp/Spitaler, § 226 AO Anm. 29; *Kühn/Kutter/Hofmann*, § 226 AO Anm. 3 c (a.A. noch Vorauflage); *Tipke/Kruse*, § 226 AO Tz. 20; *Helsper*, in Koch, § 226 AO Rdn. 20; *Frotscher*, in Schwarz, § 226 AO Rdn. 7 b; a.A.:*Klein/Orlopp*, § 226 AO Anm. 8.

chen Leistungsbescheid - welche Konsequenzen diese Rückwirkung mit der Folge des Forderungserlöschens beispielsweise im Anfechtungsprozeß gegen den festsetzenden Leistungs(steuer)bescheid hat[744], d.h. wenn sich der Bürger im Anfechtungsprozeß gegen einen Leistungsbescheid der Behörde - zumindestens hilfsweise - auf die Aufrechnung mit einer Gegenforderung beruft, ist es fraglich, ob die erfolgreiche Aufrechnung[745] die Rechtmäßigkeit des Leistungsbescheides berührt[746], weil eine spätere Abgabenfestsetzung nach erfolgter Aufrechnung und entsprechend rückwirkender Erlöschenswirkung eine nicht mehr bestehende Forderung "festsetze",oder ob sie nur ein Vollstreckungshindernis darstellt[747].

Das *BVerwG*[748] hat diesbzgl. für die Streitfrage im verwaltungsgerichtlichen Verfahren eine nunmehr entscheidende Differenzierung der Aufrechnungsbeachtlichkeit getroffen[749]. In der vorliegen-

---

744 Eine der ersten Entscheidungen zu dieser Streitfrage findet sich im Jahrbuch der Entscheidungen des Thüringischen OVG v. 23.01.1915, Jb. Bd. 3 (1915), 26 [28]:"...in dem Rechtsmittelverfahren über die Verpflichtung zur Entrichtung einer öffentlichen Abgabe ist jedenfalls für die Aufrechnung kein Raum. Denn den unmittelbaren Gegenstand eines solchen Verfahrens und der darin zu gebenden Entscheidung bildet die Feststellung des öffentlich-rechtlichen Verhältnisses der Abgabepflicht, und nicht die Zahlung einer bestimmten Geldsumme oder eine sonstige Leistung, für die dieses öffentlich-rechtliche Verhältnis nur der Rechtsgrund sein würde. Demnach wird aber die hier zu gebende Entscheidung durch die Geltendmachung einer Aufrechnung nicht berührt, da aufrechnen eine Forderung durch Anrechnung einer gleichartigen Gegenforderung tilgen heißt, das Bestehen des öffentlich-rechtlichen Verhältnisses der Abgabepflicht als solches aber nicht dadurch in Frage gestellt werden kann, daß der Abgabepflichtige eine Forderung an den aktiven Träger der Abgabepflicht hat."

745 Vgl. hierzu auch *Kopp*, aaO, § 40 VwGO Rdn. 46, der eine Aufrechnung mit einer durch VA festgesetzten Forderung bereits am Erfordernis der "Gleichartigkeit" der Forderungen (§ 387 BGB) scheitern lassen will.

746 So BVerwG v. 09.10.1959 - VII C 53/58, DVBl. 1960, 36; VGH München v. 20.07.1960 - Nr. 128 IV 59, DVBl. 1960, 646; OVG Lüneburg v. 20.04.1977 - VII A 3/76, VerwRspr. 29 (1978), 757 [761]; BSG v. 25.03.1982 - 10 RKg 2/81, SozR 1200 zu § 51, S. 35 Nr. 14; *Lüke-Huppert*, JuS 1971, 165 [171]; *Tiemann*, KStZ 1971, 6 ff.; *Battis*, DVBl. 1971, 572 ff.; vgl. auch *Glose*, DÖV 1990, 146 [148], der die "Funktionslosigkeit" des feststellenden VA aufgrund Aufrechnungserfüllung feststellt.
KStZ 1971, 6 ff.; *Battis*, DVBl. 1971, 572 ff.; vgl. auch *Glose*, DÖV 1990, 146 [148], der die "Funktionslosigkeit" des feststellenden VA aufgrund Aufrechnungserfüllung feststellt.

747 OVG Münster v. 06.04.1976 - II A 242/74, NJW 1976, 2036 mit Anm. *Metschies*, DÖV 1977, 141 [142]; VGH München v. 15.12.1978 - Nr.123 IV 75, BayVBl. 1980, 179 [180] und v. 28.11.1957 - Nr. 206 IV 53, KStZ 1958, 75 [76]; VGH Mannheim v. 14.04.1980 - II 322/79, KStZ 1981, 134 [135] und v. 15.02.1979 - II 697/78, n.v.; *Kopp*, aaO, § 40 VwGO Rdn. 46; *Menger*, VerwA 59 (1961), 106 ff.; *Sahlmüller*, KStZ 1971, 73 f.; *Neupert*, JuS 1978, 825 ff.; *Seibert*, JuS 1985, 625 [626]; *Arnold*, BayVBl. 1972, 151 ff.; *Ebsen*, DÖV 1982, 389 [392]. Zum Teil wird hierbei auf die Vollstreckungsgegenklage, § 167 VwGO i.V.m. § 767 ZPO, verwiesen (OVG Münster v. 30.09.1964 - III A 651/62, JZ 1965, 366; *Herbsleb*, aaO, S. 108 ff.; *Arnold*, aaO, S. 155; *Renck*, BayBVl. 1975, 637 ff.), zum Teil eine negative Feststellungsklage herangezogen (BVerwG v. 26.05.1967 - VII C 69.65, BVerwGE 27, 141 ff.; OVG Münster v. 06.04.1976, aaO), bzw. verlangt, daß der Aufrechnende zunächst eine Entscheidung der Behörde zu beantragen habe, daß die Vollstreckung infolge der Aufrechnung unzulässig geworden ist und bei hierbei ablehnender Entscheidung die Verpflichtungsklage zu erheben sei (VGH München v. 15.12.1978, aaO). Eine vermittelnde Ansicht vertritt *Herbsleb*, aaO, S. 98 ff.

748 BVerwG v. 03.06.1983 - 8 C 43.81, DÖV 1983, 980; ebenso v. 12.02.1987 - 3 C 22.86, BayVBl. 1987, 439; vgl. auch VGH Mannheim v. 13.12.1989 - 5 S 3807/88, NVwZ 1990, 684 [685]; VGH München v. 09.03.1984 - Nr. 23 B 82 A. 774, BayVBl. 1985, 119.

749 Während das BVerwG v. 09.10.1959 - VII C 53.58, DVBl. 1960, 36 noch aus der Rückwirkung entsprechend § 389 BGB den Schluß gezogen hat, die Aufrechnung bewirke die Rechtswidrigkeit des erlassenen bzw. gleichwohl aufrechterhaltenen Leistungsbescheides und sei somit im Anfechtungsprozeß beachtlich, differenziert nunmehr das BVerwG v. 03.06.1983, aaO, Fn. 748, zwischen der Unbeachtlichkeit der gegenüber dem Leistungsbescheid (feststellender/festsetzender Bescheid) erklärten Aufrechnung im Anfechtungsprozeß gegen diesen und der Beachtlichkeit der Aufrechnung gegenüber einer in diesem Bescheid selbständig enthaltenen oder später selbständig erfolgten Zahlungsaufforderung (Leistungsbefehl) als zusätzlich beschwerender Regelung; ebenso: *Ehlers*, JuS 1990, 777 [780]; *Buhmann*, MDR 1984, 983 f.; *Lüke*, in Festschrift für Geck, S.493 [497 f.]. **A.A.**: *Veitenthal*, BayVBl. 1990, 615 [618]: weder die Rechtmäßigkeit der Festsetzung noch diejenige des Leistungsgebotes

[Fortsetzung nächste Seite]

den Arbeit soll jedoch die im allgemeinen Verwaltungsrecht heftig diskutierte Frage der Aufrechnungsrückwirkung in Bezug auf die Rechtmäßigkeit des Leistungsbescheides nur am Rande berührt werden, da sich aufgrund der steuerrechtlichen Verfahrensbesonderheiten[750] ein "steuerrechtliches Lösungsmodell"[751] anbietet, das jedoch auch und gerade im Hinblick auf die differenzierende Entscheidung des BVerwG v. 03.06.1983, Rückschlüsse für eine Behandlung im verwaltungsgerichtlichen Anfechtungsprozeß eröffnet[752].

Im Steuerrecht jedenfalls darf die Aufrechnung gegen eine Steuerfestsetzung unstreitig schon verfahrensmäßig nicht berücksichtigt werden, da sie als Akt des Erhebungsverfahrens (§§ 218 ff. AO = §§ 298 ff. RAO 1919 = §§ 325 ff. RAO 1931), vom vorgelagerten Steuerfestsetzungsverfahren (§§ 155 ff. AO = §§ 210 ff. RAO 1919/1931) strikt zu trennen ist[753], d.h. die Aufrechnung in einem Anfechtungsprozeß des Steuerpflichtigen gegen einen Steuerbescheid ist immer unbeachtlich, die

---

werde berührt. Vgl. auch oben 1. Teil C. S. 22 Fn. 145 bzgl. der in der Steuerrechtsliteratur unter der Geltung der RAO und der BeitrO vertretenen Meinung der "Aufrechnungsbeachtlichkeit" im Festsetzungsverfahren. Auch *Pietzner*, VerwA 76 (1985), 87 [98], der den Regelungsgehalt des Steuerbescheides in einen feststellenden (formalisierte Dokumentation des ex lege entstandenen Steueranspruches) und einen verfügenden Teil (als Vollstreckungstitel und Realisierungsvoraussetzung, vgl. §§ 249 ff., 218 I AO) aufteilt, sieht hinsichtlich des verfügenden Regelungsgehaltes einen "Eingriffsüberschuß", der eigentlich zur Aufrechnungsbeachtlichkeit führen müsse, aber aufgrund "legislatorischer Zweckmäßigkeit" und Verfahrensvereinfachung gerechtfertigt sei - so auch *Battis*, DVBl. 1971, 572 [573]. *Pietzner* übersieht dabei aber, daß mit dem Steuerbescheid allein noch keine Leistung i.S. eines Leistungsgebotes (§ 254 I AO) eingefordert wird, sondern lediglich dokumentiert und konkretisiert wird, was kraft Gesetzes bereits entstanden ist. Mit der Bekanntgabe des Steuerbescheides wird keine Erhebungsmaßnahme durchgeführt, d.h. es geht im Festsetzungsverfahren noch nicht um die Realisierung des Steueranspruches i.S. der §§ 218 ff. AO, auch wenn der Steuerbescheid Voraussetzung hierfür ist. Entscheidend ist, daß sich die Aufrechnungseinrede des Steuerpflichtigen nicht gegen das Entstehen des Steueranspruches (und damit auch seine formalisierte Dokumentation in Form des Steuerbescheides) richtet - dieser ist ja gerade als Haupt-/Passivforderung im Aufrechnungsverhältnis Voraussetzung für die Aufrechnung des Steuerpflichtigen - sondern gegen dessen Realisierung und Durchsetzung durch das FA. Damit wendet er sich nicht gegen Festsetzungs- sondern gegen Erhebungs- bzw. Vollstreckungsmaßnahmen. Als erste - vorbereitende - Erhebungsmaßnahme des FA kommt der - selbständige - VA der Zahlungsaufforderung gem. § 254 I AO (§ 299 IV RAO 1919 = § 326 III Nr. 1 RAO 1931/65, § 91 I Nr. 1 BeitrO) in Betracht. Hiergegen wäre der Aufrechnungseinwand beachtlich.

750 S.o. 1. Teil C, S. 19 ff.

751 Vgl. *Pietzner*, VerwA 76 (1985), 87 ff.; *Arnold* , BayVBl. 1972, 151 [152].

752 Auch das BVerwG und die ihm folgenden Literaturmeinungen begründen ihre Entscheidung für eine Unbeachtlichkeit der Aufrechnung im Anfechtungsprozeß gegenüber dem Leistungsbescheid u.a. damit, daß die Aufrechnung sich nicht gegen die Feststellung wendet, daß eine Hauptforderung besteht, sondern nur gegen die Geltendmachung bzw. Durchsetzung der Hauptforderung. Hiermit wird auch für das allgemeine Verwaltungsrecht eine gesetzlich nicht ausdrücklich normierte Unterscheidung getroffen zwischen der Festsetzung/Feststellung der Forderung einerseits - vergleichbar dem Festsetzungsverfahren, §§ 155 ff. AO 77 im Steuerrecht - und der Erhebung/Erfüllung dieser Forderung durch Aufrechnung andererseits - vergleichbar dem steuerrechtlichen Erhebungsverfahrens, §§ 218 ff., 254 AO 1977.

753 S.o. 1. Teil C, S. 19 ff. Schon der Reichsfinanzhof vertrat in ständiger Rechtsprechung diese Auffassung, u.a. gestützt auf den Wortlaut der § 300 II RAO 1919 = § 327 II RAO 1931 ("Wird geltend gemacht, daß der Anspruch erloschen sei, so ist vorläufig zu leisten; der Anspruch auf Erstattung ist nach § 129 zu verfolgen."), der ausdrücklich die Geltendmachung des Forderungserlöschens nicht vor Zahlung zuließ, sondern sie auf die Ebene des Erstattungsverfahrens verwies ("dulde = zahle und liquidiere"). Vgl. RFH v. 01.03.1922 - III A 59/22, RFHE 9, 55; v. 12.05.1923 - VI A 42/23, RStBl. 1923, 344 = RFHE 12, 182 [183]; v. 28.04.1925 - II A 189/29, RStBl. 1925, 155 = RFHE 16, 150 [153]; v. 26.04.1930 - I e A 45/30, RFHE 26, 309 [311]; ihm folgend der BFH v. 18.11.1950 - IV 134/50 U, BStBl. III 1951, 7 = BFHE 55, 16; v. 30.06.1971 - II B 8/68, BStBl. II 1971, 603 = BFHE 102, 232; v. 23.06.1976 - I R 165/74, BStBl. II 1976, 676 = BFHE 119, 418; v. 17.09.1987 - VII R 50-51/86, BStBl. II 1988, 366 = BFHE 151, 304; auch die Steuerrechtsliteratur ist ihm ausnahmslos gefolgt, vgl. *v. Wallis*, in Hübschmann/Hepp/Spitaler, § 226 AO Anm. 19 und 28; *Riewald*, in Becker/Riewald/Koch, RAO, Bd. I, vor § 97 Anm. 2, § 124 Anm. 4; *Tipke/Kruse*, § 226 AO Tz. 20; *Kühn/Kutter/Hofmann*, § 226 AO Anm. 3 c;

[Fortsetzung nächste Seite]

Rechtsbehelfsentscheidung hat nur darüber zu befinden, ob der Anspruch zutreffend festgestellt worden ist[754]. Dagegen ist die im steuerrechtlichen Verfahren über die Anfechtung eines Abrechnungsbescheides erklärte Aufrechnung des Steuerpflichtigen beachtlich[755], weil es sich um ein Rechtsmittel des Erhebungsverfahrens handelt[756]. Ebenso - vergleichbar der BVerwG-Differenzierung zwischen Leistungsfestsetzung und Leistungsbefehl[757] - ist im Steuerverfahren die Aufrechnung im Rahmen der Zahlungsaufforderung gem. § 254 I AO zu beachten[758], weil nach erklärter Aufrechnung mit rückwirkendem Forderungserlöschen der VA des Leistungsgebotes, der weiterhin Erfüllung fordert, rechtswidrig ist[759]. Das Leistungsgebot kann zwar gem. § 254 I 2 AO mit dem Steuerbescheid verbunden werden, so daß insofern eine der BVerwG-Entscheidung vom 03.06.1983 vergleichbare Situation eintritt. Es handelt sich hierbei jedoch um zwei selbständige VAe[760], so daß zu unterscheiden ist zwischen dem Inhalt des Steuerbescheides selbst, der von der Aufrechnung als lediglich feststellende/festsetzende Regelung nicht berührt wird, und dem selbständig beschwerenden, auf Vollstrekkung ausgerichteten Leistungsgebot, das nach erklärter Aufrechnung nicht mehr ergehen dürfte[761]. Der Steuerbescheid beschränkt sich - grundsätzlich - im Einklang mit dem materiellen Steuerrecht auf die Festsetzung (vgl. §§ 155 I, 218 I AO) der zu erbringenden Leistung. Der Aufrechnungseinwand im Anfechtungsprozeß gegen diesen Bescheid will jedoch nicht den Geltungsgrund für die Inanspruchnahme des Steuerpflichtigen, sondern nur das Zahlungs-/Leistungsgebot zum Erlöschen bringen. Erklärt z.B. der Steuerpflichtige wirksam die Aufrechnung mit einer fälligen und durchsetzbaren (zivilrechtlichen oder öffentlich-rechtlichen) und unbestrittenen (§ 226 III AO) Gegenforderung, bevor der Steuerbescheid hinsichtlich der Hauptforderung des Finanzamtes ergangen ist[762], so kann die nachträgliche Festsetzung des Anspruches durch Steuerbescheid dadurch nicht unzulässig werden. Steueransprüche sind gem. § 155 I AO festzusetzen. Die - wirksame - Aufrechnung des Steuerpflichtigen ändert nichts an dem bereits kraft Gesetzes entstandenen Steueranspruch und läßt den gesetzlichen Rechtsgrund, der seine Konkretisierung im Steuerbescheid findet, nicht rückwirkend entfallen. Das Entfallen des Leistungsgebotes macht die Existenz der Festsetzung nicht überflüssig, durch das Erfüllungssurrogat der Aufrechnung wird nicht die Leistungsfestsetzung entbehrlich, sondern allein deren Einforderung. Hinfällig wird damit lediglich die Erhebungsfähigkeit des Steueranspruches auf-

---

Helsper, in Koch, § 226 AO Rdn. 23; *Decker*, StW 1979, 9 [10]; *Pietzner*, VerwA 76 (1985), 87 [105 f.]; *Kohls*, KStZ 1985, 181 [187]; *Ehlers*, JuS 1990, 777 [781].

754 BVerwG v. 03.06.1983 - 8 C 43.81, DÖV 1983, 980 = KStZ 1983, 169.

755 *Tipke/Kruse*, § 226 AO Tz. 18.

756 Vgl. oben 1. Teil C, S. 19 ff.

757 Von dieser Unterscheidung zwischen Festsetzung der Forderung und Leistungsgebot geht neben §§ 155, 254 I AO auch § 219 I AO aus, der das Leistungsgebot in einem Haftungsbescheid von bestimmten Voraussetzungen abhängig macht, die für die deklaratorische Festsetzung des materiell-rechtlichen Haftungsanspruches (§ 37 I AO) nicht gelten (§ 191 AO), vgl.*Veitenthal*, BayVBl. 1990, 615 [618].

758 Der Erlaß des Leistungsgebotes (§ 254 I AO) ist eine - trotz seiner systematischen Einordnung im Bereich der Vollstreckungsvorschriften - sachlich noch im Erhebungsverfahren vor Beginn der Vollstreckung zu treffende Entscheidung, vgl. *Pietzner*, VerwA 76 (1985), 87 [97, 106 f.]; BFH v. 24.06.1981 - I B 18/81, BStBl. II 1981, 729 [730] = BFHE 133, 494; *Schwarz*, in Hübschmann/Hepp/Spitaler, § 254 AO Anm. 11.

759 Vgl. *Ehlers*, JuS 1990, 777 [781] zum verwaltungsrechtlichen Leistungsgebot (die Rückwirkung der Tilgung erfaße auch die Tilgungsaufforderung bzw. das Zahlungsgebot), mit kritischer Anmerkung zu *Ebsen*, DÖV 1982, 389 [392] und *Stelkens/Bonk/Leonhardt*, aaO, § 44 VwVfG Rdn. 18.

760 ..., die zwar im Wege der objektiven Klagehäufung (§ 43 FGO) im Prozeß gemeinsam zur Überprüfung gestellt werden können, aber ein grundsätzlich eigenständiges rechtliches Schicksal haben. Denn trotz der Möglichkeit der - äußerlichen - Verbindung gem. § 254 I 2 AO wird das Leistungsgebot weder zum obligatorischen noch zum fakultativen Bestandteil des Steuerbescheides, sondern bleibt eine von diesem wesensverschiedene Verfügung.

761 A.A.: *Veitenthal*, BayVBl. 1990, 615 [618], der die Aufrechnungsunbeachtlichkeit auch gegenüber dem Leistungsgebot durchgreifen läßt.

762 S.o. 1. Teil C, S. 19 ff.

grund Erfüllung(-surrogats) (§§ 218 I, 224, 226, 47 AO). Die Festsetzung ist auch nach - wirksamer - Aufrechnung notwendig, da so die Höhe der Hauptforderung und damit der Umfang der Aufrechnung erst konkretisiert wird. Hält in diesem Fall die Finanzbehörde die zuvor erklärte Aufrechnung des Steuerpflichtigen für wirksam, muß sie ihren Steuerbescheid ohne Leistungsgebot (vgl. § 254 I 2 AO) erlassen bzw. das Leistungsgebot auf den noch nicht durch Aufrechnung "bezahlten" Teil der festzusetzenden Forderung beschränken.
Umgekehrt beeinflussen dagegen festgestellte Änderungen des Steueranspruches im Festsetzungsverfahren die zuvor erfolgte Aufrechnung. Ergibt sich z.B. - nach erfolgter Steuerpflichtigenaufrechnung[763] - im Festsetzungsverfahren (§ 155 I AO) des Steueranspruches (Hauptforderung im Aufrechnungsverhältnis) eine Änderung des Steueranspruches, die entsprechend im Steuerbescheid konkretisiert wird oder wird die Festsetzung des finanzbehördlichen Steueranspruches im oder außerhalb des Rechtsbehelfsverfahren aufgehoben oder geändert, so verliert/verändert die Aufrechnung die ihr zunächst - ab Beginn der materiell rechtlichen Aufrechnungslage für den Steuerpflichtigen (§§ 387, 389 BGB, §§ 226, 38, 47 AO) - beigemessene Erlöschenswirkung[764].

Die Unbeachtlichkeit der Aufrechnungseinrede ist damit im Steuerrecht auf die verfahrensrechtliche Gliederung und Zerlegung des Besteuerungsverfahrens in aufeinanderfolgende Stufen mit jeweils thematisch beschränktem Prüfungs- und Entscheidungsmaßstab zurückzuführen.
Interessant ist in diesem Zusammenhang die Frage, inwieweit die verfahrensrechtlich motivierte thematische Beschränkung des Prüfungs- und Entscheidungsspielraumes in den einzelnen Stufen des Besteuerungsverfahrens mit dem für den betroffenen Steuerpflichtigen zur Verfügung stehenden Rechtsschutz harmonisiert, d.h. ob die Verweisung bestimmter Einwendungen in spätere Verfahrensabschnitte bzw. der Einwendungsausschluß bzgl. früherer Verfahrensentscheidungen mit dem Grundsatz des effektiven Rechtsschutzes vereinbar ist.

2. Gliederung des Besteuerungsverfahrens und der hieran anknüpfende Rechtsschutz

Als dogmatische Grundlage für das "steuerverfahrensrechtliche Lösungsmodell" ist festzuhalten, daß die Aufrechnungslage - entsprechend §§ 387, 389 BGB - auch schon vor Erlaß des Steuerbescheides eintreten kann[765], so daß der Steuerpflichtige gegen den Steueranspruch des Finanzamtes aufrechnen kann, sobald die Steuerschuld entstanden ist (§ 38 AO bzw. § 3 I, II StAnpG), ohne Rücksicht auf die Festsetzung (§§ 155 I, 218 I, 249 I, 251 AO) oder Fälligkeit (§ 220 II 2 AO) der Steuer[766]. Die Behandlung der Aufrechnungseinrede im Steuerverfahrensmodell beruht auf dem verfahrensrechtlich motivierten Anliegen, das Festsetzungsverfahren bzw. das ihm zughörige Rechtsmittelverfahren von

763 S.o. 1. Teil C, S. 19 ff.: Aufrechungslage vor Steuerfestsetzung.

764 S.o. 1. Teil C, S. 19 ff. Vgl. auch *Tipke/Kruse*, § 226 AO Tz. 20; BFH v. 06.02.1990 - VII R 86/88, BStBl. II 1990, 523 [526] = BFHE 160, 108.

765 S.o. 1.Teil C, S. 19 ff., insbesonder hinsichtlich des Problems der Erfüllbarkeit der Hauptforderung vor deren Festsetzung; vgl. auch § 33 II 1, 2, 3 BeitrO v. 23.06.1923, RMinbl. S. 595, durch EinfG zur AO 77, 8. Teil Art. 96 Nr.10 - BStBl. I 1976, 694 [733], mit Wirkung zum 01.01.1977 außer Kraft getreten.

766 **A.A.:** VGH Bad.Württ.v. 15.02.1979 - II 697/78, n.v.; v. 14.04.1980 - II 322/79, KStZ 1981, 134 [135]; *Menger*, VerwA 52 (1961), 92 [107 f.]. Diese vertreten die Ansicht, die Aufrechnungslage entstehe frühestens durch Erlaß des Abgabenbescheides. Jedoch sehen auch die Vertreter der "Lehre vom konstitutiven Charakter des Steuerbescheides" - vgl. oben 1. Teil C. S. 23 ff. Fn. 155 - die Möglichkeit des Eintritts der Aufrechnungslage vor Festsetzung, da auch sie zu den "Nebenwirkungen" rechne, die die Entstehung des noch "unvollkommenen" Steueranspruches zeitige, vgl. *Söhn*, aaO, S. 57 Fn. 230; *Riewald*, in Becker/Riewald/Koch, § 124 RAO Anm. 2 c; *Kirchhoff*, NJW 1985, 2978.

Hebungsangelegenheiten und Streitigkeiten hierüber freizuhalten (Vereinfachung, Beschleunigung)[767]. Bereits § 300 RAO 1919 (= § 327 RAO 1931) machte die strikte thematische Begrenzung der jeweiligen Verfahrensabschnitte deutlich, indem er klar zwischen Einwendungen gegen Entstehung oder Höhe des Steueranspruches und solchen, die dessen Fortbestand betrafen, unterschied. Diese strikte auf verfahrensrechtlichen Grundsätzen basierende Trennung auch in Bezug auf die Einwendungs- und Rechtsschutzmöglichkeiten des Steuerpflichtigen müßte dort ihre Grenze finden, wo der effektive Rechtsschutz (Art. 19 IV GG) für den aufrechnenden Steuerschuldner nicht mehr gewährleistet werden kann.
Unter der Geltung der RAO (§§ 300 II RAO 1919 = § 327 II RAO 1931) war statt eines präventiven Anfechtungsschutzes bzw. der Unterbindung von Vollstreckungsmaßnahmen lediglich die Möglichkeit des Steuerpflichtigen einer Erstattungsgeltendmachung vorgesehen: er hatte vorläufig - trotz Aufrechnungsmöglichkeit - zu leisten und wurde auf eine nachträgliche Erstattung verwiesen (nach dem Grundsatz:" Zahle und dann erst liquidiere")[768]. Der behauptete Erstattungsanspruch (§§ 129 RAO 1919 = 152 RAO 1931) war beim Finanzamt geltend zu machen und wurde von ihm verbeschieden (§ 127 RAO 1919 = 150 RAO 1931). Gegen diesen Bescheid war gem. § 223 RAO 1919 = 235 Nr. 4 RAO das ordentliche Rechtsmittelverfahren der §§ 217 Nr. 1, 218 RAO 1919 = 228 Nr. 1, 229 RAO 1931 (sog. Berufungsverfahren) gegeben: Einspruch beim Finanzamt, Berufung zum FG, Rechtsbeschwerde zum RFH . Mit Inkrafttreten der FGO 1965 trat anstelle des sog. Berufungsverfahrens der Einspruch (§ 229 Nr. 7 RAO 1965) mit anschließender Verpflichtungsklage zum Finanzgericht und Revision zum BFH (§§ 40, 115 FGO). Die frühere Verlagerung des Rechtsschutzes auf eine nachträgliche Erstattungsklage wurde durch Rechtsprechung[769] und Gesetzgeber i.S. der Gewährleistung eines effektiven Rechtsschutzes[770] als unzureichend angesehen[771] und die spezialgesetzliche Normierung des steuerrechtlichen Abrechnungsbescheides deshalb geschaffen[772].

---

767 Vgl. RFH-Rspr., Fn. 753.

768 Vgl. RFH v. 01.04.1925 - VI A 63.23, StuW 1925,1078; RFH v. 28.04.1925 - II A 189/25, RFHE 16, 150 [155 f.]; zustimmend *Enno Becker*, StuW 1925, 1159 [1169 f.] : ...ggf. eintretende Umwege für den Steuerpflichtigen seien mit Rücksicht auf die mögliche Klarheit und grundsätzliche Verfahrensvereinfachung in Kauf zu nehmen. Vgl. *Schenke*, StuW 1969, 693 [699] und 1159 [1169 f.]; *Pietzner*, VerwA 76 (1985), 87 [102] Fn. 70. Damit waren grundsätzlich materielle Einwendungen aus dem Vollstreckungsverfahren heraus ins Erstattungsverfahren verwiesen. Gleichwohl zugelassene Ausnahmen: vgl. § 33 IV BeitrO und hierzu RFH v. 01.03.1922 - III A 59/22, RFHE 9, 55 f.; *Becker*, StuW 1924, 57 [62]; Abschn. II Nr. 7 der "Entschließung über die Aufrechnung mit/gegen Steuerforderungen" des Bay.Staatsmin. der Finanzen v. 03.12.1951, Abl. BayStMF 1957, 656 = BayBSV.Fin. S. 355; BFH v. 06.10.1954 - II 176/52 U, BStBl. III 1954, 375 [376] = BFHE 59, 432 [434]; vgl.*Schwarz*, in Hübschmann/Hepp/Spitaler, RAO/FGO, 1.-6. Auflage, 1951/74, § 327 Anm. 2 b, 4 a.

769 RFH v. 15.03.1928 - VI A 627/27, RFHE 23, 191 und *Enno Becker*, StuW 1925, 1159 [1169].

770 Vgl. BVerwG v. 16.09.1977 - VII C 13.76, NJW 1978, 335 [336f.] mit Anm.: effektiver Rechtsschutz müsse es ermöglichen, die Vollstreckung vorbeugend zu verhindern, weil durch die Vollstreckung eines VA regelmäßig vollendete Tatsachen geschaffen würden. § 327 I RAO 1931 wurde aus diesem Grunde überwiegend verfassungskonform reduziert oder als durch Art. 19 IV GG derogiert angesehen, vgl. OVG Münster v. 30.09.1964 - III A 651/62, OVGE 20, 229 [238 ff.]; *Riewald*, in Becker/Riewald/Koch, RAO, Bd. IV, § 327 Anm. 2 (1) und (4).

771 Vgl. auch amtliche Begründung zum Entwurf des SteueranpassungsG Art. 1 Nr. 25, RTDrucks. Nr. 568, IV. Wahlperiode 1928, S. 215, der wörtlich dem § 103 a RAO entsprach.

772 Notverordnung des Reichspräsidenten v. 1.12.1930, Art. 1 Nr. 27, 53 des Kap. IV, 3. Teil der VO zur Sicherung von Wirtschaft und Finanzen, RGBl. I, S. 517 = § 103 a RAO 1919 = § 125 RAO 1931 = § 218 II AO 77. Zur Entstehungsgeschichte des § 103 a RAO und Sinn des Abrechnungsbescheides vgl. RFH v. 03.05.1933 - IV A 289/32, RFHE 33, 145 ff.; BFH v. 16.10.1953 - III 145/52 U, BStBl. III 1953, 373 [374] = BFHE 58, 215; v. 15.03.1979 - IV R 174/78, BStBl. II 1979, 429 [430] = BFHE 127, 312 zu § 218 II AO 77.

Der Abrechnungsbescheid[773] ermöglichte es dem Steuerpflichtigen, bei Meinungsverschiedenheiten über das Erlöschen einer Zahlungsverpflichtung einen schriftlichen Bescheid zu beantragen und gegen dessen Ablehnung/Richtigkeit Rechtsschutz im ordentlichen Rechtsmittelverfahren zu erlangen (§ 223 Nr. 5 RAO = § 235 Nr. 5 RAO 1931) und somit eine klärende Entscheidung über die Frage, ob, inwieweit und wodurch und aus welchem Grunde eine bestimmte Steuerforderung erloschen ist, schon vor Entrichtung der Steuer herbeiführen zu können. Der das Erlöschen der Steuerforderung feststellende Abrechnungsbescheid untersagt dem Finanzamt bindend[774] jede weitere Vollstreckung[775]. Kompletiert wurde die Vollstreckungsabwehrmöglichkeit des Steuerpflichtigen über das Abrechnungsverfahren und das ggf. hieran anschließende Rechtsmittelverfahren durch den gerichtlichen vorläufigen Rechtsschutz der §§ 69 III, 114 FGO[776]. Nach § 257 I Nr. 3 AO ist die Vollstreckung einzustellen, wenn der Steueranspruch erloschen ist. D.h. auch, daß ein Leistungsbefehl (§ 254 I AO) als Beginn der Vollstreckung nach Erfüllung nicht mehr ergehen darf.

Im Rahmen der steuerverfahrensrechtliche Trennung zwischen Festsetzungs-, Erhebungs- und Vollstreckungsverfahren werden damit auch die Rechtsschutzinteressen des Steuerpflichtigen entsprechend abgesichert: Gegenstand des Abrechnungsbescheides nach § 218 II AO ist allein die Frage des Fortbestandes bzw. des Erlöschens der Zahlungsverpflichtung, während die Entscheidung über die Entstehung des Steueranspruches dem in § 218 I AO angeführten Steuerbescheid vorbehalten ist. Ebenso gestaltet sich die thematische Beschränkung der entsprechenden Rechtsbehelfsverfahren, d.h. im Verfahren gegen den Abrechnungsbescheid können Einwendungen gegen die Steuerfestsetzung selbst nicht berücksichtigt werden[777], ebenso wie im Rechtsmittel gegen die Steuerfestsetzung Einwendungen unbeachtlich sind, die das Erlöschen des festgesetzten Anspruches betreffen. Mit der Möglichkeit des Abrechnungsbescheides gem. § 218 II AO ist dem Steuerpflichtigen damit im Rahmen des Erhebungsverfahrens ein Rechtsschutzmittel zur Hand gegeben, welches ihm die Geltendmachung des finanzbehördlichen Forderungserlöschens noch vor Einleitung einer Erhebungsmaßnahme durch das Finanzamt ermöglicht.

III. Konsequenzen der Vollziehungsaussetzung eines angefochtenen Steuerbescheides für die Aufrechnungsmöglichkeit des Steuergläubigers (Finanzamt)

Im Verwaltungsrecht[778] stellt sich die Frage, welchen Einfluß eine behördliche Aufrechnung auf eine in einem Leistungsbescheid konkretisierte Gegenforderung hat, wenn gegen den Leistungsbescheid

---

773 D.h. keine Trennung mehr zwischen Abrechnungsverfahren und Erstattungsverfahren, vielmehr sind alle Fragen im Rahmen des § 218 II AO zu klären, vgl. § 218 II 2 AO.

774 RFH v. 03.05.1933 - IV A 289/32, RFHE 33, 145 [151 f.]; *v. Wallis*, in Hübschmann/Hepp/Spitaler, § 218 AO Anm. 13.

775 Funktionsvergleichbarkeit mit der zivilprozessualen Vollstreckungsgegenklage, so *Pietzner*, VerwA 76 (1985), 87 [104].

776 Antrag auf Erlaß eines Abrechnungsbescheides mit nachfolgender Verpflichtungsklage und ggf. einstweiliger Anordnung auf einstweilige Einstellung/Unterbindung der Vollstreckung oder Beschwerde/Anfechtungsklage gegen das Leistungsgebot und Antrag auf Aussetzung der Vollziehung.

777 *Tipke/Kruse*, § 218 AO Tz. 5.

778 BVerwG v. 21.06.1961 - VIII C 398.59, BVerwGE 13, 1 [5 ff.]; v. 14.07.1971 - VI C 114.67, DÖV 1972, 573; v. 27.10.1982 - 3 C 6.82, NJW 1983, 776 = BVerwGE 66, 216 - hierzu Vorinstanz VG Frankf. v. 15.11.1979 - I/2 E 2745/79, n.v. und *Söhn*, StRK-Anm., AO 77, § 226 R. 4 -; BVerwG v. 13.06.1985 - 2 C 43.82, DVBl. 1986, 146; BSG v. 12.11.1980 - 1 RA 105/79, SozR 1200, § 51 SGB 1 Nr. 8; VGH Bad. Württ. v. 08.02.1971 - VI 934/70, VBlBW 1971, 75; OVG Münster v. 02.07.1964 - VI B 38/64, ZBR 1966, 307f.; v. 13.09.1974 - I B 649/74, OVGE 30, 46 [50]; Hess. VGH v. 14.03.1975 - VII TH 91/74, DÖV 1975, 865; v. 19.08.1977 - I TH 19/77, ESVGH 27, 159 [163]; OVG Rheinl.Pf. v. 09.10.1970 - 2 B 61/70, VerwRspr. 22, 409; *Appel*, BayVBl.

[Fortsetzung nächste Seite]

ein Rechtsbehelf mit grundsätzlich aufschiebender Wirkung (vgl. z.B. § 705 ZPO; §§ 449 i.V.m. 316, 343 StPO; § 80 I VwGO; abweichend § 97 SGG) eingelegt worden ist.

Im Steuerrecht haben dagegen die Rechtsbehelfe der AO und FGO im Regelfall keinen Suspensiveffekt (§ 251 RAO 1919 = § 242 RAO 1931 = § 361 I AO 77; § 69 I FGO). Will der Steuerpflichtige daher erreichen, daß der Steueranspruch vorläufig nicht durchgesetzt wird, so hat er gem. § 361 II AO/§ 69 II, III FGO zu beantragen, daß die Vollziehung ganz oder teilweise ausgesetzt wird, wenn entweder ernstliche Zweifel an der Rechtmäßigkeit des angefochtenen VA bestehen oder die Vollziehung des Bescheides für den Steuerpflichtigen eine unbillige Härte bedeuten würde.
Um dem Anliegen der §§ 361 AO, 69 FGO[779] gerecht zu werden, die dem Steuerpflichtigen durch die Möglichkeit einer Vollziehungsaussetzung aus rechtsstaatlichen Gründen (Art.19 IV GG) einen Ausgleich für die grundsätzlich fehlende aufschiebende Wirkung seiner Rechtsbehelfe geben sollen[780], ist es geboten, bei der Beurteilung der Auswirkungen des steuerrechtlichen Suspensiveffekts auf eine erklärte behördliche Aufrechnung auch den - vorläufigen - Rechtsschutz des Betroffenen besonders zu berücksichtigen. Insbesondere erscheint es konsequent, in diesem Fall die zum Verhältnis zwischen aufschiebender Wirkung und Aufrechnung angestellten Überlegungen auf die behördliche Aussetzung der Vollziehung (§§ 361 II AO, 69 II FGO) sowie die gerichtliche Anordnung, § 69 II, III FGO, zu übertragen[781].

1. Aufrechnung des Steuergläubigers mit zwar bestrittener und noch nicht bestandskräftiger aber vorläufig vollziehbarer Steuerforderung

Im Steuerverfahren wird durch die Einlegung eines Rechtsbehelfes die Erhebung der Steuer nicht aufgehalten(§§ 361 I AO, 69 I FGO; § 80 II Nr. 1 VwGO)[782].
Einspruch und Klage sind bei einer Aufrechnung des Finanzamtes nicht anders zu beurteilen als im Zivilprozeß ein Bestreiten der Forderung, mit der aufgerechnet wird[783]. Auch im Steuerrecht ist die Aufrechnung des Finanzamtes nicht auf "liquide", d.h. unbestrittene Forderungen beschränkt[784]. So soll verhindert werden, daß die Steuerschuldner durch Einlegung von Rechtsbehelfen einen - ggf. ungerechtfertigten - Zahlungsaufschub ("faktische Stundung") erlangen und dadurch den geregelten staatlichen Mittelzufluß gefährden können[785]. Hinzu kommt das öffentliche Interesse daran, daß eine

---

1983, 201 ff; *Benkendorff*, ZfZ 1979, 9 [11]; *Battis*, Allg. Verwaltungsrecht, Rdn. 288, 289; *Ebsen*, DÖV 1982, 389 [396]; *Ehlers*, JuS 1990, 777 [779f.]; *ders.*, DVBl, 1986, 912 [913]; *ders.*, NVwZ 1983, 446 [449]; *ders.*, NVwZ 1990, 105 [107]; *ders.*, Verwaltung in Privatrechtsform, S. 468 Fn. 273; *Erichsen*, in Erichsen/Martens, Allg. Verwaltungsrecht, § 11 II 4; *Finkelnburg/Jank*, aaO, Rdn. 486 ff., 500; *Glose*, DÖV 1990, 146 [148 f.]; *Herdegen*, VBlBW 1984, 193[194 Fn.21]; *Pietzner*, VerwA 73 (1982), 453 [456 f.]; *ders.*, VerwA 74 (1983), 59 ff.; *Schmidt*, JuS 1984, 28 [30]; *Vallendar*, DÖD 1973, 52; *Veitenthal*, BayVBl.1990, 615 [618 f.]; *Redeker*/*v.Oertzen*, , § 80 Rdn. 32.

779 Vgl. *Gräber/Koch*, § 69 FGO Rdn. 1 f. m.w.N.

780 Söhn, StuW 1968, 67 f.

781 *Veitenthal*, BayVBl. 1990, 615 [619].

782 BFH v. 03.04.1973 - VII R 89/70, BStBl. II 1973, 602 [603] = BFHE 109, 218; v. 17.09.1987 - VII R 50-51/86, BStBl. II 1988,366 = BFHE 151, 304; FG Schlesw. Holst.v. 26.11.1964 - III 99/64, EFG 1965, 340; FG Saarl. v. 14.07.1967 - 946/67, EFG 1967, 584; FG Berlin v. 22.04.1975 - V 201/73, EFG 1976, 45; OFD Nürnberg v. 22.11.1983 - S 0456 - 50/St 32, StLex 2, AO 77, 224-226, S. 1 [7]; BVerwG v. 13.06.1985 - 2 C 43.82, ZBR 1986, 87 [88]; *Schuhmann*, RWP, SG 2.2, S. 93 [101 f.].

783 BVerwG v. 13.10.1971 - VI C 137.67, DÖV 1972, 573.

784 Vgl. *Halfar*, NWB Fach 2, S. 5593 [5596].

785 BT-Drucks. IV/1446 zu § 65; *Ziemer/Birkholz*, § 69 FGO Tz. 2.

Aufrechnung des Finanzamtes eine schnellere Schuldtilgung herbeiführt als eine u.U. zu erzwingende Zahlung.
Damit steht die Anfechtung der grundsätzlich vorläufig vollziehbaren Steuerfestsetzung einer Erhebung nicht im Wege. Der Gesetzgeber anerkennt das öffentliche Interesse an der Hereinholung der Forderung, insbesondere impliziert die Festsetzung durch die öffentliche Hand hinsichtlich der Behauptung ihres Steueranspruches als Gegenforderung eine höhere Wahrscheinlichkeit der Richtigkeit als die Behauptung des Steuerpflichtigen bzgl. einer bestrittenen Gegenforderung (vgl. § 226 III AO).

Die vorläufige Vollziehbarkeit des Steuerbescheides ermöglicht die Finanzamtaufrechnung somit zumindestens bis zu einer Aussetzungsentscheidung. Sie verschafft dem Finanzamt jedoch noch keine endgültige Befreiung von der Pflicht, die Hauptforderung des Steuerpflichtigen zu erfüllen, sondern bewirkt nur einen zeitweiligen Zahlungsaufschub[786].
Das endgültige Forderungserlöschen, d.h. der Eintritt der Aufrechnungswirkung entsprechend § 389 BGB, tritt erst ein, wenn das Bestehen des Steueranspruches im Steuerrechtsstreit hierüber rechtskräftig geklärt worden ist und damit die Aufrechnungslage[787] - endgültig - vorliegt[788].
Allein aufgrund der Tatbestandswirkung des angefochtenen Steuerbescheids kommt es daher noch nicht zur Aufrechnungswirkung entsprechend § 389 BGB[789], jedoch beeinträchtigt die Anfechtung (ggf. i.V.m. einer Aussetzung der Vollziehung) den VA auch nicht in seiner Wirksamkeit (Regelungsgehalt). Seine Tatbestandswirkung bindet, solange er nicht aufgehoben (vgl. § 124 II AO) ist und führt zu einem Forderungsrecht des Finanzamtes - hier in Form der Aufrechnungserklärung, deren Wirkungen allerdings "auflösend bedingt" sind durch den späteren Ausgang des Steuerrechtsstreits - , einhergehend mit einer Leistungspflicht des Steuerpflichtigen.

2. Vollziehungsaussetzung - Wirksamkeit der finanzbehördlichen Aufrechnung?

a) Begriff und Wirkungen der "Aussetzung der Vollziehung", § 361 AO, § 69 FGO[790]

786 *Martens*, StuW 1974, 155 [160, Fn. 43].

787 D.h. die Voraussetzungen, an die das Gesetz die Gestaltungsbefugnis knüpft, hier insbesondere das Bestehen der Gegenforderung des FA.

788 BFH v. 14.03.1990 - I S 5/89, BFH/NV 1991, 172: unter der "auflösenden Bedingung" (vgl. § 388 S. 2 BGB) des endgültigen materiell-rechtlichen Bestehens der Gegenforderung; v. 17.09.1987 - VII R 50-51/86, BStBl. II 1988, 366 [369f.] = BFHE 151, 304; das RG v. 09.12.1912 - V 203/12, RGZ 80, 371 [375] sprach bereits davon, daß "vollends ungeeignet, die in § 389 BGB bezeichnete Wirkung hervorzubringen, die Aufrechnung mit einem lediglich auf der vorläufigen Vollstreckbarkeit einer behördlichen Verfügung beruhenden, einer bloßen "formalen Zahlungsverbindlichkeit" entsprechenden Anspruches sei"; das BVerwG v. 13.10.1971, aaO, Fn. 783, spricht dagegen von einer "schwebenden Unwirksamkeit" der Aufrechnungserklärung; BVerwG v. 27.10.1982 - 3 C 6/82, NJW 1983, 776 = BVerwGE 66, 218; OVG Münster v. 13.09.1974 - I B 649/74, OVGE 30, 46 [50]; BSG v. 12.11.1980 - 1 RA 105/79, SozR 1200, § 51 SGB 1 Nr. 8; *Appel*, aaO, S. 202; *Martens*, StuW 1974, 160; *ders.*, StuW 1989, 73 zu BFH v. 12.01.1988 - VII R 66/87, BStBl. II 1988, 406 = BFHE 152, 206; *Battis*, aaO, Rdn. 288; *Baltzer*, StuW 1955, 426 [431]; *Ehlers*, NVwZ 1983, 449; *ders.*, JuS 1990, 778 f.; *Vallendar*, aaO, 52; *Palandt*, aaO, § 387 Anm. 5 Rdn. 11; *v. Feldmann*, in Münch. Komm. § 387 Rdn. 9; *Gernhuber*, aaO, § 12 IV 1 b.

789 BFH v. 18.07.1989 - VII R 46/86, BFH/NV 1991, 69 [70] läßt die Aufrechnungsunwirksamkeit aufgrund mangelnder materiell-rechtlicher Voraussetzung sogar trotz vorangegangener, bestandskräftig gewordener VA-Aufrechnung des FA eintreten.

790 Vgl. BMF v. 12.12.1988, BStBl. I 1989, 2 ff. zu den Grundsätzen des behördlichen Vollziehungsaussetzungsverfahrens.

Die Aussetzung der Vollziehung ist - ebenso wie die einstweilige Anordnung nach § 114 FGO - eine Maßnahme des vorläufigen Rechtsschutzes und führt im Steuerrecht erst die grundsätzlich durch die Einlegung von Rechtsbehelfen noch nicht eingetretene Vollziehungshemmung herbei, d.h. sie verbietet während ihrer Dauer das Gebrauchmachen von den Wirkungen des VA. § 114 FGO ist subsidiär gegenüber der Möglichkeit der Aussetzung der Vollziehung (§ 114 V FGO)[791]. § 361 II, III AO (im Verwaltungsvorverfahren) und § 69 II, III FGO (im Steuerprozeß)[792] gewähren Rechtsschutz gegenüber einem vollziehbaren, mit der Anfechtungsklage angreifbaren VA, ohne daß bereits Anfechtungsklage erhoben sein muß (§ 69 III 2 FGO). Die einstweilige Anordnung kann folglich weder die Vollziehung eines VA verhindern noch bei bereits vollzogenen VAen die Aufhebung der Vollziehung anordnen[793]. Sie will die Durchsetzung eines vom Steuerpflichtigen beanspruchten Rechts vorläufig sichern, während die Vollziehungsaussetzung dazu dient, einen Eingriff vorläufig zu verhindern.
Die Aussetzung der Vollziehung ist Teil des Steuererhebungsverfahrens (§§ 218 ff. AO) nicht des Steuerfestsetzungsverfahrens[794]. § 361 I AO bzw. § 69 I FGO sprechen davon, daß "insbesondere die Erhebung einer Abgabe" nicht aufgehalten wird durch die Einlegung eines Rechtsbehelfes. Damit wird die Abgabenerhebung (vgl. §§ 224 ff. AO) implizit seitens des Gesetzgebers[795] als Form der "Vollziehung" i.S. von § 361 AO/§ 69 FGO genannt. Eine Form dieser Erhebung ist allein schon aufgrund der Gesetzessystematik die Aufrechnung als Erfüllungs- und damit Erhebungssurrogat[796].
Im Fall der Anfechtung eines Steuerbescheides[797], der den dem Finanzamt als Gegenforderung dienenden Steueranspruch konkretisiert, handelt es sich unstreitig um einen "vollziehbaren VA"[798] i.S.v. §§ 361 AO, 69 FGO[799], dessen Vollziehung entsprechend dieser Vorschriften ausgesetzt bzw. aufgehoben werden kann. Geht man des weiteren mit der hier vertretenen und im Vordringen befindlichen Ansicht davon aus, daß die Aufrechnungserklärung des Finanzamtes keinen VA-Charakter i.S.v. § 118 AO besitzt, so ist diese Erklärung mangels "vollziehbarem VA"[800] selbst nicht der Vollziehungsaussetzung zugänglich[801].

---

791 Näheres vgl. bei *Tipke/Kruse*, § 114 FGO Tz. 2 f.

792 Vgl. zum Verhältnis § 361 II AO zu § 69 II, III FGO, *List*, in Hübschmann/Hepp/Spitaler, § 69 FGO Anm.25 ff.

793 BFH v. 11.01.1984 - II B 35/83, BStBl. II 1984, 210 = BFHE 139, 508.

794 BFH v. 15.06.1982 - VIII B 138/81, BStBl. II 1982, 657 [658] = BFHE 136, 186.

795 Ebenso BFH v. 15.06.1982, aaO, Fn. 794.

796 Vgl. *Kühn/Kutter/Hofmann*, § 361 AO Anm. 3.

797 Streitig ist die "Vollziehbarkeit" des ESt-Bescheides: nach der Rechtsprechung des BFH sind diese nur hinsichtlich der Abschlußzahlungen vollziehbar, d.h. die Anrechnung von Vorauszahlungen und Abzugsbeträgen (LSt, KapErtragsSt) sind nicht aussetzungsfähig und können daher bei einer Aussetzung der Vollziehung des Jahressteuerbescheides nicht - vorläufig - erstattet verlangt werden, vgl. BFH v. 05.08.1980 - VIII B 108/79, BStBl. II 1981, 35 = BFHE 131, 282; v. 04.06.1981 - VIII B 31/80, BStBl. II 1981, 767 = BFHE 133, 267; v. 15.06.1982 - VIII B 138/81, BStBl. II 1982, 657 = BFHE 136, 186; v. 26.11.1986 - VIII B 114/86, BStBl.II 1987, 179 = BFHE 148, 129; *List*, in Hübschmann/Hepp/Spitaler, § 69 FGO Anm. 33; *Tipke/Kruse*, § 69 FGO Tz. 5 m.w.N.; *Ziemer-Haarmann-Lohse*, aaO, Rdn. 4041/4 m.w.N.; insbesondere *Söhn*, FR 1970, 263 ff. und hierzu *Hein*, BB 1982, 239 [241] m.w.N.

798 Siehe Übersicht bei *List*, in Hübschmann/Hepp/Spitaler, § 69 FGO Anm. 31 ff. m.w.N.

799 Der angefochtene VA muß identisch sein mit dem, dessen Aussetzung begehrt wird.

800 Nach BFH v. 09.02.1988 - VII B 187/87, BFH/NV 1988, 617 und v. 10.11.1987 - VII B 137/87, BStBl. II 1988, 43 = BFHE 151, 128 ist jedoch eine in einem Abrechnungsbescheid konkretisierte FA-Aufrechnung durch Vollziehungsaussetzung des Abrechnungsbescheides in ihrer Wirkung einstweilen rückgängig zu machen.

801 FG Hamburg v. 11.01.1985 - IV 242/84 H , EFG 1985, 435 und BFH v. 02.04.1987 - VII R 148/83, BStBl.II 1987, 536 [539] = BFHE 149, 482; *Dumke*, in Schwarz, § 361 Rdn. 70 m.w.N.; *Glose*, DÖV 1990,149 unterwirft die behördliche Aufrechnungserklärung als selbständiger Nicht-VA-Teil des Leistungsbescheides nicht den Suspensiveffektswirkungen des Rechtsmittels gegen den Festsetzungsbescheid; hierbei übersieht er aber die Auswirkungen des Suspensiveffektes für den Leistungsbescheid, auf die materiell-rechtliche Situation der behördlichen

[Fortsetzung nächste Seite]

Problematisch bleibt damit allein die Frage, inwieweit die Aufrechnung(-serklärung bzw. -wirkung) des Finanzamtes sich als "Vollziehung" dieses Steuerbescheides darstellt bzw. vorangestellt ist die Frage zu beantworten, ob der angeordnete Suspensiveffekt Auswirkungen auf die Aufrechnungslage bedingt und allein schon aus diesem Grunde eine Finanzamtaufrechnung mangels Aufrechnungslage bei einer Aussetzung der Vollziehung des Steuerbescheides während der Dauer der Aussetzung ausscheidet bzw. eine bereits erklärte Aufrechnung "rückgängig" zu machen ist[802].

b) Beeinflussung der Wirksamkeit der finanzbehördlichen Aufrechnung durch die Aussetzung der Vollziehung des Steuerbescheides

Bei einer Aussetzung des Steuerbescheides (§§ 361 II AO, 69 II, III FGO) erhebt sich die Frage, ob das festsetzende Finanzamt mit der angefochtenen und ausgesetzten Steuerforderung noch gegen einen Anspruch des steuerpflichtigen Bürgers aufrechnen kann. Der festgesetzte Anspruch ist in solchem Fall die Gegenforderung im Aufrechnungsverhältnis, die gem. § 226 I AO i.V.m. § 387 BGB entstanden, fällig und durchsetzbar sein muß, d.h. eine Aufrechnungslage i.S.v. §§ 387, 389 BGB besteht nur (fort), wenn der Suspensiveffekt die Fälligkeit bzw. Durchsetzbarkeit der aufzurechnenden Gegenforderung des Finanzamtes nicht hindert/aufhebt/hinausschiebt.

aa) Wirksam bestehender (festgesetzter) Steueranspruch des Finanzamtes

Entstehung und Fälligkeit des Steueranspruches sind in den Steuergesetzen geregelt. Die Konkretisierung dieser abstrakt-generellen Regelung erfolgt durch den Steuerbescheid. Dieser ist grundsätzlich beachtlich (vgl. § 218 I AO als Grundlage der Verwirklichung), solange er nicht geändert oder aufgehoben worden ist, auch wenn er rechtswidrig sein sollte (vgl. § 124 II AO).
Die Zulässigkeit einer Aufrechnung mit einer in einem solchen ausgesetzten Steuerbescheid konkretisierten Steuerforderung kann auch nicht damit begründet werden, daß der Steuerbescheid selbst nicht forderungsbegründend wirkt, da die Steuer bereits kraft Gesetzes (§ 38 AO) entstanden ist und damit allein auf die materielle Gesetzeslage als Grundlage der Aufrechnungsforderung des Finanzamtes zurückzugreifen ist, unabhängig von Anfechtung und Vollziehungsaussetzung des Steuerbescheides. Denn solange der Steuer-VA Bestand hat, bestimmt er und nicht das Gesetz die Rechtslage, weil der Steuerbescheid die generelle und abstrakte Gesetzesregelung verbindlich konkretisiert und individualisiert und damit zur Grundlage der Verwirklichung (§ 218 I AO) wird, auch wenn er als Realisierungsgrundlage - vorläufig - suspensiert wurde[803].

Aufrechnungs-/Gegenforderung und damit auch auf die Aufrechnungslage und -wirkung. Zum Teil wird auch vertreten, die Aussetzung der Vollziehung des Steuerbescheides sei zur Unterbindung der finanzbehördlichen Aufrechnung nicht der richtige Rechtsbehelf, da der Steuerpflichtige primär Auszahlung seines Erstattungsanspruches (als Hauptforderung) begehre und hierfür Leistungs-/Zahlungsklage und § 114 FGO den zutreffenden Rechtsschutz bieten.

802 Vgl. *Söhn*, StRK-Anm., AO 1977, § 226 R. 4.

803 Vgl. OVG Münster v. 06.04.1976 - II A 242/74, NJW 1976, 2036 [2037]; *Ehlers*, DVBl. 1986, 912 [913]; *ders.*, NVwZ 1990, 105 [107]; *Erichsen*, in Erichsen/Martens, Allg. Verwaltungsrecht, § 11 II 4; anders wohl *Ebsen*, DÖV 1982, 389 [396], der bei klarstellender/deklaratorischer Forderungsfestsetzung durch einen Leistungsbescheid und dessen Anfechtung i.V.m. dem Suspensiveffekt hinsichtlich der Wirksamkeit der Aufrechnung auf die materielle Rechtslage zurückgreifen will.

Der Suspensiveffekt beseitigt nach herrschender Meinung in Rechtsprechung und Literatur[804] auch nicht die Wirksamkeit (Bestand) des angegriffenen VA[805], sondern hemmt lediglich dessen Vollziehbarkeit[806], d.h. die Verwirklichung der im VA ausgesprochenen Rechtsfolgen bzw. das Gebrauchmachen vom materiellen Regelungsgehalt des VA[807], ohne seinen Bestand/Existenz anzugreifen, so daß die in ihm konkretisierte Steuerforderung zumindestens hinsichtlich ihres materiell-rechtlichen Gehaltes nicht suspendiert wird. D.h. mit anderen Worten, suspendiert wird nicht der Steuer-VA bzw. der durch ihn konkretisierte Steueranspruch als dessen "innere Wirkung", sondern lediglich dessen Verwirklichung in Form der Abgabenerhebung[808].
Für diese in der Rechtsprechung fast einhellig präferierte und vom Gesetzeswortlaut her vorgegebene Lösung der - lediglich - Vollziehungshemmung spricht u.a. der Sinn des Suspensiveffektes, der nur eine Hemmung der Vollziehbarkeit und nicht der Wirksamkeit des VA fordert, um den - vorläufigen - Rechtsschutz des Betroffenen bis zur Hauptsacheentscheidung zu gewährleisten[809]. Des weiteren sind die Gründe für eine Wirksamkeitsbeseitigung in § 124 II AO abschließend aufgezählt - die Aussetzung der Vollziehung ist nicht aufgeführt. Auch § 361 III 2 AO, § 69 II 5 FGO implizieren, daß durch die Vollziehungsaussetzung die Wirksamkeit der VA-Regelung nicht tangiert werden kann, da nur dann diese Regelung verständlich ist, die trotz Vollziehungsaussetzung des Grundlagenbescheides den Erlaß des Folgebescheides zuläßt[810]. Auch die Regelung des § 257 II 3 AO, daß Vollstrekkungsmaßnahmen nach Vollziehungsaussetzung bestehen bleiben können, erscheint nur einsichtig, wenn die Wirksamkeit des zugrundeliegenden VA trotz Aussetzung der Vollziehung nicht beseitigt worden ist, weil er Verwirklichungsgrundlage für die Vollstreckung war.

---

804 BFH v. 20.04.1971 - VII B 114/70, BStBl. II 1971, 402 = BFHE 101, 94; v. 23.06.1977 - V B 41/73, BStBl. II 1977, 645 = BFHE 122, 258; v. 22.07.1977 - III B 34/74, BStBl. II 1977, 838 = BFHE 123, 112; v. 29.11.1977 - VII B 6/77, BStBl. II 1978, 156 = BFHE 124, 13; v. 24.04.1979 -VIII R 57/76, BStBl. II 1979, 678 = BFHE 128, 136; v. 06.12.1979 - IV B 32/79, BStBl. II 1980, 427 = BFHE 129, 300; v. 29.10.1985 - VII B 69/85, BStBl. II 1986, 236 = BFHE 145, 17; v. 17.09.1987 - VII R 50-51/86, BStBl. II 1988, 366 = BFHE 151, 304; BVerwG v. 21.06.1961 - VIII C 398.59, BVerwGE 13, 1 [5 ff.]; v. 27.10.1982 - 3 C 6.82, NJW 1983, 776 = BVerwGE 66, 218; *Dumke*, in Schwarz, § 361 AO Anm. 2; *Kühn/Kutter/Hofmann*, § 361 AO Anm. 3; *Gräber/Koch*, § 69 FGO Rdn. 176; *List*, in Hübschmann/Hepp/Spitaler, § 69 FGO Anm. 96 und *v. Wallis*, in Hübschmann/Hepp/Spitaler, § 361 Anm. 45; *Tipke/Kruse*, § 69 FGO Tz. 3 a, 7, 35; *Ziemer-Haarmann-Lohse*, aaO, Rdn. 4037, 4040; *Söhn*, StRK-Anm., AO 77, § 226 R. 4; *Friedl*, DStR 1991, 1005; *Finkelnburg/Jank*, aaO, Rdn.487.

805 A.A. die sog. Wirksamkeitstheorie, die eine Hemmung/Suspensierung der Wirksamkeit des VA annimmt, d.h., es darf kein Gebrauch gemacht werden von den Wirkungen des VA, so daß die im Bescheid festgesetzte Steuerforderung - vorläufig - als nicht vorhanden, zumindestens als nicht durchsetzbar bzw. nicht fällig zu behandeln ist. Vgl. u.a. *Ziemer-Haarmann-Lohse*, aaO, Rdn. 4035, 4035/1 m.w.N.; *Pietzner/Ronellenfitsch*, aaO, § 53 Rdn. 2 ff. m.w.N.; *Martens*, DVBl. 1985, 541; *Ehlers*, JuS 1990, 777 [779]; *Erichsen*, Jura 1984, 414 [423]; *Schoch*, Vorl. Rechtsschutz und Risikoverteilung im Verwaltungsrecht, 1988, S. 1160 ff. m.w.N.; **a.A.:** *Schmidt*, JuS 1984, 28 [31], der eine Wirksamkeitshemmung nur in der Beeinflussung der Fälligkeit nicht des Forderungsbestandes sieht; BGH v. 13.05.1982 - V BLw 22/80, NJW 1982, 2251 [2252]; eine vermittelnde Ansicht vertritt *Kopp*, § 80 VwGO Rdn. 16.

806 Wobei der Begriff der "Vollziehbarkeit" vom Gesetzgeber nicht eindeutig definiert wird: die VwGO spricht in § 80 II Nr. 4, III, IV 1, 2 von "Anordnung der sofortigen Vollziehung" als Gegenstück zur aufschiebenden Wirkung, die Steuergesetze sprechen in § 361 I 1 AO und § 69 I 1 FGO "insbesondere von der Erhebung von Abgaben" als Art der Vollziehung.

807 BFH v. 10.07.1979 - VIII B 84/78, BStBl. II 1979, 567 = BFHE 128, 164.

808 Vgl. *Pietzner/Ronellenfitsch*, aaO, § 53 Rdn. 14, der die so eingetretene Vollziehungshemmung auch als "Verwirklichungshemmung" umschreibt.

809 Das BVerwG v. 21.06.1961, aaO, Fn. 804 sieht das Wesen der aufschiebenden Wirkung darin, daß "die Behörde verpflichtet ist, für die Dauer des durch die Anfechtung des VA herbeigeführten Schwebezustandes, währenddessen Ungewißheit darüber besteht, ob diese Erfolg haben wird, alle Maßnahmen zu unterlassen, die der Vollziehung des VA dienen, sofern diese Maßnahmen den Bestand und die Rechtmäßigkeit des ergangenen VA voraussetzen"; so auch *Friedl*, DStR 1991, 1005 [1006] unter Hinweis auf die BFH-Rechtsprechung.

810 *Ziemer-Haarmann-Lohse*, aaO, Rdn. 4039.

Vollziehungsaussetzung bedeutet damit nicht Beseitigung der Wirksamkeit und schafft kein Recht, den VA als nicht ergangen zu behandeln.
Der festgesetzte Steueranspruch des Finanzamtes wird - jedenfalls hinsichtlich seines Bestandes - als Gegenforderung im Aufrechnungsverhältnis nicht von der Aussetzung der Vollziehung beeinträchtigt.

bb) "Fälligkeit" des Steueranspruches als Gegenforderung des aufrechnenden Finanzamtes

Die Fälligkeit der Gegenforderung ist eine weitere Voraussetzung für das Bestehen einer wirksamen Aufrechnungslage und damit auch Aufrechnungsbefugnis des Finanzamtes[811]. Fälligkeit bezeichnet hier ebenso wie im Zivilrecht den Zeitpunkt, zu welchem der Aufrechnende als Gläubiger der Gegenforderung "die ihm gebührende Leistung fordern ...kann" (§ 387 BGB); die Gegenforderung darf also nicht gestundet[812] oder aus anderen Gründen noch nicht fällig sein[813], um die "Selbstexekution" des Aufrechnenden zu rechtfertigen. Die Aufrechnungserklärung ist in jedem Fall unwirksam, wenn sie vor Fälligkeitseintritt - das hieße auch bei "hinausgeschobener/gehemmter Fälligkeit" - dem Aufrechnungsgegner zugeht und würde auch nicht automatisch mit Eintritt der Fälligkeit wirksam[814]. Fälligkeitsregelungen von Ansprüchen aus dem Steuerschuldverhältnis finden sich entweder in den Einzelsteuergesetzen (vgl. § 220 I) bzw. sie tritt im Falle der Steuerfestsetzung, -vergütung oder bei steuerlichen Nebenleistungen nicht vor Bekanntgabe der Festsetzung ein (§ 220 II 2).
Vergleichbar der zivilrechtlichen Ansicht[815], daß verzögerliche Einreden die Fälligkeit nicht berühren, gilt dies ebenfalls bei einer (bloßen) Vollziehbarkeitshemmung durch die Vollziehungsaussetzung. Denn geht man mit der überwiegenden Meinung i.S.d. Vollziehbarkeitstheorie davon aus, daß der Suspensiveffekt bei einer Aussetzung der Vollziehung nicht die Wirksamkeit des VA und damit seinen materiellen Regelungsgehalt berührt, so bleiben auch rechtsgestaltende oder feststellende Wirkungen, die er entfaltet, ohne daß die erlassende Behörde Maßnahmen der Vollziehung (z.B. Vollstreckungsmaßnahmen) ergreift, von der Vollziehungsaussetzung unberührt. Das betrifft bei konsequenter Anwendung der Vollziehbarkeitstheorie nicht nur die Feststellung des Anspruches sondern auch dessen Fälligkeit, da diese zum materiellen, von der Vollziehungsaussetzung unberührten Regelungsgehalt des VA gehört und damit - i.S.d. Vollziehbarkeitstheorie - keine untersagte Vollziehung durch Gebrauchmachen vom materiell-rechtlichem Regelungsgehalt des VA ist[816], sondern vielmehr Ausfluß der weiterhin bestehenden materiellen Wirksamkeit des VA[817].
Anders stellt sich die Sachlage dar, wenn man mit den Vertretern der Wirksamkeitstheorie eine Beeinflussung auch der (inneren) Wirksamkeit des VA und damit der Wirksamkeit der in dem VA konkretisierten Gegenforderung sieht. Hemmt die Aussetzung der Vollziehung die Wirksamkeit der Gegen-

---

811 BFH v. 25.04.1989 - VII R 36/87, BStBl. II 1990, 352 = BFHE 156, 393.
812 BFH v. 25.04.1989, aaO, Fn. 811.
813 Vgl. BFH v. 04.07.1969 - III B 6/69, BStBl.II 1969, 657 = BFHE 96, 337; v. 18.03.1976 - V R 127/71, BStBl. II 1976, 438 [439] = BFHE 118, 163.
814 FG Berlin v. 22.04.1975 - V 201/73, EFG 1976, 45.
815 *Staudinger-Kaduk*, aaO, § 284 Rdn. 7, 8.
816 So *Söhn*, StRK-Anm., AO 77, § 226 R. 4: erst das Leistungsgebot (§ 254 I) sei "Gebrauchmachen".
817 *Friedl*, DStR 1991, 1005; der BFH v. 03.04.1971 - VII B 114/70, BStBl. II 1971, 402 = BFHE 101, 94, differenziert i.S.d. Vollziehbarkeitstheorie bei der Aussetzung der Vollziehung von rechtsgestaltenden VAen (vgl. auch § 80 I 2 VwGO), die die Verwirklichung der in ihnen ausgesprochenen Rechtsfolgen sozusagen in sich tragen, ausdrücklich zwischen den Wirkungen eines VA und dem hieran anknüpfenden Inkrafttreten der durch ihn getroffenen Regelungen, die von der Vollziehungsaussetzung nicht berührt werden, und andererseits seiner - von der Vollziehungsaussetzung betroffenen - Vollziehbarkeit.

forderung, so geht damit konsequenterweise auch eine Suspendierung der Fälligkeit als materiellrechtlicher Ausfluß des VA einher[818]. Die Befürworter der Fälligkeitsbeeinflussung durch Vollziehungsaussetzung des Leistungsbescheides - insbesondere in der Steuerrechtsliteratur - begründen ihre Ansicht primär mit der Vergleichbarkeit der Aussetzungswirkungen zu den Folgen einer Stundung der Forderung (§ 222 AO) und insbesondere auch mit den hieraus resultierenden Konsequenzen der Säumnis des Schuldners. Unstreitig ändern Stundung (§ 222) und Zahlungsaufschub (§ 223) die bereits eingetretene Fälligkeit[819], d.h. die Fälligkeit wird bis zum Ablauf der gewährten Frist aufgehoben und tritt mit deren Ablauf wieder ein[820]. Insoweit besteht damit auch ein Aufrechnungsverbot mangels Aufrechnungslage[821]. Auch die Aussetzung der Vollziehung muß nach dieser Meinung die Fälligkeit aufheben[822], weil ansonsten ungeachtet der Vollziehungsaussetzung Säumniszuschläge (§ 240 I 1 AO) entständen, da § 240 I 1 AO ihre Entstehung an die Nichtzahlung bei Fälligkeit (vgl.

818 *Ebsen*, DÖV 1982, 396; *Schmidt*, JuS 1984, 31; *Veitenthal*, BayVBl. 1990, 619; *Benkendorff*, ZfZ 1979, 11; *Halfar*, NWB Fach 2, S. 5596; *Hetzer*, BB 1985, 2315 [2318]; *Milatz*, Inf. 1984, 102; *Schuhmann*, RWP, SG 2.2, S. 102; *Dumke*, in Schwarz, § 220 AO Rdn. 5, § 361 AO Rdn. 13, 14 m.w.N.; *Helsper*, in Koch, § 220 AO Rdn. 9 und *Buchstab*, in Koch, § 361 AO Rdn. 38; *Tipke/Kruse*, § 220 AO Tz. 5, § 226 AO Tz. 14, 16, § 240 AO Tz. 10; *v.Wallis*, in Hübschmann/Hepp/Spitaler, § 220 AO Anm. 10, § 361 AO Anm. 45; wohl auch *Klein/ Orlopp*, § 240 AO Anm. 10; FG Hamburg v. 25.08.1978 - IV 137/78 N, EFG 1979, 67 [68]; FG München v. 09.01.1986 - X 180/80, EFG 1986, 412; FG Köln v.28.12.1988 - 11 V 117/88, EFG 1989, 240; nach dem VG Frankfurt (Vorinstanz zu BVerwGE 66, 218 ff.) v. 15.11.1979 - I/2 E 2745/79, n.v., folgt die Fälligkeitsbeeinflußung durch die Aussetzung der Vollziehung bereits auch aus einer Vollziehungshemmung, während das BVerwG, aaO, zwischen Fälligkeit und Vollziehbarkeit unterscheidet.

819 Nicht dagegen Vollstreckungsbeschränkung (§ 258 AO), BFH v. 5.03.1979 - IV R 174/78, BStBl. II 1979, 429 = BFHE 127, 311; v. 02.07.1986 - I R 39/83, BFH/NV 1987,696; v. 14.05.1987 - X R 26/81, BFH/NV 1988, 411; Vollstr.A. Abschn. 7 III

820 BFH v. 20.10.1976 - I R 116/74, BStBl.II 1977, 257 = BFHE 121, 5; v. 25.04.1989 - VII R 36/87, BStBl.II 1990, 352 = BFHE 156, 393. Die Stundung kann auch widerrufen oder zurückgenommen werden, BFH v. 25.04.1989, aaO; auch ist der Widerruf nicht ermessensfehlerhaft, wenn dadurch die Aufrechnungslage hergestellt wird. Jedoch ist die Aufrechnungserklärung selbst noch kein - konkludenter - Stundungswiderruf; die Abgabe der Aufrechnungserklärung setzt logisch den vorherigen Stundungswiderruf voraus, dieser kann aber zusammen mit der Aufrechnungserklärung dem Aufrechnungsgegner zugehen, BFH v. 25.04.1989, aaO S. 354 und *Schuhmann*, RWP, SG 2.2, S. 102.

821 Nach BFH v. 06.02.1973 - VII R 62/70, BStBl. II 1973, 513 [516] = BFHE 108, 564 schließt eine Stundung der Steuerforderung "aus rechtsstaatlichen Erwägungen" die Aufrechnung der Behörde aus. Der BFH vermeidet jedoch in diesem Zusammenhang, die zuvor vom Aufrechnungsgegner als Kl. behaupteten Folgerungen für die Fälligkeit der Gegenforderung zu ziehen.

822 Falls die Aussetzung der Vollziehung nach Festsetzung und Fälligkeit des Steueranspruches angeordnet wird; vgl. zur zeitlichen Differenzierung der Auswirkungen je nach dem Eintritt der Fälligkeit, Anordnung der Vollziehungsaussetzung und der FA-Aufrechnung bei *Söhn*, StRK-Anm., § 226 R. 4 und *Veitenthal*, BayVBl. 1990, 619: die FA-Aufrechnung mit einer festgesetzten und fälligen Steuerforderung und einer *danach* erst folgenden Vollziehungsaussetzung könne an der einmal eingetretenen Rechtsfolge entsprechend § 389 BGB nichts mehr ändern. Dem steht aber entgegen, daß sich die Aufrechnungswirkung entsprechend § 389 BGB (endgültig) allein nach der materiellen Rechtslage richtet, d.h. ist der die Gegenforderung konkretisierende Steuerbescheid angefochten, so ist die vorangegangene Aufrechnungserklärung des FA auflösend bedingt durch den späteren rechtskräftigen Abschluß des Rechtsmittelverfahrens und damit stellt sich hinsichtlich der angeordneten Aussetzung der Vollziehung im Rahmen des Rechtsbehelfsverfahrens nach wie vor die Frage der Beeinflußbarkeit der zuvor erklärten FA-Aufrechnung, genauer: inwieweit das FA nunmehr noch aus seiner Aufrechnungserklärung rechtliche Konsequenzen i.S.v. § 389 BGB ableiten kann und darf - so wohl auch BFH v. 14.03.1990 - I S 5/89, BFH/NV 1991, 172 und v. 17.09.1987 - VII R 50-51/86, BStBl. II 1988, 370 = BFHE 151, 304 m.w.N. und FG Berlin v. 28.06.1968 - III 25/65, EFG 1969, 46 [47]. Wird für eine festgesetzte und fällige Steuer die Aussetzung der Vollziehung des Steuerbescheides angeordnet bevor das FA aufrechnen konnte, könnte dies zur Beseitigung der Fälligkeit führen. Für den Fall, daß der Steueranspruch zeitlich erst *nach* der Vollziehungsaussetzung des angefochtenen Steuerbescheides fällig wird und erst dann das FA aufrechnet, käme ein *Hinausschieben* des Fälligkeitszeitpunktes in Betracht, während die Anordnung der Aussetzung der Vollziehung des Steuerbescheides für eine fällige und festgesetzte Steuer *vor* der FA-Aufrechnung zur *Beseitigung* der Fälligkeit führen könnte.

§ 254 II 1) und nicht an ihre Festsetzung anknüpfe. Gerade die Entstehung von Säumniszuschlägen solle aber durch die Aussetzung der Vollziehung verhindert werden[823]. Dem scheint auch die Entscheidung des *BFH*[824] zu entsprechen, der den Anfall (ex lege) von Säumniszuschlägen der Vollziehung des Steuerbescheides gem. § 69 III FGO gleichsetzt und damit eine - rückwirkende - Aufhebung für in der Vergangenheit entstandene Säumniszuschläge zuläßt[825]. Seiner Ansicht nach bewirkt die gem. § 69 III FGO verfügte Aussetzung der Vollziehung, daß "für die Zeit ab Wirksamkeit der Verfügung bis zur Entscheidung in der Hauptsache Säumniszuschläge nicht anfallen können." Er unterläßt es aber, das "Nichtanfallen" der Säumniszuschläge entweder auf die fehlende (weil ebenfalls rückwirkend entfallende) Fälligkeit als gesetzliche Entstehungsvoraussetzung und damit auf eine Tatbestandsvoraussetzung oder aber auf ein "Nicht-entrichten-müssen" aufgrund der Einordnung als "Vollziehungsmaßnahme" i.S.v. § 69 FGO und damit auf einen Nichteintritt der Rechtsfolgen trotz tatbestandlichem Vorliegens zu stützen[826]. Die Argumentation des BFH - basierend auf Sinn und Zweck der Säumnisauferlegung - zur Begründung der rückwirkenden Beseitigung der Säumniszuschläge ist dahingehend zu verstehen, daß die Ausübung von Druck i.S.v. § 240 AO nur dann gerechtfertigt ist, wenn die Vollziehung eines Steuerbescheides ansteht, der entweder nicht angefochten wurde oder bzgl. dessen trotz Anfechtung keine ernstlichen Zweifel an seiner Rechtmäßigkeit bestehen. Sie unterstreicht die Vermutung, daß der BFH allein aus Vollziehbarkeitsgesichtspunkten das "Nichtanfallen" der Säumniszuschläge zuläßt und nicht etwa, weil er deren wirksames Entstehen bezweifelt.

Allein mit dem Argument, bei der Aussetzung der Vollziehung dürften keine Säumniszuschläge mehr anfallen, weil die Vollziehbarkeit des Steueranspruches nicht mehr mit diesem Druckmittel unterstützt werden müsse, kann die Beseitigung/Hinausschieben des Fälligkeitzeitpunktes als materiell-rechtlicher Gesichtspunkt aufgrund immer noch wirksam bestehender VA-Festsetzung nicht belegt werden. Einigkeit besteht zwar insoweit, daß Säumniszuschläge für den entsprechenden Zeitraum nicht zu entrichten sind, die Begründung ist aber nicht zwingend auf das Entfallen der ursprünglich vorhandenen materiell-rechtlichen Voraussetzungen (wie Fälligkeit des Steueranspruches) zu stützen, sondern kann - wie auch die Argumentation des BFH belegt - allein im Wesen der Vollziehungsaussetzung (Vollziehbarkeitshemmung) zu suchen sein. Bei zunächst begründet erscheinender Aussetzungsmöglichkeit (summarisches Verfahren) kann dem Schuldner kein Druckmittel zur konkret und jetzt anstehenden Steuerforderungsdurchsetzung entgegengesetzt werden, weil diese zwangsweise Einwirkung (Zahlungspflicht) dem Sinn der Aussetzung der Vollziehung als vollziehungshemmend, als - vorübergehende - Verhinderung der Folgen aus der Einseitigkeit und Verbindlichkeit des angefochtenen Eingriffaktes, zuwiderlaufen würde[827]. An die Stelle der Säumniszuschläge treten aber für die Dauer der Aussetzung die Zinsen gem. § 237 für den Fall des erfolglosen Rechtsbehelfes, so daß die einmal eingetretene Fälligkeit der als bestehend bestätigten Steuerschuld nicht sanktionslos mißachtet werden kann.

---

823 *Tipke/Kruse*, § 220 AO Tz. 5; § 240 AO Tz. 10; § 226 AO Tz. 14, 16.

824 BFH v. 10.12.1986 - I B 121/86, BStBl. II 1987, 389 [391f.] = BFHE 149, 6; vgl. auch BdF v. 12.12.1988 - IV A 6 - S 0623 - 18/88, BStBl. I 1989, 2 [7].

825 A.A.: *Schwarz*, § 240 AO Rdn. 10; *Herden/Gmach*, NJW 1987, 1590.

826 Deutlicher insoweit das FG Hamburg v. 25.08.1978 - IV 137/78 N, EFG 1979, 67 [68], nach dessen Ansicht die Aufhebung der Vollziehung des Steuerbescheides zur Folge hat, daß die Fälligkeit der Steuerforderung rückwirkend entfällt und daher bereits verwirkte Säumniszuschläge nicht erhoben werden dürfen. Nimmt man mit dieser Rechtsprechung ein rückwirkendes Entfallen der Fälligkeit ab dem Aufhebungszeitpunkt gem. § 69 III 4 FGO an, so muß man konsequenterweise auch von einem Entfallen bzw. Hinausschieben der Fälligkeit ab Vollziehungsaussetzung gem. §§ 361 II, 69 II, III ausgehen.

827 *Papier*, BauR 1981, 151 [154]; FG München v. 26.01.1989 - 3 V 4956/88, EFG 1989, 212 [213].

Die Aussetzung der Vollziehung bewirkt damit kein Hinausschieben/Beseitigen der Fälligkeit als materiell-rechtlichen Ausfluß des wirksamen VA, sondern nur eine Hemmung der Vollziehbarkeit mit der Folge des Vollstreckungsverbotes (§ 251 I) und der weiteren Folge, daß das "Entrichtenmüssen" als Voraussetzung für die Entstehung von Säumniszuschlägen entfällt[828].
Die Fälligkeit ist Voraussetzung für die Erhebung der Steuerschuld, die Aussetzung der Vollziehung ist dagegen Bestandteil des Rechtsbehelfsverfahrens. Damit beseitigt die Vollziehungsaussetzung nicht die Fälligkeit selbst, sondern läßt nur die Folgen der Fälligkeit (Säumniszuschläge, Vollstrekkungsmöglichkeit) nicht eintreten, da diese "Vollziehung" i.S.v. §§ 361 AO, 69 FGO darstellen.

Des weiteren ist mit dem *BVerwG*[829] davon auszugehen, daß der Vollziehungsaussetzung keine Gestaltungswirkung in dem Sinne zukommt, daß bereits eingetretene materiell-rechtliche Folgen des VA wie z.B. seine Forderungsfälligkeit geändert/beseitigt werden können. Dies ginge über die Zielsetzung einer Vollziehungshemmung im Rahmen des vorläufigen Rechtsschutzes erheblich hinaus. Rechtsbehelfen des vorläufigen Rechtsschutzes ist es wesensimmanent, daß durch sie dem Ergebnis des Rechtsstreites in der Hauptsache nicht vorgegriffen werden darf, insbesondere dürfen keine vollendeten Tatsachen geschaffen werden[830], d.h. die Behörde verzichtet lediglich auf die sofortige Verwirklichung des Steueranspruches, nicht aber auf eine "Verschiebung" seines Entstehungszeitpunktes[831]. Dem entspricht auch die Ansetzung von Aussetzungszinsen für die Dauer der Aussetzung. Diese Zinspflicht ist nach einhelliger Meinung die Gegenleistung für die durch Aussetzung gewährte Kapitalnutzung[832] und knüpft damit an den weiterhin geschuldeten - wenn auch bis zur verbindlichen Entscheidung im Rechtsbehelfsverfahren vorläufig nicht vollziehbaren - Steueranspruch an.
Schon die unterschiedliche Zielsetzung einer Fälligkeitshinausschiebung (wie z.B. bei Stundung und Zahlungsaufschub) einerseits und die Wirkungen des Suspensiveffektes[833] andererseits führen zwingend zu der Annahme, daß durch den Suspensiveffekt die Fälligkeit nicht berührt werden kann und darf. Wird die nach Maßgabe der allgemeinen Bestimmungen eingetretene Fälligkeit hinausgeschoben, so knüpfen diese (Ausnahme-)Vorschriften an materielle Tatbestandsmerkmale an, die eine spätere Erfüllung gebieten[834], während bei einer Vollziehungsaussetzung die Berechtigung der Steuerforderung bestritten wird, unabhängig zunächst von der wirtschaftlichen Lage des Klägers[835] (Ausnahme: § 69 II 2 i.V.m. § 69 III 1 FGO). D.h. die Aussetzung der Vollziehung berührt nur die formelle Seite in dem Sinne, daß der Unsicherheit über die Rechtslage bis zur verbindlichen Entscheidung im Rechtsbehelfsverfahren Rechnung getragen werden soll[836]. Diese - vorläufige - Unsicherheit der an sich (objektiv) feststehenden Rechtslage rechtfertigt jedoch keine endgültige Verschiebung des Fälligkeitszeitpunktes und damit eine Beeinflussung der Abwicklung des materiell-rechtlichen Rechtsverhältnisses, sondern allenfalls im Rahmen der Gewährung eines vorläufigen Rechtsschutzes

---

828 Ähnlich *Kühn/Kutter/Hofmann*, § 220 AO Anm. 5 (a.A. noch Vorauflage); *Birk*, Steuerrecht I, S. 227; *Söhn*, StRK-Anm., § 226 R. 4; *Martens*, StuW 1989, 75; BFH v. 17.09.1987 - VII R 50-51/86, BStBl. II 1988, 366 [369] = BFHE 151, 304; v. 25.04.1989 - VII R 36/87, BStBl. II 1990, 352 [354] = BFHE 156, 392; v. 09.02. 1988 - VII R 62/86, BFH/NV 1988, 752; BVerwG v. 13.10.1971 - VI C 137.67, DÖV 1972, 573; v. 27.10.1982 - 3 C 6.82, NJW 1983, 776.

829 BVerwG v. 27.10.1982 - 3 C 6.82, NJW 1983, 776.

830 BFH v. 22.07.1980 - VII B 3/80, BStBl. II 1980, 592 = BFHE 131, 15.

831 Materieller Bestand zum Zeitpunkt der Steuerfestsetzung.

832 BFH v. 10.12.1986 - I B 121/86, BStBl. II 1987, 389 = BFHE 149, 6.

833 So *Martens*, StuW 1989, 75 f.

834 Z.B. bei der Stundung (§ 222 AO) der Begriff der "erheblichen Härte".

835 *Martens*, StuW 1989, 76; *List*, in Hübschmann/Hepp/Spitaler, § 69 FGO Anm. 11.

836 *Tipke/Kruse*, § 69 FGO Tz. 1; *Kopp*, aaO, § 80 VwGO Rdn. 1.

die Verhinderung der Schaffung endgültiger Tatsachen, hier i.S. einer sofortigen Vollziehbarkeit des Steuerbescheides.

Wird damit durch die Aussetzung der Vollziehung des Steuerbescheides der Fälligkeitseintritt weder gehindert noch aufgehoben bzw. hinausgeschoben, so kann auch nicht die Aufrechnungslage hierdurch in Bezug auf die materiell-rechtliche Voraussetzung der Fälligkeit beeinflußt werden.

cc) "Durchsetzbarkeit" des Steueranspruches als Gegenforderung des aufrechnenden Finanzamtes

Aufgrund der Gläubigerrolle des Aufrechnenden und der zusätzlichen Wirkung der Aufrechnungserklärung als Vollstreckungssurrogat ("Selbstbefriedigung") tritt zu den Aufrechnungsvoraussetzungen der Gegenseitigkeit, Gleichartigkeit und Fälligkeit für das Vorliegen einer Aufrechnungslage i.S.v. §§ 387, 389 BGB i.V.m. 226 I AO noch die weitere Voraussetzung der Durchsetzbarkeit der Gegenforderung[837].

Durchsetzbarkeit ist dabei nicht gleichzusetzen mit der Fälligkeit bzw. Einredefreiheit der Forderung i.S.v. § 390 S.1 BGB. Sie geht insofern weiter, als die Fälligkeit schon zwingend vorrangig eine ihrer Voraussetzungen ist. Die Einredefreiheit i.S.v. § 390 S.1 BGB erfaßt dagegen nur materielle Einreden und ist daher enger als die Durchsetzbarkeit i.S. einer "rechtlichen Erzwingbarkeit" der Forderung[838] unabhängig von der Aufrechnung.
Damit könnte man die "Durchsetzbarkeit" der Gegenforderung durch die Aussetzung der Vollziehung des Steuerbescheides insofern als aufgehoben/gehemmt ansehen, als derjenige, der ansonsten rechtlich nicht in der Lage ist, die Erfüllung seiner Forderung durchzusetzen, auch nicht berechtigt sein soll, sich das Erfüllungssurrogat der Aufrechnung zu verschaffen, d.h. wer auch sonst zur Leistung nicht gezwungen werden könnte, dem darf auch nicht das Vollstreckungssurrogat der Aufrechnung "aufgezwungen" werden. Im Zivilrecht wird dieses Erfordernis vielfach mit dem Begriff der "Klagbarkeit" umschrieben[839], d.h. der Gläubiger einer Forderung bedarf zu ihrer zwangsweisen Durchsetzung eines Vollstreckungstitels. Im öffentlichen Recht eröffnet der festsetzende Leistungs(steuer)-bescheid einseitig begründeter Forderungen der Behörde die Möglichkeit, diese gegenüber dem Bürger durchzusetzen[840].
Der wirksam bestehende Leistungsbescheid ist daher ebenfalls zwingende Grundvoraussetzung für die - abstrakte - Durchsetzbarkeit des öffentlich-rechtlichen Steueranspruches. Das Erfordernis der

---

837 RG v. 19.12.1912 - V 203/12, RGZ 80, 371 [374 f.]; BGH v. 16.03.1981 - II ZR 110/80, NJW 1981, 1897; BGB-Mot. II, S. 106; *Palandt*, aaO, § 387 Anm. 5 Rdn. 11; *v. Feldmann*, in MünchKomm., § 387 Rdn. 9; *Staudinger-Kaduk*, § 387 BGB Rdn. 94, 95 a; *Larenz*, Schuldrecht I, S. 238; *Esser-Schmidt*, Schuldrecht AT, TlBd. I S. 201; *Gernhuber*, aaO, § 12 IV 1 a; *v.Feldmann*, JuS 1983, 359; *ders.*, DStR 1991, 222 [223]; *Ehlers*, JuS 1990, 777 [779]; *Lüke/Huppert*, JuS 1971, 165 [167]; *Pump*, Inf. 1987, 201 [202]; *Schmidt*, JuS 1984, 28 [30 f.].

838 *Ehlers*, aaO, S. 779 Fn. 28; *Schmidt*, aaO, S. 30 f.; BGH v. 16.03.1981, aaO, Fn. 837; anders wohl *v. Feldmann*, DStR 1991, 223; *Lüke/Huppert*, aaO, S.167: Durchsetzbarkeit ist Fälligkeit plus Einredefreiheit; *Pump*, Inf. 1987, 202.

839 BVerwG v. 13.10.1971 - VI C 137.67, DÖV 1972, 574; BGH v. 16.03.1981 - II ZR 110/80, NJW 1981, 1897; *Schmidt*, JuS 1984, 31; *Ehlers*, JuS 1990, 779 Fn. 28.

840 *Schmidt*, aaO, S. 30, zieht hieraus die Konsequenz, daß es im Verwaltungsrecht nur auf die Durchsetzbarkeit und Vollstreckbarkeit ankomme, wobei er jedoch die Voraussetzungen der Durchsetzbarkeit mit der der Vollziehbarkeit gleichsetzt, um so den Aufrechnungsgegner als Schuldner der Gegenforderung in einer dem Zivilrecht entsprechenden Weise (Klagbarkeitsvoraussetzung) zu schützen.

Durchsetzbarkeit darf jedoch nicht soweit ausgedehnt werden, daß man es mit der konkreten Vollziehbarkeit des Anspruches gleichsetzt[841], und zwar mit der Argumentation, wenn die Verwaltung nicht berechtigt sei, die Erfüllung ihres Leistungsbescheides im Wege der Verwaltungsvollstreckung durchzusetzen, dürfe sie dem Adressaten des Leistungsbescheides auch nicht das Erfüllungssurrogat der Aufrechnung aufzwingen, weil es in dieser Zwangswirkung ein Vollstreckungssurrogat sei. Auch im Zivilrecht ist "Klagbarkeit" nicht gleichzusetzen mit Vollstreckbarkeit. Die Vollstreckbarkeit der Forderung hängt vielmehr von weiteren - zusätzlichen - Voraussetzungen ab. Sie ist als rechtlich mögliche Konsequenz aus dem materiellen Regelungsgehalt des Leistungsbescheides abzuleiten und nicht mit ihm identisch. Der wirksame VA ist nur eine der Voraussetzungen der Vollstreckbarkeit (§§ 251 I, 257 I Nr. 2 AO); hinzu kommt z.B. gem. § 254 I AO das Erfordernis eines Leistungsgebotes. "Durchsetzbarkeit" der Forderung bedeutet demgegenüber lediglich verbindlich konkretisierende Feststellung eines ex lege entstandenen, fälligen und einredefreien Steueranspruches i.S. einer auf der Grundlage des Steuerbescheides (§ 218 I AO) potentiell[842] rechtlich erzwingbaren Realisierung, ohne bereits die konkrete (sofortige) Vollziehbarkeit gem. §§ 249 ff.AO zu begründen. Dem entspricht auch die Systematik (Verfahrenstrennung) der AO, die im 5. Teil gem. § 218 I AO den Steuerbescheid als die Grundlage für die Verwirklichung von Ansprüchen aus dem Steuerschuldverhältnis bestimmt und damit im Steuerrecht die Durchsetzbarkeit i.S.v. § 387 BGB mit einer "Verwirklichbarkeit" auf der Grundlage des wirksam vorhandenen Steueranspruches i.S. von § 218 I AO gleichstellt. Dagegen ist gem. § 251 I AO davon auszugehen, daß die Aussetzung der Vollziehung lediglich die Vollstreckbarkeit/Vollziehung beseitigt (hemmt) und nicht die dem Leistungsbescheid immanente materiell-rechtlichen Wirkungen wie Fälligkeit und Durchsetzbarkeit. D.h., eine Forderung kann durchsetzbar sein - gemäß dem materiell-rechtlichen Aufrechnungserfordernis -, ohne daß sie bereits vollstreckbar sein muß. Fälligkeit und Durchsetzbarkeit knüpfen an den materiellen Bestand des Anspruches an, der durch die Aussetzung der Vollziehung gerade nicht berührt wird, während die Vollziehbarkeit nur die hieraus abgeleiteten, formellen Konsequenzen erfaßt, die in Form von (sofortigen) Realisierungsmaßnahmen - vorläufig - suspendiert sind.

Mit dem Bestand des Steuerbescheides - auch wenn dieser in seiner Vollziehung vorläufig gehemmt ist - hat die Finanzbehörde für ihren Steueranspruch einen konkretisierten und verbindlich (vgl. §§ 218 I, 257 I Nr. 2 AO) festgestellten Titel, der - solange er in seinem Bestand nicht aufgehoben ist - auch durchsetzbar[843] ist und bleibt. Eine fehlende Aufrechnungslage und damit -befugnis des Finanzamtes läßt sich daher nicht auf das mangelnde Erfordernis der Durchsetzbarkeit gem. § 387 BGB stützen; allerdings ist der endgültige Eintritt der Aufrechnungswirkung entsprechend § 389 BGB und damit die rechtliche Manifestierung der Forderung und ihrer Realisierung auflösend bedingt durch die - rechtskräftige - Hauptsacheentscheidung.

dd) Aufrechnungsausschluß entsprechend § 390 S.1 BGB als "Verfahrenseinrede"

---

841 So *Schmidt*, aaO.

842 "Klagbar" bzw. "rechtlich erzwingbar" kann nur die potentielle Durchsetzbarkeit auf der Grundlage des materiell-rechtlichen Regelungsgehaltes des VA meinen. Für die Durchsetzbarkeit einer ö.r. Gegenforderung im Rahmen einer behördlichen Aufrechnungserklärung kann nicht - in überschießender Tendenz zur zivilrechtlichen Klagbarkeit, die eröffnet ist, wenn tatsächlich rechtlich die Möglichkeit der Klage besteht - bereits die Vollziehbarkeit der Forderung gefordert werden.

843 D.h. nur, daß der Anspruch insoweit formalisiert (konkretisiert) sein muß, daß auf dieser Grundlage eine - spätere - Vollstreckung möglich wäre.

Die Aussetzung der Vollziehung könnte i.S. einer "Verfahrenseinrede"[844] ein Leistungsverweigerungsrecht für den Aufrechungsgegner bedeuten, so daß die Aufrechnung des Finanzamtes während der Dauer der Vollziehungsaussetzung entsprechend § 390 S. 1 BGB unwirksam wäre[845].

Ein angefochtener, vorläufig vollziehbarer Steueranspruch des Finanzamtes ist nicht einredebehaftet, die mögliche Aufhebung der Anspruchsfestsetzung im Anfechtungsverfahren begründet jedenfalls noch keine materiell-rechtliche Einrede gegen den Anspruch i.S.d. § 390 S. 1 BGB[846]. Aber auch die Vollziehungsaussetzung entfaltet keine rechtsgestaltende Wirkung i.d.S., daß die Finanzbehörde die im Steuerbescheid festgesetzte Steuerforderung nicht mehr gem. § 390 S. 1 BGB fordern könnte (Leistungsverweigerungsrecht)[847].
Zudem verändert die Aussetzung der Vollziehung nicht den materiellen Inhalt des VA. Sie hat lediglich zur Folge, daß der Steuerbescheid in seinem unveränderten Bestand nicht vollzogen werden kann und ihre Bedeutung erschöpft sich hinsichtlich der Wirksamkeit der Steuerforderung als Gegenforderung und damit auch der Aufrechnungswirksamkeit darin, daß sie die Aufrechnung, die trotz Bestreitens der Forderung, mit der aufgerechnet wird, erklärt worden ist, unter dem Vorbehalt ihrer nachträglich rückwirkenden Unwirksamkeit im Fall des Erfolges des Rechtsmittels stellt[848]. Damit hat auch der Suspensiveffekt der Vollziehungsaussetzung keine die rechtskräftige Hauptsacheentscheidung überdauernde Bedeutung ("temporäres Vollzugshindernis"[849]), während materielle Leistungsverweigerungsrechte über diesen Zeitpunkt fortwirken, d.h. bei einem Leistungsverweigerungsrecht handelt es sich im Gegensatz zum Supensiveffekt um ein dauerndes Aufrechnungshindernis[850]. Die

---

844 *Martens*, StuW 1989, 76.

845 So OVG Münster v. 15.09.1967 - OVG VI A 538/62, n.v. - Berufungsurteil zu BVerwG v. 13.10.1971, aaO, Fn. 839.

846 *Palandt*, aaO, § 390 Anm. 1 Rdn. 1; *v. Feldmann*, in Münch.Komm., § 390 Rdn. 1 a; *Tipke/Kruse*, § 226 AO Tz. 16 m.w.N.; FG Berlin v. 22.04.1975 - V 201/73, EFG 1976, 45 [46]. § 390 S. 1 BGB erfaßt nach überwiegender Ansicht nur materielle Einreden, zu denen die Aussetzung der Vollziehung gerade nicht zählt, vgl. *Palandt*, aaO; *v. Feldmann*, aaO; *Martens*, aaO; *Ehlers*, JuS 1990, 777 [779 Fn. 28].

847 *Ehlers*, JuS 1990, 779; *Söhn*, StRK-Anm., § 226 R. 4; *Martens*, StuW 1989, 76; nach *Tipke/Kruse*, § 226 AO Tz. 16 kommt es auf § 390 S. 1 BGB nicht an, da durch die Aussetzung der Vollziehung bereits die Fälligkeit der Gegenforderung aufgehoben worden sei. BVerwG v. 13.10.1971 - VI C 137,67, DÖV 1972, 573; v. 27.10.1982 - 3 C 6.82, NJW 1983, 776; BFH v. 17.09.1987 - VII R 50-51/86, BStBl. II 1988, 366 = BFHE 151, 304. **A.A.:** FG Berlin v. 22.04.1975 - V 201/73,EFG 1976, 45 [46]: kein Leistungsverweigerungsrecht bei lediglich vorläufig vollziehbarer Steuerforderung, wohl aber i.V.m. einer Vollziehungsaussetzung; Nieders. FG v. 10.02.1989 - XIII (XI) 12/86, EFG 1989, 388 [389]: die Aufrechnung sei unzulässig mit einer entsprechend § 390 S. 1 BGB einredebehafteten Forderung aufgrund der Aufteilungs*möglichkeit* nach § 268 AO. Das FG setzt hier die Überprüfung der Aufrechnungszulässigkeit auf einer zu frühen Stufe an: es ist nicht notwendig, die Aufteilungsmöglichkeit nach § 268 AO einer materiellen Einrede i.S.v. § 390 S. 1 gleichzustellen, da diese den materiell-rechtlichen Regelungsgehalt des zugrundeliegenden Steuerbescheides unberührt läßt und lediglich zu einer Beschränkung der Zwangsvollstreckung i.w.S. führt. Besser ist es, die Zulässigkeit der finanzbehördlichen Aufrechnungserklärung im Rahmen der tatbestandlichen Voraussetzung der "Vollstreckung" i.S.v. § 278 I AO zu erfassen und zu überprüfen; so auch der BFH v. 01.03.1990 - VII R 135/87, BFH/NV 1991, 6 [7]: "Vollstreckungsbeschränkung i.w.S."; v. 12.01.1988 - VII R 66/87, BStBl. II 1988, 406 [407] = BFHE 152, 206; FG Münster v. 25.08.1983 - III 5489/81, EFG 1984, 164; insbesondere auch die Entscheidung des BFH v. 12.06.1990 - VII R 69/89, BStBl. II 1991, 493 [495] (Rev. z. Nieders. FG): die Aufteilungsbefugnis(-möglichkeit) sei keine Einrede gem. § 390 S. 1 BGB i.S. eines materiellen Leistungsverweigerungsrechts, insbesondere auch nicht im Hinblick auf den Schutzzweck des § 390 S. 1, da mit der Vollstreckungsbeschränkung (bei Aussetzung der Vollziehung mit Vollstreckungshemmung) auch eine Aufrechnungsbeschränkung einhergehe.

848 BFH v. 17.09.1987, aaO, Fn. 847; v. 14.03.1990 - I S 5/89, BFH/NV 1991, 172; BVerwG v. 13.10.1971, aaO, Fn. 847.

849 BVerwG v. 26.06.1961 - VIII C 398.59, BVerwGE 13, 8.

850 So *Appel*, BayVBl. 1983, 201 [202].

Erhebung einer Einrede in diesem Sinne verhindert eine unbedingte Verpflichtung zur Leistung, während eine Aussetzungsanordnung gerade eine bestehende Leistungsverpflichtung voraussetzt und nur zu einer Beschränkung der Vollstreckung i.w.S. führen soll[851].
Dieses Ergebnis basiert auf der Erkenntnis, daß materiell-rechtliche Gegebenheiten von formellen Gesichtspunkten hinsichtlich der Beurteilung der Wirksamkeit strikt zu trennen sind. Vollziehungshindernisse haben damit ihren Grund (allein) in der bis zur abschließenden Entscheidung in der Sache existierenden Ungewißheit, die jedoch den materiellen Bestand/Inhalt insoweit unberührt läßt und damit der wirksamen Aufrechnungserklärung nicht entgegenstehen kann, die bzgl. der materiellrechtlichen Aufrechnungsvoraussetzungen allein abstellt auf den wirksamen Regelungsgehalt der inanspruchgenommenen Forderungen.
Auch der Schutzzweck des § 390 S. 1 BGB[852] gebietet es nicht, die Aussetzung der Vollziehung einem materiell-rechtlichen Leistungsverweigerungsrecht gleichzustellen und aufgrund dessen einen (materiellen) Aufrechnungsausschluß anznehmen. Dem anfechtenen Steuerpflichtigen ist mit Einräumung der Vollziehungsaussetzung bei zweifelhafter Rechtslage Rechnung getragen, wobei jedoch noch zu klären bleibt, inwieweit die Aussetzung in formeller Hinsicht, d.h. ohne Anknüpfung an materielle Tatbestandsgegebenheiten oder Einreden, Auswirkungen auf die Aufrechnungszulässigkeit des Finanzamtes haben kann und damit, ob sie trotz Vorliegen der materiellen Gegebenheiten (einredefreie Aufrechnungslage) unzulässig ist als Vollziehung i.w.S. gem. §§ 361 AO, 69 FGO.

ee) Aufrechnungsverbot entsprechend § 388 S. 2 BGB

§ 388 S. 2 BGB, wonach die Aufrechnungserklärung unwirksam ist, wenn sie unter einer Bedingung oder Zeitbestimmung abgegeben wird, ist als spezifische Ausprägung des allgemeinen Grundsatzes, daß Gestaltungsakte bedingungsfeindlich sind[853], auch bei der steuerrechtlichen Aufrechnung über § 226 I AO entsprechend anwendbar. Die mit der Anfechtung des Steuerbescheides eingetretene rechtliche Ungewißheit über den (Fort-)Bestand der finanzbehördlichen Steuerforderung als Gegenforderung und damit auch über die - endgültige - Wirksamkeit der Aufrechnung selbst entsprechend
§ 389 BGB bedeutet nichts anderes als den Eintritt eines im Zeitpunkt der Aufrechnungserklärung ungewissen Ereignisses und entspricht insofern dem Begriff der auflösenden Bedingung[854]. Es handelt sich hierbei jedoch um keine rechtsgeschäftliche, d.h. der Aufrechnungserklärung selbst beigefügte Bedingung, auf die § 388 S. 2 BGB abzielt, sondern um eine von Gesetzes wegen eintretende Rückabwicklung, die von dieser Vorschrift[855] nicht erfaßt wird[856]. Zwar erscheint die rückwirkende Beseitigung einer zunächst eingetretenen Tilgungswirkung[857] befremdlich, vergegenwärtigt man sich je-

---

851 Damit ist auch dem Nieders.FG, aaO, Fn. 847, nicht zuzustimmen, daß inhaltlich zwischen einer Vollstreckungsbeschränkung und einer materiellen Einrede i.S. des BGB keinen Unterschied machen will. Es wird zwar vom Ergebnis her die momentane Vollziehung gehindert/beschränkt, inhaltlich gesehen gehen materielle Leistungsverweigerungsrechte und Vollstreckungsbeschränkungen jedoch von anderen Grundprämissen aus.

852 So Nieders.FG v. 10.02.1989, aaO, Fn. 847.

853 *Palandt*, aaO, vor § 158 Anm. 6 Rdn. 12 ff., § 388 Rdn. 1.

854 Vgl. hierzu *Palandt*, aaO, vor § 158 Anm. 1 f. Rdn. 1 ff. und § 387 Anm. 5 Rdn. 11: eine auflösende Bedingung hindere im Gegensatz zur aufschiebenden die Aufrechnung nicht.

855 Jedenfalls nicht unmittelbar, so *Martens*, StuW 1989, 74.

856 Vgl. zur sog. "Rechtsbedingung", *Palandt*, aaO, vor § 158 Anm. 2 c Rdn. 5.

857 Da es sich lediglich um eine "auflösende Bedingung" handelt, vgl. BFH v. 14.03.1990 - I S 5/89, BFH/NV 1991, 172; v. 12.01.1988 - VII R 66/87, BStBl. II 1988, 406 = BFHE 152, 206; FG Berlin v. 28.06.1968 - III 25/65, EFG 1969, 46 [47]; v. 22.04.1975 - V 201/73, EFG 1976, 45 [46]; *Tipke/Kruse*, § 226 AO Tz. 20; *Frotscher*, in

[Fortsetzung nächste Seite]

doch, daß die in der Aufrechnung liegende "Verfügung" über die betroffenen Forderungen deren rechtliche Existenz voraussetzen und wird diese - fristgemäß - in Frage gestellt durch die Anfechtung des diese Forderung konkretisierenden Steuerbescheides, dann kann die endgültige da rechtskräftige Klärung der materiellen Rechtslage nicht ohne Einfluß bleiben auf die zuvor mit dieser Forderung erklärten Aufrechnung. Die Frage kann nur dahin gehen, ob ein solchermaßen "rechtlicher Schwebezustand", der als ein Element der Ungewißheit in den Gestaltungsakt der Aufrechnung hineingetragen wird, nicht gerade auch von § 388 S. 2 BGB vermieden werden soll. Diese Ungewißheit ist aber letztendlich jeder Aufrechnung wesensimmanent, da diese im Zeitpunkt der Erklärung immer auch von der rechtlichen Existenz der von der Gestaltungswirkung betroffenen Forderungen abhängig ist[858].
Etwas anderes gilt jedoch, wenn die Aufrechnung nur für den Fall des (zukünftigen) Entstehens einer Gegenforderung erklärt wird. Hier handelt es sich um eine nach § 388 S. 2 BGB unwirksame da aufschiebend bedingte Aufrechnung[859].

Es ist deshalb nicht unangemessen, § 388 S. 2 BGB auf solche Bedingungen zu beschränken, die zur rechtlich skizzierten Ungewißheit bei einer Aufrechnungslage noch weitere, nur vom Willen des Erklärenden abhängige Unsicherheiten hinzufügen.

3. Vollziehbarkeit des Steuerbescheides als Voraussetzung für die Aufrechnung des Finanzamtes?

Selbst wenn man mit der überwiegenden Meinung zutreffend davon ausgeht, daß die Aussetzung/ Aufhebung der Vollziehung sich nicht auf den Eintritt der Wirksamkeit eines VA oder das Inkrafttreten der durch ihn getroffenen Regelung, sondern nur auf seine Vollziehbarkeit bezieht, so daß die Aufrechnungsvoraussetzungen des § 387 BGB bestehen (bleiben), müßte eine Aufrechnung der Finanzbehörde scheitern, falls die Aufrechnung die Vollziehbarkeit des Steuerbescheides voraussetzt. Zu klären bleibt damit, ob die Aufrechnung des Finanzamtes mit der im Steuerbescheid festgesetzten und angefochtenen Steuerforderung eine durch die Aussetzung der Vollziehung untersagte *"Vollziehung"* des Steuerbescheides i.S. der §§ 361 AO/69 FGO darstellt oder nicht.

a) Begriff der "Vollziehung"

§§ 361 AO, 69 FGO verwenden den Begriff der "Vollziehung" ohne ihn zu definieren. Lediglich § 361 I 1 AO und § 69 I 1 FGO weisen darauf hin, daß Vollziehung mehr umfaßt als die "Erhebung einer Abgabe", wenn dies auch einer der wichtigsten Fälle der Vollziehung ist ("insbesondere"). Ebenso geben die Begriffsbestimmungen in § 80 VwGO bzgl. "Vollziehung", "Aussetzung", "Aufhebung", die durch den Rechtsausschuß des Bundestages zwecks Angleichung an die FGO eingefügt worden sind[860], keine Anhaltspunkte für eine abgrenzende Definition.

Schwarz, § 226 AO Rdn. 7 a; *v.Feldmann*, in MünchKomm., § 387 BGB Rdn. 9; *Palandt*, § 387 BGB Anm. 6 Rdn. 12.

858 *Bruns*, ZZP 78 (1965), 280: "Abhängigkeit der Gestaltungswirkung von [der Feststellung] der materiellen Rechtslage."

859 BFH v. 26.09.1989 - VII R 22/86, BFH/NV 1990, 334.

860 Vgl. OVG Münster v. 29.07.1960 - III B 433/60, DÖV 1960, 914.

"Vollziehung" könnte daher *i.e.S.* als Maßnahme der Vollstreckung des VA verstanden werden - worunter die Aufrechnung nach einhelliger Meinung nicht fällt - oder aber *i.w.S.* als jede tatsächliche und rechtliche "Verwirklichung". Hierunter ließe sich die Aufrechnung des Finanzamtes als Erhebungsmaßnahme einordnen mit der Folge, daß eine Vollziehungsaussetzung die Aufrechnung - vorläufig - hindern würde bzw. ihre Folgen rückgängig zu machen wären.

aa) "Vollziehung i.e.S."

Anknüpfend an die *h.M.* zu § 251 RAO[861] bzw. § 242 RAO wurde "Vollziehung" i.S. von §§ 361 AO, 69 FGO zunächst im engeren Sinne interpretiert[862], d.h. die Vollziehung verstand man als Verwirklichung des Leistungsgebotes nur gegen den Willen ("unfreiwillig") des Betroffenen. Der Erlaß des Leistungsgebotes wie auch die (freiwillige) Zahlung des Steuerpflichtigen war damit noch keine Vollziehung, da diese durch die Finanzbehörde über das Leistungsgebot hinaus irgendeine Form der "Einwirkung" auf den Betroffenen voraussetzte.
Dieser Vollziehungsbegriff i.e.S. war der Qualifizierung als Vollstreckungsmaßnahme sehr angenähert[863] und umfaßte daher keinesfalls mehr Maßnahmen der Finanzbehörde im Erhebungsverfahren, die ohne (zwangsweise) Einwirkung auf den Steuerpflichtigen von Statten gingen.

bb) "Vollziehung i.w.S."

Die Einschränkung der Vollziehungsdefinition wurde von der Rechtsprechung zwischenzeitlich ausdrücklich aufgeben[864]. Auch in der Literatur wird seither der Begriff der "Vollziehung" weit gefaßt. Vollziehung ist daher nicht nur die Erhebung oder Beitreibung, nicht nur die (zwangsweise) Durchsetzung von Anordnungen, sondern[865] jeglicher Gebrauch der Wirkungen eines VA, jede Verwirklichung der im VA ausgedrückten Rechtsfolgen, jedes Gebrauchmachen vom materiellen Regelungsgehalt des VA[866] i.d.S. der "Umsetzung des VA in die Tat", der "Freisetzung der dem VA innewohnenden Wirkungen". Gleichgültig ist dabei, ob eine solche Vollziehung unter Einsatz von Verwaltungszwang oder ohne einen solchen vor sich geht. Das Vollstreckungsverfahren eröffnet für die Finanzbehörde lediglich die Möglichkeit, die Vollziehung eines VA notfalls mit Zwang durchzusetzen. Der Erlaß des Leistungsgebotes (§ 254 I) dürfte hiernach auf jeden Fall bereits "Voll-

---

861 I.d.F. bis 01.01.1966.

862 BFH v. 09.08.1966 - I B 3/66, BStBl. III 1966, 646 = BFHE 86, 723; v. 12.02.1974 - VII R 105/71, BStBl. II 1974, 418 = BFHE 112, 10.

863 Wobei die Aufrechnung selbst nach überwiegender Ansicht nie als Vollstreckungsmaßnahme aufgefaßt wurde, BFH v. 07.03.1967 - VII 164/62, BStBl. III 1967, 381 = BFHE 88, 311; v. 03.11.1983 - VII R 38/83, BStBl. II 1984, 185 = BFHE 140, 10; v. 02.04.1987 - VII R 148/83, BStBl. II 1987, 536 [539] = BFHE 149, 482; BGH v. 26.05.1971 - VIII ZR 137/70, NJW 1971, 1563; BVerwG v. 13.10.1971 - VI C 137.67, DÖV 1972, 573; *Pietzner/Ronellenfitsch*, aaO, § 54 Rdn. 19 Fn. 66.

864 BFH v. 22.07.1977 - III B 34/74, BStBl. II 1977, 838 = BFHE 123, 112; v. 29.11.1977 - VII B 6/77, BStBl. II 1978, 156 = BFHE 124, 13.

865 *List*, in Hübschmann/Hepp/Spitaler, § 69 FGO Anm. 30; *v. Wallis*, in Hübschmann/Hepp/Spitaler, § 361 AO Anm. 13; *Tipke/Kruse*, § 69 FGO Tz. 4; *Kühn/ Kutter/Hofmann*, § 361 AO Anm. 3; *Dumke*, in Schwarz, § 361 AO Anm. 2; *Gräber/Koch*, § 69 FGO Rdn. 58; *Ziemer-Haarmann-Lohse*, aaO, Rdn. 4031 ff.; *Söhn*, StRK-Anm., AO 77, § 226 R. 4.

866 Vgl. u.a. BFH v. 10.07.1979 - VIII B 84/78, BStBl. II 1979, 567 = BFHE 128, 164; v. 05.08.1980 - VIII B 108/79, BStBl. II 1981, 35 = BFHE 131, 282; FG Rheinl.Pf. v. 12.05.1978 - III 9a/78, EFG 1978, 396; FG Bad. Württ. v. 28.06.1979 - IX 84/79, EFG 1980, 8; FG Hamburg v. 16.11.1979 - IV 131/79 N, EFG 1980, 203; *Söhn*, aaO, Fn. 865.

ziehung"[867] i.S.eines Gebrauchmachens vom materiellen Regelungsgehalts des VA sein. Ob jedoch eine bereits dem Leistungsgebot vorgeschaltete Maßnahme "Vollziehung" i.S. von §§ 361 AO, 69 FGO sein kann, ist nach dem Wortlaut des Gesetzes[868] auch für die Erhebungsmaßnahmen gem. §§ 224 ff. AO zu bejahen. Denn bereits mit Erhebung der Abgabe geht es um die Realisierung des dem VA innewohnenden materiellen Regelungsgehaltes.

b) Aufrechnung(serklärung) des Finanzamtes als "Vollziehung"?

Die Aufrechnung(serklärung) des Finanzamtes wäre i.S.v. §§ 361 II, III AO, 69 II, III FGO - vorläufig - nicht zulässig[869], wenn diese Aufrechnung mit der Gegenforderung eine "Vollziehung" des den betreffenden Steueranspruch konkretisierenden Steuerbescheides i.S. einer Realisierung des materiellen Regelungsgehaltes des Bescheides darstellte.

Die noch *vorherrschende obergerichtliche Rechtsprechung*[870] verneint eine Qualifizierung der behördlichen Aufrechnung(-serklärung) als "Vollziehung" i.S.v. §§ 361 AO, 69 FGO, mit der Folge, daß die Aussetzung der Vollziehung des der Aufrechnung zugrunde liegenden Steuerbescheides die Aufrechnung mit diesem Anspruch nicht hindere[871] und deshalb auch eine Aufhebung der Vollziehung weder die Rechtswirkungen der vom Finanzamt erklärten Aufrechnung beseitige noch den Antragsgegner verpflichte, die Aufrechnung rückgängig zu machen bzw. die von ihr betroffene Hauptforderung(en) des Steuerpflichtigen zu erfüllen/zu erstatten.
Begründet wird diese Ansicht überwiegend mit den "erheblichen Unterschieden"[872] zwischen Aufrechnung und Vollziehung. Die Aufrechnung diene als Mittel der Rechtsverteidigung gegenüber einem vom Gegner erhobenen Anspruch und führe zugleich zur Befriedigung des eigenen Anspru ches; sie sei im wesentlichen nicht hoheitliches Handeln[873] und den schuldrechtlichen Gestaltungsrechten zuzuordnen, die auf dem Grundsatz der freien Verfügbarkeit des eigenen Rechtsbestandes beruhten, also keine rechtssystematische Beziehungen zu Maßnahmen des Vollstreckungsrechts aufwiesen. Die Vollziehung eines VA durch die Behörde dagegen stelle eine selbständige und

---

867 *Söhn*, aaO, S. 4; *Ziemer-Haarmann-Lohse*, aaO, Rdn. 4041/6; BFH v. 23.06.1977 - V B 41/73, BStBl. II 1977, 645 = BFHE 122, 258.

868 "Insbesondere die Erhebung einer Abgabe", §§ 361 I 1 AO, 69 I 1 FGO; § 218 I AO.

869 "Gehemmt" i.S.d. Vollziehungstheorie, BFH v. 17.09.1987 - VII R 50-51/86, BStBl. II 1988, 369 = BFHE 151, 304.

870 BFH v. 14.03.1990 - I S 5/89, BFH/NV 1991, 172; v. 17.09.1987 - VII R 50-51/86, BStBl. II 1988, 366 [369] = BFHE 151, 304; v. 15.02.1967 - I B 30/66, BStBl. III 1967, 293 = BFHE 88, 76; 09.09.1966 - I B 3/66, BStBl. III 1966, 646 = BFHE 86, 723; BVerwG v. 13.10.1971 - VI C 137.67, DÖV 1972, 573 (**a.A.** Berufungsinstanz OVG Münster v. 15.09.1967 - VI A 538/62, n.v.); v. 27.10.1982 - 3 C 6.82, NJW 1983, 776 (**a.A.** Vorinstanz VG Frankfurt v. 15.11.1979 - I/2 E 2745/79, n.v.); v. 13.06.1985 - 2 C 43.82, ZBR 86, 87 [88] = DVBl. 1986, 146; vgl. auch *Battis*, Allgemeines Verwaltungsrecht, Rdn. 289 f.; *Glose*, DÖV 1990, 149; *Martens*, StuW 1989, 76; *Pietzner*, VerwA 73 (1982), 453 [458] unter Hinweis auf Hess. VGH v. 23.05.1973 - I OE 16/72, n.v.; *ders.*, VerwA 74 (1983), 59 ff.; vermittelnd *Ehlers*, NVwZ 1983, 446 [449].

871 Der *BFH* v. 17.09.1987, aaO, Fn. 869, S. 371 f., läßt - entgegen der Ansicht des FG - die Aufrechnung des FA trotz Vollziehungsaussetzung des Steuerbescheides auch unter dem Gesichtspunkt der verfassungsrechtlichen Grundrechtsorientierung zu. Sie verletze - trotz Vollziehungsaussetzung - weder den Gleichheitssatz des Art. 3 GG noch berühre sie das Recht des Kl. auf Rechtsschutz nach Art. 19 IV GG, noch stelle sie sich als unzulässige Rechtsausübung in Ausnutzung einer allein (zunächst nur) "formell" bestehenden Aufrechnungslage zur Befriedigung seiner ö.r. Forderungen dar, da es nicht "in zweckentfremdender Weise und nicht mit zweckfremden Ziel hiervon Gebrauch mache".

872 "Zwei Rechtsinstitute mit verschiedener Zielrichtung und Wirkung", BVerwG v. 13.10.1971 - VI C 137.67, DÖV 1972, 573.

873 Kein VA; BFH v. 02.04.1987 - VII R 148/83, BStBl. II 1987, 536 = BFHE 149, 482.

grundsätzlich hoheitliche Maßnahme zur Durchsetzung einer getroffenen Anordnung im Wege des Zugriffes auf Rechtsgüter des Adressaten dar. Entscheidendes Kriterium für den *BFH*[874], die Aufrechnung nicht einer Vollziehung i.S.v. § 69 FGO gleichzusetzen, ist damit die Qualifizierung der Aufrechnung als Gestaltungsrecht im *nichthoheitlichen* Bereich. Zudem würde - nach seiner Ansicht - ein "voller" Aufrechnungsausschluß für das Finanzamt während der Vollziehungsaussetzung zu einer Interessenverschiebung zu Lasten des Finanzamtes führen. Die Aufrechnung sei ohnehin - materiell-rechtlich - nur wirksam, wenn das Bestehen der Gegenforderung im Anfechtungsverfahren rechtskräftig festgestellt worden ist. Damit stehe der Aufrechnungsgegner einer ungerechtfertigten Aufrechnung des Finanzamtes nicht ungeschützt gegenüber und der aufrechnenden Behörde werde durch die Aussetzung der Vollziehung die Aufrechnung nicht völlig unmöglich gemacht[875], da es auch nicht auszuschließen sei, daß die Anfechtung unbegründet, die Gegenforderung also im Zeitpunkt der (ersten) Aufrechnungserklärung des Finanzamtes tatsächlich bestanden habe. Als weiteres Argument führt der *BFH*[876] die Systematik des vorläufigen Rechtsschutzes an. Die Aussetzung der Vollziehung sei eine Maßnahme vorläufigen Rechtsschutzes in Bezug auf die VAe, die der Gegenforderung zugrunde lägen. Dagegen verlange der Steuerpflichtige mit der Berufung auf die Unzulässigkeit der Finanzamtaufrechnung während der Aussetzung vorläufigen Rechtsschutz in einem Verfahren, wo es um die Frage ginge, ob die Behörde verpflichtet sei, die Hauptforderung des Steuertigen unmittelbar - d.h. ohne Aufrechnung - zu erfüllen. Hier sei als Maßnahme des vorläufigen Rechtsschutzes allein der Erlaß einer einstweiligen Anordnung nach § 114 FGO das adäquate Mittel (einstweilige Anordnung wegen Nichtauszahlung der Hauptforderung). Die Herbeiführung derselben Wirkungen über die Aussetzung der Vollziehung des Steuerbescheides sei eine unzulässige Ausdehnung des vorläufigen Rechtsschutzes gegen die Vollziehung von Verwaltungsakten.

Die Stimmen der *Gegenansicht*[877] sehen die behördliche Aufrechnung dagegen zu Recht als "Vollziehung" i.S.d. Aussetzungsvorschriften an, was zur Folge hat, daß die Finanzamtaufrechnung unzulässig ist, wenn und solange die Vollziehung des der Gegenforderung zugrunde liegenden Steuerbescheides ausgesetzt ist, und eine bereits erfolgte Aufrechnung kann - zumindestens hinsichtlich der

---

874 BFH v. 17.09.1987, aaO, Fn. 869, S. 369.

875 D.h. zumindestens die Möglichkeit der "Erklärung" unter der "auflösenden Bedingung" der späteren (endgültigen) Wirksamkeit eröffnet.

876 Ebenso *Appel*, BayVBl. 1983, 203, für den Fall des § 80 V VwGO als vorläufiges Rechtsschutzmittel gegen eine Behördenaufrechnung.

877 *Friedl*, DStR 1991, 1005; *Weber-Grellet*, DStR 1982, 105 [106]; *Martens*, StuW 1974, 155 [160] (a.A. aber in StuW 1989, 69 [76]); *Söhn*, StRK-Anm., AO 1977 § 226 R. 4 S. 4 f.; *ders.* zum Anrechnungsverfahren nach § 36 II Nr. 2 EStG in FR 1971, 263 ff.; *Dumke*, in Schwarz, § 361 AO Rdn. 17, allerdings mit dem Argument der mangelnden Fälligkeit bei einer Vollziehungsaussetzung; *Ziemer-Haarmann-Lohse*, aaO, Rdn. 4041/4; *Ehlers*, JuS 1990, 777 [779]; *Finkelnburg-Jank*, aaO, Rdn. 486 ff.; *Herdegen*, VBlBW 1984, 193 [194 Fn. 21]; *Schmidt*, JuS 1984, 28 [30]; *Schuhmann*, RWP SG 2.2, S. 93 [102]; *Veitenthal*, BayVBl. 1990, 615 [618 f.]; OVG Münster v. 02.07.1964 - VI B 38/64, ZBR 1966, 307 f.; v. 13.09.1974 - I B 649/74, OVGE 30, 46 [50] (Bedarf nach vorl. Rechtsschutz aufgrund "faktischer Vollziehung"); VGH Bad.Württ. v. 08.02.1971 - VI 934/70, VBlBW 1971, 75; OVG Rheinl.Pf. v. 09.10.1970 - 2 B 61/70, VerwRspr. 22, 409; Hess. VGH v. 14.03.1975 - VII TH 91/74, DÖV 1975, 865; v. 19.08.1977 - I TH 19/77, ESVGH 27,159[163]; VG Frankfurt v. 15.11.1979 - I/2 2745/79, n.v.; OFD Nürnberg v. 22.11.1983 - S 0456 - 50/St 32, StLex. 2, 224-226, S. 1 [7 f.]; FG Schlesw. Holst. v. 26.11.1964 - III 99/64, EFG 1965, 340; FG Saarland v. 14.07. 1967 - 946/67, EFG 1967, 584; FG Berlin v. 28.06.1968 - III 25/65, EFG 1969, 46; FG Bad. Württ. v. 08.09.1976 - VI 91/76, EFG 1976, 605; Nieders. FG v. 18.02.1980 - VIII 42/78 A , EFG 1980, 344; nunmehr ausführlich (entgegen BFH v. 17.09.1987, aaO, Fn. 869); FG München v. 26.01.1989 - 3 V 4956/88, EFG 1989, 212; FG Köln v. 10.03.1981 - I 21/81 A, EFG 1981, 379 [380] für den Fall einer "Anrechnung".

Geltendmachung der Aufrechnungswirkungen (Erlöschen von Haupt- und Gegenforderung) - durch Aufhebung (§ 69 II 4 FGO) der Vollziehung rückgängig gemacht werden[878], d.h. die durch - wirksame - Aufrechnung "bezahlte" Steuer ist in diesen Fällen zu erstatten (§ 37 II AO)[879].
Als Vollziehung (i.w.S.) ist das Gebrauchmachen vom materiellen Regelungsgehalt des VA zu verstehen[880], worunter auch die Aufrechnung fällt, weil erst der materielle Regelungsinhalt die entsprechend § 387 BGB notwendigen Voraussetzungen für eine Aufrechnung (Festsetzung und Fälligkeit der Steuerforderung) schafft bzw. herbeiführt. Einigkeit besteht darin, daß die Behördenaufrechnung keine Maßnahme der Verwaltungsvollstreckung i.e.S., keine Beitreibungsmaßnahme darstellt. "Vollziehung" i.S.d. §§ 361 AO, 69 FGO ist einer solchen jedoch auch nicht gleichzusetzen, sondern umfaßt jede Realisierung i.w.S. der in einem Steuerbescheid festgesetzten Steuerforderung und damit auch jede Art von Erhebungsmaßnahme des Finanzamtes, zu denen die Aufrechnung - schon systematisch - unstreitig zählt. Die Aussetzung der Vollziehung verwehrt damit jegliche Maßnahme, die sich als Folgerung aus dem angefochtenen Steuerbescheid darstellt, jeden "faktischen Vollzug"[881], der den Aufrechnungsgegner so stellen würde, als wenn die Forderung in anderer Weise (z.B. Verwaltungsvollstreckung) sofort vollzogen würde, jeglichen Gebrauch der Wirkungen des VA, jede Verwirklichung des Inhalts der behördlichen Maßnahme[882]. Durch die Vollziehungsaussetzung soll und muß jede Befriedigung der angefochtenen und ausgesetzten Forderung ohne/gegen den Willen des Anfechtenden aufgeschoben sein[883]. Auch der *BFH* hat in seinem Beschluß vom 14.03.1990[884] das Wesen der Vollziehungsaussetzung darin gesehen, daß sie die Behörde verpflichtet, für die Dauer des durch Anfechtung des VA herbeigeführten Schwebezustandes alle Maßnahmen zu unterlassen, die der Durchführung des VA dienen, sofern diese Maßnahmen Bestand und Rechtswirksamkeit des VA voraussetzten[885].
Ist damit im Steuerrecht davon auszugehen, daß Grundlage der Vollziehung i.S. einer Verwirklichung die Steuerbescheide etc. sind, so können und dürfen Ansprüche aus dem Steuerschuldverhältnis nur und erst verwirklicht werden, nachdem sie durch einen der genannten VAe festgesetzt wurden. Aufgrund dieser Festsetzungsvoraussetzung als Grundlage für die Anspruchsrealisierung im Steuerrecht wird nicht nur der Bestand der in § 218 I aufgeführten VAe vorausgesetzt, sondern auch deren Vollziehbarkeit, die durch die Vollziehungsaussetzung gehindert wird[886], denn die Vollziehbarkeit ist eine Eigenschaft des Zahlungsanspruches[887], der wiederum im Steuerbescheid als konkretisierte Leistungsverpflichtung zur Grundlage der Verwirklichung wird. Die suspendierende Wirkung der Vollziehungsaussetzung beseitigt zwar nicht die Wirkungen des VA, aber die ihm

---

878 FG München v. 26.01.1989, aaO, Fn. 877; *Veitenthal*, aaO, S. 619.

879 In Höhe des Betrages, den der Steuerpflichtige als Erstattungsanspruch ohne Berücksichtigung/Verrechnung der FA-Gegenforderung zu bekommen hätte. Der Rechtszustand wie vor Erlaß des angefochtenen VA ist wieder herzustellen, BFH v. 27.01.1977 - IV B 72/74, BStBl. II 1977, 367 = BFHE 121, 289; Hess. FG v. 30.06.1981 - IX B 167/81, EFG 1982, 87; *Kopp*, § 80 VwGO Rdn. 33, 65, 66.

880 *Söhn*, aaO, S. 5.

881 OVG Münster v. 13.09.1974, aaO, Fn. 877.

882 FG Rheinl.Pf. v. 20.07.1972 - I 4a/72, EFG 1973, 29.

883 *Söhn*, aaO, S. 5.

884 BFH v. 14.03.1990 - I S 5/89, BFH/NV 1991, 172; vgl. auch v. 10.12.1986 - I B 121/86, BStBl. II 1987, 389 = BFHE 149, 6, wo zum Vollzug des Steuerbescheides i.S. jeglichen Gebrauchs seiner Wirkungen auch die Verwirkung von Säumniszuschlägen (als kraft Gesetzes eintretende Folge der bloßen, nicht fristgerechten Beachtung des Leistungsgebotes) gerechnet wurde.

885 Vgl. auch *Kühn/Kutter/Hofmann*, § 361 AO Anm. 3; *Tipke/Kruse*, § 69 FGO Tz. 3 a, 7; *Gräber/Koch*, § 69 FGO Rdn. 58.

886 FG München v. 26.01.1989, aaO, Fn. 878, S. 213.

887 BFH v. 15.06.1982 - VIII B 138/81, BStBl. II 1982, 657 [659] = BFHE 136, 186.

wesensimmanente Verbindlichkeit hinsichtlich der in ihm getroffenen hoheitlichen Regelungen[888]. Mangels der im Steuerrecht aus der Festsetzung resultierenden - nunmehr vorläufig suspendierten - Verbindlichkeit des VA-Inhalts kann sich keiner der Beteiligten allein auf den (Noch-)Bestand des Steuer-VA berufen und ihn zur Grundlage seines Handelns machen.

Im Umkehrschluß aus § 226 III AO ist zwar zu folgern, daß die Finanzamtaufrechnung mit einer bestrittenen, d.h. auch angefochtenen Gegenforderung zulässig ist. Das "Bestrittensein" im Rahmen einer Anfechtungsklage geht jedoch weiter, wenn die Vollziehung des zugrunde liegenden Steuerbescheides aufgrund Zweifel an seiner Rechtmäßigkeit behördlicher- oder gerichtlicher Seits ausgesetzt bzw. aufgehoben wird. Steht daher die Aufrechnungserklärung des Finanzamtes zwar nicht unter der - materiell-rechtlichen - Aufrechnungsvoraussetzung einer liquiden Gegenforderung, ist eine illiquide Gegenforderung jedoch bereits auch "amtlich" in Zweifel gezogen worden und ist aufgrunddessen die Verwaltung gehindert, die Erfüllung ihres Leistungsbescheides durch Vollstreckungs- oder Erhebungsmaßnahmen durchzusetzen, dann muß unter dieses "Realisierungs-/Vollziehungsverbot" auch das Aufzwingen der Erfüllung durch Aufrechnung fallen. Zu Recht sieht *Söhn*[889], daß die Behörde durch ihre Aufrechnungserklärung zugleich die eigene Forderung im Wege der Selbsthilfe durchsetzt, dem Aufrechnungsgegner also eine Befriedigung des behaupteten Anspruches aufzwingt. Auch ließe sich die "ratio" der Aufrechnungsrückwirkung nicht mit dem Suspensiveffekt der Aussetzung vereinbaren: dem Schuldner soll im Hinblick auf seine Aufrechnungserklärung zum Zeitpunkt der Aufrechnungslage das Gefühl genommen werden, sich wirtschaftlich noch als solcher empfinden zu müssen. Diese Vorstellung kann aber die Behörde mit dieser Erklärung angesichts des Suspensiveffektes - zunächst jedenfalls - nicht verbinden.

Von der obergerichtlichen Rechtsprechung, die bislang noch die Vollziehungsqualifizierung ablehnt, ist damit ein inkonsequenter Lösungsweg eingeschlagen worden. Einerseits zieht sie die Begriffsbestimmung der "Vollziehung" in einem weiteren Sinne, so daß sogar freiwillige Zahlungen des Steuerpflichtigen hierunter zu subsumieren sind[890], was zur Konsequenz hätte, daß auch die Aufrechnung des Steuerpflichtigen - als freiwilliges Erfüllungssurrogat - erfaßt würde, während die Aufrechnung des Finanzamtes nicht als Vollziehung bewertet werden soll. Diese "einengende" Interpretation der "Vollziehung" im Rahmen der behördlichen Aufrechnung wird mit dem mangelnden hoheitlichen Charakter dieser - auch öffentlich-rechtlichen - Gestaltungsbefugnis gerechtfertigt. Hierbei übersieht sie aber, daß eine Vollziehung zwar hoheitlich i.S. von Verwaltungszwang vonstatten gehen kann, dies aber nur eine Möglichkeit der Vollziehung ist[891]. Vollziehung der Behörde setzt schon begrifflich nicht hoheitlich-obrigkeitliches Handeln i.S. eines Subordinationsverhältnisses voraus. Erforderlich und ausreichend ist vielmehr ein öffentlich-rechtliches Handeln der Behörde, das zur Durchsetzung/Realisierung des festgesetzten Anspruches führt[892]. Öffentlich-rechtlich heißt nicht zwingend hoheitlich, sondern erfaßt ebenfalls sog. schlicht-hoheitliches Handeln bzw. vorliegend die Aufrechnung der Finanzbehörde als verwaltungsrechtliche Willenserklärung. Eine Beschränkung auf Maßnahmen im hoheitlichen Bereich - wie es anscheinend von BFH und BVerwG für die behördliche

888 *Tipke/Kruse*, § 69 FGO Tz. 4; *Papier*, BauR 1981, 151 [154].

889 *Söhn*, aaO, S. 5.

890 BFH v. 22.07.1977 - III B 34/74, BStBl. II 1977, 838 = BFHE 123, 112; v. 05.08.1980 - VIII B 108/79, BStBl. II 1981, 36 = BFHE 131, 282.

891 Wie ja auch die Einordnung der freiwilligen Steuerpflichtigenzahlung durch die BFH-Rechtsprechung zeigt.

892 *Söhn*, aaO, S. 5; *Friedl*, aaO, S. 1006; *Veitenthal*, aaO, S. 619.

Aufrechnung befürwortet wird - steht damit im Widerspruch[893] zu der allgemein anerkannten Definition der Vollziehung als Gebrauchmachen von den Wirkungen und dem Regelungsgehalt eines VA. In diesem Sinne kann es keinen Unterschied machen, ob die der Verwirklichung des Steueranspruches dienende Handlung der Steuerbehörde als VA vorgenommen wird oder als rechtsgeschäftliche Ausübung eines Gestaltungsrechts[894]. Auch läßt eine solchermaßen einengende Interpretation den Wortlaut des Gesetzes außer acht, der im 5. Teil der AO "Erhebungsverfahren" unter dem Abschnitt "Verwirklichung und Fälligkeit von Ansprüchen aus dem Steuerschuldverhältnis" im Zusammenhang mit Zahlung und Erlaß auch die Aufrechnung regelt und damit den Maßnahmen zuordnet, welche der Verwirklichung von Steueransprüchen dienen[895]. Auf welche "Art" die somit - vorläufig - untersagte Verwirklichung der durch den VA getroffenen Regelung erfolgt, ist damit für eine Qualifizierung als "Vollziehungsmaßnahme" nicht (allein) ausschlaggebend. Entscheidend ist nur, daß der VA als Grundlage des betreffenden Handelns dienen soll. Maßgebend ist auch nicht, daß die Aufrechnung keine einseitige Maßnahme der Selbstbefriedigung ist, sondern zugleich immer auch Aufopferung der eigenen Forderung bedeutet. Diese Charakterisierung der Gegenseitigkeit, der Doppelfunktionalität der Aufrechnung hindert nicht ihre Einordnung als Vollziehungsmaßnahme in Bezug auf die Durchsetzung der finanzbehördlichen Steuerforderung.

Wollte man mit der Rechtsprechung des BFH[896] zu einem engeren Begriff der Vollziehung zurückkehren, dann wäre es angebracht, zunächst die freiwillige Zahlung durch den Steuerpflichtigen und eine von ihm erklärte Aufrechnung vom Begriff der Vollziehung auszunehmen, denn eine vom Steuerpflichtigen selbst ergriffene Maßnahme zur Erfüllung einer ihm durch VA auferlegten Leistung ist sicherlich weit weniger Vollziehung als eine von der Steuerbehörde durch Aufrechnung aufgezwungene Tilgung[897].

Ein "enger Vollziehungsbegriffes" ist jedoch abzulehnen, zumal auch die Rechtsprechung des BFH[898] zur Situation nach Aufteilung einer Steuergesamtschuld von Ehegatten entgegenstünde. Denn danach ist die Finanzamtaufrechnung gegenüber einem Ehegatten unzulässig, soweit auf ihn kein Rückstand mehr entfällt, weil nach §§ 268, 278 I, 277, 276 VI AO die Aufteilung einer Gesamtschuld zu einer Aufrechnungsbeschränkung führt. Auch hier wird eine Vollstreckungsbeschränkung nicht nur im rechtstechnischen Sinne verstanden, sondern als Ausschluß jeglicher Verwirklichung (i.w.S.) der Gesamtschuld - auch im Wege der Aufrechnung durch das Finanzamt, da diese in ihrer Wirkung der Vollstreckung gleichstehe[899]. Eine Aufrechnung entgegen der Vollstreckungsbeschränkung des § 278 I AO würde - wie auch bei §§ 361 II, III AO, 69 II, III FGO - zu einer Umgehung des Gesetzeszweckes führen, da die Aufrechnung nicht bloß zur Sicherung, sondern gem. § 47 AO zum Erlöschen der Steuerforderung führt. Ähnlich weit versteht der *BFH*[900] auch im Fall des § 79 II

---

893 *Friedl*, aaO, S. 1006.

894 FG München v. 26.01.1989, aaO, Fn. 877, S. 213.

895 FG München v. 26.01.1989, aaO, Fn. 877; *Kühn/Kutter/Hofmann*, § 361 AO Anm. 3.

896 BFH v. 17.09.1987, aaO, Fn. 869 und v. 14.03.1990, aaO, Fn. 870.

897 *Friedl*, aaO, S. 1006.

898 BFH v. 19.10.1982 - VII R 55/80, BStBl. II 1983, 162 = BFHE 137, 146; v. 12.01.1988 - VII R 66/87,BStBl. II 1988, 406 = BFHE 152, 206; v. 01.03.1990 - VII R 135/87, BFH/NV 1991, 6 [7]; anders bei lediglich bestehender Aufteilungsbefugnis(möglichkeit), BFH v. 12.06.1990 - VII R 69/89, BStBl. II 1991, 493; FG Münster v. 25.08.1983 - III 5489/81, EFG 1984, 164; *Kühn/Kutter/Hofmann*, Anm. zu § 268 AO; *Szymczak*, in Koch,
§ 278 AO Rdn. 3; *Hüdepohl*, BB 1986, 370; *Pump*, Inf. 1987, 481.

899 Vgl. die Einzelfallentscheidung des FG Münster v. 25.08.1983, aaO, Fn. 898, nach der - ausnahmsweise - keine Aufopferung eines eigenen Anspruches des FA gegenüber dem Ehegatten, auf den nach der Aufteilung kein Rückstand mehr entfalle, eintrete.

900 BFH v. 07.03.1967 - VII 164/62, BStBl. III 1967, 381 = BFHE 88, 311.

2 BVerfGG den Begriff der "Vollziehung". In entsprechender Anwendung des § 79 II 2 BVerfGG ist dann, wenn die Rechtsgrundlage der Gegenforderung nachträglich für nichtig erklärt worden ist, eine Aufrechnung als "Vollstreckung i.w.S." mit dieser Gegenforderung unzulässig[901].
Wird der Aufrechnung des Finanzamtes schon in diesen Fällen einer "Vollstreckungsbeschränkung" eine "Durchsetzungswirkung"[902] beigemessen, so muß dies erst recht auch für die Begriffsbestimmung im Rahmen der - weiter fassenden - Vollziehung nach den Aussetzungsvorschriften gelten.

Der *BFH* hat zudem in seinem Beschluß vom 09.02.1988[903] entschieden, daß durch die Vollziehungsaussetzung eines Abrechnungsbescheides ("als vollziehbarer VA"), in dem ein durch Aufrechnung des Finanzamtes betragsmäßig geminderter Erstattungsanspruch des Steuerpflichtigen festgestellt wurde, die Aufrechnungswirkungen einstweilig rückgängig zu machen sind, indem das Finanzamt die Erstattungsansprüche vorläufig in voller Höhe erfüllen müsse[904]. Auch hier geht es nicht um die Vollziehung der im Abrechnungsbescheid VA-mäßig konkretisierten Aufrechnung selbst, sondern um die Vollziehung der der Aufrechnung zugrundeliegenden und im angefochtenen Steuerbescheid konkretisierten Gegenforderung des Finanzamtes. Wenn durch die Aussetzung der Vollziehung des Abrechnungsbescheides die Vollziehung der der Finanzamtaufrechnung zugrunde liegenden Gegenforderung vermieden (rückgängig) gemacht werden soll, indem die Aufrechnungswirkungen - vorläufig - nicht eintreten sollen[905], dann muß man die gleiche rechtliche Konsequenz auch für die im ausgesetzten Steuerbescheid konkretisierte Gegenforderung des Finanzamtes ziehen, auch wenn hier die Aufrechnungserklärung des Finanzamtes nicht im Bescheid selbst VA-mäßig manifestiert wurde. Der BFH betont zwar in seinem Beschluß vom 10.11.1987 insbesondere die VA-mäßige "Bestätigung" der Aufrechnung im Abrechnungsbescheid und die hieraus resultierenden rechtlichen Nachteile für den Steuerpflichtigen gerade durch den VA-Abrechnungsbescheid[906], die den vorläufigen Rechtsschutz nach § 69 FGO - auch mit Auswirkungen auf die behördliche Aufrechnung - erst rechtfertigten. Entscheidend für die Suspendierungswirkung des vorläufigen Rechtsschutzes ist jedoch nicht,

---

901 *Pietzner*, VerwA 73 (1982), 460 f.; *Ehlers*, NVwZ 1983, 448 Fn. 32; *Tipke/Kruse*, § 226 AO Tz. 16; *v. Wallis*, in Hübschmann/Hepp/Spitaler, § 226 AO Anm. 23; BVerfG v. 21.05.1974 - 1 BvL 22/71 u. 21/72, BVerfGE 37, 217 [263]; dem steht auch nicht das BFH-Urteil v. 21.01.1977 - III R 107/73, BStBl. II 1977, 393 = BFHE 121, 279 entgegen, denn dort wird nur ausgeführt, daß § 14 KO nicht die Aufrechnung verbiete. Damit ist aber nicht gesagt worden, ob § 14 KO begrifflich die Aufrechnung umfaßt oder nicht, denn für die Aufrechnung gibt es in der Konkursordnung Sonderregeln (§§ 53 ff. KO).

902 Auch im Einkommenssteuerrecht wird ein "Zufluß" i.S.v. §§ 4 III, 11 EStG bereits im Zeitpunkt der Aufrechnungslage (vgl. FG Münster v. 24.09.1985 - VI 7381/82 E, EFG 1986, 229), jedenfalls aber mit Erklärung der Aufrechnung (vgl. BFH v.19.04.1977 - VIII R 119/75, BStBl. II 1977, 601 [603] = BFHE 122, 111; v. 24.09.1985 - IX R 22/85, BFH/NV 1986, 733; v. 02.10.1986 - IV R 173/84, BFH/NV 1987, 495) angenommen, d.h. die Realisierung des VA-Inhalts wird in Erlangung einer "wirtschaftlichen Verfügungsmacht" über die Einnahmen aufgrund der Aufrechnung gesehen.

903 BFH v. 09.02.1988 - VII B 187/87, BFH/NV 1988, 617 und v. 10.11.1987 - VII B 137/87, BStBl. II 1988, 43 [45] = BFHE 151, 128.

904 Vgl. auch BFH v. 15.06.1982 - VIII B 138/81, BStBl. II 1982, 657 [659] = BFHE 136, 186.

905 Keine Forderungstilgung(-erlöschen), sondern zunächst volle Auszahlung/Erstattung der Hauptforderung des Steuerpflichtigen.

906 Zu Recht hebt *Martens*, StuW 1989, 75, hervor, daß die vom BFH beschworene Verschlechterung der Rechtsposition typisches Kennzeichen jeder Aufrechnung sei, durch die der Erklärungsgegner gegen seinen Willen die betroffene eigene Forderung verliere, d.h. der vorläufige Rechtsschutz über die Vollziehungsaussetzung rechtfertige sich - bei Zugrundeliegen eines vollziehbaren VA - allein schon aufgrund der Tatsache der durch die Aufrechnung ("Vollziehung") bewirkten Verschlechterung der Rechtslage.

daß sich die Vollziehungsmaßnahme in einem VA niederschlägt[907], so daß die Aufrechnungserklärung nicht notwendig in VA-Form bestätigt werden muß, sondern lediglich, daß der Vollziehungsmaßnahme ein vollziehbarer VA zugrunde liegt. Allein hierauf stellen auch §§ 361 AO, 69 FGO ab. Es geht damit nicht um die Aussetzung (Realisierungsverbot) der Aufrechnung selbst, sondern der ihr zugrunde liegenden Gegenforderung des Finanzamtes. Die Vollziehung dieser Gegenforderung soll ausgesetzt werden, d.h. der Zustand - vorübergehend - hergestellt werden, der ohne Ver-/ Aufrechnung mit dem Erstattungsanspruch des Steuerpflichtigen bestehen würde. Diese Vollziehungsaussetzung der Gegenforderung zeitigt Wirkungen auf die Aufrechnungszulässigkeit des Finanzamtes, unabhängig davon, ob es um die erstmalige Festsetzung der Gegenforderung im Steuerbescheid geht oder um eine spätere Feststellung im Rahmen eines Abrechnungsbescheides (§ 218 II), denn die Aufrechnungswirkungen i.S. einer Vollziehung in Form der Abgabenerhebung treten so oder so kraft Gesetzes ein, unabhängig von der Tatsache der - selbständigen - Aufrechnungskonkretisierung in einem Bescheid. Führt damit - auch nach BFH-Ansicht - die Aussetzung der Vollziehung eines Abrechnungsbescheides i.V.m. der Aufrechnungsfeststellung zu Auswirkungen (einstweilige Rückgängigmachung) auf die Finanzamtaufrechnung, dann muß dies ebenso für die Aufrechnung mit einer in einem angefochtenen und ausgesetzten Steuerbescheid konkretisierten Gegenforderung des Finanzamtes gelten.

Dem weiteren Argument des BFH, daß die Aussetzung der Vollziehung als vorläufiger Rechtsschutz gegen den VA, der der Gegenforderung zugrunde liegt, zu bewerten sei und nicht etwa als - mittelbar eintretender - vorläufiger Rechtsschutz auf Durchsetzung der Hauptforderung des Steuerpflichtigen[908], ist entgegenzuhalten, daß der Suspensiveffekt gem. §§ 361 II, III AO, 69 II, III FGO unmittelbar hinsichtlich der zur Aufrechnung gestellten und angefochtenen Gegenforderung zum Tragen kommt. Auswirkungen auf die Aufrechnung bewirkt er nur insofern, als sich diese als "Vollziehungsmaßnahme" i.S.d. §§ 361 AO, 69 FGO darstellt; die Beeinflussung der Auszahlungsmöglichkeit hinsichtlich des Erstattungsanspruches (Hauptforderung) des Steuerpflichtigen ist eine - ausnahmsweise - aufgrund der besonderen doppelseitigen Forderungsverknüpfung im Aufrechnungsverhältnis eintretende Folge und nicht etwa ein konkret seitens des Steuerpflichtigen auf Auszahlung seiner Hauptforderung angestrebter vorläufiger Rechtsschutz. Denn hinsichtlich der Auszahlung der Hauptforderung bedarf der Steuerpflichtige gar keines vorläufigen Rechtsschutzes. Der Rechtsschutz, den er begehrt, richtet sich gegen die Gegenforderung des Finanzamtes, genauer gegen dessen Vollziehung - im vorliegenden Fall in Form der finanzbehördlichen Aufrechnung. Die (ausnahmsweise) auf die Hauptforderung "übergreifende Wirkung" des vorläufigen Rechtsschutzes gegen die Gegenforderung ist damit nicht -wie der BFH[909] meint - eine unzulässige Durchbrechung der Systematik des vorläufigen Rechtsschutzes, sondern allein die rechtliche Konsequenz im Hinblick auf die von der Frage materieller Aufrechnungshindernisse zu trennenden Erwägungen über die

---

907 Die Vollziehung setzt nicht zwingend hoheitlich-obrigkeitliches Handeln voraus. Fälschlicherweise ebenso *Glose*, DÖV 1990, 146 [149], der die behördliche Aufrechnungserklärung ebenfalls deshalb nicht dem Suspensiveffekt unterstellt, weil sie gegenüber dem Leistungsbescheid selbständig sei und daher nicht den Wirkungen des Rechtsmittels und des Supensiveffektes gegen den Leistungsbescheid zu unterwerfen sei. Die Aufrechnung wird aber als Vollziehungsmaßnahme des Steuerbescheides suspendiert und nicht selbst als (hoheitlich) vollstreckbarer VA. Der der Vollziehungsaussetzung zugängliche VA i.S.v. §§ 361 AO, 69 FGO findet sich im Steuer-/Leistungsbescheid; dieser wird angefochten und ausgesetzt mit der Folge, daß die Aufrechnung als Maßnahme der Vollziehung - vorläufig - unzulässig wird.

908 Hier sei vorläufiger Rechtsschutz i.S.v. § 114 FGO zu gewähren.

909 So auch *Appel*, BayVBl. 1983, 203.

Notwendigkeit vorläufigen Rechtsschutzes gegenüber Aufrechnungserklärungen im Rahmen der Durchsetzbarkeit einer finanzbehördlichen Steuerforderung[910].

Unter Zugrundelegung eines weiten Vollziehungsbegriffes im Rahmen der §§ 361 AO, 69 FGO ist damit auch die finanzbehördliche Aufrechnung als öffentlich-rechtliche Willenserklärung in Ausübung einer Gestaltungsbefugnis als solche zu qualifizieren mit der Folge, daß sie während der Aussetzung der Vollziehung des Steuerbescheides - vorläufig - unzulässig ist bzw. nachträglich rückgängig zu machen ist.
Allerdings ist auch bei der "Vollziehungsqualifizierung" zu differenzieren zwischen Aufrechnungserklärung und den hieran anknüpfenden Aufrechnungswirkungen entsprechend § 389 BGB. Nicht der Aufrechnungserklärung als einseitiger Gestaltungserklärung haftet das Realisierungsverbot als "temporärer Rechtsmangel" an, sondern dem damit bezweckten Rechtserfolg, der Aufrechnungswirkung i.S. einer gegenseitigen Forderungstilgung, die wiederum beeinflußbar ist durch die Suspendierung des finanzbehördlichen Gegenanspruches. Geht man mit dem *BVerwG*[911] von einer "schwebenden Unwirksamkeit" der Aufrechnungs*erklärung* bis zur rechtskräftigen Bestätigung der Rechtmäßigkeit der Aufrechnung/des Bestandes der Gegenforderung aus, so könnte allein die Aufrechnungs*erklärung* - rückwirkend auf die vorliegende materiell-rechtliche Aufrechnungslage - die Forderung des Aufrechnungsgegners nicht zum Erlöschen bringen und damit auch keine Nichtauszahlung des Finanzamtes hinsichtlich der Haupt-/Erstattungsforderung des Steuerpflichtigen rechtfertigen, da erst mit Rechtskraft die Wirkung entsprechend § 389 BGB zu dem dort bestimmten Zeitpunkt einträte. Die Aufrechnungs*erklärung*[912] könnte damit mangels Bewirkung von Rechtsfolgen (Verwirklichung i.S. einer Forderungstilgung) allein noch nicht als Vollziehung i.S.v. §§ 361 AO, 69 FGO qualifiziert werden; sie wäre somit trotz Vollziehungsaussetzung zulässig, ohne jedoch - zu diesem Zeitpunkt der Erklärung - bereits Konsequenzen nach sich zu ziehen. Anders stellt sich die Sachlage allerdings dar, wenn man mit dem *BFH*[913] richtigerweise die Aufrechnungs*wirkungen* - Erlöschen von Haupt- und Gegenforderung soweit sie sich aufrechenbar gegenüberstehen - bereits mit der Aufrechnungs*erklärung* eintreten läßt - wenn auch unter der "auflösenden Bedingung" des endgültigen materiell-rechtlichen Bestehens der Gegenforderung. Zwar steht dann die endgültige Wirksamkeit der Aufrechnung erst mit rechtskräftiger Entscheidung über die Finanzamtgegenforderung fest, die Wirkungen treten bei bestehender materieller Aufrechnungslage jedoch bereits mit Erklärung rückwirkend auf den Zeitpunkt der Aufrechnungslage ein, so daß das Finanzamt hieraus bereits rechtliche Konsequenzen in dem Sinne herleiten kann, daß es sich auf die Tilgungswirkung entsprechend § 389 BGB beruft und hierauf seine Nichtauszahlung/verminderte Zahlung hinsichtlich des Erstattungsanspruch des Steuerpflichtigen stützt. Da damit bereits die Aufrechnungserklärung das auslösende Moment für den Eintritt der Aufrechnungswirkungen ist, stellt sie sich - i.V.m. den Aufrechnungswirkungen - als gem. §§ 361 II, III AO, 69 II, III FGO unzulässige "Vollziehung" des Steuerbescheides dar. Die Vollziehungswirkungen der Aufrechnung zeigt sich in den hieraus für das aufrechnende Finanzamt resultierenden rechtlichen Konsequenzen, indem es die Auszahlung des dem Steuerpflichtigen zukommenden Erstattungsanspruches mit dem Hinweis auf die Forderungstilgungswirkung verweigern kann (- vorläufiges - Leistungsverweigerungsrecht des Finanzamtes in Bezug auf die Haupt-

910 *Martens*, StuW 1989, 76.
911 BVerwG v. 13.10.1971 - VI C 137.67, DÖV 1972, 573.
912 So auch *Appel*, BayVBl. 1983, 203.
913 U.a. v. 14.03.1990 - I S 5/89, BFH/NV 1991, 172.

forderung[914]). Dieses "Leistungsverweigerungsrecht" des Finanzamtes zieht seine Rechtfertigung allerdings allein aus der Befriedigungswirkung der geltend gemachten Aufrechnung, so daß das vorläufige Rechtsschutzbegehren des Steuerpflichtigen, der zwar vordergründig durch die Nichtauszahlung seiner Hauptforderung rechtlich tangiert wird, sich gegen die Aufrechnung selbst und nicht etwa allein gegen die Nichtauszahlung als Nebenwirkung der Aufrechnung zu richten hat. Die Vollziehung selbst liegt in der Befriedigung der Finanzamtforderung und erst hieraus resultiert die anschließende Nichtauszahlung der Steuerpflichtigenforderung aufgrund der besonderen Erhebungsart der Forderungsverrechnung. Der vom Finanzamt bezweckte Erfolg - Bartilgung oder Verrechnung mit der Folge der Zahlungsverweigerung gegenüber dem Steuerpflichtigen - nämlich Tilgung i.S.v. einer Erhebung seiner Steuerforderung, ist bei allen Formen der Erhebungsmaßnahmen gleich. Nur hierauf - Erhebung i.S.d. Forderungsrealisierung - ist der vorläufige Rechtsschutz des Steuerpflichtigen zu richten.

Der Sinn des vorläufigen Rechtsschutzes - und damit des "Vollstreckungsverbotes" - besteht insbesondere darin, daß die Behörde für die Dauer des durch die Anfechtung und die Aussetzung der Vollziehung herbeigeführten "Schwebezustandes" alle Maßnahmen unterlassen soll, die der Vollziehung des VA - in irgendeiner Weise - dienen, damit der Betroffene während dieser Zeit noch keine "wesentlichen Nachteile rechtlicher und tatsächlicher Art hinnehmen muß"[915]. "Wesentlicher Nachteil" für den Steuerpflichtigen ist im Fall der finanzbehördlichen Aufrechnungserklärung mit den hieran anknüpfenden Aufrechnungswirkungen insbesondere seine - vorläufig - nicht durchsetzbare Hauptforderung. Die Forderungsbefriedigung des Steuergläubigers im Wege der Aufrechnung selbst führt zu keinem - endgültigen - Nachteil, da sie "auflösend bedingt" bleibt vom tatsächlichen materiell-rechtlichen Bestand der Gegenforderung nach rechtskräftiger Klärung im Anfechtungsverfahren. Der "Interessenausgleich"[916] zugunsten des Steuerpflichtigen[917] bei der Vollziehungsaussetzung des Steuerbescheides geht aber auf einen "vorläufigen Verzicht des Fiskus auf die Steuer, wenn die Rechtmäßigkeit des Bescheides ernstlich bezweifelt wird". Ein solcher "Steuerverzicht" seitens des Fiskus liegt nicht vor, wenn er sich unter Berufung auf die Aufrechnungstilgungswirkung einer Erstattung der Steuerpflichtigen-Hauptforderung - vorläufig - entzieht und über diesen Weg eine Befriedigung seines Steueranspruches erreicht. Im Rahmen dieses auch vom BFH zugrundegelegten Interessenausgleiches muß dem Steuerpflichtigen die gleiche Rechtsposition zugestanden werden wie ohne - vorläufige - Beachtung der Rechtsfolgen aus dem Steuerbescheid, d.h. er hat - vorläufig - den vollen wirksamen und fälligen Zahlungsanspruch auf Steuererstattung[918].

Die Aufrechnung(-serklärung und -wirkung) des Finanzamtes während der Aussetzung der Vollziehung des angefochtenen Steuerbescheides stellt sich damit als untersagte "Vollziehungsmaßnahme" (i.w.S.) dar und ist unzulässig, wenn sie nach Anordnung der Aussetzung erklärt wird. Wird sie vor-

914 Auch der Hess.VGH v. 14.03.1975 - VII TH 991/74, DÖV 1975, 875 und der BayVGH v. 30.10.1981 - Nr. 21 CE 81.A.1764, n.v., sehen in der Aufrechnungserklärung und der hierauf gestützten Verweigerung der behördlichen Leistung eine unzulässige Vollstreckung des Leistungsbescheides, denn es sei im Ergebnis gleichgültig, ob die Behörde den suspendierten Leistungsbescheid durch Vorenthaltung der eigenen Leistung oder durch förmliche Vollstreckung realisiere.

915 BVerwG v. 21.06.1961 - VIII C 398.59 = BVerwGE 13, 1 [5].

916 BFH v. 27.01.1977 - IV B 72/74, BStBl. II 1977, 367 = BFHE 121, 289.

917 Der Suspensiveffekt soll ausschließlich dem Schutz des Bürgers dienen, BVerfG v. 19.06.1973 - 1 BvL 39/69 und 14/72 = BVerfGE 35, 263.

918 Der ggf. rückwirkend entsprechend § 389 BGB mit rechtskräftiger Feststellung der Gegenforderung des FA und damit auch der Wirksamkeit der Aufrechnung gemindert/verrechnet wird.

her erklärt, ist sie hinsichtlich ihrer Wirkungen (§ 389 BGB) durch die Vollziehungsaussetzung des Bescheides - einstweilen - rückgängig zu machen, d.h. der dem Steuerpflichtigen (unstreitig) zustehende Betrag ist diesem in voller Höhe (vorläufig) auszuzahlen/zu erstatten.

3. Teil Rechtsschutz im Aufrechnungsverfahren

A. In der Hauptsache

I. Aufrechnung durch den Steuerpflichtigen, die vom Finanzamt nicht anerkannt wird

Die Aufrechnung des Steuerschuldners mit oder gegen einen Anspruch aus dem Steuerschuldverhältnis gegenüber dem Finanzamt führt - im Verrechnungsergebnis - zum Erlöschen der beiden Forderungen, d.h. mit Durchsetzung seiner Aufrechnung wäre der Steuerschuldner von seiner Zahlungsverbindlichkeit gegenüber dem Finanzamt in der aufrechenbaren Höhe entbunden. Wenn das Finanzamt unter diesen Umständen seine Aufrechnung nicht "anerkennen" will, stehen dem Steuerpflichtigen zur Durchsetzung seiner Aufrechnung verfahrensrechtlich verschiedene Möglichkeiten zur Verfügung:

1. Festsetzungs- bzw. Erhebungsverfahren

Die Aufrechnung kann nicht im Festsetzungsverfahren bzw. im Rechtsbehelfsverfahren gegen einen Steuerbescheid geltend gemacht werden. Die strikte Verfahrenstrennung im Steuerrecht führt dazu, daß im Festsetzungsverfahren nur der Bestand/Entstehung des Steueranspruches geprüft wird, nicht aber seine Erfüllung. Diese kann erst im Erhebungsverfahren eingewendet werden. D.h. die Festsetzung des Steueranspruches und Zustellung des Steuerbescheides durch die Finanzbehörden erfolgt grundsätzlich unabhängig von der schon geltend gemachten Aufrechnung; ein Rechtsbehelfsverfahren ist durchzuführen und die Rechtsbehelfsentscheidung hat nur darüber zu befinden, ob der Steueranspruch zutreffend ermittelt worden ist.

2. Antrag des Steuerpflichtigen nach § 218 II AO

Im Erhebungsverfahren eröffnet die Möglichkeit des Abrechnungsbescheides, § 218 II AO, dem Steuerpflichtigen die spezielle[1] Überprüfung des Erlöschens des finanzbehördlichen Steueranspruches aufgrund einer wirksamen Aufrechnung. § 218 II AO sieht bei Streitigkeiten über die Verwirklichung von Zahlungsansprüchen im Steuerschuldverhältnis, z.B. wenn ein Beteiligter geltend macht, der Anspruch sei durch Aufrechnung gem. § 47 AO erloschen, zwingend die Entscheidung der Finanzbehörde durch VA vor und zwar sowohl hinsichtlich der Aufrechnungslage (§§ 226 I AO, 387 ff. BGB) als auch der Wirksamkeit der Aufrechnungserklärung selbst.

---

1 Lex specialis; als "*muß*", vgl. u.a. *Tipke/Kruse*, § 226 AO Tz. 21; BFH v. 12.06.1986 - VII R 103/83, BStBl. II 1986, 702 ff. = BFHE 147, 1.

Beantragt der Steuerpflichtige einen Abrechnungsbescheid, so ist gegen diesen der Einspruch (§ 348 I Nr. 9 AO) und gegen die Einspruchsentscheidung die Anfechtungsklage (§ 40 I FGO), im Fall der freiwilligen Erfüllung oder Vollstreckung die Verpflichtungsklage[2] gegeben. Gegen die Ablehnung des Abrechnungsbescheides ist die Beschwerde (§ 349 I AO) zulässig; entscheidet die Finanzbehörde über den nach § 218 II AO gestellten Antrag ohne Mitteilung eines zureichenden Grundes nicht binnen angemessener Frist, so ist Untätigkeitsbeschwerde gegeben (§ 349 II AO).

3. Im Vollstreckungsverfahren[3]

Da der Steuerpflichtige nicht nur auf den besonderen Rechtsbehelf des § 218 II AO beschränkt ist, sondern sich ebenfalls der sonstigen rechtlichen Möglichkeiten bedienen kann, ist auch im Rahmen anderer Verfahrensabschnitte unmittelbar die Frage der Aufrechnung zu klären, selbst wenn diese Klärung bislang noch nicht im Wege eines Rechtsbehelfsverfahrens herbeigeführt worden ist. So hat die Vollstreckungsstelle des Finanzamtes im Vollstreckungsverfahren von Amts wegen zu prüfen, ob die zur Vollstreckung gestellte Steuerforderung nicht bereits infolge Aufrechnung erloschen ist[4]. Im Falle der Rechtmäßigkeit der Aufrechnung durch den Steuerpflichtigen ist von der Durchführung der Vollstreckung abzusehen (§ 257 I AO)[5]. Fällt dagegen die Prüfung zuungunsten der Steuerpflichtigenaufrechnung aus, d.h. wird die Aufrechnung vom Finanzamt für unzulässig erklärt, so soll der Steuerpflichtige befugt sein, auch im Vollstreckungsverfahren selbst durch Beschwerde (§ 349 I AO) gegen die Entscheidung des Finanzamtes sein Aufrechnungsrecht geltend zu machen[6]. Besser erscheint es aber auch in diesem Fall, den Steuerpflichtigen auf einen Antrag nach § 218 II AO zu verweisen und ihm die hieran anknüpfenden Rechtsmittel (§§ 348 I Nr. 9, II AO, 40 I FGO) zu eröffnen[7]. Sowohl vor als auch nach Beginn der Vollstreckung des Steueranspruches durch das Finanzamt stellt sich die Entscheidung im Abrechnungsbescheid - auch z.B. über einen hieraus resultierenden Erstattungsanspruch (§ 218 II 2 AO) - als der speziellere Rechtsbehelf für die Feststellung der (Nicht-)Verwirklichung des finanzbehördlichen Steueranspruches dar.

4. Selbständige Geltendmachung der Steuerpflichtigenforderung

Der Steuerpflichtige ist nicht gezwungen, die Befriedigung seiner (Steuer-)forderung allein im Rahmen einer Aufrechnung gegen eine finanzbehördliche Hauptforderung zu suchen, sondern er kann seine Forderung unmittelbar mittels einer selbständigen Leistungsklage vor dem zuständigen Gericht gegen das Finanzamt einklagen, soweit ein Steuer(-erstattungs)anspruch i.S.v. §§ 37, 218 I, II 2 AO

---

2 *Tipke/Kruse*, § 226 AO Tz. 21; *Halfar*, NWB F. 2 S. 5598.

3 Für das Abgabenrecht sieht *Kohls*, KStZ 1985, 181 [187] die isolierte Anfechtung (§ 113 I 1 VwGO) eines Leistungsgebotes (vgl. § 254 I AO) bei vorangegangener wirksamer Aufrechnung durch den Abgabenschuldner vor.

4 *V. Wallis*, in Hübschmann/Hepp/Spitaler, § 226 AO Anm. 33; vgl. auch § 33 IV 2 BeitrO. Nach *Burmester*, aaO, S. 98, bedarf dagegen der Steuerfiskus als Hoheitsträger keiner Rechtsbehelfe im technischen Sinne, um die Aufrechnung des Steuerpflichtigen abzuwehren, da er kraft seiner hoheitlichen Gewalt trotz der Aufrechnungserklärung des Steuerpflichtigen die Vollstreckung seiner Hauptforderung betreiben könne.

5 Nach *Klein/Orlopp*, § 257 AO Anm. 6 und BFH v. 24.11.1987 - VII B 34/87, BFH/NV 1988, 423, kann dies auch im Wege der einstweiligen Anordnung nach § 114 FGO durchgesetzt werden.

6 *V. Wallis*, in Hübschmann/Hepp/Spitaler, aaO; BFH v. 06.10.1954 - II 176/52 U, BStBl.III 1954,375; *Baltzer*, StuW 1955 Sp. 436 in Anlehnung an den Erlaß (Bayern) v. 03.12.1951, DStZ B 1952, 149.

7 So auch die überwiegende Meinung: *Kühn/Kutter/Hofmann*, § 226 AO Anm. 5; *Helsper*, in Koch, § 226 AO Rdn. 32; *Frotscher*, in Schwarz, § 226 AO Tz. 8; *Gröger/Schöll*, § 226 AO Erl. 13; *Tipke/Kruse*, § 226 AO Tz. 21; *Decker*, StuW 1979, 9 [13]; *Ehlers*, NVwZ 1983, 446 [450]; BFH v. 27.10.1972 - VI R 310/68, BStBl. II 1973, 89 [90] = BFHE 107, 272 (sog. "Eingleisigkeit" des Verfahrens); v. 12.06.1986 - VII R 103/83, BStBl. II 1986, 702 [703] = BFHE 147, 1; v. 25.04.1989 - VII R 84/86, BFH/NV 1990, 344.

wirksam festgesetzt worden ist[8].
Hierbei ist allerdings nach § 17 II 1 GVG n.F.[9] zu beachten, daß sein bereits als Gegenforderung im Aufrechnungsverhältnis gegenüber dem Finanzamt verteidigungsweise geltend gemachter Anspruch in diesem Verfahren rechtshängig geworden ist[10] und nicht mehr als selbständiger Anspruch in einem anderen Prozeß zulässigerweise eingeklagt werden kann. Billigt man dem zuerst befaßten Gericht eine umfassende Sachentscheidungskompetenz mit Rechtskraftwirkung - in diesem Fall auch hinsichtlich der Aufrechnungsforderung des Steuerpflichtigen - zu, dann muß dies zu einer - prozessualen - Verhinderung eines zweiten selbständigen Prozesses über dieselbe Forderung führen. Die Zwecksetzung i.S. einer prozeßökonomischen Verfahrensgestaltung, die durch die Neufassung des § 17 II GVG unterstrichen wird, würde leerlaufen, wenn man einen Parallelprozeß mit entsprechender Entscheidungskompetenz über dieselbe Forderung zuließe.
Dem Steuerpflichtigen ist somit nicht mehr die Möglichkeit eines Nebeneinanders in Bezug auf die verteidigungsweise Geltendmachung im Steuerprozeß des Finanzamtes oder aber einer selbständigen Einklagung seiner Forderung eingeräumt. Stellt er seine Forderung durch Geltendmachung der Aufrechnung in die kraft Gesetzes eröffnete Entscheidungskompetenz des zuerst mit der Finanzamthauptforderung befaßten Gerichts, so hat er sich damit (zunächst) der Möglichkeit einer selbständigen Leistungsklage begeben.

5. Zahlung i.V.m. einem Erstattungsanspruch nach §§ 37, 218 AO ("zahle und liquidiere")

Zahlt der Steuerpflichtige zunächst die Finanzamtforderung bzw. wird diese seitens des Finanzamtes vollstreckt, obwohl sich der Steuerpflichtige auf eine wirksame Aufrechnung gegenüber dem Finanz-

---

8 Vgl. BFH v. 12.06.1986 - VII R 103/83, BStBl. II 1986, 702 = BFHE 147, 1 für den Fall der finanzbehördlichen Aufrechnung und Streit über deren Rechtmäßigkeit; bei einer finanzbehördlichen Aufrechnung kann eine endgültige gerichtliche Klärung der Steuerpflichtigenforderung - z.B. im Rahmen einer auf Steuererstattung gerichteten Leistungsklage (oder einer Feststellungsklage, vgl. BFH v. 21.01.1977 - III R 125/73, BStBl. II 1977, 396 = BFHE 121, 284) - nur im Anschluß an ein Verwaltungsverfahren erfolgen, indem über die Frage der (finanzbehördlichen) Aufrechnung zunächst durch VA entschieden wird. Auch *Kohls*, KStZ 1985, 181 [188] verneint für das Abgabenrecht die Zulässigkeit einer Feststellungsklage (auf Feststellung der Nichtverrechnung der beiden Aufrechnungsforderungen), da dies einer Maßnahme vorbeugenden Rechtsschutzes, der grundsätzlich qualifizierte Anforderungen stelle und nur bei Unzumutbarkeit/nicht ausreichendem nachträglichen Rechtsschutz zulässig sei, gleichkomme; vorrangig seien § 218 II AO bzw. die (nachträglichen) Anfechtungsmöglichkeiten. Das BVerwG v. 03.06.1983 - 8 C 43.81, NVwZ 1984, 168 lehnt eine vorbeugende Feststellungsklage auf Feststellung, daß der Behördenanspruch durch Aufrechnung des Bürgers erloschen sei und daher keine Zahlungspflicht mehr bestehe, die seitens der Behörde durchzusetzen sei, mangels qualifizierten Rechtsschutzbedürfnisses ebenfalls als unzulässig ab.

9 Neufassung der §§ 17 - 17 b GVG durch das 4. Gesetz zur Änderung der VwGO, Art. 2 Nr. 1 des 4. VwGOÄndG v. 17.12.1990, BGBl. I 1990, 2809, in Kraft seit 01.01.1991.

10 Entgegen der bisherigen Ansicht hat das angerufene Prozeßgericht auch bei einer bestrittenen, rechtswegfremden Gegenforderung nicht mehr befristet auszusetzen, weil die Frage der Rechtswegkompetenz abhängig war von der Entscheidung über die Rechtskrafterstreckung, sondern es ist zur Entscheidung über diese Aufrechnungsforderung ("rechtlicher Gesichtspunkt") ebenfalls befugt, vgl. *Thomas/Putzo*, ZPO, 17. Auflg. 1991, § 146 Anm. 6 b und § 145 II 5 m.w.N. und *Kissel*, NJW 1991, 945 [950]; **a.A.** noch *Albers*, in Baumbach/Lauterbach, aaO, 49. Auflg. 1991, § 13 GVG Anm. 5 D, unter Wiedergabe der alten Rspr.- und Literaturansichten und *Zimmermann*, Praktikum der Freiwilligen Gerichtsbarkeit, 4. Auflg. 1991, S. 6. Die nach § 17 II 1 GVG n.F. nunmehr erheblich erweiterte - entsprechend § 322 II ZPO auch rechtskraftfähige - Entscheidungs- und Sachprüfungskompetenz des angerufenen Gerichts auch hinsichtlich der Aufrechnungsforderung muß zur Rechtshängigkeit der zur Entscheidung gestellten Forderungen führen. Nur eine Bejahung der Rechtshängigkeit und Rechtskraftfähigkeit würde dieser nach § 17 II 2 GVG n.F. erweiterten Sachkompentenz über die Rechtsweggrenzen hinweg gerecht werden und über die schon vorher anerkannte Vorfragenkompetenz ohne Rechtskraftfähigkeit hinausgehen (arg.e.c. § 17 II 2 GVG ist zu schließen, daß § 17 II 1 nicht nur die Entscheidungs- sondern auch die Rechtskraftkompetenz meint).

amt als Erfüllungssurrogat berufen hat, diese aber vom Finanzamt nicht anerkannt wurde, so muß er hinsichtlich des hieraus resultierenden Erstattungsanspruches (§ 37 II AO)[11] ebenfalls einen Abrechnungsbescheid (§ 218 II 2 AO) beantragen, um zu gewährleisten, daß über die Frage der Aufrechnung zunächst durch VA entschieden wurde[12]. Dieser kann mit Einspruch (§ 348 I Nr. 9 AO) und Klage (§ 40 I FGO) angegriffen werden (Prinzip: "zahle und dann erst liquidiere")[13].

II. Aufrechnung durch die Finanzbehörde

Bei einer Aufrechnung durch die Finanzbehörde ist zu unterscheiden, ob der Steuerpflichtige sich gegen die Gegenforderung des Finanzamtes selbst wendet oder aber die Wirksamkeit der Aufrechnung in Frage stellt.

1. Der Steuerpflichtige bestreitet die Gegenforderung des Finanzamtes

Gegen die zur Aufrechnung verwendete (Steuer-)Gegenforderung des Finanzamtes kann sich der Steuerpflichtige mit den gegen diesen Anspruch eröffneten Rechtsmitteln verteidigen[14], soweit dieser noch nicht unanfechtbar festgesetzt ist. Wird die Festsetzung aufgehoben, wird dadurch die Aufrechnung durch das Finanzamt gegenstandslos[15].

2. Der Steuerpflichtige wendet sich gegen die Finanzamtaufrechnung selbst

Hält der Steuerpflichtige die ihm gegenüber seitens des Finanzamtes erklärte Aufrechnung für unwirksam, so hängt es für die Bestimmung des zutreffenden Rechtsbehelfs zunächst einmal entscheidend davon ab, wie man die Aufrechnungserklärung des Finanzamtes qualifiziert.
Spricht man der Aufrechnungserklärung der Finanzbehörde mit der früheren Rechtsprechung VA-Charakter zu, so steht dem Steuerpflichtigen der Rechtsbehelf der Beschwerde zur Verfügung (§ 349 I AO)[16].

---

11 *Burmester*, aaO, S. 99 läßt bei Ablehnung des Erstattungsantrages Einspruch gem. § 348 AO und Verpflichtungsklage auf Erlaß der Erstattungsverfügung bei negativer Einspruchsentscheidung zu.

12 BFH v. 12.06.1986 - VII R 103/83, BStBl. II 1986, 702 ff. m.w.N. = BFHE 147, 1: ein auf Zahlung gerichteter Erstattungsanspruch kann mit der Leistungsklage nur Erfolg haben, wenn aufgrund eines abgeschlossenen Verwaltungsverfahrens der geltend gemachte Anspruch durch VA festgestellt worden ist; ebenso BFH v. 28.07.87 - VII R 105/87, BFH/NV 1988, 213.

13 Vgl. zu § 125 RAO und §§ 150 ff. RAO: BFH v. 27.10.1972 - VI R 310/68, BStBl. II 1973, 89 = BFHE 107, 272.

14 Z.B. Einspruch und Anfechtungsklage gegen den im Steuerbescheid festgesetzten Steueranspruch.

15 *Halfar*, NWB F. 2 S. 5598; *Decker*, StW 1979, 13; BVerwG v. 13.06.1985 - 2 C 43.82, ZBR 1986, 87 [88].

16 So auch noch *Burmester*, aaO, S. 98; *Decker*, StW 1979, 12. Die OFD Nürnberg v. 22.11.1983 - S 0456 - 50/St 32, StLex 2, 224-226, S. 16 gibt dem Steuerpflichtigen neben der Beschwerdemöglichkeit nach § 349 AO noch die Alternative, einen Abrechnungsbescheid nach § 218 II AO zu verlangen (Einspruch gem. § 348 I Nr. 9 AO), also quasi eine "Doppelung" (aufgrund der Bejahung des VA-Charakters) der Rechtsschutzmöglichkeiten unter Verkennung der als lex specialis anzusehenden Regelung des § 218 II AO; ebenso *Benkendorff*, ZfZ 1979, 9 [12]: Rechtsbehelfsalternativität bei VA-Aufrechnung zwischen § 349 I oder § 218 II AO; *Schuhmann*, RWP, SG 2.2 S. 93 [108 f.]; *N.N.*, StQ [2], 134-248, Nr. 203, der im Abrechnungsbescheid gem. § 218 II AO durch die Finanzbehörde lediglich die Bestätigung der dem Steuerpflichtigen bereits bekannten Auffassung des Finanzamtes sieht (Rechtsbehelfsbehörde ist hier zudem das Finanzamt nicht die OFD, § 367 I AO) und daher zur Gewährleistung eines effektiven Rechtsschutzes die VA-Charakterisierung und damit die Beschwerdefähigkeit bejaht wissen will. Er übersieht dabei aber, daß dem betroffenen Steuerpflichtigen weiterhin - auch über den Weg des § 218 II AO - Überprüfungsmöglichkeiten offen stehen und die Rechtsschutzgewährleistung gerade nicht die Gewährung eines bestimmten Rechtsweges/Instanzenzuges vorsieht, sondern nur die Möglichkeit der gerichtlichen Überprüfung an sich eröffnet

[Fortsetzung nächste Seite]

Der Rechtsbehelf der Beschwerde gegen einen "sonstigen VA" ist im Aufrechnungsverfahren jedoch auch dann von praktischer Bedeutung, wenn die Finanzbehörde die Aufrechnung (irrtümlich) in Form eines VA (sog. "Form-VA") erklärt hat. Dieser VA ist rechtswidrig[17] und daher mit der Beschwerde anfechtbar[18]. Nach *BFH* v. 02.04.1987[19] wird die Wirksamkeit der Aufrechnung als rechtsgeschäftliche Willenserklärung durch Aufhebung des unzulässigen Form-VA nicht berührt[20], d.h. die materiell-rechtlichen Wirkungen der Aufrechnungserklärung[21] bleiben trotz Aufhebung des fehlerhaften VA bestehen.

Mit der Aufhebung der "VA-Form" bleibt mithin zunächst offen, ob - materiell-rechtlich - die betroffenen Forderungen durch die Aufrechnungserklärung erloschen sind. Diese Frage des Forderungserlöschens und damit der Aufrechnungswirksamkeit bleibt dem erst noch vom Finanzamt zu erlassenden Abrechnungsbescheid (§ 218 II AO) vorbehalten. Die auf prozessuale Formalien reduzierte Vorgehensweise führt - wie *Martens*[22] zu Recht hervorhebt - zur Produktion zweier aufeinanderfolgender Prozesse, die jedoch ihre Rechtfertigung im jeweils zugrunde liegenden Rechtsschutzbegehren und den steuerrechtlichen Verfahrensbesonderheiten finden. Mit der Aufhebung des "Form-VA" werden die dem - auch rechtswidrigen - VA grundsätzlich anhaftenden rechtlichen Konsequenzen beseitigt, die im VA implizit enthaltene schlichte Aufrechnungserklärung und die diesbzgl. Aufrechnungswirkungen werden dagegen in dem hierfür vorgesehenen verfahrensrechtlichen Schritt des Abrechnungs-

---

wissen will. Dagegen sieht das Nieders. FG v. 26.05.1981 - XI (VI) 103/80, ZfZ 1982, 180 die Vorrangigkeit der Beschwerdefähigkeit als die speziellere Regelung gegenüber § 218 II an, solange ein Rechtsbehelfsverfahren gegen die Aufrechnungsverfügung des Finanzamtes läuft. *Baltzer*, StuW 1955, 426 [432] verneint auch bei Bejahung der VA-Aufrechnung eine Wahlmöglichkeit für den Steuerpflichtigen, gegen diese Verfügung entweder mit der Beschwerde (§ 237 RAO) oder im Abrechnungsbescheidsverfahren (§ 125 RAO) vorzugehen, da im Abrechnungsbescheidsverfahren eine solche - vorangegangene - Aufrechnungsverfügung als bindend zu behandeln wäre, solange sie nicht im Beschwerdeverfahren aufgehoben worden ist. Eine solche Vorgehensweise würde den Erlaß des Abrechnungsbescheides aber völlig ad absurdum führen, ein zweiter VA im Erhebungsverfahren wäre neben der Aufrechnungsverfügung als verbindliche Verwaltungsentscheidung überflüssig.

17 Mangels Ermächtigungsgrundlage.

18 *Tipke/Kruse*, § 226 Tz. 22, 23, 25; *v. Wallis*, StRK-Anm. AO 77 § 226 R. 21; *Ziemer/Haarmann/Lohse/Beermann*, aaO, Rdn. 1136; *Halfar*, NWB F. 2 S. 5598; *Ehlers*, NVwZ 1983, 450 f.; *ders.* JuS 1990, 777 [779], differenziert zwischen Rechtsnatur und Rechtmäßigkeit einer Maßnahme; *Veitenthal*, BayVBl. 1990, 615 [616]; BFH v. 02.04.1987 - VII R 148/83, BStBl. II 1987, 536 ff. = BFHE 149, 482; v. 28.07.1987 - VII R 145/83, BFH/NV 1988, 213 [214]; v. 25.04.1989 - VII R 105/87, BFH/NV 1990, 141; v. 25.04.1989 - VII R 84/86, BFH/NV 1990, 344; FG Hamburg v. 22.02.1983 - V 165/81, NVwZ 1984, 200; das FG Nürnberg v. 17.11.1987 - VI 228/84, EFG 1988, 281 läßt - i.S. einer "Meistbegünstigung" - auch bei unzulässigem "Form-VA-Aufrechnung" des Finanzamtes den Weg des Abrechnungsbescheides gem. § 218 II AO zu (a.A. das Nieders.FG v. 26.05.1981 - XI (VI) 103/80, ZfZ 1982, 180: die Beschwerde sei vorrangig). Das OVG Lüneburg v. 07.12.1981 - 5 OVG B 52/81, OVGE 36, 484 [485] läßt gegen die in falscher Form ergangene Entscheidung das Rechtsmittel zu, das bei verfahrensgerechter Entscheidung statthaft wäre.

19 BFH v. 02.04.1987 - VII R 148/83, aaO, Fn. 18.

20 So auch FG Nürnberg v.17.11.1987 - VI 228/84, EFG 1988, 281; BFH v. 25.04.1989 - VII R 105/87, aaO, Fn. 18; v. 18.07.1989 - VII R 46/86, BFH/NV 1991, 69 [70]; BVerwG v. 13.10.1971 - VI C 137.67, DÖV 1972, 573.

21 Diese ist als "Minus" im Aufrechnungs-VA enthalten. *Ehlers*, NVwZ 1983,450 und JuS 1990, 779 läßt eine "Umdeutung" des fehlerhaften Aufrechnungs-VA in eine verwaltungsrechtliche Willenserklärung regelmäßig an dem erkennbar entgegenstehenden Willen der Behörde, die sich gerade der dem VA eigentümlichen Rechtswirkungen bedienen wolle, scheitern. Er verkennt dabei aber, daß es keiner Umdeutung bedarf: Auch die hoheitlich regelnde Verfügung des Finanzamtes bzgl. der Aufrechnung beinhaltet die schlichte Erklärung des Ver-/Aufrechnungswillens. Diese Aufrechnungs-Willenserklärung bleibt unabhängig von der hoheitlich formellen Gestaltungsform bestehen, ihre Wirksamkeit mißt sich nicht an der gewählten Aufrechnungsgestalt, sondern vielmehr an den materiell-rechtlichen Voraussetzungen.

22 *Martens*, StuW 1989, 69 [72].

bescheides[23] in nunmehr verbindlicher Feststellung der Rechtslage durch VA der Finanzbehörde überprüft, was wiederum die Differenzierungsnotwendigkeit zwischen Rechtsnatur einerseits und Rechtmäßigkeit einer Maßnahme andererseits unterstreicht.

Die nunmehr wohl vorherrschende und überzeugende Ansicht qualifiziert die Aufrechnungserklärung des Finanzamtes als (öffentlich-rechtliche) Willenserklärung. Hiergegen steht dem Steuerpflichtigen der spezielle Rechtsbehelf[24] des Abrechnungsbescheides zur Verfügung (§ 218 II AO)[25], wenn er die Aufrechnung der Finanzbehörde für unwirksam hält. Im Rahmen des Abrechnungsbescheides wird dann die Wirksamkeit der finanzbehördlichen Aufrechnung überprüft[26]. Gegen den Abrechnungsbescheid ist nach § 348 I Nr. 9 AO der Einspruch und die Klage (§ 40 I FGO) zum Gericht gegeben.

Hat die Finanzbehörde die Aufrechnung erklärt und will der Steuerpflichtige nun seine Steuererstattungsforderung ohne Verrechnung mit der finanzbehördlichen Steuerforderung durchsetzen, so kann er nicht vorrangig den gerichtlichen Klageweg beschreiten, z.B. in Form einer auf volle Steuererstattung gerichteten Leistungsklage[27], sondern muß, um zur Klärung der Wirksamkeit der finanzbehördlichen Aufrechnungserklärung und damit auch -wirkung zu kommen, zunächst zwingend durch Verwaltungsentscheidung (VA) gem. § 218 II AO die Aufrechnungswirksamkeit überprüfen lassen[28], um dann diese verbindliche Entscheidung zur gerichtlichen Überprüfung zu stellen und so zur Abklärung seines (ggf. vollen) Erstattungsanspruches zu gelangen[29]. Dieses Verfahren sieht § 218 II AO - im Gegensatz noch zu § 125 RAO - zwingend vor[30]. Der Abrechnungsbescheid selbst ist als voll-

---

23 Als Spezifikum des Steuerrechts wird für Streitigkeiten - hier über die Aufrechnungsfrage - prinzipiell zunächst eine Verwaltungsentscheidung gefordert (insbesondere wenn man den VA-Charakter der Aufrechnungserklärung ablehnt), während im übrigen Verwaltungsrecht Aufrechnungsstreitigkeiten i.d.R. sofort zum Gericht gelangen und zwar in Form der allgemeinen Leistungsklage (Zahlungsklage).

24 Vgl. Söhn, StRK-Anm. AO 1977, § 191 R. 3.

25 BFH v. 28.07.1987 - VII R 145/83, BFH/NV 1988, 213; FG München v. 12.04.1989 - I 234/86 - E, NJW 1990, 2088.

26 So FG Berlin v. 16.03.1982 - VII 311/81, EFG 1983, 6; BFH v. 12.06.1986 - VII R 103/83, BStBl. II 1986, 702 [703f.] = BFHE 147, 1; a.A. *Burmester*, aaO, S. 97, nach deren Ansicht durch die Anforderung eines Abrechnungsbescheides die Aufrechnungserklärung unangetastet bliebe, da der Bescheid erteilt werde, ohne daß die bisher erlassene "Verfügung" einer Überprüfung unterzogen werde. Im Abrechnungsbescheid wird jedoch - bindend - über die Verwirklichung der Ansprüche aus dem Steuerschuldverhältnis entschieden, d.h. hier über Haupt- und Gegenforderung der im Aufrechnungsverhältnis sich gegenüberstehenden Forderungen. In diesem Zusammenhang muß zwangsläufig (inzidenter) auch über Zulässigkeit und Wirksamkeit der Finanzamtaufrechnung entschieden werden, um einen im Ergebnis auf-/verrechneten Endbetrag als bestehenden (noch zu verwirklichenden) Anspruch feststellen zu können. Unerheblich ist insoweit, daß die Aufrechnungserklärung nicht explizit "aufgehoben" wird, denn entscheidend ist nicht allein die Rückgängigmachung der Erklärung, sondern die Beseitigung der Rechtsfolgen der Aufrechnungswirkungen, die sich wiederum im festgestellten "Endanspruch" widerspiegelt.

27 Oder Feststellungsklage, vgl. BFH v. 21.01.1977 - III R 125/73, BStBl. II 1977, 396 = BFHE 121, 284.

28 Anders wird z.Tl. im sonstigen Verwaltungsrecht entschieden, welches die Besonderheit des Abrechnungsbescheides nicht kennt und daher direkt die Zahlungsklage (vorläufiger Rechtsschutz gem. § 123 VwGO [str.]) des betroffenen Aufrechnungsgegners zuläßt, vgl. *Appel*, BayVBl. 1983, 201 [204f.]; *Vallendar*, DÖD 1973, 52 [53]; BVerwG v. 13.10.1971 - VI C 137.67, DÖV 1972, 573 und v. 13.06.1985 - 2 C 43.82, ZBR 1986, 87 [88].

29 So BFH v. 12.06.1986 - VII R 103/83, BStBl. II 1986, 702 ff. = BFHE 147, 1.

30 *Frotscher*, in Schwarz, § 226 Tz. 8; *Kühn/Kutter/Hofmann*, § 226 Anm. 5; *Helsper*, in Koch, § 226 Rdn. 32; *Gröger/Schöll*, § 226 Erl.13; *Tipke/Kruse*, § 226 Tz. 21; *Benkendorff*, ZfZ 1979, 12; *Halfar*, NWB F. 2 S. 5598; *Hundt-Eßwein*, DStR 1987, 575 [578]; *Ehlers*, NVwZ 1983, 450; BFH v. 27.10.1972 - VI R 310/68, BStBl. II 1973, 89 = BFHE 107, 272; v. 28.07.1987 - VII R 145/83, BFH/NV 1988, 214; v. 25.04.1989 - VII R 84/86, BFH/NV 1990, 345; FG Berlin v. 16.03.1982 - VII 311/81, EFG 1983, 6: § 218 II AO finde auch bei einer Finanzamtaufrechnung gegenüber dem Neugläubiger (Zess.) entsprechend § 406 BGB Anwendung; FG München v. 21.07.1983 - X 2/80, EFG 1984, 103 [104]; FG Baden-Württ. v. 13.03.1986 - IX K 560/83, EFG 1986, 479 [480].

ziehbarer VA einer Aussetzung der Vollziehung zugänglich (§§ 361 AO, 69 FGO)[31].
Die Klageart im finanzgerichtlichen Verfahren richtet sich prinzipiell danach, ob der Steuerpflichtige den gegen ihn erhobenen Anspruch im Hinblick auf § 361 I AO zwischenzeitlich erfüllt hat: Hat er gezahlt, so muß er nunmehr Verpflichtungsklage erheben, im übrigen Anfechtungsklage (§ 40 I FGO), ggf. ist auch die Leistungsklage[32] zulässig.

3. Rechtsweg für den Steuerpflichtigen, wenn er sich gegen die Aufrechnungserklärung des Finanzamtes wendet

Für die Verteilung von Zuständigkeiten ist insbesondere von Bedeutung, daß die Gerichte anzurufen sind und zu entscheiden haben, die durch besondere Sachkunde und Sachnähe dazu berufen sind[31]. Nach § 33 I Nr. 1, II 1 FGO ist der Finanzrechtsweg gegeben in öffentlich-rechtlichen Streitigkeiten über Abgabenangelegenheiten. Die Abgrenzung zur Zuweisung bürgerlich-rechtlicher Streitigkeiten vor die ordentlichen Gerichte (§ 13 GVG) bestimmt sich nach allgemeiner Meinung in Rechtsprechung und Literatur nach der "wahren Natur des erhobenen Anspruches, wie sie sich aus dem tatsächlichen Vortrag der klagenden Partei ergibt"[32]. Das Abgabenrecht ist nach allen Abgrenzungskriterien zunächst in seinem Kernbereich dem öffentlichen Recht zuzuordnen. Erst in besonderen Fallkonstellationen - insbesondere auch im Aufrechnungsverhältnis -, wenn sich zulässigerweise Forderungen verschiedenen Rechtscharakters gegenübertreten, kann es zu Abgrenzungsproblemen[33] kommen[34].
Die Rechtsprechung beschränkt sich in solchen "Problemzonen" allgemein auf die Feststellung, daß eine Streitigkeit öffentlich-rechtlichen Charakter hat, wenn sich der Klageanspruch nach der ihm vom Kläger gegebenen Begründung als Folge eines Sachverhalts darstellt, der im öffentlichen Recht wurzelt[35]. Im Normalfall der Aufrechnung mit Haupt- und Gegenforderung aus dem Steuerschuldverhältnis ergeben sich keine Probleme hinsichtlich der Rechtswegzuweisung. Abgrenzungsfragen

---

31 BFH v. 10.11.1987 - VII B 137/87, BStBl. II 1988, 43 [45] = BFHE 151, 128: Nicht § 114 FGO auf Auszahlung des ungekürzten Erstattungsbetrages sei einschlägig, da kein weitergehendes Ziel angestrebt werde als mit der Aussetzung der Vollziehung, vielmehr wehre sich der Betroffene nur gegen die Abänderung/Minderung seines Erstattungsanspruches. Rechtsfolge sei, daß die vom Finanzamt erklärte Aufrechnung durch die Aussetzung der Vollziehung des Abrechnungsbescheides in ihrer Wirkung einstweilen rückgängig gemacht werde, d.h. eine einstweilen vollständige Erfüllung des Erstattungsanspruches durch das Finanzamt eintrete. A.A.:*Finkelnburg/Jank*, aaO, Rdn. 574 Fn. 24; *Appel*, BayVBl. 1983, 204 l. Sp.; *Hetzer*, BB 1985, 2317.

32 BFH v. 17.09.1987 - VII R 50-51/86, BStBl. II 1988, 366 = BFHE 151, 304.

31 BGH v. 21.12.1964 - III ZR 70/63, BGHZ 43, 34 ff.; v. 12.10.1971 - VI ZR 87/69, BGHZ 57, 130 ff.; v. 22.03.1976 - GZS 2/75, BGHZ 67, 81 [87] m.w.N.; *Tipke/Kruse*, § 33 FGO Tz. 2.

32 BGH v. 30.03.1978 - VII ZR 244/76, BGHZ 71, 180; v. 22.06.1978 - III ZR 109/76, BGHZ 72, 56; v. 01.12.1983 - III ZR 149/82, NVwZ 84, 266; BFH v. 14.10.1975 - VII R 40/74, BFHE 117, 23 (26); v. 24.11.1971 - VII R 110/68, BStBl. II 1972, 284 = BFHE 104, 181 ; v. 2.12.1976 - IV R 2/76, BStBl.II 1977, 318 = BFHE 120, 571 ; v. 20.11.1979 - VII R 38/77, BStBl. II 1980, 249 = BFHE 129, 445; v. 23.12.1980 - VII R 92/79, BStBl. II 1981, 349 = BFHE 132, 390; *v. Wallis*, in Hübschmann/Hepp/Spitaler, § 33 FGO Anm. 8 f.; *Tipke/Kruse*, § 33 FGO Tz. 7; *Ziemer-Birkholz*, § 33 FGO Rdn. 34; *Redeker/v.Oertzen*, § 40 VwGO Anm. 6; *Kopp*, § 40 VwGO Rdn. 6.

33 Z.B im Zusammenhang mit Erstattungsansprüchen und bei nicht primärer Beteiligung eines Dritten am Steuerschuldverhältnis.

34 Z.B. hinsichtlich der Entscheidungskompetenz des angerufenen Gerichts bei bestrittener, rechtswegfremder und zur Aufrechnung gestellter Gegenforderung.

35 BFH v. 20.2.1968 - VII 327/64, BStBl. II 1968, 384 = BFHE 91, 518; BFH v. 24.11.1971 - VII R 110/68, BStBl. II 1972, 284 = BFHE 104, 181; BFH v. 13.02.1973 - VII R 76/70, BStBl. II 1973, 502 = BFHE 108,486; BVerwG v. 27.04.1984 - 1 C 10.84, BVerwGE 69, 192; BGH v. 22.03.1976 - GSZ 1/75, BGHZ 66, 229; v. 30.03.1978 - VII ZR 244/76, BGHZ 71, 180.

tauchen erst im Fall der Aufrechnungslage entsprechend § 406 BGB auf[36]. Der Schuldner kann mit der ursprünglich gegen den Zedenten gerichteten Forderung auch entsprechend § 406 BGB gegenüber dem Zessionar aufrechnen. Rechnet das Finanzamt im Normalfall direkt gegenüber dem Steuerpflichtigen auf, so handelt es sich unstreitig um eine öffentlich-rechtliche Maßnahme, denn das Steuerschuldverhältnis in der Beziehung Finanzbehörde und Steuerpflichtiger ist ein öffentlich-rechtliches. In diesem Fall bejaht auch die Rechtsprechung[38] eine öffentlich-rechtliche Streitigkeit über Abgabenangelegenheiten gem. § 33 I Nr. 1 FGO, die erforderlichenfalls im Finanzrechtsweg auszutragen ist. Auch schadet es hier nach der Meinung des *BFH* nicht, daß zur Ausfüllung von Gesetzeslücken im steuerrechtlichen Aufrechnungsrecht in nicht unerheblichen Umfange BGB-Vorschriften über die Aufrechnung sinngemäß heranzuziehen sind, soweit sie mit dem Steuerrecht vereinbar sind[39]. Anders dagegen wird vom *BFH*[40] und den *Finanzgerichten*[41] die Rechtslage in der Aufrechnungssituation des § 406 BGB seitens des Finanzamtes beurteilt. Die Rechtsprechung beruft sich in diesem Fall zunächst grundsätzlich auf die Handlungsmöglichkeiten des Finanzamtes, wonach nicht ausnahmslos jede Handlung, die es im Zusammenhang mit der Verwaltung von Abgaben vornimmt, eine öffentlich-rechtliche insbesondere hoheitliche sein muß. Das Finanzamt kann sich vielmehr - unstreitig - auch auf die Handlungsebene des bürgerlichen Rechts begeben und als gleichberechtigter Partner und nicht als Hoheitsträger in den Formen des bürgerlichen Rechts handeln. Der *BFH* hat deshalb 1968 den Streit des mit einer unstreitigen Steuerforderung gegenüber dem klagenden Zessionar aufrechnenden Finanzamtes nicht dem öffentlichen Recht zugeordnet. Das Finanzamt stelle dem Zessionar keine ge-gen ihn entstandene Steuerforderungen zur Verrechnung gegenüber, es trete gegenüber dem Zessionar auch nicht als Träger der Steuerhoheit auf, sondern lediglich aufgrund einer Rechtsstellung, die jedem, auch dem nicht hoheitlich befugten Gläubiger des Steuerpflichtigen zugestanden hätte. Das Finanzamt könne sich daher in der fraglichen Fallkonstellation in Bezug auf den Zessionar auch nicht als Steuergläubiger gerieren, es leite seinen Zahlungsanspruch nicht unmittelbar aus einem öffentlich-rechtlichen Verhältnis zum Kläger (Zessionar) ab[42], sondern könne sich - allenfalls und ausschließlich - auf die bürgerlich-rechtliche Vorschrift des § 406 BGB als rechtliche Grundlage für die Aufrechnung gegenüber dem klagenden Zessionar stützen[43]. Damit unterscheidet der *BFH* zwischen der das Ent-/Bestehen der Steuerforderung (gegenüber dem Zedenten) betreffenden Rechtsfolge als Teil des öffentlichen Rechts[44] und der die Zahlungsberechtigung[45] betreffenden Rechtsfolge als Teil des Zivilrechts[46]. Er versucht, die

---

36 Fall des BFH v. 20.02.1968 - VII 327/64, BStBl. II 1968, 384 = BFHE 91, 518 (Vorinstanz FG Berlin v. 28.04.1964 - X A 68/64, EFG 1964, 608): der Steuerpflichtige hatte eine ihm gegen das Land zustehende Werklohnforderung an den Kl. abgetreten. Diesem gegenüber erklärte das Finanzamt die Aufrechnung mit Steuerforderungen gegen den Steuerpflichtigen und zwar in Form eines mit einer Rechtsbehelfsbelehrung versehenen VA. Nach BFH - in Übereinstimmung mit der Vorinstanz - hätte das Finanzamt mangels hoheitlicher Befugnisse gegenüber dem Kl. (Zessionar) nur eine bürgerlichrechtliche Aufrechnungserklärung abgeben dürfen.

38 BFH v. 20.02.1968 - VII 327/64, BStBl. II 1968, 384 = BFHE 91, 518.

39 BFH v. 26.10.1965 - VII 310/645,BStBl. III 1965, 719 [720] = BFHE 83, 607; v. 02.04.1987 - VII R 148/83, BStBl. II 1987, 536 [538] = BFHE 149, 482.

40 BFH v. 20.02.1968, aaO, Fn. 38; ebenso die Vorinstanz FG Berlin v. 28.04.1964 - X A 68/64, EFG 1964, 608.

41 Vgl. FG Hamburg v. 28.04.1972 - IV 24/72 H, EFG 1972, 550.

42 So kann die Behörde z.B. gegenüber dem Dritten nicht im Rahmen eines Erhebungsverfahrens tätig werden.

43 Aber FG Hamburg v. 22.02.1983 - V 165/81, NVwZ 1984, 200: das FA könne auch gegenüber dem Zessionar hoheitlich tätig werden, denn durch die Abtretung des Erstattungsanspruches habe dieser nicht seinen ö.r. Charakter verloren.

44 Im Verhältnis Steuerpflichtiger - Finanzamt.

45 Des Finanzamtes gegenüber dem Zessionar.

46 Vgl. auch FG Berlin v.28.04.1964 - X A 68/64, EFG 1964, 608:" Aufrechnungserklärungen können mehrfache Wirkungen haben, die über die "Verwaltung der Abgaben" hinausgehen und deren Rechtsgrundlagen ausschließlich

[Fortsetzung nächste Seite]

zivilrechtlich vorgegebene Abtretungssituation im Fall der Aufrechnung gegenüber dem Zessionar steuerrechtlich zu modifizieren, indem er im Verhältnis Finanzamt und Zessionar ein "Steuerschuldverhältnis i.e.S." - mangels hoheitlicher Steuergläubigerposition des Finanzamtes gegenüber dem Zessionar - ablehnt und primär auf die zivilrechtliche Gestaltung des § 406 BGB abstellt. Als Konsequenz der Verneinung der hoheitlichen als auch der öffentlich-rechtlichen Handlungsform des Finanzamtes bei der Aufrechnung mit einer gegen den Zedenten gerichteten Steuerforderung gegenüber dem Zessionar, ordnet der *BFH* Streitigkeiten aus einer solchen Aufrechnungserklärung dem Zivilrechtswege zu und veneint den Weg zu den Finanzgerichten. Die *Kommentarliteratur*[47] folgt der Rechtsprechung des BFH im Aufrechnungsverhältnis des § 406 BGB kritiklos. Der Finanzrechtsweg ist nach dieser Auffassung nur ausnahmsweise dann gegeben, wenn das Finanzamt *unzulässigerweise* die Aufrechnungserklärung als VA erlassen, sich also hoheitlich geriert habe[48].

Dieser "streng zivilrechtlichen Betrachtungsweise" des BFH ist zu widersprechen. Geht man von der Grundprämisse aus, daß "die wahre Natur des geltend gemachten Anspruches" den Rechtsweg bestimmt, d.h. Streitigkeiten als öffentlich-rechtliche zu qualifizieren sind, bei denen sich das Klagebegehren als Folge eines Sachverhalts darstellt, der nach öffentlichen Recht zu beurteilen ist, und des weiteren, daß dieselbe Handlung nicht gleichzeitig öffentlich-rechtlicher und bürgerlich-rechtlicher Natur sein kann, sondern vielmehr der gesamte Tätigkeitsbereich als Einheit zu beurteilen ist[49], so kann nicht allein die Anwendung des § 406 BGB im Aufrechnungsverhältnis zwischen Zessionar und Finanzamt den zivilrechtlichen Rechtsweg bedingen.

a) Hoheitliches Handeln des Finanzamtes als Steuergläubiger gegenüber dem Aufrechnungsempfänger als Voraussetzung einer öffentlich-rechtlich zu beurteilenden Aufrechnungserklärung

Während das *FG Hamburg v.28.04.1972*[50] allein entscheidend auf die hoheitlichen Befugnisse, die das aufrechnende Finanzamt hat bzw. nicht hat, abstellte, mußte der *BFH* seine 1968 vertretene Auffassung in späteren Entscheidungen[51] in der Weise modifizieren, daß nicht alleine das fehlende obrigkeitliche/hoheitliche Handeln der Behörde eine Bewertung des Handelns nach bürgerlich-rechtlichen Grundsätzen rechtfertigt. Dem öffentlichen Recht ist ein Handeln der Behörde auf der Ebene der Gleichordnung nicht fremd, was jedoch nicht zu der zwingenden Annahme nötigt, daß es sich dann

---

auf den Vorschriften des bürgerlichen Rechts beruhen. Hierzu gehören insbesondere das Erlöschen von Rechten oder der Eingriff in Rechte, die nicht mit der "Verwaltung der Abgaben" zusammenhängen, und die auf §§ 389, 406 BGB beruhende Rückwirkung oder die Wirkung gegenüber dritten Personen."

47 *V. Wallis*, in Hübschmann/Hepp/Spitaler, § 226 AO Anm. 24 und § 33 FGO Anm. 53; *Gräber/Koch*, FGO, § 33 Anm. 23; *Tipke/Kruse*, § 33 FGO Tz. 9 und § 226 AO Tz. 19; *Ziemer-Birkholz*, FGO, § 33 Rdn. 40; *Helsper*, in Koch, § 226 AO Rdn. 25; *Frotscher*, in Schwarz, § 226 AO Anm. 4 a; *Gröger/Schöll*, § 226 AO Rdn. 11.

48 FG Berlin v. 28.04.1964 - X A 68/64, EFG 1964, 608; BFH v. 20.02.1968 - VII 327/64, BStBl. II 1968, 384 = BFHE 91, 518; v. 02.04.1987 - VII R 148/83, BStBl. II 1987, 536 = BFHE 149, 482; *Helsper*, in Koch, § 226 AO Rdn. 26; *Koch*, in Gräber, § 33 FGO Anm. 23; *v. Wallis*, in Hübschmann/Hepp/Spitaler, § 226 AO Anm. 24 und § 33 FGO Anm. 53; *Ziemer-Birkholz*, § 33 FGO Rdn. 40: " Das FA gibt sich durch die äußere Form seiner Erklärung den Anschein kraft Hoheitsrecht zu handeln."

49 BGH v. 23.04.1951 - IV ZR 158/50, BGHZ 2,37 [43]; *v. Wallis*, in Hübschmann/Hepp/Spitaler, § 33 FGO Anm. 13.

50 FG Hamburg v. 28.04.1972 - IV 24/72 H, EFG 1972, 550 :"Unabhängig von der Rechtsnatur der vom Steuerschuldner abgetretenen Forderung kommt es für die Frage, welcher Rechtsweg gegeben ist, *nur* darauf an, ob das HZA dem Neugläubiger gegenüber mit der Aufrechnung hoheitliche Befugnisse ausübt."

51 Vgl. BFH v. 14.10.1975 - VII R 40/74, BFHE 117, 23 ff. und v. 10.02.1976 - VII R 37/72, BStBl. II 1976, 549 (550) = BFHE 118, 526.

um zivilrechtliche Handlungsformen handeln muß, die ein öffentlich-rechtliches Handeln ausschliessen. Die Behörde muß innerhalb eines öffentlich-rechtlichen Verhältnisses, insbesondere auch des Steuerschuldverhältnisses, nicht in jedem Fall hoheitlich tätig werden. Sie kann in den Fällen, in denen sie zur Erfüllung ihrer öffentlichen Aufgaben der hoheitlichen Position nicht bedarf, dem Bürger - auch unter entsprechender Heranziehung privatrechtlicher Handlungsformen - auf der Ebene der rechtlichen Gleichordnung begegnen, ohne daß sie den Bereich des Verwaltungshandelns als eine Maßnahme auf dem Gebiet des öffentlichen Rechts verläßt. Die behördliche Aufrechnungserklärung mit einer öffentlich-rechtlichen Steuerforderung ist grundsätzlich als *verwaltungsrechtliche Willenserklärung* zu qualifizieren[52], d.h. sie ist mit der hier vertretenen Meinung als typisches Beispiel öffentlich-rechtlichen Handelns auf der Ebene der Gleichordnung anzusehen. Das vom BFH 1968 vertretene Argument der "Gleichordnung" zwischen Finanzamt und Zessionar zur Verneinung der öffentlich-rechtlichen Streitigkeit ist damit nicht mehr tragbar[53].

b) Aufrechnungsmöglichkeit des Finanzamtes entsprechend § 406 BGB als "rechtswegprägendes Element"?

In dieser Situation vollzieht der *BFH* wegen der Abtretung und der daraus resultierenden mangelnden Gegenseitigkeit der sich zur Verrechnung gegenüberstehenden Forderungen eine Aufspaltung eines an sich einheitlich zu bewertenden Rechtsverhältnisses: Im Verhältnis Steuerpflichtiger und Finanzamt, wo es zum originären Entstehen der Steuerforderung des Finanzamtes kommt, sind die hieraus resultierenden Rechtsfolgen unstreitig als Teil des öffentlichen Rechts einzuordnen, während es bei der Geltendmachung im Wege der Aufrechnung - derselben - Rechtsfolgen i.S. einer Zahlungs- (besser Aufrechnungs-)berechtigung des gegenüber dem Zedenten entstandenen Anspruches gegen den Zessionar zu einer Verlagerung in den Bereich des Zivilrechts kommen soll. Ob diese Unterscheidung zwischen dem Ent-/Bestehen der Steuerforderung als Teil des öffentlichen Rechts und der Aufrechnungsberechtigung des Finanzamtes gegenüber dem Zessionar entsprechend § 406 BGB als Teil des Zivilrechts überhaupt möglich ist, kann hier dahingestellt bleiben. Jedenfalls ist vorliegend das Bestehen der Steuerforderung und die daraus resultierende Anspruchsberechtigung (als Zahlungs- bzw. Aufrechnungsberechtigung) ebenso wie im Fall der Abtretung nur einheitlich zu bewerten[54]. Die Aufrechnung der gegenüber dem Steuerpflichtigen festgesetzten Steuerforderung dient der Erfüllung der sich aus den Vorschriften des Steuerrechts ergebenden Verpflichtung. Es gibt keinen Grund, aufgrund der abgetretenen Forderung zwischen Zedent und Zessionar die Rechtsgrundlage dieses Steueranspruches zu ändern und ein gewißermaßen "abstraktes Aufrechnungsrecht" des Finanzamtes gegenüber dem Zessionar entstehen zu lassen[55]. Der ursprünglich öffentlich-rechtliche Steueranspruch des Finanzamtes wäre dann nämlich - eigentlich als eine Nebenfolge der Abtretung, da § 406 BGB letztendlich nur die rechtlichen Konsequenzen aus der vollzogenen Abtretung zugunsten des Schuldners zieht - zu einem privatrechtlichen geworden. Unabhängig davon, ob eine solche "Umwandlung/Novation" der Rechtsnatur eines Anspruches allein aufgrund wechselnder Gläubiger-Schuldner-Stellungen möglich und zulässig ist[56], kann man der Anwendung des § 406 BGB i.V.m.

---

52 BFH v. 02.04.1987 - VII R 148/83, BStBl. II 1987, 536 (539) m.w.N. = BFHE 149, 482.

53 Ebenso BFH v. 14.10.1975 - VII R 40/74, BFHE 117, 23 ff.

54 RG v. 28.04.1936 - III 180/35, JW 1936, 2712.

55 Ähnlich *Martens*, StuW 1974, 155 (161): er versteht die Aufrechnung des FA mit einer Steuerforderung stets als einen Akt der Einziehung dieser Abgabe und damit als eine ö.r. Angelegenheit. Gegenstand des Rechtsstreits sei allein die Frage der Aufrechnungsbefugnis des FA nach der Abtretung. Die sinngemäße Heranziehung des § 406 BGB spiele für die rechtliche Beurteilung keine Rolle.

56 Streitig, vgl. u.a. *Palandt*, aaO, § 398 BGB Anm. 1 Rdn. 2.

§ 398 BGB eine solche "rechtsformgestaltende" Wirkung nicht zusprechen. Die öffentlich-rechtliche Rechtsnatur des zur Aufrechnung verwendeten Anspruches stützt sich nicht allein auf ein Steuerschuldverhältnis und damit auf die Person des Verpflichteten[57], sondern auf die Natur des geltend gemachten Anspruches[58], der sich aufgrund der Abtretungssituation nicht ändert. Genausowenig wie durch Abtretung im Verhältnis Zedent - Zessionar ein öffentlich-rechtlicher Anspruch seinen Charakter verliert[59], hat dies auch im Verhältnis Zessionar und Schuldner (Finanzamt) für die Gegenforderung des Finanzamtes zu gelten, wenn es sich auf die Aufrechnungssituation des § 406 BGB beruft. Die Abtretung hat lediglich die Wirkung, daß die abgetretene Forderung vom alten Gläubiger auf den neuen Gläubiger übergeht und damit die ursprünglich zwischen Altgläubiger und Schuldner bestehende Aufrechnungslage nunmehr zugunsten des Schuldners auf das Verhältnis Zessionar und Schuldner übertragen werden kann. Die Forderungen - sowohl die Abtretungsforderung als auch die zur Aufrechnung gestellte Steuerforderung des Finanzamtes gegen den Altgläubiger - bleiben trotz des Überganges dieselben, die Abtretung ändert nichts an ihren öffentlich-rechtlichen Rechtsnaturen. Die steuerliche Aufrechnungsforderung des Finanzamtes gegen den Zessionar als nunmehrigen Hauptforderungsinhaber ist ihrer ursprünglichen Natur nach ein Anspruch aus dem Steuerschuldverhältnis i.S.v. § 37 I AO. Ebenso wie das bereits erwähnte Urteil des *FG Berlin v. 16.03.1982*[60] hat sich nunmehr auch der *BFH* v. *6.12.1988*[61] dazu entschlossen, die Stellung des Abtretungsempfängers im Verhältnis zum Finanzamtes nicht mehr allein aufgrund der - zivilrechtlichen - Abtretung als bürgerlich-rechtliche zu qualifizieren, sondern er nimmt bei zuviel/zu Unrecht geleisteter Steuererstattung (und zwar auch bei wirksamen Steuerschuldverhältnis zwischen Finanzamt und Steuerpflichtigem [Zedenten]) - wenn auch einzelfallbezogen - einen öffentlich-rechtlichen Rückerstattungsanspruch des

---

57 Was hier gerade zwischen Zessionar und Finanzamt nicht - unmittelbar - besteht; *Tipke/Kruse*, § 46 AO Tz. 11. Nach dem FG Berlin v. 16.03.1982 - VII 311/81, EFG 1983, 6, ist der Zessionar als ein am Steuerschuldverhältnis Beteiligter i.S.d. § 218 I AO 1977 anzusehen, da er durch die Abtretung zumindestens in beschränktem Umfang an die Stelle des Zedenten getreten ist. Wenn sich auch die dort vorliegende Fallkonstellation zur Lösung der Angreifbarkeit der finanzbehördlichen Aufrechnungserklärung im Falle der Abtretung gem. § 406 BGB nicht unmittelbar heranziehen läßt, so kann man hieraus doch herleiten, daß die Stellung des Zessionars nicht losgelöst vom ursprünglichen Steuerschuldverhältnis Zedent - FA und nicht allein anhand der entsprechend § 406 BGB eingetretenen Aufrechnungssituation zu beurteilen ist, sondern daß Abtretung und Aufrechnung vielmehr so eng miteinander verknüpft sind, daß nach Abtretung die ursprünglich bestehende ö.r. (nicht hoheitliche) Aufrechnungslage gegenüber dem Zessionar nicht plötzlich zu einer zivilrechtlichen wird. Vgl. auch FG Nürnberg v. 03.07.1985 - VI 27/83, EFG 1986, 54, das dem Zessionar die volle Gläubigerstellung des Zedenten einräumt und ihm damit auch die Befugnis nach § 218 II AO zubilligt.

58 *Ehlers*, Verwaltung in Privatrechtsform, S. 467.

59 BFH v. 14.10.1975 - VII R 40/74, BFHE 117, 23; v. 25.04.1978 - VII R 2/75, BStBl. II 1978, 464 (465) = BFHE 125, 138; v. 29.06.1978 - VI R 20/77, BStBl. II 1978, 608 (609) = BFHE 125, 343; *v.Wallis*, in Hübschmann/Hepp/Spitaler, § 33 FGO Anm. 11; *Tipke/Kruse*, § 33 FGO Tz. 5; *Gräber/Koch*, § 33 FGO Rdn. 22; *Enneccerus-Lehmann*, Schuldrecht, S. 309. Damit kann eine ö.r. Streitigkeit über Abgabenangelegenheiten auch im Verhältnis Zessionar - Finanzbehörde unabhängig von dem Ablauf eines Erhebungsaktes bejaht werden. Auch wenn die FA-Aufrechnung der Abgabenerhebung vergleichbar ist, so kann sie doch auf der "Ebene der rechtlichen Gleichordnung" als verwaltungsrechtliche Willenserklärung ohne hoheitliche Funktionsausübung abgegeben werden.

60 FG Berlin v. 16.03.1982 - VII 311/81, EFG 1983, 6.

61 BFH v. 06.12.1988 - VII R 206/83, BStBl. II 1989, 223. Vgl. **a.A.** noch BFH v. 20.03.1964, V. Senat, HFR 1964, 462 = StRK, RAO, § 150 R. 17 mit der Begründung, der Rückforderungsanspruch betreffe als umgekehrter Erstattungsanspruch das Rechtsverhältnis zwischen FA und dem Steuerpflichtigen und müsse daher (nur) gegen den Steuerpflichtigen geltend gemacht werden. D.h. auch hier läuft die Argumentation des BFH darauf hinaus, daß nur zwischen dem FA und dem Steuerpflichtigen das "eigentliche" und wirksame Steuerschuldverhältnis bestehe und daher auch nur in diesem Verhältnis - ö.r. (hoheitlich)- rückabgewickelt werden könne. Vgl. auch BFH v. 29.06.1978 - VI R 20/77, BStBl. II 1978, 608 = BFHE 125, 343, wo ein Rückerstattungsanspruch des FA gegen den Zessionar bejaht wurde, weil im Verhältnis FA und Steuerpflichtiger nur ein durch Täuschung irrig angenommenes und damit kein wirksames Steuerschuldverhältnis vorgelegen habe.

Finanzamtes gegen den "Leistungsempfänger Zessionar" an, mit der Begründung, daß der Zessionar in die Rechtsstellung des Zedenten eingetreten und aufgrund der Abtretung ein öffentlich-rechtliches Schuldverhältnis zwischen Finanzamt und Zessionar entstanden sei, gerichtet auf Beseitigung der unrechtmäßigen Vermögensverschiebung. Billigt man dem Finanzamt in dieser Fallkonstellation ein öffentlich-rechtliches Handlungsforum zu[62], dann muß dies - nach Abtretung - auch im Aufrechnungsverhältnis zwischen Finanzamt und Zessionar gelten können. Auch die vom *BFH* im vorliegenden Fall getroffene Unterscheidung zwischen dem ursprünglichen Steueranspruch und dem späteren Rückerstattungsanspruch, der selbständig und als solcher nicht identisch mit dem ursprünglichen Steueranspruch ist, mit der Konsequenz, daß der Rückerstattungsanspruch nicht notwendig im Verhältnis Finanzamt und Steuerpflichtiger abgewickelt werden muß, kann nicht zu der - zwingenden - Schlußfolgerung führen, daß damit der - ursprüngliche - Steueranspruch und die nunmehrige Aufrechnungsforderung des Finanzamtes nur im Verhältnis Finanzbehörde - Steuerpflichtiger geltend gemacht werden kann. Als nicht nur - einzelfallbezogene - Konsequenz kann man aus diesem Urteil des BFH die grundsätzlich bestehende und nicht allein aufgrund der Abtretung beseitigte Möglichkeit eines öffentlich-rechtlichen Schuldverhältnisses zwischen Finanzamt und dem - am Steuerschuldverhältnis unmittelbar nicht beteiligten - Zessionar herleiten. Zumindestens schließt eine - zivilrechtliche - Abtretung ein solches öffentlich-rechtliches Schuldverhältnis nicht prinzipiell aus. Dem entspricht auch der Gesichtspunkt der Sachnähe, der zur Frage der Entscheidung über den Rechtsweg herangezogen wird. Es sollen möglichst die Gerichte entscheiden, die für die betreffende Rechtsmaterie besondere Sachkunde besitzen - im Fall der Entscheidung über die zur Aufrechnung gestellte Steuerforderung des Finanzamtes sind dies zweifellos die Finanzgerichte. Diesem Grundsatz entspricht auch, daß "sekundäre Rechtsbeziehungen zu Dritten" dem Rechtsweg der Grundbeziehung (öffentlich-rechtlich zwischen Finanzamt und Steuerpflichtigem) zugeordnet werden[63].
Geht man damit davon aus, daß durch die Abtretung keine neuen Forderungen entstehen, d.h. keine "Novation" eintritt, sondern bestehende Forderungen ohne Veränderung ihrer Rechtsnatur sich nur im Verhältnis der Verpflichteten und Berechtigten im Rahmen der Übertragung ändern[64], dann verbleibt dem Finanzamt trotz Abtretung im Verhältnis Zessionar - Zedent dieselbe öffentlich-rechtliche Forderung wie ursprünglich gegen den Zedenten. Damit wird das Finanzamt bei seiner Aufrechnungserklärung gegenüber dem Zessionar - wenn auch i.V.m. der entsprechenden Anwendung des § 406 BGB - in öffentlich-rechtlicher Weise tätig. Der Argumentation des BFH, daß wegen der privatrechtlichen Natur der Aufrechnungslage entsprechend § 406 BGB zwischen Zessionar und Finanzamt der öffentlich-rechtliche Steueranspruch bei der Aufrechnungserklärung gegenüber dem Zessionar nach Abtretung zu einem privatrechtlich erklärt wird, kann daher nicht gefolgt werden[65]. Nicht § 406 BGB bildet die - zivilrechtliche - Grundlage für die Geltendmachung des nach wie vor bestehenden öffentlich-rechtlichen Steueranspruches gegen den Zessionar, sondern der im öffentlichen Recht wurzelnde Steueranspruch des Finanzamtes selbst i.V.m. der daher öffentlich-rechtlichen wenn auch nicht hoheitlichen Aufrechnungsbefugnis; denn bei der Aufrechnung wird nicht nur die Gegenforderung durchgesetzt, sondern auch die öffentlich-rechtiche Haupforderung erfüllt (Doppelfunktion der Aufrechnung). Die Erfüllung öffentlich-rechtlicher Forderungen ist aber

---

62 Das nicht nur allein mit der Argumentation haltbar ist, daß aufgrund des öffentlich-rechtlichen Leistungsbescheides (gegen den Steuerpflichtigen = Zedenten) auch der Rückerstattungsanspruch öffentlich-rechtlicher Natur sein müsse.

63 Vgl. BVerwG v. 12.03.1985 - 7 C 48/82, NJW 1985, 2436.

64 Vgl. RG v. 03.01.1934 - V 168/33, RGZ 143, 91/94; v. 28.04.1936 - III 180/35, JW 1936, 2712; ähnlich auch BSG v. 17.12.1965 - 8 RV 749/64, BSGE 24, 190 [192].

65 Ebenso *Burmester*, aaO, S. 66, die die Auffassung des BFH hinsichtlich der Änderung der Anspruchsrechtsnatur gegenüber dem Zessionar im Fall des § 406 BGB für unhaltbar hält.

dem öffentlichen Recht zuzuordnen und kein privatrechtlicher Akt[66]. § 406 BGB kann niemals alleine als rechtswegbestimmende Anspruchsgrundlage herangezogen werden. Dem Schuldner sollen gerade durch die Anwendung des § 406 BGB die Vorteile einer bestehenden Aufrechnungslage auch gegenüber dem Zessionar erhalten bleiben, d.h.seine Rechtsstellung soll sich durch die Abtretung nicht verschlechtern[67]. Zwar nimmt die vom BFH vertretene "Formumwandlung" der finanzbehördlichen Aufrechnungsmöglichkeit gegenüber dem Zessionar dem Finanzamt nicht seine materiellrechtliche Aufrechnungsbefugnis, jedoch ist auch ein solcher "Formentausch" schwerlich mit dem Prinzip der - auch formal - fortbestehenden Aufrechnungsmöglichkeit nach § 406 BGB vereinbar. Zur Geltendmachung der Steuerforderung des Finanzamtes im Wege der Aufrechnung ist nach der hier vertretenen Ansicht weder im Verhältnis zum Steuerpflichtigen (Zedenten) noch im Verhältnis zum Zessionar als Aufrechnungsgegner eine hoheitliche Position erforderlich. Entscheidend ist vielmehr allein die Rechtsnatur des geltend zu machenden Anspruchs. § 406 BGB regelt lediglich - als Ausnahme zu der grundsätzlich erforderlichen Aufrechnungsvoraussetzung der Gegenseitigkeit - die Auflösung der Aufrechnungslage im Mehrpersonenverhältnis nach der Abtretung, berührt jedoch nicht[68] die Rechtsnatur der im Streit befindlichen Ansprüche.
Genausowenig wie im Normalfall der Aufrechnung mit zwei öffentlich-rechtlichen Forderungen die entsprechende Heranziehung der §§387 ff. BGB zu einer Bejahung des Zivilrechtsweges führt[69], kann dies unter der besonderen Aufrechnungssituation des § 406 BGB gelten, denn § 406 BGB wird auch nur entsprechend zur Lückenfüllung im Steuerrecht herangezogen, so daß seine Anwendung nicht zur durchschlagenden Anspruchsbestimmung führen kann.
Der *BFH* bejahte im Urteil vom 10.02.1976[70] die vom Finanzgericht zu Recht angenommene Zulässigkeit des Finanzrechtsweges aufgrund einer öffentlich-rechtlichen Streitigkeit über Abgabenangelegenheiten gem. § 33 I Nr. 1 FGO, da "die Aufrechnungserklärungen des Klägers (Zessionar) und des Finanzamtes Forderungen zum Gegenstand hätten, die im öffentlichen Recht wurzelten"[71], obwohl auch hier seitens des aufrechnenden Finanzamtes mit einer öffentlich-rechtlichen Forderung die Aufrechnungssituation des § 406 BGB gegenüber dem Zessionar bestand. Hier geht der *BFH* mit keinem Wort auf die *1968* vertretene gegenteilige Auffassung ein. Auch die vom BFH[72] dem neuen Gläubiger eingeräumte Aufrechnungsmöglichkeit gegenüber dem alten und neuen Schuldner "Finanzamt", falls der Neugläubiger eine entsprechend aufrechenbare Leistung gegenüber dem Schuldner zu erbringen hat und so durch die Aufrechnung beim Schuldner seine eigene Schuld tilgen kann, führt nicht - nach Abtretung - zu einer Veränderung der öffentlich-rechtlichen Natur des abgetretenen und nunmehr zur Aufrechnung verwendeten Anspruches gegenüber dem Finanzamt. Da sich die beiden Aufrechnungsparteien auch im Verhältnis Finanzamt und Zessionar in einer Beziehung der rechtlichen Gleichordnung[73] gegenüberstehen, kann es seitens des Finanzamtes durch die durch die Abtretung "verschobene" Aufrechnungslage nicht zu einer Veränderung der Rechtsnatur des Aufrechnungsanspruches kommen.

Auch für den Fall, daß das Finanzamt mit einer öffentlich-rechtlichen Steuerforderung die Aufrechnung gegen eine zivilrechtliche Forderung des Zessionars erklärt, kann hinsichtlich der vom Zessio-

66 FG Hamburg v. 22.02.1983 - V 165/81, NVwZ 1984, 200.
67 *Palandt*, aaO, § 406 BGB Anm. 1 Rdn. 1; *v. Wallis*, in Hübschmann/Hepp/Spitaler, § 226 AO Anm. 21.
68 Ebensowenig wie bei der Abtretung.
69 BFH v. 20.02.1968 - VII 327/64, BStBl. II 1968, 384 = BFHE 91, 518.
70 BFH v. 10.02.1976 - VII R 37/72, BStBl. II 1976, 549 = BFHE 118, 526.
71 Unter Berufung auf BFH v. 14.10.1975 - VII R 40/74, BFHE 117, 23.
72 BFH v. 10.02.1976 - VII R 37/72, BStBl. II 1976, 549 = BFHE 118, 526.
73 BFH v. 02.04.1987 - VII R 148/83, BStBl. II 1987, 536 = BFHE 149, 482.

nar begehrten Angreifbarkeit der öffentlich-rechtlichen Aufrechnungserklärung durch die Finanzbehörde das Vorliegen einer öffentlich-rechtlichen Streitigkeit i.S. des § 33 I Nr. 1 FGO keine Probleme bereiten[74]. Es ist zwar richtig, daß bei einer Zahlungsklage des Zessionars über die ihm abgetretene zivilrechtliche Forderung dieser Rechtsstreit auch bei einer Aufrechnung durch das Finanzamt mit einer öffentlich-rechtlichen Steuerforderung vor die Zivilgerichte und nicht vor die Finanzgerichte geht. Hier bestimmt der zivilrechtliche Charakter der Klageforderung den Rechtsweg. Wird jedoch in einem weiteren Rechtsstreit allein die öffentlich-rechtliche Aufrechnungserklärung des Finanzamtes angegriffen, so bestimmt allein diese angegriffene Maßnahme die Rechtsnatur des Rechtsstreites[75]. Ergeht die Aufrechnungserklärung über einen öffentlich-rechtlichen Anspruch und damit in Form einer verwaltungsrechtlichen Willenserklärung, so ist diese Maßnahme in ihrer öffentlich-rechtlichen Natur maßgebend für den hieran anschließenden Rechtsstreit bzw. - mangels sofortiger Anfechtbarkeit - für das zunächst einschlägige Abrechnungsverfahren im Steuerrecht. Es ist nicht einsehbar, warum der ursprünglich gegebene Zivilrechtsweg bei der zivilrechtlichen Zahlungsklage der in diesem Prozeß auch geltend gemachten öffentlich-rechtlichen Aufrechnungsforderung seinen "zivilrechtlichen Stempel" für alle Zeiten aufzudrücken vermag. Denn allein aus der entsprechenden Anwendung des § 406 BGB kann der zivilrechtliche Charakter der Streitigkeit um die Aufrechnungserklärung nicht gefolgert werden, da § 406 BGB auch beim Gegenüberstehen zweier öffentlich-rechtlicher Forderungen im Verhältnis Zessionar - Finanzamt zur Anwendung gelangt und sich dementsprechend auch in diesem Fall zivilrechtlich prägend auswirken müßte. Diese Konsequenz wird aber vom BFH[76] gerade nicht gezogen[77]. Verselbständigt sich damit die Frage der - wirksamen - finanzbehördlichen Aufrechnungserklärung im Rahmen eines neuen Rechtsstreites, so ist allein das in dieser Auseinandersetzung maßgebliche Klagebegehren (Wirksamkeit der verwaltungsrechtlichen Aufrechnungserklärung über eine öffentlich-rechtliche Forderung) maßgebend für die Bestimmung des Rechtsweges.

Zusammenfassend ist damit auch unter Heranziehung der oben gewonnenen Grundsätze zur Rechtsnatur der finanzbehördlichen Aufrechnungserklärung mit öffentlich-rechtliche Forderungen festzustellen, daß die verwaltungsrechtliche Aufrechnungserklärung des Finanzamtes auch im Verhältnis Zessionar und Finanzamt entsprechend § 406 BGB nicht ihre öffentlich-rechtliche Rechtsnatur verliert und dementsprechend als eine öffentlich-rechtliche Maßnahme gem. § 33 I Nr.1 FGO im Finanz-

---

74 Der *BFH* bejaht in seinen späteren Entscheidungen (BFHE 117, 23 [27] und BStBl. II 1976, 549) § 33 I Nr. 1 FGO lediglich in den Fällen, in denen eine ö.r Forderung abgetreten worden ist und das FA gegen sie gegenüber dem Zessionar mit ö.r. Forderungen aufrechnete. Zwar ist dem obiter dictum der BFH-Entscheidung vom 02.04.1987, BStBl. II 1987, 536 [537] schon die ablehnende Stellung des VII. Senats hinsichtlich der Unterscheidung zwischen der Aufrechnung des FA mit Steuerforderungen gegenüber dem Steuerpflichtigen als einer ö.r. hoheitlichen Maßnahme und andererseits der bürgerlich-rechtlichen Aufrechnungserklärung bei der Aufrechnung des FA gem. § 406 BGB gegenüber dem Neugläubiger zu entnehmen, ausdrücklich bezieht sich die Rechtsprechungsänderung des BFH jedoch nur auf die ursprünglich hoheitlich (als VA) bewertete behördliche Aufrechnungserklärung. Mit der Aufgabe dieses Kriteriums als spezielles Kennzeichen der behördlichen Aufrechnungserklärung wird damit aber auch die Unterscheidung im Falle des § 406 BGB hinfällig. Die Aufrechnungserklärung des FA erfordert nach der Neueinordnung ihrer Rechtsnatur gerade kein hoheitlich-steuerrechtliches Verhältnis mehr zwischen Aufrechnendem und Aufrechnungsempfänger und damit besteht auch keine Notwendigkeit mehr, den Fall des § 406 BGB in die Form einer privatrechtlichen Willenserklärung i.S.d. §§ 387 ff. BGB zu pressen.

75 Ähnlich *Martens*, StuW 1974, 155 [161]: das Einklagen einer zivilrechtlichen Forderung im Zivilrechtsweg habe nichts mit der Frage zu tun, ob sich die ö.r. Aufrechnungsbefugnis des FA in eine privatrechtliche verwandele, wenn der Steuerpflichtige seinen Anspruch an eine Privatperson abgetreten habe.

76 BFH. v. 14.10.1975 - VII R 40/74, BFHE 117, 23 [27].

77 Fn. 76: "... der Finanzrechtsweg ist für die Fälle gegeben, in denen eine ö.r. Forderung abgetreten worden ist und das FA gegen sie gegenüber dem Zessionar mit einer ö.r. Forderung aufrechnet."

rechtsweg bzw. im Finanzverwaltungsverfahren (§ 218 II AO) überprüfbar ist, und zwar unabhängig davon, ob die Finanzbehörde mit ihrer öffentlich-rechtlichen Steuerforderung gegen zivilrechtliche oder öffentlich-rechtliche Ansprüche des Zessionars aufrechnet.

B. Vorläufige Rechtsschutzmöglichkeiten, §§ 361 AO, 69, 114 FGO, gegen die finanzbehördliche Aufrechnung

Die "Vollziehung" der Steuerforderung im Wege der Aufrechnung durch das Finanzamt wird grundsätzlich nicht bereits durch Einlegung eines Rechtsmittels gehemmt (§§ 361 I AO, 69 I FGO). Erforderlich ist vielmehr die Anordnung der Aussetzung der Vollziehung durch die Behörde (§ 361 II, III AO) oder das Gericht (§ 69 II, III FGO).
Umstritten ist allerdings bereits, auf welchen Weg hier vorläufige Rechtsschutzmöglichkeiten für den Steuerpflichtigen bestehen, um den Konsequenzen[78] der Finanzamtaufrechnung - zumindestens vorläufig - entgegen wirken zu können. Der Antrag auf Aussetzung der Vollziehung der Aufrechnungserklärung selbst ist jedenfalls unzulässig, da diese keinen vollziehbaren VA der Behörde darstellt[79].
Aussetzbar ist dagegen i.S.v. §§ 361 II, III AO, 69 II, III FGO ein vollziehbarer VA, d.h. z.B. der die Steuerforderung des Finanzamtes festsetzende Steuerbescheid wie auch der Abrechnungsbescheid nach § 218 II AO. Für den Abrechnungsbescheid hat der BFH[80] bereits entschieden, daß durch dessen Vollziehungsaussetzung gem. § 69 III, IV FGO die Wirkungen der vom Finanzamt erklärten Aufrechnung einstweilen in dem Sinne rückgängig gemacht werden können, daß das Finanzamt die Steuererstattungsansprüche (Hauptforderung) vorläufig vollständig erfüllen muß[81]. Kann damit die Vollziehung der finanzbehördlichen Steuerforderung durch Aufrechnung aufgrund der Aussetzung des zugrundeliegenden Bescheides (§ 218 I, II AO) einstweilen gehemmt werden, so schließt § 114 IV FGO die einstweilige Anordnung auf Anordnung der Auszahlung der ungekürzten Steuerpflichtigenforderung aus. Entgegen der bisweilen geäußerten Kritik[82] ist für die einstweilige Hinderung der Aufrechnungswirkungen i.S. eines vorläufigen Rechtsschutzes für den Steuerpflichtigen, der als Inhaber der Hauptforderung die einstweilen volle Auszahlung seines Anspruches begehrt, allein die Aussetzung der Vollziehung des der Steuerforderung zugrundeliegenden Bescheides (Steuer- oder

---

78 Aufrechnungswirkungen: Verrechnung der beiden Forderungen und damit keine/gekürzte Erstattung der Forderung des Steuerpflichtigen.

79 FG Hamburg v. 11.01.1985 - IV 242/84 H, EFG 1985, 435.

80 BFH v. 10.11.1987 - VII B 137/87, BStBl. II 1988, 43 ff. = BFHE 151, 128.

81 BFH v. 15.06.1982 - VIII B 138/81, BStBl. II 1982, 657 [659] = BFHE 136, 186.

82 Vgl. *Finkelnburg/Jank*, aaO, Rdn. 574 Fn. 24; *Appel*, BayVBl. 1983, 204 Sp. I; *Hetzer*, BB 1985, 2317; Vallendar, DÖD 1973, 53; FG Berlin v. 14.07.1980 - VII 919/80, EFG 1981, 328. So auch der BFH v. 17.09.1987 - VII R 50-51/86, BStBl. II 1988, 367 [370], der im Fall der Aussetzung der Vollziehung des Steuerbescheides (dem die Gegenforderung des FA zugrunde liegt) dieser keine Wirkungen im Hinblick auf die Aufrechnung zuspricht, da es hier um die Frage ginge, ob die Behörde verpflichtet sei, die Hauptforderung des Steuerpflichtigen unmittelbar zu erfüllen und daher als vorläufiger Rechtsschutz gegen die Aufrechnungswirkungen nur der Erlaß einer einstweiligen Anordnung gem. § 114 FGO in Betracht komme; nach BFH v. 14.03.1990 - I S 5/89, BFH/NV 1991, 172 kann mit einem Antrag auf Aussetzung der Vollziehung einer Steuerforderung, die das FA gegen einen Steuererstattungsanspruch aufgerechnet hat, der Antragssteller keine Erstattung seines Guthabens erreichen. Für das sonstige Verwaltungsrecht, vgl. Hess. VGH v. 19.08.1977 - I TH 19/77, ESVGH 27, 159: § 123 I 1 VwGO, und OVG Lüneburg v. 07.12.1981 - 5 OVG B 52/81, OVGE 36, 484: § 123 I 2 VwGO. A.A. aber der Hess. VGH v. 14.03.1975 - VII TH 91/74, DÖV 1975, 865 und der BayVGH v. 30.10.1981 - Nr. 21 CE 81.A. 1764, n.v., die beide als vorläufigen Rechtsschutz für den Aufrechnungsgegner der Behörde § 80 V VwGO bejahen, um die behördliche Leistungsverweigerung aufgrund der Aufrechnungserklärung als unzulässige Vollstreckung des Rückforderungsbescheides abwehren zu können: Ist der Leistungsbescheid der Behörde suspendiert bzw. seine Vollziehung ausgesetzt, so sei es unerheblich, ob der Behörde diesen Anspruch durch Vorenthaltung der eigenen Leistung oder durch förmliche Vollstreckung realisiere.

Abrechnungsbescheid) geboten. Denn mit dem Begehren des Steuerpflichtigen auf Auszahlung des ungekürzten Erstattungsanspruches verfolgt er kein weitergehendes Ziel als mit der Aussetzung der Vollziehung[83]. Vordergründig wehrt sich der Aufrechnungsgegner gegen die betragsmäßige Abänderung (aufgrund Verrechnung) seines Erstattungsanspruches, die wiederum bedingt wird durch die Aufrechnungswirkungen. Werden diese Wirkungen bereits durch die Aussetzung des der Gegenforderung zugrundeliegenden Bescheides suspendiert, d.h. richtet sich sein Hauptanliegen auf die Nichtanerkennung der Aufrechnungswirkungen bis zum rechtskräftigen Abschluß des Hauptsacheverfahrens und resultiert hieraus erst sekundär die ungekürzte Auszahlung, so handelt es sich gerade nicht um ein primäres Leistungsbegehren, das durch den vorläufigen Rechtsschutz der einstweiligen Anordnung zu sichern wäre, sondern um die Absicherung eines vorläufigen Zustandes, der sich erst mit Abschluß des Anfechtungsverfahrens klärt.

Eines der Hauptargumente der Gegenseite[84] stützt sich auf die "kaum lösbaren Probleme" hinsichtlich der Gewährung vorläufigen Rechtsschutzes, da die Rückwirkung der Aufrechnung der aufschiebenden Wirkung von Rechtsbehelfen ebenso wie der Aussetzung der Vollziehung im Steuerverwaltungsverfahren entgegenstehen würde. Entweder müßte man aufgrund des Suspensiveffektes die Wirkungen der Aufrechnungslage rückwirkend beseitigen, was im Widerspruch zur Gestaltungswirkung des § 389 BGB stünde und zudem über die üblichen Wirkungen der aufschiebenden Wirkung/Vollziehungsaussetzung (Vollziehungshemmung nicht Wirksamkeitsbeeinflussung) hinausginge, oder aber die aufschiebende Wirkung/Vollziehungsaussetzung könne die bereits eingetretenen Aufrechnungswirkungen nicht mehr beseitigen/hindern. Mit diesem Argument hatte der BFH[85] u.a. den VA-Charakter der Aufrechnungserklärung verneint, weil er die vorläufigen Rechtsschutzprobleme mit dem Vorliegen eines vollziehbaren VA in Form eines Aufrechnungs-VA verbunden sah. Er verkennt dabei, daß nicht die Aufrechnungserklärung des Finanzamtes den "vollziehbaren VA" i.S.v. §§ 361 AO, 69 FGO darstellt, sondern der der Gegenforderung zugrundeliegende Steuer- bzw. Abrechnungsbescheid. Mit dessen Vollziehungsaussetzung wird dann eine "Vollziehung" i.S. der "Aufrechnungsdurchsetzung" der Steuerforderung und damit der hieran anknüpfenden Aufrechnungswirkungen der gekürzten Auszahlung gehindert. Das Argument der Widersprüchlichkeit der Aufrechnungswirkung einerseits und der Aussetzung der Vollziehung andererseits greift jedoch nicht mehr, wenn man - ebenfalls mit dem BFH[86] - die endgültige Wirkung unter der auflösenden Bedingung des endgültigen Bestehens der Gegenforderung erst mit rechtskräftigem Abschluß des Hauptsachestreitverfahrens eintreten läßt[87], so daß auch die Aussetzung der Vollziehung des Steuerbescheides die "Rückwirkung" der bereits erklärten Aufrechnung des Finanzamtes "erreicht" und daher die Vollziehung[88] vorübergehend suspendiert. Suspendieren i.S. der "Vollziehungsaussetzung" heißt damit nicht die gänzliche (rückwirkende) Beseitigung der Aufrechnungswirkungen, sondern sie hindert das Finanzamt nur, hieraus - vorübergehend - rechtliche Konsequenzen in Form eines "Leistungsverweigerungsrechts" zu ziehen.

Auch müssen diejenigen Vertreter, die die "Einstweilige Anordnung" als einzig zulässige vorläufige Rechtsschutzmöglichkeit für den von der behördlichen Aufrechnung betroffenen Steuerpflichtigen ansehen, i.d.R. diesen Rechtsschutz ablehnen, weil die einstweilige Anordnung (entweder als Regelungs- oder als Sicherungsanordnung) nur zur *vorläufigen* Regelung eines Rechtsverhältnisses (§

83 BFH v. 10.11.1987 - VII B 137/87, BStBl. II 1988, 44 = BFHE 151, 128.
84 BFH v. 02.04.1987 - VII R 148/83, BStBl. II 1987, 536 ff. = BFHE 149, 482; *Appel*, aaO, S. 201 ff.; *Ehlers*, JuS 1990, 779.
85 BFH v. 02.04.1987 - VII R 148/83, aaO, Fn. 84.
86 U.a. BFH v. 14.03.1990 - I S 5/89, BFH/NV 1991, 172 m.w.N.
87 Das BVerwG v. 13.10.1971 - VI C 137.67, DÖV 1972, 573 spricht von "schwebender Unwirksamkeit".
88 In Form der Verrechnung, d.h. nicht/gekürzte Auszahlung.

114 I 2 FGO) dienen soll. Es gilt das Verbot der Vorwegnahme der Hauptsache[89]; die Anordnung der Auszahlung des ungekürzten Forderungsbetrages enthält jedoch bereits eine endgültige Regelung. Der Weg über die "einstweilige Anordnungsrechtsschutzalternative" führt damit im Ergebnis regelmäßig zu einer Verneinung jeglichen vorläufigen Rechtsschutzes für den Steuerpflichtigen, nicht nur gegen die Aufrechnungserklärung selbst, sondern insbesondere auch im Hinblick auf die hieraus resultierenden Folgen der Leistungsverweigerung (Nichtauszahlung). Er wird damit - jedenfalls vorläufig - so gestellt, wie er stehen würde, wenn die Leistungseinforderung (Erhebung) in anderer Weise - etwa im Wege der Vollstreckung - sofort vollzogen worden wäre. Da diese - tatsächliche - Konsequenz durch die Aussetzung der Vollziehung gerade verhindert werden soll, kann er in einer solchen Situation nicht schutzlos gestellt werden[90]. Sinn und Zweck der Vollziehungsaussetzung gebieten es daher, die "Vollziehungshemmung" auch hinsichtlich der Aufrechnungswirkungen eintreten zu lassen und so dem Steuerpflichtigen die Möglichkeit vorläufigen Rechtsschutzes bereits im Vorfeld des Hauptsacheverfahrens gegen den Steuerbescheid zu ermöglichen und nicht erst mit der Aussetzung der Vollziehung des zunächst zu beantragenden und zu erteilenden Abrechnungsbescheides.

---

[89] *Hetzer*, BB 1985, 2315 ff.; OVG Lüneburg v. 07.12.1981 - 5 OVG B 52/81, OVGE 36, 484; BayVGH v. 27.04.1959 - Nr. 69 III 58, ZBR 1960, 225 [226]. Differenzierend entscheidet der Hess. VGH v. 19.08.1977 - I TH 19/77, ESVGH 27, 159, der das Vorwegnahmeverbot bei der Sicherungsanordnung nicht anwendet, da der ASt. den von ihm im Hauptverfahren bekämpften Rechtsnachteil bereits im Anordnungsverfahren - wenn auch nur vorläufig so doch in vollem Umfang des Hauptsachebegehrens - beseitigt wissen will. Das Hauptsacheanliegen des ASt. im vorläufigen Rechtsschutzverfahren ist hier jedoch nicht die Auszahlung (Leistungsklage), sondern die Aufhebung (Anfechtung) des Leistungsbescheides der Behörde. Der hieraus resultierende und bekämpfte Rechtsnachteil der Aufrechnungswirkungen kann damit auch nur mit den Mitteln vorläufigen Rechtsschutzes für den Hauptsachestreit angegangen werden, für etwaige "Nebenfolgen" sind keine gesonderten vorläufigen Rechtsschutzmöglichkeiten einzuräumen.

[90] Das OVG Münster v. 13.09.1974 - I B 649/74, OVGE 30, 46 [50] spricht von einer sog. "faktischen Vollziehung", die i.S. der Gewährung vorläufigen Rechtsschutzes den Betroffenen nicht schutzlos darstehen lassen könnte.

Schlußbetrachtung und Zusammenfassung:

Mit der vorliegenden Arbeit soll aufgezeigt werden, daß auch in dem ursprünglich subordinationsrechtlich angelegten Steuerschuldverhältnis zwischen Finanzamt und Steuerpflichtigem beiden Seiten die Inanspruchnahme zivilrechtlich vorgeprägter Gestaltungsrechte offen steht. Es gibt keine zwingende Vermutung dafür, daß das aufrechnende Finanzamt stets hoheitlich regelnd durch "VA" aufrechnet, während dem Steuerpflichtigen lediglich die Ausübung in Form einer schuldrechtsgeschäftlichen Willenserklärung zur Verfügung steht.
Wesen und Intention des - allgemeinen - Aufrechnungsinstituts verlangen auch im Steuerrechtsverhältnis gleichberechtigte Gestaltungsbefugnisse zur Realisierung eines wirtschaftlich sinnvollen Leistungsaustausches ohne die Erforderlichkeit eines "einseitig verbindlichen Hoheitsausspruches".

Zusammenfassend ist festzustellen:

1. Außerhalb der Begründung steuerrechtlicher Tatbestände kann es zu zivilrechtlich geprägten Gestaltungsformen (z.B. Erfüllung, -surrogate) kommen, die steuerrechtlich unbeachtlich sind, weil sie nicht zu einer Neubegründung/Änderung des Steuergrundes/-tatbestandes führen. Die auf einer Steuer(erstattungs)forderung basierende Aufrechnungserklärung ist nicht nur einem Steuerschuldverhältnis immanent und spezifisch, sondern nur ein mögliches "Schuld-/Anspruchsverhältnissen", das als Grundlage einer Aufrechnungslage in Betracht kommt. Das "steuerrechtliche Hoheitsverhältnis" berührt das für die Aufrechnungslage erforderliche Forderungsverhältnis nicht, sondern tritt vielmehr als weiteres, u.U. Modifizierungen bedingendes Merkmal zu den rechtlichen Beziehungen der Beteiligten (S. 11 ff., 58 ff., 82 ff.).

2. Sieht man den Fiskus als staatlichen Hoheitsträger mit dem grundsätzlichen Vorrecht der Selbsttitulierung und Selbstvollstreckung an, so verdeutlicht die im Fall der Aufrechnung eingeräumte "Selbstexekutionsmöglichkeit" einen den bürgerlich-rechtlichen Schuldverhältnissen vergleichbaren Anspruchs- und Schuldtilgungsbegriff im Sinne einer Gleichordnung der beteiligten Rechtssubjekte (S. 8 ff./10, 27 ff.).

3. Die Aufrechnungserklärung des Finanzamtes mit einer ö.r. Steuerforderung (Gegenforderung) stellt sich weder für sich betrachtet noch im Rahmen einer "einheitlich ö.r. Gesamtbetrachtung" als hoheitlich regelnde VA-Verfügung i.S.v. § 118 S. 1 AO dar, sondern ist Ausübung eines rechtsgeschäftlichen Gestaltungsrechts und abhängig von den entsprechenden materiell-rechtlichen Vorgaben (S. 82 ff., 92, 120 ff.).

4. § 226 AO 1977 differenziert bei der Institutionalisierung des Aufrechnungsinstituts für das Steuerrecht nicht ("neutrale Rechtssystematik des Aufrechnungsinstituts", vgl. S. 136) zwischen unterschiedlichen Rechtsträgern. Damit liegt auch keine "Ungleichartigkeit" i.S.einer Ungleichwertigkeit der zu verrechnenden Forderungen vor, da die materiell-rechtliche Zulässigkeit der Aufrechnung gerade unter Verzicht auf die Beachtung der verschiedenartigen Forderungsinhaber als Rechtspersonen bejaht wird. Entscheidend abgestellt wird auf das wechselseitig verknüpfte Forderungsverhältnis zweier "Gläubiger-Schuldner" zur Schaffung eines wirtschaftlich sinnvollen Leistungsaustausches; gesetzgeberische Vorgaben für ausdrückliche "Regelungsformen" fehlen. Mit dem Erbringen der Leistung bzw. des Erfüllungssurrogates erschöpft sich das Forderungsverhältnis, unabhängig etwa von einer hoheitlichen Forderungsinhaberschaft des

aufrechnenden Finanzamtes (S. 8 ff., 84 ff., 100 f., 121 ff.).
Die Beachtung und Einschränkung durch "bereichsspezifische Modifikationen" wirkt nur ergänzend, nicht rechtscharakterbestimmend oder -verändernd (S. 85 ff.). Die Finanzamtaufrechnung ist grundsätzlich an dieselben Voraussetzungen und Wirkungen gebunden wie die des Steuerpflichtigen und findet ihre Grundlage nicht im "Gewaltunterworfensein" des Steuerpflichtigen oder "in der Ausübung von Staatshoheit" aufgrund einer Zuweisung durch einen öffentlich-rechtlichen Sonderrechtssatz. Wegen der beidseitig bestehenden Aufrechnungsmöglichkeit ist eine unterschiedliche Rechtsfolgenwirkung, je nachdem ob der Verwaltungsträger oder der Bürger zuerst die Aufrechnung erklärt, nicht begründbar. Auch eine grundsätzliche Vermutung für eine VA-Handlungsweise bei einem Vorgehen der Behörde innerhalb eines Steuerschuldverhältnisses gegenüber dem Steuerpflichtigen ist in dem Augenblick widerlegt, in dem aus dem Gesetz andere Schlüsse zu ziehen sind (S. 82 ff., 100 f., 121 ff., 134 ff.).

5. Sinn und Zweck der Aufrechnungserklärung ist nicht die Schaffung einer verfahrensmäßigen (verbindlich "formalisierten") Rechtsposition des Aufrechnenden (vgl. S. 74 ff., 121 ff.), sondern einzig - wie im Bürgerlichen Gesetzbuch zugrunde gelegt (S. 82 ff.) - die notwendige Ausübung des Gestaltungsrechts mittels einseitiger empfangsbedürftiger Willenserklärung. Vom Begriff der "Aufrechnung" ist der Sinn der Aufrechnungserklärung zu unterscheiden. Sie soll noch keine verbindliche Entscheidung über den Eintritt der Aufrechnungsfolgen treffen, da diese - neben der Ausübung des Gestaltungsrechts - erst mit Vorliegen der sonstigen materiell-rechtlichen Voraussetzungen eintreten (S. 74 ff., 126 ff., 136 f.).

6. Gestaltung und Verfügung zeigen von ihren Rechtsfolgen her ähnliche Wirkungen, basieren aber nicht auf dem gleichen Grundgedanken, sondern sind Ausdrucksformen gesetzlich intendierter und vorgesehener Handlungsalternativen (S. 27 ff, 134 ff./137 f.).
Die Aufrechnung als "hoheitliches Gestaltungsrecht" wäre ein Widerspruch in sich, eine "Doppelung der Rechtsfolgenwirkung" ohne zwingende Notwendigkeit und nicht gerechtfertigt durch eine Orientierung an hoheitlichen Vollstreckungsmaßnahmen i.e.S (S. 75, 95 Fn.351, 130 ff.).
Im Vergleich zur VA-Befugnis der Verwaltung in "Konstituierung und Domestizierung" der Staatsgewalt über das Mittel der Selbsttitulierung und Selbstvollstreckung weist die gestalterische Aufrechnungsbefugnis keine dogmatischen Parallelitäten auf. Der Begriff der Aufrechnung ist untrennbar mit der Maxime der "Gegenseitigkeit" verbunden. Zwar wird sie auch als "einseitige Verfügungsbefugnis" qualifiziert, diese "Einseitigkeit" bezieht sich aber nur auf die Initiativwirkung, nicht auf ihre Rechtsfolgenwirkung. Die Aufrechnung(swirkung) zieht keine einseitige und zwangsweise (i.S. eines hoheitlichen Zugriffes) Aneignung einer fremden Forderung nach sich, sondern ist - in ihrer gestalterischen Wirkung - zugleich und immer mit der Aufopferung der eigenen Forderung verbunden (S. 121 ff.).

7. Dem öffentlichen Recht ist eine Gleichordnung der Parteien nicht (wesens-)fremd. Obrigkeitliches Handeln ist zwar als Indiz für ein zugrundeliegendes ö.r. Rechtsverhältnis zwischen Staat und Bürger heranzuziehen, fehlendes obrigkeitliches Handeln läßt aber nicht den Umkehrschluß auf eine nunmehr nur bürgerlich-rechtliche Vorgehensweise zu.
Auszahlung bzw. Aufrechnung als nichthoheitliche Akte sind nicht als rein fiskalische d.h. privatrechtliche Akte einzuordnen, soweit es um die Durchsetzung/Befriedigung ö.r. Forderungen und damit um die Wahrnehmung öffentlicher Aufgaben geht. Eine "Abspaltung" eines zivilrechtlichen (weil fiskalischen) Teilaspekts der Aufrechnung im ansonsten ö.r. Rechtsverhältnis

ist nicht möglich (S. 85 ff.).

8. Die Aufrechnung als das erforderliche, zumutbare, geeignete und mildere Mittel i.S. des Verhältnismäßigkeitsgrundsatzes gegenüber der hoheitlichen Vollstreckung ist "gemäßigte Staatsgewalt", die sich zwar nicht mit den autonomen Rechtsgeschäften des Privatrechts deckt, aber der Finanzverwaltung doch ein gewisses Abgehen vom "hoheitlich-zwangsweisen Kurs" der Steuerforderungseintreibung eröffnet (S. 31 ff.).

9. Die Verfahrenstrennung im Steuerrecht bedingt eine Einzelfallprüfung für jede Phase des Besteuerungsverfahrens, welche Handlungsalternative das Finanzamt gewählt hat und welche Rechtsschutzmöglichkeiten sich hieran anschließen.
Von der Systematik der AO 1977 beinhaltet die Aufrechnung weder eine Festsetzung/Manifestierung eines tatbestandlich vorausgesetzten Anspruches aus dem Steuerschuldverhältnis und stellt damit auch keinen Leistungsbescheid (i.w.S.) als hoheitliche Verfügung gem. § 155 I AO dar, noch gehört sie - auf der Grundlage eines vorangegangenen Leistungsbescheides - zu den Vollstreckungsmaßnahmen der Finanzbehörden i.S. der §§ 249 ff. AO.
Das Steuerbescheidserfordernis für die Gegenforderung im Rahmen der Aufrechnung bedeutet ein verfahrensrechtlich zu bewertendes Formerfordernis zur Dokumentation der geltend gemachten Aufrechnungsforderung und zur Erfüllung der materiellen Aufrechnungsvoraussetzungen der Fälligkeit (§ 220 II 2 AO) und Durchsetzbarkeit (§ 218 I AO) und nicht etwa eine materiell-rechtliche Titelvoraussetzung zur Vollstreckung (S. 19 ff., 27 ff., 99).

10. Die Qualifizierung der Aufrechnungserklärung als zivilrechtliche oder verwaltungsrechtliche Willenserklärung ergibt sich aus der Rechtsnatur der Handlungsweise, aus deren akzessorischen Charakter, d.h. die Rechtsnatur der Aufrechnungserklärung folgt letztendlich aus dem Recht, dem die Gegenforderung untersteht, mit der aufgerechnet wird (S. 87 f.).
Rechnet das Finanzamt mit einer Steuerforderung auf, so handelt es sich um eine verwaltungsrechtliche (ö.r.) Willenserklärung. Die verwaltungsrechtliche Willenserklärung unterscheidet sich vom VA durch das Fehlen des einseitig anordnenden Charakters mit seiner spezifischen Verbindlichkeitsprägung und Vollstreckbarkeit, d.h. sie hat für den Erklärungsempfänger aus sich heraus keine verbindliche Rechtsfolgenregelung zum Inhalt. Hinzukommen muß die materiell-rechtliche Gesetzeskonformität (Aufrechnungslage).
In Abgrenzung zur zivilrechtlichen Willenserklärung ist nicht die "Apriorität" des Instituts der rechtsgeschäftlichen Willensgestaltung, sondern die Ausübung im ö.r. Aufgabenbereich aufgrund ausdrücklicher Zulassung (§ 226 AO) rechtscharakterbestimmend (S.82 Fn. 277, 85 ff.).

11. Die materiell-rechtliche (abstrakte) Analyse der finanzbehördlichen Aufrechnungserklärung unter VA-Aspekten ergibt, daß weder ein "Regelungsgehalt" noch "Hoheitlichkeit der Verfügung" i.S.v. § 118 S. 1 AO vorliegen (S. 147).
Hoheitlichkeit der Vorgehensweise ist für das Finanzamt nicht zwingende Voraussetzung einer ö.r. Aufrechnung - weder das Handeln eines ö.r. Hoheitsträgers noch die Geltendmachung eines ö.r. Anspruches noch das zugrundeliegende steuerrechtliche Subordinationsverhältnis stehen einer rechtsgeschäftlichen Handlungsweise entgegen, da nicht notwendig alle Verwertungsformen ö.r. Ansprüche hoheitlich ausgestaltet sein müssen. Die Handlungsbereiche einer "inhaltlichen Regelung" des Steuerrechtsverhältnisses und hieran anschließende "Erfüllungsmaßnahmen" sind streng zu trennen und unterliegen nicht im Sinne einer "einheitlichen ö.r. Betrachtungsweise" bzw. der "actus-contrarius-These" einer "Einheits-VA-Fiktion" (S. 92, 140 ff.,

142 ff).
Auch eine Gleichsetzung mit der (hoheitlichen) Verwaltungsvollstreckung geht fehl, da trotz aufgezwungener Befriedigung keine einseitige Aneignung, sondern stets nur ein Zugriff unter Preisgabe der eigenen Forderung vorliegt (S. 27 ff.).
Das Steuerforderungsverhältnis als typisch einseitig-hoheitliches Rechtsverhältnis bewirkt nur hinsichtlich des Rechtsgrundes der Forderungen eine Modifizierung, ändert aber nichts - i.S. einer hoheitlich prägenden Beeinflussung - am wechselseitig bedingten Forderungsverrechnungsverhältnis; denn Forderungen selbst können nie "hoheitlich sein", hoheitlich ist nur die Art ihrer Begründung bzw. Durchsetzung. Versagt man der "Durchsetzung" im Wege der Aufrechnung die Qualifizierung von Verwaltungszwang, so begründet allein die Tatsache, daß es sich um Forderungen aus dem Steuerschuldverhältnis handelt, noch keine "Hoheitlichkeitsbewertung".
Bei der Aufrechnung bedarf es keiner "rechtlichen Regelung" in VA-Konkretisierung der gesetzlich abstrakt formulierten Voraussetzungen und Wirkungen, denn die Abstraktheit der Rechtsfolgen bei den gesetzlichen Gestaltungsrechten wird im Maße ihrer Subsumtion unter die tatsächlich gegebenen Umstände relativiert (S. 124).
Potentiell weitere Regelungsgehalte im Zusammenhang mit der Erklärung ("Gesamt-VA") vermögen nicht die Aufrechnungserklärung selbst zum VA "anzureichern", da solche vorangehenden, wertenden Entscheidungen über die Rechtslage und ihre Realisierung i.d.R. jeder Maßnahme vorausgehen, ohne daß ein Rückschluß auf eine "VA-Regelung im ganzen" aufgrund zwingenden Zusammenhanges möglich wäre. Diese denkbaren Regelungsgehalte stehen außerhalb des materiell systemgerecht zu beurteilenden Gestaltungsrechts der Aufrechnung; nicht das Steuerschuldverhältnis als ganzes ist am VA-Regelungsgehalt zu messen, sondern allein die - gesonderte - Gestaltungsmaßnahme der Aufrechnung (S. 93, 125 ff., 140 ff., 142 ff.).

12. Die Zuweisung von Handlungsinhalten und -befugnissen auf verschiedene Regelungsstrukturen ist beherrscht von der Tatsache, daß jede dieser Formen für einen "typischen" Inhalt geschaffen wurde, d.h. die Zuordnung hat "formadäquat" unter Berücksichtigung der "legitimatorischen, gegenständlich-situativen und verfahrensmäßigen Elemente einschließlich der - ggf. - formalisierten Wirkungen zu erfolgen. Die "typischen Wesensmerkmale" der Aufrechnung lassen diese aber - wie zivilrechtlich angelegt - als "reines" Gestaltungsrecht ohne die - materiell-rechtliche - Notwendigkeit einer "VA-Verstärkung" erscheinen. Die Aufrechnungserklärung - auch des Finanzamtes - stellt sich damit schwerpunktmäßig als Ausübungskundgabe des Gestaltungsrechts und nicht als verbindliche Rechtsfolgenfeststellung über die Forderungsverrechnung dar (S. 130 ff., 132 ff.).

13. Die Rechtmäßigkeit der VA-Aufrechnungsverfügung der Finanzbehörde i.S. eines Gesetzes- bzw. gesetzlichen Handlungsvorbehaltes ist streng zu trennen von der Frage der Rechtsnaturbestimmung der konkreten Vorgehensweise der Behörde ("Form-VA"). Die formelle Definition ist am Erscheinungsbild ausgerichtet, während die materiell-rechtliche Qualifikation nach einer adäquaten Aufgliederung von Kompetenzen auf formalisierte Handlungsformen und -träger und der sachlichen Vereinbarkeit zwischen Form und Inhalt fragt (S. 79 ff., 121, 130 ff., 138, 194).
Liegt eine existente ("wirksame") wenn auch rechtsfehlerhafte VA-Aufrechnung seitens des Finanzamtes vor, so knüpfen hieran auch die den VA wesensimmanenten Konsequenzen der "formellen Verbindlichkeit" und der entsprechende Rechtsschutz an.
Ein auftretender Widerspruch zwischen materieller Aufrechnungslage und einem hieran nicht gebundenen formell anordnenden VA-Rahmen der Erklärungshandlung ist nicht in dem Sinne

aufzulösen, daß die grundsätzlichen VA-Konsequenzen im Umfang der materiell-rechtlichen Gegebenheiten zu restringieren sind, sondern indem man die zwei Rechtsinstitute der hoheitlichen VA-Forderungsrealisierung einerseits und die gestalterische Verrechnungsmöglichkeit andererseits vergleichend gegenüberstellt und hierbei anhand sachlicher (Sinn und Zweck, Gesetzeswortlaut und -intention) Unvereinbarkeiten und Systemwidrigkeiten zur Ablehnung der Kombination von VA und Gestaltungsausübung kommt (S. 137 f.).
Mangels Ermächtigungsgrundlage für eine Handlungsbefugnis des Aufrechnungs-VA des Finanzamtes ist der "Form-VA" als rechtswidriger anfechtbar und aufhebbar; bis zu seiner Kassation entfaltet er seine "formalisierte Verbindlichkeit". Nur bei Annahme einer Nichtigkeitsfolge aufgrund der mangelnden VA-Befugnis kommt es nicht zu den - üblichen - VA-Rechtsfolgen, sondern zur alleinigen Ausrichtung an der materiellen Rechtslage (S. 79 ff.).

Die Trennung der formalen Frage vom etwaigen Vorliegen der materiell-rechtlichen Voraussetzungen ist weder eine auf prozessuale Formalien reduzierte Betrachtungsweise noch ein Unterlaufen effektiven Rechtsschutzes, sondern allein die Klärung einer notwendigen Sachfrage, begründbar mit dem Bedürfnis nach terminologisch Klarheit ebenso wie mit Rechtsschutzargumenten, da dieser grundsätzlich an den äußerlich erkennbaren Handlungstypus anknüpft (S. 109).

14. Weder aus § 226 AO konkret noch aus dem zugrundeliegenden Steuerschuldverhältnis zwischen Finanzamt und Steuerpflichtigem läßt sich eine Ermächtigung zur VA-Aufrechnungsbefugnis - unter Berücksichtigung des vom Gesetzgeber indentierten Aufrechnungszweckes - etwa i.S. einer Annexkompetenz/kraft Sachzusammenhanges ableiten. Die gesetzliche Normierung der generellen Steuerrechtsaufrechnung wäre überflüssig, wenn sich die Handlungsbefugnis der Finanzbehörde bereits aus dem hoheitlichen Subordinationsverhältnis ableiten ließe. Ein Rückschluß von einem etwaigen "VA-Regelungs-Bedürfnis" des Finanzamtes für eine "Doppelwirkung im Recht" auf eine VA-Befugnis ist nicht zulässig. Insbesondere wenn eine Forderungsfeststellung kraft VA in Widerspruch zur materiellen Gestaltungswirkung tritt, geht es nicht um die Schaffung einer "verdoppelten" Rechtsgrundlage für das Finanzamt, sondern um die - formalisierte - Loslösung von der dann insoweit subsidiären materiellen Rechtslage. Eine solche VA-Kompetenz kann der handelnden Behörde aber nur kraft ausdrücklicher gesetzlicher Regelung zugestanden werden (S. 78 f., 109, 115 f., 132 ff.).

15. Die Lösung über die verwaltungsrechtliche Willenserklärung des aufrechnenden Finanzamtes mit anschließender Abrechnungsbescheidsmöglichkeit nach § 218 II AO korrespondiert mit der Ansicht, eine hoheitliche Regelung hinsichtlich der Frage des Erlöschens von Steuerforderungen nur mittels Abrechnungsbescheid zu ermöglichen ("Eingleisigkeit"). Im Steuerrechtsverfahren ist der Abrechnungsbescheid als die speziellere Verwaltungsentscheidung und "Rechtsbehelfsmöglichkeit" gegen eine bereits vorliegende Maßnahme/Entscheidung der Finanzbehörde bei Streitigkeiten über das Bestehen/Erlöschen von Steueransprüchen vorgesehen. Er ist strikt abzugrenzen vom i.d.R. hoheitlichen Festsetzungsverfahren und der späteren zwangsweisen Vollstreckung und bereits vor Zahlung auf Antrag oder von Amts wegen möglich. Die Abschaffung des früheren gesonderten Erstattungsverfahrens nach vorangegangener einseitig obrigkeitsstaatlicher Forderungseinziehung spricht für die Möglichkeit, nunmehr auch eine rechtlich gleichgeordnete Gestaltung gegenseitiger Forderungsansprüche im Rahmen des Erhebungsverfahrens zuzulassen.
Auch zur Vermeidung unterschiedlicher Rechtsbehelfsentscheidungen ist der Abrechnungsbe-

scheid nach § 218 II AO als lex specialis einzuordnen. Es besteht keine Notwendigkeit, eine Einspruchsüberprüfung gegen VAe gem. § 348 AO vor der eigentlich abschließenden Abrechnungsbescheidsentscheidung zwingend zu fordern. Ohne Streit über das Bestehen/Erlöschen der Steueransprüche wird allein anhand der materiellen Rechtslage entschieden, bei Streit eröffnet § 218 II AO die Möglichkeit einer abschliessenden Behördenentscheidung (S.60 ff., 144 ff.).

16. Als Alternative zur einseitig möglichen Aufrechnungserklärung in Form einer rechtsgeschäftlichen Willenserklärung besteht die einvernehmliche Einigung der Aufrechnungsparteien im Rahmen eines sog. Verrechnungsvertrages (Forderungstilgungsvereinbarung). Dieser ist auch im Steuerrecht aus wirtschaftlichen Praktikabilitätserwägungen bei wechselseitiger Forderungsverknüpfung zulässig und bedeutet keinen (unzulässigen) Rechtsverzicht des Steuergläubigers, da dieser über die Forderungsverrechnung weiterhin zur Realisierung (Erhebung) seiner Steuerforderung gelangt (S. 68 ff.).

17. Die Eigentümlichkeiten des Steuerrechts, dessen Befugnisse vorwiegend verpflichtender Natur sind, müssen bei privatrechtlicher Analogie besonders berücksichtigt werden, insbesondere werden die finanzbehördlichen Aktivitäten durch § 5 AO gebunden oder allgemeiner ausgedrückt: Die Beliebigkeit des - privatrechtlich-autonom orientierten - "Zugriffes" nach § 226 AO durch die Finanzbehörde ist im Steuerrecht durch die auch hier geltenden allgemeinen Verwaltungsgrundsätze über ermessensfehlerfreie Handlungen substituiert (S. 41 ff./45 ff., 54).

18. Im Aufrechnungsverhältnis steht dem jeweils Aufrechnenden - Finanzamt oder Steuerpflichtiger - bzgl. der Tilgungsreihenfolge ein Bestimmungsrecht entsprechend §§ 396 I, 366 I BGB i.V.m. § 226 I AO zu.
Für den Steuerpflichtigen gilt bei Nichtausübung seines Bestimmungsrechts § 225 II AO als die speziellere steuerrechtliche Vorschrift bei "freiwilliger Zahlung".
Gestaltet (rechnet auf) das Finanzamt öffentlich-rechtlich unter Inanspruchnahme privatrechtlicher Gestaltungsformen, so ist es angebracht - mangels steuerrechtlicher Kodifizierung -, auf die speziellen zivilrechtlichen Aufrechnungsvorschriften zurückzugreifen und nicht etwa i.S. eines Postulats nach Interessenausgleichung zugunsten des Steuerpflichtigen auf die Anwendung allgemeiner steuerrechtlicher Rechtsnormen (hier § 225 II AO) zu drängen. Allerdings bleibt das aufrechnende Finanzamt bei ö.r. Vorgehensweise weiterhin seiner Ermessensbindung verhaftet; es kann - auch als Aufrechnender - nicht in freier (autonomer) Selbstbestimmung wie ein Privatrechtsträger über die zu verrechnenden Forderungen entscheiden, sondern hat im konkreten Einzelfall sein Ermessen pflichtgemäß auszuüben (S. 41 ff.).

19. Das Erlöschen gegenseitiger Forderungen durch Aufrechnung entsprechend § 389 BGB wirkt grundsätzlich auf den Zeitpunkt der erstmaligen Verrechenbarkeit (Aufrechnungslage) zurück und erfaßt ebenfalls die an die Hauptforderungen anknüpfenden Nebenleistungen wie Zinsen, Säumniszuschläge etc. Diese Rückbeziehung hat ihren Grund darin, daß "der Schuldner sich wirtschaftlich bei bestehender Aufrechnungslage nicht mehr als Schuldner fühlen muß" (S. 148 ff.).
Der BGH nimmt eine Beschränkung der Rückwirkung bei - zeitweilig - nur einseitig bestehender Aufrechnungsbefugnis im Zeitpunkt der Aufrechungslage durch den Gläubiger der Gegenforderung auf den Zeitpunkt der Aufrechnungserklärung und dem zu diesem Zeitpunkt bestehenden Deckungsverhältnis der Forderungen vor. Im Einführungserlaß zur AO 1977 zu § 226

Nr. 3 übernimmt die Finanzverwaltung diese BGH-Argumentation für den Fall, daß bei einseitiger Aufrechnungsbefugnis des Finanzamtes Säumniszuschläge vor Fälligkeit der Hauptforderung des Steuerpflichtigen anfallen mit dem Argument, daß der Steuerpflichtige sich zu diesem Zeitpunkt noch nicht als wirtschaftlich befreiter Schuldner fühlen könne. Dieser restriktiven Auslegung der Rückwirkungsfiktion bei nur einseitiger Aufrechnungsbefugnis im Zeitpunkt der - rückwirkenden - Aufrechnungslage kann nicht gefolgt werden. Sie bedeutet eine weitere Aufrechnungsvoraussetzung - Fälligkeit der Hauptforderung -, die vom Gesetzeswortlaut nicht gedeckt wird (Gesetzesvorbehalt) und auch nicht im Wege einer Ergänzung einer planwidrigen Gesetzesunvollständigkeit geschaffen werden kann. Dem freiwillig Aufrechnenden wird es von Gesetzes wegen nicht zugestanden, aufgrund seiner zunächst einseitigen Aufrechnungsbefugnis der Aufrechnung eine gewisse, ihm günstige Wirkung beizumessen, die ihr kraft Gesetzes nicht zukommt. Letztendlich bleibt dem Gesetzgeber die Möglichkeit vorbehalten - wie auch schon im Fall des § 240 I 4 AO geschehen -, einmal entstandene Nebenfolgen vom rückwirkenden Erlöschen der Hauptforderung zu lösen (S. 148 ff., 152 ff.).

20. Im Steuerrecht ist der Aufrechnungseinwand des Steuerpflichtigen im Anfechtungsprozeß gegen den Steuerbescheid schon aus verfahrensmäßigen Gründen und dem damit zusammenhängenden thematisch beschränkten Prüfungs- und Entscheidungsumfang der Verfahrensabschnitte unbeachtlich, da die Aufrechnung als Akt des Erhebungsverfahrens vom vorgelagerten Festsetzungsverfahren streng zu trennen ist. Erst im Rahmen einer Zahlungsaufforderung (§ 254 I AO) - in Differenzierung zwischen Leistungsfestsetzung einerseits und Leistungsgebot andererseits - ist sie beachtlich, da mit rückwirkendem Forderungserlöschen jedes weitere Leistungsgebot rechtswidrig wäre. Der Aufrechnungseinwand im Anfechtungsprozeß will nicht den Geltungsgrund für die Inanspruchnahme des Steuerpflichtigen beseitigen, das Entfallen des Leistungsgebotes nach Aufrechnung macht die Festsetzung nicht überflüssig, durch das Erfüllungssurrogat der Aufrechnung wird nicht die Leistungsfestsetzung entbehrlich, sondern allein deren Einforderung. Die steuerverfahrensrechtliche Trennung zwischen Festsetzungs-, Erhebungs- und Vollstreckungsverfahren findet auch ihre entsprechende Absicherung in den Rechtsbehelfsmöglichkeiten des Steuerpflichtigen. Der speziell für das Erhebungsverfahren vorgesehene Abrechnungsbescheid mit den hieran anschließenden Rechtsschutzmöglichkeiten gewährt dem Steuerpflichtigen bereits im Stadium der Erhebung effektiven Rechtsschutz (S. 159 ff.).

21. Die Vollziehungsaussetzung des Steuerbescheides gem. §§ 361 I, II AO, 69 II-IV FGO hindert die Aufrechnung des Finanzamtes als eine Maßnahme der "Vollziehung i.w.S." bzw. führt zu einer - vorläufigen - Rückgängigmachung der aus der Aufrechnung abgeleiteten Folgewirkungen (Nicht-/gekürzte Erstattung). Die Vollziehungsaussetzung bedingt dagegen keine Auswirkungen auf die materielle Aufrechnungslage: der wirksam bestehende und festgesetzte Steueranspruch des Finanzamtes wird nicht in seiner Wirksamkeit suspendiert, sondern lediglich seine Vollziehung (Realisierung in Form u.a. der "Erhebung") soll - zunächst - verhindert werden (S. 165 ff.).
"Durchsetzbarkeit" - i.S.einer potentiell rechtlichen Verwirklichbarkeit auf der Grundlage einer verbindlich konkretisierenden Feststellung eines ex lege entstandenen, fälligen und einredefreien Steueranspruches - und "Fälligkeit" werden als materieller Gehalt des weiterhin existenten VA ebensowenig von der Aussetzung der Vollziehung als lediglich formeller Ausdruck des vorläufigen Rechtsschutzbedürfnisses des Steuerpflichtigen gehemmt/aufgehoben wie auch die Vollziehungsaussetzung keine Verfahrenseinrede i.S. eines (materiellen) Leistungsverweigerungsrechts entsprechend § 390 S. 1 BGB darstellt. Die mit der Anfechtung des Steuerbescheides

eingetretene rechtliche Ungewißheit über die - endgültige - Wirksamkeit der Aufrechnung ist aufgrund des rückwirkenden Forderungserlöschens dem Aufrechnungsinstitut grundsätzlich als "auflösende Bedingung" schon von Gesetzes wegen wesensimmanent und wird daher nicht von § 388 S. 2 BGB entsprechend erfaßt (S. 165 ff.).

22. Die Vollziehbarkeit des Steuerbescheides ist Voraussetzung für eine wirksame Aufrechnung des Finanzamtes. Die Aufrechnung des Finanzamtes während einer Aussetzung der Vollziehung gem. §§ 361 II, III AO, 69 II - IV FGO stellt sich als untersagte "Vollziehungsmaßnahme" im Sinne dieser Vorschriften dar, da Vollziehung i.w.S. als rechtliches/tatsächliches Gebrauchmachen vom materiellen Regelungsgehalts des zugrundliegenden VA zu verstehen ist, ohne daß die zwingende Notwendigkeit eines allein hoheitlichen Handelns und Vorgehens der Behörde besteht. Die Aussetzung der Vollziehung unterbindet damit jegliche Maßnahme, die sich als Folgerung aus dem ausgesetzten Steuerbescheid darstellt, jeden "faktischen Vollzug", der dem Aufrechnungsgegner so stellen würde, als wenn die Forderung in anderer Weise sofort eingezogen würde. Maßgeblich ist nicht, daß sich die Vollziehungsmaßnahme (hier Aufrechnung) in einem VA niederschlägt, sondern allein, daß dieser Vollziehungsmaßnahme ein vollziehbarer VA zugrunde liegt (S. 179 ff.).

23. Die steuerverfahrensrechtliche Besonderheit "in Form des Abrechnungsbescheides" gem. § 218 II AO bestimmt im wesentlichen auch den Rechtsschutz im Aufrechnungsverfahren. Das Abrechnungsverfahren stellt sich als das speziellere und vorrangigere Verfahren zur Klärung der Verwirklichung/des Erlöschens von Steueransprüchen dar (S. 60 ff., 144 ff., 190 ff.).
Sucht der Steuerpflichtige Rechtsschutz in der Hauptsache zur Durchsetzung seiner dem Finanzamt gegenüber erklärten Aufrechnung, so hat er gem. § 218 II AO einen Abrechnungsbescheid zu beantragen. Das gilt auch für die Geltendmachung seiner Aufrechnung im Vollstreckungsverfahren. Gegen den Abrechnungsbescheid ist Einspruch (§ 348 I Nr. 9) und Anfechtungsklage (§ 40 I FGO) gegeben. Eine selbständige Geltendmachung der Steuerpflichtigenaufrechnungsforderung ist nach § 17 II GVG n.F. nur noch möglich, wenn er diese Forderung nicht bereits verteidigungsweise als Aufrechnungsforderung gegen einen finanzbehördlichen Anspruch eingebracht hat. Zahlt der Steuerpflichtige die Finanzamtforderung bzw. wird diese gegen ihn vollstreckt, obwohl er sich auf seine Aufrechnung beruft, so muß er für einen hieraus resultierenden Erstattungsanspruch (§ 37 II AO) ebenfalls einen Abrechnungsbescheid (§ 218 II 2 AO) beantragen, um zu gewährleisten, daß über die Frage der Aufrechnung zunächst durch VA entschieden wird.
Bei einem Streit über die Rechtmäßigkeit der finanzbehördlichen Aufrechnungserklärung kann der Steuerpflichtige seine (Haupt-) Forderung nicht sofort der gerichtlichen Klärung, z.B. im Wege einer auf Steuererstattung gerichteten Leistungsklage, zuführen, sondern es ist zunächst über die Aufrechnung verwaltungsverbindlich in einem VA (§ 218 II) zu entscheiden.
Gegen die finanzbehördlichen Aufrechnung kann der Steuerpflichtige Einwendungen gegen die Aufrechnungsforderung selbst (z.B. Einspruch/Anfechtungsklage gegen Steuerbescheid) bzw. gegen die Wirksamkeit der Aufrechnung insgesamt vorbringen. Mit der Qualifizierung der Finanzamtaufrechnung als rechtsgeschäftliche - schlichthoheitliche - Willenserklärung scheiden Einspruch/Anfechtung als adäquate Rechtsmittel aus (Ausnahme: "Form-VA"). Die Rechtswirksamkeit der Aufrechnung wird im Rahmen des Abrechnungsbescheidsverfahrens durch das Finanzamt überprüft, der Abrechnungsbescheid unterliegt der Überprüfung durch die Gerichte.
Finanzgerichtlicher Rechtsschutz ist für den Steuerpflichtigen gem. § 33 I FGO eröffnet, wenn

das Finanzamt öffentlich-rechtlich, d.h. mit einer Steuerforderung aufrechnet. Dies gilt auch für den Fall des § 406 BGB bei finanzbehördlicher Aufrechnung gegenüber dem Zessionar als Abtretungsempfänger des Steuerpflichtigen, da die entsprechende Anwendbarkeit des § 406 BGB nicht zur zivilrechtlich prägenden Rechtswegzuweisung führt, wenn ein öffentlich-rechtliches Forderungsverhältnis - auch nichthoheitlicher Art - zugrundeliegt (S. 196 ff.).
Vorläufiger Rechtsschutz gegen die finanzbehördliche Aufrechnung ist im Wege der Aussetzung der Vollziehung des zugrundeliegenden Steuer- oder Abrechnungsbescheides gem. §§ 361 II, III AO, 69 II, III FGO zu erreichen, mit dem Ziel, die Aufrechnungswirkungen als Vollziehung i.w.S. einstweilen zu suspendieren, so daß dem Steuerpflichtigen sein ungekürztes Forderungsrecht zusteht. Die finanzbehördliche Aufrechnungserklärung ist mangels VA-Qualität selbst nicht aussetzbar (S. 204 ff.).

Pia Buchmüller

Besteuerung und Unternehmenssanierung
Zur Bedeutung des Steuerrechts für die Sanierung von Unternehmen – Eine Untersuchung aus betriebswirtschaftlicher Sicht

Frankfurt/M., Bern, New York, Paris, 1992. XIX, 299 S.
Europäische Hochschulschriften: Reihe 5, Volks- und Betriebswirtschaft. Bd. 1237
ISBN 3-631-44439-7 br. DM 92.--

Die Frage nach geeigneten gesetzlichen Rahmenbedingungen für die Sanierung notleidender Unternehmen stellt sich insbesondere im Bereich des Insolvenzrechts; daneben sind jedoch auch noch andere Rechtsgebiete – und gerade auch das Steuerrecht – tangiert. Welchen Beitrag das Steuerrecht bei der Sanierung von Unternehmen leistet bzw. leisten sollte, ist eine der Grundfragen, die in der vorliegenden Arbeit untersucht werden. Dabei ist zu unterscheiden zwischen Vergünstigungen in Gestalt direkter steuerlicher Erleichterungen für notleidende Unternehmen und Anreizen zur Förderung der Sanierungsbereitschaft der Beteiligten. Außerdem wird in der Arbeit untersucht, unter welchen Voraussetzungen steuerliche Sanierungsvergünstigungen überhaupt gewährt werden sollten.

Aus dem Inhalt: Die steuerlichen Folgen der Unternehmenssanierung ohne sanierungsspezifische Vergünstigungen – Das sanierungsspezifische Instrumentarium im geltenden Steuerrecht

Verlag Peter Lang Frankfurt a.M. · Berlin · Bern · New York · Paris · Wien
Auslieferung: Verlag Peter Lang AG, Jupiterstr. 15, CH-3000 Bern 15
Telefon (004131) 9411122, Telefax (004131) 9411131
- Preisänderungen vorbehalten -

Printed by
CPI books GmbH, Leck

Kolibri 360 GmbH
Ferdinand-Jühlke-Straße 7
99095 Erfurt, Deutschland
produktsicherheit@kolibri360.de